■2025年度中学受験用

頌栄女子学院中学校

4年間(＋3年間HP掲載)スーパー過去問

●収録内容一覧

入試問題と解説・解答の収録内容

2024年度　１回	算数・社会・理科・国語	実物解答用紙DL
2024年度　２回	算数・社会・理科・国語	実物解答用紙DL
2023年度　１回	算数・社会・理科・国語	実物解答用紙DL
2023年度　２回	算数・社会・理科・国語	実物解答用紙DL
2022年度　１回	算数・社会・理科・国語	実物解答用紙DL
2022年度　２回	算数・社会・理科・国語	実物解答用紙DL
2021年度　１回	算数・社会・理科・国語	

2020～2018年度(HP掲載)

「カコ過去問」
(ユーザー名) koe
(パスワード) w8ga5a1o

問題・解答用紙・解説解答DL

◇著作権の都合により国語と一部の問題を削除しております。
◇一部解答のみ(解説なし)となります。
◇９月下旬までに全校アップロード予定です。
◇掲載期限以降は予告なく削除される場合があります。

～本書ご利用上の注意～　以下の点について，あらかじめご了承ください。

★別冊解答用紙は巻末にございます。実物解答用紙は，弊社サイトの各校商品情報ページより，一部または全部をダウンロードできます。
★編集の都合上，学校実施のすべての試験を掲載していない場合がございます。
★当問題集のバックナンバーは，弊社には在庫がございません(ネット書店などに一部在庫あり)。

合格を勝ち取るための
『スーパー過去問』の使い方

本書に掲載されている過去問をご覧になって，「難しそう」と感じたかもしれません。でも，多くの受験生が同じように感じているはずです。なぜなら，中学入試で出題される問題は，小学校で習う内容よりも高度なものが多く，たくさんの知識や解き方のコツを身につけることも必要だからです。ですから，初めて本書に取り組むさいには，点数を気にしすぎないようにしましょう。本番でしっかり点数を取れることが大事なのです。

過去問で重要なのは「まちがえること」です。自分の弱点を知るために，過去問に取り組むのです。当然，まちがえた問題をそのままにしておいては意味がありません。

本書には，長年にわたって中学入試にたずさわっているスタッフによるていねいな解説がついています。まちがえた問題はしっかりと解説を読み，できるようになるまで何度も解き直しをしてください。理解できていないと感じた分野については，参考書や資料集などを活用し，改めて整理しておきましょう。

このページも参考にしてみましょう！

◆どの年度から解こうかな　「入試問題と解説・解答の収録内容一覧」

本書のはじめには収録内容が掲載されていますので，収録年度や収録されている入試回などを確認できます。

※著作権上の都合によって掲載できない問題が収録されている場合は，最新年度の問題の前に，ピンク色の紙を差しこんでご案内しています。

◆学校の情報を知ろう!!「学校紹介ページ」

このページのあとに，各学校の基本情報などを掲載しています。問題を解くのに疲れたら息ぬきに読んで，志望校合格への気持ちを新たにし，再び過去問に挑戦してみるのもよいでしょう。なお，最新の情報につきましては，学校のホームページなどでご確認ください。

◆入試に向けてどんな対策をしよう？「出題傾向＆対策」

「学校紹介ページ」に続いて，「出題傾向＆対策」ページがあります。過去にどのような分野の問題が出題され，どのように対策すればよいかをアドバイスしていますので，参考にしてください。

◇別冊「入試問題解答用紙編」

本書の巻末には，ぬき取って使える別冊の解答用紙が収録してあります。解答用紙が非公表の場合などを除き，（注）が記載されたページの指定倍率にしたがって拡大コピーをとれば，実際の入試問題とほぼ同じ解答欄の大きさで，何度でも過去問に取り組むことができます。このように，入試本番に近い条件で練習できるのも，本書の強みです。また，データが公表されている学校は別冊の１ページ目に過去の「入試結果表」を掲載しています。合格に必要な得点の目安として活用してください。

本書がみなさんの志望校合格の助けとなることを，心より願っています。

株式会社　声の教育社　編集部

頌栄女子学院中学校

所在地	〒108-0071 東京都港区白金台2-26-5
電　話	03-3441-2005・8009
ホームページ	https://www.shoei.ed.jp
交通案内	都営浅草線「高輪台駅」より徒歩1分，JR・東急池上線「五反田駅」より徒歩10分 地下鉄各線「白金台駅」より徒歩10分，JR・京浜急行線「品川駅」より徒歩12分

くわしい情報は
ホームページへ

トピックス

★2022年度入試より，インターネット出願になりました。
★例年，一般入試の保護者同伴面接は，面接官2名，時間約5分で実施される。

創立年 明治17年　女子校　高校募集 なし

応募状況

年度	募集数	応募数	受験数	合格数	倍率
2024	①100名	291名	241名	116名	2.1倍
	②100名	506名	382名	113名	3.4倍
2023	①100名	276名	230名	109名	2.1倍
	②100名	437名	341名	124名	2.8倍
2022	①100名	292名	252名	110名	2.3倍
	②100名	570名	461名	123名	3.7倍
2021	①100名	269名	228名	105名	2.2倍
	②100名	640名	446名	116名	3.8倍

入試情報（参考：昨年度）

・試験日，募集人員：
第１回　2024年２月１日　100名
第２回　2024年２月５日　100名
・出願期間：
第１回　2024年１月10日～26日〔WEB〕
第２回　2024年１月10日～２月４日〔WEB〕
・試験内容〔第１回・第２回とも〕：
筆記試験(国算理社)，面接(保護者同伴)
・合格発表〔WEB〕
第１回　2024年２月１日　22：00～
第２回　2024年２月６日　９：00～
・入学手続〔WEB〕：
第１回　2024年２月３日　15：00まで
第２回　2024年２月７日　15：00まで

本校の特色

・**宗教教育**：「頌栄（神の栄光をほめたたえる）」という校名にも表れているように，キリスト教の学校として，聖書の教えを徳育の基礎においています。毎朝の礼拝，週１時間の聖書の授業，クリスマス礼拝の他，日曜日には教会の礼拝に参加することを奨励しています。
・**英語教育**：建学の頃より，国際的に活躍できる人材の育成とそれに必要な英語教育の充実に力を注いでいます。在校生の約20％を帰国生が占めており，帰国生と一般生が互いに刺激し合うことで，それぞれのコミュニケーション力を高める効果を生み出しています。
・**コンピュータ教育**：情報活用能力(情報リテラシー)の育成とともに，情報モラル教育を行っています。情報科の授業では，Word，Excel，PowerPointといった基礎的技能の習得から，プログラミングやホームページの作成実習など「論理的思考の育成」にも力を入れています。

2023年度の主な大学合格実績

＜国公立大学・大学校＞
東京大，京都大，東京工業大，一橋大，北海道大，筑波大，東京外国語大，千葉大，横浜国立大，東京医科歯科大，防衛医科大，東京都立大

＜私立大学＞
慶應義塾大，早稲田大，上智大，東京理科大，明治大，青山学院大，立教大，中央大，法政大，学習院大，津田塾大，東京女子大，日本女子大，東京慈恵会医科大，順天堂大，昭和大

編集部注―本書の内容は2024年3月現在のものであり，変更されている場合があります。正式な情報は，学校のホームページ等で必ずご確認ください。

算数　出題傾向＆対策

◆基本データ（2024年度１回）

試験時間／満点	40分／100点
問題構成	・大問数…５題 計算・応用小問１題（９問） ／応用問題４題 ・小問数…17問
解答形式	解答らんには必要な単位などが印刷されている。応用問題の一部では考え方や求め方を書く設問もある。
実際の問題用紙	Ｂ５サイズ，小冊子形式
実際の解答用紙	Ｂ４サイズ

◆過去４年間の出題率トップ５

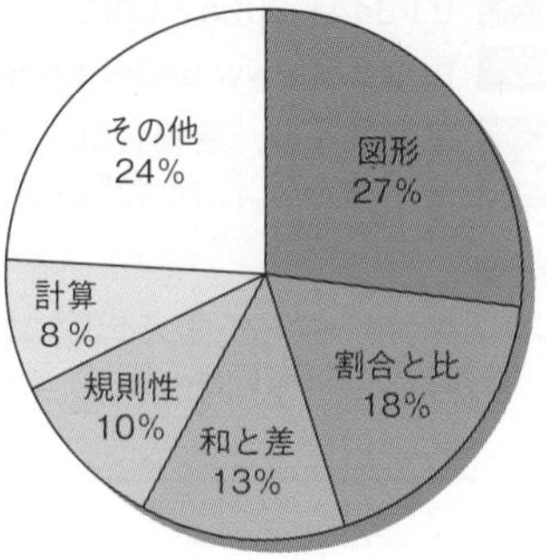

※　配点（推定ふくむ）をもとに算出

◆近年の出題内容

【 2024年度１回 】			【 2023年度１回 】		
大問	1	逆算，整数の性質，平均とのべ，つるかめ算，割合と比，相当算，方陣算，旅人算，角度，表面積	大問	1	四則計算，正比例と反比例，比の性質，面積，条件の整理，構成，濃度，売買損益，つるかめ算
	2	場合の数		2	平面図形―面積
	3	条件の整理		3	立体図形―構成
	4	立体図形―構成		4	速さと比
	5	グラフ―水の深さと体積		5	数列

◆出題傾向と内容

極端な難問は見られず，大半が基本的，標準的な問題ですが，一段つっこんだ考え方を必要とする問題も毎年出されます。

計算問題は，分数や小数をふくんだ基本的な四則計算のほか，逆算や，計算にくふうが必要なものなどが見られます。応用小問は，数の性質，式の完成，数の大小，規則性，場合の数，割合，比，食塩水の濃度，角度，長さ，辺の比，面積，立体の表面積，体積，逆算，流水算などです。

応用問題は，数量分野と図形分野からの出題がめだちます。数量分野からは，数の性質，規則性，場合の数といったものが出されます。図形分野は，立体図形を好んで取り上げる傾向にあり，展開図を組み立てるものや，切断した立体の求積問題などが見られます。また，平面図形も，相似や合同条件を利用して面積を求めたり図形を折り曲げたりするなど，やはり一筋縄では解けないものが見られます。なお，特殊算は速さに関するものがしばしば顔を出します。

◆対策～合格点を取るには？～

計算力をつけることと苦手分野を克服することが，本校入試突破のカギといえます。計算練習は当然として，**これまでにやったテストの答案をそのままにせず，まちがえた部分を調べて，自分の弱点を発見することが大切です。**そして，類題にあたって練習をくり返すのです。

また，難問奇問はさけ，基本公式で解法を見出せる問題を数多く解くことです。どんなに難しい問題にも必ず解法があり，それをすばやく見ぬく力は，どれだけ多くの問題を解いてはば広い解法を身につけてきたかで決まります。１日がかりで難問奇問を解くより，１時間で３問，３つの基本公式を使って解く方が，ずっと合理的であり効果が上がります。まず，教科書にある基本公式や解法を整理しましょう。そして，制限時間を決めて問題を解いてください。

算数 出題分野分析表

分野		2024 1回	2024 2回	2023 1回	2023 2回	2022 1回	2022 2回	2021
計算	四則計算・逆算	○	○	○	○		◎	○
	計算のくふう					○		
	単位の計算							
和と差	和差算・分配算		◎			○		
	消去算				○			○
	つるかめ算	○	○	○				○
	平均とのべ	○				○		
	過不足算・差集め算							○
	集まり		○		○			
	年齢算						○	
割合と比	割合と比	○			○			○
	正比例と反比例			○		○		
	還元算・相当算	○						
	比の性質			○	○		○	
	倍数算							
	売買損益		○	○				○
	濃度			○	○	○	○	○
	仕事算		○					○
	ニュートン算							
速さ	速さ		○				○	○
	旅人算	○					○	
	通過算					○		
	流水算				○			
	時計算				○			
	速さと比			○				○
図形	角度・面積・長さ	○	◎	◎	●	○	●	◎
	辺の比と面積の比・相似				○		○	
	体積・表面積	○			○			○
	水の深さと体積	○						
	展開図						○	
	構成・分割	○	○	◎		○	○	
	図形・点の移動		○					
表とグラフ		○	○				○	
数の性質	約数と倍数							
	N進数							
	約束記号・文字式							
	整数・小数・分数の性質	○	◎		○	○		○
規則性	植木算						○	
	周期算					○		○
	数列			○	○			○
	方陣算	○						
	図形と規則				◎			○
場合の数		○	○			○		
調べ・推理・条件の整理		○	○	○	○	○		
その他								

※ ○印はその分野の問題が1題，◎印は2題，●印は3題以上出題されたことをしめします。

社会　出題傾向＆対策

◆基本データ（2024年度１回）

試験時間／満点	40分／100点
問題構成	・大問数…２題 ・小問数…15問
解答形式	用語の記入と記号選択式が中心で，漢字で書くべきものは漢字で答えるよう指定されている。２～３行程度で書かせる記述問題も数問出題されている。
実際の問題用紙	Ｂ５サイズ，小冊子形式
実際の解答用紙	Ｂ４サイズ

◆過去４年間の分野別出題率

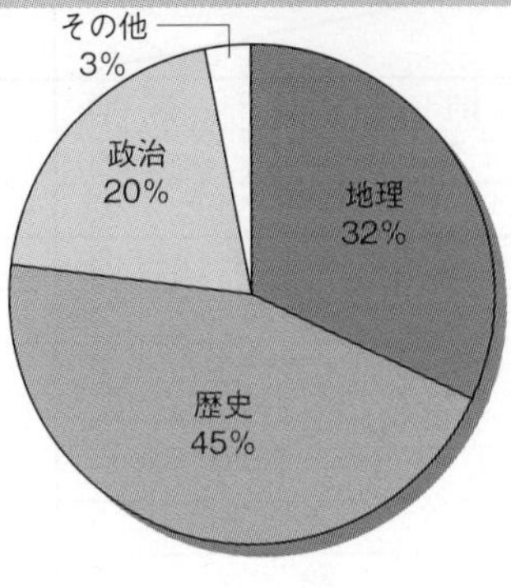

※　配点（推定ふくむ）をもとに算出

◆近年の出題内容

【 2024年度１回 】	【 2023年度１回 】
大問 1〔総合〕中国と日本を題材とした問題 2〔総合〕箱根駅伝を題材とした問題	大問 1〔総合〕「選択」を題材とした問題 2〔総合〕鉄道開通150周年を題材とした問題 3〔総合〕家族を題材とした問題

◆出題傾向と内容

本校の社会は**試験時間のわりにボリュームのある内容**なので，すばやく対応していかないと時間切れになってしまうおそれがあります。

地理分野では，説明文を読ませたうえで，それに関連するさまざまなことがらについて問う形式が多く，設問内容も半島・島・山地・河川などの地勢，交通・貿易，産業と人口，エネルギー問題，世界の地理などバラエティーに富んでいます。また，グラフや表を読み取る問いも見られます。

歴史分野は，あるテーマについて述べた文章を読んだうえで，それに関連する問題に答える形式となっています。最近取り上げられたテーマは，各時代における都市の移り変わり，歴史的な建築物，農業史，宗教史，外交史などで，古代から現代まではば広く出題されます。

政治分野では，日本国憲法の条文やその説明を読んで，憲法や三権のしくみ，選挙制度などについて問うものとなっています。また，時事問題として参議院議員選挙やオリンピックなどが，環境問題として地球の温暖化などが取り上げられています。基本事項に加え，**社会的な問題に関心をよせているかどうかも問われています**。

◆対策～合格点を取るには？～

全体的に，記述式の問題が多くあるため，うろ覚えでは通用しません。**重要な地名・人名・用語**は頭のなかで反復するだけでなく，**正しく書けるようにしておくべき**です。

歴史の対策としては，ただ教科書や参考書を読むだけではなく，自分で年表を作るのがよいでしょう。分野ごとに記入していき，自分だけのオリジナル年表にするのです。また，資料集などで歴史地図に親しんでおくことも忘れずに。

地理の学習では，地図と各種統計資料が欠かせません。常にこれらを参照しながら地形と気候をまとめていき，産業のようすや資源の動きをまとめましょう。歴史的背景や政治との関連にも注意しながら，多角的な学習をしてください。

政治では，日本国憲法の基本的な内容をおさえることが肝心です。そのほか，三権のしくみ，選挙制度，地方自治，財政と経済，国際情勢なども，ひと通りの知識が必要となります。

社会 出題分野分析表

分野		年度	2024		2023		2022		2021
			1回	2回	1回	2回	1回	2回	
日本の地理		地図の見方	○	○	○	○		○	○
		国土・自然・気候	○	○		○	○	○	○
		資源							
		農林水産業		○					○
		工業	○	○					○
		交通・通信・貿易	○		○	○			
		人口・生活・文化		○	○	○	○	○	
		各地方の特色					○	○	
		地理総合							
世界の地理				○					
日本の歴史	時代	原始～古代	○	○	○	○	○	○	○
		中世～近世	○	○	○	○	○	○	○
		近代～現代	○	○	○	○	○	○	○
	テーマ	政治・法律史							
		産業・経済史							
		文化・宗教史							
		外交・戦争史							
		歴史総合					★		
世界の歴史									
政治		憲法		○	○	○	○	○	○
		国会・内閣・裁判所		○	○	○	○		
		地方自治		○					○
		経済		○					
		生活と福祉	○		○				
		国際関係・国際政治		○					○
		政治総合							
環境問題			○	○				○	
時事問題			○	○	○		○		○
世界遺産						○			
複数分野総合			★	★	★	★	★	★	★

※ 原始～古代…平安時代以前，中世～近世…鎌倉時代～江戸時代，近代～現代…明治時代以降
※ ★印は大問の中心となる分野をしめします。

理科 出題傾向＆対策

◆基本データ（2024年度１回）

試験時間／満点	40分／100点
問題構成	・大問数…４題 ・小問数…29問
解答形式	記号選択や記述，数値記入など解答形式は多彩である。記号選択は，複数選択するものもある。記述問題は，２～３行程度のものが出されている。作図は見られない。
実際の問題用紙	Ｂ５サイズ，小冊子形式
実際の解答用紙	Ｂ４サイズ

◆過去４年間の分野別出題率

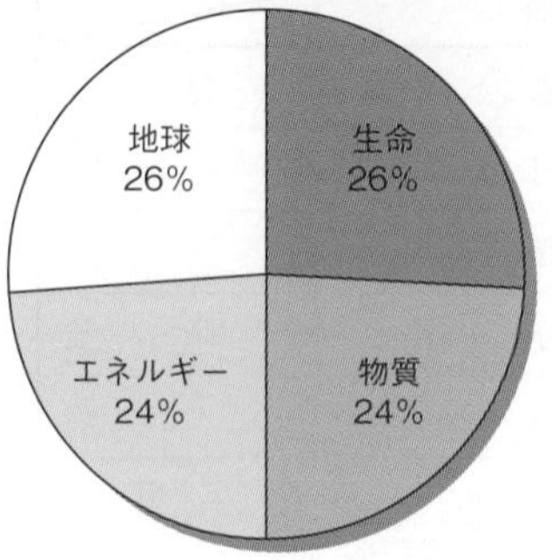

※　配点（推定ふくむ）をもとに算出

◆近年の出題内容

【 2024年度１回 】			【 2023年度１回 】		
大問	1	〔生命〕奄美大島の動植物	大問	1	〔物質〕中和
	2	〔エネルギー〕電磁石		2	〔地球〕皆既月食，天王星食
	3	〔地球〕勝浦市の気温について		3	〔生命〕生態系
	4	〔物質〕金属		4	〔エネルギー〕磁石と電流

◆出題傾向と内容

試験時間のわりにボリュームのある内容なので，かなりいそがしい試験といえます。

分野別に見てみると，「生命」「物質」「エネルギー」「地球」の４分野から各１題ずつ出題されています。「生命」は，植物では種子植物，動物ではセキツイ動物などが中心になっています。「物質」では，水溶液の濃度や中和反応，固体の溶解度など，「エネルギー」では，力のつり合いや電気がよく出題されています。また「地球」では，地球と太陽系，天体の動きについてやや多く取り上げられています。

問題の構成は，あまり複雑なものはなく一読してわかりやすいものばかりです。実験に関する出題も増加する傾向にありますが，実験装置は特に変わったものではなく，教科書や問題集でよく見られるものなので，取り組みやすいでしょう。

計算を必要とする問題がかなり多いのも大きな特ちょうです。水溶液の濃度や溶解度，てこ・輪軸・滑車などに関する力のつり合い，南中高度や南中時刻などが出題されています。

◆対策～合格点を取るには？～

各分野からまんべんなく出題されていますから，**基礎的な知識をはやいうちに身につけ，そのうえで問題集で演習をくり返しながら実力アップをめざしましょう。**

「生命」は，身につけなければならない基本知識の多い分野ですが，楽しみながら確実に学習する心がけが大切です。植物・動物・人体などを中心に，ノートにまとめながら知識を深めましょう。「物質」では，気体や水溶液，金属などの性質に重点をおいて学習してください。「エネルギー」は，かん電池のつなぎ方や方位磁針のふれ方，磁力の強さなどの出題が予想される単元ですから，学習計画から外すことのないようにしましょう。また，「物質」「エネルギー」は計算を要する問題に数多くあたって練習を積み重ねておきましょう。「地球」では，太陽・月・地球の動き，季節と星座の動き，天気と気温・湿度の変化，地層のでき方などが重要なポイントです。

なお，環境問題，身近な自然現象に日ごろから注意をはらうことや，テレビの科学番組，新聞・雑誌の科学に関する記事，読書などを通じて新しい知識を吸収することも大切です。

理科 出題分野分析表

分野 ＼ 年度		2024		2023		2022		2021
		1回	2回	1回	2回	1回	2回	
生命	植物	○			○			★
	動物	○			★			
	人体		★			★		
	生物と環境	★		★			★	
	季節と生物							
	生命総合							
物質	物質のすがた							
	気体の性質		★		★		○	
	水溶液の性質			★		★		
	ものの溶け方							★
	金属の性質	★					★	
	ものの燃え方	○						
	物質総合							
エネルギー	てこ・滑車・輪軸							
	ばねののび方				★			
	ふりこ・物体の運動		★					★
	浮力と密度・圧力							
	光の進み方							
	ものの温まり方							
	音の伝わり方						★	
	電気回路					★		
	磁石・電磁石	★		★				
	エネルギー総合							
地球	地球・月・太陽系		★	★				
	星と星座							
	風・雲と天候					★		
	気温・地温・湿度	★						
	流水のはたらき・地層と岩石						★	★
	火山・地震				★			
	地球総合							
実験器具		○						
観察								
環境問題		○				○		
時事問題						○		
複数分野総合								

※ ★印は大問の中心となる分野をしめします。

国語 出題傾向＆対策

◆基本データ（2024年度１回）

試験時間／満点	40分／100点
問　題　構　成	・大問数…３題 文章読解題２題／知識問題１題 ・小問数…23問
解　答　形　式	記号選択と書きぬきのほかに，記述問題も見られる。記述問題には字数制限のあるものとないものがある。
実際の問題用紙	Ｂ５サイズ，小冊子形式
実際の解答用紙	Ｂ４サイズ

◆過去４年間の分野別出題率

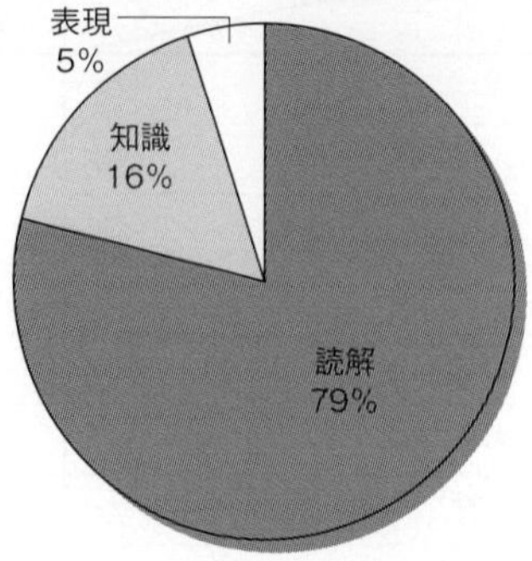

※　配点（推定ふくむ）をもとに算出

◆近年の出題内容

【 2024年度１回 】			【 2023年度１回 】		
大問	一	**〔知識〕** 漢字の書き取り	大問	一	**〔知識〕** 漢字の書き取り
	二	**〔説明文〕** 日髙敏隆『世界を，こんなふうに見てごらん』（約4100字）		二	**〔説明文〕** 徳川夢声『話術』（約3300字）
	三	**〔小説〕** 吉田桃子『夜明けをつれてくる犬』（約5700字）		三	**〔小説〕** 加納朋子『てるてるあした』（約3900字）

◆出題傾向と内容

読解問題が２題というパターンが多いようです。また，**あたえられたテーマをもとに自分自身の経験をふまえて作文をする形式の作文問題**も出されています。

読解問題で取り上げられる文章は，小説・物語文，説明文・論説文（随想的なものが多い）が中心です。設問内容を見ると，文脈や細部の理解を問うもののほかに，脱文のそう入，接続詞や副詞などの適語の補充，指示語の内容なども随所にあります。また，文章中の語句の意味を問うものがほぼ毎年いくつか出題されています。

知識問題は，読解問題の小問として，さまざまなものが取り上げられています。具体的には，慣用表現（慣用句・ことわざ），四字熟語などが見られます。また，漢字の書き取りも必出で，同訓異字や同音異字のまぎらわしいものを取り上げる傾向があります。漢字の読みについては，出題されていません。

◆対策～合格点を取るには？～

本校の国語は，読解力と表現力をみる問題がバランスよく出題されていますから，**まず読解力をつけ，その上で表現力を養う**ことをおすすめします。

読解力をつけるためには読書が必要ですが，長い作品よりも短編のほうが主題を読み取りやすいので，特に国語の苦手な人は短編から入るとよいでしょう。

次に表現力ですが，これには内容をまとめるものと自分の考えを述べるものとがあります。内容をまとめるものは，数多く練習することによってコツがわかってきます。自分の考えを述べるものは，問題文のどの部分がどのように問われるのかを予想しながら文章を読むとよいでしょう。また，答えとして必要な要点を書き出し，それらをつなげるような練習を心がけましょう。

なお，ことばのきまり・知識に関しては，参考書を１冊仕上げましょう。また，漢字や熟語については，同音（訓）異義語などについても辞書で調べて，ノートにまとめておくようにするとよいでしょう。

国語 出題分野分析表

分野 ＼ 年度			2024		2023		2022		2021
			1回	2回	1回	2回	1回	2回	
読解	文章の種類	説明文・論説文	★	★	★		★		★
		小説・物語・伝記	★	★	★	★	★	★	★
		随筆・紀行・日記							
		会話・戯曲							
		詩							
		短歌・俳句							
	内容の分類	主題・要旨							
		内容理解	○	○	○	○	○	○	○
		文脈・段落構成			○				○
		指示語・接続語	○	○	○				○
		その他	○	○	○	○	○	○	○
知識	漢字	漢字の読み							
		漢字の書き取り	★	★	★	★	★	★	★
		部首・画数・筆順							
	語句	語句の意味		○	○	○	○		○
		かなづかい							
		熟語						○	○
		慣用句・ことわざ			○				○
	文法	文の組み立て							
		品詞・用法							
		敬語							
	形式・技法								
	文学作品の知識								
	その他								
	知識総合								
表現	作文		○	○	○		○		○
	短文記述								
	その他								
放送問題									

※ ★印は大問の中心となる分野をしめします。

2024 年度　頌栄女子学院中学校

【算　数】〈**第１回試験**〉（40分）〈満点：100点〉

《注意》１．円周率は3.14とすること。

２．定規・コンパスは使わないこと。

1　(1)　次の ア にあてはまる数を求めなさい。

$$\left(2+\frac{3}{5}\div 0.1\right)\times\left(20-\boxed{\text{ア}}\times\boxed{\text{ア}}\right)\times(3+5\div 0.25)=2024$$

(2)　５で割ると３余り，７で割ると５余る１以上の整数のうち，小さい方から数えて５番目の数を求めなさい。

(3)　$\frac{343}{220}$ で割っても，$\frac{50}{21}$ をかけても必ず整数になる分数のうち，最も小さい分数を求めなさい。

(4)　30人のクラスで５点満点の算数の小テストを行ったところ，平均点は3.5点でした。右の表はそのテストの結果を表していますが，一部がよごれて見えなくなっています。５点をとった生徒の人数を求めなさい。

得点	0	1	2	3	4	5
人数	0	1	5	9		

(5)　Aさんは初もうでに行きました。持っていたお金の $\frac{1}{7}$ でおみくじを引き，150円のお茶を買い，残りのお金の $\frac{1}{3}$ でお守りを買ったところ，残りのお金は初めに持っていたお金の半分でした。Aさんは初めに何円持っていたか求めなさい。

(6)　１辺の長さが 10cm の正方形のタイルがいくつかあります。これらをすき間なくしきつめて，縦の長さが横の長さより 20cm 長い長方形を作ったところ，タイルは13枚余りました。次に，作った長方形の縦と横の長さをそれぞれ 10cm ずつのばそうとしたところ，タイルは８枚足りなくなりました。タイルは全部で何枚あるか求めなさい。

(7)　姉は分速 220m で地点Aを出発し，地点Bで折り返して地点Aにもどります。妹は分速 180m で地点Bを出発し，地点Aで折り返して地点Bにもどります。２人が同時に出発したところ，２回目に出会ったのは１回目に出会ってから６分後でした。地点A，Bは何mはなれているか求めなさい。

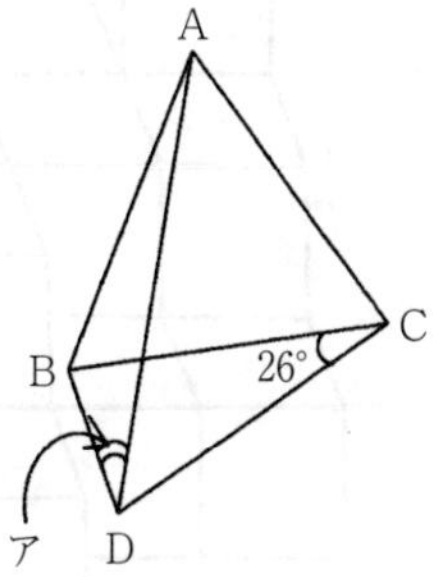

(8)　右の図で，三角形 ABC は正三角形で，三角形 CBD は BC＝DC の二等辺三角形です。角アの大きさを求めなさい。

(9)　【図ア】のような立体を真上から見ると【図イ】，正面から見ると【図ウ】のようになります。この立体の表面積を求めなさい。ただし，【図イ】は半径の長さが１cm，２cm，３cm の３つの半円を組み合わせた図形です。

【図ア】

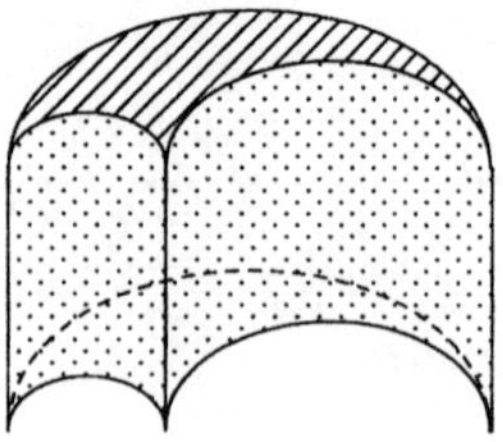

【図イ】

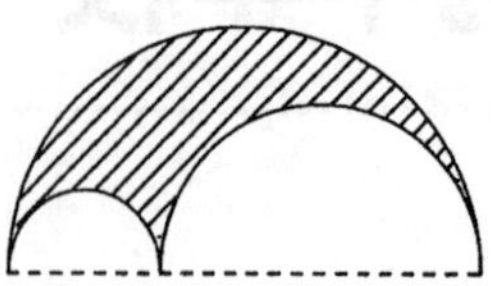

【図ウ】

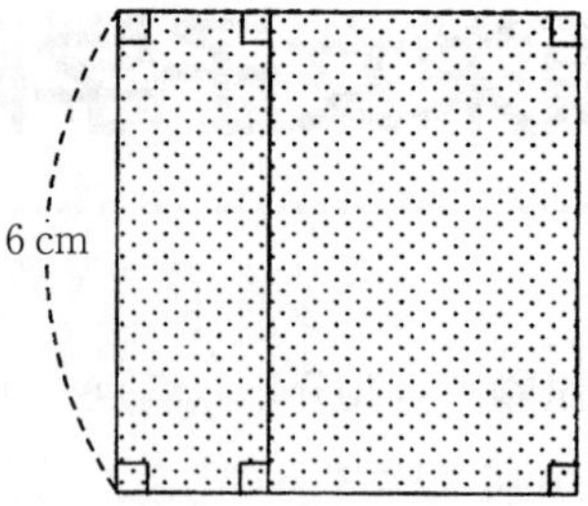

2　頌子さんは，７人の中から３人の代表者を選ぶとき，１人目は７人の中から，２人目は残りの６人の中から，３人目はさらに残りの５人の中から１人ずつ選んでいくから，7×6×5＝210という式を立て，全部で210通りの選び方があると考えました。しかし，正しい式は7×6×5＝210，210÷6＝35であり，全部で35通りになります。なぜ６で割らなければならないのか言葉で説明しなさい。

3　ある映画館では，映画を１本みるごとに１ポイントがもらえます。６ポイントとひきかえに映画を１本無料でみることができ，無料でみたときにも１ポイントがもらえます。ただし，６ポイントたまっていたら，次に映画をみるときには必ずポイントを使ってみるとします。

(1)　この映画館で42本の映画をみた人が，ポイントを使って無料でみることができた映画は何本か求めなさい。

(2)　この映画館で100本の映画をみた人は，現在何ポイントもっているか求めなさい。

4　下の図のように，同じ大きさの立方体の積み木18個を重ねて立体を作りました。この立体の外側にだけ色をぬります。ただし，底にはぬりません。

(1)　色のついた積み木は全部で何個か求めなさい。

(2)　３面に色のついた積み木は全部で何個か求めなさい。

(3)　２面に色のついた積み木は全部で何個か求めなさい。

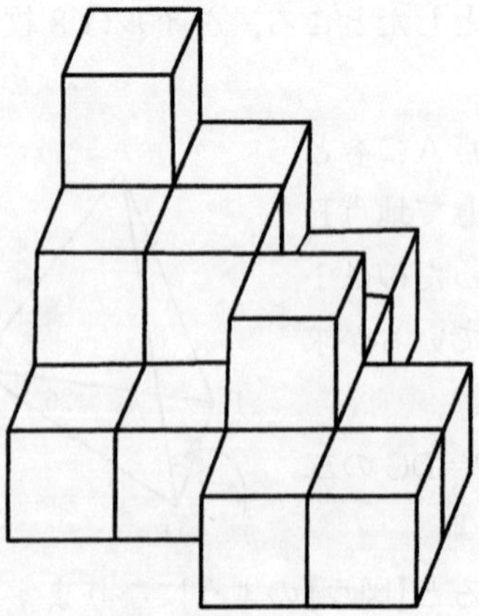

5 図のように同じ大きさの直方体の水そうが２つあります。水そう①には，高さ 20cm，幅 30cm の長方形の仕切り板Ⓐがついています。水そう②には，高さ 20cm，幅 30cm の長方形の仕切り板Ⓐと，高さ 30cm，幅 30cm の正方形の仕切り板Ⓑがついています。ただし，仕切り板Ⓐ，Ⓑは面 ABFE に平行であり，仕切り板の厚みは考えないこととします。

【水そう①】

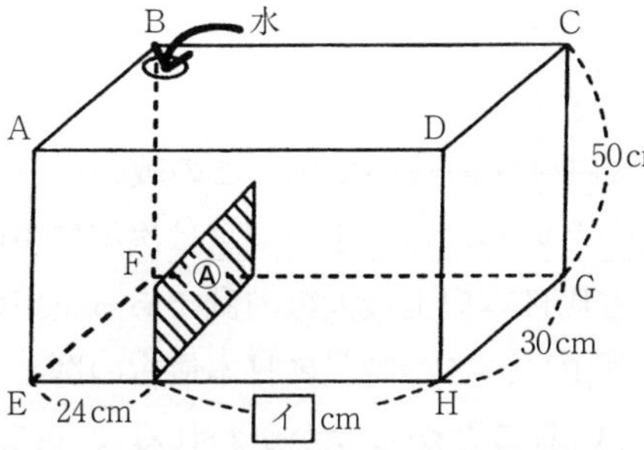

【水そう②】

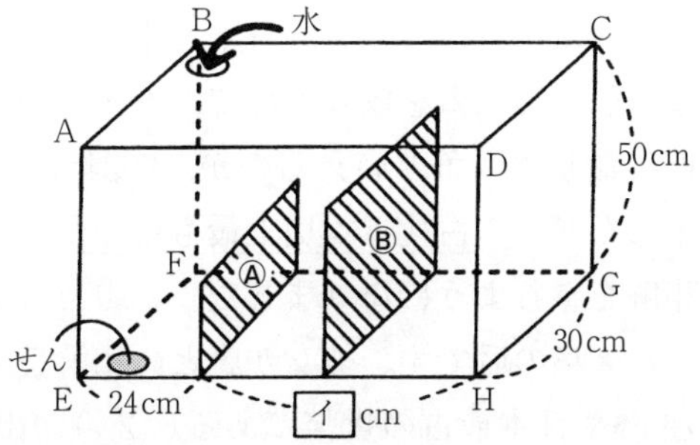

(1) 水そう①に，左上の穴から毎分 1200cm^3 の割合で水を入れます。水の深さを辺 AE で測るとき，水を入れ始めてからの時間と水の深さの関係は下のグラフのようになります。グラフの［ア］，図の［イ］にあてはまる数を求めなさい。

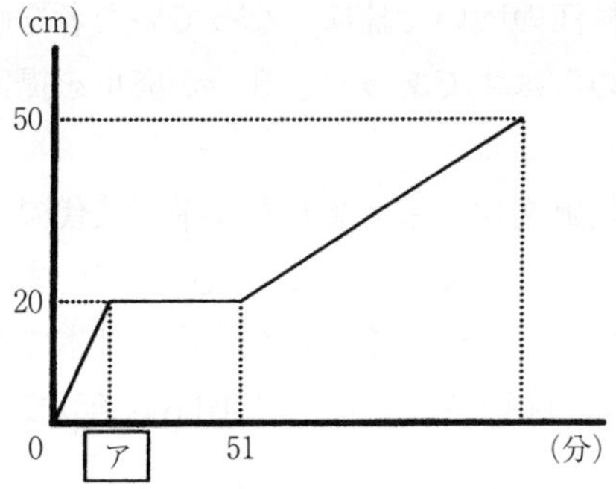

(2) 水そう②に水を入れ，満水にしてから水を止めます。その後，左下のせんを開けて水を毎分 3000cm^3 ずつ流すと，せんを開けてから30分48秒後に水が流れなくなります。仕切り板Ⓑは仕切り板Ⓐから何 cm のところにあるか求めなさい。なお，答えの求め方も説明しなさい。

【社　会】〈第１回試験〉（40分）〈満点：100点〉

《注意》 漢字で書くべきものは漢字で答えなさい。

〈編集部注：実物の入試問題では，図やグラフはすべてカラー印刷です。〉

1　以下の文章を読み，あとの問いに答えなさい。

我が国の隣国であり，近代以前の日本に最も大きな影響をおよぼした国は中国といえます。歴史を振り返ると，古代以来，日本と中国は衝突と和解を繰り返してきました。そこで，この問題では３つの出来事を取り上げて，考えていきたいと思います。

日中間の最初の戦争といえるのが，663年に起きた①白村江の戦いです。この戦いに日本は敗北しましたが，②古代日本史上最も権力があった女帝といわれる（　1　）天皇は次第に中国の唐との和解を望むようになりました。（　1　）天皇は，古代日本史上最大の内乱である壬申の乱に勝利した天皇の后です。彼女が唐との和解を望んだ理由は，この時代に日本最古の暦といわれる具注暦《ぐちゅうれき》や日本最古の貨幣である（　2　）が出土していることからうかがわれるように，暦であれ貨幣であれ，中国の仕組みを日本に導入するならば，唐に学ぶことが必要とされたためでしょう。実際に遣唐使は（　1　）が太上天皇であった702年に再開されました。

この時に唐の皇帝であったのは，中国史上唯一の女帝である則天武后《そくてんぶこう》であり，日中間で女帝同士が和解を交渉したことになります。則天武后は白村江の戦いで捕虜となっていた者を解放して国交回復に応じ，その後も遣唐使は遣唐大使を務めるはずであった（　3　）が廃止を提案するまで続きました。

遣唐使の廃止後，日本では唐の文化の影響と離れる国風文化が栄えました。平安時代の中期に（　4　）によって書かれた『源氏物語』は国風文化を代表する文学としても知られています。とはいえ，中国文化の影響は依然として根強く，例えば（　3　）が生きていた時代に日本でも施行された唐の宣明暦《せんみょうれき》は，日本独自の暦である貞享暦《じょうきょうれき》が施行される貞享２年（1685年）まで，およそ（　5　数字）百年間用いられたのでした。

白村江の戦いの次に，日中間で大きな戦争となったのが，③モンゴル襲来（元寇）です。これは朝鮮半島から（　6　）や壱岐を経由して1274年に九州の（　7　）湾から上陸し，中国側が日本に対して攻撃を加えた出来事です。この文永の役のあと，鎌倉幕府は（　7　）湾の海岸沿いに20キロメートルにわたって石垣を築き，二度目の襲来に備えました。

モンゴル襲来から百年後，中国との関係修復を働きかけたのが，室町幕府の将軍・足利義満です。なぜ義満は元から明に代わった中国との和解を求めたのでしょうか。それは明との貿易がもたらす富を手に入れ，日本国内の支配を安定させるためだと説明できるでしょう。太政大臣であった（　8　）が日宋貿易に励んでいた④12世紀以来，中国からの最大の輸入品は銅銭でした。義満は明との密貿易を行っていた（　7　）の商人から明の内乱の情報を入手し，新たに即位した明の永楽帝《えいらくてい》と関係を築くことを求めました。1402年６月に即位した永楽帝はさっそく10月に使節を送ってきた義満に対して（　9　）を授け，（　9　）を用いた貿易が日明間で展開されました。およそ500年ぶりの正式な国交樹立です。

近代以前の日中間で三度目の武力衝突となったのが，豊臣秀吉による朝鮮出兵の時です。秀吉は明の征服を目指していたともいわれています。江戸幕府を開いた徳川家康は（　6　）の大名を通して通信使を受け入れて，朝鮮との関係を修復しました。なお，朝鮮通信使の多くは（　6　）を経て瀬戸内に入り，広島県の鞆《とも》の浦に上陸しました。鞆の浦は絶景の地であるのみならず，国内外の情報が集まる瀬戸内の要衝《ようしょう》であり，かつて X戦国大名(10)によって，京都を追われた将軍・足利義昭もこの地に臨時の幕府を構えたことがあります。

徳川家康は日本に漂着したイギリス人航海士(11 カタカナ・フルネーム)を外交顧問とし，明との関係については，(9)貿易の復活を求めましたが，果たせませんでした。家康の死後，中国が清に代わっても日中間の正式な国交は，日本が明治政府になるまで結ばれないままでした。

しかし，清の皇帝は日本にある銅や銀といった鉱物資源に着目し，日中間の貿易を黙認しました。「鎖国」中の江戸時代に日本が中国から最も輸入したのは，織物の原料として欠かせない(12 2字)です。このように，文書や使節を交換しないで安定していた「鎖国」中の日清間の関係を専門家は「沈黙の外交」と呼んでいます。例えば，中国史上屈指の名君とされる清の康熙帝《こうきてい》の頃，日本の将軍は⑤享保の改革を行った(13)でした。二人は北京と江戸で2000キロメートルを隔ててお互いに交流することはなく，39年間同時代を生きたのでした。

これまで見てきたように，近代以前の日本にとって，度重なる衝突はあったものの，中国との関係が他国とのそれよりも圧倒的に重要でした。しかし，1853年にペリー率いるアメリカ艦隊が来航する頃になると，状況は一変します。ペリーが来航した理由の1つは，ハワイを拠点に(14)という獲物を追っていた船団のために，水や食糧を補給する基地を日本に求めたからです。(14)から採れるものは当時，照明用の燃料としてアメリカ人に欠かせないものでしたが，1859年に米国のペンシルベニアで(15)が採掘されると，それに取って代わられました。ペリーが来航して「開国」へ転換したあと，1861年にはロシアが(6)の植民地化を図る出来事(ポサドニック号事件)も起きるようになると，Y幕末の日本は欧米列強と向き合わなくてはならなくなりました。明治時代以降，とりわけ20世紀以降の激動の歴史については，Z映像を通して確認することもできるでしょう。

問1．文中の空らん(1)～(15)に入る適切な語句を答えなさい。

問2．下線部①について，白村江の戦いに関する説明として正しい組み合わせをア～エから1つ選び記号で答えなさい。

A：日本はのちの天智天皇が指揮したが，唐と高句麗の連合軍に敗北した。

B：この戦いの直前に滅亡した朝鮮半島の国から，日本に6世紀に仏教が公伝した。

ア．A・Bともに正しい

イ．Aのみ正しい

ウ．Bのみ正しい

エ．A・Bともに誤り

問3．下線部②について，女帝・(1)天皇に関する説明として正しい組み合わせをア～エから1つ選び記号で答えなさい。

A：(1)天皇は現在の奈良県に藤原京を作って遷都した。

B：(1)天皇の時に，三世一身法が発令された。

ア．A・Bともに正しい

イ．Aのみ正しい

ウ．Bのみ正しい

エ．A・Bともに誤り

問４．下線部③について，モンゴル襲来に関する説明として正しい組み合わせをア～エから１つ選び記号で答えなさい。

Ａ：上陸したモンゴル軍は，火薬を使った「てつはう」という武器で日本を苦しめた。

Ｂ：この二度の襲来のあと，日本でも槍などを用いる集団戦法が行われるようになった。

ア．Ａ・Ｂともに正しい　　イ．Ａのみ正しい

ウ．Ｂのみ正しい　　エ．Ａ・Ｂともに誤り

問５．下線部④について，12世紀以降に即位した次の人物を順番に並べ，その組み合わせとして正しいものをア～カから１つ選び記号で答えなさい。

Ａ：後鳥羽天皇　　Ｂ：後醍醐天皇　　Ｃ：後白河天皇

ア．Ａ→Ｂ→Ｃ　　イ．Ａ→Ｃ→Ｂ　　ウ．Ｂ→Ａ→Ｃ

エ．Ｂ→Ｃ→Ａ　　オ．Ｃ→Ａ→Ｂ　　カ．Ｃ→Ｂ→Ａ

問６．下線部⑤について，享保の改革以降，江戸幕府の政治を担当した人物を順番に並べ，その組み合わせとして正しいものをア～カから１つ選び記号で答えなさい。

Ａ：松平定信　　Ｂ：田沼意次　　Ｃ：水野忠邦

ア．Ａ→Ｂ→Ｃ　　イ．Ａ→Ｃ→Ｂ　　ウ．Ｂ→Ａ→Ｃ

エ．Ｂ→Ｃ→Ａ　　オ．Ｃ→Ａ→Ｂ　　カ．Ｃ→Ｂ→Ａ

問７．二重下線部ＸおよびＹについて，この２つの事柄に関心を持った頌子さんは歴史の授業で以下のカードＸとＹを作成しました。

その結果，この２つのカードに書かれている内容は，ある共通した要因が関係していることに気が付きました。それはどのようなことでしょうか，地理に注目しながら，以下のカードを参考にして具体的に説明しなさい。

カードＸ：戦国大名(10)は長篠の合戦で鉄砲(火縄銃)を活用し，現在の山梨県を中心に戦国時代に最強と呼ばれた騎馬軍団を率いた武田氏を破った。近年，長篠の合戦の跡地からは(10)の兵士が使用した東南アジアで生産された鉛の弾薬が発見されている。

カードＹ：江戸時代の終わりに力を付けていたのが，現在の鹿児島県に位置する薩摩藩や，山口県の長州藩であり，これら２つの藩が中心となり江戸幕府を倒した。とくに薩摩藩は17世紀の初め以来，琉球王国を支配下に置いて，財政的に潤っていた。

問８．波線部Ｚについて，

(1)　現在，動画配信サービス(例：ユーチューブ，ネットフリックス)では，倍速機能を使う10代や20代の若者が多いと指摘されています。倍速機能を使うことに積極的な人が増えている理由はなぜでしょうか。次の【用語】を使って説明しなさい。

【用語】　パフォーマンス

ただしこの場合は，演技や表現の意味では用いないこと。

(2)　2020年から行われている＊ある調査によれば，「小学生がなりたい職業」の第１位は４年連続で，ユーチューブでの動画提供者(ユーチューバー)でした。自分で好きな動画を作

成して視聴者を獲得することができれば，多額の広告費を得られるためでしょう。

しかし，ユーチューバー(YouTuber)の仕事は，今後は高収入を見込めないだろうという意見もあります。それはなぜでしょうか。

ユーチューブ(YouTube)の動画再生が直面している問題を，人間の生活上の制約や近年のインターネットをめぐる状況を踏まえながら，説明しなさい。

＊進研ゼミ小学講座による「小学生18000人に聞きました！2023年総決算ランキング」

2 以下の文章を読み，あとの問いに答えなさい。

今年の1月2日・3日に行われた東京箱根間往復大学駅伝競走(以下，箱根駅伝という)は，100回目の開催ということで，例年以上に大きな注目を浴びました。箱根駅伝は，東京都の大手町から神奈川県の①箱根・芦ノ湖を2日間かけて往復する大学駅伝の1つで，お正月の風物詩として親しまれています。大学駅伝には箱根駅伝以外にも島根県の[A]大社をスタート地点とする[A]駅伝や，愛知県の熱田《あつた》神宮から三重県の[B]神宮を結ぶ全日本大学駅伝があり，箱根駅伝とあわせて②大学三大駅伝として知られています。

ところで，なぜ長距離を数名の選手がリレー形式で走り，その時間を競う陸上競技が駅伝と呼ばれるようになったのでしょうか。その由来は，1917年に日本で最初に行われた東京奠都《てんと》五十年奉祝・東海道駅伝徒歩競走にあるといわれています。東京奠都五十年奉祝・東海道駅伝徒歩競走は，東京が日本の都に定められてから50周年を記念して開催された，京都の三条大橋と東京・上野の不忍池間を駆け抜ける大会です。この大会の開催にあたり神宮皇學館《こうがくかん》(現在の皇學館大学)の武田千代三郎館長が，645年に中大兄皇子が中臣鎌足と共に推し進めた政治改革である(1)をきっかけに整備が進んだ＊1駅制・伝馬《てんま》制と呼ばれる交通制度から名前をとり，駅伝と命名したことが誕生のきっかけとなりました。

では，なぜ駅制や伝馬制のような交通制度が整備されたのでしょうか。その背景には，当時道路というものが人や物の輸送に加えて，情報の伝達という役割を担っていたことが影響しています。(1)をきっかけに中央集権的な国家がつくられると，地方と政府間の情報伝達が素早く行われることが求められたため，道路の全国的な整備が必要となりました。

その後，古代の駅制・伝馬制は衰退することとなりましたが，(2)が鎌倉に幕府を開いたことで，京都と鎌倉を結ぶ東海道の重要性が高まり，再び駅制が敷かれることとなりました。しかし，鎌倉幕府の北条高時が(3)率いる軍勢によって滅ぼされると，江戸時代まで全国を結ぶ統一的な道路システムは構成されなかったといわれています。その後江戸時代に入ると，五街道に＊2宿駅制度が敷かれ，幕府の役人や荷物の輸送はもちろん，参勤交代のために行き来する大名や通信手段としての(4)など，人の往来が増加していきました。さらに，庶民による旅行目的の往来も増加していきましたが，(5)の言葉でも知られるように武器や女性の江戸への出入りは関所で厳重に監視されていました。

江戸時代までは徒歩や馬による往来が中心だったため，主に砂利や石畳の道路舗装《ほそう》でしたが，大正時代に入り徐々に自動車の台数が増え始めたために，自動車交通に耐えられる，より頑丈な道路舗装が必要となり，③アスファルトによる舗装が首都東京を中心に進められました。その後，(6)年に発生した関東大震災からの復興の際に，当時の東京市を中心に路面舗装が急速に進み，1931年には東京市の舗装率が55％を超えたことを記念して，道路祭が開催されました。しかし，第二次世界大戦の混乱の中で道路は荒廃し，再び舗装がなされるようになるのは，大衆にも自動車が普及し交通の中心が自動車に転換する(　７　カタカナ)が進展した高度経済成長期以降のことでした。高度経済成長期頃からは，道路の舗装と平行するような形で，全国を結ぶ道路網が形成されていきました。その過程で戦前までは技術的，軍事的な観点から実現がかなわなかった④島への架橋《かきょう》や，それに伴う道路の新設が行われ，日本全国を道路で結ぶ交通網の整備が進められました。

道路網の発達に伴い配送時間が短縮したことで，旅客輸送，貨物輸送ともに自動車による輸送が中心となっている一方，国土交通省によると2022年度の宅配便取扱数は50億588万個と過去最高となり，運送業者への負担の増加が社会問題となっています。加えて，(　８　)改革関連法の制定に伴い，時間外労働の上限規制の適用などにより，物流が滞《とどこお》るなど様々な問題が起こることが懸念《けねん》されており，これを物流の⑤2024年問題と呼び，社会に様々な影響が出ることが懸念されています。

※注釈

＊１　駅路や伝路と呼ばれる道路に，一定間隔で駅家や郡家を設置し，そこに駅馬や伝馬と呼ばれる馬や食糧などを配置し，馬を使用して駅家や郡家間を行き来する制度のこと。

＊２　古代律令国家で整備された駅制・伝馬制に類似した近世に整備された制度のことを総称して宿駅制度と呼んでいる。

問１．文中の空らん(１)～(８)に当てはまる最も適切な言葉を答えなさい。

問２．文中の空らん［　A　］・［　B　］に当てはまる最も適切な旧国名を答えなさい。

問３．下線部①について，次の図１は国土地理院が2014年に発行した２万５千分の１地形図「箱根」の一部です。図１に関する以下の問いに答えなさい。

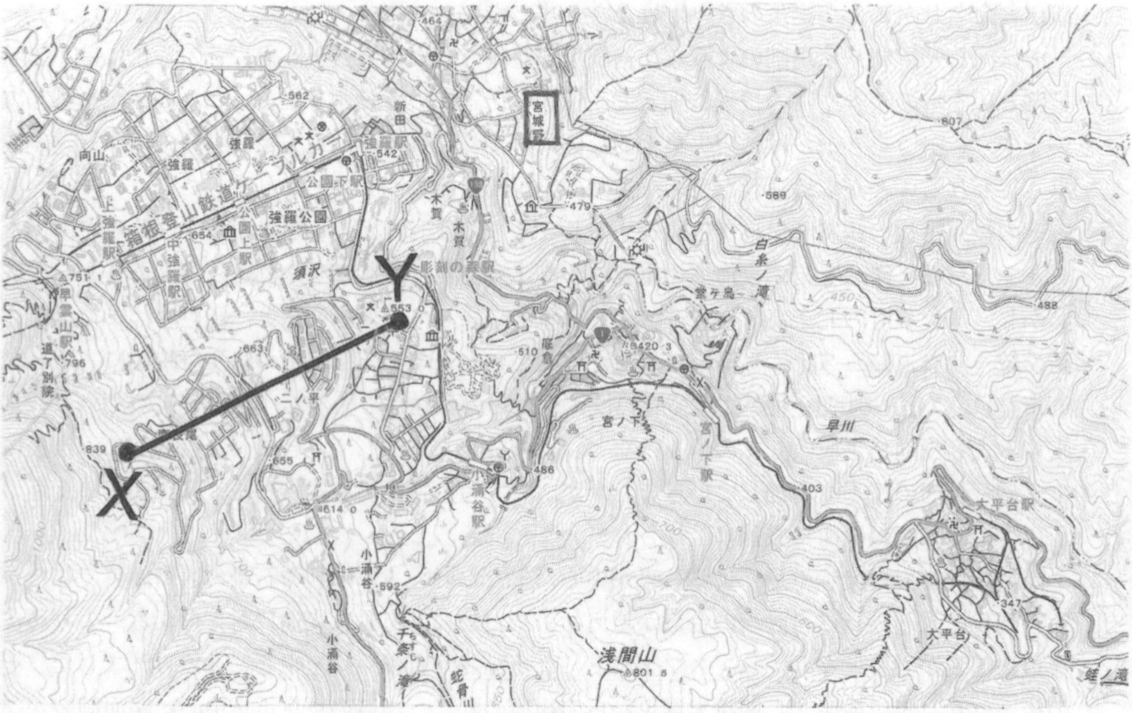

図１

〈編集部注：編集上の都合により原図の90％に縮小してあります。〉

(1)　図１中のＸ－Ｙ間の断面図を示したものとして正しいものをア～エから１つ選び記号で答えなさい。

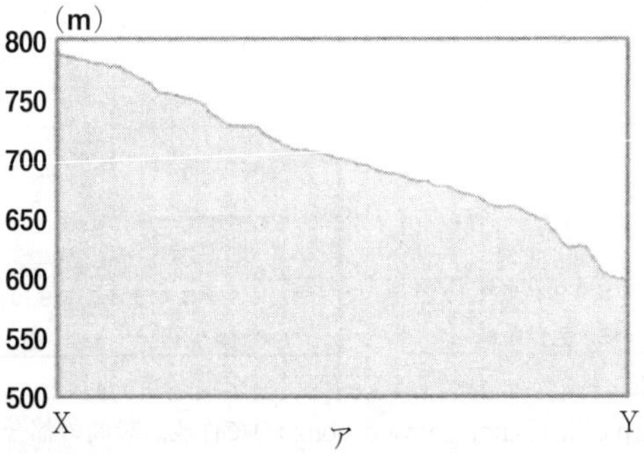

ア

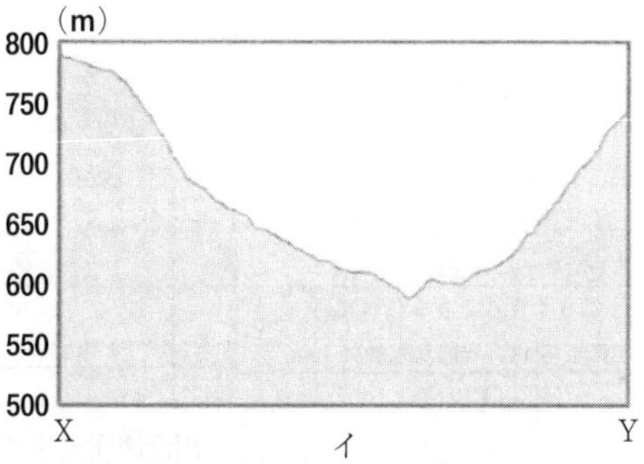

イ

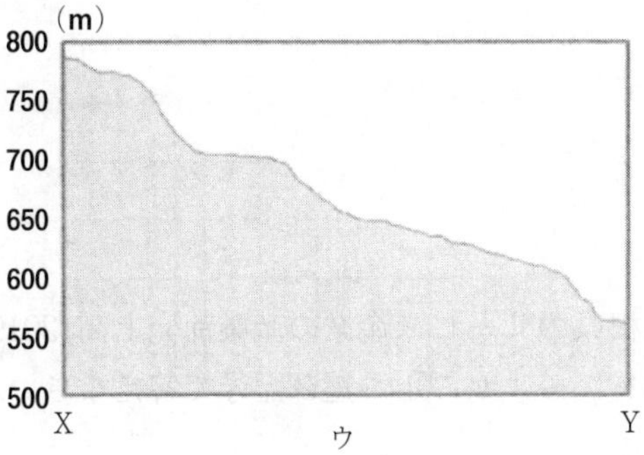

ウ

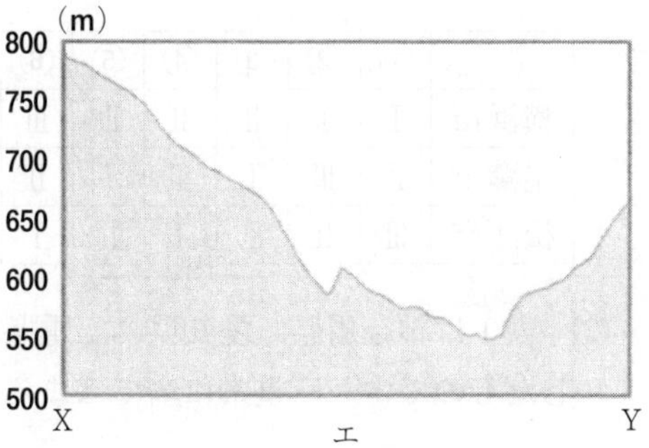

エ

(2)　図１から読み取れることとして**誤っているもの**をア～エから１つ選び記号で答えなさい。

ア．宮城野という地区には老人ホームと高等学校が立地している。

イ．箱根登山鉄道ケーブルカーの上強羅駅のすぐ南側には温泉がある。

ウ．この地図の範囲内に博物館や美術館を示す地図記号は２つある。

エ．箱根登山鉄道の大平台駅と強羅駅の標高差は約200ｍである。

(3)　図１中の大平台から宮ノ下を結ぶ国道は実際の箱根駅伝のルートとして知られていますが，この２地点間の地図上の距離が８cmの時，時速20kmで走る選手が通過にかかる時間として最も近いものをア～エから１つ選び記号で答えなさい。

ア．３分

イ．４分

ウ．５分

エ．６分

問４．下線部②について，大学三大駅伝のルートとなっている都道府県に関する次の問いに答えなさい。

(1)　Ⅰ～Ⅲの雨温図は，神奈川県横浜市，三重県尾鷲市，島根県松江市のいずれかのものです。雨温図と都市名の組み合わせとして正しいものを①～⑥から１つ選び番号で答えなさい。

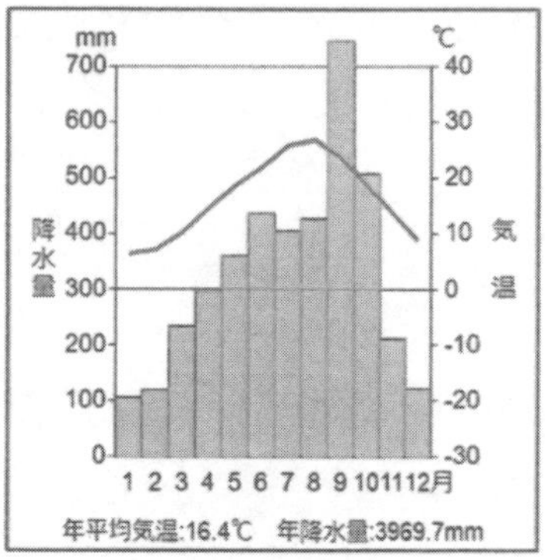

Ⅰ

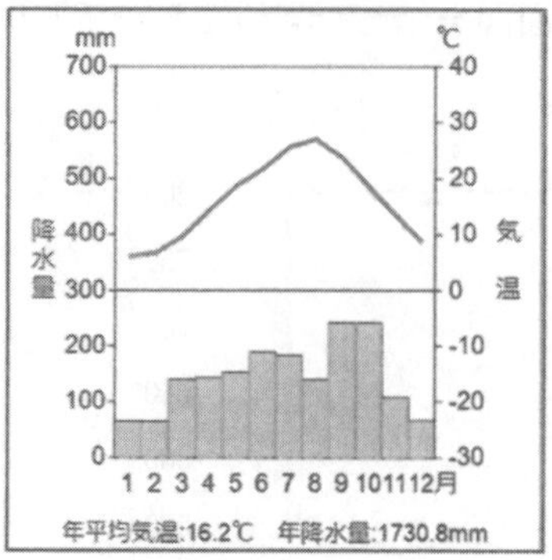

Ⅱ

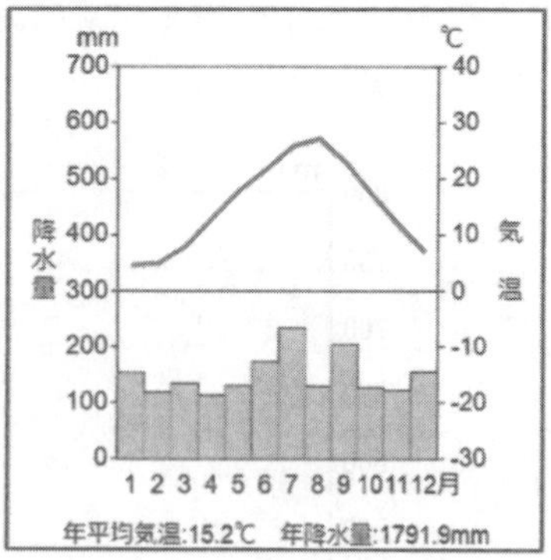

Ⅲ

雨温図作成サイト(https://ktgis.net/service/uonzu/)で作成，設問の都合上一部加工

	①	②	③	④	⑤	⑥
横浜市	Ⅰ	Ⅰ	Ⅱ	Ⅱ	Ⅲ	Ⅲ
尾鷲市	Ⅱ	Ⅲ	Ⅰ	Ⅲ	Ⅰ	Ⅱ
松江市	Ⅲ	Ⅱ	Ⅲ	Ⅰ	Ⅱ	Ⅰ

(2)　表１は神奈川県，愛知県，三重県，島根県のサービス産業の産業別売上高(2019年)を示したものです。三重県に当てはまるものをア～エから１つ選び記号で答えなさい。

表１

単位：億円

	情報通信業	卸売業，小売業	不動産業・物品賃貸業	学術研究，専門・技術サービス業	宿泊業，飲食サービス業	生活関連サービス業，娯楽業	医療，福祉
ア	13,488	340,198	26,764	14,603	11,944	21,766	51,372
イ	20,676	195,566	28,159	21,956	13,375	21,784	65,559
ウ	288	15,316	809	586	851	979	7,565
エ	434	36,357	3,017	1,658	2,685	4,303	14,539

『データでみる県勢 2023』より作成

問５．下線部③について，アスファルトの舗装が進んだことで，自動車の通行にも耐えうる強い道路がつくられましたが，舗装率の高い地域において新たな問題が発生しました。アスファルトの特徴を示した以下のカードと資料を参考に，どのような地域でどのような問題が発生していますか，説明しなさい。

旧約聖書の創世記《そうせいき》で描かれる「ノアの箱舟」の物語のなかで，神は洪水から身を守る箱舟の内側と外側をアスファルトで塗るように言われたことからもわかるように，アスファルトは防水性が高いという性質がある。また，熱を蓄えやすい性質があることでも知られている。

都道府県別＊1舗装率		（単位：％）
1位	大阪府	76.8
2位	東京都	65.4
3位	神奈川県	56.1
45位	群馬県	17.6
46位	茨城県	14.3
47位	長野県	13.9

国土交通省　道路統計年報2022より作成

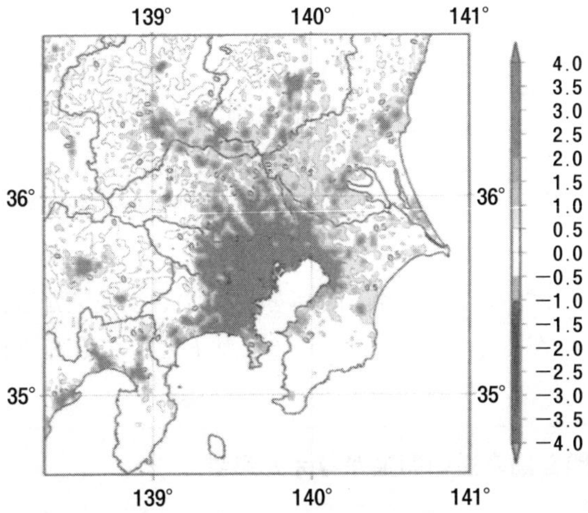

図２　都市化の影響による＊２平均気温の変化(単位：℃)の分布

※弊社ホームページにて，図のカラー印刷のものを掲載しています。
必要な方はアクセスしてください。
なお，右の二次元コードからもアクセスできます。

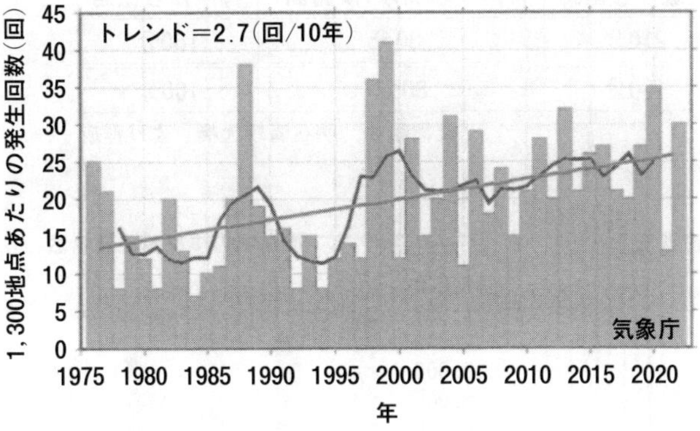

図３　全国の１時間降水量 80mm 以上の年間発生件数

＊１：舗装率は数層からなるアスファルトとコンクリートで舗装された割合を示したものである。
＊２：2010年から2018年までの１月の平均気温をもとに算出している。

図２：気象庁ホームページ(https://www.data.jma.go.jp/cpdinfo/himr/himr_5-1-1.html)より引用
図３：気象庁ホームページ(https://www.data.jma.go.jp/cpdinfo/extreme/extreme_p.html)より引用

問６．下線部④に関して，頌子さんと栄子さんは架橋とそれに伴う道路の新設による影響についてポスターにまとめています。２人の会話を参考に以下の問いに答えなさい。

頌子さん「兵庫県神戸市と徳島県鳴門市を，淡路島を経由しながら結ぶ神戸淡路鳴門自動車道の開通による地域への影響を調べてみましょう。」

栄子さん「神戸市から淡路島に渡る際に通過するのは，1998年に開通した明石海峡大橋ですね。」

頌子さん「そうですね。明石海峡大橋は建設中の1995年に［　i　］による地盤のずれの影響を受けて，予定よりも１ｍ橋の長さが伸びた珍しい橋としても知られています。」

栄子さん「淡路島と徳島県鳴門市を結ぶのは，1985年に完成した大鳴門橋ですから，明石海峡大橋の完成とともに，兵庫県と徳島県が神戸淡路鳴門自動車道でつながったということですね。」

頌子さん「そういうことになります。兵庫県と徳島県が１本の道でつながったことによる徳島県への影響を図４にまとめてみました。」

栄子さん「これをみると，明石海峡大橋が開通した1998年以降，徳島県のブランド地鶏である阿波尾鶏《あわおどり》の生産が急増しているのがわかりますね。」

頌子さん「阿波尾鶏は明石海峡大橋の開通以前はあまり売り上げがよくなかったそうです。明石海峡大橋の開通により，［　ii　］ために生産量が急増したといえますね。」

栄子さん「一方，徳島県の小売業の事業者数は1998年以降，減り方が大きくなっていることが読み取れますね。」

頌子さん「そうですね。［　iii　］ため，消費者に商品を販売する小売業が衰退してしまっていますね。本州とつながったことによるデメリットとしても知られています。」

神戸淡路鳴門自動車道の開通が与えた影響

① 所要時間

	大阪から洲本(淡路島)	大阪から徳島	神戸から洲本(淡路島)	神戸から徳島
開通前	170分	210分	130分	180分
開通後	90分	130分	60分	100分

『架橋組曲　明石海峡大橋』より作成

② 産業への影響

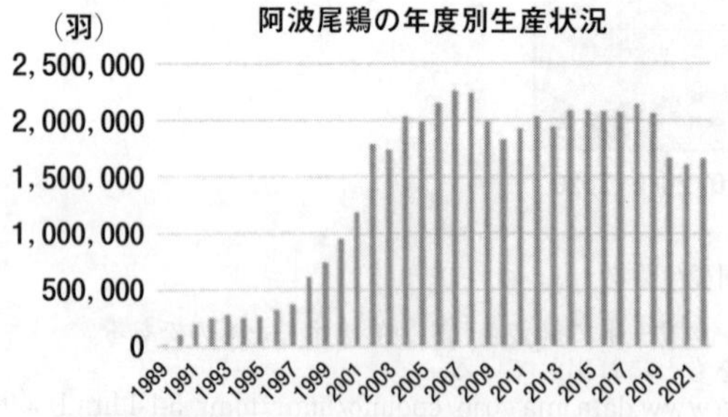

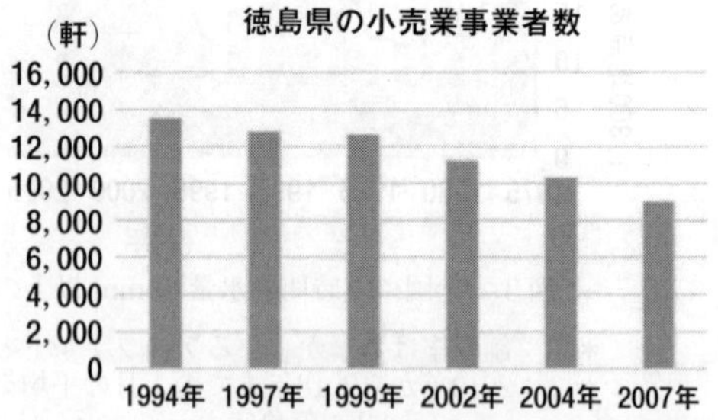

徳島県養鶏協会ホームページ
(https://www.tokutori.org/tori/situation)より作成

商業統計(経済産業省)より作成

図４

(1)　会話文中の空らん［ i ］に当てはまる最も適切な言葉を答えなさい。

(2)　文中の空らん［ ii ］・［ iii ］に当てはまる理由を，本州までの所要時間に触れながら説明しなさい。

問７．下線部⑤に関する以下の問いに答えなさい。

(1)　労働者の労働時間や労働条件の基本原則などを定めた，1947年に制定された法律を何というか答えなさい。

(2)　(1)の法律において，１日の労働時間は何時間以内と決められているか答えなさい。

【理　科】〈第１回試験〉（40分）〈満点：100点〉

《注意》　漢字で書くべき用語は漢字で書くこと。

〈編集部注：実物の入試問題では，写真はカラー印刷です。〉

1　2021年７月26日に，「奄美大島，徳之島，沖縄島北部及《およ》び西表島」が世界自然遺産に登録されました。鹿児島県から約380km南に位置する奄美大島について，以下の各問いに答えなさい。

［Ⅰ］　奄美大島の植物について，次の問いに答えなさい。

問１　奄美大島の多くの樹木は，一年中葉をつけており，葉は広くて平たい形をしています。このような樹木を何といいますか。漢字五字で答えなさい。

問２　奄美大島では，淡《たん》水と海水が入り交じる沿岸に多くの植物が生息し，森林を形成しています。このような森林を何といいますか。カタカナで答えなさい。

問３　問２の森林を構成する植物の代表として「ヒルギ」という木があります。ヒルギは水中に含《ふく》まれるある物質を排《はい》出する特殊《しゅ》な能力を持っています。

⑴　ある物質とは何ですか。名前を答えなさい。

⑵　ヒルギは，体の中に吸収した⑴の物質を，どのような方法で体の外に捨てると考えられますか。【写真１】と【写真２】を参考にしてその方法を推測し，簡単に説明しなさい。

【写真１】

【写真２】

※弊社ホームページにて，【写真１】と【写真２】のカラー印刷のものを掲載しています。
必要な方はアクセスしてください。
なお，右の二次元コードからもアクセスできます。

問４　奄美大島にある原生林の中に「ヘゴ」という木があります。関東近辺にヘゴは生息しておらず，代わりに，ヘゴと同じグループに属する植物が生息しています。次に示すヘゴの写真とヘゴの特徴《ちょう》をまとめたデータを参考に，ヘゴが属する植物のグループ名を答えなさい。

【ヘゴの写真】

【ヘゴの特徴】

・湿《しつ》度の高い環《かん》境を好む。

・葉は鳥の羽のような形で，裏《うら》面には胞《ほう》子のうがある。

・花は咲《さ》かない。

問５　ヘゴと同じグループに属していた「ロボク」「リンボク」「フウインボク」という樹木は，約3.5億年前の地球で繁《はん》栄しており，大森林を形成していたと考えられています。これらの樹木が枯《こ》死し，完全に分解される前に地中に埋《う》もれて，熱や圧力の影響《えいきょう》を受けて生成した化石燃料を何といいますか。

［Ⅱ］　ある種のウミガメは，奄美大島の砂浜《はま》で産卵《らん》することがあります。ウミガメについて，次の問いに答えなさい。

問６　ウミガメは脊椎《せきつい》動物の何類に属しますか。次の**ア**～**オ**から１つ選んで，記号で答えなさい。

ア　魚類　　　　**イ**　両生類

ウ　ハチュウ類　**エ**　鳥類

オ　ホ乳類

問７　ウミガメは主に何呼吸をしていますか。

問８　奄美大島のある村では，ウミガメが産卵する砂浜の近くの道路で赤い街灯を使用しています。この理由の１つを説明した次の文章の空欄《らん》に適当な語句を入れなさい。

> 子ガメは，人の目には見えない波長の短い光である［ ① ］を認識《にんしき》するが，赤い光を認識することはできない。孵《ふ》化した子ガメは地中から地表に向かい，［ ② ］になるまで地表付近で待機する。これは，明るいうちに動くと，捕《ほ》食者に狙《ねら》われる危険が大きいためである。［ ② ］になると，子ガメは［ ③ ］の光を頼《たよ》りに，［ ④ ］に向かって移動していく。よって，明るく白い光の街灯を使用すると，子ガメの［ ④ ］への移動をさまたげてしまう可能性があるが，赤い光であれば子ガメの移動に影響しない。

問９　ウミガメの性別は，孵化するときの温度によって決まります。地球の温暖化がウミガメに及ぼす影響として，次のページのグラフから考えられる事柄《がら》として最も適するものをあとの**ア**～**オ**から１つ選んで，記号で答えなさい。

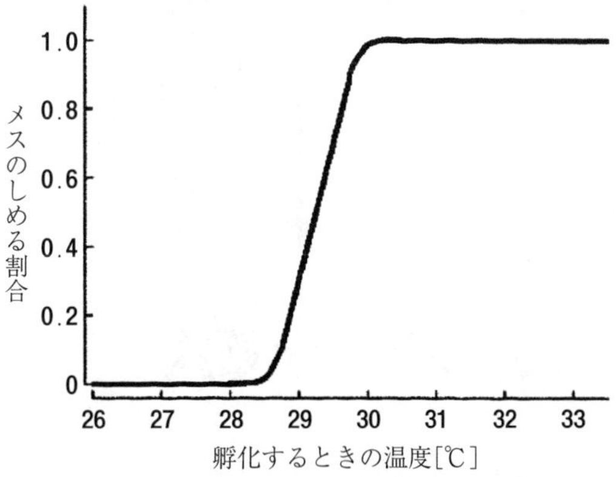

ア　メスの割合が増加し，個体数が減少する一因となる。

イ　ウミガメの個体数が増加し，エサが不足する。

ウ　オスの割合が増加し，争いが多くなる。

エ　ウミガメの生息場所が減少する。

オ　温暖化はウミガメの個体数に大きく影響しない。

2　磁石と電流について，以下の各問いに答えなさい。

問１　【図１】のように棒磁石を置くと，Ａの位置に置いた方位磁針はどのようになりますか。次の**ア**～**エ**から１つ選んで，記号で答えなさい。ただし，方位磁針の色がついている側は磁石のＮ極となっています。

【図１】

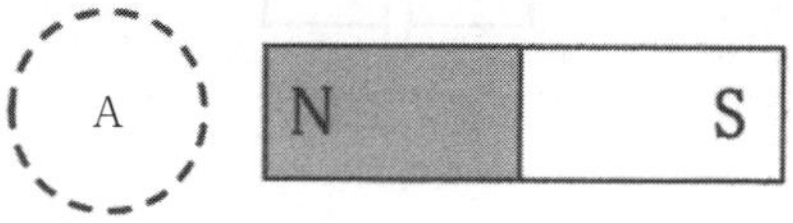

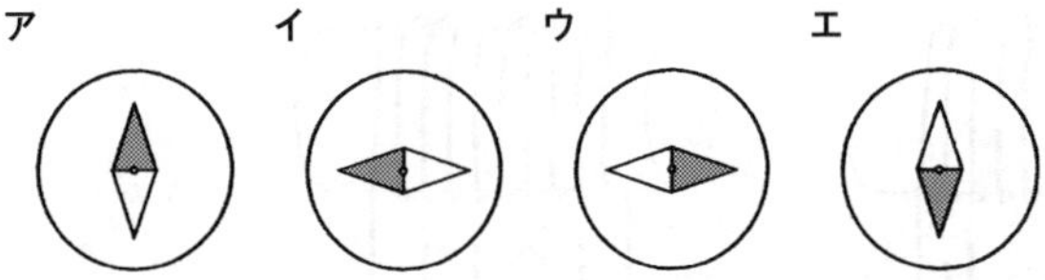

問２　【図２】のように，棒磁石を点線Ｂで切って２つに分けると，この磁石はどのようになりますか。次の**ア**～**オ**から１つ選んで，記号で答えなさい。

【図２】

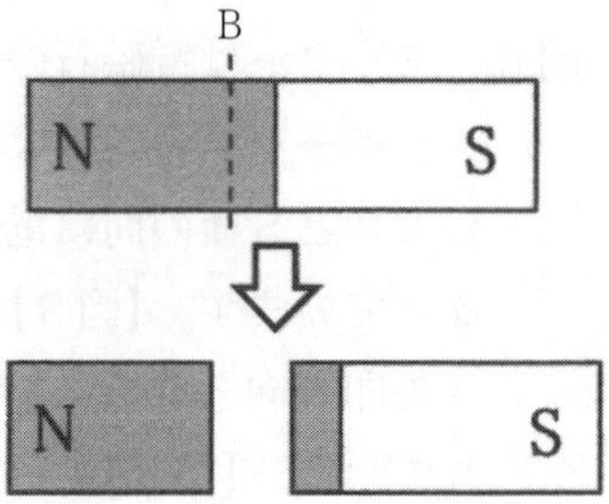

ア　Ｎ極だけ，Ｓ極だけの磁石が１つずつできる。

イ　Ｎ極とＳ極を持つ磁石が２つできる。

ウ　どちらの磁石も，Ｎ極でもＳ極でもなくなる。

エ　片方はＮ極のみ，もう一方はＮ極とＳ極の磁石ができる。

オ　片方はＳ極のみ，もう一方はＮ極とＳ極の磁石ができる。

問３　【図３】のように鉄しんにエナメル線を巻き，電磁石をつくりました。【図３】のＣの位置に置いた方位磁針はどのようになりますか。問１の**ア**～**エ**から１つ選んで，記号で答えなさい。

【図３】

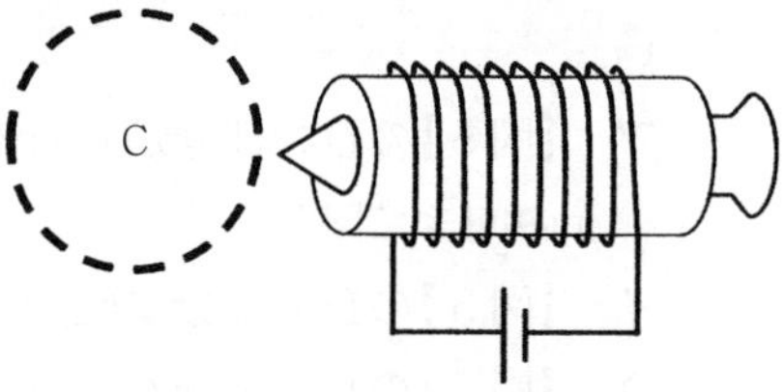

問４　【図４】のように電磁石を机の上のクリップに近づけます。このとき，クリップをより多く引きつけるためにはどのようにすればよいですか。次の**ア**～**カ**からすべて選んで，記号で答えなさい。ただし，同じ電池，同じ長さのエナメル線を用いて実験を行うものとします。

ア　鉄しんのかわりにアルミニウムの棒を入れる。

イ　鉄しんのかわりにプラスチックの棒を入れる。

ウ　太いエナメル線にかえる。

エ　細いエナメル線にかえる。

オ　エナメル線の巻き数を多くする。

カ　エナメル線の巻き数を少なくする。

【図４】

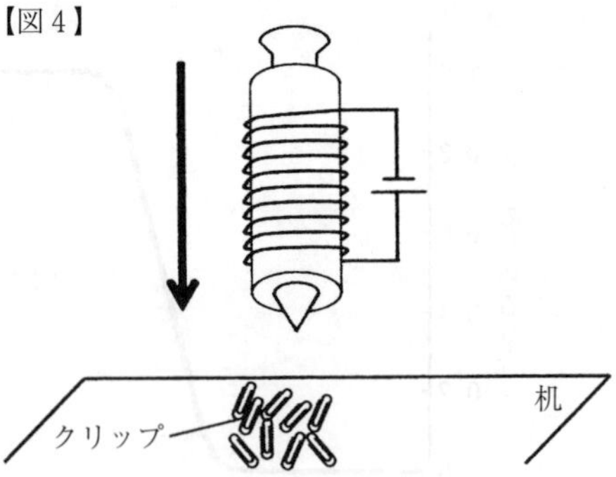

問５　次の**ア**～**カ**を，電磁石の磁力が大きいものから順に等号と不等号を使って示しなさい。ただし，同じ電池，同じ豆電球，同じ長さのエナメル線を用いて実験を行うものとします。

ア

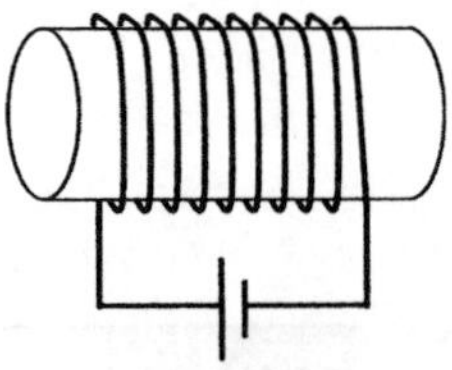

イ

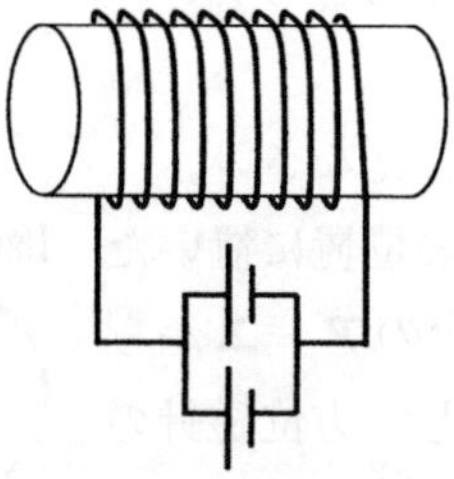

ウ

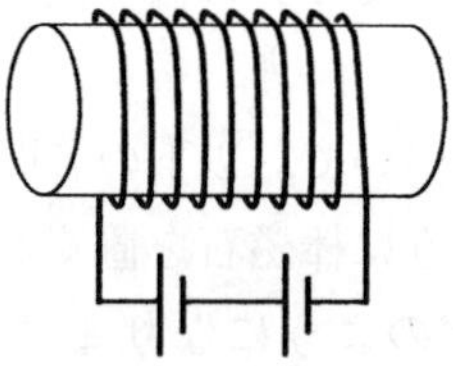

エ

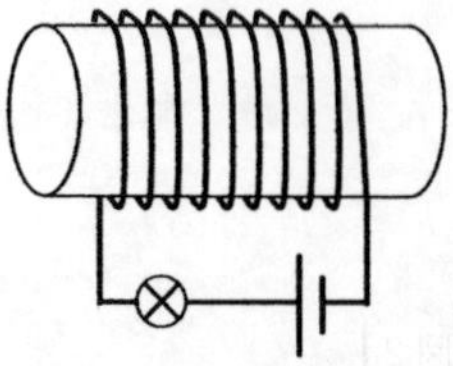

オ

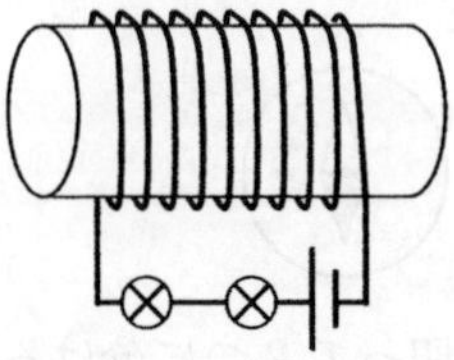

カ

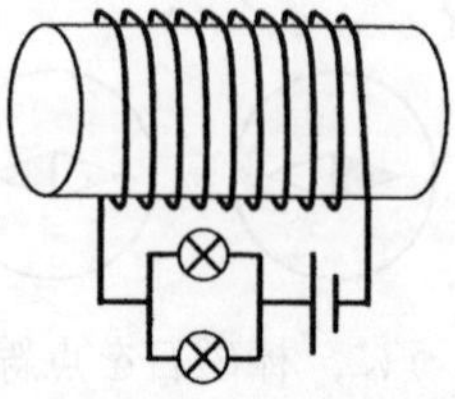

問６　モーターは電磁石の性質を利用しています。モーターの内部は【図５】のように磁石のＮ極とＳ極の間に電磁石を挟《はさ》んだ構造になっています。【図５】のように電池をつなぎ矢印の向きに電流を流すと，電磁石が回りました。【図５】の電磁石が回るしくみを説明したものとして，最も適するものを次の**ア**～**エ**から１つ選んで，記号で答えなさい。

【図５】

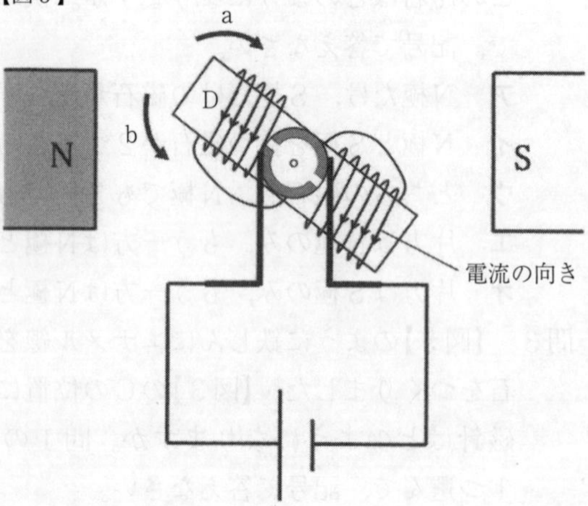

ア　【図５】のＤの部分が磁石のＳ極になり，ａの向きに回る。

イ　【図５】のＤの部分が磁石のＳ極になり，ｂの向きに回る。

ウ　【図５】のＤの部分が磁石のＮ極になり，ａの向きに回る。

エ　【図５】のＤの部分が磁石のＮ極になり，ｂの向きに回る。

問７　リニアモーターカーの中には，強力な電磁石が用いられているものがあり，工夫《くふう》の１つとして「超《ちょう》伝導」という現象が利用されています。超伝導は，電流が流れるコイルの温度を超高温，もしくは超低温のどちらかに制御《ぎょ》することで現れる現象です。【図６】のグラフを参考にして，超伝導ではコイルを「高温にしている」，もしくは「低温にしている」のどちらかを選んで，○をつけなさい。また，そのように温度を制御することでなぜ強力な電磁石をつくり出すことができるかを説明しなさい。

【図６】

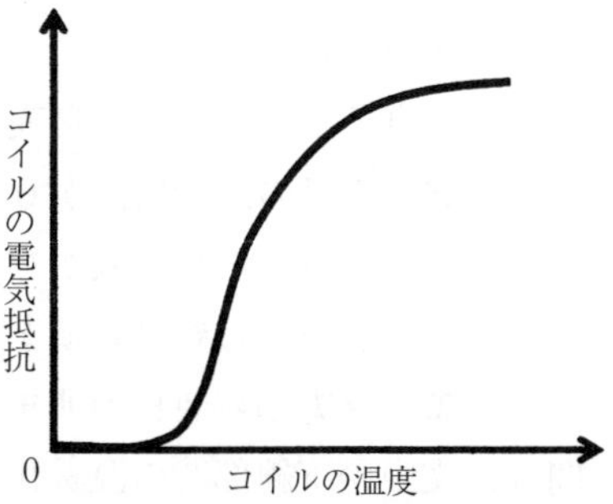

3　以下は，2023年の夏休みの終わり頃《ころ》の，小学生の頌子さんとお父さんの会話です。これを読んで，各問いに答えなさい。

頌子さん「お父さん，千葉県の勝浦に引っ越《こ》そう！」

夏休みの宿題に汗《あせ》を流していた頌子さんが突《とつ》然叫《さけ》びました。

お父さん「どうしたんだい？　突然叫んで。」

頌子さん「勝浦では観測史上１回も［ ① ］がないんだって。」

お父さん「確かに，東京では今年の［ ① ］はもう20日以上なのにね。」

頌子さん「②温暖化がすごく進んでいるっていう感じだね。」

お父さん「そうだね，こんなに毎日暑いんでは耐《た》えられないね。ところで，温暖化で他に困ることはどんなことがあるかな？」

頌子さん「氷がとけて，海面が上昇《しょう》して，町や都市や国が沈《しず》んでしまうこともあるってニュースで言ってたよ。③北極の氷は海に浮《う》かんでいるからとけても大きな影響《えいきょう》はないけど，南極大陸の氷がとけるとその分だけ海水が増えるからだよね。」

お父さん「うん，半分は正しいけど，NASA の研究では，南極大陸の氷は今のところ温暖化が始まる前より増えているらしいんだ。」

頌子さん「えっ！　気温が上昇しているのに氷が増えるなんていうことがあるの？」

お父さん「そうだね，雨や雪は雲から降ってくるけど，雲はどうやってできるか説明できるかな。」

頌子さん「水蒸気を含んだ空気のかたまりが上昇して，気温が下がると飽《ほう》和水蒸気量を超《こ》えてしまって，超えた分が水滴《てき》や氷の粒《つぶ》になるんだよね。」

お父さん「④飽和水蒸気量は気温が高いほど大きくなるんだよね。気温が上昇すると同じくらいの湿《しつ》度でも水蒸気が多くなるから降雪量が増えて，南極大陸の内陸部では氷が増えているらしいんだ。もっとも，沿岸部では氷がどんどんとけて減っているので，さらに気温が上がれば南極全体の氷も減ってゆくことになるよ。」

頌子さん「でも，もう今でも海水面は上昇しているんだよね。南極の氷は減ってないのに，何で上昇しているの？」

お父さん「それは⑤水の性質を考えれば説明できるね。」

問１　文中の［①］に適する語を記しなさい。また，①はどのような日であるか簡単に説明しなさい。

問２　次の(1)，(2)の用語の説明として正しいものをそれぞれ**ア**～**エ**から１つずつ選んで，記号で答えなさい。

(1)　真冬日　　(2)　熱帯夜

ア　１日の最低気温が０℃未満の日

イ　１日の最高気温が０℃未満の日

ウ　夕方から翌日の朝までの最低気温が25℃以上になる夜

エ　夕方から翌日の朝までの最高気温が25℃以上になる夜

問３　文中の下線部②の温暖化の原因となっている気体のうち，大気中に0.04％含まれているものは何ですか。その名前を答えなさい。

問４　文中の下線部③について，海に浮かんでいる氷がとけても海水面はあまり上昇しません。このことは『コップの水に浮かべた氷がとけても水面の高さが変化しない』のと同じしくみで説明できます。『コップの水に浮かべた氷がとけても水面の高さが変化しない』理由として適しているものを次の**ア**～**エ**から１つ選んで，記号で答えなさい。

ア　水が凍《こお》るときには体積が小さくなる

イ　氷がとけるときには体積が小さくなる

ウ　水が凍るときには重さが重くなる

エ　氷がとけるときには重さが重くなる

問５　文中の下線部④の飽和水蒸気量と気温との関係は次の表のようになります。また，飽和水蒸気量に対して，現在含まれている水蒸気量の割合を百分率(％)で表したものを湿度といいます。

気温[℃]	−10	0	10	20	30
飽和水蒸気量[g/m³]	3	5	9	17	30

(1)　30℃で空気１m^3中に21ｇの水蒸気を含む空気の湿度は何％か求めなさい。

(2)　20℃で湿度60％の空気１m^3に含まれる水蒸気の質量は何ｇか求めなさい。

(3)　30℃で湿度70％の空気を急に10℃まで冷やすと，空気１m^3あたり何ｇの水滴ができるか求めなさい。

(4)　南極全体の平均気温が−10℃から０℃に上昇したとすると，南極大陸上の空気１m^3中に含まれる水蒸気は何倍になりますか。どちらの気温のときも湿度は80％で一定であったとして，小数第２位を四捨五入して小数第１位まで答えなさい。

問６　文中の下線部⑤の水の性質を考えて，南極など陸地の氷は地球全体で減っていないにもかかわらず，海水面が上昇している理由を説明しなさい。

問７　勝浦が涼《すず》しい理由ははっきりとはわかっていませんが，次のような仮説もあります。

> 海風は日中も温度の上昇が少ない。そのため海岸近くは涼しくなる。また，房総半島で南寄りの風が長時間吹《ふ》き続ける場合，風によって海の表面の海水は東に運ばれ，東に流された表面の温かい海水を補うように冷たい海水が湧《わ》き上がることで海水温が低くなり，海風を涼しくする効果が強まると考えられる。

　この仮説が正しいと仮定したとき，勝浦はどのような場所に位置することになりますか。最も適するものを次の**ア**～**エ**から１つ選んで，記号で答えなさい。

ア　沖《おき》の方までずっと遠浅の海底が続いている
イ　海岸から少し沖に出ると急に海が深くなる
ウ　内陸で四方を湖に囲まれている
エ　内陸で四方を高い山に囲まれている

4　金属の性質について，以下の各問いに答えなさい。ただし，計算の結果は，四捨五入して指示の通りに答えること。

　異なる３種類の金属Ａ～Ｃを粉末にしたものをそれぞれステンレス皿に入れ，ガスバーナーを用いて空気中で加熱する実験を行いました。３種類の金属は，アルミニウム，マグネシウム，銅のいずれかです。

　ステンレス皿は加熱により重さが変化することはないことを確かめた上で，加熱後に全体を冷ましてから重さをはかりました。金属の色が変わり，全体の重さが変化しなくなるまで十分に反応させた上でできた物質の重さをはかりました。この操作をそれぞれの金属の重さを変えて繰《く》り返し行い，その結果を以下の表に示しました。

【図１】

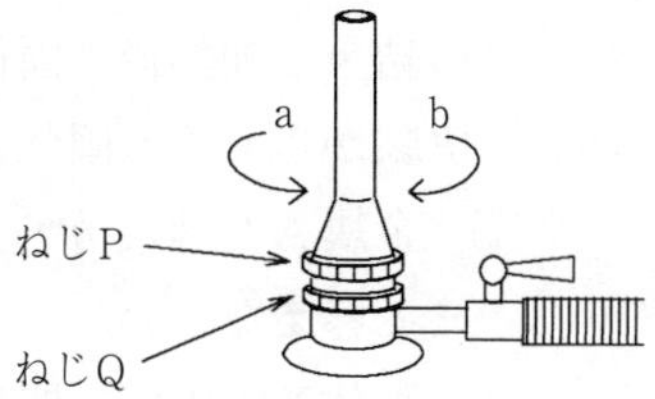

【金属Ａ】　金属Ａをよく加熱すると黒色の粉末ができました。これを「固体Ｘ」とします。金属Ａと固体Ｘの重さは下の表のようになりました。

金属Ａ[ｇ]	0.40	0.80	1.20	1.60	2.00	2.40
固体Ｘ[ｇ]	0.50	1.01	1.51	1.98	2.49	3.00

【金属Ｂ】　金属Ｂをよく加熱すると白色の粉末ができました。これを「固体Ｙ」とします。金属Ｂと固体Ｙの重さは下の表のようになりました。

金属Ｂ[ｇ]	0.40	0.80	1.20	1.60	2.00	2.40
固体Ｙ[ｇ]	0.67	1.33	2.01	2.66	3.33	4.00

【金属Ｃ】　金属Ｃをよく加熱すると白色の粉末ができました。これを「固体Ｚ」とします。金属Ｃと固体Ｚの重さは下の表のようになりました。

金属Ｃ[ｇ]	0.40	0.80	1.20	1.60	2.00	2.40
固体Ｚ[ｇ]	0.76	1.52	2.27	3.03	3.81	4.53

問１　【図１】はガスバーナーの模式図です。ガスバーナーに火をつけるときの操作手順について説明した次の文章を完成させなさい。ただし，①～⑤はＰ・Ｑまたはａ・ｂから選んで記号で答え，⑥は適切な色を答えること。同じ記号を何度選んでも構いません。

　ねじＰ・Ｑがしまっていることを確認《にん》してからガスの元栓《せん》を開け，マッチに火をつけて[①]のねじを[②]の向きに回してガスバーナーに火をつける。さらに，[③]のねじを手で押《お》さえておいて[④]のねじを[⑤]の向きに回して，炎《ほのお》の色が[⑥]色になるように調節する。

問２　どの金属も加熱後に重くなっていますが，それは金属が空気中のある気体Ｄと結びついて変化したためです。その気体Ｄの名前を書きなさい。

問３　それぞれの金属について，板や針金ではなく粉末にしたものを用いた理由として適するものを次の**ア**～**オ**から２つ選んで，記号で答えなさい。

ア　安価だから　　**イ**　表面積が大きいから

ウ　純度が高いから　　**エ**　軽いから

オ　重さを調整しやすいから

問４　金属Ａ～Ｃをそれぞれ塩酸に入れたところ，Ａからは気体の発生が見られませんでしたが，ＢとＣからは気体が発生しました。また，ＢとＣについては，それぞれ水酸化ナトリウム水溶《よう》液に入れて反応を見たところ，Ｂは変化しませんでしたが，Ｃからは気体が発生しました。この結果と加熱後の固体の色をもとに，Ａ～Ｃの金属がそれぞれ何であるかを答えなさい。

問５　実験からできる固体Ｘについて，次の各問いに答えなさい。

⑴　金属Ａ 2.80ｇから固体Ｘは何ｇできると考えられますか。四捨五入して，小数第１位まで答えなさい。

⑵　固体Ｘの中で，問２で答えた気体Ｄと結びつく金属Ａの重さの比はいくらになっていますか。次の式の空欄にあてはまる数値を，整数で答えなさい。

Ｄ：Ａ＝１：[　　]

⑶　金属Ａ 3.00ｇがすべて反応する前に加熱を止めたところ，できた固体は 3.60ｇでした。反応せずに残っている金属Ａは何ｇですか。四捨五入して，小数第２位まで答えなさい。

問６　金属Ａ～Ｃが完全に反応したとして，同じ重さの気体Ｄと結びつくＡ～Ｃの重さの比はいくらになりますか。次の式の空欄にあてはまる数値を，四捨五入して小数第１位まで答えなさい。

Ａ：Ｂ：Ｃ＝[①]：[②]：１

問八　――⑥「サンが、夜明けをつれてきてくれたんだ」とありますが、ここで言う「夜明け」とはどのようなことを表しているのでしょうか。説明しなさい。

問九【作文問題】　この問題文では、「名前を呼ぶ」という行動が美咲にとってサンやおねえさんとの関係、そして自分自身を変える重要なものとして描《えが》かれています。あなたのこれまでの経験の中で「名前を呼ぶ」または「名前を呼ばれる」ということが特別な意味を持った出来事について、実際の経験や具体例をあげて作文して答えて下さい。解答は大きく濃《こ》くていねいな文字で、必ず解答欄内に収まるように書いて下さい。評価は、表記もふくめた言葉としての正しさ、また、巧《たく》みさにも着目しながら、文章として完結しているもののみ、内容を中心に行います。

B　ア　びくびく　イ　わくわく
　　ウ　そわそわ　エ　るんるん

C　ア　ずきずき　イ　ぽかぽか
　　ウ　むずむず　エ　ぴりぴり

問二　――①「おねえさんは、わたしに見えないバトンを渡そうとしてくれているんだ」とありますが、美咲はおねえさんのどのような行動を指してこのように表現しているのでしょうか。七十五字以内で説明しなさい。

問三　――②「……」とありますが、これは美咲がある言葉を言おうとして言えなかったということです。その内容として最も適当なものを、次のア～エの中から一つ選び、記号で答えなさい。

ア「おねえさんは、どうして花屋をはじめたの？」

イ「わたしも少し前に、すごく悲しいことがあったんです。」

ウ「おねえさん、元気だして。」

エ「わたしは近くの小学校に通っている六年生です。」

問四　――③「気持ち宝箱」という言葉からは、おねえさんが「気持ち」をどのようなものとして考えていると分かりますか。最も適当なものを、次のア～エの中から一つ選び、記号で答えなさい。

ア　宝物のように厳重に鍵《かぎ》をかけ、他人に決して見せてはいけないもの。

イ　そのすべてが宝石のように、きらきら光りかがやく素晴《すば》らしいもの。

ウ　何よりも高価で大切であり、たくさん集めて保管しておきたいもの。

エ　それぞれがかけがえのない、自分の中で大切に取っておきたいもの。

問五　――④「わたしは、声を出さずに泣いていたようだ」とありますが、このときの美咲の心情を説明したものとして最も適当なものを、次のア～エの中から一つ選び、記号で答えなさい。

ア　サンが死んでしまったらどうしようと不安になり、またサンをにがしてしまったことを保護施設のひとたちが知ったら何と言うだろうかと考えて、パニックになっている。

イ　サンともう二度と会えなくなってしまったのだということを悟《さと》り、注意が足りていなかった自分の行動を後悔するのと同時に、声も出せないほどの悲しみに襲《おそ》われている。

ウ　サンのリードを「しっかり持つのよ」と言われていたのに放してしまい、その結果サンをにがしてしまったことをお母さんにひどくしかられるだろうと憂鬱《ゆううつ》になっている。

エ　サンがこわがってにげてしまうきっかけを作ったのに、しっかり謝《あやま》りもしない男のひとと、サンを止められなかった自分への怒《いか》りと悔《くや》しさで、頭が真っ白になっている。

問六　□に入る言葉を八字以内で文章中から抜き出して答えなさい。

問七　――⑤「レオンとは、ぜんぜん似ていないサン」という言葉からは、美咲のサンに対するどのような思いが分かりますか。最も適当なものを、次のア～エの中から一つ選び、記号で答えなさい。

ア　レオンとは犬種からして違《ちが》うが、サンにもレオンとはまた違ったかわいさがあるということ。

イ　レオンとは外見が全く似ていないが、その内面にレオンを思わせるところがあるということ。

ウ　レオンの代わりとしてではなく、サン自身が自分にとって大切な存在なのだということ。

エ　レオンの代わりはどこにもおらず、いくらサンでもさすがにレオンには敵《かな》わないということ。

わたしは、おもわずかけ出していた。
サンがわたしの胸に飛びこんでくる。あまりのいきおいに、わたしはその場にしりもちをついた。それでもサンはわたしにあまえるのをやめない。顔をぺろぺろなめながら体重をかけてくるので、わたしは芝生にねころんでしまった。
わたしは、サンの背中をぎゅっと抱きしめた。そして、言った。
「心配したんだよ。もうぜったいにはなしたりしないからね。わたしの、大事なサン」
心のなかだけじゃなく、言葉にして、サンに伝えた。
大好きだったレオンとは、犬種も、毛質も、毛の色も、大きさも、すべてがちがうサン。
⑤レオンとは、ぜんぜん似ていないサン。
だけど、わたしはサンがとてもたいせつだ。
「美咲ちゃん！　あらあら、サンったら……」
芝生の上で、体を草にくっつけながらじゃれあっているわたしたちを見て、おねえさんが笑った。
※2バギーのなかでビリーが「ワン！　ワン！」とほえている。
「ビリー、外へ出たいって言ってるみたい」
わたしが言うと、おねえさんは「そうみたいだね」と言って、ビリーをバギーからおろした。
「ビリー、無理はしないでよ」
おねえさんはそう言ったけれど、ビリーは芝生に立てることがうれしくてしかたないというみたいに飛びはねていた。
「あっ」
わたしは、あることを思い出した。
ずっと聞きたかったこと、今のわたしなら言える。
あいかわらず、じゃれついてくるサンを「よし、よし」となだめて、おとなしくさせてから、おねえさんに向き合う。
「おねえさんの、名前を教えてください」
わたしが言うと、おねえさんは「あ」というふうに口を開けて、しばらくかたまったあと、花火がはじけるように笑い出したのだった。
「やだ、私ったら。ずっと名前、言ってなかったっけ？」
「はい。あ、お店の名前は、わかるけど……」
「あはは、そうだね。私の名前までは看板に出ていないもんね。私は、橋本葉子《はしもとようこ》。花屋だけど、葉っぱの葉子」
「葉子さん」
わたしは、おねえさんの名前を呼んだ。
「はい」
葉子さんが返事をした。
太陽はすっかりその姿をあらわし、あたりは、いつのまにか、とても明るくなっていた。
まだ冬のように寒い三月でも、朝日はほんのりとあたたかい。
世界に朝がやってきたのといっしょに、わたしの夜も明けた。
⑥サンが、夜明けをつれてきてくれたんだ。
いつのまにか、なみだはすっかりかわいていた。
（吉田桃子《よしだももこ》 作『夜明けをつれてくる犬』より）

※1　骨…ここでは、骨つぼに納められたレオンの骨を指している。
※2　バギー…簡易的なベビーカー。ここでは、年をとったビリーを乗せて散歩するための犬用の乗り物を指している。

問一　[A]～[C]に入れるのに最も適当な語を、それぞれ下のア～エの中から一つずつ選び、記号で答えなさい。
[A]　ア　ズキンと　イ　ヒヤッと　ウ　ドキンと　エ　キュンと

サンがいなくなったら、どこにいるかわからなくなってしまう。サンは、自分で「ここにいるよ」って伝えることができないんだから！

なみだが、次から次へとあふれ出し、のどの奥から「ぐうう」と声がもれ出た。

「おちついて。サンは美咲ちゃんになついているから、きっとここへもどってくる。サンも不安になっているはず。だから、だいじょうぶだよって、サンの名前を呼んであげて」

おねえさんが言った。

サン。

サン！

太陽という意味の名前。

だけど、その名前を呼ぼうとすると、のどにつまった見えないビー玉がじゃまをする。

むり、むり。

わたしには、むり。

パニックになったわたしは、いつも以上に声を出すことがむずかしい状態になってしまった。

わたしの背中にまわされていたおねえさんの手が、ふっとゆるんだ。おねえさんはわたしの両肩《りょうかた》に手を置いて、体をはなした。そのま、わたしの目をじっとみつめる。

「美咲ちゃん。サンに『わたしはここにいる』って伝えるの！」

わたしが？

わたしは、ここにいる。

サンが伝えることができないのなら、わたしが伝えればいいの？

そうだよ、というふうに、おねえさんがうなずく。

保護施設ではじめてサンに会った日、わたしに近よってきてくれたときのことを今でもはっきりおぼえている。

前の飼い主にいじめられ、山奥に捨てられ、本来持っていた犬らしい声をうしなったサン。

ほんとうは、もう人間なんてこりごりだってがっかりしていたかもしれない。それなのに、サンは、わたしのところへ来てくれた。どんなに勇気がいったことだろう。

「サンの名前を呼んで。美咲ちゃん」

おねえさんが言った。

今度は、わたしが勇気を出す番だ。

サンが走っていったほうの林を見ながら、わたしはつばをごくんと飲みこむ。息をすいこむと、朝の冷たい空気に胸がちくりとした。

「……サ、ン」

わたしの声といっしょに、息が白くなり、すぐ消えた。

もう一度。

「サン……」

もう一度。もっと、大きく、サンに届くように。

わたしは、すうっと、ゆっくり空気をすった。そして、それをおもいっきりはき出すようにして、さけんだ。

「サン！」

「サン！　サ――――ン！」

［　　　　］が、わたしの声でくだけちったのがわかった。

その名前をさけんだすぐあと、遠くから、ばふっ、ばふっ、という、サンのものにちがいない、あの鳴き声が聞こえてきた。鳴き声は、だんだんこちらへ近づいてくる。やがて、林のなかから、サンがこっちに向かって走ってくるのが見えた。

朝日を背に走ってくるサンは、その名前のとおり、太陽みたいだった。

「サン！」

わたしもそうです、そう言おうとしたときだった。
「あぶない！」
だれかのさけび声といっしょにビュン！　とものすごいいきおいでなにかが飛んできた。
その物体は、わたしの頭のてっぺんぎりぎりのところをかすめて地面に落ちた。とっさにわたしは、がばっと立ち上がった。すると、となりでおとなしく座っていたサンが、水中からうち上げられた魚のように飛びはねた。それは、ほんとうに一瞬《いっしゅん》のことだった。
ああ！　しまった！
そう思ったときには、もうおそかった。
わたしの手からは、サンのリードがするりとぬけていたのだ。
サンは、猛《もう》スピードでかけ出し、あっというまに見えなくなってしまった。
「すみません！　おけがはありませんでしたか？　ほんとうに、すみません」
走ってきた男のひとが、わたしのそばに落ちたフリスビーをひろった。
わたしは、そんなことどうでもよかった。
どうしよう。
どうしよう！
さっきまでとなりにいたサンがいなくなってしまった。
頭からサーッと血の気が引いていき、ひざがふるえてきた。
頭のなかにうかんできたのは、レオンの骨つぼだった。ふたを開けると、あらわれる、なにも言わないレオンの骨。
次にうかんでくるのは、公園から道路へ飛び出していくサンの姿だった。そこへ、車が走ってきて、サンは……。
いやだ！
――「サンは、前の飼い主に虐待をうけていたんです。だから、大きな物音や、いきおいよく飛んでくるものには、こわいことを思い出して敏感《びんかん》に反応してしまうことがあるかもしれません」
サンがいた保護施設《しせつ》の久保《くぼ》さんが言っていた。
どうしよう。
わたしのせいだ。
わたしが、フリスビーにびっくりして急に立ち上がったから……。
だから、サンは、自分がたたかれるんじゃないかってかんちがいして、こわくてにげ出したんだ。
サンにもしものことがあったら、どうしよう。
それに、サンはまだトライアル期間中なんだ。うっかりにがして、どこかへ行ってしまいました、なんて言ったら保護施設のひとたちはなんて言うだろう。
がたがたと、こきざみにふるえていたわたしのことを、おねえさんがぎゅっと抱《だ》きしめてきた。
「美咲ちゃん！　おちついて」
④わたしは、声を出さずに泣いていたようだ。気づくと、ほおがなみだでぬれていた。だんだん息が苦しくなってきて、あれ？　いつもどうやって空気をすっていたんだっけ？　という気持ちになる。
「美咲ちゃん、だいじょうぶだから」
わたしを抱きしめたまま、おねえさんは背中をごしごしとさすってくれた。それでも、どうしようという気持ちは体からはみ出しそうに大きくなっていく。
だって、おねえさん！
サンは、ふつうの犬みたく「ワン」って鳴けないんだよ。
ばふ、ばふとこわれた掃除機《そうじき》のように鳴くサンの声は、ほかの犬とちがって遠くまでひびかないし、よく聞こえない。だから、わたしは、おねえさんが言ったのは、それだけだった。だけど、そこには、わたしがレオンというたいせつな犬をなくして、その悲しみからぬけ出せないことも、それでレオンに似ているビリーを欲《ほ》しがったことも、これですべてつながったと言っているのがわかった。

自分のことを伝えたいと思っていたのに、こうしていざ知られてしまうと、わたしは恥《は》ずかしくなった。

レオンのいない悲しみからいつまでたってもぬけ出せないわたしのことを、おねえさんはどう思っているのだろう。

「いいんだよ」

わたしの心のなかを見すかしたように、おねえさんが言った。

「うれしかった気持ちって大事にとっておくよね？　あのとき、こんなことがあったなあって思い出して、またうれしくなったり。悲しい気持ちも、そうやって、自分の③気持ち宝箱に入れて、たまに出して、ながめたっていいんだよ。むりして自分のなかから追い出そうとしなくたっていいと思うな」

気持ち宝箱。

おねえさんがつくった言葉だろうか。

「あ、へんなこと言っちゃったかな」

おねえさんが笑いながら言ったので、わたしは首を横にふった。

心のなかで、わたしの気持ち宝箱をイメージしてみる。

ベルベット〈光沢《こうたく》のあるやわらかい織物〉の布にくるまれて、きらきらの宝石がいっぱいついている宝箱。だけど、どんな宝石よりも、宝箱のなかに入っている見えない気持ちのほうがわたしにとっては、たいせつ。

それが、たとえ、悲しい気持ちでも。

だって、悲しい気持ちは、レオンがこの世界に生きていたというしるしだから。※1骨とおんなじ。悲しいのは、レオンのことがそれだけたいせつだったからなんだ。

（中略。おねえさんは美咲に、自分がかつて失恋《しつれん》のショックで長い間部屋にひきこもっていたこと、そしてそんなときに祖母を亡くしたことを語る。おねえさんが花屋をはじめたのは、祖母の花屋を引きつごうと思ったためだった。）

そう言って、おねえさんは鼻の先をかいた。

「だめだなあ、私。お店をはじめたときに決めたの。今まで家にとじこもっていたぶん、これからは出会うひとすべてを大事にしたいなって。長いあいだ、ひとと話していなかったから、うまく話せるか心配だったけど、[B]している気持ちもあったんだ。そんなときに美咲ちゃんがお店にやってきたの」

わたしが？

そうなんですか？　というふうに自分のことをゆびさすと、おねえさんは「うん」と深くうなずいた。

「え？　ランドセルをせおった小学生？　って、ほんとうはびっくりしてた。おつかいかな？　それにしても学校帰りにお花屋さんに来る子っていうのも、なんだかめずらしいなあって。でも、予感がしたんだ。ああ、これが、私の新しい出会いなんだって。きっと、いい出会いだって」

おねえさんの言うことが、わたしの心にはくすぐったくて、体が[C]してしまう。でも、うれしかった。

おねえさんは、にこっと笑って、

「私の予感はばっちりあたったね。だって今、美咲ちゃんとこんなにすてきな時間をいっしょに過ごせているんだから」

わたしも。

お母さんの声が耳の奥《おく》でよみがえり、わたしはサンのリードを持つ手に力を入れた。

「空がちょっとだけ明るくなってきたよ」

おねえさんはそう言ったけれど、わたしには、まだまだあたりは暗いように感じる。おねえさんは、ほんのちょっとの変化でもよくわかるみたいだ。

「私、ここに来て、朝日をながめるのが大好きなんだよ。なんだか元気が出てくるんだ。

だから美咲ちゃんといっしょにさんぽに行きたかったの。自分の好きなものって、友だちにも見せたいって思うんだ」

友だち、という言葉に、わたしは［A］した。わたしは、今までずっと友だちがいなかったからだ。

おねえさんは、話をつづける。

「朝、起きたとき、外は真っ暗だったでしょう？　明かりのないトンネルみたいに、暗くて、やみにしずんだみたいに。夜明け前がいちばん暗いっていうけれど、ほんとうにそうだなあって」

そうなんだ。

今日、わたしが目を覚ましたときに感じた世界の暗さは、やっぱりほんとうだったんだ。

ふと、東の空に目をやる。

真っ暗だと思っていた空は、うすい紺色《こんいろ》になっていた。下のほうから、じわり、じわりと日が差しこんできたのがわかる。それでも、まだ世界ぜんたいを照らすには足りない。だけど、少しずつ、朝が近づいてきた。

「美咲ちゃん、私、あの花屋をはじめる前ね、ずっと、家にとじこもっていたんだよ」

おねえさんの言葉に、わたしの心臓がまたドキンとした。

「実は、働くのも生まれてはじめて。三十歳《さい》の、社会人一年生だよ」

あははっと、おねえさんは照れくさそうに頭をかいた。

ぱちっと、おねえさんと目があう。わたしは、どんな顔でおねえさんを見たらいいかわからず、とっさに目をそらしてしまった。だけど、そのあとで、すぐに後悔《こうかい》した。

①おねえさんは、わたしに見えないバトンを渡《わた》そうとしてくれているんだ。

わたしは、となりにいるサンの背中をそっとなでた。やわらかくて、ふわふわしていたレオンの毛とちがって、短くてかたい毛。だけど、あったかい。サンの命のぬくもりが、わたしに言っている。だいじょうぶだよって。美咲も話してみなよ、自分のこと。

わたしは、ごくんとつばを飲《の》み込《こ》んで、おねえさんからの見えないバトンを受け取る。

さあ、今度はこのバトンにわたしが「自分の言葉」をそえて、おねえさんに渡す番だ。

「②……」

だめだ。のどの見えないビー玉がじゃまをして、言葉が出てこない。

自分がなさけなくて、わたしは体育座りをしたひざとひざの間にひたいをぎゅっとおしこんだ。

「美咲ちゃんのお母さんから、レオンのことを聞いたよ」

その名前に、わたしははっと顔をあげる。

おねえさんのうかべているほほえみは、少しこまったような、でも見ているひとをつつみこむような、ふんわりとしたものだった。

「きのう、美咲ちゃんのおうちをたずねたあと、お店にもどったら、美咲ちゃんのお母さんから電話があったんだよ」

お母さんが……。

「レオンは、ビリーにそっくりだったんだね」

いうこと。

問六 ――④「人間中心主義」とありますが、どのような考え方でしょうか。解答欄《かいとうらん》に合うように★より前から十三字ちょうどで抜き出して答えなさい。

問七 ――⑤「人間は人間以外のものと本来的に対立している」とありますが、「対立している」とはどのようなことでしょうか。最も適当なものを、次のア～エの中から一つ選び、記号で答えなさい。

ア 人間は動植物を大切だとは思っていないということ。
イ 人間は自分たち以外を敵だと思っているということ。
ウ 人間は動植物たちと同じ枠組《わくぐ》みにいないということ。
エ 人間は自然と競《きそ》いながら生活をしているということ。

問八 ――⑥「人間がそのすべてを『庭』として管理することが必要だと主張している」とありますが、どのように管理するのでしょうか。最も適当なものを、次のア～エの中から一つ選び、記号で答えなさい。

ア いきものの数のバランスの上に自然が成立していることを理解した上で、全体への影響を考え、見通しを持ち自然を管理するということ。
イ 地球に生息しているすべての動植物に興味を持ち、それらを研究の対象としてとらえ、データをとりつつ細かく自然を管理するということ。
ウ 人間が動物を卵やヒナの時から保護し、同じ空間で生活しながら育てることで、動物に対して愛情を持ちながら自然を管理するということ。
エ 自然は人間が生活する空間の一部であると考え、自らの居心地がよくなるように、好みの動植物を育てながら自然を管理するということ。

問九 ――⑦「無邪気ながらも恐ろしい破壊者」とありますが、どのような人のことでしょうか。六十字以内で説明しなさい。

三

次の文章を読んで、後の問いに答えなさい。（問題文中の※は、終わりに注があります。また、問題文中の〈　〉は上の語や語句の意味を説明しています。問題文の表記を一部書き改めてあります。）

人と話すことが苦手な美咲《みさき》（「わたし」）は、生まれた時から一緒《いっしょ》に育った飼い犬・レオンを亡《な》くした悲しみからぬけ出せずにいた。そんな美咲は近所の花屋で、レオンにそっくりな犬・ビリーとその飼い主である花屋の「おねえさん」と出会う。ビリーを見て「レオンが自分にまた会いに来てくれた」と思った美咲は、おねえさんに「ビリーがほしい」と伝えてしまう。

そんな時に美咲は家族にすすめられて保護犬の譲渡会《じょうと》へ行き、虐《ぎゃく》待《たい》を受け保護されていた犬、サンと出会う。人間との接し方がわからず、ひとり隅《すみ》にいたサンが美咲に歩み寄ったことをきっかけに、美咲は引き取る前のお試《ため》し（トライアル）としてサンを家へ連れて帰ることになる。しかし美咲は、サンの名前を一度も呼べずにいた。

次の場面は、美咲がおねえさんに誘《さそ》われて一緒にビリーとサンの散歩へ行く朝の場面である。

ひととおり歩いたあと、おねえさんは「少し休もう」と芝生《しばふ》の上に腰《こし》をおろした。わたしとサンも、となりに座《すわ》る。もちろん、サンのリードは持ったままだ。

――「しっかり持つのよ」

止したら人間は自然と付き合えなくなる。

コスタリカの子どもたちがチョウを捕ってはならず、飛んでいる姿しか見られないという状態は、子どもたちがほんとうにいきものをわかることにつながらないだろうと思う。人間には知的な好奇心《こうきしん》があり、それはとても大事なことなのに、いきものをつかまえてはいけないとなると、自然とうまく付き合えない大人に成長するかもしれない。

自然と知りあうことで学んでいくのが人間だ。

その素朴《そぼく》な感覚は大事だと思う。

昆虫採集にキャッチアンドリリースは、あえて必要ないと思っている。むしろつかまえたら殺して、標本にして、よく見ることをおすすめする。こんな虫かと。

それがよくわかればそれでいい。

数を集めるということは必要ないし、おすすめしない。

コレクターではなく、「見て知る」者になってほしい。

それが、人間という、⑦無邪気ながらも恐《おそ》ろしい破壊者になっていく道から抜《ぬ》け出す回路のひとつかもしれないと思う。

（日高敏隆《ひだかとしたか》 著『世界を、こんなふうに見てごらん』より）

※１　総合地球環境学研究所…地球環境問題の解決を目指して研究を行う機関。

※２　京都賞…科学や技術、思想・芸術の分野に大きく貢献《こうけん》した人に贈《おく》られる賞。

※３　Ｄ・Ｈ・ジャンセン博士…主に中米コスタリカの熱帯林を研究している生物学者。

問一　Ａ～Ｃに入れるのに最も適当な語を、それぞれ次のア～カの中から一つずつ選び、記号で答えなさい。

ア　では　　イ　ただし　　ウ　さらに

エ　しかし　　オ　たとえば　　カ　つまり

問二　――①「いわゆる森林という格好のもの」とありますが、筆者は「森林」をどのような場所だと考えていたのでしょうか。その説明として適当でないものを、次のア～エの中から一つ選び、記号で答えなさい。

ア　人間がその存在にまだ気づいていない場所。

イ　いろいろな動物や植物が共生している場所。

ウ　めずらしい動物が暮らしているような場所。

エ　そこに暮らす動植物を人間が支配する場所。

問三　――②「そういう自覚」とありますが、どのような自覚でしょうか。四十字以内で説明しなさい。

問四　□に入る言葉として最も適当なものを、次のア～エの中から一つ選び、記号で答えなさい。

ア　どれほど関われるか

イ　どこまで手をつけたか

ウ　いつから研究してきたか

エ　どのように変わってきたか

問五　――③「同じ問題を抱えざるをえない」とありますが、これはどのようなことを言っているのでしょうか。最も適当なものを、次のア～エの中から一つ選び、記号で答えなさい。

ア　人間はほかの動物や環境のことを考えずに行動してしまうということ。

イ　人間は関わるだけでどうしても自然に影響を与《あた》えてしまうということ。

ウ　人間は自然に無力でありながらも介入したくなってしまうということ。

エ　人間は粒子と同じように自然のふるまいをも変えてしまうと

のではないということを意識してみることだ。それは人間が持っている自然観を根本的にひっくり返すような世界の見方かもしれないが。

　西洋の書物を見ても「ほんとうの自然」という言葉が簡単に出てくる。

　人間は自然を征服《せいふく》するものだと思っている西洋の人間でさえ、壊れないところに本物の自然があると思っている。それはお話、イリュージョン〈まぼろし〉としては成り立つかもしれないが、やっぱり気をつけていないと危ないなとぼくは感じる。

　人間がいかに破壊的かという見方に立てば、簡単に「自然を守りましょう」なんていえなくなる。

　原始の人間は自然の中で自然に暮らしていたといわれるが、ほんとうにそうなのか。何らかの手はつけていたのではないだろうか。

★[B]近代の人間は他とは異なる存在としての人間観というものを確立した。人間は人間である、と。

　その意識がある以上、⑤人間は人間以外のものと本来的に対立している。それを忘れると、きわめていいかげんなことになるのではないか。

　月、火星、木星の衛星エウロパと、これからの時代、人間が利用し、関わりを持とうとする環境は地球だけではなくなるだろう。

　そこに行く、食う、住むなど、人間が何かしようと思えば、とたんに人間の影響がダーッとなだれ込《こ》む。

　どこかの環境に手をつけない形で人間が入るなど、もし、できるといわれてもほんとうかと疑ったほうがよい。

　人間は自然を破壊するものだ。

　そうはっきり認識しておくほうが、よっぽど自然を守ることにつながる。守っているといいながら破壊している人間がたくさんいるのだから。

　コスタリカには、一九九七年に※2京都賞を受賞したペンシルバニア大学の※3D・H・ジャンセン博士がいて、ぼくは委員会のメンバーとして彼《かれ》への授賞に関わったことがある。

　彼は熱帯とそこに棲《す》むいきものの消失を食い止めるには、⑥人間がそのすべてを「庭」として管理することが必要だと主張している。

　庭の外の手つかずの自然を認めて放置するか、それともすべての自然にあえて手をつけ、人間の庭とするか。

　よいと思うかどうかは別にして、人間という動物は、やはりどうも全部を庭にしていく方向しかない動物なのではないかという気がしている。

　コスタリカで少し昆虫《こんちゅう》採集をした。

　科学者が調査目的で国の許可を得ている場合以外、コスタリカでは一般人《いっぱんじん》が虫を捕《と》ることは禁止されている。子どもが虫捕り網《あみ》を振《ふ》るう姿も見られない。

　しかし要は数の問題だろう。どれだけの数のどういう種類のいきものがいるというバランスのうえに自然が成り立っているのであって、それがくずれない見通しが立つならば、本来、子どもが二匹《ひき》や三匹《びき》虫を捕ってもいいはずだ。

　[C]、無邪気《むじゃき》な子どもも何千人いればまた別だ。子どもが捕る一個体が全体に対してどういう影響を持つか、見通せることが大事だと考える。

　子どものころ、ぼくはチョウを捕ることが好きだった。それは捕って見ることがチョウをちゃんとわかることだったからだ。飛んでいるときには見えなかった細部がわかったり、本で調べたりすることができた。

　だから一匹か二匹捕ったらそれでよかった。

　どんな虫かがわかるというのは決して悪いことではない。それも禁たとえばアフリカに行ったときは、かつての熱帯雨林の話を聞いているからすごく期待して行くが、実際にそこで見る森はなんだか情けない感じなのだ。

人間が手を入れると、その前の自然には二度と戻らないのではないかという気がする。

人間の介入《かいにゅう》というのはそれほど大きな影響をおよぼすのだ。コスタリカではそのことがいちばん印象に残った。

別のいい方をすれば、そこで見たものは人間というものの自覚のなさをよく表していると思った。

自然はすばらしい。普通《ふつう》、みなそういう印象を持っている。

しかしぼくは、人間はここまで破壊《はかい》的なのかという印象を持つ。

むろん地球上にはまだ人間が足を踏《ふ》み入れたことのない森が残っているだろう。が、たいていのところにはもう人間が入ってしまっている。入らなくても大気汚染《おせん》や温暖化はしのびよる。

仮に自分たちは自然を壊《こわ》さない、伝統的なやり方で森に入っているという者がいても、刃物《はもの》などを持つなら、もうそのダメージはもとに戻らないほど深いと考えるほうが適切ではないか。

自然はすごいというより、人間がすさまじいと思う。これから我々人間は②そういう自覚を持つほうがいいのではないか。

子どものころお話に聞いたような熱帯の自然はもうほとんどないかもしれないと認識《にんしき》することは、ぼくにとって非常に大事なことで、残念でもあり、悲しいことでもあった。

ほんとうの自然の森には道もなければ知識も、地理も、名前も、何もないはずだ。そのような自然のままの自然、自然のままの大森林はもはやほとんどない。どこか奥地《おくち》に行くとあるのではないかと思っている人は多いと思うが、そうではないと知る必要があるだろう。

ぼくらはもはやそんな時代にはいないのだ。

熱帯の自然に対するイメージは変わり、これからは、残された自然からもとはどうだったのかを想像するくらいしかできないのではないか。

※1総合地球環境学研究所のときもよくアドバイスをしたのは、環境を研究するとき、そこには必ず人間が関わることになる、[　　　　]を意識したうえで自然を見なくてはいけないということだ。

ああ、これは手つかずの自然だなんて、うっかり思ってはいけない。人間が入ったらもはやそこは自然ではないのだから、人間が入っていないように考えてはいけない。それを重々《じゅうじゅう》認識したほうがいいという話をたびたびした。

それは物理学における観察者と観察される粒子《りゅうし》の話とよく似ている。粒子は観察されたとたん、それまでとふるまいが変わる。人間の関わり自体が、関わる現象を変化させる。

人間というものは、大きな自然に対しても、極小《ごくしょう》の自然に対しても、結局③同じ問題を抱《かか》えざるをえないのかもしれない。

それと違って人間以外の動物は、自分がつかまえて食う動物に対する影響はあるだろうが、それ以外の動物や環境に対する影響はあまりない。少なくとも動物は環境を変えようとは思っていない。

その違いが人間の持つ重要な意味ではないだろうか。

ほかの動物が生きているということを、いちいち考えている動物はいない。ところが人間は考える。

動物も生きている、人間も生きている、なんて考えはじめたら、それ自体もうすでに素直《すなお》なことではなく、④人間中心主義になっている。

動物と同じ、人間は自然の前に無力だといいながら強烈《きょうれつ》なことをやっているということを、人間自身もうそろそろ認識したほうがいい。

自然は壊れないと気楽に思っているかもしれないが、そんな甘《あま》いも

2024年度

頌栄女子学院中学校

【国　語】〈第一回試験〉（四〇分）〈満点：一〇〇点〉

※字数指定のある問いでは、特にことわりのない限り、句読点等の符号《ふごう》も一字分と数えます。

一　次のA～Eの各文中のカタカナを、漢字に直していねいに書きなさい。

A　時代のチョウリュウにあえて逆らう。

B　最新作のドクソウ性を高く評価する。

C　ケイロウの日に祖母に感謝を伝える。

D　計画はメンミツに立てるべきである。

E　コウリツよく勉強することができた。

二　次の文章を読んで、後の問いに答えなさい。（問題文中の※は、終わりに注があります。また、問題文中の〈　〉は上の語や語句の意味を説明しています。問題文の表記を一部書き改めてあります。）

二〇〇八年の夏、中央アメリカのコスタリカ共和国を訪《おとず》れた。国の広さは日本の九州と四国を合わせたほどだが、中央に活発な火山帯があり、さらにカリブ海と太平洋というふたつの海からの影響《えいきょう》を受けて、多様な気候と生態系〈ある地域に生息するすべての生物と環《かん》境《きょう》をひとまとまりとしてとらえたもの〉を有している。

コスタリカには地球上の動植物の約五パーセントが集中しているといわれ、一九七〇年代以降、森をよみがえらせるために世界でも先進的な環境保護政策がとられている。

国土の四分の一は国立公園や自然保護区であり、めずらしい虫や鳥、動物との出会いを求めて各国から人々がエコツアーに訪れる。

ぼくは東南アジアとアフリカには行ったことがあるけれども、新熱帯（コスタリカを含《ふく》む中南米の生物地理区を新熱帯区という。生物地理区とは生物の分布《ぶんぷ》によって八つに大別される地球上の地理区分）には行ったことがなかったので、そこの熱帯雨林とはどういうものか、一度、自分の目で見てみたいと思っていた。

昔から熱帯雨林には単純なあこがれがあった。ターザンではないが、いろいろな本で読んで、へえ、すごいなあ、行ってみたいなあとずっと思っていた。

最初にアフリカに行く機会に恵《めぐ》まれたが、アフリカ大陸全体は非常に乾燥《かんそう》した土地で、思ったほど暑いところではなく、ぼくの訪れた範《はん》囲《い》では熱帯雨林らしきものを見かけなかった。

その後、東南アジアに行き、そこには確かに熱帯雨林といえるところがたくさんあった。とにかく湿《しめ》っていて、木がたくさんあり、さまざまな植物と動物で満ちている。本物の熱帯雨林はそれまで本で読んで勝手につくったイメージとだいぶ違《ちが》っていて、非常に感激だった。

［A］コスタリカに行ってみると、新熱帯の森林は、正直いってずいぶん違うなあと思った。もちろんアジア、アフリカのそれとは違うと知っていたけれども。

ぼくが感じた根本的な違いは、これは①いわゆる森林という格好《かっこう》のものではないということだ。

どこが違うかといわれると困るが、一回、人間がかなり優位になったことのある場所という印象だった。

アジアでもアフリカでも、人間が一度自然に手を入れてしまうと完全にはもとに戻《もど》らないという例を見てきた。

2024年度

頌栄女子学院中学校　▶解説と解答

算　数　＜第１回試験＞（40分）＜満点：100点＞

解　答

1 (1)　3　(2)　173　(3)　$102\frac{9}{10}$　(4)　７人　(5)　1400円　(6)　112枚　(7)　1200m　(8)　30度　(9)　125.6cm^2　**2**（例）　解説を参照のこと。　**3** (1)　６本　(2)　４ポイント　**4** (1)　16個　(2)　８個　(3)　４個　**5** (1)　ア　12　イ　78　(2)　32cm

解　説

1　**逆算，整数の性質，平均とのべ，つるかめ算，割合と比，相当算，方陣算，旅人算，角度，表面積**

(1)　$2+\frac{3}{5}\div0.1=2+0.6\div0.1=2+6=8$，$3+5\div0.25=3+20=23$より，$8\times(20-\square\times\square)\times23=2024$，$20-\square\times\square=2024\div23\div8=11$，$\square\times\square=20-11=9=3\times3$　よって，$\square=3$

(2)　５で割ると３余る数は，５の倍数よりも，$5-3=2$小さい数と考えることができる。また，７で割ると５余る数は，７の倍数よりも，$7-5=2$小さい数と考えることができる。よって，両方に共通する数は，５と７の公倍数よりも２小さい数になる。さらに，５と７の最小公倍数は35だから，小さい方から数えて５番目の数は，$35\times5-2=173$と求められる。

(3)　求める分数を$\frac{\triangle}{\square}$とすると，$\frac{\triangle}{\square}\div\frac{343}{220}=\frac{\triangle}{\square}\times\frac{220}{343}$が整数になるので，□は220の約数，△は343の倍数になる。同様に，$\frac{\triangle}{\square}\times\frac{50}{21}$が整数になるから，□は50の約数，△は21の倍数になる。また，最も小さい分数を求めるから，□はできるだけ大きく，△はできるだけ小さい方がよい。つまり，□を220と50の最大公約数，△を343と21の最小公倍数にすればよい。よって，下の図１の計算から，$\square=2\times5=10$，$\triangle=7\times49\times3=1029$となるので，求める分数は，$\frac{1029}{10}=102\frac{9}{10}$である。

(4)　30人の合計点は，$3.5\times30=105$(点)である。そのうち，４点と５点の人を除いた合計点は，$1\times1+2\times5+3\times9=38$(点)なので，４点の人と５点の人の合計点は，$105-38=67$(点)となる。また，４点の人と５点の人の人数の合計は，$30-(1+5+9)=15$(人)だから，下の図２のようにまとめることができる。４点の人が15人いたとすると，この15人の合計点は，$4\times15=60$(点)となり，実際よりも，$67-60=7$(点)低くなる。４点の人と５点の人を１人ずつ交換《こうかん》すると，合計点は，$5-4=1$(点)ずつ高くなるので，５点の人の数は，$7\div1=7$(人)と求められる。

図１

2) 220　50　　7) 343　21
5) 110　25　　　　49　3
　　22　5

図２

４点 ｝合わせて
５点 ｝15人で67点

図３

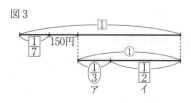

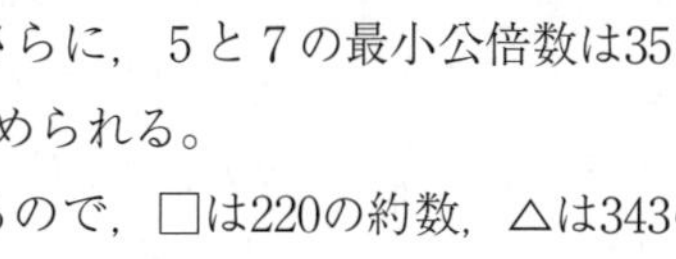

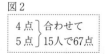

(5)　初めに持っていたお金を$\boxed{1}$とする。また，150円のお茶を買った後に残っていたお金を①として図に表すと，上の図３のようになる。図３で，アとイの比は，$\frac{1}{3}:\left(1-\frac{1}{3}\right)=1:2$だから，ア$=\boxed{\frac{1}{2}}\times\frac{1}{2}=\boxed{\frac{1}{4}}$となり，①$=\boxed{\frac{1}{4}}+\boxed{\frac{1}{2}}=\boxed{\frac{3}{4}}$とわかる。すると，$\boxed{1}-\left(\boxed{\frac{1}{7}}+\boxed{\frac{3}{4}}\right)=\boxed{\frac{3}{28}}$にあたる金額が150円になるので，初めに持っていたお金は，$150\div\frac{3}{28}=1400$(円)と求められる。

(6)　下の図４で，太線で囲んだ部分は初めに作った長方形を表していて，★の部分は正方形である。また，点線部分は追加するタイルを表していて，この部分の枚数は全部で，13＋８＝21(枚)となる。さらに，かげの部分の枚数は等しく，どちらも，(21－３)÷２＝９(枚)とわかる。よって，初めに並べた枚数は，(９＋２)×９＝99(枚)だから，タイルの枚数は，99＋13＝112(枚)である。

(7)　２人は下の図５のように進む。１回目に出会ってから２回目に出会うまでの時間が６分なので，この間に２人が進む道のりの和は，(220＋180)×６＝2400(m)となる。また，これは点線部分の道のりであり，AB間の道のりの２倍にあたる。よって，AB間の道のりは，2400÷２＝1200(m)とわかる。

図４

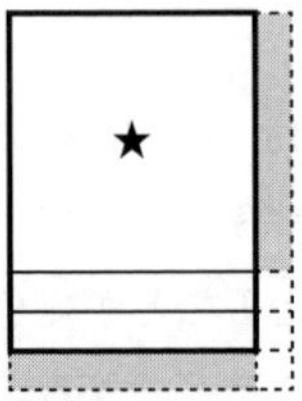

図５

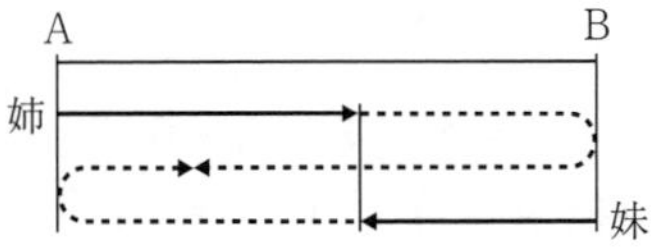

図６

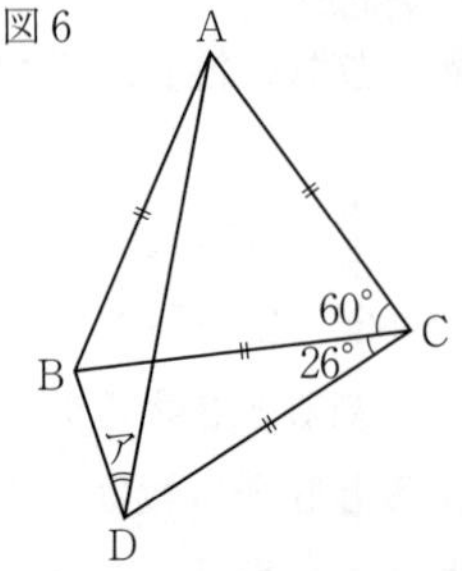

(8)　上の図６で，同じ印をつけた辺の長さはすべて等しいから，三角形CADと三角形CBDは二等辺三角形になる。また，角DCAの大きさは，60＋26＝86(度)なので，角CDAの大きさは，(180－86)÷２＝47(度)とわかる。さらに，角CDBの大きさは，(180－26)÷２＝77(度)だから，角アの大きさは，77－47＝30(度)と求められる。

(9)　底面の面積(問題文中の図イの斜線《しゃせん》部分の面積)１つ分は，３×３×3.14÷２－１×１×3.14÷２－２×２×3.14÷２＝(4.5－0.5－２)×3.14＝２×3.14(cm^2)である。また，底面のまわりの長さは，３×２×3.14÷２＋１×２×3.14÷２＋２×２×3.14÷２＝(３＋１＋２)×3.14＝６×3.14(cm)なので，側面の面積は，６×3.14×６＝36×3.14(cm^2)とわかる。よって，この立体の表面積は，２×3.14×２＋36×3.14＝(４＋36)×3.14＝40×3.14＝125.6(cm^2)と求められる。

2　場合の数

初めの選び方には，選ぶ順番が異なるだけで，同じ３人を選ぶ場合が，３×２×１＝６(通り)ずつ含《ふく》まれている(たとえば，A，B，Cの３人を選ぶ場合，A－B－C，A－C－B，B－A－C，B－C－A，C－A－B，C－B－Aという選び方はすべて同じである)。よって，６で割らなければならない。

3　条件の整理

(1)　有料でみる映画を○，無料でみる映画を●で表すことにすると，42÷６＝７より，下の図１のようになる。よって，無料でみたのは，７－１＝６(本)である。

(2)　100÷６＝16余り４より，下の図２のようになる。よって，最後の４本分のポイントが残っているから，現在４ポイントもっている。

図１

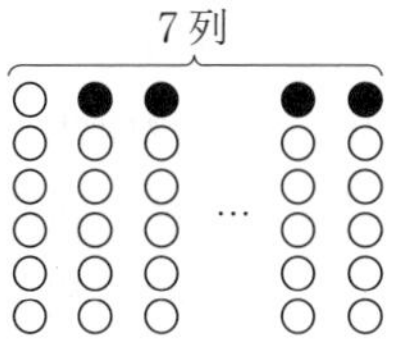

図２

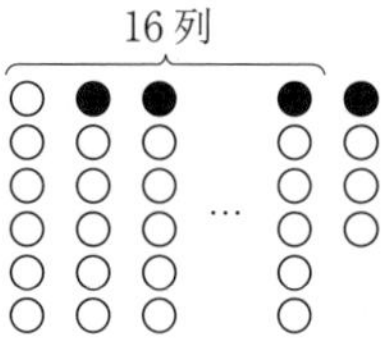

図３

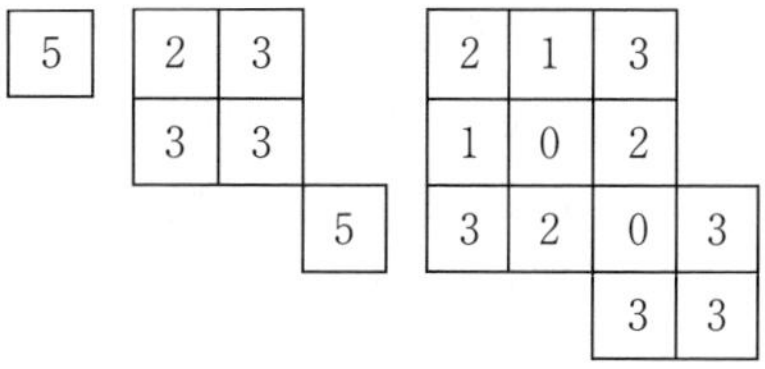

4 立体図形─構成

(1) 段ごとに分けて，それぞれの積み木について色がぬられている面の数を書き入れると，上の図３のようになる。よって，色がぬられていない積み木の数は２個だから，色がぬられている積み木の数は，18－２＝16(個)とわかる。

(2) 図３より，３面に色がぬられている積み木の数は，３＋５＝８(個)とわかる。

(3) 図３より，２面に色がぬられている積み木の数は，１＋３＝４(個)とわかる。

5 グラフ─水の深さと体積

(1) 右の図１で，a→b→cの順で水が入る。aの部分の容積は，$30\times24\times20=14400$(cm^3)だから，aの部分に入れるのにかかった時間は，$14400\div1200=12$(分)(…ア)とわかる。また，bの部分に入れるのにかかった時間は，$51-12=39$(分)なので，bの部分の容積は，$1200\times39=46800$(cm^3)と求められる。よって，bの部分の底面積は，$46800\div20=2340$(cm^2)だから，bの部分の横の長さは，$2340\div30=78$(cm)(…イ)となる。

図１

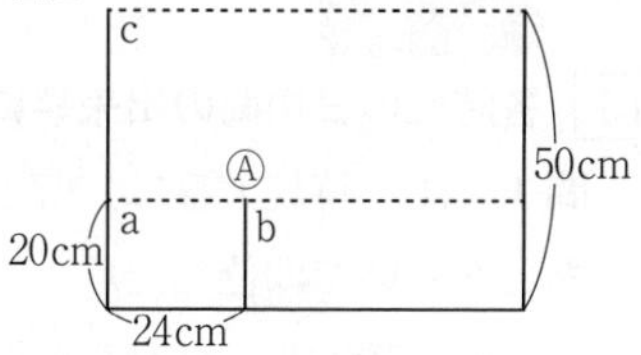

(2) 右の図２で，d→e→aの順に水が流れ，これらの部分の容積の合計が，$3000\times30\frac{48}{60}=92400$(cm^3)となる。このうち，dの部分の容積は，$30\times(24+78)\times(50-30)=61200$(cm^3)，aの部分の容積は14400cm^{3}なので，eの部分の容積は，$92400-(61200+14400)=16800$(cm^3)と求められる。よって，eの部分の底面積は，$16800\div(30-20)=1680$(cm^2)だから，eの部分の横の長さは，$1680\div30=56$(cm)となる。したがって，仕切り板Ⓐと仕切り板Ⓑの間の長さは，$56-24=32$(cm)である。

図２

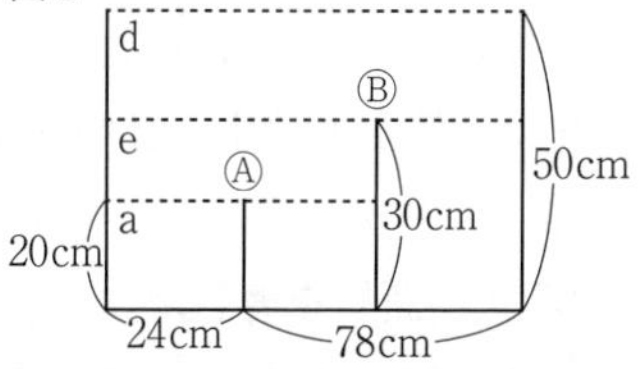

社　会　＜第１回試験＞（40分）＜満点：100点＞

解　答

1 **問１** **1** 持統　**2** 富本銭　**3** 菅原道真　**4** 紫式部　**5** 8　**6** 対馬　**7** 博多　**8** 平清盛　**9** 勘合　**10** 織田信長　**11** ウィリアム＝アダムズ　**12** 生糸　**13** 徳川吉宗　**14** 鯨(クジラ)　**15** 石油　**問２** ウ　**問３** イ　**問４** ア　**問５** オ　**問６** ウ　**問７** (例)　海外からの物資の調達に積極的であった人物や藩が実力を蓄えていったことが共通点である。港を持つ堺を支配下に置いた織田信長は鉄砲の玉や火薬の原料となる硝石を多く調達でき，薩摩藩は琉球王国を征服し，琉球が中国との間で行う貿易の利益を得て経済的に成長した。　**問8**　(1)　(例)　提供されているコンテンツが多く，友人らとの話題を合わせるために，コストパフォーマンスやタイムパフォーマンスを重視しているから。　(2)　(例)　人間の１日は24時間しかなく，またインターネットでは絶えず新しい技術が生まれており，ユーチューブの動画視聴に割ける時間はおのずと限界があるから(動画の再生回数をこれまでより増やすことが難しいから)。　**2**　**問1**　**1**　大化の改新　**2**　源頼朝　**3**　新田義貞　**4**　飛脚　**5**　入り鉄砲に出女　**6**　1923　**7**　モータリゼーション　**8**　働き方　**問2**　**A**　出雲　**B**　伊勢　**問3**　(1)　ウ　(2)　ア　(3)　エ　**問4**　(1)　③　(2)　エ　**問5**　(例)　舗装率の高い都市部においては，アスファルトが熱をため込むことによってヒートアイランド現象が生じることに加え，水を通さないために短時間に大量の降水があった場合に洪水が発生しやすくなっている。　**問6**　(1)　阪神淡路大震災　(2)　ii　(例)　本州までの所要時間が短縮したことにより，鮮度を保ったまま遠くの地域まで運ぶことができるようになった。　iii　(例)　本州までの所要時間が短縮したことにより，兵庫県や大阪府で買い物をする人が増えた。　**問7**　(1)　労働基準法　(2)　8

解　説

1　**各時代の日中間の出来事についての問題**

問1　**1**　持統天皇は，672年に起こった壬申《じんしん》の乱に勝利した天武天皇の后《きさき》で，天武天皇の死後，あとをついで即位《そくい》した。　**2**　日本最古の貨幣である富本銭は，1985年に平城京跡から出土し，その後，1998年には奈良県明日香村にある飛鳥池遺跡《いせき》の工房跡から約40枚が見つかった。　**3**　菅原道真は894年に遣唐《けんとう》大使に任命されたが，国力のおとろえた唐(中国)に多くの危険をおかしてまで使節を派遣する必要はないと，遣唐使の廃止を朝廷に進言して受け入れられた。　**4**　紫式部は，平安時代半ばに一条天皇の后《きさき》の彰子《しょうし》(藤原道長の娘)に仕え，かな文字を使って長編小説『源氏物語』を著した。　**5**　菅原道真が遣唐使の廃止を進言したのは894年のことであるから，1685－894＝791より，約８百年となる。　**6**　徳川家康は，豊臣秀吉の朝鮮出兵によって断絶していた日朝関係を回復するため，対馬藩(長崎県)の宗氏に交渉させ，1607年に朝鮮使節が来日することになった。これ以後，将軍の代替わりごとに朝鮮通信使が対馬，瀬戸内海を経由して江戸にやってきた。　**7**　1274年にモンゴル軍(元軍)が北九州に襲来《しゅうらい》(文永の役)した後，鎌倉幕府は博多湾に沿って石塁《せきるい》を築き，再びモンゴル軍(元軍)が攻撃してくることに備えた。また博多は，日明《にちみん》貿易の拠点として栄えたことでも知られる。　**8**　平清盛は，1167年に武士として初め太政《だいじょう》大臣になり政治の実権を握《にぎ》ると，瀬戸内海に新しい航路を開き，現在の神戸港(兵庫県)の一部にあたる大輪田泊《おおわだのとまり》を修築して日宋《にっそう》貿易の拠点とした。　**9**　室町幕府の第３代将軍足利義満は，朝鮮・中国沿岸を荒らしていた倭寇《わこう》(日本の武装商人団・海賊《かいぞく》)の取りしまりを求めてきた明(中国)の求めに応じるとともに明と国交を開き，日明貿易を始めることにした。この貿易では，正式な貿易船を証明するために勘合と呼ばれる合い札が用いられた。　**10**　織田信長は，1568年に足利義昭《よしあき》を第15代将軍に仕立て上げたが，その後義昭が信長に反抗したため，1573年に京都から義昭を追放して室町幕府をほろぼした。　**11**　徳川家康は，1600年に豊後《ぶんご》国(大分県)に漂着したオランダ船のリーフデ号に乗っていたオランダ人航海士ヤン＝ヨーステンと，イギリス人航海士ウィリアム＝

アダムズを外交顧問《こもん》とした。　**12**　カイコの繭《まゆ》をときほぐした糸を何本かより合わせて糸にしたものを生糸といい，日明貿易やその後の清(中国)との貿易においては最大の輸入品であった。
13　紀伊《きい》藩(和歌山県)の藩主であった徳川吉宗は，江戸幕府の第８代将軍となって享保の改革と呼ばれる幕政改革を実施した。　**14**　ペリーが日本に来航して開国を求めたのは，清と貿易するうえで中継基地が必要だったこと，捕鯨《ほげい》船に水や燃料，食料を供給する基地が必要だったことである。そのため，ペリーは1853年に４隻《せき》の軍艦《ぐんかん》を率いて浦賀(神奈川県)に来航し，アメリカ大統領の国書を差し出して開国を求めた。　**15**　1859年，アメリカのペンシルベニア州で油井《ゆせい》の機械掘りが行われ，石油の採掘に成功した。これにより，鯨油《げいゆ》，樹脂《じゅし》，獣《じゅう》脂からとっていた照明用の燃料は石油にとって代わられ，石油産業が誕生した。
問２　663年の白村江《はくすきのえ》の戦いでは，日本軍は唐(中国)と新羅《しらぎ》の連合軍に敗北した。よって，Ａは誤り。「この戦いの直前に滅亡《めつぼう》した朝鮮半島の国」とは百済《くだら》のことで，この国の聖明王が６世紀に仏像や経典などを欽明《きんめい》天皇に送り，日本に仏教が公式に伝えられた。よって，Ｂは正しい。
問３　持統天皇は，飛鳥地方北方の大和三山に囲まれた地に，日本で初めて中国の都をモデルにした藤原京を築き，都を移した。よって，Ａは正しい。持統天皇が在位したのは697年までで，三世一身法が出されたのは723年の元正天皇のときである。よって，Ｂは誤り。
問４　２度にわたる元寇《げんこう》では，鎌倉幕府軍はモンゴル軍(元軍)の集団戦法や「てつはう」と呼ばれる火器に苦しめられた。よって，Ａは正しい。鎌倉時代末から室町時代にかけて，日本の戦い方は一騎《いっき》打ちから槍《やり》などを用いる集団戦法へと変化していった。よって，Ｂも正しい。
問５　Ａの後鳥羽天皇の在位期間は1183～98年で，上皇のときの1221年に承久の乱を起こした。Ｂの後醍醐天皇の在位期間は1318～39年で，1333年に建武の新政を始めた。Ｃの後白河天皇の在位期間は1155～58年で，1156年に兄の崇徳《すとく》上皇と対立して保元の乱が起こった。よって，年代の古い順に，Ｃ→Ａ→Ｂとなる。
問６　Ａの松平定信による寛政の改革は1787～93年，Ｂの田沼意次による政治は1767～86年，Ｃの水野忠邦による天保の改革は1841～43年のことなので，年代の古い順に並べると，Ｂ→Ａ→Ｃとなる。
問７　カードＸからは，織田信長が，1543年にポルトガル人によって種子《たねが》島(鹿児島県)に伝えられ，国際都市の堺(大阪府)などで生産されるようになった鉄砲と，東南アジア産の鉛《なまり》を使った鉄砲玉を用いて，1575年の長篠《ながしの》の合戦で甲斐《かい》(山梨県)の武田勝頼を破ったことがわかる。また，カードＹからは，薩摩《さつま》藩が中国との貿易で栄えていた琉球《りゅうきゅう》王国を支配下に置き，利益を得ていたことが読み取れる。これらのことから，海外からの物資調達に積極的であった人物や藩が実力を蓄えていったことがわかる。
問８　(1)　ここでの「パフォーマンス」は，効果や性能といった意味で使われている。若者は倍速機能を使って１本の動画を見る時間を短縮することにより，費用に対する効果(コストパフォーマンス)や時間に対する効果(タイムパフォーマンス)を高めようとしている。　(2)　人間の１日は24時間しかないこと，インターネットでは新しい技術が次々と生まれていること，ユーチューバーの人数が増えていることなどから，今後は高収入が見込めないと考えられる。

2　**東京箱根間往復大学駅伝競走を題材とした交通などについての問題**

問１　**1**　645年，中大兄《なかのおおえの》皇子と中臣鎌足は，皇室をもしのぐ権力をふるっていた蘇我蝦夷《えみし》・入鹿《いるか》父子をほろぼし，大化の改新と呼ばれる天皇を中心とした一連の政治改革を進めた。　**2**　源頼朝は，1185年に国ごとに守護，荘園や公領に地頭を置くことを朝廷に認めさせて支配を全国に広げ，1192年に朝廷から征夷大将軍に任命された。　**3**　新田義貞は，上野《こうずけ》国（群馬県）の豪族で，後醍醐天皇の呼びかけに応じて鎌倉を攻撃《こうげき》し，1333年に鎌倉幕府をほろぼした。　**4**　江戸時代，手紙・金銭・荷物などを運ぶ輸送業者は飛脚と呼ばれ，幕府公用の継《つぎ》飛脚・大名飛脚・町飛脚の３種類があった。　**5**　関所では，「入り鉄砲に出女」といって，江戸に武器が持ちこまれることと，参勤交代の制によって江戸に住まわされていた大名の妻が逃げ出すことがきびしく取りしまられた。　**6**　1923年９月１日，相模湾を震源とするマグニチュード7.9の大地震が発生し，関東地方南部を中心に死者・行方不明者約10万５千人を出す大災害となった（関東大震災《しんさい》）。　**7**　自動車が広く一般庶民《しょみん》に普及《ふきゅう》し，生活必需《ひつじゅ》品化する現象をモータリゼーションといい，日本では1960年代後半から自動車の普及率が急激に増加した。　**8**「働き方改革関連法」では，長時間労働を減らすこと，正規労働者と非正規労働者の待遇《たいぐう》格差を改善すること，高齢者が働ける環境を整備することなどが進められ，多様な働き方を可能にすることが目指されている。

問２　**A**　出雲《いずも》大社は島根県の出雲市大社町にある神社で，祭神として大国主神《おおくにぬしのかみ》をまつっている。農業や縁《えん》結びの神様として知られる。　**B**　三重県伊勢市にある伊勢神宮は，天皇家の祖先神とされる天照大御神《あまてらすおおみかみ》をまつる内宮《ないくう》と，衣食住をはじめ産業の守り神である豊受《とようけの》大御神をまつる外宮《げくう》を中心に，125の宮社からなる。

問３　⑴　X地点は標高が800mより少し低く，Y地点は電子基準点（△）の「553.0」m付近にあり，下り斜面が続いているので，Yの数値よりウと判断できる。　⑵「宮城野」には，老人ホーム（⌂）と小・中学校（文）はあるが，高等学校（⊗）は見られないので，アが誤っている。なお，イの上強羅《ごうら》駅の南側には温泉（♨）がある。ウのY地点付近と公園上駅付近の２か所に博物館・美術館（⌂）がある。エの強羅駅の標高は542m，大平台《おおひらだい》駅の標高は約350mであるから，標高差は約200mである。　⑶　地形図上の長さの実際の距離は，（地形図上の長さ）×（縮尺の分母）で求められる。この地形図の縮尺は２万５千分の１なので，地形図上で約８cmの長さの実際の距離は，８×25000＝200000（cm）＝2000（m）となる。時速20kmは，20×1000÷60＝333.33…より，分速約333mである。よって，2000÷333より約６分である。

問４　⑴　Ⅰは年降水量が約4000mmと多いので，日本の最多雨地域の１つに数えられる三重県尾《お》鷲《わせ》市と判断できる。Ⅲは冬の降水量が多いので，日本海側に位置する島根県松江市，残ったⅡは神奈川県横浜市となる。　⑵　卸売《おろしうり》業，小売業の売上高が最も多いことからアは愛知県，情報通信業の売上高が最も多いことからイは神奈川県，どの項目《こうもく》においても数値が最も低いことからウは島根県，残ったエが三重県となる。

問５　カードからアスファルトには防水性が高く熱を蓄《たくわ》えやすい性質があること，都道府県別舗《ほ》装《そう》率の資料から大都市のある地域の舗装率が高いこと，図２から都市部では周囲より平均気温が高くなっていること，図３から短時間に大量の降水が発生する件数が増えていることがわかる。したがって，舗装率の高い都市部でヒートアイランド現象と洪水《こうずい》が起こりやすくなっていることがわかる。

問６　⑴　1995年１月17日，淡路《あわじ》島（兵庫県）北部付近の海底を震源とするマグニチュード7.3の兵庫県南部地震が発生し，淡路島北部や神戸市，芦屋市，西宮市などでは最大震度７を観測した。死者約６千人，家屋の全壊《ぜんかい》約11万棟という甚大《じんだい》な被害が生じ，阪神淡路大震災と命名された。　(2)　ⅱ　図４の①を見ると，神戸淡路鳴門自動車道の開通により，本州までの所要時間が短縮されたことがわかる。これにより，阿波尾鶏《あわおどり》を新鮮なまま本州に運べるようになり，生産量が急増したと考えられる。　ⅲ　本州とつながったことによるデメリットとして，神戸市や大阪市などに買い物客が流れてしまったことが考えられる。

問７　(1)，(2)　労働基準法は，労働条件の基準を定めた法律で，1947年に制定された。この法律では，使用者は１日８時間・週40時間を超《こ》えて労働者を働かせてはいけないこと，労働者に毎週少なくとも１日の休日をあたえなくてはならないこと，男性と女性は同じ賃金でなくてはならないこと，児童が満15歳に達した日以後の最初の３月31日（中学３年生）が終了するまで働かせてはならないことなどを定めている。

理科　＜第１回試験＞（40分）＜満点：100点＞

解答

[1]　**問１**　常緑広葉樹　**問２**　マングローブ　**問３**　(1)　塩（食塩）　(2)　（例）　黄色くなっている葉に塩分を集めて，その葉を落とすことで体の外に捨てる。　**問４**　シダ植物　**問５**　石炭　**問６**　ウ　**問７**　肺呼吸　**問８**　①　紫外線　②　夜　③　月　④　海　**問９**　ア　[2]　**問１**　イ　**問２**　イ　**問３**　ウ　**問４**　ウ，オ　**問５**　ウ＞ア＝イ＞カ＞エ＞オ　**問６**　イ　**問７**　低温にしている／**理由**…（例）　電流を大きくすると電磁石の磁力が強くなる。コイルを超低温にすることで電気抵抗は非常に小さくなり，流れる電流が大きくなるので，電磁石を強力にすることができるから。　[3]　**問１**　猛暑日／**説明**…（例）　１日の最高気温が35℃以上となる日。　**問２**　(1)　イ　(2)　ウ　**問３**　二酸化炭素　**問４**　イ　**問５**　(1)　70％　(2)　10.2ｇ　(3)　12ｇ　(4)　1.7倍　**問６**　（例）　水は温度が高くなると体積が大きくなるので，海水温が上昇するとその分だけ海水の体積が大きくなるから。　**問７**　イ　[4]　**問１**　①　Q　②　a　③　Q　④　P　⑤　a　⑥　青　**問２**　酸素　**問３**　イ，オ　**問４**　**A**　銅　**B**　マグネシウム　**C**　アルミニウム　**問５**　(1)　3.50ｇ　(2)　４　(3)　0.60ｇ　**問６**　①　3.6　②　1.3

解説

[1]　奄美《あまみ》大島の生物についての問題

問１　一年中葉をつけている樹木を常緑樹，葉が広くて平たい形をしている樹木を広葉樹といい，これらの性質を合わせもつ樹木を常緑広葉樹とよぶ。

問２　主に熱帯地域の，河口付近の淡水《たんすい》と海水が交じりあうところに育つ常緑広葉樹の森林をマングローブという。

問３　ふつう，植物は海水では生育できない。これは海水に含《ふく》まれる塩分が原因と考えられる。そのため，淡水と海水が交じりあうところで育つ，ヒルギなどのマングローブを形成する植物は体内に取り入れた塩分を排出《はいしゅつ》するしくみをもっている。たとえば，ヒルギのなかまは，枝の先につけた葉のうち，一部の葉に塩を集め，その葉を落とすことで塩分を体外へ排出している。このとき，塩が集められた葉は，写真１，写真２で見られるように黄色くなり，やがて枯《か》れ落ちる。なお，写真２で赤く見えるのはヒルギの花である。

問４　ヘゴはシダ植物のなかまである。シダ植物は，湿度《しつど》の高い環境《かんきょう》でよく見られ，写真のような葉をしていて，胞子《ほうし》のうがあり，花を咲《さ》かせず胞子でふえる。

問５　化石燃料のうち，主にシダ植物が地中で熱や圧力などの影響《えいきょう》を受けたことでできたものを石炭という。なお，石油は主に海に生息していたプランクトンなどがもとになっている。

問６，**問７**　ウミガメは海にすむ大型のカメのなかまで，ハチュウ類である。ハチュウ類は肺で呼吸をしている。

問８　①　人の目に見えない光のうち，波長が短いものは紫《し》外線とよばれる。なお，波長が長いものは赤外線という。　②～④　砂浜の地中で孵化《ふか》したウミガメの子は，太陽の熱から身を守り，また，ほかの動物から見つかりにくいように，昼のうちは地表付近で動かずにいる。その後，夜になると月の光を頼りに，海へ向かって移動を始める。

問９　グラフから，孵化するときの温度が上がるとメスのしめる割合が急激に増えて，30℃以上になるとほとんどがメスになることがわかる。そのため，地球の温暖化によって気温が上がり続けると，生まれるウミガメのほとんどがメスになってしまい，やがてウミガメ全体の個体数が少なくなっていくおそれがある。

2　電磁石についての問題

問１　磁石は異なる極どうしが引き合うので，棒磁石のＮ極は方位磁針のＳ極と引き合う。

問２　磁石には必ずＮ極とＳ極が存在する。そのため，図２のように棒磁石を２つに切ってできる棒磁石は，どちらもＮ極とＳ極をもつ棒磁石になる。

問３　コイルを流れる電流の向きに合わせて右手でコイルをにぎったとき，開いた親指の方向がＮ極になる。よって，図３では電磁石の右側がＮ極，左側がＳ極になるので，方位磁針はウのようになる。

問４　電磁石の磁力を強くするには，エナメル線の巻き数を増やす，コイルに流れる電流の大きさを大きくするなどの方法がある。エナメル線の断面積が大きくなると，エナメル線を流れる電流の大きさが大きくなるので，電磁石の磁力が強くなる。

問５　問４で述べたように，コイルを流れる電流の大きさが大きいほど電磁石の磁力が強くなる。ここで，電池のつなぎ方と回路を流れる電流の大きさについて，直列につながれた電池が多いほど回路を流れる電流の大きさが大きくなり，電池を並列につないでも電流の大きさは変わらない。また，豆電球のつなぎ方と回路を流れる電流の大きさについて，直列につながれた豆電球が多いほど回路を流れる電流の大きさは小さくなり，並列につながれた豆電球が多いほど回路を流れる電流の大きさは大きくなる。よって，流れる電流の大きさが大きい順に，ウ＞ア＝イ＞カ＞エ＞オとなるので，この順に電磁石の磁力も大きくなる。

問６　問３と同様に考えると，図５のＤの部分がＳ極になるから，Ｄの部分は磁石のＮ極と引き合い，モーターはｂの向きに回る。

問７　図６から，コイルの温度を低温にすると，コイルの電気抵抗《ていこう》が非常に小さくなることがわかる。また，コイルの電気抵抗が小さくなると，コイルを流れる電流の大きさは大きくなるから，電磁石の磁力が強くなる。以上より，超伝導で使用するコイルは，温度を低くして電気抵抗を小さくすることで，流れる電流を大きくして磁力を強くしているとわかる。

3 千葉県勝浦《かつうら》市の気温についての問題

問１　１日の最高気温が35℃以上の日を猛暑《もうしょ》日という。千葉県勝浦市は記録が残る1906年以降，一度も猛暑日を記録していない。なお，勝浦市で最も気温が高かったのは1924年８月23日の34.9℃である。

問２　夕方から翌日の朝までの間で，最低気温が25℃以上ある夜は熱帯夜とよばれる。また，１日の最高気温が０℃より低い日を真冬日とよぶ。なお，最高気温が25度以上の日を夏日，30度以上の日を真夏日，最低気温が０℃より低い日を冬日という。

問３　地球温暖化の原因とされている気体を温室効果ガスという。温室効果ガスには二酸化炭素やメタンなどがあるが，このうち，空気中に約0.04％含まれているのは二酸化炭素である。

問４　水は凍《こお》るときに体積が1.1倍に増え，同じ体積の水よりも軽くなるので氷は水に浮《う》く。このとき重さは変わらないので，水面下の氷の体積は，凍る前の水の体積と同じになる。この氷がとけるときには増えた体積がもとの水の体積にもどるので，水面の高さは変化しない。

問５　(1)　湿度は飽和《ほうわ》水蒸気量に対する現在含まれている水蒸気量の割合なので，このときの湿度は，21÷30×100＝70(％)である。　(2)　20℃での飽和水蒸気量は17 g/m^3だから，17×0.6＝10.2(g)と求められる。　(3)　空気が含みきれなくなった水蒸気は水滴《すいてき》となってあらわれる。(1)より，30℃で湿度70％の空気１m^3に含まれる水蒸気は21 gで，10℃での飽和水蒸気量は９ g/m^3なので，空気１m^3あたり，21－９＝12(g)の水滴ができる。　(4)　湿度が80％のとき，－10℃の空気１m^3に含まれる水蒸気は，３×0.8＝2.4(g)，０℃の空気１m^3に含まれる水蒸気は，５×0.8＝４(g)である。よって，南極の気温が－10℃から０℃に上昇《じょうしょう》すると，含まれる水蒸気は，４÷2.4＝1.66…より，1.7倍になる。

問６　同じ重さでくらべると，水は４℃のときに最も体積が小さく，それ以上では温度が高くなるほど体積が大きくなる。そのため，地球の温暖化が進むことで海水の温度が上昇し，海水の体積が増えることで海水面が上昇している。

問７　仮説で，海岸近くは海風の影響で涼《すず》しくなることが多いと述べられているので，勝浦市は海岸に近いところにあるとわかる。さらに，冷たい海水が湧《わ》き上がることから，海岸から少し沖に出ると急に深くなる場所だと予想できる。

4 金属の性質についての問題

問１　ガスバーナーを使うときは，はじめに，ガスの元栓《もとせん》，Ｐの空気調節ねじ，Ｑのガス調節ねじが閉じていることを確認する。次に，ガスの元栓を開きマッチに火をつけてからガス調節ねじをａの方向に回して開け，マッチの炎をガスバーナーの下の方から近づけて点火し，ガス調節ねじを回して炎の大きさを調節する。その後，ガス調節ねじを手で押《お》さえて回らないようにしながら，空気調節ねじをａの向きに回して，送りこむ空気の量を増やして炎の色を青くする。

問２，問３　金属は空気中で強く熱すると，空気中の酸素と結びつく。このとき，板や針金の形をしている金属よりも粉末のものの方が，表面積が大きくなるため，空気とふれやすくなり，金属全体が酸素と結びつきやすくなる。

問４　アルミニウムは塩酸にも水酸化ナトリウム水溶液《すいようえき》にも反応して水素を発生させ，マグネシウムは塩酸にのみ反応して水素を発生させる。銅は塩酸にも水酸化ナトリウム水溶液にも反応しない。

また，アルミニウムと酸素が結びつくと白色の酸化アルミニウムができ，マグネシウムと酸素が結びつくと白色の酸化マグネシウム，銅と酸素が結びつくと黒色の酸化銅ができる。よって，金属Ａは銅，金属Ｂはマグネシウム，金属Ｃはアルミニウムとわかる。

問５　⑴　金属Ａの結果から，金属Ａの重さが２倍，３倍，…になると，固体Ｘの重さはおよそ２倍，３倍…になっていることがわかる。したがって，金属Ａ2.80ｇからは，$0.50\times\frac{2.80}{0.40}=3.50$（ｇ）の金属Ｘができる。　⑵　銅（金属Ａ）は結びついた酸素（気体Ｄ）の分だけ重くなって，酸化銅（固体Ｘ）になるから，0.40ｇの銅と結びついた酸素の重さは，$0.50-0.40=0.10$（ｇ）である。したがって，固体Ｘ中の重さの比は，（気体Ｄ）：（金属Ａ）＝0.10：0.40＝１：４になる。　⑶　できた固体3.60ｇのうち，金属Ａと結びついた気体Ｄの重さは，$3.60-3.00=0.60$（ｇ）である。よって，気体Ｄと結びついた金属Ａの重さは，$0.60\times\frac{4}{1}=2.40$（ｇ）だから，反応せずに残っている金属Ａは，$3.00-2.40=0.60$（ｇ）と求められる。

問６　気体Ｄ１ｇと結びつく金属Ａの重さは，$0.40\times\frac{1}{0.1}=4$（ｇ）である。同様に考えると，気体Ｄ１ｇと結びつく金属Ｂの重さは，$0.40\times\frac{1}{0.67-0.40}=\frac{40}{27}$（ｇ），金属Ｃの重さは，$0.40\times\frac{1}{0.76-0.40}=\frac{10}{9}$（ｇ）になる。よって，同じ重さの気体Ｄに結びつく金属Ａ，金属Ｂ，金属Ｃの重さの比は，Ａ：Ｂ：Ｃ＝$4:\frac{40}{27}:\frac{10}{9}$となる。これは，$4\div\frac{10}{9}=3.6$，$\frac{40}{27}\div\frac{10}{9}=1.33\cdots$より，Ａ：Ｂ：Ｃ＝3.6：1.3：１と表すことができる。なお，結果の重さの選び方によっては，②が1.4となることがある。

※編集部注…学校より，④の問５の⑶について，別解として0.12ｇも考えられるため，当日の試験ではどちらも正解にしたとのコメントがありました。

国語　＜第１回試験＞（40分）＜満点：100点＞

解答

一　下記を参照のこと。　二　**問１**　**Ａ**　エ　**Ｂ**　ウ　**Ｃ**　イ　**問２**　エ　**問３**　（例）　人間が自然と関わると，無意識のうちに自然を破壊してしまうという自覚。　**問４**　イ　**問５**　イ　**問６**　人間は自然を征服するものだ（という考え方。）　**問７**　ウ　**問８**　ア　**問９**　（例）　自然を守っているつもりだが，自らが自然と関わることで動植物の環境を大きく変化させていることに，気がついていない人。　三　**問１**　**Ａ**　ウ　**Ｂ**　イ　**Ｃ**　ウ　**問２**　（例）　美咲が，自分の話したいことを話せる勇気が出るようにと，おねえさんがまず先に話しにくい自分のことを話題にすることで会話を始めてくれたこと。　**問３**　イ　**問４**　エ　**問５**　ア　**問６**　見えないビー玉　**問７**　ウ　**問８**　（例）　人とうまく話すことができず，さらにレオンを失った悲しみから抜け出せずずっと暗闇の中にいるように感じていた美咲に，サンが自分の伝えたいことを伝える勇気を教えてくれて，その名前の通り，暗闇を照らす太陽のように美咲が前に進むきっかけを作ってくれたのだということ。　**問９**　（例）　学校の休み時間に校庭で知らない子と仲良くなった。なわとびが上手で「名人」と呼んでいたがある日の放課後，他学年のろう下で出くわし，初めて名前を知った。「たまに遊ぶ謎の名人」が「何年生の誰々ちゃん」に変わり，それまで以上に親しくなれた。

●漢字の書き取り

一 A **潮流** B **独創** C **敬老** D **綿密** E **効率**

解 説

一 漢字の書き取り

A 物事が向かっていく方向性。 B 独自の発想で何かをつくること。 C 年配の人を敬うこと。 D 細部まで練られているさま。 E いかにむだのないやり方で結果を出すかということ。

二 出典：日髙敏隆《ひだかとしたか》『世界を，こんなふうに見てごらん』。人間は自分たちが自然に及《およ》ぼす影響《えいきょう》の大きさに気づかないまま，取り返しのつかない形で自然を破壊《はかい》している，と筆者は警鐘《けいしょう》を鳴らしている。

問１ A 筆者は東南アジアで見た熱帯雨林についてふれた後，自身にとって初めて行った「新熱帯」であるコスタリカの森林は印象が「ずいぶん違《ちが》」ったと述べている。よって，前のことがらを受けて，それに反する内容を述べるときに用いる「しかし」が合う。 B 筆者は，自然と共生していたとされる「原始の人間」も，実際は何らかの形で自然に手を加えていたのではないかと主張した後，「近代の人間」が確立した“人間は他の存在とは異なる”とする「人間観」について語っている。よって，前のことがらに別のことがらを加えるときに使う「さらに」が選べる。 C 「いきもの」の数や種類のバランスがくずれない見通しが立つならば，子どもが虫を捕《と》ってもいいはずだという主張の後で，子どもが「何千人」もいる場合は話が「また別だ」と補足されている。よって，前のことがらに，ある条件や例外などをつけ加えなければならない場合に用いる「ただし」がふさわしい。

問２ 続く部分で筆者は，コスタリカの森林は「一回，人間がかなり優位になったことのある場所」だと感じたと説明している。筆者にとって本来の森林とは，人間の手が入っていない場所であることが読み取れるので，エが合わない。

問３ 前の部分では，コスタリカの森林から筆者が感じた「人間の介入《かいにゅう》」による影響の大きさが説明されている。人間は人間が「自覚」している以上に「破壊的」であり，人間が自然に「足を踏《ふ》み入れた」ことによる「ダメージ」は「もとに戻《もど》らない」ほど「すさまじい」と考えるべきだと筆者は述べている。

問４ 続く部分で筆者は，物理学を例にあげ，人間が観察するという「関わり」自体が，観察対象である「粒子《りゅうし》」の「ふるまい」を変化させると説明している。環境《かんきょう》を研究するときも，研究という行為《こうい》によって自然は「手つかずの自然」ではなくなり，変化してしまうので，自分がどう手をつけたかを「認識《にんしき》したほうがいい」という主張であることがわかる。

問５ 続く部分には，「人間以外の動物」は人間と異なり，環境に対してあまり影響を与《あた》えないと書かれている。これとは対照的に，人間は自然と関わることで，大なり小なり自然を変化させてしまうと筆者は述べているとわかる。よって，イがよい。

問６ 続く部分で筆者は，人間は「自然は壊《こわ》れない」という甘《あま》い認識のもと，自然に対して「強《きょう》烈《れつ》なこと」をしていると主張している。このように，自分たちの破壊的な実態を自覚せず，「人間は自然を征服《せいふく》するものだ」とさえ考えるあり方を筆者は「人間中心主義」と呼んで批判していると考えられる。

問７　問５でみたように，自らの関与《かんよ》によって自然を変化させる人間は，環境にあまり影響を与えない他の動物たちとは異なると筆者は述べている。このように，「人間」と「人間以外」の動植物との根本的な違いを，筆者は「対立」と表現していることが読み取れる。よって，ウがふさわしい。

問８　続く部分で筆者は，自然を「人間の庭とする」とは，「すべての自然にあえて手をつけ」ることだと述べている。つまり，「いきもの」の「数」や「種類」など，自然が成り立つためのバランスがくずれないように逐一《ちくいち》管理することを指すとわかるので，アがよい。

問９　本文を通じて筆者は，自然破壊に対する人間の「自覚のなさ」にたびたびふれている。「自分たちは自然を壊さない」，「人間は自然の前に無力だ」などといいながら，自覚のないまま自然に甚大《じんだい》な「ダメージ」を与えているさまを，筆者は「無邪気《むじゃき》ながらも恐《おそ》ろしい破壊者」と表現していることがわかる。

三　**出典：吉田桃子《よしだももこ》『夜明けをつれてくる犬』**。愛犬のレオンを失った悲しみから立ち直れずにいた美咲《みさき》は，新しく出会った保護犬のサンや，近所の花屋の「おねえさん」と新しい関係を築いていく。

問１　**Ａ**　「おねえさん」から「友だち」と呼ばれた美咲がおどろく場面なので，胸をはずませるさまを表す「ドキンと」が合う。また，続く部分にも，「わたしの心臓がまたドキンとした」と書かれている。　**Ｂ**　「おねえさん」が花屋をはじめるにあたり，ひとと「うまく話せるか」という「心配」とともに前向きな気持ちもあったと語る場面なので，未知のことに期待するさまを表す「わくわく」がよい。　**Ｃ**　美咲との出会いを「いい出会い」だと話した「おねえさん」の言葉を，美咲が照れくさく感じる場面なので，気恥《きは》ずかしくて落ち着かないさまを表す「むずむず」があてはまる。

問２　前の部分で「おねえさん」は，花屋をはじめる前はずっと家にとじこもっており，三十歳《さい》にして初めて働きはじめたことを打ち明け，美咲と目をあわせている。「おねえさん」は弱さもふくめたありのままの自分を見せることで，美咲も「自分のこと」を話しやすいように心を砕《くだ》いていると想像できる。また，美咲は「おねえさん」に対し，「自分の言葉」で「自分のこと」を伝えることで応えたいと考えている。

問３　問２でみたように，美咲は勇気を出して「自分のこと」を語ろうとしている。美咲にとって簡単には話し出せない自分の話とは，大好きだったレオンを失ったことだと想像できるので，イがふさわしい。

問４　「気持ち宝箱」について「おねえさん」は，「うれしかった気持ち」も「悲しい気持ち」も「大事にとって」おいて，たまに思い出してながめればいいと話し，これを受けて美咲は「どんな宝石よりも」，「宝箱のなか」の「見えない気持ち」のほうがたいせつなのだと受け止めている。「気持ち宝箱」という言葉には，感じた思いのひとつひとつを尊ぶ気持ちがこめられていると考えられるので，エが合う。

問５　前の部分で美咲は，走り去ったサンが事故にあう場面を想像したり，サンがにげ出してしまったことの重大さを思ってふるえたりしている。美咲は，サンのリードから手をはなしてしまった責任を感じ，不安や恐《きょう》怖《ふ》で動転していることがわかるので，アがふさわしい。

問６　人と話すことが苦手な美咲は，「おねえさん」に自分の話をしようとした時や，サンの名前を呼ぼうとした時などにうまく声が出ず，「のどにつまった見えないビー玉」がじゃまをしているように感じている。サンの名前をさけぶことができたので，美咲はこのビー玉が「くだけちった」と感じられたのだと想像できる。

問７　それまでの美咲はレオンを失った悲しみをひきずり，「おねえさん」の飼い犬であるビリーのことも，“レオンと見た目が似ている”という理由でほしがっていた。しかし，一度去ったサンをなんとか呼びもどして抱《だ》きしめた美咲は，自分がサンを心からたいせつに思う気持ちを自覚している。美咲が亡《な》くなったレオンの面影《おもかげ》を探すことをやめ，サンそのものを愛するようになったことがわかるので，ウがよい。

問８　美咲はもともとレオンを亡くした悲しみにしずみ，人と話すことが苦手で，サンの名前も呼べずにいたが，本文を通じて少しずつ勇気を出し，最後はサンの名前をさけんでいる。美咲にとってサンは，前の飼い主のもとでつらい目にあったにもかかわらず自分のもとに歩み寄ってくれた，「命のぬくもり」や勇気を感じさせてくれる存在であり，それまでの苦しみから立ち直るきっかけとなっている。「その名前のとおり」，「太陽」のようなサンが美咲のもとに帰ってきたことで，美咲は前を向いて生きていく希望をとりもどしたと感じていることが読み取れる。

問９　本文において美咲はサンの名前を呼ぶことで絆《きずな》を築いたり，「葉子《ようこ》さん」という「おねえさん」の名前をあらためて呼び，より親しい関係に進みはじめたりしている。名前を呼んだり呼ばれたりしたことで，相手との関係が一歩深まった経験について書くとよい。

Dr.福井の
入試に勝つ！脳とからだのウルトラ科学

試験場でアガらない秘けつ

キミたちの多くは，今まで何度か模擬試験（たとえば合不合判定テストや首都圏模試）を受けていて，大勢のライバルに囲まれながらテストを受ける雰囲気を味わっているだろう。しかし，模擬試験と本番とでは雰囲気がまったくちがう。そういうところでも緊張しない性格ならば問題ないが，入試独特の雰囲気に飲みこまれてアガってしまうと，実力を出せなくなってしまう。

試験場でアガらないためには，試験を突破するぞという意気ごみを持つこと。つまり，気合いを入れることだ。たとえば，中学の校門前にはあちこちの塾の先生が激励《げきれい》のために立っている。もし，キミが通った塾の先生を見つけたら，「がんばります！」とあいさつをしよう。そうすれば先生は必ずはげましてくれる。これだけでもかなり気合いが入るはずだ。ちなみに，ヤル気が出るのは，TRHホルモンという物質の作用によるもので，十分な睡眠をとる，運動する（特に歩く），ガムをかむことなどで出されやすい。

試験開始の直前になってもアガっているときは，腹式呼吸が効果的だ。目を閉じ，おなかをふくらませるようにしながら，ゆっくりと大きく息を吸う。ここでは「ゆっくり」「大きく」がポイントだ。そして，ゆっくりと息をはく。これをくり返し何回も行うと，ノルアドレナリンという悪いホルモンが減っていくので，アガりを解消することができる。

よく「手のひらに“人”の字を書いて飲みこむことを3回行う」とアガらないというが，そのようなおまじないを信じて実行し，自分に暗示をかけてもいいだろう。要は，入試に対するさまざまな不安な気持ちを消し去って，試験に集中できるようなくふうをこらせばいいのだ。

Dr.福井（福井《ふくい》一成《かずしげ》）…医学博士。開成中・高から東大・文Ⅱに入学後，再受験して翌年東大・理Ⅲに合格。同大医学部卒。さまざまな勉強法や脳科学に関する著書多数。

2024年度 頌栄女子学院中学校

【算　数】〈**第２回試験**〉（40分）〈満点：100点〉

《注意》 1．円周率は3.14とすること。

2．定規・コンパスは使わないこと。

1 (1) 次の□にあてはまる数を求めなさい。

$$\frac{1}{6}+\left(\frac{7}{9}+1\frac{1}{3}\div\square\right)\times 1.3=1\frac{1}{4}$$

(2) 連続する４つの奇数の和が104のとき，一番大きい奇数を求めなさい。

(3) 縦270cm，横621cmの長方形のテーブルに，同じ大きさの正方形のタイルをすき間なくしきつめることにしました。このとき，タイルの枚数を１番少なくするためには，正方形のタイルの１辺の長さを何cmにすればよいか求めなさい。

(4) ある牧場の草かりを，Ａさんが１人ですると12時間，Ｂさんが１人ですると15時間かかります。はじめの３時間はＡさんが１人で，残りをＡさんとＢさんの２人ですると，全部で何時間かかるか求めなさい。

(5) Ａ，Ｂ，Ｃ，Ｄの４人で徒競走をしました。４人は走る前に自分の順位についてそれぞれ次のように予想しました。

Ａ「最下位だと思う。」

Ｂ「２位か４位だと思う。」

Ｃ「１位にはなれないと思う。」

Ｄ「３位と４位にはならないと思う。」

これらの予想はすべてはずれました。このとき，４人の順位を答えなさい。

(6) 10円，50円，100円，120円，140円の切手がそれぞれ３枚ずつあります。この中から何枚か取り出し，合計がちょうど250円になるようにするとき，全部で何通りの取り出し方があるか求めなさい。

(7) 右の図１は，ABを直径とする円と，AB上に直径があるいろいろな大きさの半円を組み合わせたもので，２点Ｐ，ＱはABの長さをちょうど３等分する点です。色のついた部分の周の長さが100cmのとき，直径ABの長さを求めなさい。ただし，小数第二位を四捨五入して答えなさい。

図１

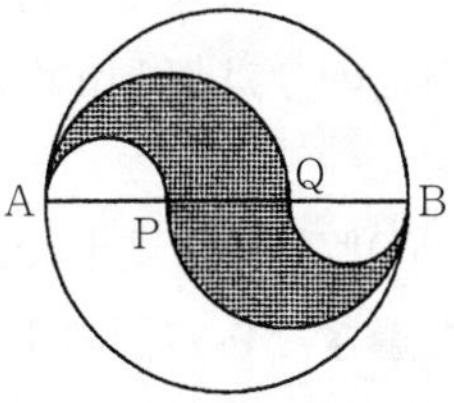

図２

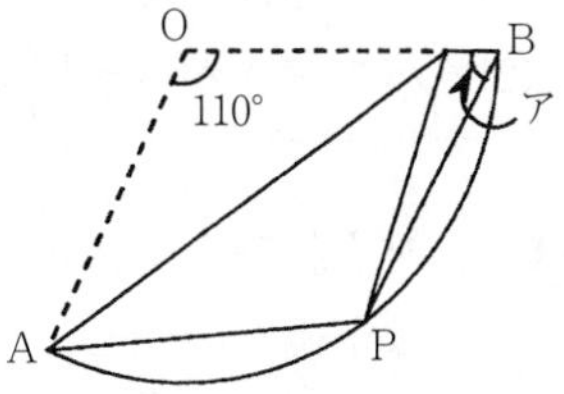

(8) 右上の図２のように，点Ｏを中心とする円の一部の形をした紙を，点Ｏが点Ｐに重なるように折りました。角アの大きさを求めなさい。ただし，点Ａ，Ｂ，Ｐはもとの円の円周上にあります。

(9)　図３のように，底面がAC＝BCの直角二等辺三角形で，高さCFが辺ACの長さよりも長い三角柱があります。点Pは，頂点Cから頂点Dまで辺CFと辺FD上を移動します。

　この三角柱を，３点A，B，Pを通る平面で切るとき，切り口はどのような図形になるか，次の①～⑤の中で考えられる図形をすべて選び，番号で答えなさい。

①　二等辺三角形　　②　正三角形　　③　台形

④　五角形　　⑤　六角形

図３

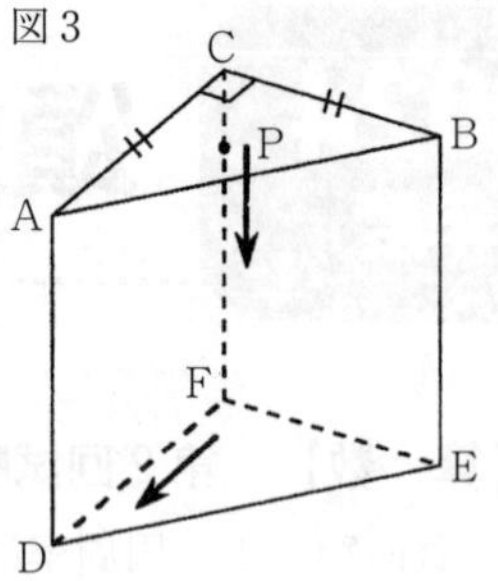

2　頌子さんは，紙飛行機の飛距離《きょり》を競う大会で使用するために紙飛行機A，Bを作りました。大会では紙飛行機を１回だけ飛ばします。下の表は，どちらの紙飛行機を大会で使用するか決めるため，それぞれ20回ずつ飛ばした結果を表しています。それぞれの飛距離の平均を求めたところ，平均は等しくなりました。

　あなたなら頌子さんにA，Bどちらの紙飛行機をすすめますか。どちらを選んでも構いませんが，２つの表を比較して，選んだ理由を数を用いて具体的に答えなさい。

紙飛行機Aの飛距離

飛距離(m)	回数(回)
1.0以上1.5未満	1
1.5 ～ 2.0	1
2.0 ～ 2.5	1
2.5 ～ 3.0	5
3.0 ～ 3.5	6
3.5 ～ 4.0	3
4.0 ～ 4.5	2
4.5 ～ 5.0	1
計	20

紙飛行機Bの飛距離

飛距離(m)	回数(回)
1.0以上1.5未満	2
1.5 ～ 2.0	2
2.0 ～ 2.5	2
2.5 ～ 3.0	2
3.0 ～ 3.5	3
3.5 ～ 4.0	4
4.0 ～ 4.5	3
4.5 ～ 5.0	2
計	20

3　バス停Aとバス停Bの間の道のりは4kmで，そのとちゅうに学校があります。バス停Aからバス停Bまでバスに乗り，バス停Bから歩いて学校まで行くと，バス停Aから学校まで歩いて行くよりも12分早く着きます。バスの速さは時速30km，歩く速さは分速100mです。

(1)　バス停Aからバス停Bまでバスに乗って行くとき，何分かかるか求めなさい。

(2)　バス停Aから学校までの道のりは何kmか求めなさい。

4　ある品物を１個100円で200個仕入れました。２割の利益をふくめて定価をつけます。15時までは定価で販売し，15時を過ぎたら定価の１割引きで売る予定です。

(1)　15時までに全体の７割が売れ，残りは15時以降にすべて売れたとすると，利益は何円か求めなさい。

(2)　実際には，200個すべてが売れ，利益が3556円でした。定価で売れた個数を求めなさい。なお，答えの求め方も説明しなさい。

5　表が白，裏が青の100枚のカード 1 ， 2 ， 3 ，…， 100 が表(白)を上にして並べてあります。どのカードも表と裏には同じ数が書かれています。箱の中には，８個の球②，③，…，⑨があり，この中から球を１個取り出し，その数の倍数が書かれているカードをすべてひっくり返します。この作業をくり返します。

例えば 15 のカードは，最初に取り出した球が③のとき裏(青)が上になり，２回目の球が⑤のとき表(白)が上にもどります。

(1)　最初に②，２回目に⑧の球を取り出したあと，表(白)が上になっているカードは何枚あるか求めなさい。

(2)　最初に⑦，２回目に③の球を取り出したあと，表(白)が上になっているカードは何枚あるか求めなさい。

(3)　最初に②，２回目に③，３回目に④の球を取り出したあと，表(白)が上になっているカードは何枚あるか求めなさい。

【社　会】〈第２回試験〉（40分）〈満点：100点〉

《注意》　漢字で書くべきものは漢字で答えなさい。

〈編集部注：実物の入試問題では，図や地図，グラフはすべてカラー印刷です。〉

1　以下の文章を読んで，あとの問いに答えなさい。

突如《とつじょ》現れた新型コロナウイルスにより，人類は大きな危機に直面しました。現在では，少しずつ今までの日常が取り戻せるようになっています。しかし新型コロナウイルス自体がこの世界から完全に消えたわけではありません。これからの私たちに求められているのは，感染症と共生し，向き合っていくことです。その方法について，過去の人類から学び，現在，そして未来の私たちにつなげていく必要があります。

古代から，人類は感染症に苦しめられてきました。その代表として①天然痘《てんねんとう》があげられます。1980年に(　1　漢字)が発表した天然痘撲滅《ぼくめつ》宣言で，世界から天然痘が正式に無くなりましたが，日本では奈良時代から人々を悩ませる感染症でした。実際に735年には九州にあり外国との交流の窓口ともなっていた(　2　)で天然痘が流行した記録が残っています。737年には朝廷でも天然痘の流行が確認されており，藤原不比等の息子で，宴会《えんかい》好きであった藤原四兄弟も相次いで亡くなっています。ちなみに藤原不比等は大化の改新で活躍した(　3　)の息子です。その後平安時代になると天然痘の他に②麻疹《はしか》が登場します。麻疹は高熱と赤い発疹《ほっしん》が出る病気で，強い感染力をもっています。平安時代の史料では，摂関政治で栄えた(　4　)の娘嬉子《きし》も麻疹にかかったと記録されています。この(　4　)は麻疹流行の７年前に，一族の繁栄《はんえい》を歌に詠《よ》んだ人物です。その後，麻疹は平安時代から江戸時代にかけて慢性的《まんせいてき》に流行していきました。

このような感染症の流行に対して，人々はどのように原因をとらえ，対策をしたのでしょうか。まず人々は感染症の原因は「鬼」のせいだとしました。他にも中世になってくると，腹痛や腰の病をすべて身体の中にいる虫のせいだともし，または感染症の原因とみられる架空《かくう》の生物を作り出しました。そのような原因に対し，人々は古代からまじないや祈りによって，対処しました。例えば奈良時代に，聖武天皇が東大寺に大仏を造立したのも，感染症流行が原因の一つとして考えられます。しかし江戸時代になってくると，現代と同じような感染症対策も登場します。例えば衣服を洗濯して消毒することや，感染症流行の際には人が集まる場所へ行かないなどの対策です。

江戸時代になると，麻疹や天然痘，またはコレラなどの感染症流行が多くみられました。コレラは激しい下痢や嘔吐《おうと》を引き起こす感染症で，日本で流行したのは1822年からです。また1858年にもコレラが再び日本を襲います。この年は大老③井伊直弼の決断のもと，(　5　)が調印され，翌年からは④横浜・長崎・箱館で諸外国との貿易が開始されました。コレラは外国船の来航とともに，日本で流行しているため，開国が感染症を招いたとして，外国人を敵視する(　6　２字)思想が高まる原因の一つとなりました。

コレラはその後，明治時代になっても猛威《もうい》をふるい，明治政府はコレラなどの感染症の予防法を定め，感染症拡大を防ごうとしました。しかし政府を悩ませる感染症は他にもありました。ペストとスペイン風邪です。ペストの原因となる細菌は19世紀末に日本人である(　7　)が発見し，細菌研究に大きく貢献しました。この(　7　)は今年から発行される新千円札の肖像《しょうぞう》ともなっている人物です。スペイン風邪は，現在ではインフルエンザと呼ばれています。このスペイン風邪は⑤ヨーロッパ全体に拡大し，その後日本にも多くの感染者と死亡者をもたらしました。その要因としては，1914年から1918年に起きた（　8　）とそれにおける好景気の到来で人や物の移動が激しかったことがあげられるでしょう。またこのスペイン風邪は当時の首相である（　9　）もかかりました。この（　9　）は，平民出身でありながら首相になった人物であり，「平民宰相」とも呼ばれています。このように時の首相や多くの人々がスペイン風邪にかかり，人々は予防のためにマスクを着用するようになりました。

しかし政府は，（　8　）後の好景気によるさらなる経済の発展を狙って，迅速《じんそく》な感染症流行の対応を行いませんでした。それにより，⑥日露戦争で戦う弟を想《おも》い歌った歌人（ 10 ）は，「政府はなぜいち早くこの危険を防止するために，呉服店，学校，興行物，大工場，大展覧会など，多くの人間の密集する場所の一時的休業を命じなかったのか」と嘆いています。この状況は，新型コロナウイルスでの「自粛を行うべきか，経済を優先するべきか」の議論と似ています。

このように歴史を振り返ってみると，時代とともに日本人の感染症に対する対応も変化しているのがわかります。そして人類が感染症と直面するたびに，社会における問題点が浮き彫りになり，社会のあり方も大きく変化します。こうした社会の変化に対して私たちに求められているのは，状況を客観的に，そして臨機応変に対応できる知識を備えておくことです。歴史はそのために欠かせない教科であり，決して過去を学ぶだけの教科ではありません。歴史は未来のための教科なのです。

問１．文章中の空らん（１）～(10)に入る最も適切な語句を答えなさい。

問２．下線部①「天然痘」について，天然痘は江戸時代の天保期でも爆発的に広がりました。次のページの図は天保14(1843)年に一勇斎国芳《いちゆうさいくによし》（歌川国芳）が描いた浮世絵です。この図について話す次の頌子さんと栄子さんの会話を参考に，あとの問いに答えなさい。

頌子さん：この図には「鎮西《ちんぜい》八郎 為朝」って書いてあるね。この為朝は源為朝のことで，彼は源頼朝の叔父《おじ》だね。

栄子さん：彼は1156年に起きた［　X　］の乱で伊豆に流された人だよね。彼は流された伊豆諸島で疱瘡《ほうそう》が発生しないことから，江戸時代には彼をモチーフにした絵が家の門の出入り口に貼られていたみたいなんだ。ちなみに，疱瘡というのは天然痘のことを指しているよ。

頌子さん：そうなんだね。そうなると，為朝は（　i　）ということになるね。

栄子さん：そしてこの図の右に描かれているおばあさんに注目すると，自分の手形を写した紙を差し出しているよ。

頌子さん：そうなんだ。この紙には「為朝には悪さはしない」という約束が書かれていて，おばあさんはその約束を守る意思表示として，自分の手形を差し出しているのだと思うよ。そのことを考えるとこのおばあさんは，（　ii　）だというのが読み取れるね。

図Ａ：歌川国芳の浮世絵より　東京都立図書館所蔵デジタルアーカイブから引用

⑴　空らん［Ｘ］に入る最も適切な語句を答えなさい。

⑵　空らん(ⅰ)(ⅱ)に入る語句として適切な組み合わせを，次のア～エから１つ選びなさい。

ア．ⅰ－感染症にかからないための存在　ⅱ－天然痘患者

イ．ⅰ－感染症にかからないための存在　ⅱ－疱瘡を引き起こす神

ウ．ⅰ－感染症を治す薬のような存在　ⅱ－天然痘患者

エ．ⅰ－感染症を治す薬のような存在　ⅱ－疱瘡を引き起こす神

問３．下線部②「麻疹」について，次のカードを用意しました。これらのカードをふまえて，麻疹の流行が数十年に一度起きている背景を具体的に説明しなさい。

> 平安時代の麻疹の流行は，998年，1025年，1077年，1093～94年，1113年，1127年，1163年となっており，継続的に数十年に一度流行している。

> 平安時代の歴史物語によると，998年の流行期では「年齢も身分も関係なく麻疹にかかっている」と書かれている。また1025年の流行期には「前回(998年)の流行で麻疹にかからなかった人は今回の流行でかかっている」と書かれている。

> 1077年の流行期をみると，「60歳以上の人で麻疹にかかった人は少ない」と書かれている。

問４．下線部③「井伊直弼」に関連して，幕末に起きた出来事を古いものから順番に並べ替えなさい。

ア．桜田門外の変

イ．薩長同盟

ウ．安政の大獄

エ．薩英戦争

問５．下線部④「横浜」について，次の問いに答えなさい。

(1) 横浜に関する内容について述べた文章で，最も適切な組み合わせをあとのア～エから１つ選びなさい。

Ⅰ－幕末期，横浜港が最大の貿易港であり，最大の貿易相手はアメリカであった。

Ⅱ－日本で初めて鉄道が開通した場所である。

ア．Ⅰ－正　Ⅱ－正

イ．Ⅰ－正　Ⅱ－誤

ウ．Ⅰ－誤　Ⅱ－正

エ．Ⅰ－誤　Ⅱ－誤

(2) 横浜から関連して，京浜工業地帯における特徴として**誤っている**文章を次のア～エから１つ選びなさい。

ア．東京から川崎・横浜などの臨海部から，現在では内陸部にまで発展した。

イ．機械の部品をつくる中小工場が多い。

ウ．工業出荷額において，日本で最大の工業地帯である。

エ．印刷業が盛んである。

問６．下線部⑤「ヨーロッパ」に関連して，次の問いに答えなさい。

(1) ヨーロッパの国々と関わる際に，日本ではヨーロッパとの時差を考える必要があります。その際，日本の標準時子午線は東経または西経何度の経度ですか。解答らんにあう形で数字を答えなさい(東経・西経はどちらかに○を付けなさい)。

(2) 日本時間の２月５日午前７時にイギリスから日本へ電話をかけるには，イギリス時間の何月何日の何時に電話をかければ良いですか。解答らんにあう形で日時を答えなさい(午前・午後はどちらかに○を付けなさい)。

問７．下線部⑥「日露戦争」について，日露戦争の講和条約の内容として**誤っている**文章を次のア～エから１つ選びなさい。

ア．ロシアは日本に対して賠償金を支払う。

イ．ロシアは日本に北緯50度以南の樺太獲得を認める。

ウ．ロシアは日本の韓国に対する指導・監督権を認める。

エ．ロシアは日本に対し南満州鉄道の権利を認める。

問８．現代における感染症について，次の資料を参考にあとの **問い** に答えなさい。

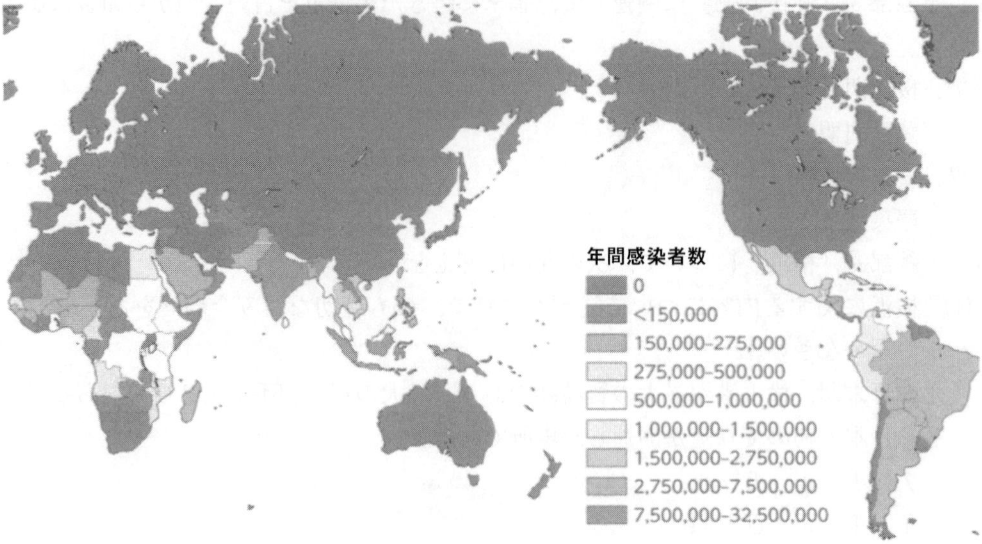

資料Ⅰ：国別デングウイルス感染者数の統計地図(2010年)
厚生労働省「平成26年度新型インフルエンザ等新興・再興感染症研究推進事業 研究成果発表 感染症は一国の問題ではない。～エボラ出血熱，デング熱を例に～」より引用

※弊社ホームページにて，カラー印刷のものを掲載しています。
必要な方はアクセスしてください。
なお，右の二次元コードからもアクセスできます。

資料Ⅱ：デング熱の対策
厚生労働省「ジカ熱・デング熱の運び屋　ヒトスジシマカの発生源を叩け！」から一部引用

問い　上記の資料Ⅰ，Ⅱの両方をふまえ，デング熱の感染者数が多い地域はどのような特徴があり，またどのようにしてデング熱が感染していくのかを説明しなさい。

2　以下の文章を読んで，あとの問いに答えなさい。

①富士山はユネスコ世界遺産委員会によって「富士山ー信仰の対象と芸術の源泉」として2013年に②世界文化遺産に登録されました。富士山を世界遺産に登録する活動は当初自然遺産としての登録をめざしていましたが，ゴミなどを原因とする環境の悪化などから文化遺産に目標を切り替えたという経緯があります。

廃棄物による環境の悪化は観光地だけの問題ではありません。東京都内では1960年代にゴミの量が爆発的に増加し，東京のゴミを受け入れていた③江東区では環境の悪化が深刻になりました。その対応策として都内各所にゴミ処分場を建設することが決議されましたが，その受け入れをめぐって，「ゴミ戦争」と表現されたほどの社会問題がおこりました。その後，ゴミ処理技術の向上による施設周辺環境への影響の軽減や，住民の廃棄物の排出者としての意識向上などにより，ゴミ処分施設設置をめぐる問題は収束しました。しかし，④循環型社会の実現という点では今後も継続した取り組みが必要です。

処理が困難な廃棄物として，原子力発電で使い終わった核燃料を処理した核のゴミがあります。原子力発電所を稼働させればどうしても発生するもので，日本では1960年代から原子力発電所を使い始めていますが，核のゴミを最終的にどこに処分するかはまだ決まっていません。2011年に発生した(　1　)原子力発電所の事故以降，国も処分場の候補を決めるために積極的に取り組むようになりました。資源エネルギー庁は2017年には⑤科学的特性マップを公表し，核のゴミを地下300メートルより深い場所に埋めることを想定した場合に立地に好ましい特性をもつ可能性のある地域を示しました。そのうえで，さらに詳しい３段階の調査を受け入れる自治体に交付金を出すこととし，応募を呼びかけています。例えば，江戸時代に朝鮮との交流の経由地となっていたことで知られる長崎県の(　2　)市では昨年，議会が文献調査の受け入れ推進を嘆願《たんがん》しました。しかしその後市長が受け入れ拒否を表明しました。このように事前調査の段階でさえ受け入れ自治体はなかなか増えず，現時点では第１段階の文献調査を受け入れている自治体は２カ所のみです。脱炭素の取り組みのため，政府は原子力発電を今後も重要なものと位置づけています。増え続ける核のゴミの最終処分場をどう確保するのか，考えていかなくてはなりません。

問１．文中の空らん(１)，(２)に入る適切な語句を答えなさい。

問２．下線部①の「富士山」に関連し，次の富《ふ》嶽《がく》三十六景の図版に関するあとの問いに答えなさい。

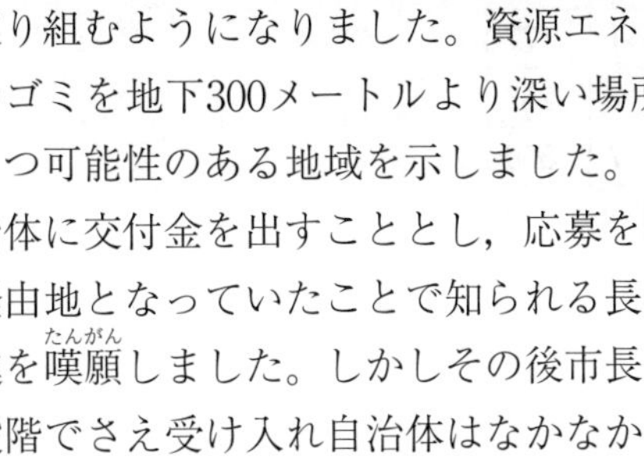

ア．甲州三坂水面(山梨県)

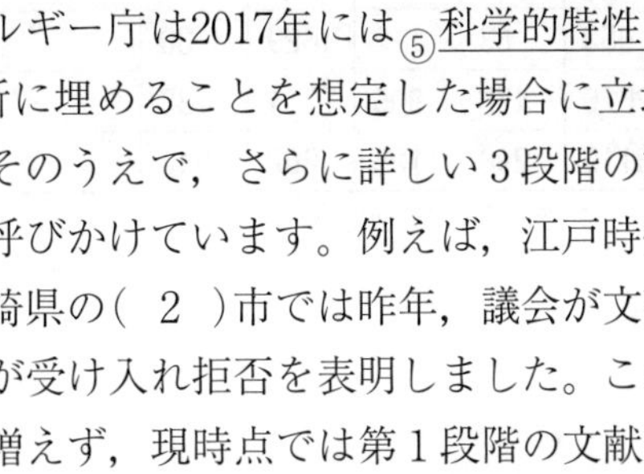

イ．常州牛堀(茨城県)

ウ．信州諏訪湖（長野県）

エ．尾州不二見原（愛知県）

(1)　上記の４枚の図版で描かれていないのはどの方向から見た富士山ですか。四方位で答えなさい。

(2)　サロマ湖とでき方が同じ湖が描かれている図版をア～ウから１つ選びなさい。

(3)　次の表中のⅠ～Ⅳはア～エの図版が描かれた場所のうちいずれかの県の農業産出額を表したものです。表中のⅠ～Ⅳに入る県をあとのア～エからそれぞれ選び，記号で答えなさい。

	農業産出額	米	野菜	果実	花き	工芸農作物	畜産
Ⅰ	4508	868	1708	112	137	11	1277
Ⅱ	953	63	112	629	36	1	77
Ⅲ	2616	473	905	714	138	2	287
Ⅳ	3115	296	1125	202	543	17	866

（『データでみる県勢 2021』より作成。2018年，単位　億円）

ア．山梨県
イ．茨城県
ウ．長野県
エ．愛知県

(4)　江戸時代の日本に関する説明として適するものを次のア～エから１つ選び，記号で答えなさい。

ア．勘合を用いた貿易を中国との間でおこなっており，硫黄や銅を輸出していた。

イ．春から秋には米，秋から春に麦や蕎麦《そば》などを生産する二毛作が普及し始めた。

ウ．江戸は人口が増加したが，紙や布の再利用が発達し，ゴミの量は比較的抑えられていた。

エ．参勤交代が制度化されると，街道が整備され大井川など主要な川には橋が架けられた。

問３．下線部②の「世界文化遺産」の一つである厳島神社がある広島県廿日市《はつかいち》市では2023年より宮島訪問税の徴収が始まりました。このような観光客への特別な負担を求める動きが生じる原因は観光客が多くなりすぎることによって，ゴミ・騒音による環境悪化や，交通機関の混雑など住民の生活によくない影響が生じていることにあります。観光客が多すぎることによって生じる環境の悪化のことを何と呼びますか，答えなさい。

問４．下線部③の「江東区」に関連し，江東区，千代田区，八王子市についてまとめた次の表中のア～ウから江東区を選び，記号で答えなさい。

	面積（km^2）	人口（人）	年齢別人口構成（％）		
			０～14歳	15～64歳	65歳以上
ア	186.38	561758	11.1	61.4	27.5
イ	11.66	67049	13.7	69.5	16.8
ウ	43.01	525952	12.7	65.9	21.5

（『データでみる県勢 2023』より作成）

問５．下線部④の「循環型社会の実現」に関連し，「３Ｒ」とは何ですか。特に優先すべき取り組みから順に３つすべてを，その意味がわかるように答えなさい。

問６．下線部⑤の「科学的特性マップ」は次のようなものです。地図の凡例のうちＸ，Ｙはある理由で最終処分場には好ましくない特性があるとされています。その理由として適するものをあとのア～エからそれぞれ１つ選び，記号で答えなさい。

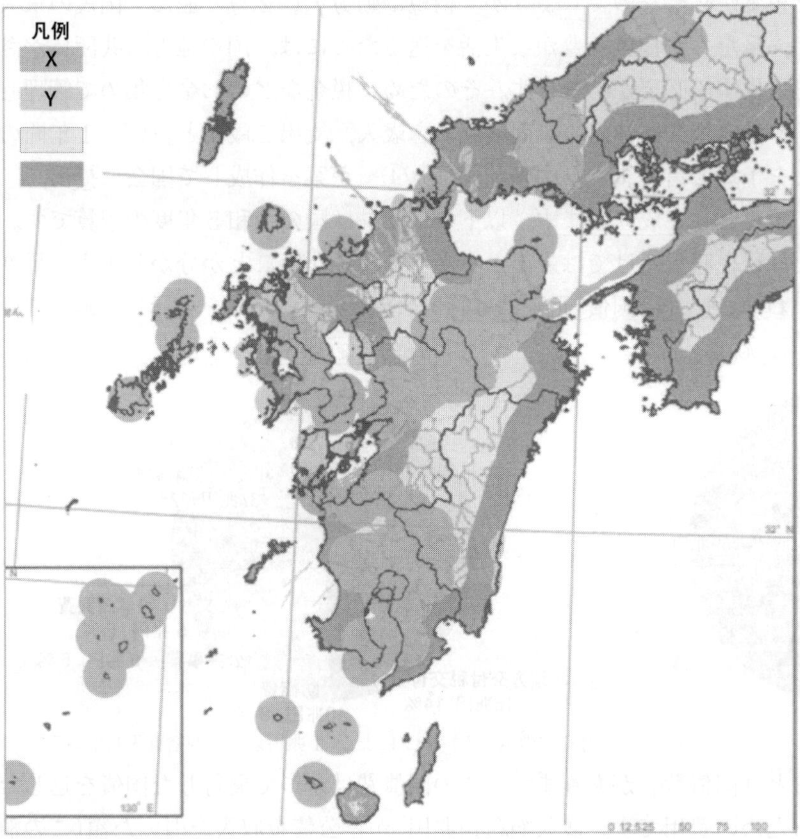

※弊社ホームページにて，カラー印刷のものを掲載しています。必要な方はアクセスしてください。なお，下の二次元コードからもアクセスできます。

経済産業省資源エネルギー庁 HP
(https://www.enecho.meti.go.jp/category/electricity_and_gas/nuclear/rw/kagakutekitokuseimap/,
出題の都合により一部改変)

ア．海に近く，津波の被害を受ける可能性があるため。

イ．火山や活断層によって地盤が動く可能性があるため。

ウ．温泉などが近く観光客が迷い込んでしまう可能性があるため。

エ．石油や石炭を採掘しようとして誤って近づいてしまう可能性があるため。

3　以下の文章を読んで，あとの問いに答えなさい。

日本の税金は約50種類あり，納め方の違いにより，(　1　)税と直接税に分けられます。税金を納める義務のある人と税金を負担する人が異なる税金を(　1　)税，同じものを直接税と言います。商品を買ったときにかかる消費税は(　1　)税の代表です。課税主体による区別では，国に納められる税を国税，都道府県や市町村に納められる税を地方税と言います。個人の所得に応じてかかる直接税の国税の代表が所得税になりますが，所得税は①累進《るいしん》課税《かぜい》制度が採用されています。また，都道府県や市町村の中には，独自に[　②　]を制定して，その自治体独自の税を新設することができ，これを③「法定外税」と言います。

税制の大原則として「公平」が挙げられます。消費税は同じ商品を購入した場合には誰もが同じ税額を負担する(経済力が同等の人に等しい負担を求める)という点では公平と言えますが，違った観点から「公平」をとらえれば，全く逆の評価にもなります。

ところで，なぜ税金が必要なのでしょうか。納税は勤労・(　2　)と並んで国民の三大義務と言われていますが，私たちが健康で豊かな生活を送るためには，国や地方公共団体がさまざまな公的サービスを提供する必要があります。そのために税金などのお金を集めて管理し運用しているのです。国や地方公共団体の１年間の収入を歳入，支出を歳出と言い，１年間の歳入と歳出の計画のことを予算と言います。国の予算は[　④　]が案を作成して国会に提出，⑤国会の議決を経て初めて予算として成立します。以下のグラフは国の令和５年度の予算です。歳入と歳出を見比べると，租税収入だけでは歳出がまかなえていないことが分かります。足りない分は公債金収入，いわゆる(　3　)国債(正確には特例公債と言います)を発行して補っています。

令和５年度 歳入（114兆円）

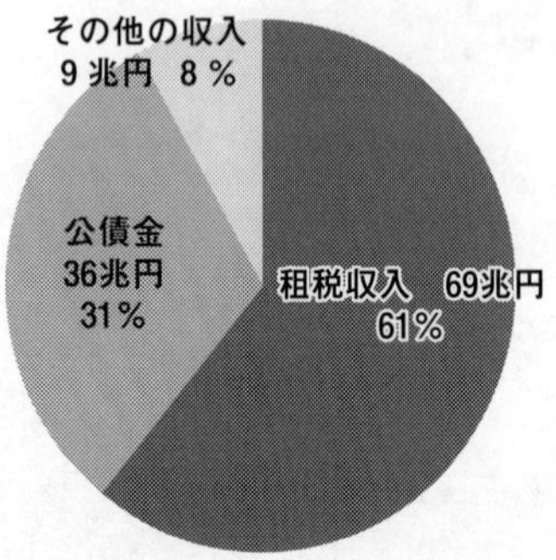

令和５年度 歳出（114兆円）

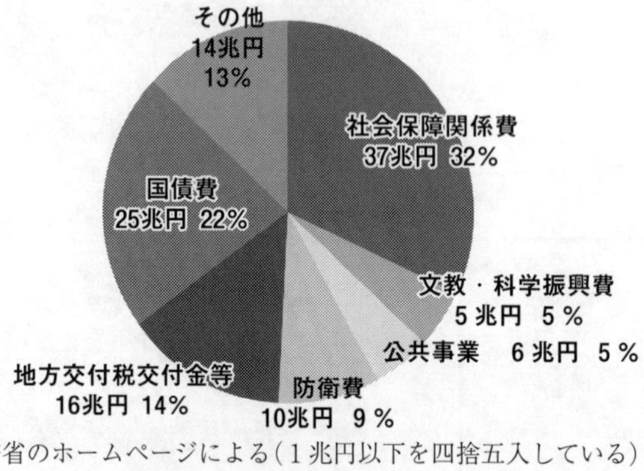

財務省のホームページによる(１兆円以下を四捨五入している)

歳出に着目すると「国債費」があります。この国債費はかつて発行した国債を返したり利子を支払ったりするための費用です。歳入額(114兆円)から公債金収入を引いた額(この額をＡとします)と歳出額(114兆円)から国債費を引いた額(この額をＢとします)を比べて，ＡがＢを上回っていれば(黒字であれば)，健全な財政と言えます。逆に，ＢがＡを上回っていれば(赤字であれば)，あまり健全な財政とは言えません。⑥令和５年度予算では(　　)兆円の《黒字・赤字》となっています。

問１．(１)～(３)にあてはまる語句を答えなさい(すべて漢字２字)。

問２．下線部①について，日本の場合には超過《ちょうか》累進課税と言われ，以下の表のように，課税される所得金額に応じて，それぞれ税率が設定されています。所得金額が5,000,000円の場合，この表をもとに計算すると，課税額はいくらになりますか。

課税される所得金額（課税帯）	税率
1,950,000円まで	5％
1,950,000円から3,300,000円まで	10%
3,300,000円から6,950,000円まで	20%
6,950,000円から9,000,000円まで	23%

（所得金額が2,000,000円の場合の計算例）
1,950,000円までの課税額が５％にあたる97,500円
超過した50,000円分のみ10％で課税され5,000円
課税額は97,500円＋5,000円の102,500円。

問３．[②]にあてはまる，最も適当な語句を次のア～エから１つ選び，記号で答えなさい。

ア．法律　　イ．政令　　ウ．条例　　エ．条約

問４．下線部③について，以下の「法定外税」と，設定している自治体の組み合わせとして正しいものはどれですか。ア～カから１つ選び，記号で答えなさい。

あ．別荘等所有税　　い．狭小住戸《きょうしょうじゅうこ》集合住宅税（ワンルームマンション税）

う．使用済核燃料税

Ａ．東京都豊島区　　Ｂ．新潟県柏崎市　　Ｃ．静岡県熱海市

ア．あ－Ａ　い－Ｂ　う－Ｃ　　イ．あ－Ａ　い－Ｃ　う－Ｂ

ウ．あ－Ｂ　い－Ａ　う－Ｃ　　エ．あ－Ｂ　い－Ｃ　う－Ａ

オ．あ－Ｃ　い－Ａ　う－Ｂ　　カ．あ－Ｃ　い－Ｂ　う－Ａ

問５．[④]にあてはまる，最も適当な語句を次のア～エから１つ選び，記号で答えなさい。

ア．国会議員　　イ．天皇　　ウ．内閣　　エ．財務省

問６．下線部⑤に関して，**誤っている**文章を次のア～エから１つ選び，記号で答えなさい。

ア．予算は必ず先に衆議院で審議される。

イ．衆議院で可決した予算案を参議院が否決した場合には，衆議院で出席議員の３分の２以上の賛成で再可決すれば，予算案は国会で可決されたことになる。

ウ．参議院が衆議院で可決された予算案を受け取った後，国会休会中の期間を除いて30日以内に議決しないときは衆議院の議決が国会の議決となる。

エ．１月に召集される通常国会では，主に新年度の予算を審議する。

問７．下線部⑥について，解答らんにあう形で答えなさい（黒字・赤字はどちらかに○を付けなさい）。

問８．問題文の波線部について，公平性をどのように考えれば，消費税に関して不公平と考えられるのですか。「割合」という言葉を使って解答らんにあう形で答えなさい。

【理　科】〈第2回試験〉（40分）〈満点：100点〉

《注意》 漢字で書くべき用語は漢字で書くこと。

1　浮《ふ》力を確かめる実験について，以下の各問いに答えなさい。

［Ⅰ］【図1】のように，台ばかりの上に水を入れたビーカーを置くと，台ばかりは350gを示しました。次に【図2】のように，この水に直方体の物体Aを入れると，物体Aは体積の4分の3が水につかった状態で浮《う》き，台ばかりは470gを示しました。ただし，糸の体積，重さは無視でき，水1 cm^3 あたりの重さを1gとします。

【図1】

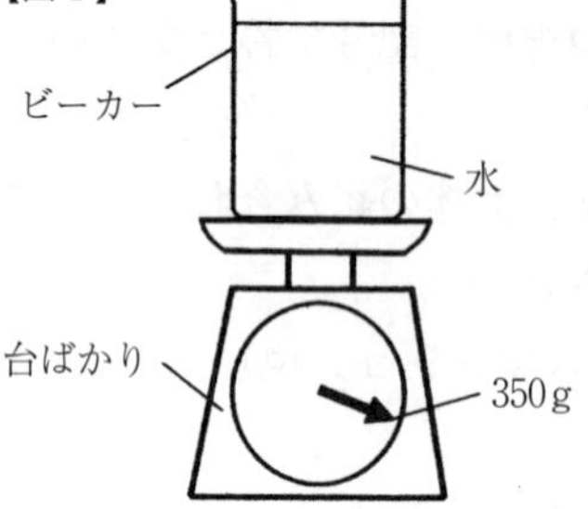

【図2】

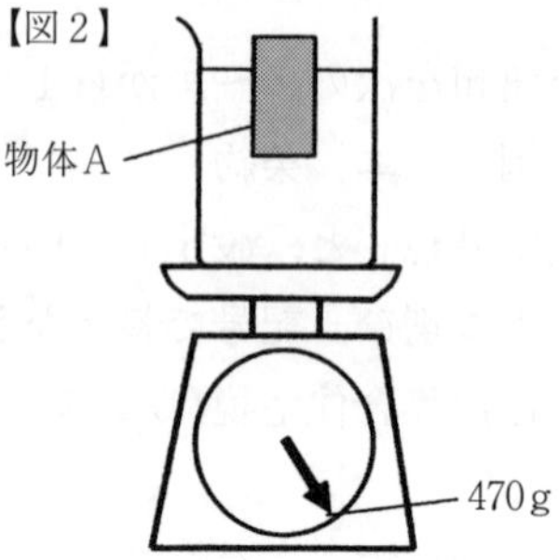

【図3】

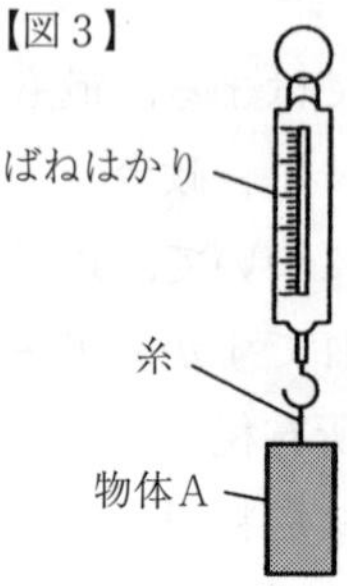

問1　液体中にある物体は，その物体が押《お》しのけた液体の重さに等しい大きさの浮力を受けます。この原理を科学者の名前をとって何といいますか。

問2　【図3】のように，ばねはかりに物体Aをつるしたとき，ばねはかりは何gを示しますか。

問3　物体Aの体積は何 cm^3 ですか。

問4　物体Aに重さが49gのおもりを糸でつるし，静かに水に入れたところ，【図4】のように物体Aがすべて水につかった状態で止まりました。また，おもりはビーカーの底についていませんでした。このおもりの体積は何 cm^3 ですか。

【図4】

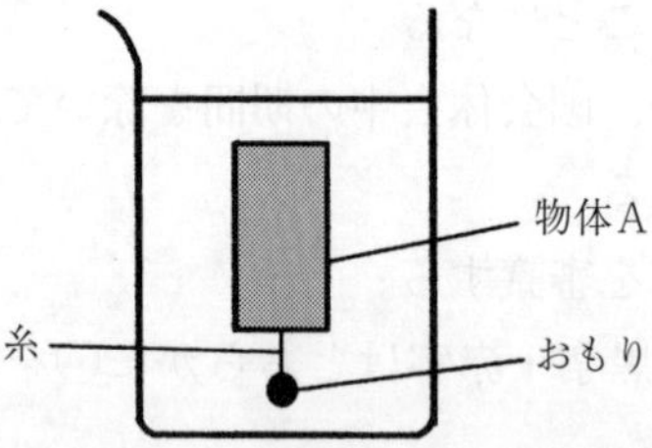

［Ⅱ］【図5】のような重さ480gの物体Bがあります。物体Bの底面は，横10cm，縦5cmの長方形，側面は底辺10cm，高さ16cmの二等辺三角形になっています。【図5】の点C（辺の真ん中）に糸をつけ，【図6】のようにばねはかりに物体Bをつるして，ある高さからゆっくりと下げて砂糖水に入れていきました。ここで，物体Bが砂糖水の中に入ったときの液面の上昇《しょう》や，糸の体積，重さは無視できるものとします。また，砂糖水1 cm^3 あたりの重さを1.2gとします。

【図５】

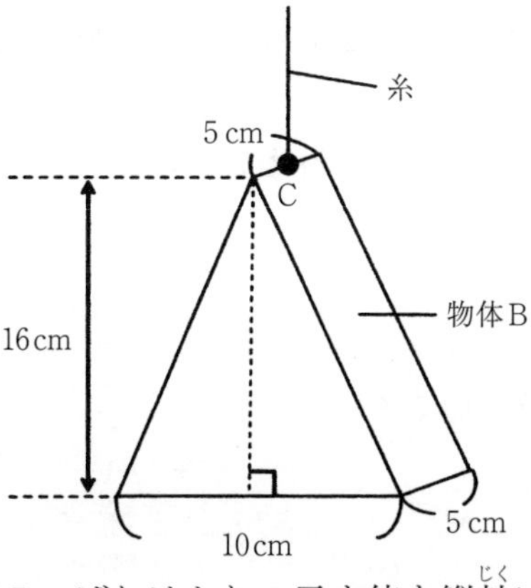

【図６】

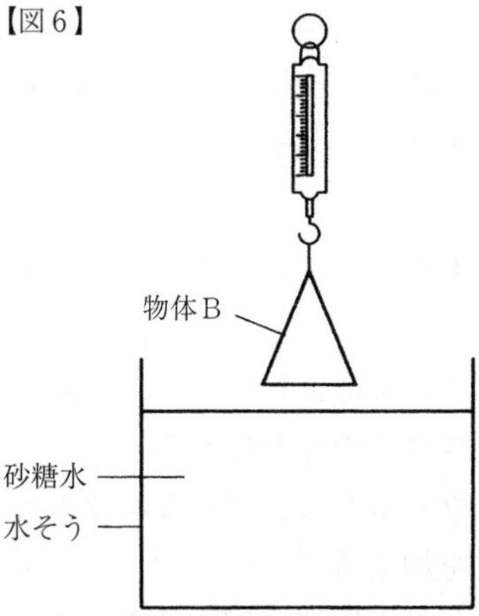

【図７】

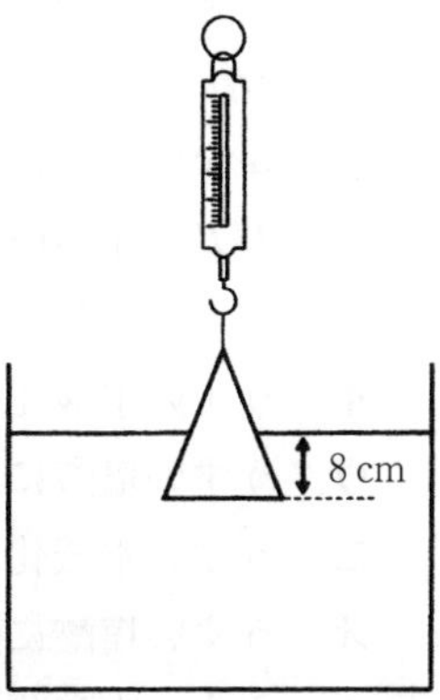

問５　ばねはかりの示す値を縦軸《じく》に，【図６】の状態から物体Ｂが下がった距離《きょり》を横軸にとったグラフの形として最も適するものを次の**ア～カ**から１つ選んで，記号で答えなさい。

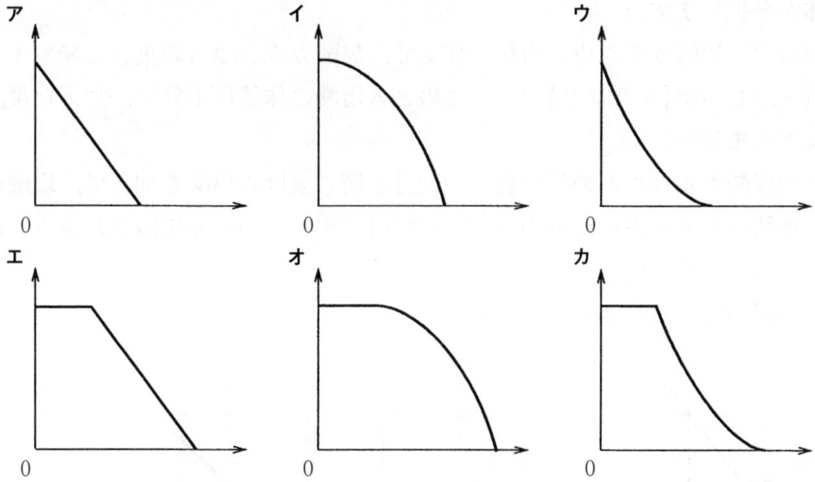

問６　物体Ｂをばねはかりにつるし，【図７】のように水面から８cm 沈《しず》めたとき，ばねはかりは何ｇを示しますか。

問７　砂糖水の濃《のう》度を変え，物体Ｂを水面から 12cm 沈めると，ばねはかりはちょうど０ｇを示しました。このとき，砂糖水は１cm³ あたり何ｇですか。計算の結果は小数第２位を四捨五入して，小数第１位まで求めなさい。

2　気体の発生に関する以下の［Ⅰ］，［Ⅱ］について，各問いに答えなさい。

［Ⅰ］　うすい塩酸の中にマグネシウムの小片《へん》を入れると，マグネシウムの小片は溶《と》けて水素が発生します。ある濃《のう》度の塩酸 200 cm³ の中にマグネシウムの小片を加えて，マグネシウムの重さと発生する水素の体積の関係を調べたものが【グラフ１】です。なお，実験中，部屋の温度は

【グラフ１】

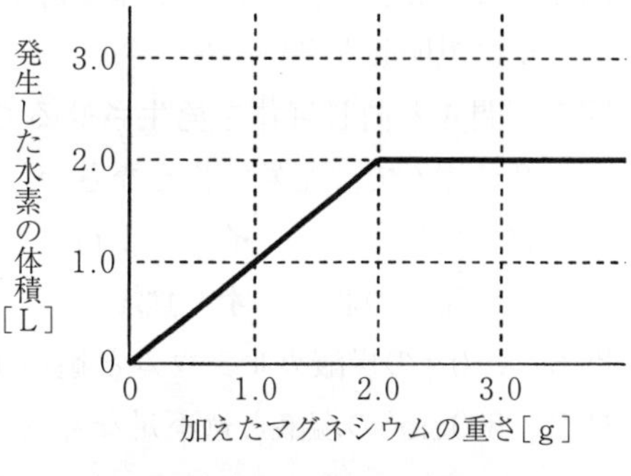

約20℃で一定でした。

問1　この実験で使った塩酸200 cm^3 と過不足なく反応するマグネシウムの重さは何gですか。

問2　この実験に使った濃《こ》さの塩酸の場合，マグネシウムの小片3.0gをちょうど溶かしきるのに必要な塩酸の体積は何 cm^3 ですか。

問3　次の**ア**～**キ**の中で，水素が発生するものをすべて選んで，記号で答えなさい。

ア　うすい塩酸に鉄の粒《つぶ》を加える

イ　うすい水酸化ナトリウム水溶《よう》液に鉄の粒を加える

ウ　うすい塩酸にアルミニウムの粒を加える

エ　うすい水酸化ナトリウム水溶液にアルミニウムの粒を加える

オ　うすい塩酸に銅の粒を加える

カ　うすい水酸化ナトリウム水溶液に銅の粒を加える

キ　うすい塩酸に亜鉛《あえん》の粒を加える

［Ⅱ］　うすい塩酸の中に石灰石の主成分である炭酸カルシウムの粒を入れると，炭酸カルシウムの粒は溶けて気体が発生します。

ある濃度の塩酸の中に炭酸カルシウムの粒を加えて，炭酸カルシウムの重さと発生する気体の体積の関係を調べたものが【グラフ２】です。このとき塩酸の体積は十分で，加えた炭酸カルシウムはすべて反応しました。

次に，ある重さの炭酸カルシウムの粒に【グラフ２】と同じ濃度の塩酸を加えて，塩酸の体積と発生する気体の体積の関係を調べたものが【グラフ３】です。このとき炭酸カルシウムの量は十分で，加えた塩酸はすべて反応しました。

なお，実験中，部屋の温度は約20℃で一定でした。

【グラフ2】

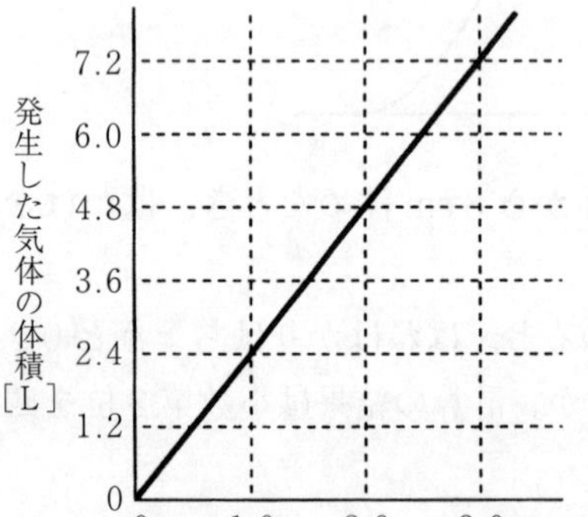

【グラフ3】

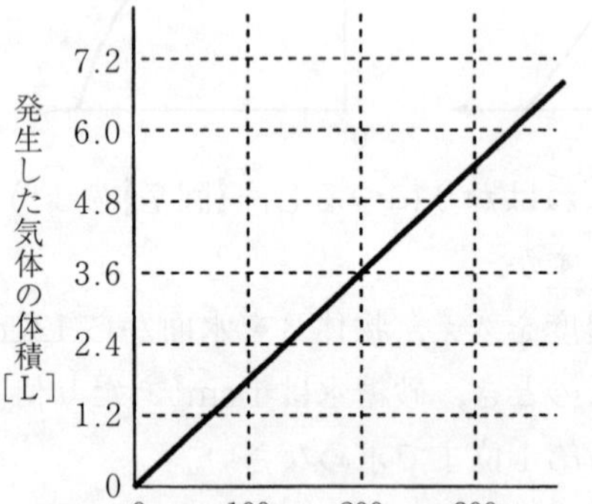

問4　この実験で発生した気体は何ですか。また，その気体を確かめる方法を，結果も含《ふく》めて簡単に説明しなさい。

問5　問4と同じ気体を発生させるために石灰石の代わりに使用できるものを次の**ア**～**オ**から2つ選んで，記号で答えなさい。

ア　貝殻《がら》　　**イ**　小麦粉　　**ウ**　チョーク

エ　鉛《えん》筆の芯《しん》　　**オ**　食塩

問6　3.0gの炭酸カルシウムと過不足なく反応する塩酸の体積は何 cm^3 ですか。

問7　300 cm^3 の塩酸と過不足なく反応する炭酸カルシウムの重さは何gですか。

3　太陽系の天体について，以下の各問いに答えなさい。

右図は，太陽Ｓと地球Ｅ，金星，火星Ｍの公転の軌《き》道を示したものです。ただし，この図は模式図であり，星の大きさや太陽からの距離《きょり》などは正確ではありません。なお，金星は①～③の番号で示した位置のどこかにあるものとします。

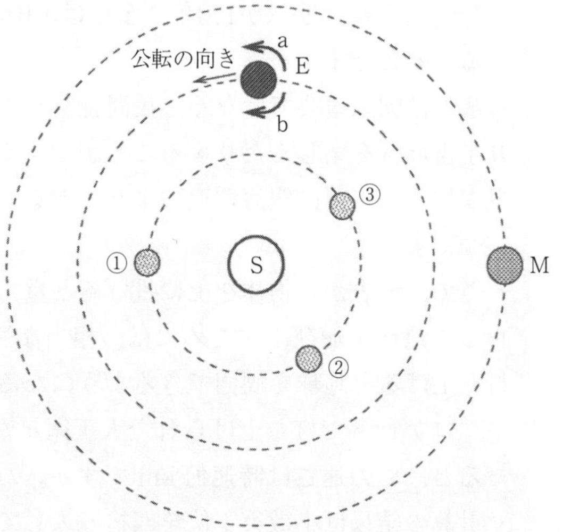

問１　地球の公転の向きが図のように示されるとき，自転の向きはａまたはｂのどちらですか。記号で答えなさい。

問２　太陽について，次の各問いに答えなさい。

(1)　地球を惑《わく》星と呼ぶとき，太陽は何という種類の星になりますか。

(2)　太陽の特徴《ちょう》として適するものを次の**ア**～**カ**から３つ選んで，記号で答えなさい。

ア　みずから輝《かがや》き光や熱を出している　　**イ**　主に岩石からできている
ウ　主にガスのかたまりでできている　　**エ**　自転をしている
オ　公転をしている　　**カ**　光や熱を反射している

問３　地球と火星が図の位置にあるとき，東京から火星を眺《なが》めるとどのように見えますか。次の**ア**～**カ**から適するものをすべて選んで，記号で答えなさい。

ア　明け方，南の空に見える　　**イ**　明け方，西の空に見える
ウ　夕方，東の空に見える　　**エ**　夕方，南の空に見える
オ　真夜中，東の空に見える　　**カ**　真夜中，西の空に見える

問４　地球は図の位置にあり，金星が図の①，②，③の位置にそれぞれきたとき，東京から金星を眺めました。

(1)　金星はどのような形に見えますか。それぞれ**ア**～**ク**から最も適するものを１つずつ選んで，記号で答えなさい。ただし，大きさの変化は考えません。

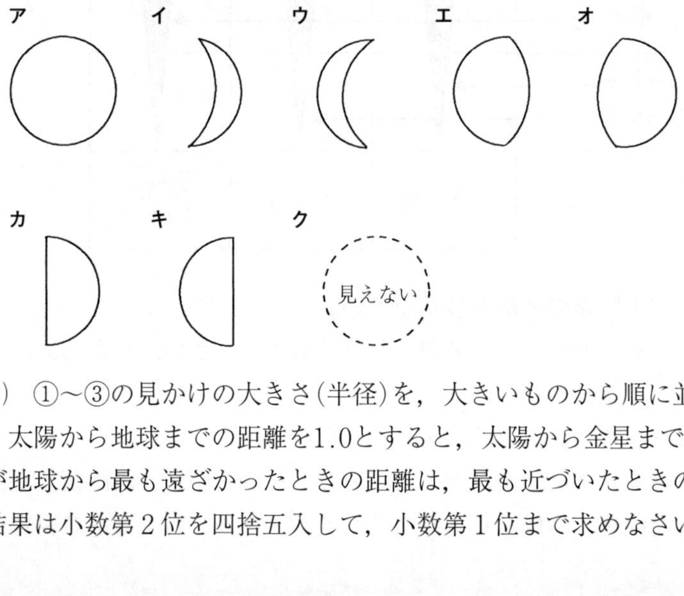

(2)　①～③の見かけの大きさ(半径)を，大きいものから順に並べて番号で答えなさい。

問５　太陽から地球までの距離を1.0とすると，太陽から金星までの距離は0.7となります。金星が地球から最も遠ざかったときの距離は，最も近づいたときの距離の約何倍ですか。計算の結果は小数第２位を四捨五入して，小数第１位まで求めなさい。

問6　太陽－金星－地球－火星がこの順に一直線に並ぶのは，何年ごとになりますか。ただし，公転周期は，地球が1.0年，金星は0.6年，火星は1.9年とし，すべての星は同じ平面内にあるものとします。

最近は国家事業ではなく，民間企《き》業がロケットを打ち上げて人工衛星を飛ばしたり，人が乗り宇宙旅行を楽しんだりすることができるようになってきました。昨年，50～60個が連なって飛ぶ様子がまさに銀河鉄道のようであると話題になった通信衛星『スターリンク衛星』もその１つです。

さて，地表から物体を上に投げると重力の働きによってやがて落下してきますが，これに逆らって地球を飛び出すためには，相当な速さが必要となります。一般《ぱん》に，秒速7.9km以上で打ち上げると地球を周回できるようになると言われています。

問7　ロケットで打ち上げられた人工衛星が，赤道の上空600kmを90分間で一周しているとすると，その速さは時速何kmですか。ただし，赤道の半径を6400km，円周率を3.14とし，計算の結果は小数第１位を四捨五入して，整数で答えなさい。

4　下図は，ヒトが三大栄養素を消化するときの様子を模式的に示したものです。左の３列はそれぞれ，消化に関わる器官・組織，その器官・組織がつくる液体，その液体に含《ふく》まれる消化酵《こう》素を示しています。ヒトの消化について，以下の各問いに答えなさい。

器官 組織	つくる液体	液体に含まれる 消化酵素	デンプン	タンパク質	【Ｆ】
だ液腺《せん》	だ液	【Ｂ】	→		
胃	胃液	ペプシン		→	
【Ａ】	胆汁《たんじゅう》	【Ｃ】			→
すい臓	すい液	【Ｂ】 【Ｄ】 リパーゼ	→ 	 → 	 →
小腸	腸液	マルターゼ ジペプチダーゼ	→ 	 →	
			ブドウ糖	【Ｅ】	脂肪《しぼう》酸 モノグリセリド

問１　空欄《らん》Ａにあてはまる器官・組織の名前を答えなさい。

問２　空欄Ｂ，Ｃ，Ｄにあてはまる消化酵素の名前をそれぞれ答えなさい。ただし，消化酵素を含まない場合には「なし」と答えなさい。

問３　空欄Ｅ，Ｆにあてはまる物質の名前をそれぞれ答えなさい。

問４　ヒトの小腸や大腸にはさまざまな細菌《きん》が存在しており，その１つに「乳酸菌」があります。乳酸菌はヒトの腸内環《かん》境を改善するはたらきがあり，乳酸菌を多く含む食品を積極的に摂《せつ》取することで，腸内の乳酸菌が増加すると考えられます。しかし，実際には，食品に含まれる乳酸菌は，腸まで届かないものが多いことも知られています。食品に含まれる乳酸菌が腸まで届きにくい理由として最も適するものを次の**ア**～**オ**から１つ選んで，記号で答えなさい。

ア　だ液中の消化酵素で分解されてしまうから

イ　食べるときに歯でかみくだかれてしまうから

ウ　口から腸まで届くのに時間がかかりすぎるから

エ　胃の中は強い酸性だから

オ　腸の入口付近は強いアルカリ性だから

問５　いわゆる「便秘」といわれる症《しょう》状にはいくつかの原因が考えられており，これに関して厚《こう》生《せい》労働省のHPには以下のようにあります。

> 大腸通過時間が正常にもかかわらず，排《はい》便回数や排便量が少ない「大腸通過正常型便秘症」では，食物繊維《せんい》の摂取不足が原因であることが多く，食物繊維の摂取量を適正化することで症状が改善する場合が多いとされています。

(1)　食物繊維の摂取量を適正化することで便秘の改善につながるのは，食物繊維にどのような特徴《ちょう》があるからですか。適するものを次の**ア**～**オ**から２つ選んで，記号で答えなさい。

ア　食物繊維はヒトにとって消化しやすい物質だから

イ　食物繊維はヒトにとって消化しにくい物質だから

ウ　食物繊維は球のような形の物質だから

エ　食物繊維は直方体のような形の物質だから

オ　食物繊維は細長い糸のような形の物質だから

(2)　食物繊維の摂取量を適正化することで便秘の改善につながるのはなぜですか。(1)で選んだ食物繊維の特徴をふまえた上で，食物繊維が大腸の中でどのようなはたらきをするかを考え，簡単に説明しなさい。

問６　「コラーゲン」という物質に関して，厚生労働省のHPには以下のようにあります。

> (コラーゲンは)人の皮膚《ふ》・血管・じん帯・腱《けん》・軟《なん》骨などの組織を構成する繊維状のたんぱく質です。人間の場合，体内に存在するすべてのたんぱく質の約30％を占《し》めており，そのうちの40％は皮膚に，20％は骨や軟骨に存在し，血管や内臓など全身の組織にも広く分布しています。《中略》コラーゲンは健康食品として，皮膚の弾《だん》力を保ち関節の痛みを和《やわ》らげるなどとされていますが，その有効性については十分証明されているとはいえません。

健康食品とは，食べたり飲んだりすることで，健康の維持や増進に役立つと考えられている食品をいいます。あなたは，コラーゲンが「皮膚の弾力を保ち関節の痛みを和らげるのに有効である」「皮膚の弾力を保ち関節の痛みを和らげるのに有効ではない」のどちらと考えますか。解答欄の「有効である」「有効ではない」のいずれかに○をつけて立場を示し，その理由を説明しなさい。HPの文章と前のページの図を参考にして考えること。

問六　――④「森は関係ねぇんや」とありますが、柳町の側から見たとき最終的にそう言い切れる理由になる部分を、この後の問題文中より「〜から。」という語につながる形で、二十七字ちょうどで抜き出して答えなさい。

問七　――⑤「すごい……」とありますが、涼佳はどのようなことを「すごい」と思っているのですか。簡潔にわかりやすく説明しなさい。

問八　[⑥]に入れるのに最も適当なものを、次のア〜エの中から一つ選び、記号で答えなさい。

ア　１ｍ９０のバーを越える力
イ　最高の力を発揮する集中力
ウ　長時間連続で跳び続ける力
エ　力むことなく平静を保つ力

問九　――⑦「涼佳はなにも喋れなかった」とありますが、この時の涼佳の心情をわかりやすく説明しなさい。

問十　――⑧「《出直し》」とありますが、これはどのようなことを言っているのだと考えられますか。「誰《だれ》」が「誰」に「どうする」ことなのかを具体的に説明しなさい。ただし、その《出直し》はどうすればできるのかについても、必ず説明に入れてください。

問一　[a]～[e]に入れるのに最も適当な語を、それぞれ次のア～コの中から一つずつ選び、記号で答えなさい。

ア　ありありと　　イ　かんっと
ウ　きっちりと　　エ　ぎらぎらと
オ　くしゃっと　　カ　くわっと
キ　すっきりと　　ク　バチバチと
ケ　バリバリと　　コ　ぴょんと

問二　〰〰Ⅰ～Ⅲの語句のここでの意味として最も適当なものを、それぞれ後のア～エの中から一つずつ選び、記号で答えなさい。

Ⅰ　鼻を鳴らす
ア　あまったれる様子
イ　少し不満げな様子
ウ　はずかしがる様子
エ　ふに落ちない様子

Ⅱ　発破をかけて
ア　アドバイスして
イ　大声でさけんで
ウ　気合いを入れて
エ　心の中で祈って

Ⅲ　堰を切ったように
ア　穴に吸いこまれる様子
イ　しずくの形になる様子
ウ　少しずつ流れ出る様子
エ　どっとあふれ出す様子

問三　――①「柳町は蓮川とタイプが似ている」とありますが、これについての説明として最も適当なものを、次のア～エの中から一つ選び、記号で答えなさい。

ア　ともにスピードに乗って跳ねあがり、キレのある跳躍をする。
イ　ともに鍛《きた》え上げた自らの筋肉で、体を跳ねあげる跳躍をする。
ウ　ともに両腕を大きく振り、全身を強く引きあげる跳躍をする。
エ　ともにバーに近い位置で、反りの大きい弧を描く跳躍をする。

問四　――②「惚けたような顔で明後日のほうを見つめて」とありますが、この意味として最も適当なものを、次のア～エの中から一つ選び、記号で答えなさい。

ア　考えることに夢中な顔で大空の彼方《かなた》を見つめて
イ　気のぬけたような表情でずっと遠くを見つめて
ウ　すべてを忘れたような表情で目の前を見つめて
エ　ぼけっとした顔で全く関係ない方向を見つめて

問五　――③「三本目パスする気や」とあります。そうすることで結果として柳町は三位になりましたが、それはともにクリアした高さまでの無効試技数（失敗）の合計で、森を下回ったからとあります。二人の無効試技数についてまとめた次の表の**A**・**B**に入る数字を、それぞれ答えなさい。ただし、この問題については、二つとも正解した答案にのみ得点をあたえます。

無効試技数の数と合計

	1m65	1m70	1m75	1m80	1m85	1m90	二人の間の順位を決めた合計数
森	0(パス)	1	1	**A**	3	―	4
柳町	1	0(パス)	0	2	2(パス)	1	**B**

を吐《は》いた。体内で膨《ふく》らんでいた闘志《とうし》をやっとそこで全部吐きだして、身体が縮んだかのようだった。ランニング姿の華奢《きゃしゃ》な上半身がマットの上にぽつんとあった。

　立ちあがってマットをおりる。息を詰《つ》めて見つめていた明日高の部員たちから拍手《はくしゅ》が起こった。記録１ｍ８０、県三位は文句なく讃《たた》えられるべき結果だ。

　マットを離れる前に柳町がまわれ右をし、当たり前のような流れで足を揃《そろ》えてマットに向かって一礼した。その姿に、ずいぶん前から飽《ほう》和《わ》状態だった涙《なみだ》が涼佳の目からⅢ堰《せき》を切ったように溢《あふ》れた。

　頭の上に手をおかれた。

「これからや。来年の母校がこんな楽しみになるなんてな」

と優《やさ》しい声がする。⑦涼佳はなにも喋れなかった。

　テントに戻った柳町に先に競技を終えた森が右手を差しだした。柳町が顔を[e]させ、はにかんでなにか喋りながら握手《あくしゅ》に応じた。ひさしぶりに柳町の顔にいつもの愛嬌《あいきょう》のある笑《え》みが広がった。伊勢谷はもう次の跳躍の準備に入っていたが、蓮川が近づいてきた。蓮川ともなにか声をかけあい、タッチを交《か》わしてからその手を握《にぎ》りあった。

　トラックでは４継の予選二組目のスタート準備が整っていた。明日高は７レーンだ。第１走者の佐々木がスターティングブロックをセッティングしてから柳町の最後の跳躍に拍手を送っていた。

　柳町が１レーン際《ぎわ》まで寄っていき、頭の上で大きく両手を振《ふ》って、

「あと続けやぁ！　決勝残れや！」

と激励《げきれい》を送った。

　結果だけは記しておく。秋の大会からは柳町のこともライバルと目してくるであろう選手たちだから。

県民スポーツ祭・高校男子走り高跳びは、鷺南学園の伊勢谷が２ｍを跳んで優勝。自己ベストを跳ぶほどの本調子ではなかったようだ。福蜂工業高校の蓮川が１ｍ９５まで食《く》らいついたものの二位。明日岡高校・柳町が１ｍ８０で三位。鷺南学園の森も１ｍ８０で同記録ながら、無効試技数の差で四位となった。

　翌日の大会二日目、柳町は来なかった。柳町の競技は昨日で終わったもののチームメイトの応援はあるというのに。寝《ね》てる可能性もあるが、なにか事故にでも遭《あ》っていやしないかと一応心配してみんなが交《こう》替《たい》交替に連絡《れんらく》を取ろうとしたが繋《つな》がらず、午後二時ごろになってようやく佐々木のスマホに返信が来た。「昨日帰ってから二十時間寝てた」そうだ。まあなにもなくてよかった。

《すいませんでした》

というメッセージが来たのは、大会があけた月曜日だった。

《８５跳ぶって自分で条件つけたのに、あのときおれ、自分のこと優先したっていうか。蓮川とか森とか伊勢谷サンとかとやってるうちに、すっげぇ面白なってきて……。無謀《むぼう》やったかもしれんけど、蓮川ともう一本勝負したなってもて……すっげぇ、面白くて》

　面白い、って二回も言った。拓海先輩も二回言ってたなと思いだした。

　そんな言い訳しなくたって見てればわかったっていうのに。涼佳だって最後はそんな約束忘れていたのだし。

《なに言ってんの。記録はほやったけど、すごかったよ。三位なんやざ。おめでとう》

と返事をした。けれど柳町からの返事はもうなかった。

　結局それきり⑧《出直し》の気配はない。

　涼佳からもそれ以上踏《ふ》み込むことができなかった。

（壁井《かべい》ユカコ作『空への助走　福蜂工業高校運動部』より）

「面白ぇやろ、ハイジャンは……なあ渉……？」

　１ｍ９０にバーがあがる。残る競技者は三人。距離《きょり》を取って待機する三人全員の瞳に、拓海先輩と同じ種類の光が浮かんでいるようだった。

　⑤すごい……。涼佳が柳町に提示したのは、１ｍ８５を今年いっぱいかけての目標にしようということだ。それだってあくまで具体的な数値の目安があったほうがいいだろうと思って言っただけだった。なのに、それよりももっと高いものを、今あの瞳は見据《みす》えている。

　一人目の伊勢谷が一回目を落とした。伊勢谷自身は焦《あせ》った顔は見せなかったが、見物する人々から小さなどよめきがあがった。ここまで他を寄せつけない圧倒的《あっとうてき》な強さを見せていた伊勢谷にここで一つ目の×がついた。

「さて、っと……後続の二年二人が尻《しり》に食いつくチャンスやってもたな」

　拓海先輩がにやりとする。

　二人目、蓮川の一回目。クリアすれば伊勢谷にプレッシャーをかけられる場面だが――「力んだな」と、踏み切った瞬間拓海先輩が呟いた。果たして、チャンスが逆にプレッシャーになったのか跳び急ぐような跳躍になり、蓮川もバーを落とした。一回目、二人が失敗。

「まあ二人ともまだ二本あるでな。蓮川はともかく伊勢谷は次は越えてくるやろ。ただ、渉だけはもうあとがねぇ」

　その言葉の意味するところに気づいて涼佳は息を呑《の》んだ。

　三回連続で失敗すると失格になる。同じ高さの途中でパスしても次の高さでその数字が回復するわけではないのだ。８５を二回落として三回目をパスした柳町に与《あた》えられた９０の試技数は、つまり最初からたった一回。

　三位は確定したから、可能性は低いけれどチャレンジのつもりで最後の一本を９０に使おうと考えた？　ううん――柳町がパスを申告《しんこく》したのは森が８５を失敗するのを見る前だ。仮にそのあと森が成功していたら、柳町は９０を絶対に跳ばないと記録８０どまりで四位に落ちる状況に陥《おちい》っていた。

　跳ぶ気なんだ、絶対に。跳んで蓮川に勝つ気だ。それどころか、もし一回目でクリアすれば一気にトップに飛《と》び込《こ》む。伊勢谷・蓮川に柳町一人がプレッシャーをかける立場になる。

　ほっぺたに含《ふく》んだ空気をぷっと抜き、両足で軽く跳ねてから、すっと右手があがる。

「行きます」

　走りだした。

　最大近くまであげたスピードをコントロールしてバーへと迫る。力を添《そ》えるように拓海先輩が「行け……」と低い声で呟く。

　助走にも踏み切りにも蓮川のような力みはなかった。自己ベストを大きく超《こ》えた高さを五本も六本も全力で跳んできて、ここに至って今日いちばんいい跳躍だった。快晴の空に吸《す》い込《こ》まれるようにライムグリーンのユニフォームが舞《ま》いあがった。

　今の柳町にできる力を全部出し尽《つ》くしたパフォーマンスだったと思う。

　⑥［　　　　］だけがまだなかっただけで――まだ、足りなかっただけで。

　そのときの柳町にはどんな景色が見えたんだろうと、すこしあとになってから涼佳はたびたび顧《かえり》みて思った。視界一面に開ける八月の青空と、マットへと自由落下する自分の足と。それを追いかけるように無情にも滑《すべ》り落《お》ちるバーも見えただろうか。どんな思いで視界の端にそれを捉《とら》えたんだろうか……。

　マットの上で座り込《こ》んだまま柳町が天を仰《あお》ぎ、肩《かた》を使って大きく息

顔で明後日《あさって》のほうを見つめて、どうしたのかと思ったら、指を折ってなにか数えている。

「……？　あいつ……」

拓海先輩が呟いたとき、柳町が[c]立ちあがり、まっすぐ記録席に駆けていった。

「③三本目パスする〈跳ばないで次の高さに進む〉気や」

「……ええ!?」

一瞬《いっしゅん》理解できなかったが、高跳びは三回の試技の途中でもその高さをパスすることができるのだ。でも、それだと85を成功させずに90に挑《いど》むことになる。90を跳べなかったら記録としては80どまりだ。85の記録が欲しいんじゃないの……？

「すず。森が何本で75クリアしたか見てたけ？」

「はい？」戸惑いながら涼佳はすこし前の記憶《きおく》を遡《さかのぼ》った。「柳町が一本で跳んだときは……森は一本目落としてました。クリアしたんは二本目です」

「渉がパスしてた70も森が二本跳ぶんはおれが見てた。65は渉は二本かかったけど森はパスしてる。80は二人とも三本で一緒や」

突然《とつぜん》脳が高速回転しはじめたみたいに喋《しゃべ》る拓海先輩の論旨《ろんし》に涼佳はとっさについていけずに目を白黒させる。「森がこの三本目落としたら——」ちょうどそのとき目の前で森が跳躍した。その瞬間《しゅんかん》、「あっ」拓海先輩が言いたいことに涼佳も思い至った。

森は失敗——疲労《ひろう》が溜《た》まったのか、二回目より高さがでていなかった。

と、いうことは。

「……柳町、三位!?」

「ああ。表彰台《ひょうしょうだい》確定や」

「……!!」

涼佳は両手で口を覆《おお》った。

この時点で森も柳町もクリアした高さは1m80。どちらも三回目でクリアしている。記録が同列の場合はその高さの試技数が少ないほうが順位が上に来るが、この点も同列だ。この場合は75までの無効試技数——つまり失敗の数の合計が少ないほうが上位になる。柳町は65で一回失敗しただけだが、森は70と75で一回ずつ失敗している。柳町のほうが無効試技数が少ないのだ。70をパスしてリスクを抑《おさ》えたことがここで効いてきた。

森が85を跳べなかったことにより、柳町が85をクリアしようがしまいが、80までの記録で森を凌《しの》いで三位に入ることがたった今確定したのだ。

さっきはそれを数えてたんだ……自分だってあと一回しかチャンスが残ってないっていう、追《お》い詰められた状況《じょうきょう》の中で、冷静に戦況《せんきょう》に頭を巡《めぐ》らせてた……。

「面白《おもしれ》ぇやろ。ハイジャン〈走り高跳び〉と棒高《ぼうたか》〈棒高跳び〉だけがこういう駆《か》け引《ひ》きできるんや」

「森が三本目落とすのに賭《か》けたってことですか？」

「④森は関係ねぇんや。90で蓮川と勝負するんに、どっちにしろ85の記録は渉には必要ねぇんやで。いいか、すず。渉はもう何本も限界の力だして跳んでるんや。今の三本目、パスせんで跳んだら跳べた可能性もある。ほやけど90を跳ぶ力はたぶんもう残らん。渉は表彰台で満足する気やったんでねぇ……どっから考えてたんか知らんけど、二位、狙《ねら》う気や」

フィールドを凝視《ぎょうし》する拓海先輩のこめかみから頬《ほお》へと汗《あせ》がつたい落ちる。しかし口調は疲《つか》れなど吹《ふ》き飛《と》んだかのように熱っぽく、瞳《ひとみ》が[d]輝《かがや》いていた。口角が吊《つ》りあがって昂《たか》ぶったような笑いが浮かんでいる。

ものと言ってもいい――なのに、今この場に残っている四人全員が、互《たが》いを[a]意識しているのが伝わってくる。そんな場に柳町がまざっていることが涼佳には今でもまだ信じられない。なにより、柳町がこのメンバーの中ですこしも臆《おく》していないことに驚《おどろ》いていた。堂々とこの勝負に参加している。

森は二回目を失敗。マットに沈《しず》みながら「くそっ」という声があがった。

早くも柳町の番だ。蓮川に続いて抜《ぬ》けることができるか、あるいは森と二人で三回目に懸《か》けることになるか。

待ち時間の一分間をたっぷり使って助走コースの途中《とちゅう》まで軽く走って往復し、踏み切りまでのシミュレーションをする。時間が迫《せま》ってからようやくスタートマークの手前に立った。胸に手をあて、強めに一つ息を抜く。

「渉！　思い切って行け！」

拓海先輩がⅡ発破《はっぱ》をかけてから、「急に慎重《しんちょう》になったな……」と訝《いぶか》しんだ。

「拓海先輩が柳町と同じ学年でだした記録です。８５は」

柳町の姿を見守りながら涼佳は呟《つぶや》いた。拓海先輩が口をつぐみ、ちらとこっちを見た。

今日越えられなくても死ぬわけじゃない。たしかにそうだ。それでも……越えて欲《ほ》しい。いつしか心から、そう祈《いの》っている。先輩として後輩の成長を応援しているからという理由だけでなく……。

「……そりゃ越えられたらかなわんなあ」

苦笑《くしょう》まじりの呟きとともに拓海先輩が前方に視線を戻した。

トラックでは４継《けい》〈４×１００ｍリレー〉の予選一組目が入場してきていた。第１走者の選手が第１コーナーでスターティングブロックをセットしたりスタートダッシュの練習をしたりしはじめている。佐々《さ さ》木《き》たちが走るのは次の二組目だ。

「行きます」

覚悟《かくご》を決めたように柳町が右手をあげ、スタートを切った。涼佳ははっとしてフィールドに目を凝《こ》らした。

スピードに乗って曲線に入る。遠心力で身体が内傾《ないけい》してもしっかりと軸《じく》に乗れている。踏《ふ》み切りで涼佳もつい一緒《いっしょ》に足を踏ん張《ば》り、一緒に伸びあがった。

綺麗《きれい》に身体が浮《う》いた！

「よしっ」「いや」涼佳があげかけた声に拓海先輩の声がかぶさった。

どこがあたったのか涼佳にはよく見えなかったが、[b]音を立ててバーが回転し、マットの外へと撥《は》ねとんだ。ああ、と明日高の仲間たちから溜《た》め息《いき》が漏《も》れた。

「ケツは越えてた。腿《もも》があたったな」

「越えられてる……ってことですよね……？」

まだ三回目に希望は残されている。

１ｍ８５の三回目。挑戦《ちょうせん》するのは森と柳町の二人。

ここで４継予選一組目のスタートが挟《はさ》まった。第１曲走路付近で競技をしている高跳びは一時静止してトラック競技のスタートを待つことになる。柳町もマットをおりたところで身を低くして片膝《かたひざ》をついた。次に跳ぶ準備をしていた森も端《はし》で体育座《たいいくずわ》りをする。伊勢谷はベンチに座ったまま、蓮川は立ったまま、それぞれトラックに一時意識を向ける。応援スタンドも静粛《せいしゅく》になった。

号砲《ごうほう》が鳴り、スターティングブロックから第１走者がいっせいに飛びだした。スタンドで再び応援がはじける。選手たちが第２コーナーに向かって涼佳たちの目の前を駆《か》け抜《ぬ》けていった。

それが過ぎ去ると森がすぐに腰《こし》をあげた。

――と、見ると柳町がまだしゃがんだままだった。②惚《ほう》けたようなデンティティを使い分けていると思うことについて、実際の経験や具体例をあげ、作文して答えて下さい。解答は大きく濃《こ》くていねいな文字で、必ず解答欄《かいとうらん》内に収まるように書いて下さい。評価は、表記もふくめた言葉としての正しさ、また、巧《たく》みさにも着目しながら、文章として完結しているもののみ、内容を中心に行います。

三　次の文章を読んで、後の問いに答えなさい。（問題文中の〈　〉は、上の語や語句の意味を説明しています。問題文の表記を一部書き改めてあります。）

荒島涼佳《あらしますずか》は北陸地方の福井県に暮らす、明るく元気で前向きな県立明日岡《あすおか》高校（明日高《あすこう》）の三年生。陸上部の部長を務めてがんばっていたが、六月の大会を最後に引退し、今は東京の大学への進学を目指して受験勉強に励《はげ》んでいる。すでに東京の大学で学んでいる元陸上部部長の荒島拓海《あらしまたくみ》は、涼佳の小学五年生の時からのあこがれの先《せん》輩《ぱい》である。そんな涼佳に、部長時代頼《たよ》りなくてとても手の掛《か》かった二年生の後輩《こうはい》、柳町《やなまち》渉《わたる》が涼佳の気持ちをわかった上で告白してくる。拓海先輩への恋心《こいごころ》との間で戸惑《とまど》う涼佳だったが、自分のために走り高跳《たかと》びに打《う》ち込《こ》むようになり、見違《みちが》えるように成長していく柳町の姿に少しずつ惹《ひ》かれるようになり……。

問題文は、夏休みに行われる県民スポーツ祭に出場した後輩たちを応援《おうえん》するために、涼佳や帰省《きせい》した拓海先輩らが駆《か》けつけ、鷺南《さぎなみ》学園三年で県ナンバー１の実力者伊勢谷《いせや》、伊勢谷に次ぐ力を持つ福蜂《ふくほう》工業二年の蓮川《はすかわ》、鷺南学園二年の森らと、走り高跳びで熱戦を繰《く》り広げる柳町を見守る場面である。なお、１ｍ８５は拓海先輩の二年生のときの自己最高記録であり、柳町が目標にしてきた高さであった。

１ｍ８５。残る選手はわずか四人になった。そこまで段階的に減っていた競技者が一気に減る高さというのがある。ここからは競技が、加速する。

一回目の一人目。今日たった二本目の跳躍《ちょうやく》となる伊勢谷がまずクリアした〈その高さを越《こ》えた〉。周囲から感嘆《かんたん》の声があがったが伊勢谷にとってはまだ準備運動の高さだ。感情を表さず淡々《たんたん》とした顔でテントに戻《もど》る。

①柳町は蓮川とタイプが似ていると拓海先輩が言ったが、なるほどそういう意味では伊勢谷は拓海先輩とタイプが似ているように思う。スピードに乗って跳《は》ねあがるというより、自身の筋力も利用して跳ねあげるタイプ。両腕《りょううで》を大きく振《ふ》り込《こ》むアームアクションで身体を力強く引きあげる。踏《ふ》み切《き》り位置が蓮川や柳町よりバーに近く、反りの大きい弧《こ》を描《えが》いてバーを越える。

続いて蓮川、森、柳町と一回目を跳《と》んだが全員落とした。８０までの時間感覚と比べるとあっという間にさっき跳んだばかりの蓮川の番に戻ってきた。

蓮川が跳ぶ前に、さっき柳町がしたようにマークの位置を離《はな》した。柳町とのレベルの違《ちが》いを見せつけるかのように今まで以上のスピードとキレのある跳躍を見せ、二回目で８５をきっちりクリアした。

「ふふん。あんだけスピードだして踏み切り潰《つぶ》れんのはさすがやな」

拓海先輩がまるで自分が蓮川を焚《た》きつけたみたいにI鼻を鳴らす。

「ほやけど渉に手本見せてやることになっただけかもなあ？」

陸上は対戦して勝ち負けを決めるスポーツと違い、記録を競《きそ》うスポーツだ。基本的には《自分との勝負》であるのに――己《おの》れのベストを更新《こうしん》できるか。どこまで記録を伸《の》ばせるか。順位はそこについてくる

ア　習慣的　イ　典型的
ウ　日常的　エ　意識的

問二　[A]～[C]に入れるのに最も適当な語を、それぞれ次のア～クの中から一つずつ選び、記号で答えなさい。

ア　または　イ　つまり
ウ　ところが　エ　なぜなら
オ　だから　カ　および
キ　ところで　ク　たとえば

問三　――①「ことばとアイデンティティの関係」の説明として最も適当なものを、次のア～エの中から一つ選び、記号で答えなさい。

ア　さまざまな人との関係からアイデンティティは獲得《かくとく》され、ことばはそれに応じて用いられるということ。
イ　まずはアイデンティティが先にあり、ことばはアイデンティティによって獲得され使われるということ。
ウ　他者との関わりからアイデンティティが形成されて、同時にことばも周囲からもたらされるということ。
エ　日常的な習慣からアイデンティティが作られて、それにふさわしいことばが身についていくということ。

問四　――②「本質主義」の問題点を四十五字以内で説明しなさい。

問五　――③「構築主義」について、本文中で示されている疑問点を二つ、それぞれ二十字以内で抜《ぬ》き出して答えなさい。

問六　■■■(二か所あります)にはひらがなが一字ずつ入ります。本文中からあてはまる言葉を抜き出して答えなさい。

問七　――④「ジェンダーとは、身体をくりかえし様式化していくことであり、きわめて厳密な規制的枠組みのなかでくりかえされる一連の行為であって」とありますが、どのようなことをいっているのでしょうか。最も適当なものを、次のア～エの中から一つ選び、記号で答えなさい。

ア　社会の一定のパターンに長い時をかけ自らをあてはめることで、「女らしさ」「男らしさ」が慣習として定着するということ。
イ　社会において長く作られてきた常識に無意識に従うことで、「女らしさ」「男らしさ」の常識を自分で作っていくということ。
ウ　社会的に長い間考えられてきた「女らしさ」「男らしさ」がまずあるため、習慣的に言葉づかいにもそれが現れるということ。
エ　社会が長い時間をかけて形成してきた「女らしさ」「男らしさ」があるため、なじみある言葉づかいを使いがちだということ。

問八　――⑤「分人」という考え方と現代の関係の説明として最も適当なものを、次のア～エの中から一つ選び、記号で答えなさい。

ア　人に見せている顔はいずれも「本当の自分」であるが、終身雇用が終わった現代では会社における顔をいつも明確に定めなければならない。
イ　身近な人には見せている顔が「本当の自分」であるが、いろいろな仮面が必要とされる現代ではもう自然なものとして受け入れられている。
ウ　さまざまな場面で見せる顔全てが「本当の自分」であるが、人間関係が複雑になった現代ではいつもその異なる顔を使い分けなければならない。
エ　生まれついて備えている顔が「本当の自分」であるが、社会的な制約が多い現代ではその素顔《すがお》を見せるのがだんだん難しくなってきている。

問九　【作文問題】　文章中では「アイデンティティ」を複数持つことについて述べられています。あなたが日常生活の中で複数のアイれていることばを分析《ぶんせき》して、これらのポピュラーカルチャーでは、話し手が複数のアイデンティティを表現している場合が多いことを示している。

たとえば、ライトノベルの※4『涼宮《すずみや》ハルヒの憂鬱《ゆううつ》』では、ヒロインのハルヒは、同じ高校の男子キョンに、「だったら話しかけないで。時間の無駄《むだ》だから」のように相手を拒否《きょひ》したり、命令したり、罵倒《ばとう》する発言をすることが多い。ところが、ときどき次の例のように、キョンに甘《あま》えた発言をする。

1　「キョン、暑いわ」
2　そうだろうな、俺《おれ》もだよ。
3　「扇《あお》いでくんない？」
4　「他人を扇ぐぐらいなら自分を扇ぐわい。お前のために余分に使うエネルギーが朝っぱらからあるわけないだろ」
5　ぐんにゃりとしたハルヒは昨日のⅠ弁舌《べんぜつ》さわやかな面影《おもかげ》もなく、
6　「みくるちゃんの次の衣装《いしょう》なにがいい？」
7　まだ次があるのかよ。
8　「ネコの耳がいいかしら？」

この場面では、普段《ふだん》はⅡつれない発言の多いハルヒが、「暑いわ」（1）と弱みを見せたり、「扇いでくんない？」（3）と甘えたり、（8）では、「いいかしら？」と女ことばのⅢステレオタイプな文末詞「かしら」まで使っている。作者も指摘しているように、いつもの「弁舌さわやかな面影もなく」（5）、キョンに甘えている。作者は、このように一見矛盾《むじゅん》する言葉の使い方によって、ハルヒの「ツンデレ」なアイデンティティを表現しているのだ。「ツンデレ」は、「ツンツン」と「デレデレ」という相反する複数の要素からなるアイデンティティだ。

本書の中でも、いろいろな例を挙げて見ていくが、複数のアイデンティティを持つことは、「仮面をかぶっている」とか「人をだましている」ということではなく、さまざまな人間関係の中で生きる私たちにとって、ごく当たり前になってきているのではないだろうか。

（中村桃子《なかむらももこ》 著『「自分らしさ」と日本語』より）

※1　ジュディス・バトラー…アメリカの哲学者・思想家。
※2　平野啓一郎…北九州市出身の作家。
※3　メイナード…泉子《せんこ》・K・メイナード。山梨県出身の言語学者。
※4　『涼宮ハルヒの憂鬱』…二〇〇三年に発表された、谷川流《たにがわながる》の小説。少し変わった高校生の主人公、涼宮ハルヒの活躍《かつやく》を描《えが》いた物語。シリーズは大人気となり、アニメ化、ゲーム化されるなど、多方面に展開している。

問一　～～～Ⅰ～Ⅲの意味として最も適当なものを、それぞれ後のア～エの中から一つずつ選び、記号で答えなさい。

Ⅰ　弁舌さわやかな
ア　やわらかいしゃべり方をする
イ　上手なたとえを用いて話せる
ウ　誰《だれ》にでもわかるよう説明する
エ　よどみなく滑《なめ》らかに口が回る

Ⅱ　つれない
ア　感じが悪い
イ　そっけない
ウ　迷いがない
エ　意地が悪い

Ⅲ　ステレオタイプ

これに対して、構築主義を提案した人たちは、次のように説明する。私たちは、繰《く》り返《かえ》し習慣的に特定のアイデンティティを表現し続けることで、そのアイデンティティが自分の「核《かく》」であるかのような幻想《げんそう》を持つ。

そう言われてみると、私たちが日常的に関わり合う人たちは、結構、似たような人であることが多い。毎日、新しい出会いがある人もいるかもしれないが、たいていは、家族やクラスメート、学校の先生など、同じような顔触《かおぶ》れなのではないだろうか。だとすると、私たちは、日常生活で関わる人に対して、かなり長い期間、繰り返し、同じような自分を表現していることになる。そして、それが「自分[redacted]」を形成しているように感じるようになっているとしても、不思議ではない。

哲学者《てつがくしゃ》の※1ジュディス・バトラーは、ジェンダーに関わるアイデンティティについて、「④ジェンダーとは、身体をくりかえし様式化〔パターン化、単純化すること〕していくことであり、きわめて厳密な規制的枠組《わくぐ》みのなかでくりかえされる一連の行為であって、その行為は、長い年月のあいだに凝固《ぎょうこ》して〔固まって〕、実体とか自然な存在という見せかけを生み出していく」と指摘《してき》している。

[A]、女らしさや男らしさに関わるアイデンティティの側面も、身近な人との関わり合いの中で、長い間繰り返し表現していくことで、「自分の女らしさ、あるいは、男らしさはこんな感じ」という感覚が確立していくというのだ。

もうひとつ考えられる疑問は、私たちは、その時々に応じて、さまざまなアイデンティティを持った人間として立ち現れるとしたら、自分のアイデンティティは複数あるのかという問いだ。これは、「アイデンティティ」をどのように理解するかという難しい問題をはらんでいる。しかし、アイデンティティをひとつに限る必要はないと考える人はいる。

[B]、作家の※2平野《ひらの》啓一郎《けいいちろう》は、『私とは何か』の中で、「個人」ではなく「⑤分人」という考え方を提案している。この本によると、たったひとつの「本当の自分」など存在しない。むしろ、対人関係ごとに見せる複数の顔が、すべて「本当の自分」である。

「分人」という考え方の素晴《すば》らしいところは、たとえ、Aさんとの関係で見せている自分は好きではなくても、Bさんとの関係で見せている自分を支えにしていけると示している点だ。学校でいじめられて苦しんでいる自分がすべてではなく、家に帰って家族から愛されている自分を認めることで生きていける。

このように、複数のアイデンティティを表現することは、後期近代の特徴だという人もいる。そう言われてみると、以前の日本企業《きぎょう》は、終身雇用《こよう》が売りだった。一度就職すれば、退職するまで同じ会社で働く。自分のアイデンティティは、昇進《しょうしん》などで変わるぐらいで、基本的には、会社の限られた人間関係にもとづいていた。へたをすると、「会社」が、その人のアイデンティティになる場合も多かった。

[C]今は、ひとつの会社に就職しても、転職する人もいる。同じ会社で働く人も、正社員から派遣《はけん》社員、嘱託《しょくたく》〔正式な職員ではなく、ある仕事をするよう依頼された人〕やアルバイト、それに加えて転職組など、あらゆる立場の人たちが一緒《いっしょ》だ。会社の上下関係だけにもとづいて接していては、仕事が動かない。それぞれの立場の人が、他の立場の人と、アイデンティティを調整しながら関係を築いていかなければならない。現代人が生きる人間関係はより複雑になり、結果として、場面ごとに異なる複数のアイデンティティを生きる必要が発生したのだ。

※3メイナードは、ライトノベル、ケータイ小説〔両方とも最近の文学の一分野〕、トーク番組、テレビドラマ、少女マンガの会話に使わ

属性〈物や人が持っている性質〉のようにとらえて、人はそれぞれの属性にもとづいてコミュニケーションをするという考え方を「②本質主義」と呼ぶ。

　たとえば、アイデンティティのうちで「ジェンダー」〈女らしさや男らしさ〉に関わる側面を本質主義にもとづいて表現すると、人は〈女らしさ〉や〈男らしさ〉を「持っていて」、その〈女らしさ〉や〈男らしさ〉にもとづいて、ことばを使うと理解される。ある人が女らしい言葉づかいをするのは、その人が女らしいからで、男らしい言葉づかいをするのは、その人が男らしいからだと言われた（ちなみに、本書では、「性別」ではなく「ジェンダー」を用いる。性別とは生物学的な性の違いを指し、ジェンダーは、社会文化的な女らしさや男らしさを指す）。

　しかし、このような考え方では説明のつかないことがたくさん出てきてしまった。もっとも大きな問題は、私たちはだれでも、それぞれの状況《じょうきょう》に応じてさまざまに異なる言葉づかいをしていることがはっきりしてきた点である。同じ人でも、家庭での言葉づかいと学校での言葉づかいは異なる。同じ学校で話していても、話す相手や、場所、目的によって異なる。さらに、同じ人でも子どもの時と大人になってからでは言葉づかいが変わる。同じ〈男らしさ〉を持っている人でも、その言葉づかいはそれぞれに異なる。むしろ、いつでも、だれとでも、同じ言葉づかいで話している方が不自然に感じられるのではないだろうか。もし、私たちが、すでにあるアイデンティティにもとづいて人との関わり方を決めているのだとしたら、このように言葉づかいが多様に変化することを説明できない。

　そこで提案されたのが、アイデンティティをコミュニケーションの原因ではなく結果ととらえる考え方である。私たちは、あらかじめ備わっている〈日本人・男・中学生〉という属性にもとづいて言葉を選んでいるのではなく、人とのコミュニケーションによって自分のアイデンティティをつくり上げている。「私は日本人だ」「男として恥《は》ずかしい」「もう中学生になった」などと言う行為《こうい》が、その人をその時〈日本人〉〈男〉〈中学生〉として表現すると考えるのである。

　アイデンティティを、その人が「持っている」属性とみなすのではなく、人と関わり合うことでつくりあげる、つまり、「アイデンティティする」行為の結果だとみなすのである。このように、アイデンティティを、他の人とことばを使って関わり合うことでつくり続けるものだとみなす考え方を「③構築主義」と呼ぶ。

　構築主義によれば、人はあらかじめ「持っている」アイデンティティを表現しているのではなく、他の人と関わり合う中で、その時々に応じて、さまざまなアイデンティティを持った人間として立ち現れるのだ。本書では、構築主義の考え方にもとづいて、ことばとアイデンティティの関係を見ていく。

「構築主義」という考え方の特徴は、何よりも、私たちのアイデンティティは、他の人との関わり合いの中で表現されるものだと考える点だ。関わり合う相手は、人間でなくてもよい。ペットに話しかけるときには、自分でもびっくりするぐらい優《やさ》しい自分になっている時がある。

　しかし、ここまで読んできて、いくつかの疑問を持った読者がいると思う。

　まず考えられる疑問は、他の人と関わり合うことで、その時々に応じてアイデンティティを表現するとしたら、人と関わり合う前の自分は空っぽなのかという問いだ。この、「自分は空っぽ」というのは、たいていの人の感覚とずれている。むしろ私たちは、自分の中には何か自分[redacted]があるという感覚を持っているのではないか。

2024年度

頌栄女子学院中学校

【国　語】〈第二回試験〉（四〇分）〈満点：一〇〇点〉

※字数指定のある問いでは、特にことわりのない限り、句読点等の符号《ふごう》も一字分と数えます。

一　次のA～Eの各文中のカタカナを、漢字に直してていねいに書きなさい。

A　騎兵《きへい》が馬車の前後をゴエイしている。

B　大臣が国家百年の計をカクサクする。

C　多くの食物がチョゾウ可能になった。

D　今年度末のソンエキが黒字に転じた。

E　セイケン支持率は急降下するだろう。

二　次の文章を読んで、後の問いに答えなさい。（問題文中の※は、終わりに注があります。問題文中の〔　〕は、上の語や語句の意味を説明しています。また、問題文の表記を一部書き改めてあります。）

「アイデンティティ」とは何なのか。その定義は分野によって違《ちが》う。しいて言えば、「私という人間」とでも表すことができる。「私がどんな人なのかというイメージ」のようなものだ。「はじめに」で見たように、「私」だけでなく、話している相手や会話で話題になっている人の人物像を指す場合もある。

そんな、あいまいな概念《がいねん》だが、社会言語学〔言語を社会から考えようとする学問〕では、アイデンティティを以下の四つの特徴《とくちょう》から考える。

1　アイデンティティは人と関わり合う中から立ち現れてくるもので、私たちは、すでにあるアイデンティティにもとづいて人との関わり方を決めているのではない。だから、人と関わるときに大きな役割を果たす「ことば」は、重要だ。

2　アイデンティティには、大きく三つの側面がある。

3　アイデンティティを表現するのに利用できる「ことば」には、いくつかの種類がある。

4　アイデンティティは、さまざまな方法で表現されるので、いつ表現されたアイデンティティも、その人のすべてを表しているのではなく、いつも部分的になる。

以下で、ひとつずつ見ていこう。

最初の、「アイデンティティは人と関わり合う中から立ち現れてくるもので、私たちは、すでにあるアイデンティティにもとづいて人との関わり方を決めているのではない」という考え方は、①ことばとアイデンティティの関係から理解すると分かりやすい。

これまで、ことばとアイデンティティの関係は、あらかじめ話し手には自分のアイデンティティがあって、そのアイデンティティが言葉づかいにも自然にあらわれると理解されていた。謙虚《けんきょ》な人〔ひかえめですなおな人〕はていねいな言葉づかいをし、傲慢《ごうまん》な人〔おごりたかぶって人を見下す人〕はおうへいな言葉づかいをする。ある人がていねいな言葉づかいをするのは、その人が謙虚な人だからだと考えられた。つまり、「私たちは、すでにあるアイデンティティにもとづいて人との関わり方を決めている」と考えられていたのだ。

このように、アイデンティティをその人にあらかじめ備わっている

2024年度

頌栄女子学院中学校　▶解説と解答

算　数　＜第２回試験＞（40分）＜満点：100点＞

解　答

1 (1)　24　(2)　29　(3)　27cm　(4)　８時間　(5)　A…２位，B…３位，C…１位，D…４位　(6)　７通り　(7)　31.8cm　(8)　65度　(9)　①，②，③　**2**（例）　解説を参照のこと。　**3** (1)　８分　(2)　３km　**4** (1)　3280円　(2)　163個　**5** (1)　62枚　(2)　61枚　(3)　58枚

解　説

1　**逆算，和差算，整数の性質，仕事算，推理，場合の数，長さ，角度，点の移動，分割**

(1)　$\frac{1}{6}+\left(\frac{7}{9}+1\frac{1}{3}\div\square\right)\times1.3=1\frac{1}{4}$ より，$\left(\frac{7}{9}+1\frac{1}{3}\div\square\right)\times1.3=1\frac{1}{4}-\frac{1}{6}=1\frac{3}{12}-\frac{2}{12}=1\frac{1}{12}$，$\frac{7}{9}+1\frac{1}{3}\div\square=1\frac{1}{12}\div1.3=\frac{13}{12}\div\frac{13}{10}=\frac{13}{12}\times\frac{10}{13}=\frac{5}{6}$，$1\frac{1}{3}\div\square=\frac{5}{6}-\frac{7}{9}=\frac{15}{18}-\frac{14}{18}=\frac{1}{18}$　よって，$\square=1\frac{1}{3}\div\frac{1}{18}=\frac{4}{3}\times\frac{18}{1}=24$

(2)　連続する奇数《きすう》は２ずつ大きくなるから，右の図１のように表すことができる。図１で，太線部分の和は，２＋４＋６＝12なので，一番小さい数の４倍が，104－12＝92となる。よって，一番小さい数は，92÷４＝23だから，一番大きい数は，23＋６＝29と求められる。

図１

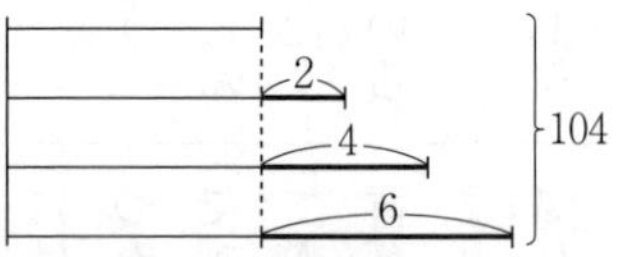

(3)　正方形の１辺の長さを270と621の最大公約数にすればよい。よって，右の図２の計算から，３×３×３＝27(cm)と求められる。

図２

```
3 ) 270  621
3 )  90  207
3 )  30   69
     10   23
```

(4)　全体の草の量を１とすると，Aさんが１時間にかる草の量は，$1\div12=\frac{1}{12}$，Bさんが１時間にかる草の量は，$1\div15=\frac{1}{15}$となる。よって，Aさんが３時間でかる草の量は，$\frac{1}{12}\times3=\frac{1}{4}$だから，その残りは，$1-\frac{1}{4}=\frac{3}{4}$とわかる。また，２人でするときに１時間にかる草の量は，$\frac{1}{12}+\frac{1}{15}=\frac{3}{20}$なので，残りの草を２人でかるのにかかる時間は，$\frac{3}{4}\div\frac{3}{20}=5$（時間）と求められる。したがって，全部で，３＋５＝８（時間）かかる。

(5)　予想はすべてはずれたから，順位が決定する部分に○，ありえない部分に×をつけて表すと，下の図３のようになる。すると，残りの部分は下の図４のようになるので，Aは２位，Bは３位，Cは１位，Dは４位である。

図３

	１位	２位	３位	４位
A				×
B		×		×
C	○	×	×	×
D	×	×		

図４

	１位	２位	３位	４位
A	×	○	×	×
B	×	×	○	×
C	○	×	×	×
D	×	×	×	○

図５

140円(枚)	1	1					
120円(枚)			2	1	1		
100円(枚)	1			1		2	1
50円(枚)		2			2	1	3
10円(枚)	1	1	1	3	3		

⑹　１枚あたりの金額が高い方から順に調べていく。140円切手を１枚使う場合，残りは，250－140＝110(円)なので，{100円，10円}，{50円，50円，10円}の２通りの取り出し方がある。同様に考えると，上の図５のように７通りの取り出し方があることがわかる。

図６

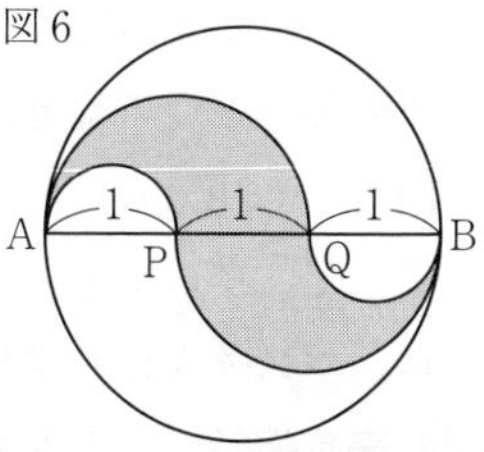

⑺　右の図６のように，AP，PQ，QBの長さを１とすると，AP，QBを直径とする半円の弧《こ》の長さの合計は，１×3.14÷２×２＝１×3.14となる。また，AQ，PBを直径とする半円の弧の長さの合計は，（１＋１）×3.14÷２×２＝２×3.14となるから，色のついた部分の周の長さは，１×3.14＋２×3.14＝３×3.14＝9.42とわかる。これが100cmにあたるので，ABの長さは，100÷9.42×３＝300÷9.42＝31.84…(cm)と求められる。これは，小数第二位を四捨五入すると31.8cmとなる。

⑻　下の図７のように点Ｏと点Ｐを結ぶと，OAとOPはどちらもおうぎ形の半径なので，長さは等しい。また，三角形OACと三角形PACは合同だから，OAとPAの長さも等しい。よって，三角形OAPは正三角形なので，角AOPの大きさは60度であり，角POBの大きさは，110－60＝50(度)とわかる。また，OPとOBの長さも等しいから，三角形OPBは二等辺三角形であり，角アの大きさは，(180－50)÷２＝65(度)と求められる。

図７

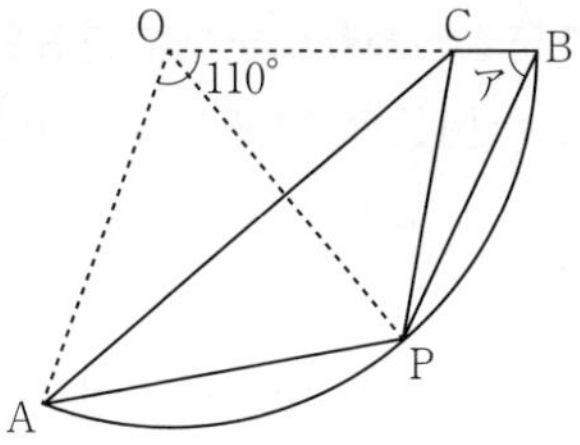

図８

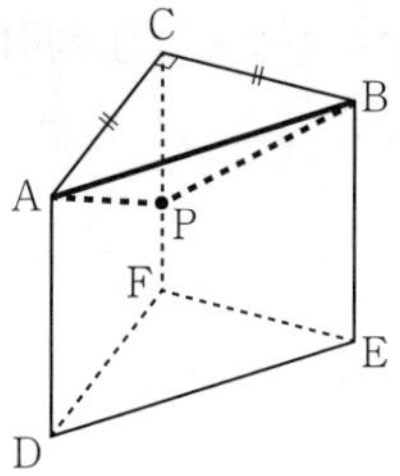

図９

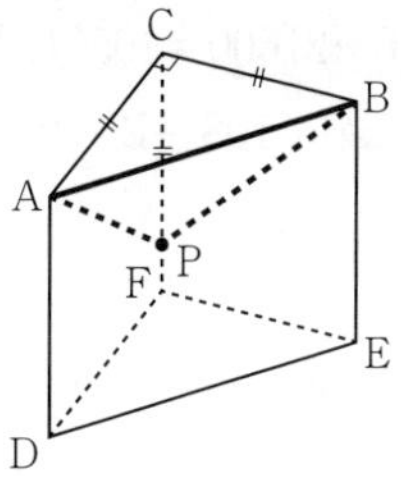

図10

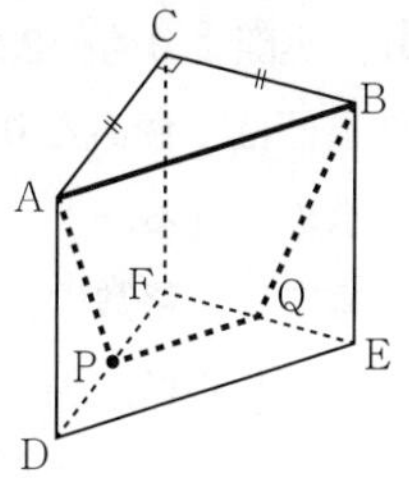

⑼　上の図８のように点Ｐが辺CF上を移動するとき，PA＝PBとなるので，切り口は二等辺三角形(…①)になる。また，上の図９のように，CP＝CA＝CBとなるとき，三角形CABと三角形CAPと三角形CPBは合同になる。すると，AB＝PA＝PBとなるから，切り口は正三角形(…②)とわかる。さらに，上の図10のように点Ｐが辺FD上を移動するとき，ABとPQは平行になるので，このときの切り口は台形(…③)である。

2　表とグラフ

Ａは2.5ｍ以上3.5ｍ未満の回数が多いから，優勝できる可能性は低いが，下位の成績になる可能性も低い。よって，安定した結果をえるためには，Ａを選んだ方がよい。

〔ほかの考え方〕　Ｂは1.0ｍ以上1.5ｍ未満の記録と4.5ｍ以上5.0ｍ未満の記録が，どちらも２回ずつ出ている。よって，下位の成績になる可能性もあるが，優勝できる可能性もある。したがって，優勝を目指すためには，Ｂを選んだ方がよい。

3　速さ，和差算

⑴　バス停Ａからバス停Ｂまでの道のりは４kmだから，時速30kmのバスに乗って行くと，４÷30＝$\frac{2}{15}$(時間)かかる。これは，60×$\frac{2}{15}$＝８(分)である。

⑵　バス停Ａからバス停Ｂまでの道のりは，４×1000＝4000(ｍ)なので，バス停Ａからバス停Ｂま

で分速100mで歩くとすると，4000÷100＝40(分)かかる。つまり，右の図１でアの部分とウの部分にかかる時間の和が40分である。また，イの部分にかかる時間は８分だから，ア，イ，ウの部分にかかる時間の和は，40＋８＝48(分)となる。さらに，イの部分とウの部分にかかる時間の和は，アの部分にかかる時間よりも12分短いので，右の図２のように表すことができる。よって，アの部分にかかる時間は，(48＋12)÷２＝30(分)だから，バス停Ａから学校までの道のりは，100×30＝3000(m)，3000÷1000＝３(km)と求められる。

図１

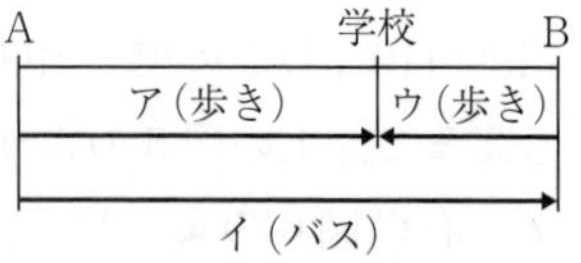

図２

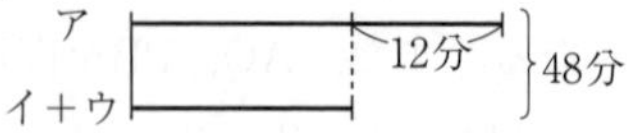

4 売買損益，つるかめ算

(1)　定価は，100×(１＋0.2)＝120(円)だから，定価の１割引きは，120×(１－0.1)＝108(円)である。また，定価で売る個数は，200×0.7＝140(個)なので，定価の１割引きで売る個数は，200－140＝60(個)になる。よって，売り上げは，120×140＋108×60＝23280(円)と求められる。さらに，仕入れ値の合計は，100×200＝20000(円)だから，利益は，23280－20000＝3280(円)とわかる。

(2)　利益が3556円なので，売り上げは，20000＋3556＝23556(円)であり，右のようにまとめることができる。１割引きで200個売ったとすると，売り上げは，108×200＝21600(円)となり，実際よりも，23556－21600＝1956(円)少なくなる。１割引きで売るかわりに定価で売ると，売り上げは１個あたり，120－108＝12(円)多くなるから，定価で売った個数は，1956÷12＝163(個)と求められる。

(定　　価)120円｝合わせて
(１割引き)108円｝200個で23556円

5 集まり，整数の性質

(1)　はじめに，裏が上になっているカードの枚数を求める。裏が上になっているのは１回だけひっくり返したカードだから，下の図１のかげの部分のカードである。100÷２＝50，100÷８＝12余り４より，１から100までに２の倍数は50個あり，その中の12個は８の倍数でもあることがわかる。よって，かげの部分の個数は，50－12＝38(個)と求められる。つまり，裏が上になっているカードの枚数は38枚なので，表が上になっているカードの枚数は，100－38＝62(枚)である。

(2)　(1)と同様に考える。裏が上になっているのは１回だけひっくり返したカードだから，下の図２のかげの部分のカードである。100÷７＝14余り２，100÷３＝33余り１より，１から100までに７の倍数は14個，３の倍数は33個あることがわかる。さらに，７と３の最小公倍数は21なので，100÷21＝４余り16より，７と３の公倍数は４個あることがわかる。よって，かげの部分の個数は，(14－４)＋(33－４)＝39(個)だから，表が上になっているカードの枚数は，100－39＝61(枚)と求められる。

図１

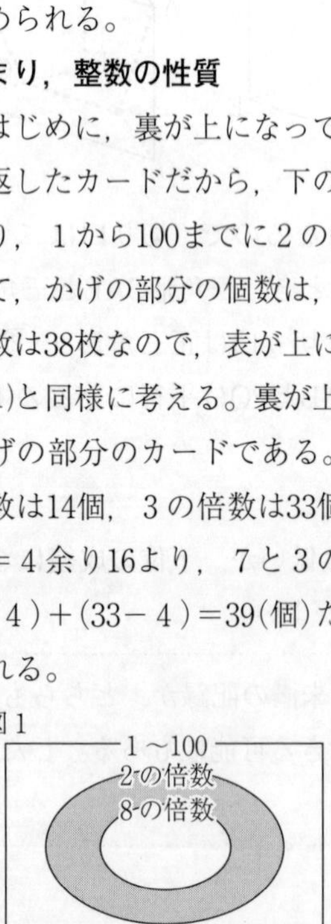

図２

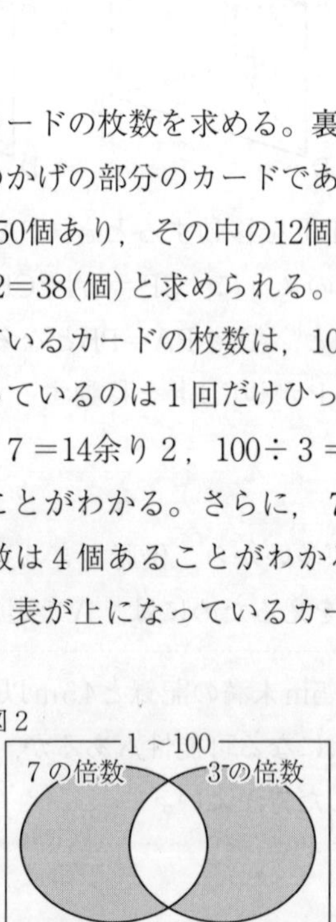

図３

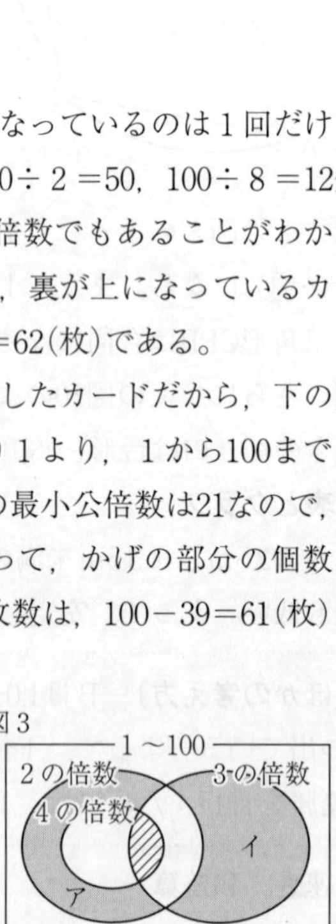

(3)　３枚取り出したときに裏が上になっているのは，１回または３回ひっくり返したカードである。また，上の図３で，１回ひっくり返したのはかげの部分，３回ひっくり返したのは斜線《しゃせん》部分になる。

はじめに，２と３と４の最小公倍数である12までについて調べると，アの部分に入る数は，{2，10}の２個，イの部分に入る数は，{3，9}の２個，斜線部分に入る数は{12}の１個なので，１～12の中には，２＋２＋１＝５(個)あることがわかる。さらに，100÷12＝８余り４より，１～100ではこれと同じことが８回くり返され，最後の４個の中にも２個あることがわかる。よって，裏が上になっているカードの枚数は，５×８＋２＝42(枚)だから，表が上になっているカードの枚数は，100－42＝58(枚)と求められる。

社　会　＜第２回試験＞（40分）＜満点：100点＞

解　答

1 **問1** **1** 世界保健機関　**2** 大宰府　**3** 中臣(藤原)鎌足　**4** 藤原道長　**5** 日米修好通商条約　**6** 攘夷　**7** 北里柴三郎　**8** 第一次世界大戦　**9** 原敬　**10** 与謝野晶子　**問2** (1) 保元　(2) イ　**問3** (例) 一度麻疹の感染が拡大すると，多くの者がかかり免疫を獲得するため，流行はじきにおさまる。しかし，数十年経つと世代交代が進み，免疫を獲得していない者が増えてくるため，また流行が拡大する。　**問4** ウ→ア→エ→イ　**問5** (1) ウ　(2) ウ　**問6** (1) 東経135　(2) ２月４日の午後10時　**問7** ア　**問8** (例) 赤道付近の温暖な地域で感染が拡大する傾向がある。デング熱は感染者の血を吸った蚊が，また別の人の血を吸うときにウイルスを移して感染を拡げていくので，蚊の生息に適した，気温が高く水がたまる環境で拡がりやすいと考えられる。　**2** **問1** **1** 福島第一　**2** 対馬　**問2** (1) 南　(2) イ　(3) Ⅰ イ　Ⅱ ア　Ⅲ ウ　Ⅳ エ　(4) ウ　**問3** オーバーツーリズム(観光公害)　**問4** ウ　**問5** ゴミを減らす，繰り返し使用する，原料として再利用する　**問6** **X** イ　**Y** エ　**3** **問1** **1** 間接　**2** 教育　**3** 赤字　**問2** 572500　**問3** ウ　**問4** オ　**問5** ウ　**問6** イ　**問7** 11兆円の赤字　**問8** (例) 経済力のある人がより大きな負担をすべきである／家計に占める税負担の割合は低所得者の方が大きくなる

解　説

1 **各時代における感染症《かんせんしょう》の流行を題材とした問題**

問1 **1** 世界保健機関(WHO)は，人々の健康の維持や向上，感染症対策のための研究や医薬品などの普及《ふきゅう》を目的とした国際連合の機関で，1970年代に天然痘《とう》の根絶活動を行い，1980年に天然痘根絶宣言を出した。　**2** 大宰府《だざいふ》は，律令政治のもとで福岡県に置かれた朝廷の出先機関で，外国使節との交渉や接待，九州全般の防衛などを行い，「遠の朝廷《みかど》」とも呼ばれた。　**3** 藤原不比等の父である中臣(藤原)鎌足は，亡《な》くなる直前に大化の改新の功績をたたえられて天智天皇(中大兄《なかのおおえの》皇子)から藤原姓を賜《たまわ》り，藤原氏の祖となった。　**4** 藤原道長は，４人の娘を天皇の后《きさき》にし，生まれた子を天皇の位につかせることで，母方の祖父として大きな権力をふるった。道長が３女の威子《いし》を天皇の后とした祝いの席で満足した気持ちを詠《よ》んだとされる「望月の歌」が有名。　**5** 1858年，江戸幕府の大老井伊直弼《なおすけ》は，朝廷のゆるしを得ないままアメリカ総領事ハリスとの間で日米修好通商条約を結んだ。これにより，函館《はこだて》・新潟・神奈川(横浜)・兵庫(神戸)・長崎の５港

が開かれ，アメリカに続いて，オランダ・ロシア・イギリス・フランスとも同様の条約を結び，外国との貿易が始まった。　**6**　外国との通商に反対し，外国人を日本から追い払って鎖国体制を守ろうという主張を攘夷《じょうい》論という。皇室を神聖なものとして敬い，王政復古をとなえる尊王思想と結びつき，幕末に下級武士などを中心として尊王攘夷運動が高まった。　**7**　北里柴三郎《しばさぶろう》は，ドイツ留学中にロベルト＝コッホのもとで破傷風の血清療法《りょうほう》を確立し，世界的に知られる細菌《さいきん》学者となった。また，明治政府によって1894年にペストが流行していた香港に派遣され，ペスト菌を発見した。　**8**　ヨーロッパを主戦場に第一次世界大戦(1914～18年)が始まると，日本は中国市場をはじめ全世界に商品を売り込み好景気にわいた。とくに造船業や海運業の成長がめざましく，船成金《ふなりきん》と呼ばれる金持ちが多く生まれた。　**9**　立憲政友会総裁の原敬《たかし》は，1918年に米騒動《そうどう》の責任をとって総辞職した寺内正毅《まさたけ》に代わって首相となり，爵位《しゃくい》がなく衆議院に議席を持つ初めての首相だったことから「平民宰相《さいしょう》」と呼ばれ，民衆の支持を集めた。　**10**　歌人の与謝野晶子《よさのあきこ》は，1904年に始まった日露戦争に出兵した弟の身を案じ，雑誌「明星」に「君死にたまふ《(う)》ことなかれ」という反戦詩を発表した。

問２　(1)　1156年，鳥羽法皇が死去すると，崇徳《すとく》上皇を中心とする勢力とその弟の後白河天皇を中心とする勢力争いがはげしくなり，貴族や源氏・平氏などの武士が上皇方と天皇方に分かれて戦う保元の乱が起こった。　(2)　源為朝《ためとも》が，流された伊豆諸島の八丈島で，疱瘡《ほうそう》神を退治したという伝説があったことから，「感染症にかからないための存在」として為朝を描《えが》いた絵が家の門の出入り口に貼《は》られていたと考えられる。おばあさんはその為朝に対して悪さをしないと約束をしているので，「疱瘡を引き起こす神」であるとわかる。

問３　998年の流行で麻疹《ましん》(はしか)にかからなかった人が1025年の流行期にかかっていることから，麻疹にかかった人は免疫《めんえき》を獲得《かくとく》し，しばらくの間は流行がおさまるが，数十年たって免疫を持たない人が増えてくると再び流行が起こっていることが読み取れる。

問４　アは1860年(桜田門外の変)，イは1866年(薩長《さっちょう》同盟)，ウは1858年(安政の大獄《たいごく》)，エは1863年(薩英戦争)のことなので，年代の古い順に，ウ→ア→エ→イとなる。

問５　(1)　最大の貿易港は横浜港であったが，アメリカでは1861年から1865年まで南北戦争が起こっていたこともあり，幕末期の日本の最大の貿易相手国はイギリスであった(Ⅰ…×)。1872年，イギリス人技術者のエドモンド＝モレルの指導によって，新橋－横浜間に初めて鉄道が開通した(Ⅱ…○)。　(2)　京浜工業地帯は，機械工業の出荷額が約50％を占《し》め，首都である東京に情報が集まることから印刷業もさかんである。かつては日本一の出荷額をほこったが，2020年現在，中京工業地帯，阪神工業地帯，関東内陸工業地域，瀬戸内工業地域につぐ出荷額となっている(ウ…×)。

問６　(1)　日本の標準時子午線は，兵庫県明石市などを通る東経135度の経線である。　(2)　地球は１日で１回転するので，360度÷24時間＝15度より，経度15度につき１時間の時差が生じる。経度０度のイギリスと東経135度の日本との経度差は135度で，日本はイギリスより東に位置していることから，時差は９時間(135÷15)で，日本はイギリスより時間が進んでいる。よって，２月５日午前７時より９時間早い２月４日午後10時となる。

問７　日本は20万人をこす死傷者を出しながらも日露戦争(1904～05年)で勝利をおさめたが，アメリカのポーツマスで結ばれたポーツマス条約ではロシアから賠償《ばいしょう》金を得ることができなかったため，人々の不満が高まり，東京の日比谷では焼き打ち事件が起こった(ア…×)。

問８　資料Ⅰより，デングウイルス感染者は，インドや東南アジアの国々といった赤道付近の温暖な地域に多く，資料Ⅱより，水がたまる場所で増える蚊《か》を媒介《ばいかい》として拡《ひろ》がっていくことがわかる。

２　廃棄物の処理を題材とした問題

問１　**１**　2011年３月11日，宮城県の牡鹿《おしか》半島沖約130kmの海底を震源とするマグニチュード9.0の大地震が発生し，その揺《ゆ》れにともなう巨大津波が東北地方の太平洋沿岸におし寄せた。そのさい，福島第一原子力発電所では，地震と津波により大量の放射性物質が外部にもれ出す重大な原発事故が起こった。　　**２**　対馬(長崎県)は九州と朝鮮半島との間に位置する島で，古くから日本と朝鮮との交流の架《か》け橋となってきた。

問２　(1)　アの山梨県とウの長野県は北，イの茨城県は東，エの愛知県は西に位置しているので，南から見た富士山が描かれていない。　　(2)　サロマ湖は北海道北東部に位置する湖で，砂州《さす》によってオホーツク海と隔《へだ》てられることでできた。イに描かれた「常州牛堀」は霞ヶ浦《かすみがうら》南部の水郷《すいごう》で，霞ヶ浦は川の運んできた土砂などによって海との間がせき止められ，江戸時代中期には現在のような淡水湖となった。　　(3)　Ⅰは農業産出額が最も多いことから近郊農業のさかんな茨城県，Ⅱは果実の産出額が多いものの，それ以外の項目はすべて少ないことから山梨県，Ⅲは果実の産出額が最も多いことから，りんごやぶどうの生産がさかんな長野県，Ⅳは花き栽培《さいばい》のさかんな愛知県となる。　　(4)　江戸では，紙や布など多くの日用品が再利用されていた。し尿《にょう》さえも貴重な肥料として農村などに運ばれ，お金や野菜などと交換された。また，ゴミは一定の場所に集められ，処理業者が処分したが，その量は現代ほど多くなかった(ウ…○)。なお，アは室町時代，イは鎌倉時代についての説明。エについて，江戸を防衛するため，主要な川には橋が架けられなかった。

問３　観光客が増えすぎることにより，ゴミや騒音《そうおん》による環境悪化，交通機関の混雑などをまねき，地域住民の生活や自然環境に悪影響《えいきょう》をおよぼしたり観光客の満足度を大きく低下させたりするような状況を，オーバーツーリズム(観光公害)という。

問４　最も面積の大きいアは東京都の西部に位置する八王子市，人口が最も少ないイは東京都の都心部に位置する千代田区，残ったウが江東区と判断できる。

問５　３Ｒとは，買う量や使う量をひかえ，ゴミの量を減らすリデュース，使えるものをきれいにして繰り返し使用するリユース，使用したプラスチックやアルミ缶《かん》などを溶かして資源にもどし，新たな製品の原料として再利用するリサイクルのことで，この順に取り組むべきとされている。

問６　Ｘはおもに火山から15km以内の範囲《はんい》にあたり，地質の安定性から核のゴミの処分場には好ましくないとされている(イ…○)。また，山口県，福岡県，佐賀県，長崎県などに見られるＹは，炭田や油田などの資源を採掘する可能性があるため，処分場には好ましくないとされている(エ…○)。

３　日本の税制についての問題

問１　**１**　日本の税金は，税金を負担する者と実際に納める者が異なる間接税と，税金を負担する者と納める者が同じ直接税に分けられ，消費税や酒税は間接税，所得税や法人税は直接税にあたる。**２**　日本国憲法では，国民の権利とともに国民の義務について規定されており，第26条の「保護する子女に普通教育を受けさせる義務」，第27条の「勤労の義務」，第30条の「納税の義務」が国民の三大義務とされている。　　**３**　予算のうちの歳入は国民の納める租税でまかなわれるのが原則であるが，それだけで不足する場合に国が債券《さいけん》を発行する。この債券を赤字国債(特例国債)という。

問２　累進《るいしん》課税制度にもとづいて計算すると，97500(1950000円までの課税額)＋(3300000－1950000)×0.1＋(5000000－3300000)×0.2＝97500＋135000＋340000＝572500(円)となる。

問３　憲法と法律の範囲内で地方議会によって制定され，その地方公共団体のなかでのみ適用される決まりを条例といい，その地域の状況にあわせて独自の内容を盛りこむことができる。これを制定することで地方税法に規定された税以外の法定外税を新設することができ，東京都では産業廃棄物税や宿泊税が設けられている。

問４　海辺の家屋を別荘として保有している人が多数いることから「あ」はＣの静岡県熱海市，学生や勤労者の１人暮らしが多いことから「い」はＡの東京都豊島区，柏崎刈羽《かしわざきかりわ》原子力発電所が位置していることから「う」はＢの新潟県柏崎市に当てはまる。

問５　予算案は，国が１年間に必要とする歳入と歳出の金額と内訳を記したもので，財務省がつくった予算の原案を内閣が検討して予算案を作成し，通常国会において審議・決定される。

問６　日本国憲法第60条の規定により，予算の議決には衆議院の優越《ゆうえつ》が認められており，参議院が衆議院と異なった議決をし，両院協議会を開いても意見が一致《いっち》しない場合は，衆議院の議決が国会の議決となる(イ…×)。

問７　歳入額から公債金収入を引いたＡは114兆円－36兆円より78兆円，歳出額から国債費を引いたＢは114兆円－25兆円より89兆円であるから，ＢがＡを11兆円上回って赤字の状態である。

問８　消費税は，所得によって税率が変わらず一律であるから，所得の少ない人ほど家計に占める税負担の割合が大きくなるという逆進性を持っている。したがって，経済力に比例して税負担をするのが公平であると考えると，消費税は不公平な税制といえる。

理　科　＜第２回試験＞（40分）＜満点：100点＞

解　答

1　**問１**　アルキメデスの原理　**問２**　120g　**問３**　160cm³　**問４**　9cm³　**問５**　カ　**問６**　120g　**問７**　1.3g　**2**　**問１**　2.0g　**問２**　300cm³　**問３**　ア，ウ，エ，キ　**問４**　**気体の名前**…二酸化炭素　**確かめる方法と結果**…(例)　発生した気体を石灰水に通すと，石灰水が白くにごる。　**問５**　ア，ウ　**問６**　400cm³　**問７**　2.25g
3　**問１**　a　**問２**　(1)　恒星　(2)　ア，ウ，エ　**問３**　エ，カ　**問４**　(1)　①　エ　②　ア　③　カ　(2)　③，①，②　**問５**　5.7倍　**問６**　57年　**問７**　29307km
4　**問１**　肝臓　**問２**　**B**　アミラーゼ　**C**　なし　**D**　トリプシン　**問３**　**E**　アミノ酸　**F**　脂肪　**問４**　エ　**問５**　(1)　イ，オ　(2)　(例)　食物繊維は便の量を増やして，たまっている物質と一緒に押し出すから。　**問６**　有効ではない／**説明**…(例)　コラーゲンはタンパク質で，口から摂取するとアミノ酸に分解されて吸収されるため，コラーゲンのまま体内に入ることはないから。

解　説

1　**浮力《ふりょく》についての問題**

問１　物体は，押《お》しのけた液体の重さと等しい大きさの浮力を受ける。これは，発見者である紀元前に活躍《かつやく》したギリシャの科学者の名前から，アルキメデスの原理とよばれる。

問２　図１から，ビーカーと水の重さは合わせて350ｇである。よって，図２で，ビーカー，水，物体Ａの重さの合計が470ｇになっていることから，物体Ａの重さは，470－350＝120（ｇ）とわかる。よって，図３のばねはかりの示す値は120ｇになる。

問３　図２のように物体が水に浮《う》いている場合，物体の重さと物体にはたらく浮力の大きさは等しくなっているので，物体Ａにはたらく浮力の大きさは120ｇである。よって，アルキメデスの原理より，物体が押しのけた水の重さも120ｇであり，その体積は，120÷１＝120(cm^3)とわかる。これが物体Ａの体積の４分の３なのだから，物体Ａ全体の体積は，120÷$\frac{3}{4}$＝160(cm^3)になる。

問４　図４のように，物体Ａとおもりをつるしたものが水中で静止しているとき，この２つの物体にはたらく浮力の大きさは，重さの合計と同じ，120＋49＝169（ｇ）となる。このとき，２つの物体が押しのけた水の体積は，169÷１＝169(cm^3)だから，おもりの体積は，169－160＝９(cm^3)と求められる。

問５　物体Ｂが砂糖水に沈《しず》み始めるまでは，ばねはかりの示す値は変わらない。また，物体Ｂのような三角柱を図５のようにつるして砂糖水に沈めていくときは，次第に水に沈む体積，つまり，押しのけられる砂糖水の体積の変化は小さくなるので，同じ長さだけ下げたときの物体Ｂにはたらく浮力の変化が小さくなり，ばねはかりの示す値の変化も小さくなる。よって，カのグラフが選べる。

問６　図７で，水に沈んでいない部分の三角形と全体の三角形は相似になっていて，相似比は，(16－８)：16＝１：２だから，水面と接している部分(水に沈んでいない部分の三角形の底辺)の長さは，10×$\frac{1}{2}$＝５(cm)となる。よって，水に沈んでいる部分，つまり，物体Ｂに押しのけられた砂糖水の体積は，(５＋10)×８÷２×５＝300(cm^3)になるので，物体Ｂにはたらく浮力の大きさは，300×1.2＝360（ｇ）となる。したがって，ばねはかりは，480－360＝120（ｇ）を示す。

問７　問６と同様に考えると，物体Ｂを12cm沈めたときに水面と接している部分の長さは，10×$\frac{16-12}{16}$＝2.5(cm)となるから，押しのけられた砂糖水の体積は，(2.5＋10)×12÷２×５＝375(cm^3)とわかる。また，ばねはかりが０ｇを示すとき，物体Ｂの重さと物体Ｂにはたらく浮力の大きさが等しくなる。よって，375×(砂糖水１cm^{3}あたりの重さ)＝480が成り立ち，この砂糖水１cm^{3}あたりの重さは，480÷375＝1.28より，1.3ｇと求められる。

２　気体の発生についての問題

問１　グラフ１で，加えるマグネシウムの量を2.0ｇより多くしても発生する水素の体積が増えなくなっていることから，塩酸200cm^{3}と過不足なく反応するマグネシウムの重さは2.0ｇとわかる。

問２　濃《こ》さが変わらないとき，塩酸の体積と過不足なく反応するマグネシウムの重さは比例するので，マグネシウム3.0ｇは，200×$\frac{3.0}{2.0}$＝300(cm^3)のうすい塩酸と過不足なく反応する。

問３　水素は，うすい塩酸に鉄，アルミニウム，亜鉛《あえん》などを入れたときや，うすい水酸化ナトリウム水溶液《すいようえき》にアルミニウムや亜鉛を入れたときにも発生する。

問４　うすい塩酸と炭酸カルシウムが反応すると二酸化炭素が発生する。また，二酸化炭素を石灰水に通すと，水に溶《と》けにくい炭酸カルシウムができるため，石灰水が白くにごる。

問５　貝殻《かいがら》やチョークにも多くの炭酸カルシウムが含《ふく》まれているため，うすい塩酸に入れると，溶けて二酸化炭素が発生する。

問６　グラフ２より，炭酸カルシウム3.0ｇを完全に溶かすと7.2Ｌの気体(二酸化炭素)が発生するとわかる。一方，グラフ３で，200cm^3の塩酸がすべて反応すると，3.6Ｌの気体が発生していることがわかる。よって，炭酸カルシウム3.0ｇが過不足なく反応して7.2Ｌの気体が発生するのに必要なうすい塩酸は，$200\times\frac{7.2}{3.6}=400$($cm^3$)と求められる。

問７　問６より，炭酸カルシウム3.0ｇと塩酸400cm^3が過不足なく反応するので，塩酸300cm^3と過不足なく反応する炭酸カルシウムの重さは，$3.0\times\frac{300}{400}=2.25$(ｇ)になる。

３　火星や金星の見え方についての問題

問１　地球の北極側から見たとき，地球の自転と公転の向きはどちらも反時計回りである。

問２　太陽のように，みずから光を出して輝《かがや》いている天体を恒星《こうせい》という。太陽は主に高温のガスのかたまりでできていて，太陽も地球と同じように自転している。

問３　図では，地球上で夕方となる位置(図の右側の位置)から見る火星は南西の方角にあるように見えるが，実際にはもっと地球から離《はな》れた場所に火星があるため，地球からは南の方角に見られると考えられる。同様に，地球上で真夜中となる位置(図の上側の位置)から火星を見ると，西の地平線近くに見られる。

問４　(1)　①にある金星の太陽光が当たった部分を地球から見ると，エのように右はしが少し欠けた形になる。②にある金星は，太陽，地球，金星がほぼ一直線にならんでいるので，アのような丸くなった形に見える。③に金星があるときは，太陽，金星，地球を結んでできる角度がほぼ90度になるので，カのような右半分が光った形に見える。　(2)　金星も地球と同じように太陽のまわりを公転しているので，地球から金星までの距離《きょり》は大きく変化する。このとき，地球と金星の距離が近いほど金星は大きく見える。

問５　地球―太陽―金星の順に一直線に並ぶとき金星は地球から最も遠くなり，その距離は，$1.0+0.7=1.7$と表せる。一方，地球―金星―太陽の順に一直線に並ぶとき金星は地球から最も近くなり，その距離は，$1.0-0.7=0.3$となる。よって，最も遠ざかったときの距離は，最も近いときの，$1.7\div0.3=5.66\cdots$より，5.7倍になる。

問６　金星は0.6年で太陽のまわりを１周するので，１年で，$1\div0.6=\frac{5}{3}$(周)する。同様に火星は1.9年で太陽の回りを１周するので，１年で，$1\div1.9=\frac{10}{19}$(周)する。すると，金星と火星のずれは１年で，$\frac{5}{3}-\frac{10}{19}=\frac{65}{57}$(周)になる。このずれが整数になると，１年で１周する地球とも周期が重なるので，太陽―金星―地球―火星がこの順に並ぶのは57年ごととわかる。

問７　人工衛星は，90分間＝1.5時間で，$(6400+600)\times2\times3.14=43960$(km)の距離を進む。よって，人工衛星の速さは，$43960\div1.5=29306.6\cdots$より，時速29307kmと求められる。

４　消化についての問題

問１　胆汁《たんじゅう》は肝臓《かんぞう》でつくられたのち，胆のうで一時的にたくわえられ，十二指腸に出される。

問２　だ液にはデンプンにはたらくアミラーゼという消化酵素《こうそ》が含まれ，すい液には，デンプンにはたらくアミラーゼ，タンパク質(ペプトン)にはたらくトリプシン，脂肪《しぼう》にはたらくリパーゼなどの消化酵素が含まれている。胆汁には消化酵素が含まれていないが，脂肪を消化しやすいすがたに変えるはたらきがある。

問３　最終的に，タンパク質は消化されるとアミノ酸，脂肪は消化されると脂肪酸とモノグリセリドになり，小腸から体内に吸収される。

問４　乳酸菌《きん》などの菌はタンパク質でできている。そのため，強い酸性の胃液によってその多くが死滅《しめつ》してしまい，腸内に届くものは多くないと考えられる。

問５　⑴　食物繊維《せんい》とは，食物中にあるヒトにとって消化しにくい物質の総称《そうしょう》で，消化されることなく大腸にまで運ばれる。食物繊維のうち，水に溶けやすい水溶性のものは腸内の細菌の栄養になったり，便をやわらかくしたりする。水に溶けにくい不溶性のものは細長い糸のような形をしていて，多くの不要物をからめ取ることができるようになっている。　⑵　食物繊維が腸内にたまった不要物の多くをからめ取った状態で押し出されるため，便の量が増えて，便秘の症状《しょうじょう》が改善されると考えられる。

問６　コラーゲンはタンパク質でできていると述べられている。そのため，口から摂取しても，腸内で吸収されるときにはアミノ酸に変化してしまい，そのままの形で皮膚《ひふ》や関節まで届くことがない。このことから，コラーゲンをそのまま食べたり飲んだりしても，皮膚の弾力を保ったり，関節の痛みを和らげたりするのに有効であるとはいえないと考えられる。

国　語　＜第２回試験＞（40分）＜満点：100点＞

解　答

一　下記を参照のこと。　二　**問１**　Ⅰ　エ　Ⅱ　イ　Ⅲ　イ　**問２**　A　イ　B　ク　C　ウ　**問３**　ア　**問４**　（例）　同じ人でも場所や時期によって言葉づかいが変化することの説明ができないこと。　**問５**　人と関わり合う前の自分は空っぽなのか／自分のアイデンティティは複数あるのか　**問６**　らしさ　**問７**　ア　**問８**　ウ　**問９**　（例）　私は学校ではノリよくゲラゲラ笑うが，塾では大人しく無口に過ごしている。ある日，塾で思わず小学校のノリでツッコミを入れるととてもおどろかれ，自分のアイデンティティが学校と塾でかけ離れているのを実感した。　三　**問１**　a　ク　b　イ　c　コ　d　エ　e　オ　**問２**　Ⅰ　イ　Ⅱ　ウ　Ⅲ　エ　**問３**　ア　**問４**　イ　**問５**　A　２　B　３　**問６**　柳町がパスを申告したのは森が85を失敗するのを見る前だ(から。)　**問７**　（例）　目標にしていた高さを上回る１m90に本気でいどみ，一気にそれをこえようとしていること。　**問８**　ア　**問９**　（例）　結局１m90は跳べなかったが，予想をこえた柳町のがんばりとそれを十分認めてくれている拓海先輩の優しさに，うれしさで胸がいっぱいになっている。　**問10**　（例）《出直し》とは柳町が涼佳にもう一度告白することであるが，それができるのは涼佳にとって頼りない後輩だった柳町が，以前より少しでも拓海先輩に近づけたという自信を持てたときだと考えられる。

●漢字の書き取り

一　A　護衛　B　画策　C　貯蔵　D　損益　E　政権

解　説

一　漢字の書き取り

A　対象を危険から守ること。　B　目的をかなえるための計略を立てること。　C　物を使わずにたくわえておくこと。　D　利益と損失。　E　政治をになう権力。

二　出典：中村桃子《なかむらももこ》『「自分らしさ」と日本語』。筆者は人がアイデンティティを確立する過程について，ことばやコミュニケーションとの関係をふまえて論じている。

問１　Ⅰ　止まることなく流れるように話し続けるさまを表すので，エがよい。　Ⅱ　淡々《たんたん》としていて親密さがなく，思いやりがないようすを表すので，イが合う。　Ⅲ　型にはまった物の見方を表すので，イが正しい。

問２　Ａ　「女らしさや男らしさ」など「ジェンダーに関わるアイデンティティ」が確立される経《けい》緯《い》について，「構築主義を提案した人たち」の主張が言葉をかえて説明されている。よって，“要するに”という意味の「つまり」がふさわしい。　Ｂ　「アイデンティティをひとつに限る必要はないと考える人」の例として，作家の平野《ひらの》啓一郎《けいいちろう》の名前があげられている。よって，具体的な例をあげるときに用いる「たとえば」が合う。　Ｃ　以前の日本では，一度就職した会社で定年まで働き続けることが一般的《いっぱんてき》だったのに対し，今は「転職する人もいる」という社会の変化が書かれている。よって，前のことがらを受けて，それに反する内容を述べるときに用いる「ところが」がふさわしい。

問３　ぼう線③に続く部分で筆者は，「ことばとアイデンティティの関係」について「構築主義」の立場をとると述べている。「構築主義」とは，「他の人とことばを使って関わり合う」コミュニケーションの結果としてアイデンティティがつくり上げられるとする考え方なので，アが正しい。

問４　続く部分で筆者は，「本質主義」では「説明のつかないこと」が出てきたと述べ，その例として「同じ人」でも「状況《じょうきょう》に応じて」言葉づかいを多様に変化させることをあげている。「あらかじめ備わっている」アイデンティティにもとづいて「人との関わり方を決めている」とする「本質主義」の考え方は，相手や場所，自分の年齢《ねんれい》などに応じて言葉づかいが変わる現象と矛盾《むじゅん》してしまうと筆者は主張している。

問５　続く部分で筆者は，構築主義について「まず考えられる疑問」として，人と関わるなかでアイデンティティが表現されるなら「人と関わり合う前の自分は空っぽなのかという問い」を示している。さらに，ぼう線⑤の前の部分では，「もうひとつ考えられる疑問」として，人がその時々に応じてさまざまなアイデンティティを持つならば「自分のアイデンティティは複数あるのかという問い」をかかげている。

問６　本文における「自分[redacted]」とは，人に対して「自分」を表現していくうちに形成されていくもの，「私たち」が自分の中に「核《かく》」としてあるように感じるものとして描《えが》かれている。これはアイデンティティ，すなわち「私がどんな人なのかというイメージ」の言いかえであると考えられるので，「自分らしさ」がふさわしい。

問７　続く部分では，「ジェンダーに関わるアイデンティティ」，すなわち自分なりの「女らしさや男らしさ」とは，人は他者との関わりのなかで「女らしさや男らしさ」を「長い間繰《く》り返し表現していくことで」確立するものだと書かれている。ある程度「枠組《わくぐ》み」の定まった「女らしさや男らしさ」に自分を合わせていくことで，それが自分のものになっていくという主張だと考えられるので，アがふさわしい。

問８　続く部分には，「分人」という考え方においては，人間がさまざまな対人関係で見せる「複数の顔」のすべてが「本当の自分」であること，現代人は「場面ごとに異なる複数のアイデンティティを生きる必要」があることが書かれている。よって，ウが正しい。

問９　本文には，現代人はかつてよりも複雑な人間関係を生きるようになった結果，当たり前のように「複数のアイデンティティ」を持っているとある。場所や場面，話す相手などによって自分の見せる顔や性格が少し違《ちが》うと思う事例について具体的に説明するとよい。

三　**出典：壁井《かべい》ユカコ『空への助走　福蜂《ふくほう》工業高校運動部』**。高校で陸上部の部長を務める荒島涼佳《あらしますずか》は，昔からあこがれだった元部長の拓海先輩《たくみせんぱい》と共に，後輩の柳町《やなまち》渉《わたる》の走り高跳《たかと》びを特別な気持ちで見守る。

問１　**a**　選手たちが互《たが》いに対抗心《たいこうしん》を燃やしているのを涼佳が感じとる場面なので，ライバル意識があらわなさまを表す「バチバチと」がよい。　**b**　走り高跳びのバーがとんでいく場面なので，硬《かた》いものが何かに当たる音を表す「かんっと」が合う。　**c**　柳町が立ちあがってすぐに走り出す場面なので，軽い身のこなしを表す「ぴょんと」が選べる。　**d**　勝負に出た柳町を見て，拓海先輩が瞳《ひとみ》を輝《かがや》かせる場面なので，野心で気持ちがたかぶるさまを表す「ぎらぎらと」がふさわしい。　**e**　勝負を終えた柳町がライバル選手から握手《あくしゅ》を求められる場面なので，屈託《くったく》なく笑うさまを表す「くしゃっと」が正しい。

問２　Ⅰ　柳町のライバル選手の見事な跳躍《ちょうやく》に対し，拓海先輩が自分のことのように対抗心を見せる場面なので，イが合う。　Ⅱ　スタート直前の柳町に，拓海先輩が声援《せいえん》を送って激励《げきれい》する場面なので，ウがふさわしい。　Ⅲ　柳町の挑戦《ちょうせん》が終わり，涼佳の目から涙《なみだ》が一気に溢《あふ》れる場面なので，エが正しい。

問３　続く部分では，伊勢谷《いせや》と拓海先輩の特徴《とくちょう》として，「自身の筋力も利用して跳《は》ねあげる」こと，「両腕《りょううで》を大きく振《ふ》り込《こ》」んで「身体を力強く引きあげる」こと，蓮川《はすかわ》や柳町よりもバーに近い「踏《ふ》み切り位置」から，「反りの大きい弧《こ》を描いて」跳ぶことなどが書かれている。これに対し，蓮川や柳町はタイプが異なると書かれていることから，二人は「スピードに乗って跳ねあがる」ほうのタイプだと想像できる。

問４　このときの柳町について，涼佳はぼう線④の少し前で「あと一回しかチャンスが残ってないっていう，追い詰められた状況の中で，冷静に戦況に頭を巡らせてた」のだろうと評している。つまり柳町は，森と自分との「無効試技数」に注目し，その駆け引きを考えていたために視線を遠くへ向けていたものと想像できる。よって，イが最も近い。なお，柳町は「戦況に頭を巡らせて」いたのだから，単に「ぼけっと」していたとあるエは誤り。

問５　**A**　拓海先輩が「80は二人とも三本で一緒《いっしょ》や」と話していることから，１m80に関して森も柳町も三回跳んで同じ成績だったこと，すなわち無効試技数が２だったことがわかる。　**B**　二人の間の順位を決めたのは，１m「80までの記録」だと本文に書かれている。そこで，柳町の１m80までの無効試技数を合計すると，３となる。

問６　続く部分で涼佳は，１m90に挑《いど》む柳町の姿を見ながら，その真意を想像している。涼佳は「柳町がパスを申告《しんこく》したのは森が85を失敗するのを見る前だ」という事実に思い至り，森の結果に関係なく柳町は１m90を跳ぶつもりだったと確信している。

問７　続く部分で涼佳は，１m85という目標は深く考えず柳町に示したものだったことを思い返している。にもかかわらず，「それよりももっと高い」１m90を跳ぶことを本気で見据《みす》え，勝負をかける柳町の姿に涼佳が圧倒《あっとう》されていることが読み取れる。

問８　直前の部分に，柳町は助走にも踏み切りにも「力み」はなく，「今日いちばん」の跳躍で，

「今の柳町にできる力を全部出し尽《つ》くしたパフォーマンスだった」とある。柳町は自分の実力はいかんなく発揮《はっき》できたが，１m90を跳べる力はまだ備わっていなかったことがわかるので，アがよい。

問９　柳町の全力の挑戦が実らず泣き出した涼佳に，拓海先輩は来年が楽しみだと優《やさ》しく声をかけている。柳町が「自己ベストを大きく超《こ》えた高さ」を何本も跳び，見る人の心を動かすパフォーマンスを見せたこと，拓海先輩もそれを認めてくれたことに涼佳は胸がいっぱいになっていると想像できる。

問10　拓海先輩の高二の時の記録である１m85に柳町が挑んださい，涼佳は「先輩として後輩の成長を応援」する以上の気持ちで成功を祈《いの》る自分を自覚している。また，前書きには，涼佳の拓海先輩に対する気持ちを知ったうえで柳町は告白し，走り高跳びに打ち込んで見違えるように成長してきたとある。柳町は“拓海先輩の記録に並ぶこと”を恋愛《れんあい》面でも意識しこだわってきたこと，その挑戦が失敗した後は，柳町から涼佳への再度の告白がなかったことが想像できる。

Memo

Memo

2023年度 頌栄女子学院中学校

【算　数】〈第１回試験〉（40分）〈満点：100点〉

《注意》 1．円周率は3.14とすること。

2．定規・コンパスは使わないこと。

1 (1) 次の計算をしなさい。

$$\left(\frac{1}{2}+\frac{2}{3}+\frac{1}{4}\right)\times1200+\left(\frac{3}{5}+\frac{3}{10}+1\right)\times170$$

(2) 歯の数24の歯車Ａとかみあっている歯車があります。Ａが５分で30回転するとき，かみあっている歯車は12分で96回転します。Ａの回転する速さが２倍になったとき，かみあっている歯車の回転する速さを変えないためには，歯の数がいくつの歯車に変えればよいか求めなさい。

(3) 26：x と 156：y の比の値が等しいとき，y は x の何倍か求めなさい。

(4) １辺が４cmの正方形の紙を以下の手順で折り，最後に斜線《しゃせん》部を切り取りました。残った紙を広げたときの面積を求めなさい。

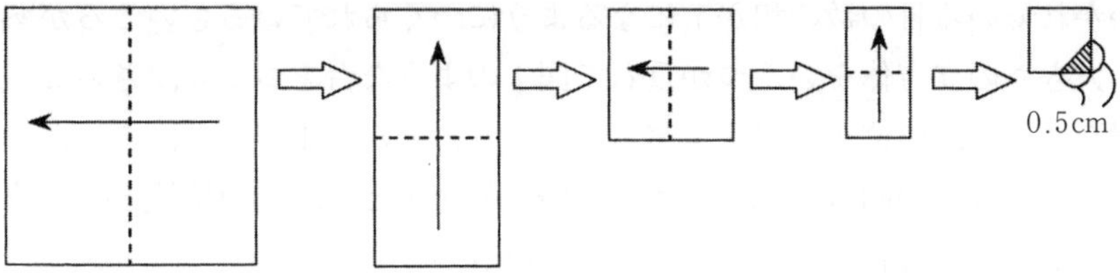

(5) 右の表は，あるクラスの算数の成績を５段階でつけた結果です。中央値が４のとき，成績に３がついた人は最大で何人か求めなさい。

成績	1	2	3	4	5
人数	1	4		10	4

(6) ６人がけの円卓に，Ａさん，Ｂさん，Ｃさん，Ｄさん，Ｅさん，Ｆさんの６人が座っていました。途中で席をかえて，はじめにとなりに座っていた人のとなりにならないよう図１のように座りました。以下の条件からはじめの座り方を考え，解答らんにＡ～Ｆをかきなさい。

・Ａさんは座っていた席から左ななめ前に見える席の１つに座った。

・ＢさんとＣさんは１つとなりにずれた。

・はじめ，ＤさんとＡさんはとなりではなかった。

図１

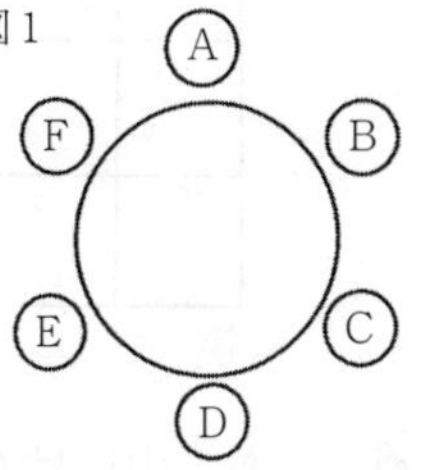

(7) １辺が６cmの立方体を平面で２回切断しました。その立体を真上，真正面，右から見ると，下の図のようになりました。この立体の辺と面の数をそれぞれ求めなさい。

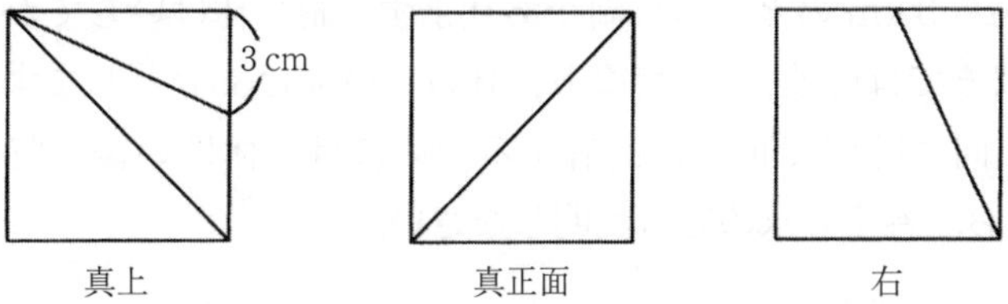

真上　　真正面　　右

(8)　10％の食塩水に１％の食塩水を加えて6.7％の食塩水を 300ｇ作ります。１％の食塩水を何ｇ加えたらよいか求めなさい。

(9)　お祭りでかき氷を売りました。１杯あたりの材料費は320円です。材料費の２割５分の利益を見込んで定価をつけて売り始めました。ところが，途中で雨が降ってきたため定価の１割引きで売りました。その結果，合計100杯売ることができて，利益は6800円でした。雨が降り始めてから売れたのは何杯か求めなさい。

2　右の図は合同な直角三角形４つと正方形１つを組み合わせて，大きな正方形をつくったものです。小さな正方形の１辺の長さを次のように求めました。考え方を説明しなさい。

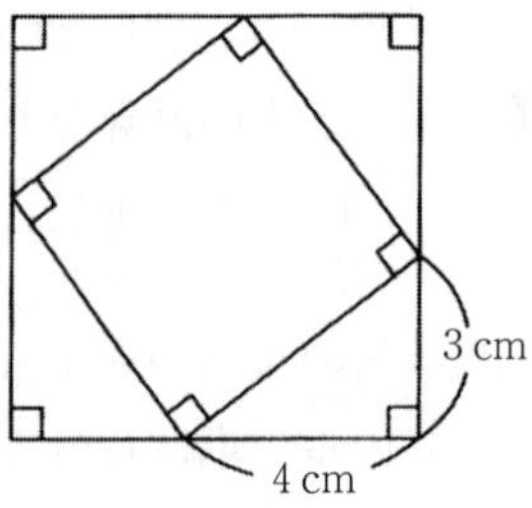

$7\times7=49$

$4\times3\times\frac{1}{2}\times4=24$

$49-24=25$

$25=5\times5$　　　　答え　5 cm

3　向かい合う面にかかれている目の数の和が７になるようにつくられているさいころがあります。さいころと同じ大きさの立方体をいくつか重ねて図１のような台をつくり，さいころを(あ)の位置から(い)の位置を通って(う)の位置まで，すべらないように転がします。階段を転がすときは図２のようになります。図３の向きで(あ)の位置において転がすとき，(い)の位置と(う)の位置でさいころの下の面にかかれている目の数をそれぞれ求めなさい。

図１

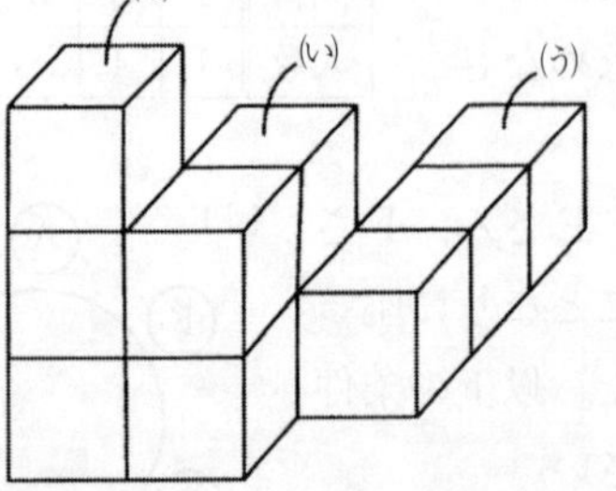

図２

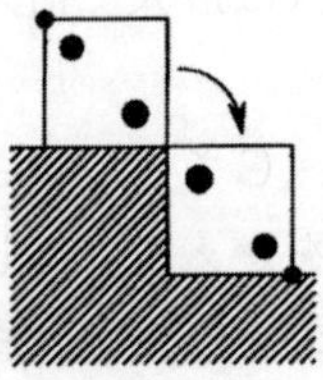

図３

4　ある山にはA，B２つの登山ルートがあります。Aの道のりはBの道のりの1.5倍あります。Aのルートを時速3.6kmで，Bのルートを時速２kmで登ると，Aのルートで登った方が40分早く頂上に到着します。次の問いに答えなさい。

(1)　A，Bの道のりはそれぞれ何kmか求めなさい。

(2)　Bのルートには，スタート地点から３kmのところに湖があります。湖で休けいしてから頂上を目指すことを計画しました。湖までは時速２kmで登り，休けい時間は30分とします。Aのルートを時速3.6kmで登るのと同じ時間で頂上に到着するためには，休けい後に時速何kmで登ればよいか求めなさい。なお，答えの求め方も説明しなさい。

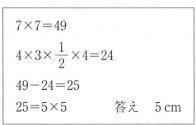

5 ある規則にしたがって，次のように数が並んでいます。

1段目				1			
2段目			2	3	4		
3段目		9	8	7	6	5	
4段目	10	11	12	13	14	15	16
⋮				⋮			

(1) 6段目の右から2番目の数はいくつか求めなさい。

(2) 15段目の数の和を求めなさい。

(3) 108は何段目の右から何番目か求めなさい。なお，答えの求め方も説明しなさい。

【社　会】〈第１回試験〉（40分）〈満点：100点〉

《注意》 漢字で書くべきものは漢字で答えなさい。

〈編集部注：実物の入試問題では，地図，図やグラフ，マイナンバーカードはカラー印刷です。〉

1 以下の文章を読み，あとの問いに答えなさい。

われわれの日常生活はすべて選択で成り立っています。今日は何を食べるか，何を勉強するかというように，そして場合によっては無意識のうちに選択を繰り返しているのです。日常生活の選択ばかりでなく，どのような中学校を受験するか，といった大きな選択もありますし，18歳になると，有権者として選挙で誰に投票するか，といった社会的責任としての選択もあります。ところで，現代人として過去の歴史を見てみると，のちの歴史の方向性を決定づけた「選択」がいくつも見つかります。以下ではそれらを少しですが取り上げて考えてみましょう。

壬申の乱（672年）　大海人皇子の選択

大友皇子(天智天皇の子)と大海人皇子(天智天皇の弟)の皇位継承をめぐる争いです。天智天皇の死後，大海人皇子は挙兵を決意，最終的には勝利し，（ 1 ）天皇として即位しました。これ以降，奈良時代の天皇は（ 1 ）天皇の血統が続くことになりますが，このことがのちに天智天皇系の血筋を持つ（ 2 ）天皇が平城京から平安京に都を移す「選択」にもつながっています。ちなみに，壬申の乱での最大の激戦は現在の（ 3 ）県関ケ原町で行われましたが，関ヶ原は約930年後にも「天下分け目」の戦いが行われた場所です。この①関ヶ原の戦いに際して，東軍のリーダーである徳川家康は大海人皇子と同じ場所に陣取りました。

承久の乱（1221年）　鎌倉幕府執権北条義時の選択

鎌倉幕府の執権北条義時は（ 4 ）上皇の出した追討命令に対して，上皇軍に敵対するという選択をします。この承久の乱で上皇軍に勝利した幕府は，（ 4 ）上皇を隠岐に島流しにするとともに，当時の天皇を退位させました。これ以後，鎌倉幕府は京都に（ 5 ）を置いて朝廷を監視するばかりでなく，その滅亡の頃まで，天皇の即位や退位にも介入するようになります。この幕府による介入に不満を持っていた（ 6 ）天皇は幕府を倒し，建武の新政を始めました。

線路幅は狭軌(1067mm)か標準軌(1435mm)か（1872年）　鉄道開通に際しての選択

鉄道開通にあたっての大きな選択は２本の線路の間隔(線路幅)をヨーロッパで一般的な標準軌にするか，標準軌より狭い狭軌にするかということでした。鉄道導入の責任者でのちに立憲改進党党首となった（ 7 ）は日本最初の鉄道を敷く際に建設費の安い狭軌で作ることに決定し，この後の日本の鉄道は一部を除いて狭軌で敷かれました。狭軌は高速性の面で標準軌に劣ると言われており，戦後の東海道新幹線は高速で走行するために標準軌で建設されました。しかし，今までの鉄道と新幹線の線路幅が違うことによって，新幹線を在来線に直通させるためには，在来線を狭軌から標準軌に改良する必要がでてきます。②1990年代に開業した山形新幹線(福島－新庄)・秋田新幹線(盛岡－秋田)は新幹線から在来線に直通するタイプですが，最近の新幹線は昨年(2022年)開業した西九州新幹線も含めて，標準軌で新しく建造することが一般的となっています。

日米開戦への道（1940年）　外務大臣松岡洋右の日独伊三国軍事同盟という選択

近代日本の大きな選択といえば，やはり1941(昭和16)年のアメリカに対して宣戦布告をしたことでしょう。この対アメリカ開戦に至るまではさまざまな人々の考えや選択がありましたが，ここでは松岡洋右という人物を中心に見てみましょう。松岡洋右は1933年に（ 8 ）総会で満州国を認めないことを内容とする(9)報告書に基づく勧告案が採択されると，日本全権として(8)脱退を宣言した人物として有名ですが，日米開戦直前の1940年～41年には外務大臣として，日独伊三国軍事同盟や日ソ中立条約を結んだ中心人物でした。この松岡の外務大臣就任前後の，第二次世界大戦開戦から日米開戦に至るまでの様子を年表にすると以下のようになります。

1939.8	ドイツ，ソビエト連邦と独ソ不可侵条約を結ぶ
1939.9	ドイツのポーランド侵攻に対してイギリス・(10)がドイツに宣戦布告
1940.6	ドイツ，(10)の首都パリ占領
1940.9	日本，ドイツ・イタリアとアメリカを仮想敵国とする日独伊三国軍事同盟を結ぶ アメリカ，日本に対してくず鉄の輸出を禁止
1941.4	日本，ソビエト連邦との間に日ソ中立条約を結ぶ この頃から，悪化した日米関係を打開するための日米交渉が始まる(11月下旬まで)。
1941.6	ドイツ，独ソ不可侵条約を破ってソビエト連邦に侵攻
1941.7	日本，(10)領インドシナに兵を進めて占領 アメリカ，日本に対して石油の輸出を禁止
1941.11	アメリカが日本にハル国務長官の名前でハル＝ノート(満州国の解消，日独伊三国軍事同盟の破棄，(10)領インドシナからの撤退)を要求
1941.12	日本，アメリカに宣戦布告

松岡洋右の考えは日本・ドイツ・イタリアにソビエト連邦を加えて四国協商と呼ばれる連合をつくり，この４カ国の圧力でアメリカとの国交調整を図るというものでした。しかし，この四国協商の計画は，③　　年　　月に崩れて，日米交渉も1941年11月のハル＝ノートによって行き詰まると，日本は12月８日の対アメリカ宣戦布告に至りました。当時，外相を退いていた松岡は日米開戦の報を聞くや，「(アメリカとの関係を決定的に悪化させた)三国同盟の締結は私の一生の不覚」と言ったといわれています。この大きな犠牲を出した３年８ヶ月に渡る太平洋戦争は日本が連合国の発した(11)宣言を受諾することによって終了しました。

問１．文中の空らん(１)～(11)に適する語句・人名を答えなさい。

問２．下線部①の「関ヶ原の戦い」について，以下の関ヶ原の戦いを含む前後の事件について，古い方から順に並べ替えなさい。

ア．関ヶ原の戦いが起こる。

イ．豊臣秀吉が亡くなる。

ウ．最初の武家諸法度が発令される。

エ．徳川家康が征夷大将軍に就任する。

問３．下線部①に関して，以下は現代の関ヶ原周辺の地図です。(出典：地理院地図 Vector)

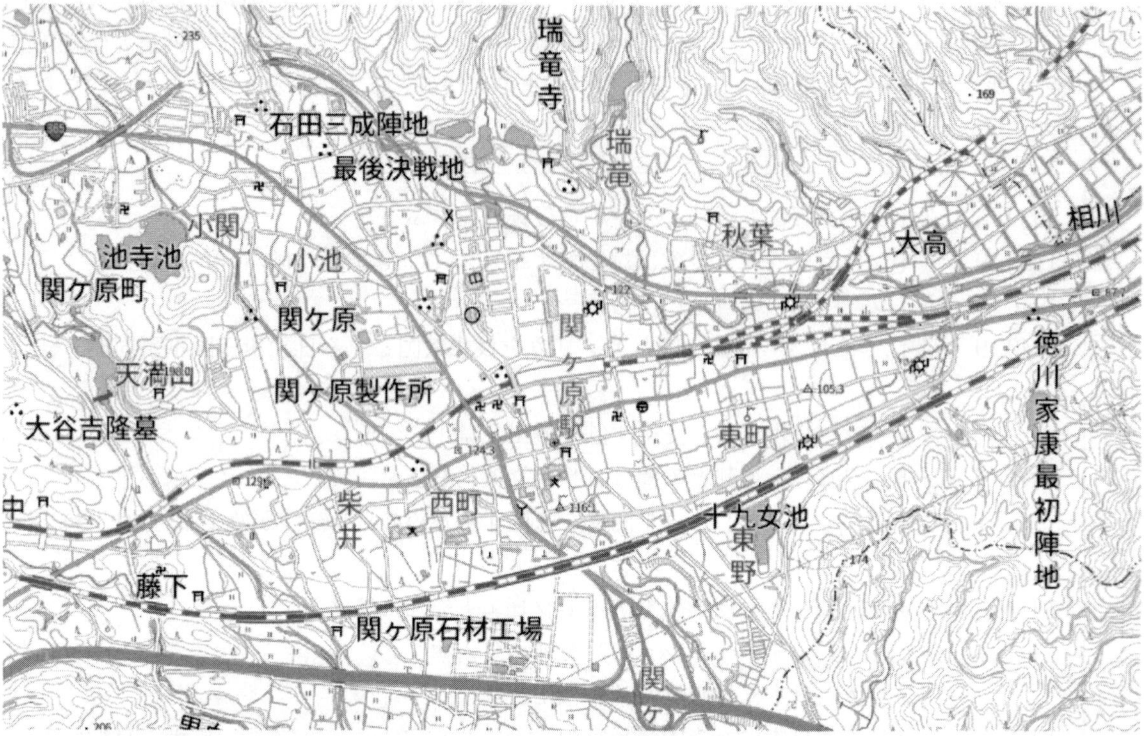

(1) 「徳川家康最初陣地」から見て「石田三成陣地」の方位，その距離(25000分の１の地図で約 12cm あります)の組み合わせとして正しいものを１つ選び，記号で答えなさい。

ア．西北西－約１km　　イ．北北西－約１km

ウ．西北西－約３km　　エ．北北西－約３km

(2) 以下の文章のうち，この地形図からは読み取れないことを１つ選び，記号で答えなさい。

ア．関ヶ原を通過する線路は東から西に進むにつれて，平均して上り勾配となっている。

イ．関ヶ原駅の東側には変電所(発電所)が点在している。

ウ．町役場の北には図書館がある。

エ．「徳川家康最初陣地」から見ると，「石田三成陣地」は見下ろす位置にある。

問４．下線部②に関して，以下の表を読み取り，新線を建設するタイプの新幹線に比べて，在来線を改良するタイプの新幹線の建設上の利点・利便性の上での欠点をそれぞれ挙げなさい。

開業年	区間	建設方式	建設費 (線路関係のみ)	工事期間	距離 (営業キロ数)	所要時間 (最速)
1982年	福島－仙台	新線を建設	1200億円	約11年	79.0km	20分
1992年	福島－山形	在来線を標準軌に改良	318億円	約４年	87.1km	61分
1997年	盛岡－秋田	在来線を標準軌に改良	656億円	約５年	127.3km	83分
2010年	盛岡－新青森	新線を建設	4547億円	約19年	178.4km	47分

建設費・建設期間は『河北新報』(2018.7.18の記事)，「東北新幹線(八戸・新青森間)事業に関する事後評価報告書」(JRTT 鉄道運輸機構)，「山形県の鉄道輸送」(山形県)，日本建設業連合会のホームページ，「東北新幹線全線開業への道のり」(青森県のホームページ)，所要時間は JTB 時刻表2022年11月号による。

問５．③ に入る年月を年表から四国協商の可能性がなくなった事件を見つけて答えなさい。

問６．問題文の波線部に関して，昨年の７月には参議院議員通常選挙が行われました。以下の《表１》は参議院議員選挙の要点をまとめたもの，《表２》は比例代表選挙の模擬選挙の結果です。よく読み，あとの各問に答えなさい。

《表１》　参議院議員選挙（比例代表選挙・選挙区選挙）の要点

被選挙権		［　あ　］歳以上
定員		248名（比例代表選挙100名・選挙区選挙148名）で３年ごとに半数ずつ改選します。 ３年ごとの通常選挙では比例代表選挙で50名，選挙区で74名の議員を選出します。
比例代表選挙	立候補	・政党に所属していない人は立候補できません。 ・政党ごとに立候補者を名簿にして提出します。 ・名簿上では候補者の順位は付けずに掲載します（非拘束式名簿）。
	有権者の投票	候補者の個人名か政党名を書いて投票します。
	当選人の決め方	(1)　その政党に属するすべての候補者の個人名での得票数と政党名での得票数を合計したものが政党の総得票数となります。 (2)　ドント式（各政党の総得票数を１，２，３，…，と整数で順に割り，その商の大きい順に各政党に議席を割り振ってゆく計算方法）で各政党の当選人数を決定します。 (3)　各政党ごとに個人名での得票数の多い候補者から順に当選人が決定されます。
選挙区選挙	選挙区は原則として都道府県を単位としていますが，1票の格差を解消するために２つの県を１つの選挙区とする，いわゆる［　い　］が2016年通常選挙から行われています。１票の格差とは選挙区ごとに議員１人あたりの有権者数が異なることから，１票の重みに不平等が生じていることを指しており，議員１人あたりの有権者が多い選挙区ほど，１票の価値は［　う　］なります。この１人１人が持つ１票の価値に大きな格差があることは，日本国憲法の［　え　］の規定に違反するとして，昨年７月の参議院議員選挙についても，１票の格差が最大3.03倍あったことに対して，「違憲」・「違憲状態」の判決を出している高等裁判所もあります。	

《表２》　参議院比例代表選挙についての模擬選挙（定数は６とします）

A党 総得票数　810000			**B**党 総得票数　420000			**C**党 総得票数　240000		
得票数の内訳	候補者**あ**	250000	得票数の内訳	候補者**か**	10000	得票数の内訳	候補者**さ**	100000
	候補者**い**	200000		候補者**き**	20000		候補者**し**	90000
	候補者**う**	150000		候補者**く**	70000		候補者**す**	30000
	「**A**党」	210000		「**B**党」	320000		「**C**党」	20000

(1)　［あ］に入る数字，［い］に入る語句を答えなさい。

(2)　［う］に入る語句，［え］に入る日本国憲法の条文の組み合わせとして正しいものをア～エから１つ選び，記号で答えなさい。

A．大きく　　B．小さく

C．第十四条　すべて国民は，法の下に平等であつて，人種，信条，性別，社会的身分又は門地により，政治的，経済的又は社会的関係において，差別されない。

D．第十五条第４項　すべて選挙における投票の秘密は，これを侵してはならない。選挙人は，その選択に関し公的にも私的にも責任を問はれない。

ア．うーA　えーC　　イ．うーA　えーD

ウ．うーB　えーC　　エ．うーB　えーD

(3)　模擬選挙について，A党の獲得議席は何議席ですか。

(4)　模擬選挙について，最も多い得票数で落選したのは，候補者**あ**～**す**のうち，誰ですか。

(5)　二重下線部の参議院議員の選挙区選挙の「１票の格差」について，右の図を参考にして，１票の格差を小さくするためには，あなたなら，どのような方法を考えますか。あなた自身の考えを自由に書きなさい。ただし，以下の《条件》を満たすこと。

《条件》

・参議院議員の総定員は現行と同じ248名であること。

・日本国憲法第四十六条で「参議院議員の任期は，六年とし，三年ごとに議員の半数を改選する。」とあるので，この憲法の規定は変えられないこと。

・問題文で挙げた，２つの県を１つの選挙区とすることはすでに実施されている制度なので，解答から除外すること。

参議院議員
選挙区選挙
選挙区と各選挙区別定数
(定数148)
〔総務省のホームページより〕

※鳥取県・島根県，徳島県・高知県はそれぞれ２県の区域が選挙区となります。

2　以下の文章を読み，あとの問いに答えなさい。

昨年(2022年)は日本の鉄道にとって大きな節目となる出来事が起きた年となりました。特に10月14日は日本初の鉄道開通から150年となる記念すべき日であり，日本各所で様々な記念式典が開かれました。①日本で初めての鉄道は，(　１　)駅と横浜駅(現在の桜木町駅)間を約53分で結ぶものであり，今まで人力や畜力に依存していた日本の交通は大きな転換点を迎えることとなりました。その後，全国に鉄道網は張り巡らされ，途中第二次世界大戦による大打撃を受けたものの，陸上交通の花形としてその利便性を高めていきました。特に東京オリンピックが開催された(　２　)年に開通した東海道新幹線をはじめとする高速鉄道の普及は，時間距離を格段に短縮させており，2022年９月23日には，長崎県の長崎駅と(　３　)県の武雄温泉駅を結ぶ約66kmの西九州新幹線が新たに開通しました。

このように，新しい鉄道が次々と生まれる一方で，近年は厳しい経営を強いられている鉄道会社も多くあります。②2020年度(2020年４月～2021年３月)の最終決算において，(1)JR上場４社と(2)大手私鉄の全社が最終赤字となり，JR東日本は1987年の民営化以降初の最終赤字となりました。また，ローカル線と呼ばれる地方の支線は，③少子高齢化や人口減少，自動車の普及による移動の手段が車へと変わるモータリゼーションなどの影響により利用者が減少し，鉄道の本数も減少，その結果利便性が低下しさらに利用者が減少する悪循環に陥り，かねてから赤字経営となる路線が多くありました。そのため2022年７月25日には国土交通省が設置した「鉄道事業者と地域の協働による地域モビリティの刷新に関する検討会」が，『地域の将来と利用者の視点に立ったローカル鉄道の在り方に関する提言～地域戦略の中でどう活かし，どう刷新するか～』を発表し，バスへの転換等を含めた抜本的な見直しを行わなければならないと提言しました。

このように，開通150年を迎えた鉄道は，今大きな転換点にたっています。これから人口が減少する社会において，人々の足となる公共交通機関をどのように維持していくべきか，考えていかなければならないでしょう。

(1)　JR 上場４社とは JR 東日本，JR 西日本，JR 東海，JR 九州の４社のことを指す。

(2)　大手私鉄とは南海電気鉄道，阪急電鉄，西日本鉄道，相模鉄道，東武鉄道，京浜急行電鉄，京王電鉄，名古屋鉄道，京成電鉄，京阪電気鉄道，阪神電気鉄道，小田急電鉄，東京メトロ，東急電鉄，近畿日本鉄道，西武鉄道を指す(京阪と阪神は１社としてカウント)。

問１．文中の空らん(１)〜(３)に当てはまる最も適切な語句・数字を答えなさい。

問２．下線部①について，以下の問いに答えなさい。

(1)　2019年４月，日本初の鉄道を海上に走らせるための鉄道構造物が品川駅の改良工事の際に出土しました。この構造物を何というか答えなさい。

(2)　なぜ終着点を横浜としたのか，当時の歴史背景をもとに説明しなさい。

問３．下線部②について，表１はある大手私鉄における運輸収入の2020年度決算です。これを参考になぜ2020年度に各社赤字に転落したのか，定期・定期外の減少にそれぞれ触れながら説明しなさい。

表１

単位：百万円	2019年度	2020年度	増減
定期	48,354	34,290	−14,063　(−29.1%)
通勤定期	41,755	31,638	−10,116　(−24.2%)
通学定期	6,599	2,652	−3,947　(−59.8%)
定期外	68,951	43,575	−25,376　(−36.8%)
旅客運輸収入計	117,306	77,866	−39,439　(−33.6%)

引用：https://www.odakyu.jp/ir/financial/o5oaa1000001yj2p-att/2021_03_kessan.pdf

問４．下線部③について，以下の問いに答えなさい。

(1)　次のＡ〜Ｃの人口ピラミッドは，沖縄県・徳島県・神奈川県のいずれかのものです。神奈川県の人口ピラミッドを(ア)〜(ウ)から１つ選び記号で答えなさい。なお，統計はいずれも2020年のものです。

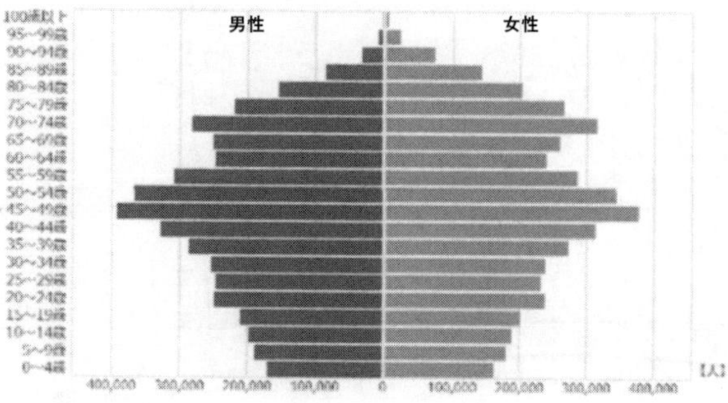

(ア)

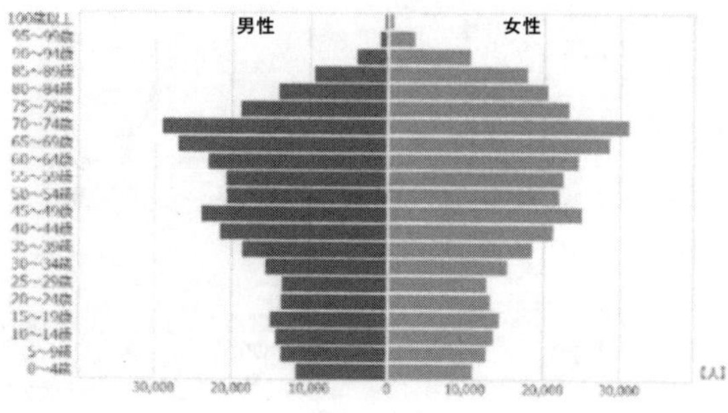

(イ)

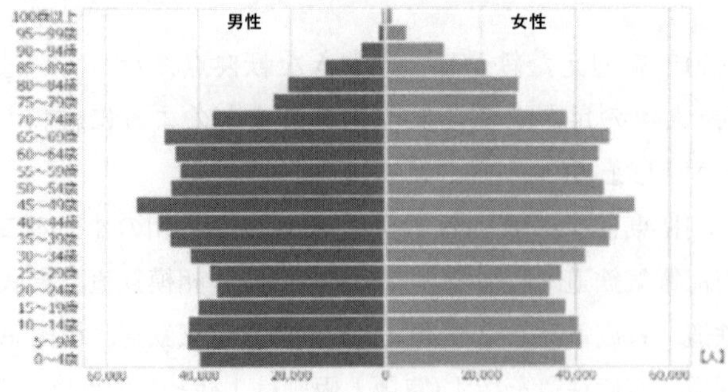

(ウ)

出典：統計ダッシュボード(https://dashboard.e-stat.go.jp/)

(2)　表２は2020年度の千葉県における人口動態を示したものです。以下の表から2020年度の千葉県の人口はどのくらい増加あるいは減少したのか，具体的な数字を挙げながら答えなさい。

表２

2020年度　千葉県　人口動態(概数)			単位：(人)
出生数	死亡数	他都道府県からの転入数	他都道府県への転出数
40,000	62,000	160,000	145,000

千葉県 HP 令和２年人口動態統計の概況(確定数)および令和２年住民基本台帳人口移動報告年報より出題者作成

問５．あなたが地方都市に新しく＊大型総合スーパーを建てることを検討している経営者だとします。図１中の(ア)～(ウ)のどの地点に店舗を建設したら，利益が最も出ると思いますか，問題文の本文の内容に基づいて答えなさい。また，その理由を説明しなさい。

＊大型総合スーパーとは，衣食住にわたる各種商品を販売するものとする。

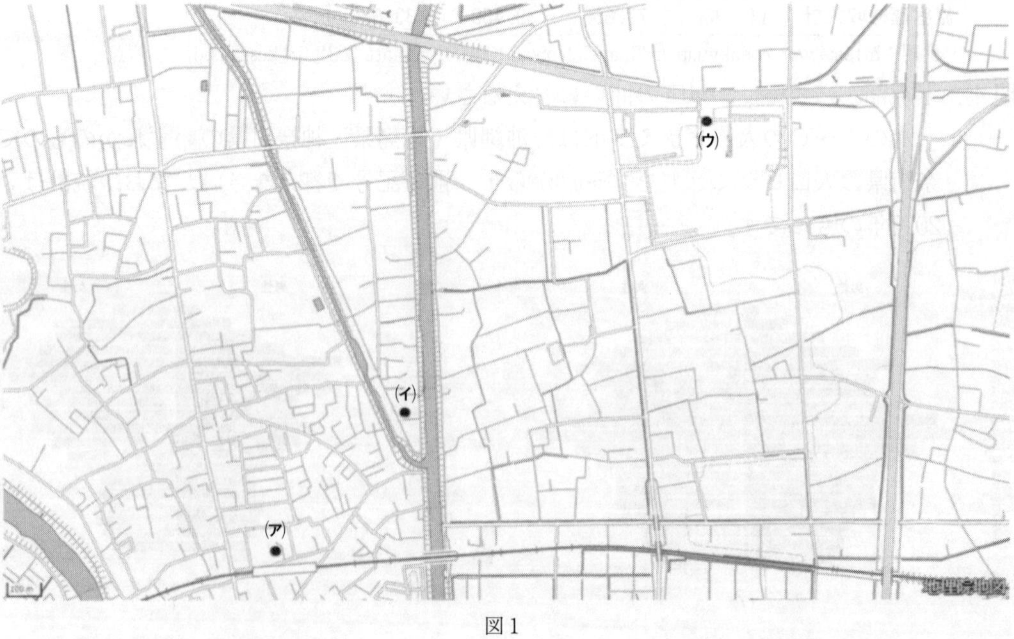

図１

地理院地図 Vector にて作成，一部加工

3 以下の文章を読み，あとの問いに答えなさい。

今年(2023年) 4 月 1 日より，1994年に日本が批准した(　1　)の権利条約の理念にもとづき，(　1　)家庭庁が設置されることになりました。この行政機関の目的の１つには，①幼稚園・保育園の行政の一本化を目指すことが挙げられます。また，育児を行う家庭への支援政策も推進する予定となっています。ここで少し「家」の歴史について振り返ってみましょう。

「家族」に似た集団の始まりは，古墳時代に出現した同じ祖先を祀る血縁集団と考えられている「氏族」です。豪族は氏を名乗り，ヤマト政権に氏族ごとの職務・技能により奉仕しました。飛鳥時代には律令国家の建設を進める中で戸籍が作成され，「戸」を単位として人々を登録しました。②戸はいくつかの家族をまとめて中央政府が人為的に作ったもので，現在の家族に当たるのは房戸とよばれる単位だったといわれています。律令体制が整備された後も，氏族社会から続く血縁関係は古代社会の基盤となりました。

中世に入ると，「氏」(血縁)から「家」が重視される時代へと変化します。「家」の原型ともいえるのが③武士団で，彼らは名《みょう》という土地を支配基盤にしていたことから，名の名前を家名としました。これが現在の「名字」のルーツです。

近世には，家に養子を迎えることが一般的になりました。大名家は世継ぎが断絶すると，藩の取りつぶしにあったことから，処分を免れるために他の武家の子を迎えます。将軍家も世継ぎ断絶を防ぐため，紀伊藩主(　2　)を招いて将軍に就任させました。のちにこの将軍は米将軍(米公方)と称されました。ここからも，血縁より家の存続が重視されていることがわかります。江戸時代の農家を見てみると，一組の夫婦を中心とする④小規模経営の農家が一般的で，核家族は現代に限った問題ではないことがわかります。これは豊臣秀吉が実施した(3　四字)の影響で，今までは土地を借りて耕作していた小百姓たちも土地を所持できるようになっていったからだと考えられています。

近代には⑤民法が1898(明治31)年に施行されますが，この民法では男性優位の家制度が規定されました。この民法の問題を自覚し，女性が立ち上がるのは大正時代になります。『青鞜』を創刊した(　4　)や，市川房枝らは女性解放運動を展開し，「新しい女」と称されました。しかし，この「新しい女」たちの要求が結実するのは，戦後になってからでした。

日本が高度経済成長期を迎えると，父はサラリーマン，母は専業主婦で家事育児をするという「近代家族」の形が一般的になりました。しかしながら，現在ではこの近代家族も終わりを迎え，⑥「家族の個人化」の時代へと入ってきています。「個人化」とは，家族を構成する一人ひとりの自立性が重視されるようになったことを意味します。近年，女性の社会進出にともない共働きの夫婦も増え，夫婦間の役割も固定化されない関係性が当然のように見なされています。また，同性カップルを証明する自治体も増えている等，個人の自由な考えにもとづく多様な家族の在り方が認められています。今後，家族のかたちはまた新たな局面を迎えるかもしれません。

問１．文中の空らん(１)～(４)に当てはまる語句をそれぞれ答えなさい。

問２．下線部①について，【表１】・【グラフ１】に関するあとの問いに答えなさい。

【表１】 従来の幼稚園・保育園の比較

	幼稚園	保育園
施設を管轄する省	A	B
設置根拠となる法律	学校教育法	児童福祉法
対象年齢	３～５歳	０～５歳
幼児を預ける標準時間	４時間(教育標準時間)	最大11時間(保育標準時間) ※園により延長保育も可能
幼児のお昼寝時間	なし	あり

【グラフ１】

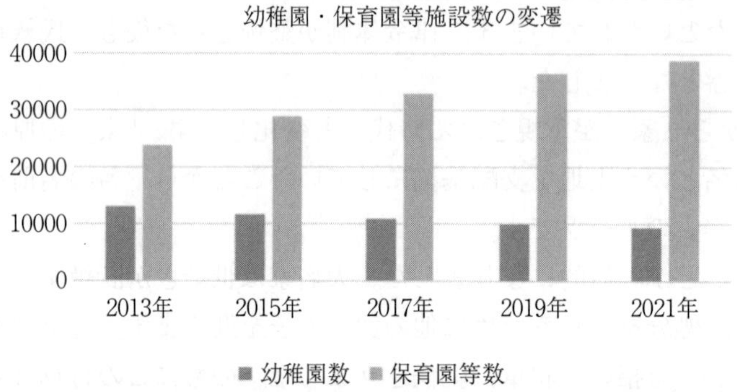

(日本国勢図会より出題者作成)

※施設数は各年４月１日現在の数。

※保育園等数は，保育園に加え，2015年４月に施行された政府の新制度において設置された特定教育・保育施設と特定地域型保育事業の数値を含む。

(1) 空らんＡ・Ｂに当てはまる省を次からそれぞれ選びなさい。

ア．経済産業省　　イ．文部科学省　　ウ．法務省

エ．厚生労働省　　オ．総務省

(2) 近年，幼稚園と比較すると，保育園等の施設数はどのように変化していますか。また，なぜそのような変化が起きたと考えられますか。問題文の本文の内容にもとづき，夫婦のライフスタイルに注目して説明しなさい。

問３．下線部②のように，戸籍に家族単位を使用しなかった理由を以下のように説明しました。Ｘ・Ｙに当てはまる語句の組み合わせとして，最も適当なものを１つ選びなさい。

戸籍に家族単位を使用すると，　Ｘ　が一定ではなく，　Ｙ　のが難しいから。

ア．Ｘ：家族に含まれる男性の人数　Ｙ：租を課す

イ．Ｘ：家族に含まれる男女の人数　Ｙ：徴兵する

ウ．Ｘ：家族に含まれる男性の人数　Ｙ：徴兵する

エ．Ｘ：家族に含まれる男女の人数　Ｙ：調・庸を課す

問４．下線部③について，武士団の棟梁とその人物の説明として正しいものを１つ選びなさい。

ア．平将門―関東諸国を占領し，新皇と名乗った。

イ．源義家―前九年合戦(前九年の役)で清原氏一族の内紛をしずめた。

ウ．平清盛―武士で初めて関白となった。

エ．源頼朝―裁判の基準となる御成敗式目を制定した。

問5．下線部④について，江戸時代の農家は小規模経営のため，1つの農家あたりの耕地面積が狭いのが特徴です。そのため，1単位あたりの土地から収穫できる収穫高を増やすことが重要になり，肥料の開発がすすみました。肥料の1つとして使用された，九十九里浜の地曳網(地引網)漁で捕獲された魚の名前をひらがなで答えなさい。

問6．下線部⑤に関連する次の文章の［ Z ］に当てはまる説明を書きなさい。

> 民法が施行された1898(明治31)年は，条約改正交渉の成功を受け，※内地雑居が実施される1899(明治32)年の前年であった。ここから，外国人流入によるトラブルを解決するためにも，民法を制定したと考えることができる。また，医療分野でも，この内地雑居後に［ Z ］という問題が起きると想定された。北里柴三郎は当時この問題を解決すべく，研究に携わった。
>
> ※内地雑居…国内を外国人が自由に行き来できるようにすること。

問7．下線部⑥の「家族の個人化」にともない，政府もデジタル社会のインフラとして，マイナンバーカードの普及をめざしています。このカードは誰でも使用できる日本初の公的な身分証としての機能を持っています。皆さんがレンタルサービス店を客として利用しようとした際，店舗から身分証としてマイナンバーカードの提示を求められたとします。この場合の対応として，最も適切なものを1つ選びなさい。

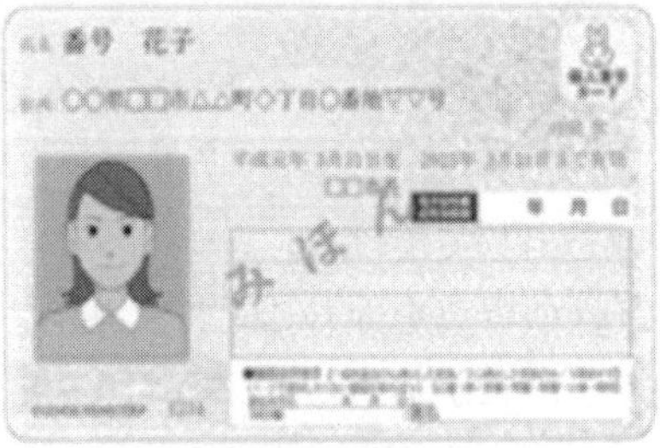

【おもて面】

【うら面】

マイナンバーカードの様式(総務省HPより)

ア．おもて面のみ提示する。　　イ．うら面のみ提示する。

ウ．両面を提示する。　　エ．両面とも提示してはいけない。

【理　科】〈第1回試験〉（40分）〈満点：100点〉

《注意》 漢字で書くべき用語は漢字で書くこと。

1　酸性とアルカリ性の水溶《よう》液を混合することで，互《たが》いの性質が打ち消される変化を中和といいます。いま，ある濃《のう》度の塩酸 $30cm^3$ に，一定濃度の水酸化ナトリウム水溶液を，体積を $10cm^3$ ずつ変えながら加えていきました。反応後の水溶液にBTB溶液を2～3滴《てき》加えたところ，水酸化ナトリウム水溶液を $40cm^3$ 加えた時に緑色を示しました。また，反応後の水溶液をそれぞれ加熱して水分を蒸発させ，残った固体の重さを測定すると，グラフのようになりました。以下の各問いに答えなさい。

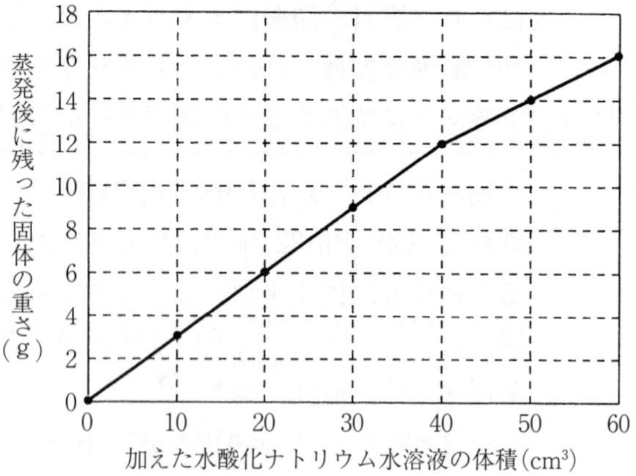

問1　次の**ア～ク**の中で，酸性のものをすべて選んで，記号で答えなさい。

ア　エタノール　　**イ**　食酢《ず》
ウ　石けん水　　**エ**　食塩水
オ　石灰水　　**カ**　炭酸水
キ　砂糖水　　**ク**　重そう水

問2　次の**ア～オ**の中で，中和反応を利用している現象として正しいものをすべて選んで，記号で答えなさい。

ア　うすい塩酸の中にアルミニウムを入れると，あわを出して溶《と》ける。
イ　体内で胃液が多量につくられたときに，アルカリ性の胃薬を飲むことにより治す。
ウ　さびて黒ずんだ10円玉を，酸性のレモン汁《じる》で洗うと汚《よご》れが落ちる。
エ　人間の肌《はだ》は弱酸性なので，太陽の光を長時間浴びると日焼けして赤くなる。
オ　蟻《あり》に刺《さ》されたときに，キンカンなどの虫刺され薬を塗《ぬ》ってかゆみをおさえる。

問3　水酸化ナトリウム水溶液を $25cm^3$ 加えた水溶液にBTB溶液を2～3滴加えると何色に変化しますか。

問4　水酸化ナトリウム水溶液を $80cm^3$ 加えた水溶液を加熱して水分を蒸発させ，残った固体の重さをはかると何gになりますか。

問5　この実験で使った水酸化ナトリウム水溶液 $100cm^3$ には，何gの水酸化ナトリウムが溶けていますか。

問6　グラフを見ると，加えた水酸化ナトリウム水溶液の体積が $40cm^3$ のところで，直線の傾《かたむ》きが変化していることがわかります。なぜこのように変化するのか，その理由を物質名を具体的にあげて説明しなさい。

問7　濃度を2倍にした塩酸 $30cm^3$ に，濃度を半分にした水酸化ナトリウム水溶液を $200cm^3$ 加えた溶液を加熱して水分を蒸発させ，残った固体の重さをはかると何gになりますか。考え方がわかるように求めなさい。

2　昨年の11月には，皆既《かいき》月食と天王星食が同時に起こるというとても珍《めずら》しい天体ショーが見られました。以下は，小学生の頌子さんとお父さんの会話です。

お父さん「部分月食が始まったよ。観察しないのかい？」
頌子さん「ん～，月食は珍しくないからね。皆既月食になった頃《ころ》に見るよ。」
お父さん「でも，天王星食も同時っていうのは，すごく珍しいんだよ。」
頌子さん「知ってる。でも，月が皆既食になってからだよね。それに，天王星は肉眼じゃ見えないし，道具使っても，双《そう》眼鏡くらいじゃ見えないよね。」
お父さん「それはそうなんだけど。でも，月食の様子をスケッチする宿題が出ていたんじゃないのかい？」
頌子さん「もう描いてあるから大丈《じょう》夫。」
　そう言って，頌子さんは【図１】の絵をお父さんに見せました。
お父さん「これは月食の絵ではないし，月の満ち欠けの絵でもないよ。現実には存在しない月の絵だよ。」
頌子さん「えっ，そうなの？　じゃあ，描き直さなきゃ。」

【図１】

問１　天王星は，太陽系の惑《わく》星のうちの１つです。太陽系の惑星について答えなさい。

(1)　太陽系の惑星の中で，①天王星の１つ内側の公転軌《き》道を回っている惑星と，②天王星の１つ外側の公転軌道を回っている惑星は何ですか。その惑星名を答えなさい。

(2)　太陽系の惑星のうち，最も外側の公転軌道を回っている惑星は冥《めい》王星と考えられてきましたが，2006年に惑星ではないという決定がなされました。現在，冥王星は何に分類されていますか。次の**ア**～**エ**から１つ選んで，記号で答えなさい。

ア　小惑星　　**イ**　衛星　　**ウ**　準惑星　　**エ**　彗《すい》星

(3)　右の【表１】は太陽系の惑星の自転周期と公転周期を表したもので，惑星の順番は50音順，自転周期の単位は地球の１日を基準とした「日」，公転周期の単位は地球の１年を基準とした「年」です。①・②に答えなさい。

【表１】

	自転周期(日)	公転周期(年)
海王星	0.67	165
火星	1.0	1.9
金星	243	0.62
水星	59	0.24
地球	1.0	1.0
天王星	0.72	84
土星	0.44	29
木星	0.41	12

①　表から考えて，次の**ア**～**エ**の中から正しいものを１つ選んで，記号で答えなさい。

ア　自転周期は太陽から遠い惑星ほど短い
イ　公転周期は太陽から遠い惑星ほど長い
ウ　自転周期が長い惑星ほど公転周期は短い
エ　公転周期が長い惑星ほど自転周期も長い

②　自転周期が公転周期より長い惑星をすべて選んで，惑星の名前を答えなさい。

問２　昨年の11月８日の皆既月食について答えなさい。

(1)　部分食の始まりは，午後６時９分でした。このとき，東京で月が見えていた方角を考え，次の**ア**～**エ**の中から１つ選んで，記号で答えなさい。

ア　東　　**イ**　南東　　**ウ**　南　　**エ**　南西

(2)　東京で見た月食の様子を時間の順番に並べたとき，①，②に適する図を組み合わせたものを下の**ア**～**ク**の中から選んで，記号で答えなさい。

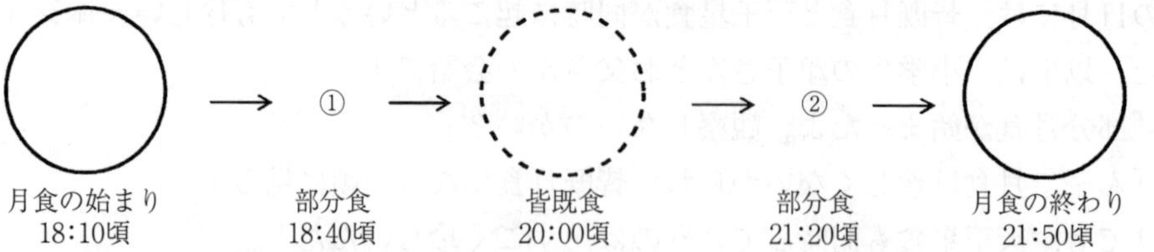

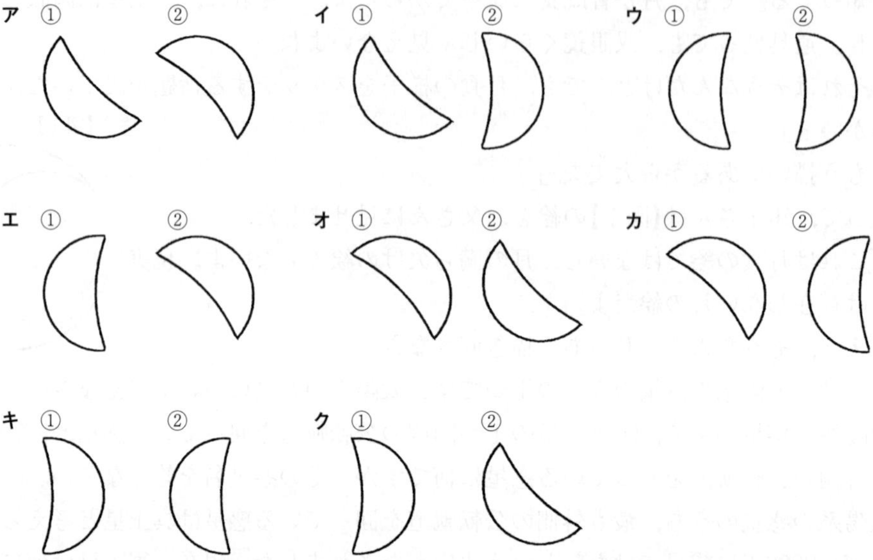

問３　現在の月と地球では頌子さんが描いた右のような月食は起こりません。現実には見ることはできませんが，架《か》空の話として地球や月がどのようになれば，右図のような月食を見ることができるようになりますか。考えられる答えは複数ありますが，そのうちの１つを答えなさい。ただし，答えだけでなく，理由も簡単に説明しなさい。

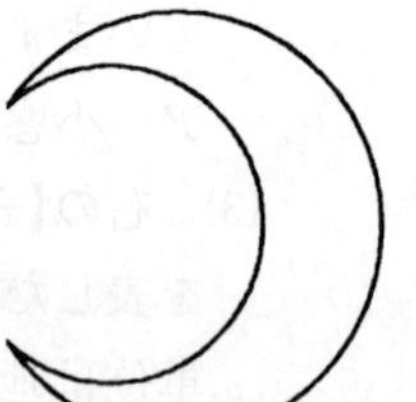

3　SDGsに象徴《ちょう》されるように，あらゆる方面から人類の未来を考える必要に迫《せま》られています。先延ばしにできない多くの問題の中の１つとして，食料問題があります。昨年，世界の人口はついに80億人に達しました。i 地球上の生物は，水や空気はもちろんのことあらゆる環《かん》境を共有しながらお互《たが》いに関係し合い，一定範《はん》囲の状態を保ちながら生きています。同じ地球上にいる私たち人類も，周りで生活している生物や環境と無関係ではないのです。

そこで，ここでは生物どうしの関係の中でも，特に ii 食べる食べられるの関係について考えてみたいと思います。

右の【図１】は，下線部iiのつながりにおける数量的な関係を，海に生息するＡ～Ｄの生物を例としてまとめたものです。【図２】は，【図１】のＣの生物が一時的に増加した状態を表したものです。【語群】の生物はＡ～Ｄに当てはまる具体例で，この中からＡとＢには２つずつ，ＣとＤには１つずつが含《ふく》まれます。また，Ａ～Ｄの同じ枠《わく》に存在する生物どうしであって

【図１】

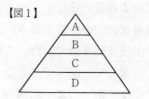

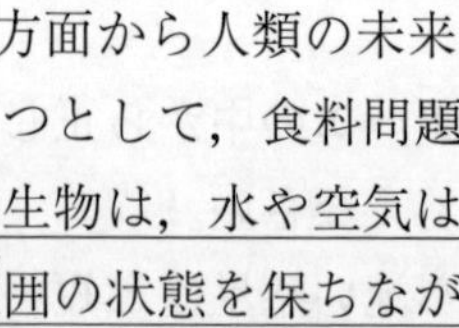

【図２】

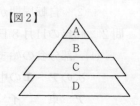

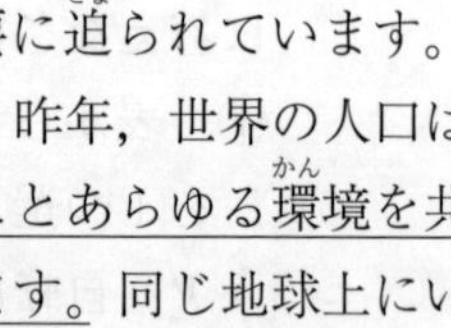

も，食べる食べられるの関係が生じる場合もあります。

【語群】

a　イワシ	b　マグロ	c　カツオ
d　サンマ	e　動物プランクトン	f　植物プランクトン

問１　下線部ｉのようなまとまりを何といいますか。次の**ア**～**オ**から最も適当なものを１つ選んで，記号で答えなさい。

ア　環境系　**イ**　生態系　**ウ**　自然系　**エ**　生物系　**オ**　地球系

問２　下線部ⅱのような関係を何といいますか。漢字４字で答えなさい。

問３　(1)　図１のＡ～Ｄのうち，下線部ⅱの関係の始まりとなるものはどれですか。記号で答えなさい。

(2)　これに当てはまる生物を，【語群】より１つ選んで記号で答えなさい。

問４　下線部ⅱのつながりにおいて，【図１】の①ＡとＢ，②ＣとＤの関係にあるものはどれですか。次の**ア**～**オ**からそれぞれ１つずつ選んで，記号で答えなさい。

ア　サンマと植物プランクトン　**イ**　マグロとイワシ　**ウ**　イワシとサンマ

エ　マグロとカツオ　**オ**　動物プランクトンと植物プランクトン

問５　【図１】が【図２】のように変化したあとに，生物Ｂ，Ｄの数量の変化をグラフに表すとどのようになると考えられますか。次の【図３】のグラフ上に，それぞれ実線で示しなさい。ただし，この変化のあと【図１】の状態にもどるものとします。

【図３】

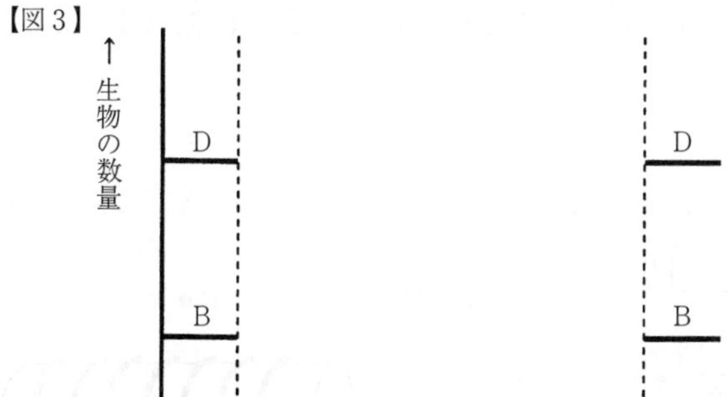

問６　下線部ⅱの関係の中で，【図１】の上位の生物ほど，体外に排《はい》出されにくい物質がより高濃《のう》度で体内に蓄《ちく》積されてしまうことがあります。このような現象を「生物濃縮」といいます。次の**ア**～**オ**の中から，この現象で体内に蓄積されやすい物質の具体例として当てはまるものを，２つ選んで記号で答えなさい。

ア　遺伝子組換《か》え技術で作ったトウモロコシ　**イ**　植物由来の代替《たい》肉

ウ　DDT を含んだ農薬　**エ**　マイクロプラスチック

オ　温室効果ガス

問７　【図１】のような図を陸上の生物で考えた場合，ふつうヒトや家畜《ちく》を入れません。それはなぜですか。問１で選んだ語句を使って簡単に説明しなさい。

問8　私たちの身体に必要なタンパク質などの栄養分は，牧場の動物などから供給されるものも多いです。家畜を食肉として出荷《か》するまでにどれくらいの餌《えさ》を必要とするかは，動物の種類によって異なり，それが生産コストにもつながって価格に大きく影響《えいきょう》します。

　ウシ，ブタ，ニワトリの3種類の動物について，食肉1kgを生産するのに必要な餌の量が最も少なくてすむのは，どの動物であると考えられますか。3種類の動物の中から，その名称《しょう》を答えなさい。

問9　問8の3種類の動物の餌の多くは，ムギやトウモロコシなどの穀物です。これらはそもそも私たちが従来から食料としているものも多く，最近はバイオ燃料の原料としても利用され始めており，家畜の餌としてその生産量を大幅《はば》に増やすことは，爆《ばく》発的な人口増加との関係からも困難になってくると考えられています。そこで未来のタンパク源として最近注目されている生物がいくつかありますが，その中でも最も有望なものの1つとして考えられているものを，次の**ア**～**オ**から1つ選んで，記号で答えなさい。

ア　カピバラ　　**イ**　ウナギ　　**ウ**　マグロ　　**エ**　コオロギ　　**オ**　サケ

4　磁石と電流について，以下の各問いに答えなさい。

［Ⅰ］　方位磁針によって，磁力のはたらく空間(磁界)のようすを知ることができます。右の図はその一例です。図では方位磁針のN極を黒くぬって示してあります。以下の問いで磁界の向きを答える際には，この例にならって示しなさい。

例：

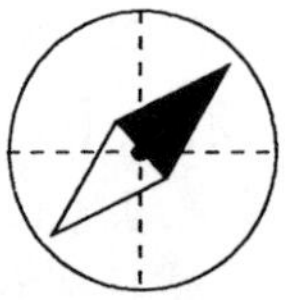

問1　【図1】で，棒磁石のまわりの点A，Bに置いた方位磁針はどのように振《ふ》れますか。それぞれ，例にならって図を描きなさい。

【図1】

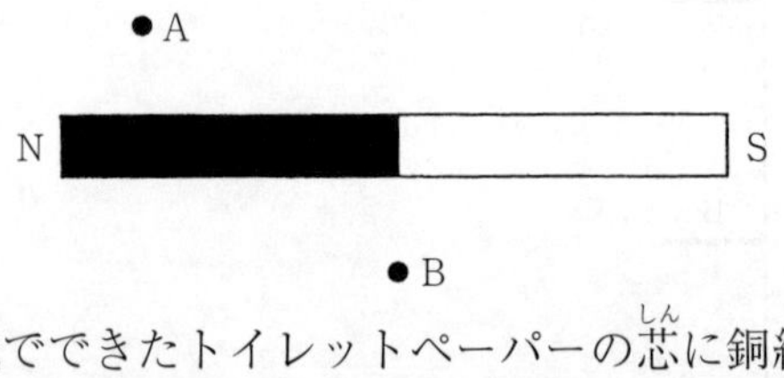

【図2】

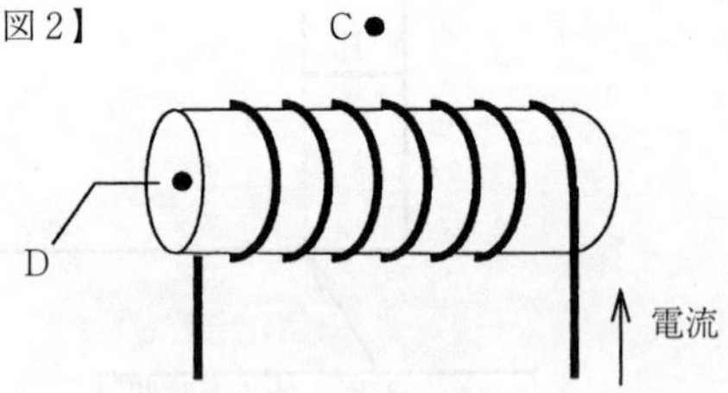

問2　紙でできたトイレットペーパーの芯《しん》に銅線を巻いてコイルを作り，【図2】のように電流を流すとき，点C，Dの位置に置いた方位磁針はどのように振れますか。それぞれ，例にならって図を描きなさい。ただし，点Cはコイルの外側で点Dはコイルの中心軸《じく》上にあります。また，電流は強く，方位磁針は地磁気の影響《えいきょう》を受けないものとします。

【図3】

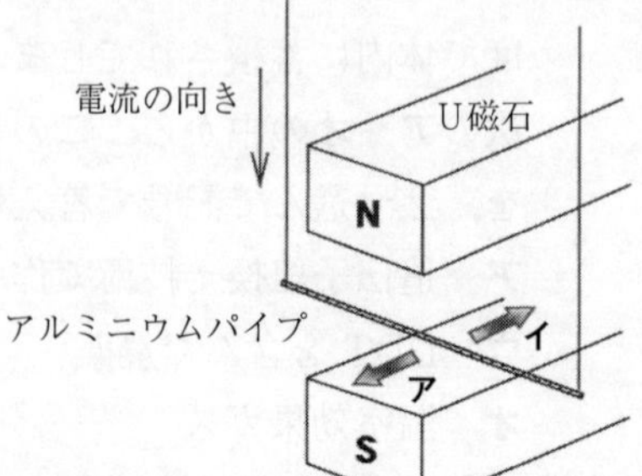

問3　アルミニウムパイプの両端《たん》に導線をつけ，スタンドからつるしてブランコのようにします。【図3】のように，アルミニウムパイプを挟《はさ》むようにU磁石を上がN極になるようにして置き，導線からアルミニウムパイプに電流を流すと，アルミニウムパイプは**ア**・**イ**のどちら向きに動きますか。記号で答えなさい。

［Ⅱ］　電磁石は，コイルに電流を流すことで磁力が生まれますが，逆に磁石のまわりでコイルを動かす，あるいはコイルのまわりで磁石を動かすことによって電流を作り出すことができます。これが発電機の原理になっています。例えば，手回し発電機に使われているモーターは磁石とコイルからできていて，手の力で軸を回すと電流が発生します。

問4　流れる電流の向きと強さは，磁石とコイルの動きによって決まるという法則があります。次の文章中の{　}内の語句を選んで，説明文を完成させなさい。

> 例えば【図4】(a)の場合，コイルの中に磁石のN極を入れるような動きをすると，コイルの上部がN極になるように電流が流れようとするため，回路では①{**ア**・**イ**}の向きに電流が流れます。一方，【図4】(b)の場合，磁石のS極側にコイルを近づけるので，コイルの上部は②{N・S}極のはたらきをするような向きに電流が流れるため，回路では③{**ア**・**イ**}の向きに電流が流れます。

【図4】 (a)　磁石のN極を入れる　　(b)　コイルをS極に近づける

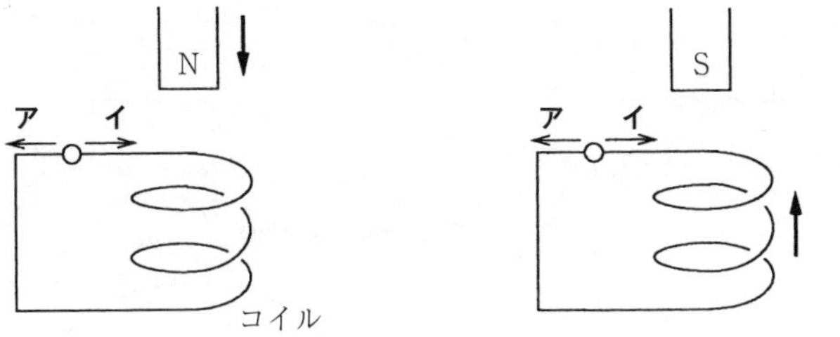

問5　なめらかに回転できる軽いアクリル製の円盤《ばん》に，円形にした銅線を時計の文字盤のように，すきまをあけて12個貼《は》りつけたものがあります(【図5】)。この上で磁石のN極を動かすと，円形銅線に電流が発生します。その原理は問4と同様に考えればよく，N極が近づく側の円形銅線にN極ができるように電流が流れます。つまり，円盤上に部分的に電磁石が発生するようなものです。

【図5】　真上から見た図

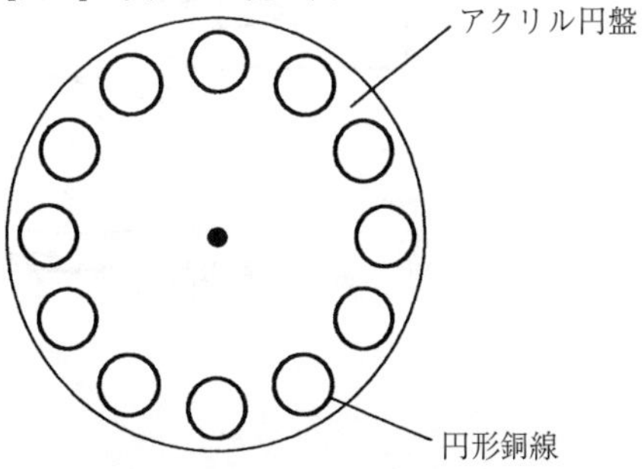

さて，【図6】のようにN極を下に向けた強力な磁石を，水平に置いた円盤に接触《しょく》しないようにAからBの向きに動かすと，磁石の近くの円形銅線に電流が流れます。

【図6】 (a)　　(b)《真上から見た図》

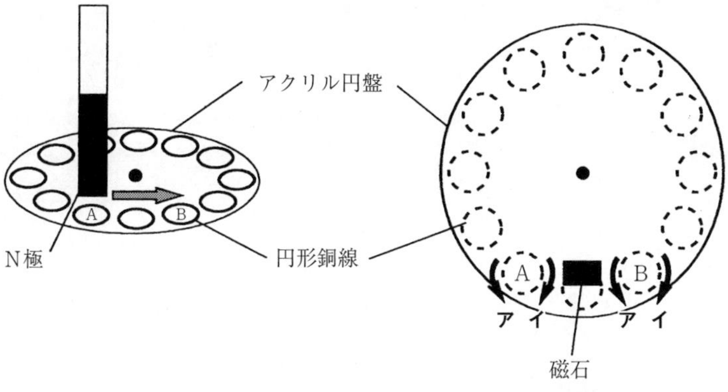

(1)　【図６】(b)のように磁石がAB間の中間を通過しているとき，ＡとＢの円形銅線に発生している電流の向きを，それぞれ**ア**，**イ**から選んで，記号で答えなさい。

(2)　円形電流が発生することにより，円盤はどうなりますか。次の**ア**～**ウ**から１つ選んで，記号で答えなさい。

ア　磁石の動きと同じ向きに回転する

イ　磁石の動きと逆向きに回転する

ウ　動かない

問６　問５のしくみは一部の新幹線の動力系などに応用されています。【図７】はそれを模式的に考えたものです。

図のように，なめらかに回転できるアルミニウムの円盤があり，はじめは矢印の向きに回転していました。この円盤にコイルを近づけ，一定の電流を流すと円盤はどうなりますか。最も適当なものを次の**ア**～**ウ**から１つ選んで，記号で答えなさい。ただし，この円盤には動力はついていません。

ア　より速く回転する

イ　回転が遅《おそ》くなってやがて止まる

ウ　何も変わらない

【図７】

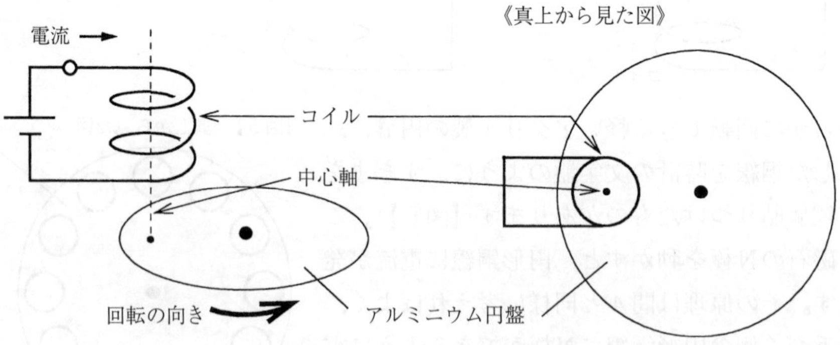

を答えなさい。

問五　――①「そうなったのはむしろ、私の心だ」とありますが、この時の「私」の気持ちを説明しなさい。

問六　――②「しばらくもじもじしていたが、やがて意を決したように中に入っていった」とありますが、この時のサヤさんの気持ちを説明しなさい。

問七　――③「あるかもしれない未来の一パターンだ」とはどういうことでしょうか。具体的に説明しなさい。

問八　――④「『え、ええ』サヤさんはにっこり笑ってうなずいた。ちくり、と胸が痛む」とありますが、この時のサヤさんと「私」の気持ちの説明として最も適当なものを、次のア～エの中から一つ選び、記号で答えなさい。

ア　ガラスのリンゴの弁償《べんしょう》として全く同じものを作ることはできないものの、似たものなら作れると聞いて喜ぶサヤさんを見て、「私」は本当は修理してほしかったのだがそれを言いだせなくなってしまい黙《だま》っている。

イ　ガラスのリンゴの弁償のために、修理ができないならばせめて作り直しができると聞いて仕方なくお願いするサヤさんを見て、「私」は特別にお金がかかる作り直しではサヤさんの負担が大きすぎると心配している。

ウ　ガラスのリンゴを本当は修理してほしかったのだが、修理ができないとわかってがっかりしながらも作り直しでかまわないと言うサヤさんを見て、「私」はその気遣《きづか》いを察して自分のためにありがたいと思っている。

エ　ガラスのリンゴを作ってもらうのに出費が大きそうだと知らされ、痛手であると思いながらも責任感からお願いするサヤさんを見て、「私」は自分のためにサヤさんが無理をしていると感じて申し訳なく思っている。

問九　登場人物のうち、ガラス工場のおじいさんの人柄《ひとがら》の説明として最も適当なものを、次のア～エの中から一つ選び、記号で答えなさい。

ア　一見そっけないように見え、また言うべきことははっきり言うが、難しい言葉もわかるように説明してくれたり、「私」の心の内を察したかのような気遣いをしてくれもする人。

イ　仕事に集中すると誰《だれ》かが来ても話しかけられるまで気づかない集中力を見せる一方、割れたガラスやワインボトルを見ている「私」に進んで説明してくれる人なつっこい一面もある人。

ウ　それほど話好きではない人のようだが、失敗したガラスのリサイクルに取り組んだり、サヤさんからのガラス細工の作成依《い》頼《らい》をなしにすることを提案したりと多方面に積極的な人。

エ　様々なガラス細工を自由に作れるほど器用な人だが、一方で商売としての作成依頼には対応がきびしく、お金がないと聞いたら即座《そくざ》に注文を取り下げるよう勧《すす》めるしっかりした人。

問十　――⑤「生まれ変われ、私のリンゴ」とありますが、この時の「私」の気持ちをわかりやすく説明しなさい。

か？」
「ああ、作れるよ」
Ⅲこともなげに、おじいさんはうなずく。
「じゃ、使って下さい。お願いします」
おじいさんは私とリンゴを交互《こうご》に見てから、 C 言った。
「……良かったら、また来なさい」
一瞬《いっしゅん》、何を言われたのかわからなかった。けれどとっさに、私は笑ったのだと思う。それと呼応するように、相手もまた、にこりと笑ったから。
たとえおじいさんの言葉が、単なる社交辞令や気まぐれだったとしても。
それでもやっぱり、私は嬉《うれ》しかったのだ。
外に出ると、五月の風がさわやかだった。
灼熱《しゃくねつ》の炉の中で、水飴のように溶けていくリンゴのことを考えた。
壊れたガラスは、二度と元の姿にはならない。絶対に。けれど溶かして、別な物を作ることはできるのだ。
たとえ失敗して形がいびつになったり、気泡が入《はい》り込《こ》んだりしちゃっても。徐冷炉の中でひび割れたとしても。何度だって。何百回だって。⑤生まれ変われ、私のリンゴ。
心の中で、そう唱えながら。
私は向こうで手を振っている母子の方へ、ゆっくりと歩いていった。
（加納朋子《かのうともこ》 作『てるてるあした』より）

※１ 違《ちが》い棚《だな》…壁《かべ》に取り付けられた、段違いの棚。
※２ 吹《ふ》きガラス…高温で溶《と》かしたガラスを管の先に巻き付け、反対側から息を吹き込んで形を作るガラス細工のこと。
※３ 一輪挿《いちりんざ》し…一、二輪の花を活《い》けた小さな花瓶《かびん》。

問一 〰Ⅰ～Ⅲの意味として最も適当なものを、それぞれ後のア～エの中から一つずつ選び、記号で答えなさい。
Ⅰ 殺風景
ア 人が見たらどう思うか心配になる部屋
イ 何も物がなく見栄《みば》えのよくない雰囲気《ふんいき》
ウ 物で窓の外が見えなくなっている状態
エ 物が何もなくて単調でつまらない様子
Ⅱ にべもない
ア 返事に何のためらいもない
イ 断るのにも全く抵抗《ていこう》がない
ウ 冷たい話し方で愛想がない
エ 少しも検討しようとしない
Ⅲ こともなげに
ア 難しくはないと自信をもって
イ 何でもないかのように平然と
ウ それほど深く考えることなく
エ これまでの経験から直感的に
問二 A ～ C に入れるのに最も適当な語を、それぞれ次のア～コの中から一つずつ選び、記号で答えなさい。
ア きんと　イ ぽとりと　ウ こくりと
エ がっしりと　オ しっかりと　カ ぴんと
キ ぽそりと　ク ことりと　ケ ゆっくりと
コ たっぷりと
問三 □に体の一部を表す漢字一字を入れなさい。
問四 [redacted]にはカタカナが一字ずつ入ります。あてはまる言葉びやかで、透《す》き通《とお》っていて。そして、[B]張り詰《つ》めている。それが、水飴みたいな熱い塊《かたまり》から形作られる不思議。いくら眺めていても、興味は尽《つ》きない。

こんな作品を、作れるようになっているかもしれない十年後。

それは、③あるかもしれない未来の一パターンだ。

傍らに、割れたガラスの入った箱があった。色別にきちんと分けてある。それとは別に、市販《しはん》のワインボトルと思《おぼ》しき瓶《びん》の入った箱もある。きれいに洗ってラベルも剥《は》がされ、やはり色別に分類されている。

「失敗作は、また種ガラスに混ぜて使う。割れたのや、気泡《きほう》が入ったのや」私の視線に気づいたのか、おじいさんは先回りして説明してくれた。「瓶の方は色ガラスを作るときに少しだけ混ぜる」

「[redacted]ですね」

私が短くコメントすると、おじいさんはうるさげに手を振った。

「横文字はようわからん」

その口調と仕種《しぐさ》が妙《みょう》におかしくて、思わず笑ってしまった。そのとき、

「……お邪魔します」今さらのように挨拶《あいさつ》をして、サヤさんがまた入ってきた。それからリュックからごそごそと丸い包みを取り出した。布で幾重《いくえ》にもくるまれた、ガラスのリンゴだった。「あの、これを直していただくことはできないかと思いまして……」

おじいさんは受け取ったリンゴをじろりと見て、素っ気なく言った。

「割れたもんを元どおりになんてことはできないよ」

「あ……そうなんですか」

肩を落とすサヤさんを見て、おじいさんは面倒臭《めんどうくさ》そうに付け加えた。

「まったくおんなじ物を作ることもできない。ひとつひとつ手作りだからね。だが、似たようなもんなら作れる」

「そうですか」サヤさんの顔が輝《かがや》いた。「それでは、お願いできますか？」

おじいさんは鼻からふんと息を漏《も》らした。

「特注ってことになるから値が張るが、それでもいいかね？」

④「え、ええ」

サヤさんはにっこり笑ってうなずいた。ちくり、と胸が痛む。

そのとき、ベビーカーの上のユウ坊が、歩きたがってじたばた暴れ始めた。

「駄目《だめ》よ、ユウスケ。ここは壊《こわ》れ物《もの》がいっぱいだから、お外で歩きましょうね。照ちゃん、あなたの携帯《けいたい》電話の番号を伝えておいてね。完成したら、お電話頂くようにしておくといいわ」

それじゃお願いします、ともう一度言ってから、サヤさんは外に出ていった。

私は少し迷ってから、おじいさんに小声で言った。

「あの……すみません。さっきの注文、取り消します。リンゴが壊れたの、ほんとは私のせいなのに、サヤさんのせいじゃないのに……」

「サヤさんってのは、今の女の人かい？」

少し笑って、おじいさんが聞く。

「ええ。あの人、お人好《ひとよ》しなんです。母子家庭で貧乏《びんぼう》なのに、こんな高価なもの、弁償《べんしょう》させるわけにはいかないんです。今、持ってても仕方のないものだし……だからいいんです」

「……それを何で直接、あの人に言ってやらない？」

私は黙《だま》って、答えなかった。

「注文は無しにしておくよ。それでいいね」

私は無言のまま、こくりとうなずく。

「それからこれは、どうするね」

おじいさんは壊れたリンゴを顎《あご》で示した。

「……これを溶かして、また別なグラスとかコップとか、作れます

場みたいなところだった。すすけたような建物が、山裾《やますそ》の森の中にぽつんと建っている。サヤさんも初めて来たらしく、②しばらくもじもじしていたが、やがて意を決したように中に入っていった。曇《くも》りガラスのドアは開け放しになっている。

内部にはむうっと熱が籠《こも》っていた。入ってすぐのところに棚があり、ガラスのグラスや※3一輪挿《いちりんざ》しみたいな物がたくさん並んでいる。

「吹きガラスの工房《こうぼう》なのよ。調べてみたら、佐々良にもあったの」

それが何？　と言いかけて気づいた。サヤさんはあのガラスのリンゴのことを気にしているのだ。

部屋の奥《おく》に、小さな炉《ろ》が据《す》え付《つ》けられている。その前で、一人の老人が作業をしていた。

炉からは炎《ほのお》が勢いよく燃える音と、凄《すさ》まじい熱とがあふれ出していた。熱気が、圧力を持ってぐいと身体を押《お》してくる感じがする。

おじいさんは長い鉄パイプを炉から取り出した。先端《せんたん》には、赤くとろけるガラス玉が付いていた。傍《かたわ》らの金属製の平台に、色のついた粉末があり、溶《と》けたガラス玉はその上でくるりと回転した。ちょうどお団子に黄粉《きなこ》をまぶすような按配《あんばい》である。ガラス玉はふたたび炉の中であぶられる。おじいさんのこめかみや背中には、汗《あせ》がじっとり湧《わ》き出し、流れ落ちている。

おじいさんには私たちの存在はまるで目に入らないようだった。サヤさんは邪魔《じゃま》にならないようにだろう、ユウ坊を連れてすっと外に出ていった。私は一人、魅《み》入られたようにおじいさんの手許《てもと》を見つめている。

鉄パイプの手許側から、ぷっと息を吹《ふ》き込《こ》むと、赤い玉は重たげにゆっくりと膨《ふく》れた。ガラスはまるで、水飴《みずあめ》みたいに扱いにくく、そして自在だ。とろけたガラスを台の上で転がし、ヘラでちょいと押さえているうちに、ぐねぐねの玉はまるで魔法《まほう》のようにグラスの形を取り始めた。

私は息をひそめて、その形の変化を見守っている。

やがてグラスは完成し、バーナーで底の部分があぶられた。そのまま奥のごつい機械の中に入れられる。

「その機械は何ですか？」

好奇心《こうきしん》から、思わず尋《たず》ねていた。

おじいさんは今初めて私の存在に気づいたというように振《ふ》り返り、素《そ》っ気《け》なく「ジョレイロ」と答えた。だが耳で聞いただけではわからないと気づいたのか、［A］言い直した。「徐冷炉《じょれいろ》。徐々《じょじょ》に冷やす炉、だよ。急激に冷えると割れが出るから。この中に入れても、割れるときは割れるがね」

説明し終えて、「で？」と言うようにこちらを見やった。

「吹きガラスって、私にもできるようになりますか？」

なぜか、そんなことを尋ねていた。炉の熱さで、私の額にも汗が伝い落ちている。

「無理だね」とおじいさんはⅡにべもない。そうですよね、と私は肩《かた》を落とす。すると相手は「ただし」と付け加えた。「十年やれば、できるようになるかもしれない」

「十年、ですか」

私は吐息《といき》をついた。長いのだろう、その年月は。けれど今から十年後、私は二十五歳《さい》だ。まだ、二十五歳。人生はその先もずっと続く。

傍らの完成品が並ぶ棚を、あらためて眺《なが》めた。縁《ふち》に赤や青の入ったワイングラス。全体に淡《あわ》いグリーンのビアグラス。レースのように細かい亀裂模様の入ったシャンパングラス。小さくてキュートな箸置《はしお》き。口元がフリルみたいに波打った、レトロな金魚鉢《きんぎょばち》。

皆《みな》、人が手でこしらえたとはとても思えないほど、美しい品々だ。芸術品とは違《ちが》う、日用品の美がここにある。ほんの少し贅沢《ぜいたく》で、きらに書いて下さい。評価は、表記もふくめた言葉としての正しさ、また、巧《たく》みさにも着目しながら、文章として完結しているもののみ、内容を中心に行います。

三

次の文章を読んで、後の問いに答えなさい。(問題文中の※は、終わりに注があります。問題文の表記を一部書き改めてあります。)

照代《てるよ》(「私」)は四月から高校一年生になるはずだったが、浪費家《ろうひか》の親が破産して突然《とつぜん》夜逃《よに》げをしてしまい、自分は母親の遠い親戚《しんせき》だという久代《ひさよ》さんの元に預けられてしまった。希望の高校に進学することもできず、全く知らない佐々良《ささら》という町に住まざるを得なくなった照代は、これからどうなるのかもわからない日々を送っていた。佐々良では、おっとりとしていて心優しいサヤさんとその息子のユウ坊《ぼう》など、いろいろな人との出会いがあったが、なかなか素直に心を開くことができずにいた。

次の場面は、あるときサヤさんを自分の部屋に連れてきた場面である。

二階の、狭苦《せまくる》しい四畳半《よじょうはん》だ。その隅《すみ》にしつらえられた※1違《ちが》い棚《だな》に、サヤさんは手を伸《の》ばした。

「まあ、綺麗《きれい》ね」

彼女《かのじょ》の少し荒《あ》れた指の先には、ガラスのリンゴがあった。

本物の※2吹《ふ》きガラスのリンゴだ。たぶん私の持ち物の中では最も高価な品物。東京のデパートで見かけて、欲しくて欲しくてお小遣《こづか》いとお年玉を貯《た》めてようやく買ったリンゴ。

お母さんは……このリンゴを見て、そして値段を聞いて□で笑っていた。あの人は間違《まちが》いなく浪費家《ろうひか》だけど、自分が価値を認めないものに関してはひどく冷淡《れいたん》だ。身を飾《かざ》ることもできなければ、何か実際の役に立つわけでもないのに、何だってこの子は……そんな目をして、私とリンゴとを見ていた。

だけど……。なんにもないⅠ殺風景な今のこの部屋の中で。このガラスのリンゴだけが唯一《ゆいいつ》の装飾品《そうしょくひん》だった。何の役にも立たないけど、だけどたったひとつの美しいもの。ずしりと重くて冷たくて、掌《てのひら》で包んでいると少しずつ私の体温を吸い取り、そしてぬくもってくるもの……。

「触《さわ》らないで」

私は体当たりをするようにサヤさんに駆《か》け寄った。驚《おどろ》いたサヤさんはバランスを崩《くず》し、その手の先がリンゴに触《ふ》れ……。

あっと思ったときには、ガラスのリンゴは違い棚の下の段にぶつかり、物入れの角に当たり……。

粉々に砕《くだ》け散《ち》ったりはしなかった。①そうなったのはむしろ、私の心だ。

サヤさんがオロオロとリンゴを拾い上げた。あちこち欠け、無数の細かい亀裂《きれつ》の走ったリンゴは、まるで蜘蛛《くも》が住み着いて瞬《また》く間《ま》に巣を織り上げたような有様だ。

「ご、ごめんなさい、照ちゃん。私……」

サヤさんが必死な面《おも》もちで謝ろうとするのを終《しま》いまで聞きもせず、私はまたしても、久代《ひさよ》さんの家を飛び出したのだった。

(中略。少しして家に戻《もど》ってきた照子をサヤさんはどこかへ連れていこうとする)

延々《えんえん》三十分ほども歩かされ、ようやく着いたのは何だか汚《きたな》らしい工

要するにいわゆる「マ」がもたないのです。

問四 ――①「これを『間』という」とありますが、ここでの「間」とはどのようなものですか。その説明として最も適当なものを、次のア～エの中から一つ選び、記号で答えなさい。

ア 一言もしゃべらないタイミングを考えながら、休める時間をつくること。

イ 勢いよく話したり、ゆっくりと話したりすることでバランスを取ること。

ウ その場の空気を読みながら、話すべき時間と黙《だま》るべき時間を設けること。

エ 常に元気よく話すため、呼吸を整えながら落ち着いて言葉を発すること。

問五 ――②「自慢話《じまんばなし》のようなことになりました」とありますが、なぜですか。その理由の説明として最も適当なものを、次のア～エの中から一つ選び、記号で答えなさい。

ア 今井師は、私が元気な声で「マ」を取りながら「宮本武蔵《みやもとむさし》」を話していることをほめてくれたから。

イ 今井師は、私の「マ」の取り方を聞いてそのタイミングを自分の演奏に活かそうと学んでいたから。

ウ 今井師は、私が「マ」を外しながら話していることが自分の勉強になっていると言ってくれたから。

エ 今井師は、私の「宮本武蔵」に対して、顔つきが変わってしまうほど真剣《しんけん》に聞いてくれていたから。

問六 ――③「虚実《きょじつ》のバランスなり」とありますが、ここでの「虚実」とは「ものがそこにあることとないこと」という意味です。文章中の日本画の例ではどのようなことを言っているのでしょうか。「バランス」という言葉を使わないで二十五字以内で説明しなさい。

問七 ――④「群集心理というものは、恐《おそ》ろしい『勘《かん》』をもつもの」とありますが、どのようなことに「勘」が働くのでしょうか。「目の前の落語家」という言葉を必ず使って三十字以内で説明しなさい。

問八 ――⑤「大喝采《だいかっさい》」とは、「感心して声をあげてほめたたえる」という意味ですが、なぜ観衆はこのような行動をするのでしょうか。その理由を説明したものとして最も適当なものを、次のア～エの中から一つ選び、記号で答えなさい。

ア 名外野手が、最初から最後までいっさい球を見ずに大フライを受け止めたから。

イ 名外野手が、彼の鋭《するど》いカンで時間を計ってみごとに大フライを受け止めたから。

ウ 名外野手が、鋭いカンだけで走る方向と時間を決め大フライを受け止めたから。

エ 名外野手が、打球のカーンという音だけをたよりに大フライを受け止めたから。

問九 筆者は落語に精通していたため、文章中にはくすっと笑えるような表現や言い回しが各所に見られます。そのうちの一つである「□術」は、二重に意味が取れるように表現している言葉です。□(二つあります)に入る最も適当な語を本文中から抜き出して答えなさい。

問十 【作文問題】 文章中では「バランス」という言葉が多く使われています。あなたが普段の生活で考えている「バランス」には、どのようなものがありますか。また、それをどのように心がけていますか。実際の経験や具体例をあげ、作文して答えて下さい。解答は大きく濃くていねいな文字で、必ず解答欄内に収まるようランスの破れたところがあったら、これはもう拙いに決まっています。一人二人では鈍感《どんかん》な客も、大勢そろうと一種の連鎖反応《れんさはんのう》が起こるでしょう。④群集心理というものは、恐《おそ》ろしい「勘《かん》」をもつものです。

ですから、ハナシをする場合、コトバだけの研究では足りません。そのコトバにもたせる「マ」の研究、話している間の表情動作すべてにわたるバランスの研究、そこまで行かないと満点とはいえません。

［C］、その研究はどうするんだ?

答えは平凡《へいぼん》です。たくさんの経験をつむこと、絶えずその心構えでいること、これです。

「何か『マ』の簡単にわかるⅢ■■の巻〈問題を解決するひけつ〉はないかい?」

だって? そんなものはありませんよ。何しろカンの問題ですからネ。

カンといえば、この勘を側面から説明する一つの例があります。「勘」の問題で、同時に「間」の問題ですが、ここに野球の名外野手〈野球で外野を守る名選手〉がいるとします。打者がカーンと打って、いや洒落《しゃれ》ではありませんゾ、カーンと打って大フライ〈高く上がった球〉になりました。そのとき、この名外野手は飛んでくる球なんか始めから見ていません。カーンときたとたんに、彼の鋭《するど》いカンで、いきなり後ろ向きになって走ります。走って走って走り止《や》んだと同時に、グローブを高くあげて、みごとこの大フライを受け止めました。

どうです、その⑤大喝采《だいかっさい》!

カーンと鳴って、発止《はっし》と〈しっかりと〉受けるまでの時間を、つまり「マ」をですな、この選手は彼のカンで計っていたわけです。

［D］、その正確さに対する、観衆の快感が、喝采となったわけです。

ハナシの場合でも、この「マ」が正確であるとき、聴衆《ちょうしゅう》は快感を味わい、陶酔《とうすい》〈うっとりすること〉の境地にまで入るのであります。

いいかえれば、バランスに対する快感です。

断っておきますが、バランスがとれてるということは、動かないでいることではありません。空港でジェット機が飛び立つのを見て、

「やァ、綺麗《きれい》だなァ!」

と思わず、あなたは叫ぶでしょう。あの型、あの輝《かがや》き、あの速力、これらのバランスにわれわれは酔《よ》わされたのです。

――「話術」とは「［　］術」なり。

――「［　］」とは動きて破れざるバランスなり。

（徳川夢声《とくがわむせい》 著『話術《わじゅつ》』新潮文庫刊より）

※1 宮本武蔵《みやもとむさし》…江戸時代初期の剣術家《けんじゅつか》。十三歳《さい》から二十九歳までの間に六十回あまり勝負をして一度も負けなかったという武勇伝が残っている。同じ剣術家の佐々木小次郎《ささきこじろう》と戦った巌流島《がんりゅうじま》の戦いは特に有名。

※2 久保田万太郎《くぼたまんたろう》…明治から昭和の時代にかけての小説家・劇作家・俳人。

※3 忠臣蔵《ちゅうしんぐら》の四段目…江戸時代の人気芝居《しばい》の一つ。四段目は特に有名で、役者の実力が試される重要な場面。

問一 ［A］～［D］に入れるのに最も適当な語を、それぞれ次のア～カの中から一つずつ選び、記号で答えなさい。

ア では　イ そして　ウ また

エ しかし　オ たとえば　カ つまり

問二 〰Ⅰ～Ⅲの■には、ひらがなが一字ずつ入ります。続く〈 〉にある意味を参考にして、あてはまる言葉を答えなさい。

問三 次の文を、文章中にもどすとするとどこに入れればよいでしょうか。もどすか所の直前の五字を抜《ぬ》き出して答えなさい。（句読点は含まない）

研究していたわけです。

なんだか、Ⅰ手前[redacted]〈自分で自分のことをほめること〉のようで恐縮《きょうしゅく》でありますが、大変面白い話だと思うので、ありのままを申しました。これを、私でなくだれか他の人の話に変えて、とも思いましたが、かえって小細工はいけないと思ったので、②自慢話《じまんばなし》のようなことになりました。なァに、実は今井師の方では、

――ムセイ君の物語を聞いていると、マを外すのは、どういう場合かと、たくさん実例がわかるんでね。それで勉強になるんですよ。

てなふうに考えているのかもしれません、いやまったく。そうなると、私は、とんだ恥《はじ》を天下にさらしているわけです。ハッハッハ。

ハナシに限らず、芸術と名がつくものには、音楽はもとより、美術、彫刻《ちょうこく》、文学、演劇、みな「マ」が、重要な位置を占めています。目立たない、目に見えない重要な位置をです。

日本画を例にとってみますと、ここに一幅《いっぷく》の〈一つの〉名画がある。尺五〈横幅三十五センチメートル~四十五センチメートルの長さ〉の紙に、赤い唐辛子《とうがらし》が二本描いてある――それっきりで、あとは画家のサインと印があるだけ、なんにも書いてない白紙です。せっかく、まだたくさん書くところがあるのに、もったいない話だ、などと思ったら落第です。それが名作である以上、その空白も一杯《いっぱい》に詰《つ》まっていて、一点の加筆もゆるさないはずであります。同時に、その二本の唐辛子が、上下左右、どちらに一分一厘《いちぶいちりん》動いても、画面全体の調子がくずれるはずです。

B 唐辛子と、広い空白とが、動きのとれない調和・バランスを保っているからであります。ハナシで申すと、唐辛子やサインや印が喋ってる部分、空白が喋らない部分であります。すなわち、この空白が「マ」なのであります。

「じゃァ、ベタ一面に描いてある、西洋の名画は、マがないじゃないか?」

という疑問が出ましょうね。なるほど油絵具は隅《すみ》から隅まで塗《ぬ》ってあります。何か描いてもあります。しかし、焦点《しょうてん》はちゃんと定まっていて、日本画の空白に比すべきところは、画面のいたるところに置いてあります。バランスが、みごとにとれています。「マ」がちゃんとあります。

彫刻も然りです。乳房《ちぶさ》のふくらみを、美しく表わすためには、その周囲に「マ」の役をつとめてる部分が、必ずあるわけです。それなくしては、乳房が彫刻家の想《おも》う通りに、ふくらみません。

こう考えて参りますと、「マ」とは「沈黙」なり、では誤解を生ずるかもしれません。

――「マ」とは③虚実《きょじつ》のバランスなり。

こう申すと、また別の「マ」の面が、おわかりかと存じます。

※2久保田万太郎《くぼたまんたろう》氏は、

「※3忠臣蔵《ちゅうしんぐら》の四段目は、マの芝居《しばい》ですよ」

と言われたが、あの長時間の幕に、台辞《せりふ》は非常に少ない。判官《ほうがん》〈都の取《と》り締《し》まりを行う役職にある、この芝居の主人公〉が切腹するというだけで、一幕のほとんど全部が済んでしまう。かりにこれを上手な役者がやると、あの長い時間を、満場水をうったる如くもたせるが、Ⅱ[redacted]役者〈演技の下手《へた》な役者〉だと、その半分の時間しかもたない、その上客は大ダレとなる。

芝居ですから、沈黙していても、いろいろ表情動作がある。この表情動作に、やはり虚実のバランスがあるわけです。

高座《こうざ》〈舞台〉に落語家が出てきました。彼は、高座に姿を現わし、中央まで歩いて、座蒲団《ざぶとん》にすわり、お辞儀《じぎ》をしました。

ただこれだけで、この落語家は巧《うま》いか、拙《まず》いか見物にはわかってしまいます。たったそれだけの動作、あるかないかの表情、その中にバ

2023年度 頌栄女子学院中学校

【国　語】〈第一回試験〉（四〇分）〈満点：一〇〇点〉

※字数指定のある問いでは、特にことわりのない限り、句読点等の符号《ふごう》も一字分と数えます。

一　次のA～Eの各文中のカタカナを、漢字に直してていねいに書きなさい。

A　彼女《かのじょ》のコウセキを皆でほめたたえた。

B　神社ブッカクの所在を地図に記した。

C　バンシュウの風景を目に焼きつける。

D　キンムが終わったらすぐに家に帰る。

E　常用のイグスリを買ってきてほしい。

二　次の文章は、巧《たく》みな話術で小話《こばなし》を観客に聞かせる漫談家《まんだんか》である徳川夢声《とくがわむせい》（一八九四年～一九七一年）が書いた文章の一部です。これを読んで、後の問いに答えなさい。（問題文中の※は、終わりに注があります。また、問題文中の〈　〉は上の語や語句の意味を説明しています。問題文の表記を一部書き改めてあります。）

ハナシにとって、コトバを並べることは絶対条件であるが、そのハナシに生命を与《あた》えるのは、今まで述べきたった〈お話してきた〉いろいろの条件が必要であります。そしてその生命を潑剌《はつらつ》として元気あらしむる〈生き生きとして元気にさせる〉ためには、もう一つ肝腎《かんじん》な条件が潜《ひそ》んでいるのです。

ハナシというものは、喋《しゃべ》るものですが、そのハナシの中に、喋らない部分がある。①これを「間」という。こいつが、実は何よりも大切なもので、食物にたとえていうと、ヴィタミンみたいなものでしょうが、直接、ハナシのカロリーにはならないまでも、このヴィタミンM〈「間」のこと〉が欠けては、栄養失調になります。

「そんなことは、わかってるよ。ベラベラとヒッキリなしに喋らないで、ときどき、言葉を休んで合間を造ることだろう。」とおっしゃいましたね。左様《さよう》〈その通り〉、それも私のいう「マ」の一種であります。［A］、それなどは「マ」の中のもっとも初歩のものでして、喋り疲《つか》れたらだれだって、呼吸を休めますからね、そんなことを言ってるんじゃないです。

ただ生理的に無神経に、言葉と言葉との区切れをつけるのでなく、張りつめた神経を鋭敏《えいびん》に働かして、レーダーの如《ごと》く、正確無比に適不適〈適当か不適当か〉を計るところの「沈黙《ちんもく》の時間」なのです。

かつて、放送局で琴《こと》の名人今井慶松《いまいけいしょう》師に会ったとき、師は、私の放送「※1宮本武蔵《みやもとむさし》」を毎回聞いている、と言われた。同様のことを他の人たちからも私は言われたことがありますが、その人々の「実に面白《おもしろ》い」とか「大いに愉快《ゆかい》だ」とかいう顔つきと、今井師の顔つきが違《ちが》ってるのであります。そこで私は、少し異様に感じたので、あの種の物語はお好きですか、という意味のことをたずねた。すると、

「あれを伺《うかが》っておりますと、気合の勉強になります。」

と、意外の答えを得た。私はちょっと呆気《あっけ》にとられた形だったが、次の瞬間《しゅんかん》ハタと膝《ひざ》をうつ思いで、この名人の心構えに感服した次第です。

この場合「気合」と申しても、武蔵がエイッ！　と叫んだとか、小《こ》次郎《じろう》がトオッ！　と叫んだとかいう、あの気合ではありません。

この「気合」はすなわち「マ」の意味だったのであります。すなわち、今井師はこの一つの物語放送から、自分の芸術に必要なものを、

2023年度

頌栄女子学院中学校　▶解説と解答

算　数　＜第１回試験＞（40分）＜満点：100点＞

解　答

1 (1) 2023　(2) 36　(3) 6倍　(4) 14cm^2　(5) 8人　(6) 右の図　(7) **辺の数**…13，**面の数**…8　(8) 110g　(9) 30杯　2 （例） 解説を参照のこと。　3 (い) 5　(う) 5　4 (1) **A**…12km，**B**…8km　(2) 時速3.75km　5 (1) 35　(2) 6119　(3) 11段目の右から8番目

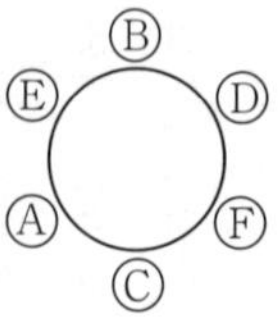

解　説

1 四則計算，正比例と反比例，比の性質，面積，条件の整理，構成，濃度《のうど》，売買損益，つるかめ算

(1) $\left(\frac{1}{2}+\frac{2}{3}+\frac{1}{4}\right)\times1200+\left(\frac{3}{5}+\frac{3}{10}+1\right)\times170=\left(\frac{6}{12}+\frac{8}{12}+\frac{3}{12}\right)\times1200+\left(\frac{6}{10}+\frac{3}{10}+\frac{10}{10}\right)\times170=\frac{17}{12}\times1200+\frac{19}{10}\times170=1700+323=2023$

(2) Aが１分間に，30÷５＝６(回転)するとき，かみあっている歯車は１分間に，96÷12＝８(回転)する。また，Aの回転する速さを２倍にすると，Aは１分間に，６×２＝12(回転)することになる。よって，Aが１分間に12回転するときに，１分間に８回転する歯車に変えればよいことになる。ここで，歯車がかみあっているとき，(歯の数)×(１分間の回転数)の値は同じになる。したがって，かみあっている歯車の歯の数を□とすると，24×12＝□×８と表すことができるから，□＝24×12÷８＝36と求められる。

(3) ２つの比の値が等しいので，26：x＝156：yと表すことができる。156÷26＝６より，等号の右側の比は左側の比の数をそれぞれ６倍したものとわかるから，yはxの６倍である。

(4) 折ったのとは逆の方向に広げると，右の図１のようになる。切り取った直角二等辺三角形の面積は，0.5×0.5÷２＝0.125(cm^2)であり，これが全部で，４×４＝16(か所)あるので，切り取った部分の面積の合計は，0.125×16＝２(cm^2)とわかる。また，もとの正方形の面積は，４×４＝16(cm^2)だから，残った部分の面積は，16－２＝14(cm^2)と求められる。

図１

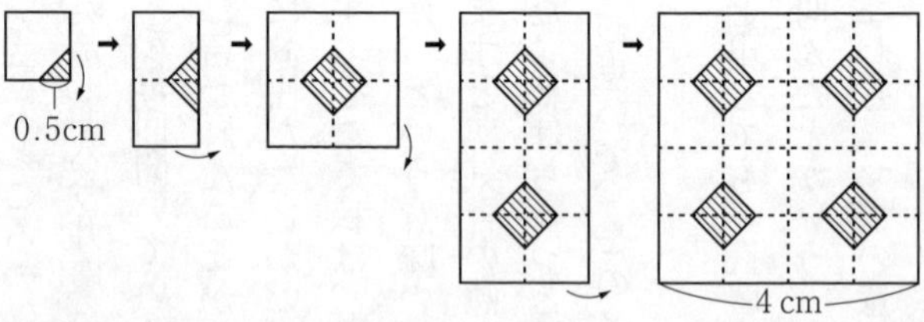

(5) 成績が低い方から順番に並べると，全体の人数が偶数《ぐうすう》の場合は下の図２，奇数《きすう》の場合は図３のようになる。どちらの場合もアとイの人数は等しく，イの人数は，10－１＋４＝13(人)なので，アの人数も13人になる。このとき，成績が３の人の数は，図２の場合で，13－１－４－１＝７(人)，図３の場合で，13－１－４＝８(人)となる。よって，成績が３の人の数は最大で８人である。

図２

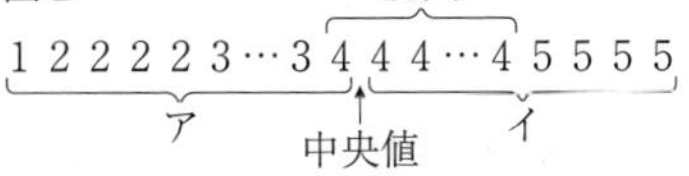

図３

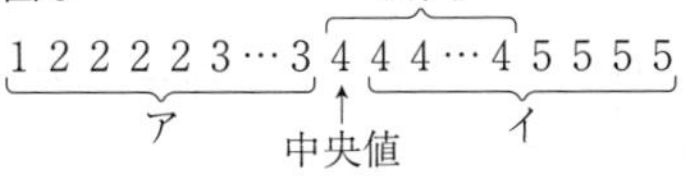

図４

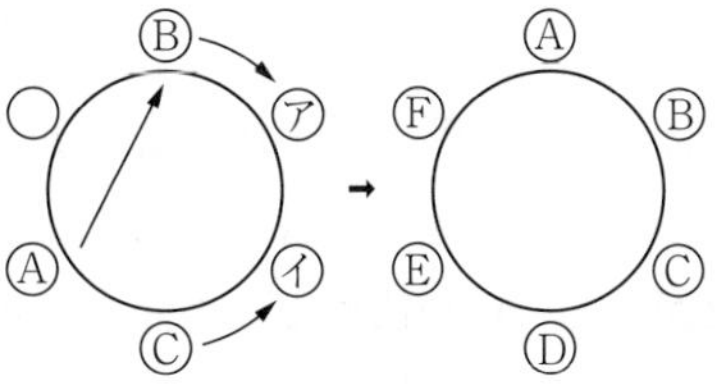

図５

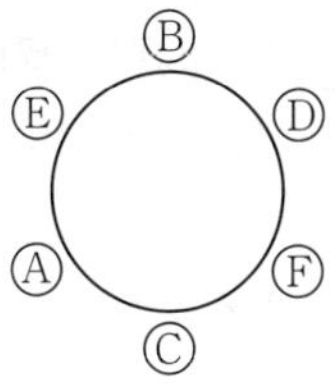

⑹　Ａさん，Ｂさん，Ｃさんの条件から，この３人は上の図４のように移動したことがわかる(はじめのＢさんの席がイだったとすると，はじめのＢさんとＣさんがとなりになり，条件に合わない)。また，はじめにＤさんとＡさんはとなりではなかったから，はじめのＤさんの席はアかイである。イだとすると，はじめのＣさんとＤさんがとなりになり，条件に合わない。よって，はじめのＤさんの席はアと決まり，上の図５のようになることがわかる。

⑺　下の図６のように立方体を切断した立体である。よって，辺の数は13，面の数は８である。

図６

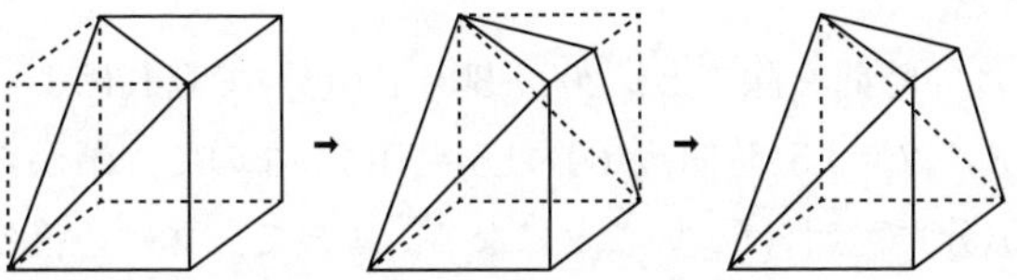

図７

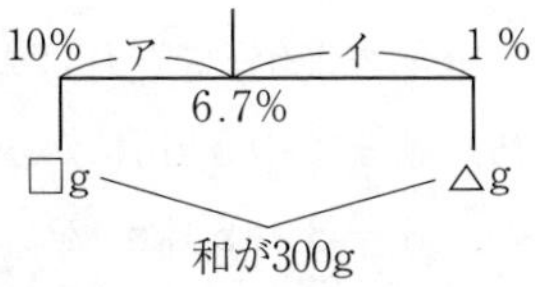

⑻　10％の食塩水の重さを□ｇ，１％の食塩水の重さを△ｇとして図に表すと，上の図７のようになる。図７で，ア：イ＝(10－6.7)：(6.7－１)＝11：19なので，□：△＝$\frac{1}{11}$：$\frac{1}{19}$＝19：11となる。この和が300ｇだから，１％の食塩水の重さ(△)は，300×$\frac{11}{19+11}$＝110(ｇ)と求められる。

⑼　定価は，320×(１＋0.25)＝400(円)なので，定価の１割引きは，400×(１－0.1)＝360(円)とわかる。また，材料費の合計は，320×100＝32000(円)だから，100杯《ばい》分の売り上げは，32000＋6800＝38800(円)となり，右上の図８のようにまとめることができる。定価で100杯売ったとすると，売り上げは，400×100＝40000(円)となり，実際よりも，40000－38800＝1200(円)多くなる。定価で売るかわりに１割引きで売ると，売り上げは１杯あたり，400－360＝40(円)少なくなるので，１割引きで売ったのは，1200÷40＝30(杯)とわかる。

図８

定価　　(400円)
１割引き(360円)
合わせて100杯で38800円

2　平面図形―面積

下の図①で，大きな正方形の１辺の長さは，３＋４＝７(cm)だから，大きな正方形の面積は，７×７＝49(cm^2)となる。また，直角三角形４つ分の面積の合計は，４×３×$\frac{1}{2}$×４＝24(cm^2)なので，小さな正方形の面積は，49－24＝25(cm^2)とわかる。よって，25＝５×５より，小さな正方

図①

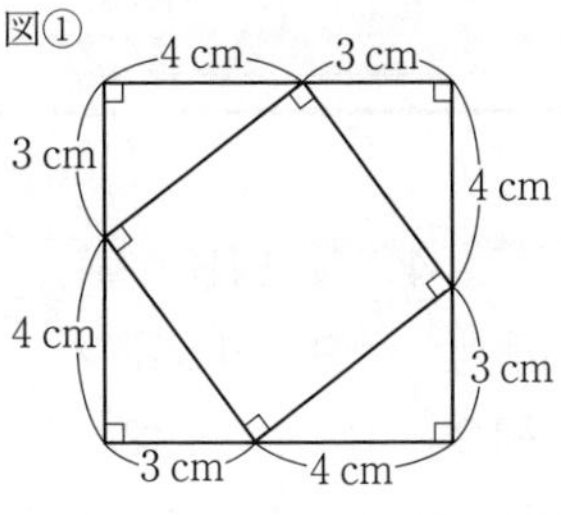

図②

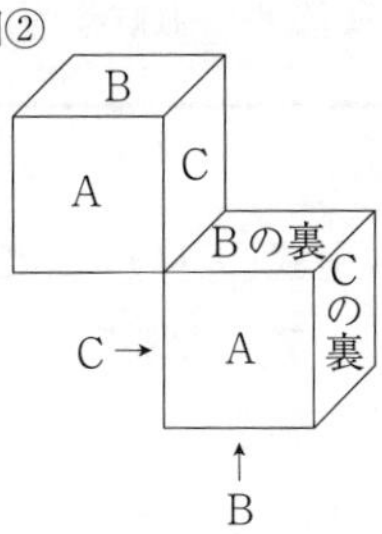

図③

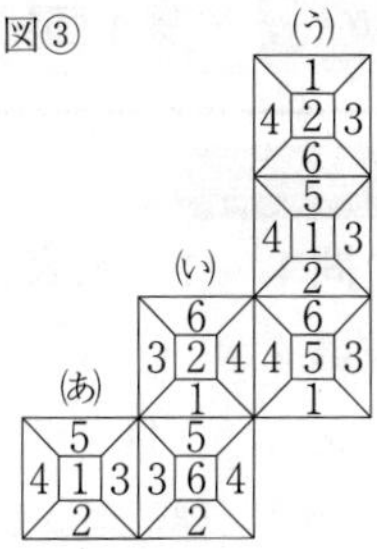

形の１辺の長さは５cmと求められる。

3　立体図形―構成

階段を転がすときは，上の図②のようになる。よって，さいころの上の面にかかれている目の数を中央に，側面にかかれている４つの目をそれぞれの端《はし》に表すと，真上から見たようすは上の図③のようになる。したがって，(い)の位置で上の面にかかれている目は２だから，下の面にかかれている目は５となる。同様に，(う)の位置で下の面にかかれている目も５とわかる。

4　速さと比

(1)　ＡとＢの道のりの比は，1.5：１＝３：２であり，ＡとＢを登るときの速さの比は，3.6：２＝９：５となる。よって，$(時間の比)=\frac{(道のりの比)}{(速さの比)}$より，ＡとＢを登るときにかかる時間の比は，$\frac{3}{9}:\frac{2}{5}=5:6$になる。この差が40分だから，比の１にあたる時間は，40÷（６－５）＝40(分)となり，Ａを登るときにかかる時間は，40×５＝200(分)と求められる。したがって，Ａの道のりは，$3.6\times\frac{200}{60}=12$(km)とわかる。さらに，ＡとＢの道のりの比は３：２なので，Ｂの道のりは，$12\times\frac{2}{3}=8$(km)である。

(2)　全部で200分で登ればよいから，休けい時間を除くと，200－30＝170(分)で登ればよい。そのうち，湖までの３kmにかかる時間は，３÷２＝1.5(時間)，60×1.5＝90(分)なので，湖から頂上までの，８－３＝５(km)を，170－90＝80(分)で登ればよいことになる。よって，休けい後の速さを時速，$5\div\frac{80}{60}=3.75$(km)にすればよい。

5　数列

(1)　右の図のように，偶数段目は左から右へ，奇数段目は右から左へ，小さい順に整数を並べている。また，N段目の最後に並んでいる数(図の□の数)は，$N\times N$と表すことができる。よって，６段目の右端の数は，６×６＝36だから，６段目の右から２番目の数は35である。

1段目	[1]
2段目	2　3　[4]
3段目	[9]　8　7　6　5
4段目	10　11　12　13　14　15　[16]
5段目	[25]　24　…　…　…　…　…　18　17
⋮	⋮
10段目	…　…　[100]
11段目	[121]　…　…　…　…　…　108　…　…　…　102　101

(2)　14段目の最後の数は，14×14＝196，15段目の最後の数は，15×15＝225なので，15段目には197から225までの，225－196＝29(個)の数が並んでいる。よって，15段目の数の和は，197＋198＋…＋225＝(197＋225)×29÷２＝6119と求められる。

(3)　10×10＝100，11×11＝121より，11段目は図のようになることがわかるので，108は11段目の右から，108－100＝８(番目)の数である。

社　会　＜第１回試験＞（40分）＜満点：100点＞

解　答

1　**問１**　**1**　天武(天皇)　**2**　桓武(天皇)　**3**　岐阜(県)　**4**　後鳥羽(上皇)　**5**　六波羅探題　**6**　後醍醐(天皇)　**7**　大隈重信　**8**　国際連盟　**9**　リットン　**10**　フランス　**11**　ポツダム(宣言)　**問２**　イ→ア→エ→ウ　**問３**　(1)　ウ　(2)　エ　**問４**　(例)　建設費・建設期間ともに少なくできるが，最高速度が抑えられることによって，所要時間は在来線とあまり変わらない。　**問５**　1941(年)６(月)　**問６**　(1)　**あ**　30(歳)　**い**　合区　(2)　ウ　(3)　３(議席)　(4)　し　(5)　(例)　１名定員の選挙区を増やし，その減らした定員を人口の多い選挙区にあて，１名定員の選挙区の半数が６年に１回選挙を行うようにする。(選挙区を地方単位として，地方の人口に応じて定員を定める。)(全国を１選挙区とする。)

2　**問１**　**１**　新橋(駅)　**２**　1964(年)　**３**　佐賀(県)　**問２**　(1)　(高輪)築堤　(2)　(例)　横浜が開港地となったから。　**問３**　(例)　新型コロナウイルス感染症の流行により，テレワークの導入が進んで通勤に利用する人が減少し，また旅行に出かける人が少なくなり，観光需要が減少したから。　**問４**　(1)　(ア)　(2)　(例)　7000人減少した。　**問５**　**場所**…(ウ)，**説明**…(例)　地方都市において，鉄道を利用する人は少なくなっており，車移動する人が増えたため，大きな道路の近くに建設した方が利益が出るから。

3　**問１**　**１**　こども(子ども)　**２**　徳川吉宗　**３**　太閤検地　**４**　平塚らいてう　**問２**　(1)　**A**　イ　**B**　エ　(2)　共働き夫婦の増加により，日中に子どもの世話ができない家庭が増え，保育園数は増加している。　**問３**　ウ　**問４**　ア　**問５**　いわし　**問６**　(例)　伝染病(ペスト)が流入する　**問７**　ア

解　説

1　**各時代のできごとについての問題**

問１　**１**　672年の壬申《じんしん》の乱に勝利した大海人《おおあまの》皇子は，飛鳥浄御原《きよみはら》宮で即位して天武天皇となり，天皇中心の国づくりをめざした。　**２**　奈良時代には，元明天皇をはじめ天武天皇の血筋を引く者が代々天皇を継《つ》いでいたが，天智天皇の血筋を持つ桓武天皇が即位すると，平城京を離れて平安京に都を移す決心をしたとされている。　**３**　壬申の乱の激戦地であった岐阜県西端の関ケ原は，1600年に起こった天下分け目の戦い(関ヶ原の戦い)で徳川家康が勝利した場所としても有名である。　**４，５**　1221年，後鳥羽上皇は鎌倉幕府を倒して政権を朝廷に取りもどそうとしたが，幕府の大軍の前にわずか１か月で敗れ，上皇は隠岐《おき》(島根県)に流された。この後，幕府は朝廷や公家の監視を目的として，京都に六波羅探題を設置した。　**６**　後醍醐天皇の呼びかけに応じて倒幕に立ち上がる者がしだいに増え，足利尊氏が幕府にそむいて京都の六波羅探題をせめ，新田義貞が鎌倉をせめて，1333年に鎌倉幕府は滅亡した。その後，後醍醐天皇は建武の新政とよばれる天皇中心の政治を始めたが，武士よりも公家を重く用いたため多くの武士が不満を持ち，建武の新政はわずか２年半で失敗に終わった。　**７**　鉄道導入の責任者であった大隈重信《おおくましげのぶ》は，まず新橋―横浜間に鉄道を通すことにしたが，そのさいイギリス人技師の狭軌《きょうき》鉄道の方が割安で敷設《ふせつ》も速いという意見を取り入れたとされる。大隈はまた，太陽暦の導入や富岡製糸場の設立など多くの事業に携《たずさ》わり，1882年にはイギリス式の議会政治をめざす立憲改進党を設立した。　**８，９**　1932年，日本が満州事変を起こして満州国を建国したことに対し，中国はこれが日本の侵略《しんりゃく》行為であると国際連盟に訴《うった》えたため，連盟はリットン調査団を現地に派遣した。翌1933年，国際連盟はリットン調査団の報告書にもとづいて日本の満州撤退《てったい》を勧告《かんこく》する決議案を採択すると，日本はこれを不服として国際連盟の脱退を通告した。　**10**　1939年９月１日，ドイツが隣国であるポーランドに侵攻すると，９月３日にイギリス・フランスがドイツに宣戦布告して第二次世界大戦が始まり，１年足らずでフランスの首都パリはドイツに占領された。一方，日本は1941年７月にフランス領インドシナとよば

れる現在のベトナム・ラオス・カンボジアに兵を進め，アメリカとの対立を深めていった。　**11**
日本は1945年８月14日，アメリカ・イギリス・中国(のちにソ連も参加)の名で出されたポツダム宣言を受け入れて連合国に無条件降伏《こうふく》することを決定し，翌８月15日，昭和天皇がこのことをラジオで国民に伝えた。

問２　古い順に並べると，イ(1598年)→ア(1600年)→エ(1603年)→ウ(1615年)となる。

問３　(1)　この地形図には方位記号がなく，地図の上が北を示しているので，右が東，下が南，左が西となる。「徳川家康最初陣地」から見て「石田三成陣地」は８方位の北西方向よりもやや西側にあるので，16方位では西北西にあたる。また，25000分の１の縮尺の地形図上で約12cmの実際の距離は，12(cm)×25000＝300000(cm)＝約3000ｍより，約３kmと求められる。　(2)「徳川家康最初陣地」付近には標高87.7ｍの数値があり，「石田三成陣地」付近には標高235ｍの数値があるので，「石田三成陣地」は「徳川家康最初陣地」から見て上り勾配《こうばい》になっている。

問４　建設費は新線を建設するときにかかる「1200億円」「4547億円」に比べて「318億円」「656億円」と安く，工事期間は「約11年」「約19年」に比べて「約４年」「約５年」と短くなっている。一方，所要時間は新線を建設するときの「79.0kmを20分」「178.4kmを47分」に比べて「87.1kmを61分」「127.3kmを83分」と短くなっておらず，在来線とあまり変わっていない。

問５　松岡洋右《ようすけ》が計画した四国協商は，日本・ドイツ・イタリア・ソビエト連邦(ソ連)で連合をつくるというものであったが，1941年６月にドイツがソ連に侵攻したことでこの計画は実現しなかった。

問６　(1)　参議院議員に立候補できる年齢は30歳以上，衆議院議員に立候補できる年齢は25歳以上である。また，参議院の１票の格差を縮小するため2015年に公職選挙法が改正されたことにより，２つの県を同じ選挙区とする「合区」が導入され，鳥取県と島根県，徳島県と高知県が「合区」となった。　(2)　議員１人あたりの有権者が多い選挙区ほど，その議員に対する有権者１人の影響力は小さくなるので，１票の価値は小さくなる。この１票の価値に大きな格差があることは，日本国憲法第14条で保障された「法の下の平等」に反しているといえる。　(3)　ドント方式で計算すると，Ａ党は，810000÷１＝810000，810000÷２＝405000，810000÷３＝270000，810000÷４＝202500。Ｂ党は420000÷１＝420000，420000÷２＝210000，420000÷３＝140000。Ｃ党は240000÷１＝240000，240000÷２＝120000。商の大きい方から順に，定数６に達するまで並べると，810000，420000，405000，270000，240000，210000の順となる。よって，Ａ党は３議席，Ｂ党は２議席，Ｃ党は１議席を獲得できる。　(4)　Ａ党は３人とも当選，Ｂ党は候補者「く」・候補者「き」が当選，Ｃ党は候補者「さ」が当選する。よって，落選したのは候補者「か」，候補者「し」，候補者「す」であり，その中で最も得票数が多いのは候補者「し」となる。　(5)　総定員は変えられないので，１票の価値が大きい選挙区の定数を減らし，１票の価値が小さい選挙区の定数を増やす。また，都道府県単位となっている選挙区を変更し，地方単位にしたり全国を１選挙区にしたりすればよい。

[2] 日本の鉄道の移り変わりについての問題

問１　**1**　1872年10月14日，イギリス人技術者エドモンド＝モレルの指導によって，日本に初めて鉄道が開通した。蒸気機関車は新橋―横浜間の29kmを約50分間で走り，１日９往復した。　**2**
東海道新幹線は，初めて行われる東京オリンピックが開幕する９日前の1964年10月１日に開業し，最高時速210kmで東京―新大阪間を４時間(翌年には３時間10分に短縮)で結んだ。　**3**　2022年９月23日，西九州新幹線の一部区間にあたる長崎県の長崎駅と佐賀県の武雄温泉駅の区間が開業した。しかし，武雄温泉駅と九州新幹線の新鳥栖《とす》駅との間は，佐賀県の費用負担などの点から整備が進んでいない。

問２　(1)　2019年，田町駅と品川駅の間につくられた高輪ゲートウェイ駅の工事現場で石垣が見つかった。その後の発掘調査により，石垣は日本初の鉄道(新橋―横浜間)を走らせるため海の上に築かれた高輪築堤《ちくてい》跡であることが確認された。　(2)　1858年に結ばれた日米修好通商条約により横浜が開港され，翌年から外国との貿易が始まった。横浜港は上州(群馬県)など有数の養蚕地帯や江戸に近いという立地条件を生かして発展し，幕末には貿易総額の約90％を占《し》めていた。

問３　表１を見ると，通勤・通学定期でも定期外でも収入が落ち込んでいる。2020年には新型コロナウイルス感染症が流行し，外出の自粛《じしゅく》が求められたことによりテレワークが普及し，大学や高校は一時オンライン授業となった。また，レジャーや旅行に行く人も減少した。これらの理由により，電車を利用する人が大幅に減り，2020年度に大手私鉄各社は赤字に転落したと考えられる。

問４　(1)　横軸の人口の多さから，(ア)が東京都についで人口の多い神奈川県であると判断できる。なお，人口ピラミッドがつぼ型になっている(イ)は徳島県，14歳以下の子どもが比較的多い(ウ)は沖縄県。　(2)　増加数は，40000＋160000＝200000(人)，減少数は，62000＋145000＝207000(人)である。よって，7000人減少している。

問５　本文より，地方都市では自動車の普及によっておもな移動手段が鉄道から車へと変わっていることがわかる。そのため，大きな道路沿いに広い駐車場を備えた大型総合スーパーを建てれば多くの人に利用してもらえる。

3 「家」の歴史を題材とした問題

問１　**1**　子どもの権利条約は，18歳未満の子どもを保護し，子どもの基本的人権を国際的に保障するために定められた条約で，1989年の国連総会で採択され，日本は1994年に批准《ひじゅん》した。こども家庭庁は，2022年６月に国会でこども家庭庁設置法が成立したことにより，2023年４月に創設されることになった。　**2**　徳川吉宗は，紀伊藩(和歌山県)の藩主から江戸幕府の第８代将軍になると，享保の改革とよばれる幕政改革に取り組んだ。新田開発を進める一方で，豊作や凶作にかかわらず一定期間は同じ率で米を納めさせる定免《じょうめん》法を採用し，大名から石高１万石につき100石を納めさせる上げ米の制を実施した(代わりに，大名が参勤交代で江戸に住む期間を半年に短縮)。これにより，幕府の収入は増加し，吉宗は「米将軍」と称された。　**3**　太閤検地は，農民から確実に年貢を取り立てるために豊臣秀吉が行った政策で，面積の単位や米の量をはかる「ます」の大きさを統一し，村ごとに田畑などの面積や等級を調査して生産高を石高で表し，納税者(耕作者)を検地帳(土地台帳)に登録した。　**4**　平塚らいてうは1911年に女性による女性のための雑誌「青鞜《せいとう》」を創刊し，婦人参政権の獲得などをめざし，女性の自立と権利を訴える活動を行った。

問２　(1)　表１の「設置根拠となる法律」にあるとおり，幼稚園は学校，保育園は児童福祉施設に位置づけられているため，幼稚園を管轄《かんかつ》するのは文部科学省，保育園を管轄するのは厚生労働省である。　(2)　本文より，近年は女性の社会進出にともなって共働きの夫婦が増えたことがわかるので，日中に親に代わって子どもの世話をする人や場所が必要となる。よって，グラフ１にあるとおり，保育園の数は増加している。

問３　古代の律令制度では，徴兵《ちょうへい》されるのは男性のみであった。そのため，男性の数の調和がとれるように戸籍がつくられた。

問４　平将門は，10世紀中ごろに一族の領地争いをきっかけに反乱を起こすと，常陸《ひたち》(茨城県北東部)の国府を攻め落とし，やがて関東諸国を占領して新皇と名乗ったが，平貞盛や藤原秀郷《ひでさと》に平定された。なお，イの源義家は1051年に前九年合戦が起こると，父の頼義とともに東北の豪族安倍氏と戦い，清原氏の応援を得てこれを平定した。ウの平清盛は武士で初めて太政《だいじょう》大臣になった人物。エの源頼朝は鎌倉幕府を開いた人物で，御成敗式目を制定したのは北条泰時《やすとき》。

問５　説明されている肥料は「ほしか」で，九十九里浜(千葉県)の地引網でとれたいわしを日干しにしてつくられた。江戸時代に農民がお金を払って手に入れた肥料(金肥)の一つで，特に綿花や菜種などの商品作物の栽培に用いられた。

問６　14世紀のヨーロッパで大流行し「黒死病」とよばれた感染症のペストは，その後も広い地域で流行が繰《く》り返され，1899年11月，神戸の内地雑居地で日本初のペストが発生した。北里柴三郎はその前にこの研究に携わり，1894年に香港でペスト菌《きん》を発見した。

問７　マイナンバーカードは，おもて面に氏名・住所・生年月日・性別・顔写真などが記され，これを提示することで身分証としての役割を果たす。しかし，うら面に記されている個人番号を保管できる事業者は，行政機関や雇用《こよう》主などに限定されているため，客として利用するレンタルサービス店では提示してはいけない。

理　科　＜第１回試験＞（40分）＜満点：100点＞

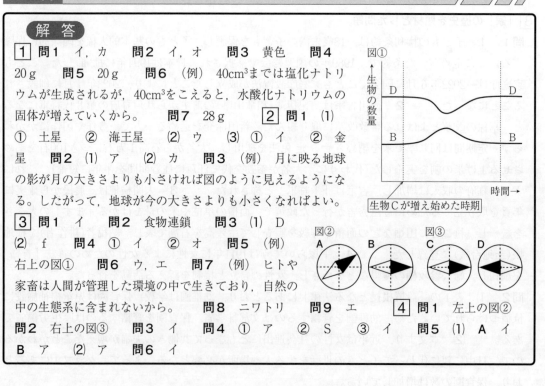

解　答

１　**問１**　イ，カ　**問２**　イ，オ　**問３**　黄色　**問４**　20ｇ　**問５**　20ｇ　**問６**　(例)　40cm³までは塩化ナトリウムが生成されるが，40cm³をこえると，水酸化ナトリウムの固体が増えていくから。　**問７**　28ｇ

２　**問１**　(1)　①　土星　②　海王星　(2)　ウ　(3)　①　イ　②　金星　**問２**　(1)　ア　(2)　カ　**問３**　(例)　月に映る地球の影が月の大きさよりも小さければ図のように見えるようになる。したがって，地球が今の大きさよりも小さくなればよい。

３　**問１**　イ　**問２**　食物連鎖　**問３**　(1)　D　(2)　f　**問４**　①　イ　②　オ　**問５**　(例)　右上の図①　**問６**　ウ，エ　**問７**　(例)　ヒトや家畜は人間が管理した環境の中で生きており，自然の中の生態系に含まれないから。　**問８**　ニワトリ　**問９**　エ

４　**問１**　左上の図②　**問２**　右上の図③　**問３**　イ　**問４**　①　ア　②　Ｓ　③　イ　**問５**　(1)　Ａ　イ　Ｂ　ア　(2)　ア　**問６**　イ

図①

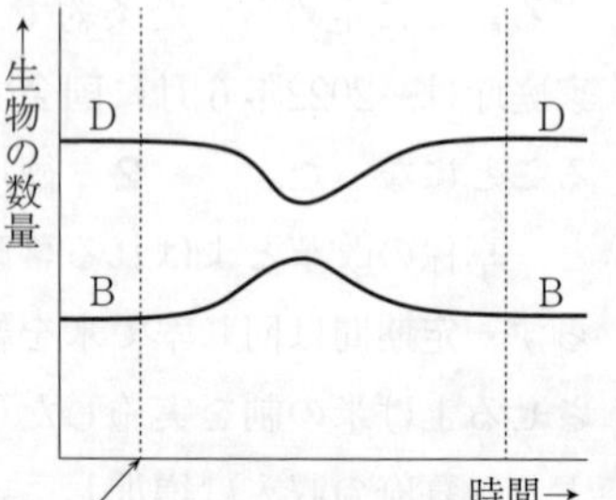

図②

図③

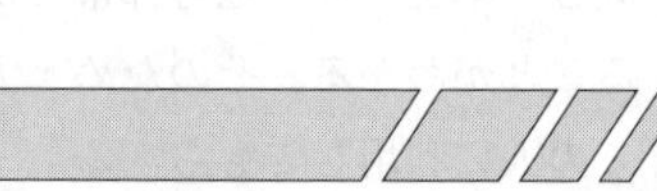

解 説

1 水溶液《すいようえき》の中和についての問題

問1　酸性の水溶液は食酢《ず》と炭酸水である。エタノール，食塩水，砂糖水は中性，石けん水，石灰水，重そう水はアルカリ性である。

問2　胃液は酸性で，胃液(胃酸)の量が増えたりして，酸性の性質が強くなったりすると胃が荒《あ》れることがある。このときにアルカリ性の胃薬を飲むと胃液は中和され，酸性の性質を弱めることができる。また，蟻《あり》に刺《さ》されるとギ酸が体内に入り，皮ふの痛みやはれの原因となる。ギ酸は酸性なので，アルカリ性の虫刺され薬で中和すると痛みが和らぐことがある。

問3　塩酸30cm^{3}と水酸化ナトリウム水溶液40cm^{3}が完全に中和して中性になっているので，水酸化ナトリウム水溶液を25cm^{3}加えた水溶液は酸性である。BTB溶液は，酸性で黄色，中性で緑色，アルカリ性で青色になるので，黄色に変化する。

問4　グラフから，加えた水酸化ナトリウム水溶液が40cm^{3}より多いところでは，水酸化ナトリウム水溶液を10cm^{3}加えるごとに，蒸発後に残った固体の重さが，14－12＝2(g)ずつ増えている。よって，水酸化ナトリウム水溶液を80cm^{3}加えたとき，残った固体の重さは，$12+2\times\frac{80-40}{10}=20$(g)と求められる。

問5，問6　グラフより，加えた水酸化ナトリウム水溶液が40cm^{3}までは，水酸化ナトリウム水溶液がすべて塩酸と中和し，食塩(塩化ナトリウム)と水ができる。これを加熱して水分を蒸発させると，余った塩酸に溶《と》けていた塩化水素は空気中に逃《に》げていくため，食塩の固体のみが残る。加えた水酸化ナトリウム水溶液が40cm^{3}より多いところでは，塩酸がすべて中和してなくなり，水酸化ナトリウム水溶液が余る。この水溶液から水分を蒸発させたときには，中和でできた12gの食塩と，余った水酸化ナトリウム水溶液に溶けていた水酸化ナトリウムの固体が残る。このとき，水酸化ナトリウム水溶液を10cm^{3}加えるごとに，蒸発後に残った固体の重さは2gずつ増えていくので，10cm^{3}の水酸化ナトリウム水溶液に溶けていた水酸化ナトリウムの重さが2gであることがわかる。よって，100cm^{3}の水酸化ナトリウム水溶液に溶けていた水酸化ナトリウムの重さは，$2\times\frac{100}{10}=20$(g)と求められる。

問7　濃度《のうど》を2倍にした塩酸30cm^{3}に含《ふく》まれる塩化水素の量は，もとの濃度の塩酸60cm^{3}と同じなので，これを完全に中和するために必要な水酸化ナトリウム水溶液の体積は，$40\times\frac{60}{30}=80$(cm^3)となる。よって，濃度を2倍にした塩酸30cm^{3}と完全に中和する，濃度を半分にした水酸化ナトリウム水溶液の体積は，$80\div\frac{1}{2}=160$(cm^3)で，このとき，食塩が，$12\times\frac{60}{30}=24$(g)できる。また，余った水酸化ナトリウム水溶液，200－160＝40(cm^3)に含まれる水酸化ナトリウムの重さは，$20\times\frac{40}{100}\times\frac{1}{2}=4$(g)である。よって，水分を蒸発させると，24＋4＝28(g)の固体が残る。

2 太陽系の惑《わく》星と月食についての問題

問1　(1)　太陽系の惑星は，太陽に近いものから順に，水星，金星，地球，火星，木星，土星，天王星，海王星の8個ある。したがって，天王星の1つ内側の公転軌《き》道を回っている惑星は土星，1つ外側の公転軌道を回っている惑星は海王星である。　(2)　冥《めい》王星は月よりも小さいことが明らかになり，また，公転軌道周辺に冥王星と同じくらいの大きさの星が複数見つかった。そのため，2006年8月の国際天文学連合総会で惑星から準惑星に変更《へんこう》された。　(3)　①　公転周期が短い順に，水星，金星，地球，火星，木星，土星，天王星，海王星となる。これは太陽に近い順と同じである。　②　1年を365日とすると，金星の公転周期は，365×0.62＝226.3(日)となるので，自転周期243日は公転周期より長い。なお，水星の公転周期は，365×0.24＝87.6(日)となるので，自転周期59日より公転周期の方が長く，そのほかの惑星も明らかに公転周期の方が長い。

問2　(1)　月食は，月が地球の影《かげ》に入ることによって起こる。このとき，月と太陽は，月―地球―太陽の順に一直線上にあり，月は満月である。満月は，午後6時頃《ごろ》東からのぼり，真夜中の午前0時頃に南中して，午前6時頃西にしずむ。よって，部分食が始まった午後6時9分に，月は東にあったと考えられる。　(2)　月食のとき，月は地球の影の中を西から東へ向かって進むので，月は東(左)側から欠けていき，東側から明るくなる。このとき地球の影の方が月よりも大きいため，月が影の中央を通るとは限らず，欠けるときと明るくなるときでは同じかたむき具合にならないことが多い。そのため，2022年11月8日の月食のときは，下の図のように月食が起きたので，カが正しい。

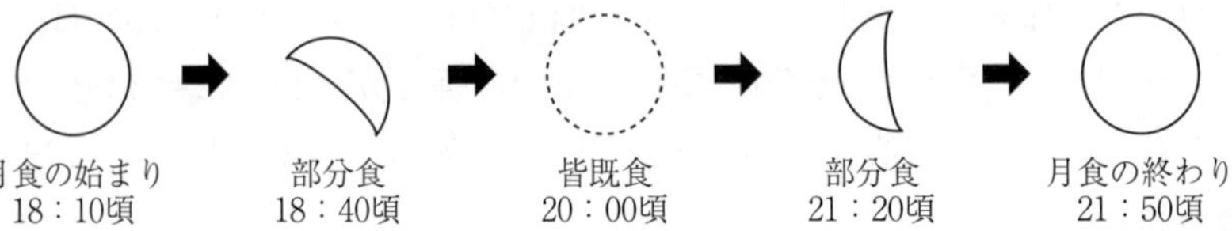

問3　月に映る地球の影が，月より小さくなれば問題文中の図のような月食が見られる。地球の影の方が月より小さくなるためには，たとえば，地球が今の大きさよりも小さくなる，もしくは，月が今の大きさよりも大きくなればよい。ほかにも，月と地球の距離《きょり》が今より大きくなれば，月の位置での地球の影が小さくなる。

3　生態系についての問題

問1　生物が，そのまわりの環境《かんきょう》を共有しながらお互《たが》いに関係し合い，一定範囲《はんい》の状態を保ちながら生きている生物社会のまとまりを生態系という。

問2　食べる食べられるの関係で密接につながっている生物どうしの関係を食物連鎖《れんさ》という。

問3　(1)　食物連鎖の始まりとなるのは，自ら栄養分を作り出すことができる植物である。植物は図1の生物Dにあたる。　(2)　語群の中で植物は植物プランクトンである。

問4　植物プランクトンは主に動物プランクトンに食べられるので，生物Cと生物Dの関係にあるものはオとなる。また，イワシとサンマは主に動物プランクトンを食べ，イワシとサンマはマグロとカツオに食べられる。よって，生物Aと生物Bの関係にあるものはイとなる。

問5　図2のように，生物Dを食べる生物Cが増えると，生物Dは生物Cに食べられる数が増えるので数が減る。また，生物Bは，餌《えさ》である生物Cが増えたので数が増える。その後，生物Cは，餌である生物Dの数が減ったり，生物Bに食べられたりする数が増えるため，数が減少する。すると，生物Bは餌が減ったことで数が減ってもとの数にもどり，生物Dを食べる生物Cが減ることで生物Dは増えてもとの数にもどる。

問6　ほかの動物を食べたときに体内に残りやすい物質として，体外に排出《はいしゅつ》されにくいマイクロプラスチックやDDTとよばれる農薬などがある。遺伝子組換《か》え技術で作ったトウモロコシや植物由来の代替《だいたい》肉などは生物の体内には蓄積《ちくせき》されにくい。また，温室効果ガスは二酸化炭素などの気体であり，体内に蓄積されない。

問7　図1の生態系の生物は，自然の中で関係を保っている。ヒトや家畜は，生態系とは別に人間が作り出した環境の中で管理されて生きている。そのため，ふつう図１のような生態系にはヒトや家畜を入れない。

問８　ウシやブタは１頭からとれる肉の量は多いが，成長まで時間がかかるため必要な餌の量が多くなると考えられる。しかし，ニワトリは約２～３か月で出荷できるため，結果として，食肉１kgを生産するのに必要な餌の量が最も少なくなる。実際，食肉１kgを生産するのに必要な餌の量は，ウシで約10～11kg，ブタで約３～４kg，ニワトリは約２kgになっている。

問９　コオロギはタンパク質を豊富にふくみ，環境にも負担の少ない未来のタンパク源として注目されている。ほかにも，コオロギには家畜と比べて育てるのに必要な水や餌の量が少なく，はやく生産できるという利点がある。

４　磁石と電流についての問題

問１　点Ａに置いた方位磁針のＳ極が棒磁石のＮ極と引き合うので，方位磁針のＳ極が左ななめ下を向く。点Ｂは棒磁石のＮ極とＳ極の中間にあるので，方位磁針のＮ極が棒磁石のＳ極に引かれて右側を向く。

問２　図２のコイルでは手前側から奥《おく》側に向かって電流が流れる。このとき，電流が流れる方向に右手の親指以外の４本の指の向きを合わせてコイルをにぎるようにして持ったとき，親指の方向が電磁石のＮ極となる(これを右手の法則という)。つまり，図２の電磁石では図の左側がＮ極となる。よって，点Ｃではコイルの右側にできるＳ極に方位磁針のＮ極が引かれるので，方位磁針のＮ極は右側を向き，点Ｄに置いた方位磁針のＮ極は左側を向く。

問３　図３のように，アルミニウムパイプに電流を流したとき，アルミニウムパイプはイの方向に力を受けて動く。これを電磁力といい，磁石の向きや電流の向きを変えるとアルミニウムパイプが逆向きに動き，電流の大きさや磁石の強さを強くすると動きが大きくなる。なお，左手の中指，人差指，親指をたがいに直角になるようにして，中指の向きを電流の向きに合わせ，人差指の向きを磁界の向き(Ｎ極からＳ極の向き)に合わせると，親指の向きが力の向きになる。これをフレミング左手の法則という。

問４　①　図４(a)のように磁石をコイルに近づけると，コイルは磁石を遠ざけようとしてコイルの上部がＮ極になるように電流が流れる。このとき，コイルには，右手の法則から，アの向きに電流が流れる。　②，③　①と同様に考えると，図４(b)のようにコイルを磁石に近づけると，磁石を遠ざけようとしてコイルの上部がＳ極になるように電流が流れる。このとき，コイルには，右手の法則から，イの向きに電流が流れる。

問５　(1)　**Ａ**　磁石のＮ極が遠ざかるので，図４(a)と逆向き(図６のイの向き)に電流が流れる。**Ｂ**　磁石のＮ極が近づくので，図４(a)と同じ向き(図６のアの向き)に電流が流れる　(2)　Ａにできたｓ極は磁石のＮ極に引かれて，磁石と同じ向きに動く。また，ＢにできたＮ極には磁石のＮ極と反発する力がはたらくので，磁石に押《お》されるように磁石と同じ向きに動く。よって，円盤《えんばん》は磁石と同じ向きに回転する。

問６　図７では，コイルの下側がＮ極になる。このＮ極に近づくアルミニウムの円盤の部分にはＮ極ができるので，コイルと反発する力がはたらく。また，コイルの下側のＮ極から遠ざかるアルミニウムの円盤の部分にはＳ極ができるので，コイルと引き合う力がはたらく。これらの力はアルミニウムの円盤が動いている方向とは逆向きだから，回転が少しずつ遅《おそ》くなってやがて止まると考えられる。

国　語　＜第１回試験＞（40分）＜満点：100点＞

解　答

一　下記を参照のこと。　　二　問１　Ａ　エ　Ｂ　カ　Ｃ　ア　Ｄ　イ　問２　Ⅰ　みそ　Ⅱ　だいこん　Ⅲ　とら　問３　ダレとなる　問４　ウ　問５　イ　問６　（例）　描かれた二本の唐辛子と余白の調和を保つこと。　問７　（例）　目の前の落語家の話は上手ではないことに気づくこと。　問８　ウ　問９　マ　問10　（例）　私は休み時間や放課後外で遊ぶ時間と室内で過ごす時間のバランスを意識しています。ふだんはできるだけ外で遊ぶようにしていますが，ときどき室内で過ごす時間をつくるように心がけています。外で遊ぶと体をたくさん動かすので気持ちがいいです。でも室内で過ごすときには，本をじっくり読んだり集中して絵を描いたりすることができ，気持ちが落ち着くのでこの時間も大切にしようと思っています。　三　問１　Ⅰ　エ　Ⅱ　ウ　Ⅲ　イ　問２　Ａ　ケ　Ｂ　ア　Ｃ　キ　問３　鼻　問４　リサイクル　問５　（例）　大切なガラスのリンゴはあちこち欠けて傷が入っただけで，粉々にならずに済んだが，それでもそのような状態になってしまったことにひどく落ち込み，絶望する気持ち。　問６　（例）　初めて来た吹きガラスの工房は，すすけたような建物の汚らしい工場みたいなところだったので，ずいぶん気後れしたが，それでも「私」のリンゴを何とか直してもらうために勇気を出して中に入ろうとしている。　問７　（例）　これからどうなるかはわからないが，自分の頑張り次第で十年後にはおじいさんのように見事なガラス作品をつくれるようになるかもしれないということ。　問８　エ　問９　ア　問10　（例）　ガラスのリンゴが，たとえつくり直される過程で失敗したとしても何度でもやり直してきれいなガラス細工としてよみがえることができるように，自分もこれからの人生で失敗を重ねたとしてもあきらめずに前に進んでいこうと強く思う気持ち。

●漢字の書き取り

一　Ａ　功績　Ｂ　仏閣　Ｃ　晩秋　Ｄ　勤務　Ｅ　胃薬

解　説

一　漢字の書き取り

Ａ　あることを成しとげたという成果。　Ｂ　寺の建物。　Ｃ　秋の終わりごろ。　Ｄ　会社などで仕事をすること。　Ｅ　胃の病気を治したり調子をととのえたりする薬。

二　出典は徳川《とくがわ》夢声《むせい》の『話術』による。筆者は，「ハナシ」においても重要な「間」とはどういうものなのか，いろいろな例をあげて説明している。

問１　Ａ　直前で「ベラベラと～造ること」も「『マ』の一種」だとしたうえで，「そんなことを言ってるんじゃない」と続けているので，前のことがらを受けて，それに反する内容を述べるときに用いる「しかし」があてはまる。　Ｂ　唐辛子《とうがらし》が二本描《えが》かれた絵について，「二本の唐辛子が，上下左右，どちらに一分《いちぶ》一厘《いちりん》動いても，画面全体の調子がくずれる」と述べた後で，「唐辛子と，広い空白とが，動きのとれない調和・バランスを保っている」と言いかえている。よって，前に述べた内容を“要するに”とまとめて言いかえるときに用いる「つまり」がふさわしい。　C　観客の前で話をする場合，コトバだけでなく，「コトバにもたせる『マ』」や「話している間の表情動作すべてにわたるバランス」まで研究する必要があると述べ，「その研究はどうする」かという話につなげているので，前のことがらを受けて，それをふまえながら次のことを導く働きの「では」が合う。　D　観衆からの大喝采《だいかっさい》は，外野手が自らのカンでボールを受けるまでの時間を計っていたことに加え，それが正確だったことに対する快感からくるものだ，というつながりである。よって，前のことがらを受けて，さらにつけ加える意味を表す「そして」があてはまる。

問２　Ⅰ「手前みそ」は，自分で自分をほめること。　Ⅱ「だいこん役者」は，演技力がない役者。　Ⅲ「とらの巻」は，芸道などの秘密の方法を記した書物。

問３　もどす文に，それまで述べられた内容をまとめて言いかえる“要するに”があるので，前には「マ」がもたないことについて説明されているものと推測できる。波線Ⅱをふくむ文の最後（「その上客は大ダレとなる」）に入れると，「忠臣蔵《ちゅうしんぐら》」の台辞《せりふ》が非常に少ない幕でも，上手な役者がやると観客を引きつけ長い時間もたせることができる一方，下手な役者だとその半分しか「『マ』がもたない」というつながりになり，文意が通る。

問４　ぼう線①の文に，ハナシの中の喋《しゃべ》らない部分が「間」であると述べられている。また，空らんＡの次の段落には，「間」とは「張りつめた神経を鋭敏《えいびん》に働かして，レーダーの如《ごと》く，正確無比に適不適を計るところの『沈黙《ちんもく》の時間』」であると説明されている。よって，ウがふさわしい。

問５　直前に注目する。今井《いまい》師は筆者の放送を聞いて，「自分の芸術に必要なものを，研究していた」と述べられている。それを筆者が語ることが「自慢《じまん》話」のようになるのは，今井師が筆者の「マ」をいい手本にしていると解釈《かいしゃく》しているからである。よって，イがふさわしい。

問６　日本画の例では，「ものがそこにあること」は描かれた二本の唐辛子であり，「ないこと」は空白の部分である。「バランス」は「調和」と言いかえられる。

問７　直前に注目する。落語家が高座《こうざ》に現れ，中央まで歩いて，座蒲団《ざぶとん》にすわり，お辞儀《じぎ》をするまでの動作や表情の中にバランスの破れたところがあったら，客はすぐにその落語家が上手ではないということがわかるという文脈である。よって，「目の前の落語家は，きっと話が上手ではないとわかること」のように書くことができる。

問８　外野手は打者が打った直後，「いきなり後ろ向きになって走り」「走り止《や》んだと同時に」大フライを受け止めている。自分の走るべき方向とボールを受けるまでの時間をカンで計っていたからできたことであり，それに対して「大喝采」が起こったのである。

問９　ぼう線③の文では，「『マ』とは，虚実《きょじつ》のバランスなり」と述べられている。そして，「バランスがとれているということは，動かないでいることでは」ないとことわったうえで，「動きて破れざるバランス」であるとまとめているので，空らんには「マ」が入る。「マ術」は，「魔術《まじゅつ》」と「間術」をかけたものだと考えられる。

問10　本文では，日本画やハナシ，ジェット機の例を出して，バランスを保つことの重要性が説明されている。それを自分の生活におきかえて，ふだん何と何のバランスを意識しているかを考えて書くとよい。

三　**出典は加納朋子《かのうともこ》の『てるてるあした』による。**「私」はサヤさんとともに吹《ふ》きガラスの工房《こうぼう》をおとずれ，職人のおじいさんに会う。

問１　Ⅰ「殺風景」は，景色などが単調で，おもしろみがないようす。　Ⅱ「にべもない」は，愛想がなく冷たいようす。　Ⅲ「こともなげに」は，“特別なことではないように”という意味。

問２　**Ａ**　一度「ジョレイロ」と答えたおじいさんが，「耳で聞いただけではわからないと気づいた」ようにもう一度言い直し，意味まで教えてくれている場面なので，ケが合う。　**Ｂ**　ガラスで作られた「美しい品々」の「張り詰《つ》めている」ようすを表す言葉なので，アがふさわしい。**Ｃ**　直後に「一瞬《いっしゅん》，何を言われたのかわからなかった」とあることから，おじいさんの言葉は，はっきりと聞き取れなかったのだとわかる。よって，キが選べる。

問３　「自分が価値を認めないもの」に高額なお金を出した「私」に対する「お母さん」のようすを表す言葉である。「鼻」を入れると“相手をばかにして鼻先で笑う”という意味になり，合う。

問４　割れたり気泡《きほう》が入ったりした失敗作を種ガラスに混ぜて使うことや，市販《しはん》のワインが入っていた瓶《びん》を混ぜて色ガラスをつくることなどを指す言葉なので，“再利用”という意味の「リサイクル」があてはまる。

問５　前の部分に，ガラスのリンゴは「私」の部屋の中で「たったひとつの美しいもの」で，「掌《てのひら》で包んでいると少しずつ私の体温を吸い取り，そしてぬくもってくるもの」とあることから，「私」にとって非常に大切な心の支えであったことがわかる。それが「あちこち欠け，無数の細かい亀裂《きれつ》の走った」状態になったので，「私」は絶望し，立ち直れなくなっていると考えられる。

問６　続く部分に注目すると，サヤさんがこの場所へ来たのは，「私」のガラスのリンゴを直してもらおうと思ったからだとわかる。「私」のリンゴに傷をつけてしまったことに責任を感じ，吹きガラスの工房を探し出して「私」を連れてきたのだが，サヤさんも初めて来たので「汚《きたな》らしい工場みたいな」「すすけたような建物」を見て，ためらっているのだと考えられる。

問７　おじいさんに，十年やれば吹きガラスができるようになるかもしれないと言われ，「私」は，自分の努力次第《しだい》でおじいさんのような美しいガラスの作品をつくれるようになっている未来もあるのだと考えているのである。

問８　おじいさんに「値が張る」と言われたときのサヤさんの「え，ええ」という言葉からは不安になりながらも，責任を感じて弁償《べんしょう》しようとしているようすが読み取れる。それを見た「私」が胸を痛めているのは，サヤさんの経済状況《じょうきょう》が厳しいことを知っていて，申し訳ない気持ちになっているからだと考えられる。

問９　おじいさんは，初め無愛想なように見えたが，「私」の質問にきちんと答えてくれたり，「また来なさい」と言ってくれたりしたところからは，やさしさが読み取れる。

問10　「私」はおじいさんに，壊《こわ》れたガラスのリンゴは，溶かすことで別のグラスやコップに生まれ変われるのだと聞いた。そして，たとえ失敗したとしても何度でも生まれ変われるというのは，自分自身にもあてはまると感じていることをおさえる。「何度だって」「何百回だって」という言葉からは，どんなことがあってもあきらめずに生きていこうと考えている「私」の強い気持ちが読み取れる。

2023 年度　頌栄女子学院中学校

【算　数】〈第２回試験〉(40分)〈満点：100点〉

《注意》　１．円周率は3.14とすること。

　　　　　２．定規・コンパスは使わないこと。

1　(1)　次の□にあてはまる数を求めなさい。

$$\left(300-2.4\times\square\div\frac{4}{25}+3\frac{3}{8}\div0.375\right)\times7=2023$$

(2)　３時から４時の間で，長針と短針が重なる時刻と，長針と短針が反対向きに一直線になる時刻の差は何分か求めなさい。

(3)　ある商品を220円で販売《はんばい》しようとしたところ，不良品がいくつかあり，販売できる数が減ってしまいました。そこで，30円値上げして販売しました。販売できる商品をすべて売ることができたため，売り上げは予定していた売り上げの1.1倍になりました。不良品は全体の何％あったか求めなさい。

(4)　白い石と，黒い石をある規則に従って次のように100段目まで並べました。黒い石の段は全部で何段あるか求めなさい。また，黒い石は全部で何個あるか求めなさい。

１段目　●
２段目　○○
３段目　○○○
４段目　●●●●
５段目　○○○○○
６段目　○○○○○○
７段目　●●●●●●●
　⋮　　　⋮

(5)　あるクラスの生徒15人について，算数の小テストの結果は次のようになりました。

９，５，３，４，10，９，10，７，８，６，８，５，８，６，８　(点)

返却《へんきゃく》後，ある生徒１人について採点ミスをしていたことがわかり，その生徒の得点が２点下がってしまったため，採点ミスがわかる前の結果とわかった後の正しい結果の中央値が変わってしまいました。採点ミスのあった生徒のもとの点数は何点だったでしょうか。考えられるものをすべて答えなさい。ただし，数のみ答えなさい。

(6)　右の図で，同じ印がついている角の大きさは等しくなっています。角アの大きさを求めなさい。

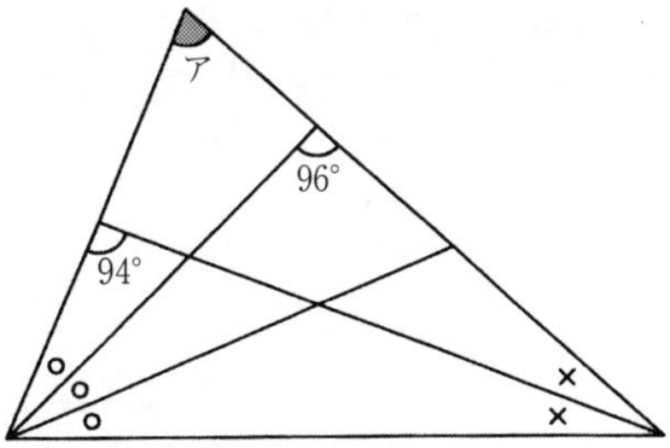

(7)　２けたの数の中で，７で割って２余る数または６の倍数は全部で何個あるか求めなさい。

(8)　３日連続で行われたあるイベントには１日目に120人，２日目に150人，３日目に200人が参加しました。２日目

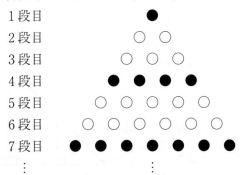

にアンケートをとったところ，２日連続で参加した人は40％いました。３日目にアンケートをとったところ，初めて参加した人は10％，３日連続で参加した人は20％いました。１日目には参加せず，２日目と３日目の両方に参加した人は何人以上いたか求めなさい。ただし，アンケートは２日目，３日目共に来場者全員にとったものとします。

(9)　容器Ａ，Ｂに濃度《のうど》の異なる食塩水が400ｇずつ入っています。Ａから100ｇ，Ｂから300ｇ取り出して混ぜ合わせると８％の食塩水ができます。また，ＡとＢに残っている食塩水をすべて混ぜ合わせると10％の食塩水ができます。最初にＡとＢに入っていた食塩水の濃度をそれぞれ求めなさい。

2　一定の速さで流れている川の上流Ａ地点から下流Ｂ地点まで船で下るのに４時間かかります。

頌子さんは「この船の静水時の速さを２倍にすると，Ａ地点からＢ地点まで下るのにかかる時間が半分の２時間になる」と考えました。

この考え方は間違っています。その理由を言葉で説明しなさい。

3　姉と妹の１ヶ月のおこづかいの比は２：１です。ある月，おこづかいをもらう直前の２人の所持金は同じでした。おこづかいをもらうと，姉と妹の所持金の比は12：７になりました。姉が1800円使うと，残金はおこづかいをもらう前の所持金の３倍になりました。妹の１ヶ月のおこづかいはいくらか求めなさい。なお，答えの求め方も説明しなさい。

4　直角三角形において，直角の向かいにある辺を斜辺《しゃへん》といいます。斜辺の長さが２cmの直角二等辺三角形を何個か使って，直角二等辺三角形をつくります。例えば，９個使うと図のような斜辺の長さが６cmの直角二等辺三角形ができます。

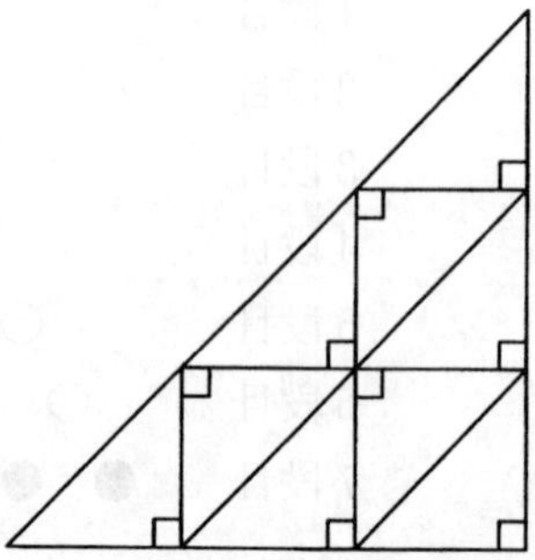

(1)　斜辺の長さが98cmと100cmの直角二等辺三角形をつくりました。この２つの三角形をつくるために必要な斜辺の長さが２cmの直角二等辺三角形の個数の差は何個か求めなさい。なお，答えの求め方も説明しなさい。

(2)　面積が次の①～④になる直角二等辺三角形をつくることができますか。できる場合はその斜辺の長さを，できない場合は×を解答用紙に書きなさい。

①　493cm²　　②　361cm²

③　323cm²　　④　289cm²

5　図１のような立体を四角すいといい，四角形の面を底面といいます。四角すいの体積は，次の式で求められることが知られています。

四角すいの体積＝底面積×高さ×$\frac{1}{3}$

図１

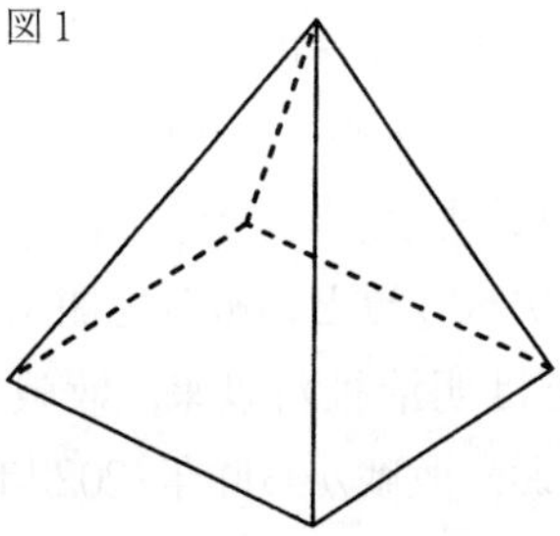

図２

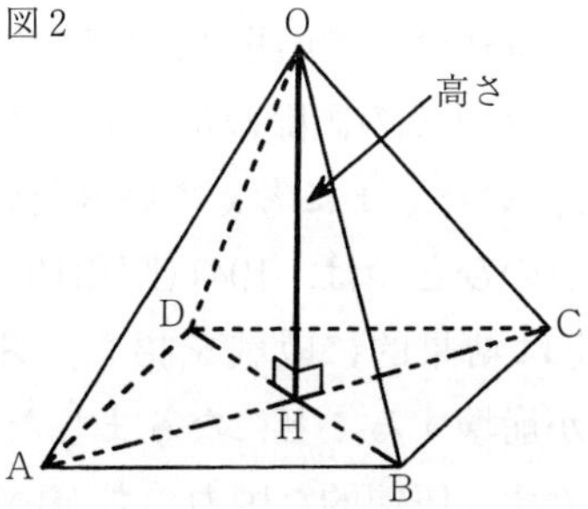

図２は，底面が正方形で，すべての辺の長さが等しい四角すいです。高さ OH が 10cm のとき，次の問いに答えなさい。

(1)　正方形 ABCD の面積を求めなさい。

(2)　OP：PA＝OQ：QB＝3：2 となる点Ｐ，Ｑを OA，OB 上にそれぞれとります。２点Ｐ，Ｑを通り，底面 ABCD に平行な面で四角すいを切ります。切り口の面積を求めなさい。

(3)　(2)のように立体を２つに分けたとき，体積が大きい方の立体の体積を求めなさい。

【社　会】〈第２回試験〉（40分）〈満点：100点〉

《注意》 漢字で書くべきものは漢字で答えなさい。

〈編集部注：実物の入試問題では，地図や図の大半と絵はカラー印刷です。〉

1 以下の文章を読み，あとの問いに答えなさい。

世界の動きと日本をめぐる状況は連動しています。国際情勢を分析する学問として国際政治学があります。この問題では，アメリカの国際政治学者であるミアシャイマー教授(シカゴ大学)が主張する説をふたつ紹介し，いっしょに考えていきたいと思います。

日本の近現代史の最大の分岐点のひとつは，1941(昭和16)年にアメリカとの戦争を開始したことでしょう。対米開戦の決定は結果的に敗戦を招き，日本では明治維新以来，敗戦まで（ 1 ）年間続いた国家の仕組みが崩壊することになりました。なお，敗戦から昨年(2022年)までも同じ（ 1 ）年間という長さです。圧倒的な国力のちがいのある両国が開戦に至った理由をミアシャイマーは，「①アメリカは1940年６月の［ A ］の陥落と，1941年６月のドイツの［ B ］侵攻によって日本と戦うことを決心し，これが真珠湾へとつながった」と説明しています。つまり，枢軸国であるドイツやXイタリアと組む日本が②東南アジアへの進出を実現すれば，やがてアジア全体で支配を確立することになるため，それを見過ごせないアメリカが日本の打倒を目指したという解釈です。

このことを③世界恐慌の発生後の日本の歩みを振り返って確認してみましょう。貧困の問題を抱える日本は1931年に満州事変を起こし，世論もこれを支持します。1933年には国際連盟の脱退を通告しますが，これは国際連盟規約第16条にもとづく（2　漢字４字）の発動をさけるためだとされています。このようにして日本は孤立を深めますが，アメリカとはまだ決定的な対立に至っていません。例えば，1934年には日米野球が開催され，当時ニューヨーク・ヤンキースに所属していた（ 3 ）も一度だけの来日を果たし，その打撃で同シリーズの三冠王となる活躍をしました。

アメリカが日本との対立を深めていった背景には，1937年に始まる日本との戦争を指導した中国の(a)【あ：袁世凱　　い：毛沢東　　う：蔣介石】による米国への働きかけ，1939年にヨーロッパで勃発した第二次世界大戦による情勢の変化，1940年に締結され，米英との対立を招いた日独伊三国同盟などがあげられますが，決定打となったのは1941年７月のインドシナ南部への日本の進駐と，それに対してアメリカが行った日本への（ 4 ）の輸出の全面禁止です。この時の日本の内閣総理大臣は(b)【か：近衛文麿　　き：犬養毅　　く：東条英機】，アメリカの大統領は（5　フルネーム）でした。当時，日本軍の内部では，ヨーロッパにおけるドイツ軍の進撃を見て満州より北に軍隊を進めて［ B ］をドイツと挟み撃ちする案と，中国から南に軍隊を進めて④［ A ］がもつインドシナを押さえて資源を確保する案とがありましたが，日本は後者を選択し，このことがアメリカによる日本に対する重大な（ 2 ）を招いたわけです。（ 4 ）の使用量の８割以上をアメリカからの輸入に依存し，備蓄が３年分もない日本は国内の窮乏や好戦的な世論にもとづき，1941年12月の開戦に進んでいきました。昭和天皇は「日米戦争は（ 4 ）で始まり，（ 4 ）で終わった様なもの」と述べていますが，徐々に深まっていった日米の対立は1941年７月に引き返せないところまで達しました。以上の出来事と結びつけて判断するならば，ミアシャイマーが示した日米開戦の図式は的確なものであるといえるでしょう。

ミアシャイマーは昨年２月24日に始まったロシアのウクライナ侵攻に関して，日本の雑誌にも投稿し，その解説が注目を集めました。同教授によると，ロシアで独裁政治を行うプーチン大統領のふるまいがとかく問題視されるなか，「ウクライナ危機の主な原因は西側諸国，とりわけアメリカにある」というのです。次にこの分析を考えてみましょう。

B が1991年に解体したことで，ウクライナは独立を果たしました。この時の B 大統領は，1980年代後半から国の立て直しのためのペレストロイカを指揮した(６)です。(６)の妻や母がウクライナ人であることから分かるように，両国は密接な関係をもっており，ウクライナ東部ではロシアと同じく(c)【さ：ギリシア正教　し：カトリック　す：プロテスタント】の信者が多く存在します。ちなみに10世紀末にロシアで(c)に改宗し国教とした(７)は「聖公」とされ，プーチン大統領とウクライナのゼレンスキー大統領の名前(ファーストネーム)はともにロシア語で(７)です。

冷戦終結の際に，アメリカは B に対して⑤西側の軍事同盟である(８　アルファベット)を東方へ拡大しないことを約束したと(６)は回想しています。しかし，この約束は守られず，(８)は加盟国を増やし，ロシアの隣国であるウクライナへ迫ったため，ロシアは警戒心を高めていきました。例えば，2014年にウクライナで民主化運動が盛り上がり，アメリカがそれに関与すると，ロシアは(d)【た：カムチャッカ　ち：バルカン　つ：クリミア】半島を併合しました。(d)は19世紀の半ばにイギリスのナイチンゲールが看護師として活躍した大きな国際戦争が起きたことでも知られる，黒海に面する半島です。ミアシャイマーはアメリカがウクライナに接近することは， B がかつてアメリカの裏庭に位置する(９)に接近してミサイル基地を建設し，1962年に核戦争の寸前までいったことに等しい危険な行為であることを指摘しています。もちろん，今回のロシアの明らかな侵略行為は正当化されるべきではありませんが，ウクライナ侵攻にはこのような側面があったことも知っておくべきでしょう。

最後にウクライナ侵攻は日本に何をもたらすだろうか，ということを考えたいと思います。ここでもミアシャイマーの発言に耳を傾けてみると，彼は「この戦争の最大の勝者は中国だ」と主張しています。なぜでしょうか。それはアメリカがウクライナに肩入れすればするほど，東アジアでのアメリカ軍の様々な活動に制限がかかり，そのことが(10)海峡を挟んで米中間に緊張が高まることにつながるからです。(10)は半導体で世界のシェアの半分以上を占めており，日本の最西端である(e)【な：沖ノ鳥島　に：与那国島　ぬ：石垣島】から111キロメートルしか離れていません。Y民主主義国家と専制主義国家との対立が世界規模で深まることも予想されているなか，世界情勢を――かつての日本開戦のように見誤ることなく――これからも注視していきましょう。

問１．文中の空らん(１)～(10)に入る適切な語句を答えなさい。

問２．文中の空らん(a)～(e)に入る適切な語句を，それぞれの【　】の中から１つずつ選び，記号で答えなさい。

問３．下線部①について， A と B に入る国名の組み合わせとして正しいものを１つ選び，記号で答えなさい。

(ア)　A：イギリス　B：フランス　　(イ)　A：イギリス　B：ソ連

(ウ)　A：フランス　B：イギリス　　(エ)　A：フランス　B：ソ連

問４．下線部②について，日本と東南アジアとの貿易に関する説明として正しい組み合わせを１つ選び，記号で答えなさい。

A：東南アジア諸地域との朱印船貿易は，17世紀の初めに豊臣秀吉が開始した。

B：日本・中国・東南アジアを結んだ琉球王国の中継貿易の最盛期は17世紀である。

(ア)　A・Bともに正しい　　(イ)　Aのみ正しい

(ウ)　Bのみ正しい　　(エ)　A・Bともに誤り

問５．下線部③について，以下の出来事を起きた順番に並べ，その組み合わせとして正しいものを１つ選び，記号で答えなさい。

A：二・二六事件　　B：五・一五事件　　C：盧溝橋事件

(ア)　A→B→C　　(イ)　A→C→B　　(ウ)　B→A→C

(エ)　B→C→A　　(オ)　C→A→B　　(カ)　C→B→A

問６．下線部④について，[A]が植民地としていたインドシナに**当てはまらないもの**を１つ選び，記号で答えなさい。

(ア)　タイ　　(イ)　ベトナム　　(ウ)　カンボジア　　(エ)　ラオス

問７．下線部⑤について，昨年新たに(８)への加盟申請が承認された国々の組み合わせとして，正しいものを１つ選び，記号で答えなさい。

(ア)　ノルウェー・スウェーデン　　(イ)　フィンランド・スウェーデン

(ウ)　フィンランド・エストニア　　(エ)　ノルウェー・エストニア

問８．二重下線部Xについて，イタリアではファスト・フードに対してスロー・フードが唱えられています。それはマクドナルドの同国への出店に抗議して，イタリア固有の食文化を見直し，地域の伝統的な食べ物などを守りながら，食事をゆったり楽しもうという運動です。

しかし，スロー・フードに「トマト・パスタ(スパゲッティ)」を入れることはおかしいと主張する人もいます。その理由はなぜでしょうか，以下のカードを参考に説明しなさい。

カード１：コロンブスはイタリア生まれの冒険家で，1492年にアメリカに到達した。この頃，ヨーロッパ人が新航路を開拓したため，大航海時代と呼ばれる。

カード２：コロンブスのアメリカ到達以降，アメリカには馬・牛・羊・鉄がもたらされ，ヨーロッパにはトウモロコシ・ジャガイモ・トマトなどがもたらされた。

問９．二重下線部Yについて，近年，投票率の低さや政治家への不信感などから，民主主義国家における「民主主義の危機」が指摘されています。そこでこの十年ほど，政治学者の間で注目を集めてきたものに，選挙ではなく全国民の中からくじ引きで代表者を選ぶという，くじ引き民主主義(ロトクラシー)があります。それはいわば，くじ引き(ロト)で公職を割り当てていた古代アテネの民主政治(デモクラシー)に立ち戻ろうという議論でもあります。

①　くじ引き民主主義がもつ長所・利点を以下のデータをもとに説明しなさい。

データ：2000年から2009年までの自民党の衆議院議員の内訳をみると，その約９割が男性，約35％が50代，約２割が官僚出身者だった。同様のプロフィール(性別・年齢・職業)を持つ有権者は約５％のみである。

②　くじ引き民主主義がもつ短所・欠点を以下の用語を使って説明しなさい。

【用語】　外交　　国益

2　以下の文章を読み，あとの問いに答えなさい。

東京を代表する建造物として知られる東京タワーは，しばしばその足下にある芝公園の桜や美しく色づいたイチョウとともに撮影されています。芝公園は①1873(明治６)年の太政官布達により整備された日本最初の都市公園の一つです。当初は②増上寺の境内を含むとても広い公園でしたが，戦後の③【ア．平等主義　イ．平和主義　ウ．三権分立　エ．政教分離】の考えにより，増上寺の境内部分が除かれ，環状の公園になりました。公園内には，縄文時代中期あるいは後期のものと考えられている丸山④貝塚や⑤古墳があり，古い時代からこの周囲に人が生活していたことがわかります。

芝公園のある⑥港区は，非常に多くの大使館があることで知られています。日本の政府機関のある東京と開港地である⑦港との道筋にあるこの周辺は，外国にとって便利な土地であったと考えられます。また，この地域には江戸時代に多くの⑧大名屋敷があり，明治政府は国交を結んだ国々に対し，その拠点として大名の屋敷跡を提供しました。このため大使館が集まる地域となったのです。

問１．下線部①について，この年に導入された新たな税のしくみについての説明として適するものを次のア～エから１つ選び，記号で答えなさい。

ア．土地所有者に，年ごとの収入に応じて，現金で納めさせた。

イ．土地所有者に，土地の価値に応じて，現金で納めさせた。

ウ．耕地の耕作者に，年ごとの収入に応じて，現金で納めさせた。

エ．耕地の耕作者に，土地の価値に応じて，現金で納めさせた。

問２．下線部②について，仏教に関する次の(1)～(4)の設問に答えなさい。

(1)　日本で最初にユネスコの世界文化遺産に登録された現存する世界最古の木造建築として知られている奈良県の寺院は何ですか，答えなさい。

(2)　仏教の力で国を守ろうとして，国ごとに国分寺，国分尼寺，都に東大寺，大仏を作らせた天皇は誰ですか，答えなさい。

(3)　平安時代の末期から鎌倉時代には武士や民衆の心情にあったわかりやすく信仰しやすい教えの宗派がつぎつぎとおこりました。次のア～エからこの時期におこった宗派ではないものを１つ選び，記号で答えなさい。

ア．浄土宗　イ．真言宗　ウ．日蓮宗　エ．曹洞宗

(4)　15世紀以降，近畿，北陸，東海地方では仏教信仰により結ばれた農民や武士が守護大名，戦国大名に対し，反乱をおこしました。この反乱を何と呼びますか，答えなさい。

問３．空らん③に入る適切な語句を【　】内のア～エから１つ選び，記号で答えなさい。

問４．下線部④について，次の文章の空欄１・２に入る適切な語句を答えなさい。

貝塚は先史時代の人々が貝殻などのゴミを捨てたものが積み重なった遺跡です。アメリカの動物学者(　1　)が発見した品川区の大森貝塚がよく知られています。貝塚のある場所を地図で調べると海岸のすぐそばにあるのではなく，谷の奥にあってやや高い台地にあることがわかります。これは縄文時代が現在よりも気温が(　2　)，海岸線が内陸に入り込んでいたためであると考えられます。

問５．下線部⑤について，次のア～エから古墳からの出土品として適さないものを１つ選び，記号で答えなさい。

ア．鉄剣　　イ．銅鏡

ウ．土偶　　エ．埴輪

問６．下線部⑥について，次の(1)，(2)の設問に答えなさい。

(1)　次の表は港区を含む都内の３つの区のデータをまとめたものです。表中のＡ～Ｃはどの区であると考えられますか。地図も参考にしながら，組み合わせとして適するものをあとのア～カから選び，記号で答えなさい。

上段：2010年 中段：2015年 下段：2020年	面積の変化 (2010年の面積を100とした場合)	人口総数 (人)	人口密度 (人/km^2)
A	100	205,131	10,085.1
	100	243,283	11,943.2
	100	260,486	12,787.7
B	100	678,967	13,644.8
	100	681,298	13,653.3
	100	697,932	13,986.6
C	100	693,373	11,651.2
	102	717,082	11,821.3
	104	748,081	12,093.1

(総務省統計局より作成)

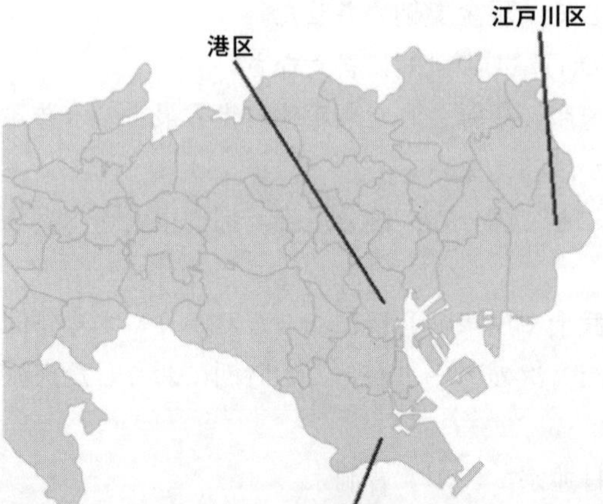

ア．Ａ：江戸川区　Ｂ：港区　　　Ｃ：大田区

イ．Ａ：江戸川区　Ｂ：大田区　　Ｃ：港区

ウ．Ａ：港区　　　Ｂ：江戸川区　Ｃ：大田区

エ．Ａ：港区　　　Ｂ：大田区　　Ｃ：江戸川区

オ．Ａ：大田区　　Ｂ：港区　　　Ｃ：江戸川区

カ．Ａ：大田区　　Ｂ：江戸川区　Ｃ：港区

(2)　港区にある原子力規制委員会と原子力規制庁は**2011年３月に起きた福島第一原子力発電所の事故をきっかけに原子力規制体制が見直されたことで設置されました。**原子力規制委員会設置前と設置後の規制体制を表した次の図を見て，この見直しに関する説明として適するものをあとのア～エから１つ選び，記号で答えなさい。

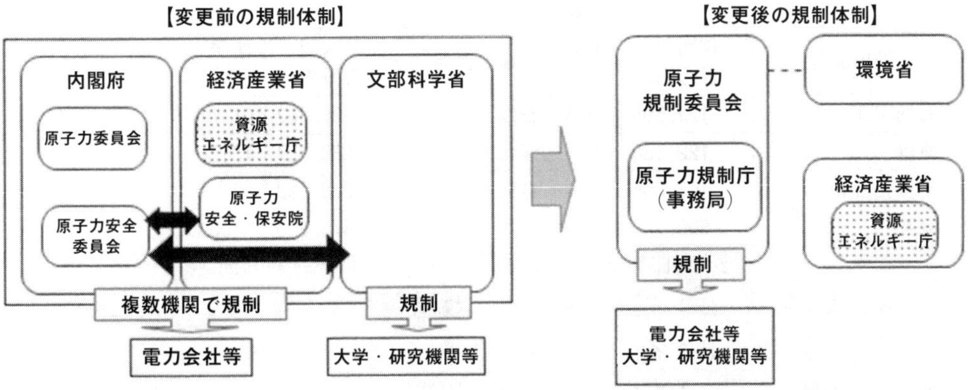

ア．原子力の規制に関わる省を増やすことで，安全性を高めようとした。

イ．原子力の利用を推進する機関を持つ省から原子力の規制機関を独立させた。

ウ．実際に原子力を利用する電力会社や大学・研究機関に規制機関を自主運営させた。

エ．原子力利用を推進するため，規制機関を経済や商業・貿易などを担う省の内部に置いた。

問７．下線部⑦について，以下の表のＡ～Ｄは千葉・東京・名古屋・成田空港の輸出入品目・額などをまとめたものです。Ａ～Ｃがどの港湾のものであるか，組み合わせとして適するものをあとのア～クから選び，記号で答えなさい。

港湾ごとの輸出・輸入主要品目(2020年)

A					
輸出品目	輸出額（百万円）	比率（%）	輸入品目	輸入額（百万円）	比率（%）
半導体等製造装置	849,806	8.4	通信機	1,799,723	14.1
金（非貨幣用）	769,528	7.6	医薬品	1,726,958	13.5
科学光学機器	556,860	5.5	コンピュータ	1,260,572	9.8
総額	10,158,849	100	総額	12,803,024	100

B					
輸出品目	輸出額（百万円）	比率（%）	輸入品目	輸入額（百万円）	比率（%）
自動車部品	303,338	5.8	衣類	908,623	8.3
半導体等製造装置	269,913	5.2	コンピュータ	680,631	6.2
コンピュータ部品	266,919	5.1	肉類	489,432	4.5
総額	5,233,124	100	総額	10,994,662	100

C					
輸出品目	輸出額（百万円）	比率（%）	輸入品目	輸入額（百万円）	比率（%）
自動車	2,557,072	24.6	液化ガス	321,222	7.4
自動車部品	1,733,298	16.6	衣類	295,904	6.9
内燃機関	431,768	4.1	石油	250,993	5.8
総額	10,413,661	100	総額	4,316,005	100

D					
輸出品目	輸出額（百万円）	比率（%）	輸入品目	輸入額（百万円）	比率（%）
石油製品	122,598	20.8	石油	1,280,862	51.7
鉄鋼	122,158	20.7	液化ガス	388,127	15.7
有機化合物	108,505	18.4	自動車	220,092	8.9
総額	590,280	100	総額	2,478,209	100

(『日本国勢図会　2022/23』(矢野恒太記念会)より作成)

ア．Ａ：東京　　　Ｂ：成田空港　Ｃ：名古屋
イ．Ａ：東京　　　Ｂ：名古屋　　Ｃ：千葉
ウ．Ａ：千葉　　　Ｂ：東京　　　Ｃ：成田空港
エ．Ａ：千葉　　　Ｂ：成田空港　Ｃ：東京
オ．Ａ：名古屋　　Ｂ：千葉　　　Ｃ：東京
カ．Ａ：名古屋　　Ｂ：千葉　　　Ｃ：成田空港
キ．Ａ：成田空港　Ｂ：名古屋　　Ｃ：千葉
ク．Ａ：成田空港　Ｂ：東京　　　Ｃ：名古屋

問８．下線部⑧は江戸に幕府が開かれると幕府から屋敷地を与えられた大名が建設を進め，大名やその妻や子などが住むようになりました。江戸から離れた遠方に領国のある大名たちが妻子を江戸に住まわせなければならなかった理由を説明しなさい。

3　以下の文章を読み，あとの問いに答えなさい。

日本は地殻を構成する①４つのプレート上にあるため，地殻変動の影響を受けやすく地震の被害を受けやすい国です。そのため，歴史を振り返ると多数の災害に見舞われ，その度に復興を繰り返してきました。

過去の地震を知ることは，今後どこでどのような被害が起こる可能性があるのか予測することにつながります。では，過去の地震はどのように知ることができるでしょうか。皆さんが想像しやすいのは，文献という形で何らかの書物によって記録されている場合でしょう。例えば，1596年に発生した慶長豊後地震では，②イエズス会の宣教師ルイス・フロイスは「その地へ波が二度三度と(押し寄せ)，非常なざわめき轟音《ごうおん》をもって岸辺を洗い，町よりも七ブラザ以上の高さで(波が)打ち寄せた。」と津波の様子を記しています。また，1854年に発生した安政東海地震では，③なまずが地下で活動することで地震が発生するという民間信仰を題材にしたなまず絵と呼ばれる浮世絵が多数発行されました。この地震ではロシアの軍艦である④ディアナ号が，日米和親条約によって開港された静岡県(　１　)に停泊しており，地震によって引き起こされた津波の影響を受けて沈没するという事態も発生しました。

また，平成30年７月豪雨をきっかけに注目されるようになった⑤自然災害伝承碑も地震をはじめとしたさまざまな災害を記録するものとして知られています。自然災害伝承碑とは，過去に発生した地震や津波，火山災害などの自然災害に係わる事柄が記載されている石碑やモニュメントのことで，(　２　)省に属する国土地理院は2019年に新しく地図記号を設定し，その周知に努めています。国土地理院が提供している地理院地図で自然災害伝承碑の分布をみると，関東地方には1923年(３　日付)に発生した⑥関東大震災に関連する自然災害伝承碑が多数設置さ

れていることがわかります。

地震災害は決して過去の出来事ではなく，今後も突然私たちを襲うことが予測されています。現に南海トラフ地震や首都直下地震は今後30年以内に発生する確率が70%と言われており，いつ巨大な地震が起こってもおかしくありません。自然災害そのものを防ぐことはできませんが，被害を減らすことはできるはずです。そのために過去の地震から学び，地震が起きたときにはどのような行動をするべきか考えを深めなければなりません。

問1．文章中の空らん(1)～(3)に当てはまる最も適切な言葉を答えなさい。

問2．下線部①に関する以下の問いに答えなさい。

(1)　図1は日本周辺のプレート分布を示したものです。図中のA・Bのプレート名として正しい組み合わせをア～カから1つ選び，記号で答えなさい。

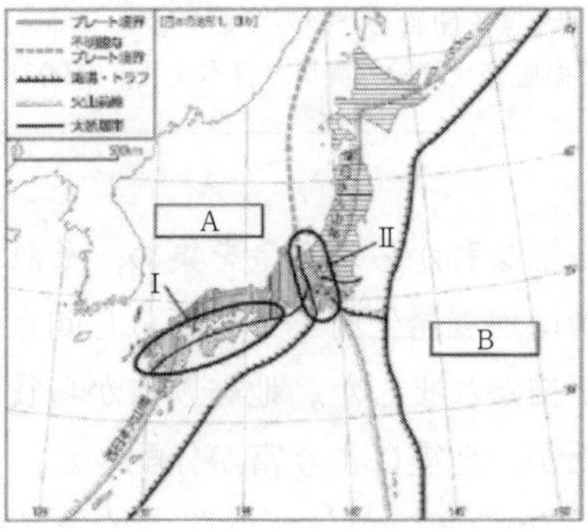

図1　帝国書院出版物より引用　作問の都合上一部編集

ア．A：ユーラシアプレート　　B：北アメリカプレート
イ．A：北アメリカプレート　　B：太平洋プレート
ウ．A：フィリピン海プレート　B：ユーラシアプレート
エ．A：太平洋プレート　　　　B：フィリピン海プレート
オ．A：ユーラシアプレート　　B：太平洋プレート
カ．A：北アメリカプレート　　B：フィリピン海プレート

(2)　図1中のⅠが示す断層線の名称を答えなさい。

(3)　図1中のⅠとⅡが交わる諏訪地域では，プレートの動きが活発であるため，火山岩の一種である黒曜石の産地として知られています。縄文時代から弥生時代にかけて使用された道具のうち，黒曜石を使用したものとして正しいものをア～エから1つ選び，記号で答えなさい。

ア．矢じり　　イ．骨角器
ウ．石包丁　　エ．銅鐸

問3．下線部②の人物の出身地をア～エから1つ選び，記号で答えなさい。

ア．オランダ
イ．イギリス
ウ．ポルトガル
エ．ドイツ

問4．下線部③について，次の「なまず絵」に関する【説明文】の X ・ Y に当てはまる言葉の組み合わせとして，正しいものを1つ選び，記号で答えなさい。

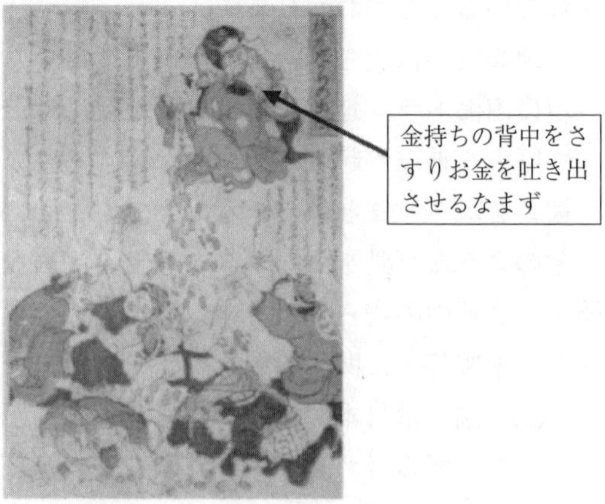

鯰退治

金持ちの背中をさすりお金を吐き出させるなまず

(a)　震災直後のなまず絵　　　　　　　　　　　(b)　復興事業を開始した後のなまず絵

国立国会デジタル図書館デジタルコレクション，宮田登・高田衛監修『鯰絵　震災と日本文化』(1995)より引用

【説明文】

江戸幕府は安政東海地震の震災復興のため，裕福な者から米や金を集め，それを貧しい階層にほどこしました。この結果，貧しい階層は地震発生前よりも暮らし向きがよくなったといいます。このような背景をもとに(b)が描かれました。地震以前から貧富の差の拡大により，貧困層は不満をかかえていましたが，地震により富が分配され，社会が改められるという［　X　］に期待しました。(a)・(b)の２つからわかる，「なまず絵」の特徴は［　Y　］という点です。

ア．X：世直し　Y：共通して，地震の原因とされた「なまず」を悪役として描いている

イ．X：徳政令　Y：地震の原因とされた「なまず」への評価は絵によって分かれる

ウ．X：世直し　Y：地震の原因とされた「なまず」への評価は絵によって分かれる

エ．X：徳政令　Y：共通して，地震の原因とされた「なまず」を悪役として描いている

問５．下線部④のディアナ号に乗船していたプチャーチンはある条約を締結するために，1854年に来航しました。この条約の説明として，正しいものを１つ選び，記号で答えなさい。

ア．ロシアを含む５カ国と同じ内容の条約を結んだ。

イ．大老の井伊直弼が天皇の許可なしに結んだ。

ウ．新潟・神奈川の開港を決定した。

エ．日本にロシア領事を置くことを決定した。

問６．下線部⑤について，自然災害伝承碑の地図記号として正しいものをア～エから１つ選び，記号で答えなさい。

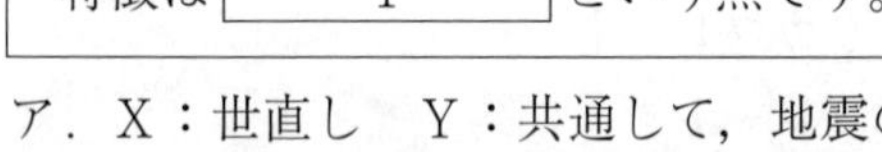

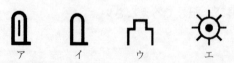

ア　　　イ　　　ウ　　　エ

問７．下線部⑥について，頌子さんと栄子さんはA先生とともに関東大震災の被害について調査をすることになりました。以下の文章を読み問いに答えなさい。

A 先 生：2023年は関東大震災が発生してから100年となる年です。今後同じ地域で発生が予想される地震に備えるために，同じ相模トラフを震源とした元禄地震と比較しな

がら関東大震災の被害について考えてみましょう。表１は元禄地震と関東大震災の死者数を比較したものですが，この表から何が読み取れるでしょうか。

表１

元禄地震(1703)		関東大震災(1923)	
地域	死者数(人)	地域	死者数(人)
甲府領	83	山梨県	22
小田原藩領	2,291	足柄上郡・下郡	1,624
駿河・伊豆	397	静岡県	444
房総	6,534	千葉県	1,346
江戸府内	340	東京市内	68,660

武村雅之『復興百年誌　石碑が語る関東大震災』(2017) p.275より引用

頌子さん：表１をみると，東京では元禄地震よりも関東大震災で死者数が急増したことが読み取れます。なぜ東京だけこのような違いが生じたのでしょうか。

栄子さん：２つの地震において規模が違ったと仮定しても東京だけこのような違いが生じているのは不思議ですね。

Ａ 先 生：そうですね，元禄地震は地震の規模を表すマグニチュード(M)が7.9～8.2，関東大震災ではM7.9と推定されていますので地震の規模はそれほど変わらないと考えられています。東京における関東大震災の被害を理解するために，図２・３を見比べてみましょう。図２は1689年に出版された『江戸図鑑綱目』，図３は1920年に出版された『大東京市全図』で，いずれの図も東京の市街地の様子を鮮明に描いています。地図の表現から新しい市街地が［　A　］に拡大していることが読み取れますね。

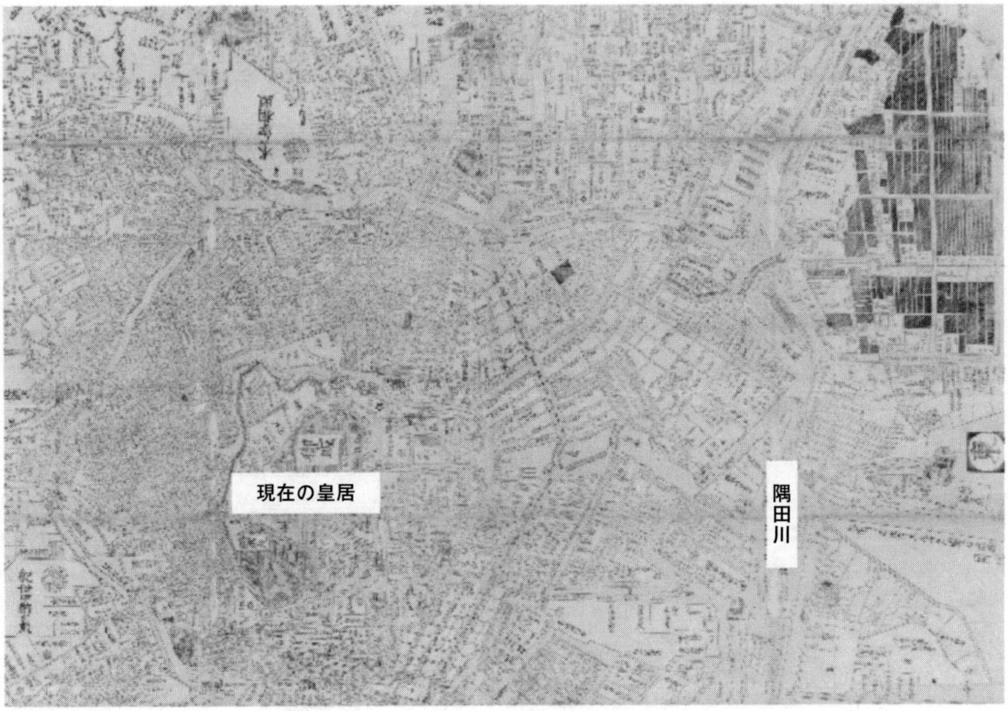

図２

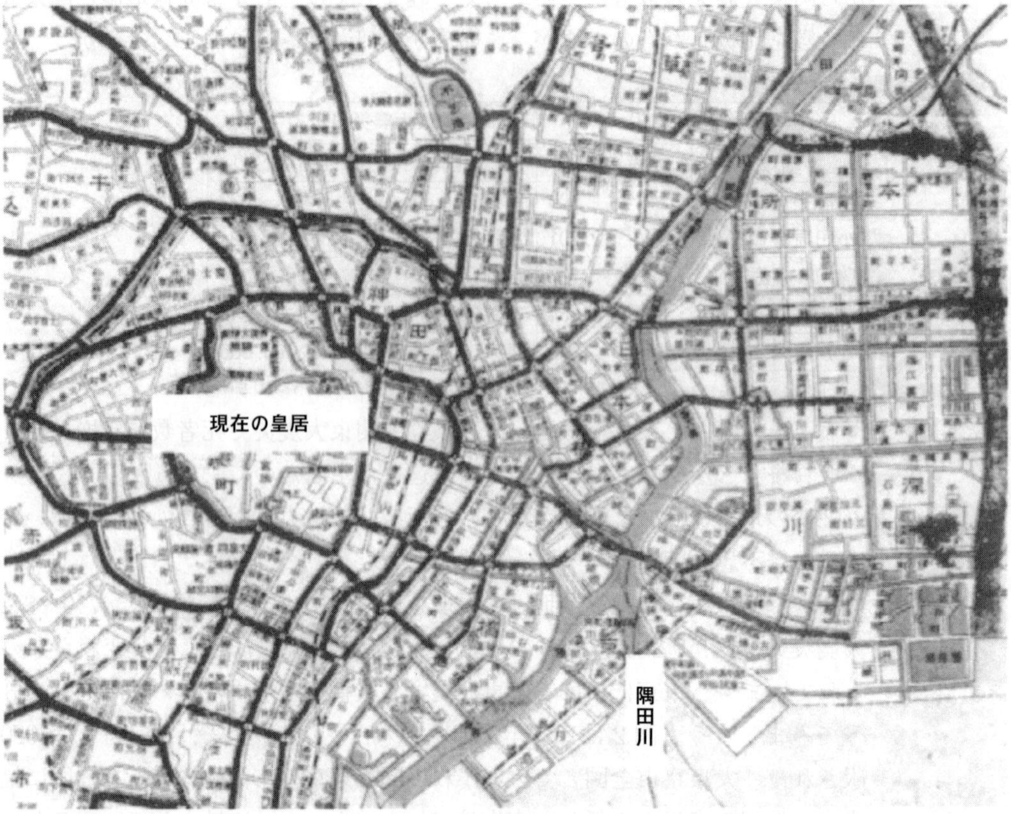

図３

図２：石川俊之〈石川流宣〉//図『江戸図鑑綱目　坤』，相模屋太兵衛，元禄２(1689)　国立国会図書館デジタルコレクション

図３：柴洋之介 著『大東京市全図：各区区分　最新精確番地入』，チェースト社，大正９　国立国会図書館デジタルコレクションより引用　作問の都合上一部編集

頌子さん：このことが死者数の増加にどのように影響しているのでしょうか。

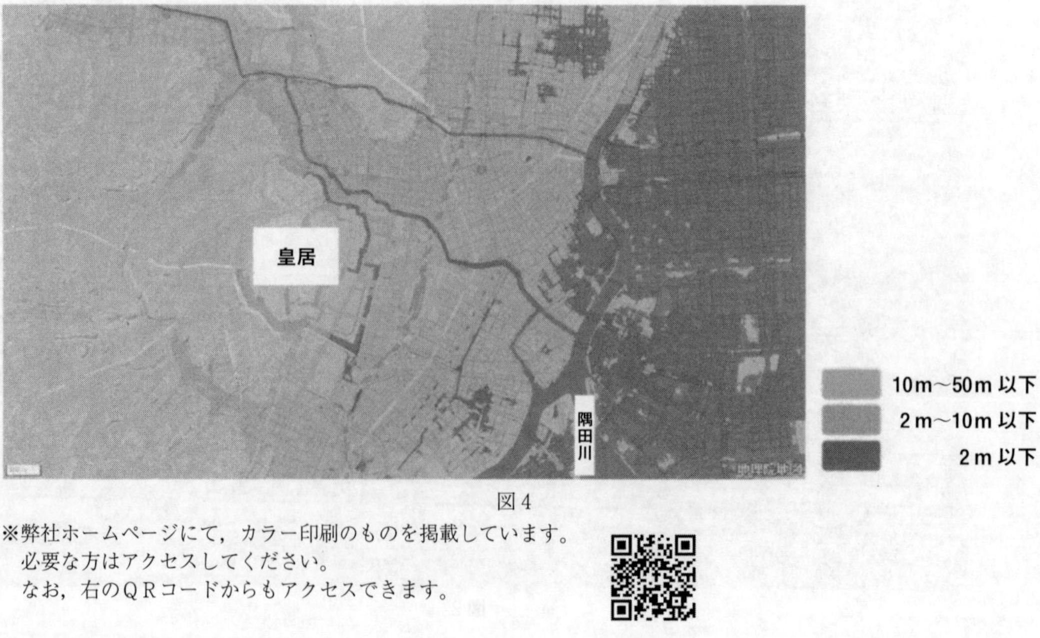

図４

※弊社ホームページにて，カラー印刷のものを掲載しています。
必要な方はアクセスしてください。
なお，右のＱＲコードからもアクセスできます。

Ａ 先 生：標高によって色を塗り分けた東京の地図(図４)をみてその理由を考えてみましょう。どのような地域に新しい市街地は広がったと考えられるでしょうか。

栄子さん：新たに形成された市街地は被害が大きくなってしまったのね。その理由は［　　Ｂ　　］。

Ａ 先 生：そうですね。科学技術の発達や人口の急増により居住に向かない土地に市街地が広がり，その結果たくさんの建物が倒壊して甚大な被害を生んでしまったと考えられますね。ちなみに関東大震災では火災による死者が多かったといわれていますが，建物の倒壊が多かったことが初期消火の遅れをもたらし，各地に火の手が回ってしまったといわれています。

頌子さん：災害の時に被害を減らすために，自分が住んでいる地域の土地の成り立ちを理解して，どのような被害を受ける可能性があるのか知っておく必要がありますね。

(1) 文中の空欄［Ａ］に当てはまるものとして最も適切なものをア～エから１つ選び，記号で答えなさい。

ア．隅田川の西側　　　イ．隅田川の東側

ウ．現在の皇居の西側　エ．現在の皇居の南側

(2) 文中の空欄［Ｂ］に当てはまる文章を土地の成り立ちと想定しうる被害に触れながら説明しなさい。

【理　科】〈第２回試験〉（40分）〈満点：100点〉

《注意》 漢字で書くべき用語は漢字で書くこと。

1　地震《しん》について，以下の各問いに答えなさい。

［Ｉ］ 地球の表面は，何枚もの硬《かた》い『プレート』と呼ばれる岩盤《ばん》で覆《おお》われ，それらが少しずつ（１年間に数 cm の割合）動いていくことで地形の変動や地震が起こるとする考え方があります。これによると，日本列島付近は大陸プレート（ユーラシアプレート・北米プレート）と海洋プレート（太平洋プレート・フィリピン海プレート）が重なり合う複雑な構造をしていることがわかっています。特に，伊豆半島付近は３枚のプレートが集まるきわめて珍《めずら》しい場所です。

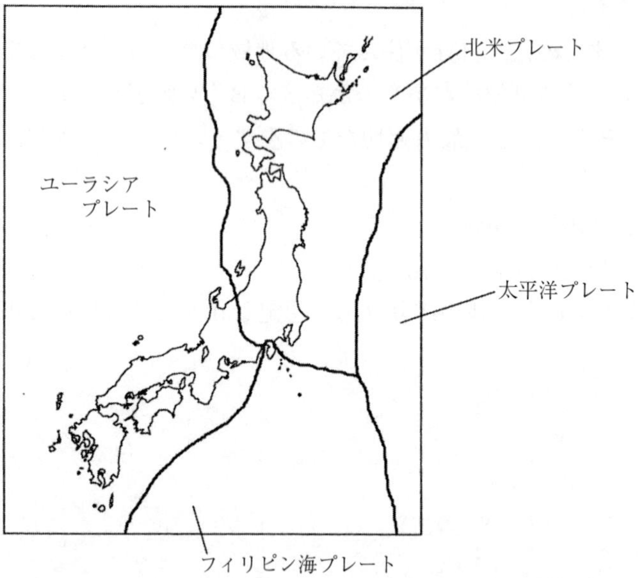

発生する地震の種類はいくつかに分けられますが，主なものとして，(A)海溝《こう》型（プレート境界地震）と(B)内陸型（大陸プレート内地震）があります。日本列島付近で起こったいくつかの大きな地震を分類してみると，次のようになります。なお，かっこ内は発生年で，Mの数値は，後述のように地震の規模を表しています。

(A)　海溝型	(B)　内陸型
十勝沖《おき》地震(2003)　M8.0	濃尾地震(1891)　M8.0
南海地震(1946)　M8.0	熊本地震(2016)　M7.3
関東地震(1923)　M7.9	新潟県中越地震(2004)　M6.8

海溝やトラフは大陸プレートと海洋プレートが重なり合う海底の境界にできるもので，6000m 以上の深さの溝《みぞ》を海溝というのに対して，トラフはそれより浅い盆《ぼん》地状の地形をいいます。防災上，非常に警戒《かい》視されている南海トラフは，四国から紀伊半島の南沖の長い溝にあたります。

問１　三陸沖の日本海溝付近のプレート断面を表した模式図として，最も適当なものはどれですか。**ア**～**エ**から１つ選んで，記号で答えなさい。

ア

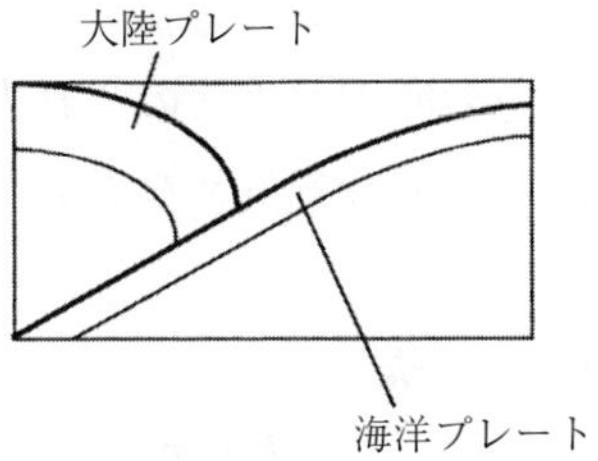

イ

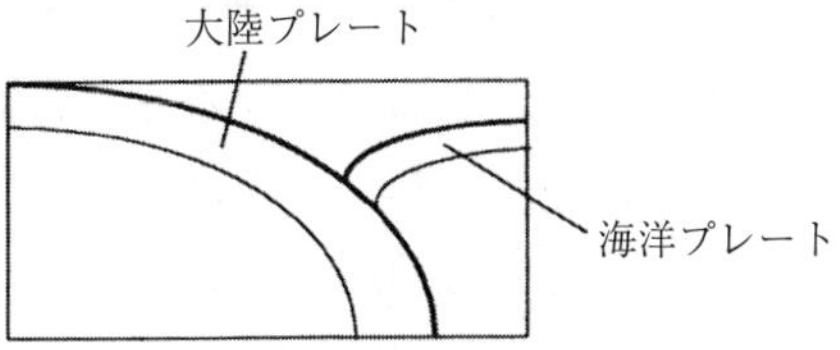

ウ

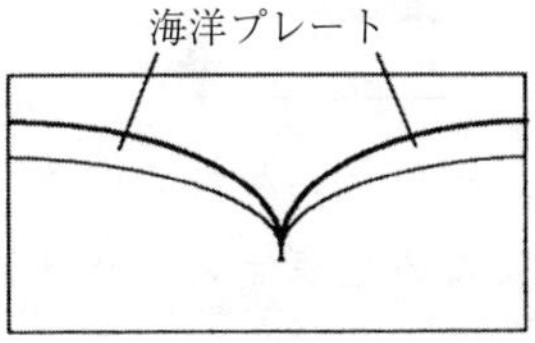

エ

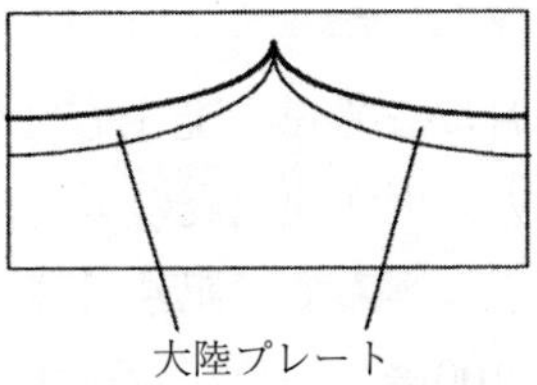

問２　近年の日本の大きな地震災害として，2011年の東日本大震災と1995年の阪神淡路大震災があります。それぞれの原因となった①東北地方太平洋沖地震と②兵庫県南部地震について，次の各問いに答えなさい。

(1)　地震の種類として，(A)海溝型と(B)内陸型のどちらに分類されますか。それぞれ(A)または(B)の記号で答えなさい。

(2)　あてはまる特徴《ちょう》にはどのようなものがありますか。それぞれ次の**ア**～**オ**から３つずつ選んで，記号で答えなさい。ただし，同じ記号を選んでもかまいません。

ア　直下型地震のため，揺《ゆ》れが非常に大きかった。

イ　地震のエネルギーは非常に大きい。

ウ　大きな津《つ》波が発生した。

エ　同じ地域で過去に何度も大地震を繰《く》り返している。

オ　活断層が原因である。

［Ⅱ］　地震が発生したときに地中を伝わる地震波には速さの異なるＰ波とＳ波があり，それぞれによる揺れ方が異なります。一般に，Ｐ波による揺れは{①　強い・弱い}揺れ，Ｓ波による揺れは{②　強い・弱い}揺れという特徴《ちょう》があります。また，ある地点にＰ波とＳ波が到《とう》着した時間の差を調べると，地震が発生した震源までのおよその距離《きょり》が計算できます。

１つの地震でも場所によって揺れ方は異なります。ある地点における揺れの強弱の度合いを【③（漢字２字)】といい，気象庁では０から７までの【④（数字)】階級に分けています。ふつうは震源に近いところの揺れが大きくなるはずですが，地震波の伝わり方と地盤の硬さの関係によっては逆転現象も起こります。実際，昨年11月に三重県で発生した地震の際には，遠く離《はな》れた関東地方の【 ③ 】が大きくなるという逆転現象が起こりました。

これに対して，地震の規模を表すものを【⑤（カタカナ)】といい，記号Ｍに数字をつけて表します。これは地震の放出するエネルギーを数値化しており，エネルギーが1000倍だとＭが２大きくなるという決め方なので，Ｍが１大きくなればエネルギーが約32倍になります。当然，Ｍが大きいと大地震となり，東日本大震災をもたらした東北地方太平洋沖地震ではＭ9.0であったということです。

問３　文章中の空欄《らん》①～⑤を指示の通りに適切にうめて文章を完成させなさい。ただし，①と②

については，どちらかの語句を選んで答えること。

問４　次の**ア**～**エ**の図は，断層ができるとき岩盤にはたらいた力の向きと地層のずれ方を示した断面図です。正しく示されたものはどれですか。１つ選んで，記号で答えなさい。ただし，黒い部分はもともと同じ地層です。

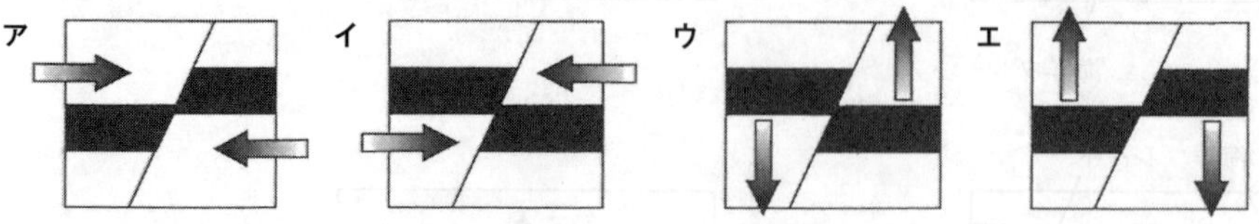

問５　文章中の，昨年11月に三重県で発生した地震はM6.1であったといわれています。この地震に対して，東北地方太平洋沖地震のエネルギーは約何倍になると考えられますか。最も近いものを**ア**～**ケ**から１つ選んで，記号で答えなさい。

ア　32倍　　**イ**　100倍
ウ　320倍　　**エ**　1000倍
オ　3200倍　　**カ**　10000倍
キ　32000倍　　**ク**　100000倍
ケ　320000倍

問６　下の【グラフ】は，Ｐ波とＳ波について，地震発生からの時間と震源距離との関係を示した模式図です。これをもとに，ある観測地点から震源までの距離を求める計算を次のようにしました。文章中の【①】～【⑥】にあてはまる数値をそれぞれ答えなさい。

> 【グラフ】より，Ｐ波の速さは毎秒【 ① 】km，Ｓ波の速さは毎秒【 ② 】kmとわかる。ある観測地点から震源までの距離を x [km]とすると，地震が発生してからＰ波が観測地点に伝わるまでの時間(T_1)は $T_1=x\div$【 ③ 】秒，Ｓ波が観測地点に伝わるまでの時間(T_2)は $T_2=x\div$【 ④ 】秒と書けるので，Ｐ波とＳ波の到達時間差は，$T_2-T_1=x\div$【 ⑤ 】秒となる。ある観測地点での T_2-T_1 が16秒であったとすると，震源までの距離は，$x=$【 ⑥ 】kmと計算できる。

【グラフ】　ある観測地点における，地震発生からの時間と震源距離との関係
（どちらがＰ波・Ｓ波かは，あえて書いていません）

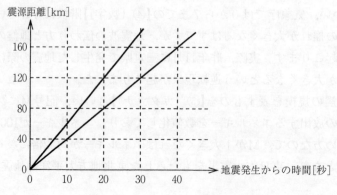

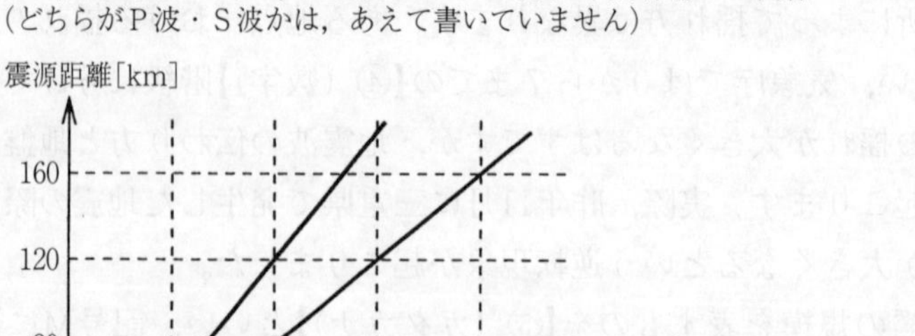

2　気体の性質について，次の【表】を見て，以下の各問いに答えなさい。なお，温度などの条件は，【表】や各問いを通じて同じであるものとします。

【表】　いろいろな気体の性質など

	酸素	二酸化炭素	水素	窒《ちっ》素	アンモニア	塩素
気体１Ｌの質量〔ｇ〕	1.43	2.00	0.09	1.25	0.76	3.17
１Ｌの水に溶《と》ける質量〔ｇ〕	0.07	3.4	0.002	0.03	894	1.7
水溶液の性質	中性	①	中性	中性	②	酸性
火をつけたとき	※燃えない	燃えない	燃える	燃えない	燃える	燃えない
におい	ない	ない	ない	ない	③	ある
色	ない	ない	ない	④	ない	ある

※　酸素自身は燃えないが，他のものが燃えるのを助ける性質がある

問１　【表】の①～④に適する語句をそれぞれ次の**ア**～**オ**から選んで，記号で答えなさい。

ア　酸性　　**イ**　中性　　**ウ**　アルカリ性　　**エ**　ある　　**オ**　ない

問２　空気の成分はその大部分が窒素と酸素で，その他に二酸化炭素などの気体が含《ふく》まれます。その他の気体はわずかなので，空気は窒素と酸素の混合物と近似《きんじ》することができ，その割合は体積で次のようになります。

窒素：酸素＝4：1

【表】の数値を用いて，空気１Ｌの質量を求めなさい。答えは，小数第三位を四捨五入して小数第二位まで示しなさい。

問３　【表】から，水への気体の溶け方について答えなさい。

(1)　【表】では気体が溶ける量を，『１Ｌの水に溶ける質量〔ｇ〕』で表していますが，これを，『１Ｌの水に溶ける体積〔Ｌ〕』で表すとどうなりますか。【表】の値を用いて，二酸化炭素および水素が『１Ｌの水に溶ける体積〔Ｌ〕』を小数第三位を四捨五入して小数第二位まで求めなさい。

(2)　【表】から考えて，集めるときに上方置換《かん》法を用いるのが最も適していると考えられる気体を１つ選んで，気体の名前を答えなさい。

問４　【表】の，①水素のように自分自身が燃えるという性質，および，②酸素のように他のものが燃えるのを助けるという性質をそれぞれ何といいますか。それぞれ漢字３字で答えなさい。

問５　【表】の，酸素，水素，アンモニアの発生方法について，以下の問いに答えなさい。

(1)　①酸素，②水素，③アンモニアを発生させるために必要な試薬を，次の**ア**～**キ**の中から２つずつ選んで，記号で答えなさい。ただし，**ア**～**ウ**は水溶液，**エ**～**キ**は固体です。

ア　うすい塩酸　　**イ**　うすい水酸化ナトリウム水溶液

ウ　過酸化水素水　　**エ**　水酸化カルシウム

オ　鉄　　**カ**　二酸化マンガン

キ　塩化アンモニウム

(2)　(1)の試薬を用いて①～③の気体を発生させるとき，実験操作として加熱が必要となるのはどれですか。①～③からすべて選んで，番号で答えなさい。

問６　二酸化炭素を発生させる方法の一つに，石灰石にうすい塩酸を加えるという方法があります。ここで，石灰石と十分な量の塩酸を用意し，石灰石の質量と発生した二酸化炭素の質量

の関係を調べました。右の表が，その結果です。

この結果と，【表】を用いて，二酸化炭素をちょうど1.0L 発生させるのに必要な石灰石の質量を求めなさい。答えは，小数第二位を四捨五入して小数第一位まで示しなさい。ただし，ここでも塩酸は十分な量あるものとします。

石灰石の質量〔g〕	二酸化炭素の質量〔g〕
1.0	0.44
2.0	0.88
5.0	2.20

3　右の【図1】は，セキツイ動物の進化のようすを示したものです。①～⑤は，それぞれの動物の分類を示します。また【語群1】のa～hは，動物の分類名を示したものです。【図2】のW～Zはそれぞれの動物のからだの一部を示したものです。これらを見ながら，以下の各問いに答えなさい。

【図1】　セキツイ動物の進化のようす

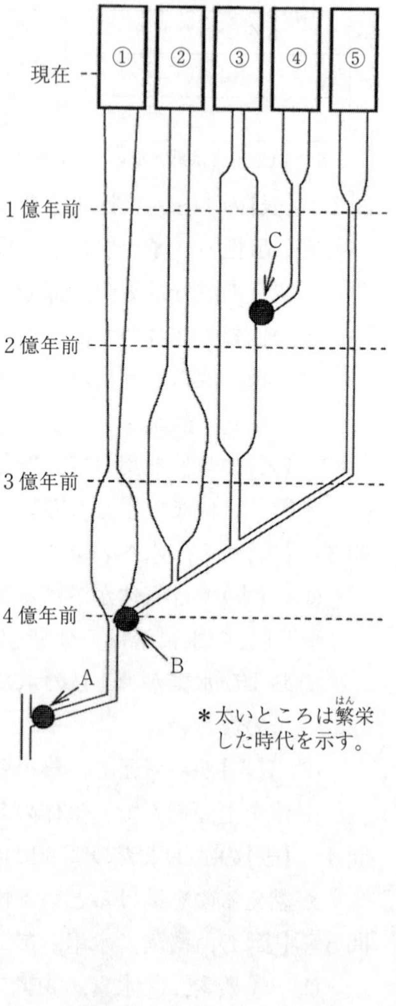

【語群1】

a	ホニュウ類	b	甲殻《こうかく》類
c	昆《こん》虫類	d	ハチュウ類
e	鳥類	f	魚類
g	両生類	h	貝類

【図2】

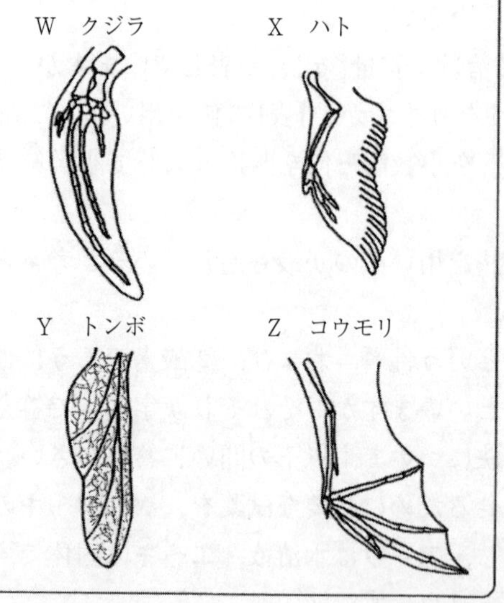

問1　【図1】の①～⑤のセキツイ動物の分類名を【語群1】のa～hから1つずつ選んで，それぞれ記号で答えなさい。

問2　【図1】のA～Cの時期に起こった変化を，次の**ア**～**オ**から1つずつ選んで，それぞれ記号で答えなさい。

ア　水中で産卵《さんらん》し，肺呼吸を行うものが現れた。

イ　殻《から》をもつ卵を陸上で産むものが現れた。

ウ　背骨をもつものが現れた。

エ　固い殻をもつ卵を陸上で産んだ後，卵を親が温めるものが現れた。

オ　ホニュウ類の祖先となるものが現れた。

問３　体温を一定に保つしくみが発達しているものを，【語群１】のａ～ｈから２つ選んで，記号で答えなさい。

問４　一度に産む卵や子の数が最も多い傾《けい》向にあるセキツイ動物を，【語群１】のａ～ｈから１つ選んで，記号で答えなさい。

問５　問４の理由を，次の文章の(①)～(④)に語句を入れて説明したいと思います。それぞれに当てはまる語句を，下の**ア**～**カ**から１つずつ選んで，記号で答えなさい。

（ ① ）が（ ② ）を（ ③ ）する割合が，他の動物に比べて（ ④ ）い傾向があるから。

ア　低　　**イ**　高　　**ウ**　子(卵)　　**エ**　親　　**オ**　保護　　**カ**　刺《し》激

問６　【図２】のＷ～Ｚの中には，１つだけ異なるはたらきをするものがあります。それを選んで，記号で答えなさい。

問７　【図２】のＷ～Ｚの中で，ヒトの腕《うで》と同様に前あしが変化したものをすべて選んで，記号で答えなさい。

問８　長い間，生物は水中でしか生活することができませんでした。それは陸上にあがると，生物にとって危険な①あるものにさらされるからだと考えられています。そののち，別の②ある物質ができ始めてその危険なものが取り除かれるようになり，陸上が安全な場所に変わってきて生物が陸上に進出できるようになったと考えられています。

　下線部①および②に当てはまるものを，次の**ア**～**オ**からそれぞれ１つずつ選んで，記号で答えなさい。

ア　オゾン　　**イ**　二酸化炭素　　**ウ**　放射線　　**エ**　ダイオキシン　　**オ**　紫《し》外線

問９　【図１】の③の生物が栄え始めた頃《ころ》，植物の中には胚珠《はいしゅ》を子房《ぼう》で包んで保護するものが現れ始めました。その植物の分類名を次の**ア**～**オ**から１つ選んで，記号で答えなさい。

ア　被《ひ》子植物　　**イ**　裸《ら》子植物　　**ウ**　シダ類　　**エ**　コケ類　　**オ**　ソウ類

問10　植物は動物との間にいろいろな関係を持ちながら進化をしてきました。問９の植物が子孫をつくるしくみを発達させる上で，最も深い関係をもつようになった動物を【語群１】から１つ選んで，記号で答えなさい。

4　グラフは，ばねＡとばねＢに，いろいろな重さのおもりをつるしてばね全体の長さを調べた結果です。これについて以下の各問いに答えなさい。ただし，ばねの重さは考えず，おもりをどれだけつるしてもばねはのびきらないものとします。また，おもりの大きさは無視できるものとします。

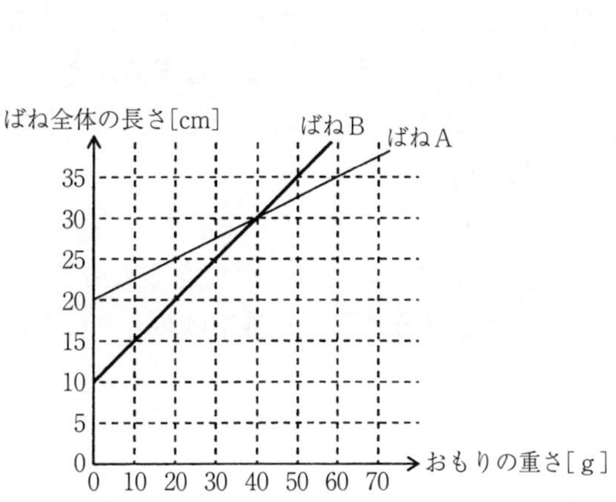

問１　ばねにつるすおもりの重さが２倍，３倍，…になると，ばねののびも２倍，３倍，…になります。このような関係を何といいますか。

問２　ばねＡに15gのおもりをつるすと，ばねＡののびは何cmになりますか。

問3　ばねBに120gのおもりをつるすと，ばねBの全体の長さは何cmになりますか。

問4　次の(1)～(3)のとき，ばね全体の長さはそれぞれ何cmになりますか。

(1)　ばねAとばねBをつなぎ，ばねBに10gのおもりをつるす

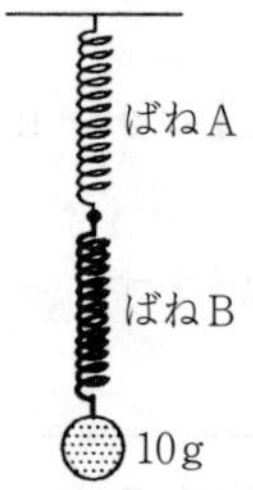

(2)　ばねAに20gのおもりをつるし，その下にばねBをつなぎ40gのおもりをつるす

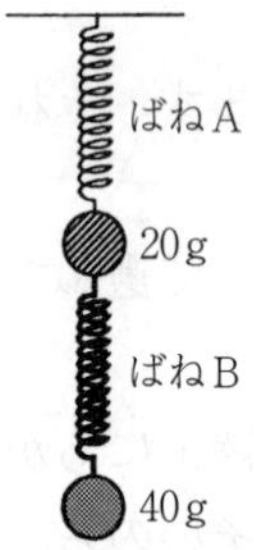

(3)　ばねAの両側に20gのおもりを1個ずつ滑《かっ》車を使ってつるす

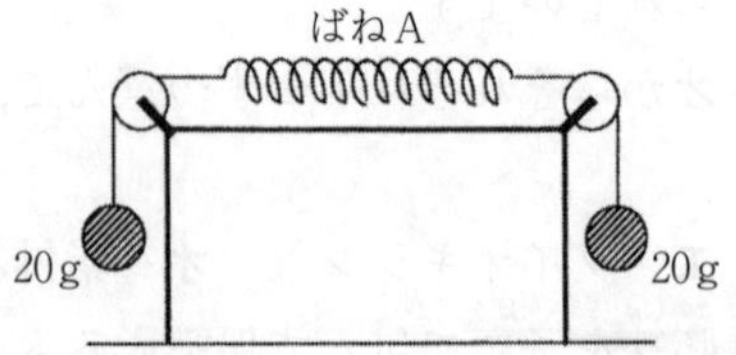

問5　右の図のようにばねA，ばねBを棒につけ，棒の中央におもりをつるしたところ，棒はちょうど水平になりました。このとき，おもりの重さを求めなさい。ただし，棒の重さは考えないものとします。

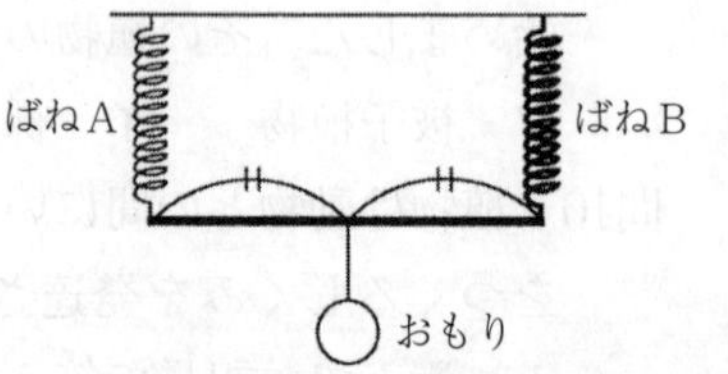

問6　ばねAとばねBをつなげて，ばね全体の長さを70cmにするには，どのようなつなぎ方が考えられますか。問4(1)，(2)の図を参考にして，解答欄《らん》に図で1つ示しなさい。ただし，下の【条件】を守ること。

【条件】

・ばねAとばねBをそれぞれ1本以上は使うこと。

・ばねにつるすことができるおもりの重さは，20gまたは30gのもののみ。おもりは1個以上使うこと。一番下はおもりになるようにつなぐこと。

カナで表記されているのでしょうか。その理由を説明したものとして最も適当なものを、次のア～エの中から一つ選び、記号で答えなさい。

ア　突然《とつぜん》の爆音《ばくおん》の中で聞こえた言葉だったためすぐにわからなかったが、危機が迫《せま》っていることだけは認識することができたから。

イ　敵の戦闘機《せんとうき》が不意に襲《おそ》ってきた時の言葉だったため、助かるためになるべく早くその意味を理解しなければと焦《あせ》っていたから。

ウ　不意に頭上からおそろしい連続音が聞こえてきたが、周りの人たちの叫《さけ》びごえと合わさったためによく聞き取れなかったから。

エ　急に現れた敵の攻撃《こうげき》を知らせる言葉だったが、学校で習っていない漢字だったのですぐには頭に思い浮《う》かべられなかったから。

問三　――②「『いやだったら！　ヒロ子さんとなんて、いっしょに行くのいやだよ！』」とありますが、なぜ「彼《かれ》」はこのように言ったのでしょうか。その理由を四十五字以内で説明しなさい。

問四　――③「夏以外の季節がなかった」という表現について、**B** の文章中のAさんの考えからすると、どのような意味があるでしょうか。※ に入る言葉を二十字以内で考えて答えなさい。

問五　――④「ある予感」とありますが、どのような予感でしょうか。三十字以内で答えなさい。

問六　――⑤「彼は奇妙《きみょう》な歓《よろこ》びで胸がしぼられるような気がした」とありますが、ここでの「奇妙な歓び」とはどのような気持ちでしょうか。八十字以内で説明しなさい。

問七　――⑥「からだはぜんぜん丈夫《じょうぶ》だったよ」とありますが、ここにある「ぜんぜん」は、現在の一般的《いっぱんてき》な使い方ではありません。現在の用法で「ぜんぜん」を使った例文を、主語と述語が必ずある一文で自由に作文しなさい。

問八　――⑦「**二つ**になった沈黙《ちんもく》」について、**B** の文章中では、生徒たちが「〈過去〉〈現在〉〈未来〉の三つの『沈黙』が描かれている」（「**三つ**になった沈黙」）ということを話し合っています。生徒たちが話している「**三つ**になった沈黙」とは、それぞれどのようなことでしょうか。五十字以内でわかりやすく説明しなさい。

問九　――⑧「偶然の皮肉」とありますが、その具体的な内容をわかりやすく説明しなさい。

問十　□ にあてはまる言葉を十五字以内で考えて答えなさい。

よ、最後には「おれのなかに埋葬《まいそう》」する、とも言ってる。「二つ」のうちの一つは、「彼」の「沈黙」なのだと思うのよ。

B　私も、「二つ」のうちの一つは「彼」の沈黙なんだと思う。さっきまで「子供たち」にいろいろと話していた「彼」が、葬列《そうれつ》の真相を知って何も話せなくなってしまった、という成り行きもあるね。

J　なるほど、「子供たち」の話を聞いて「沈黙」してしまった「彼」は、「ヒロ子さん」の死について今後永遠に「沈黙」しつづけるしかないんだね。そう考える方がいいと思う。やっぱり「彼」が沈黙する、ということだと思うよ。

E　確かにそう考えたいね。でも、そうすると、残り一つの沈黙は何？

J　そうなの、私たちもそこにひっかかってるのよ。

G　二つの死が「ヒロ子さん」と「ヒロ子さんのお母さん」の死であることは確かよね？　「彼」は一九四五年の八月に、「ヒロ子さん」の死を知らないままに東京に戻った、それからずっと「彼」は、あの夏のことを誰《だれ》にも語らずに沈黙してきたのよね。

I　そんな「彼」が十八年が過ぎた今、一度に「ヒロ子さん」の死と、「ヒロ子さんのお母さん」の死を知らされる。あの夏のことを語ることができた二人の死を知らされるんだよね。

A　みんなの話を聞いていてひらめきました。今、ここで「ヒロ子さん」と「ヒロ子さんのお母さん」の死の真相を知った「彼」には、この十八年間の沈黙に加えて〈未来〉にまで永遠の沈黙が続くことになったんだよ。「二つになった沈黙」と書いてあるけど、実際は〈過去〉〈現在〉〈未来〉と続く「三つになった沈黙」なんだよ。「ヒロ子さん」と「ヒロ子さんのお母さん」の「二つの死」を埋葬することによって、「彼」の中で「三つの沈黙」が永遠に続くんだ。

C　先生、ここを「三つになった沈黙」にしたらダメですか？　……ダメですよね。

先生　皆さん、素晴らしいですね。「三つになった沈黙」、確かにその通りだと思います。でも、作者はあくまでも「二つになった沈黙」と書いています。誰か、いい考えはありませんか？

H　だったら、「彼」が今後、何について「沈黙」するのか、その「何」が二つになった、ということだと思います。つまり「彼」は今まで、終戦の夏の「ヒロ子さん」のことについてずっと沈黙していたでしょ。これからは、その「ヒロ子さん」のことにプラスして、[　　　]についても沈黙しなければならないのよ。

C　なるほど！　それで「二つになった沈黙」なんだね。

問一　～～～Ⅰ～Ⅲの意味として最も適当なものを、それぞれ後のア～エの中から一つずつ選び、記号で答えなさい。

Ⅰ　即席《そくせき》の
ア　それほどうまくない　イ　みんなで作りあげた
ウ　よく組み立てられた　エ　間に合わせで作った

Ⅱ　不謹慎《ふきんしん》だった
ア　心に思っていることがつい態度に出てしまった
イ　その場にふさわしくない不真面目《ふまじめ》な態度だった
ウ　相手の気持ちを傷つけるようなことを口にした
エ　わざとらしくおかしな振《ふ》る舞いをしてしまった

Ⅲ　ませた
ア　実際の年齢《ねんれい》よりも大人びた
イ　かなりの自信がありそうな
ウ　見るからになまいきそうな
エ　見た目よりもしっかりした

問二　――①「『カンサイキだあ』」とありますが、なぜここではカタてきたというのに。そうして今日、せっかく十数年後のこの町、現在のあの芋畑をながめて、はっきりと敗戦の夏のあの記憶を自分の現在から追放し、過去の中に封印《ふういん》してしまって、自分の身をかるくするためにだけおれはこの町に下りてみたというのに。……まったく、なんという⑧偶然の皮肉だろう。

B

次の文章は四年前、頌栄女子学院中学校の一年生が『夏の葬列《そうれつ》』の授業で話し合っている様子です。クラス全体を四～五人のグループに分けたグループ学習をしています。先生からの問いかけに対してグループ内で協議し、メンバーそれぞれの考えを共有した上で協議内容を発表しながら進めていく授業の中の一コマです。Aさん～Jさんは、グループを代表して発言している生徒です。

先生　今日は、皆《みな》さんが「どういう意味なんだろう？」と、疑問に思ったという部分について考えていくことにしましょう。最初は「夏以外の季節がなかった」というのはどういうことなのだろう、という疑問でしたね。直後にある「あの夏の季節だけが、いまだに自分をとりまきつづけている」ならばわかるけれど、「夏以外の季節がなかった」というのは、どういうことなのだろう？　ですよね。さて皆さん、どんな考え方ができそうですか？

A　「振《ふ》り返ってみると」の意味なのだと思います。そして「夏」というのも、あの一九四五年の夏なのだと思います。二十六歳《さい》か二十七歳の「彼《かれ》」がそれまでの人生を振り返ってみると、［　※　］なので、自分の過去にはあの夏以外の日々がなかった、と言っているのだと思います。

D　もっと重症《じゅうしょう》なんじゃないかなぁ。「重症」、つまり「彼」はノイローゼ気味だったに違《ちが》いないと思ってます。「彼」の頭の中には四六時中、あの夏の思い出があって、あれから十八年、「彼」は常に、あの夏の日を生き続けてきたのだと思う。

F　私はそこまで重症じゃないと思う。もちろんあの夏が「彼」の中で強烈《きょうれつ》な思い出だったことは間違いないけど、「彼」はずっとその町を「避《さ》けつづけてきた」と言ってるよね。「自分の身をかるく」したいとも言ってる。「彼」にとってのこの思い出は、うまくいけば逃げられるもの、という程度の認識だったんじゃないかなぁ。

先生　そうですね。やはりいろいろな読解ができるものですね。今はとりあえず次に進みます。新しい意見や、今の発表についての意見があれば、また、次の授業で発表してほしいと思います。

　さて次は、——⑦「二つになった沈黙《ちんもく》」について考えてみましょう。「沈黙」の意味はわかっていますよね、「話をせずにだまっている状態」です。「二つの沈黙」の「二つ」とは何と何なのか、という疑問でしたね。考えてみましょう。

H　直後に「二つの死」とあるのだから、単純に、亡くなった「ヒロ子さん」の沈黙と、同じく亡くなった「ヒロ子さんのお母さん」の沈黙だと思います。

C　同感。「彼」はここで一気に、「ヒロ子さん」の死と、その「ヒロ子さん」の死が原因となった「ヒロ子さんのお母さん」の死、二つの死を知らされたんだよね。「彼」の心にズシンときたんだと思うよ。

F　それってつまり、二人が亡くなったことで二人が「沈黙」した、ということよね？　なんか違うと思うのよねぇ……。

D　「沈黙」のひとつは「彼」の沈黙じゃない？　「彼」はあの日の出来事について十八年間、ずっと沈黙してるんだから。そして、「彼」はこの「沈黙」が「自分のなかで永遠につづく」って言ってるでしのとき死んでいなかったら、彼女はたしか二十八か、九だ。

突然、⑤彼は奇妙な歓《よろこ》びで胸がしぼられるような気がした。その写真には、ありありと昔の彼女の面《おも》かげが残っている。それは、三十歳《さい》近くなったヒロ子さんの写真だった。

まちがいはなかった。彼は、自分が叫びださなかったのが、むしろ不思議なくらいだった。

――おれは、人殺しではなかったのだ。

彼は、胸に湧《わ》きあがるものを、けんめいに冷静におさえつけながら思った。たとえなんで死んだにせよ、とにかくこの十数年間を生きつづけたのなら、もはや彼女の死はおれの責任とはいえない。すくなくとも、おれに直接の責任がないのはたしかなのだ。

「……この人、足が不自由だった？」

彼は、群れながら列のあとにつづく子供たちの一人にたずねた。あのとき、彼女は太腿《ふともも》をやられたのだ、と思いかえしながら。

「ううん。悪くなかったよ。⑥からだはぜんぜん丈夫《じょうぶ》だったよ」

一人が、首をふって答えた。

では、癒《なお》ったのだ！　おれはまったくの無罪なのだ！

彼は、長い呼吸を吐《は》いた。苦笑が頬《ほお》にのぼってきた。おれの殺人は、幻影《げんえい》にすぎなかった。あれからの年月、重くるしくおれをとりまきつづけていた一つの夏の記憶、それはおれの妄想《もうそう》、おれの悪夢でしかなかったのだ。

葬列は確実に一人の人間の死を意味していた。それをまえに、いささか彼はⅡ不謹慎《ふきんしん》だったかもしれない。しかし十数年間もの悪夢から解き放たれ、彼は、青空のような一つの幸福に化してしまっていた。

……もしかしたら、その有頂天さが、彼にそんなよけいな質問を口に出させたのかもしれない。

「なんの病気で死んだの？　この人」

うきうきした、むしろ軽薄《けいはく》な口調で彼はたずねた。

「このおばさんねえ、心を病《や》んじゃってたんだよ」

Ⅲませた目をした男の子が答えた。

「一昨日《おととい》ねえ、川にとびこんで自殺しちゃったのさ」

「へえ。失恋《しつれん》でもしたの？」

「バカだなあおじさん」運動靴《うんどうぐつ》の子供たちは、口々にさもおかしそうに笑った。「だってさ、このおばさん、もうお婆《ばあ》さんだったんだよ」

「お婆さん？　どうして。あの写真だったら、せいぜい三十くらいじゃないか」

「ああ、あの写真か。……あれねえ、うんと昔のしかなかったんだってよ」

洟《はな》をたらした子があとをいった。

「だってさ、あのおばさん、なにしろ戦争でね、一人きりの女の子がこの畑で機銃《きじゅう》で撃《う》たれて死んじゃってね、それからずっと心の病気になっちゃったんだもんさ」

葬列は、松の木の立つ丘へとのぼりはじめていた。遠くなったその葬列との距離《きょり》を縮めようというのか、子供たちは芋畑の中におどりこむと、歓声《かんせい》をあげながら駈けはじめた。

立ちどまったまま、彼は写真をのせた柩がかるく左右に揺《ゆ》れ、彼女の母の葬列が丘《おか》を上って行くのを見ていた。一つの夏といっしょに、その柩の抱《だ》きしめている沈黙《ちんもく》。彼は、いまはその⑦二つになった沈黙、二つの死が、もはや自分のなかで永遠につづくだろうこと、永遠につづくほかはないことがわかっていた。彼は、葬列のあとは追わなかった。追う必要がなかった。この二つの死は、結局、おれのなかに埋葬《まいそう》されるほかはないのだ。

――でも、なんという皮肉だろう、と彼は口の中でいった。あれから、おれはこの傷にさわりたくない一心で海岸のこの町を避《さ》けつづけ彼は、動くことができなかった。頬《ほ》っぺたを畑の土に押しつけ、目をつぶって、けんめいに呼吸をころしていた。頭が痺《しび》れているみたいで、でも、無意識のうちに身体《からだ》を覆《おお》おうとするみたいに、手で必死に芋の葉を引っぱりつづけていた。あたりが急にしーんとして、旋回《せんかい》する小型機の爆音だけが不気味につづいていた。

突然、視野に大きく白いものが入ってきて、やわらかい重いものが彼をおさえつけた。

「さ、早く逃《に》げるの。いっしょに、さ、早く。だいじょぶ？」

目を吊《つ》りあげ、別人のような真青なヒロ子さんが、熱い呼吸でいった。彼は、口がきけなかった。全身が硬直《こうちょく》して、目にはヒロ子さんの服の白さだけがあざやかに映っていた。

「いまのうちに、逃げるの、……なにしてるの？　さ、早く！」

ヒロ子さんは、怒《おこ》ったようなこわい顔をしていた。ああ、ぼくはヒロ子さんといっしょに殺されちゃう。ぼくは死んじゃうんだ、と彼は思った。声の出たのは、その途端《とたん》だった。ふいに、彼は狂《くる》ったような声で叫んだ。

「よせ！　向こうへ行け！　目立っちゃうじゃないかよ！」

「たすけにきたのよ！」ヒロ子さんもどなった。「早く、道の防空壕《ぼうくうごう》に……」

②「いやだったら！　ヒロ子さんとなんて、いっしょに行くのいやだよ！」夢中で、彼は全身の力でヒロ子さんを突きとばした。「……むこうへ行け！」

悲鳴を、彼は聞かなかった。そのとき強烈な衝撃《しょうげき》と轟音《ごうおん》が地べたをたたきつけて、芋の葉が空に舞《ま》いあがった。あたりに砂埃《すなぼこ》りのような幕が立って、彼は彼の手で仰向《あおむ》けに突きとばされたヒロ子さんが、まるでゴムマリのようにはずんで空中に浮《う》くのを見た。

話は一九六三年の夏にもどります。次の文章にあるとおり、一九四五年、「彼」は「ヒロ子さん」のその後を聞かないままに東京に戻《もど》りました。「彼」がこの町に来たのはそれ以来、つまり十八年ぶりだったのです。駅前こそ当時とは全く違う風景になっていましたが、家並みが尽《つ》きるあたりからの風景は当時のまま。やがて「彼」は広い芋畑の向こうに「葬列」を発見することになります。

葬列は、芋畑のあいだを縫《ぬ》って進んでいた。それはあまりにも記憶《きおく》の中のあの日の光景に似ていた。これは、ただの偶然《ぐうぜん》なのだろうか。

真夏の太陽がじかに首すじに照りつけ、眩暈《めまい》に似たものをおぼえながら、彼は、ふと、自分には③夏以外の季節がなかったような気がしていた。……それも、助けにきてくれた少女を、わざわざ銃撃《じゅうげき》のしたに突きとばしたあの夏、殺人をおかした、戦時中の、あのただ一つの夏の季節だけが、いまだに自分をとりまきつづけているような気がしていた。

彼女は重傷だった。下半身を真赤に染めたヒロ子さんはもはや意識がなく、男たちがⅠ即席《そくせき》の担架《たんか》で彼女《かのじょ》の家へはこんだ。そして、彼は彼女のその後を聞かずにこの町を去った。あの翌日、戦争は終わったのだ。

芋の葉を、白く裏返して風が渡《わた》って行く。葬列は彼のほうに向かってきた。中央に、写真の置かれている粗末《そまつ》な柩《ひつぎ》がある。写真の顔は女だ。それもまだ若い女のように見える。……不意に、④ある予感が彼をとらえた。彼は歩きはじめた。

彼は、片足を畦道の土にのせて立ちどまった。あまり人数の多くはない葬式の人の列が、ゆっくりとその彼のまえを過ぎる。彼はすこし頭を下げ、しかし目は熱心に柩の上の写真をみつめていた。もし、あ

2023年度

頌栄女子学院中学校

【国　語】〈第二回試験〉（四〇分）〈満点：一〇〇点〉

※字数指定のある問いでは、特にことわりのない限り、句読点等の符号《ふごう》も一字分と数えます。

一　次のA～Eの各文中のカタカナを、漢字に直してていねいに書きなさい。

A　大自然が作るシンピに深く感動する。
B　実力をハッキできるように準備した。
C　最初に仕事のヨウリョウを覚えたい。
D　スタッフのハクシキぶりに感心した。
E　島々を結ぶ定期船がシュウコウした。

二　次のAとBの文章を読んで、後の問いに答えなさい。

A

以下の文章は、山川方夫《やまかわまさお》作『夏の葬列《そうれつ》』です。「葬列」とは、葬儀《そうぎ》の会場から火葬をする場所まで、あるいは土葬をする場所（墓地）まで、亡《な》くなった方の柩《ひつぎ》（遺体を納めておく箱）を関係者が囲んで行列していく、というものです。以前の日本では日常の光景だったのですが、現代ではあまり見られなくなりました。

一九六三年の夏の日、出張帰りのサラリーマンである主人公の「彼《かれ》」は「海岸の小さな町」の駅に降り立ちました。この町は十八年前の一九四五年五月、東京が受ける空襲《くうしゅう》から身を守るために小学三年生だった「彼」が引《ひ》っ越《こ》しをしてきた町でした。この町に住む東京からの避難《ひなん》児童は「彼」と二歳《さい》年上の「ヒロ子さん」しかいませんでしたから、ふたりはいつも一緒に行動していました。八月十四日、つまり終戦の前日、海岸で遊んだ後、家に帰る途中《とちゅう》の二人は、広い芋《いも》畑《ばたけ》の向こうに「葬列」を見つけます。「葬列に子供が加わるとお饅《まん》頭《じゅう》をくれる」という「ヒロ子さん」の情報をもとに走り出した二人に運命が襲《おそ》いかかります。

芋畑《いもばたけ》は、真青な波を重ねた海みたいだった。彼はその中におどりこんだ。近道をしてやるつもりだった。……ヒロ子さんは、畦道《あぜみち》を大まわりしている。ぼくのほうが早いにきまっている、もし早い者順でヒロ子さんの分がなくなっちゃったら、半分わけてやってもいい。芋のつるが足にからむやわらかい緑の海のなかを、彼《かれ》は、手を振《ふ》りまわしながら夢中で駆《か》けつづけた。

正面の丘のかげから、大きな石が飛び出したような気がしたのはその途中《とちゅう》でだった。石はこちらを向き、急速な爆音《ばくおん》といっしょに、不意に、なにかを引きはがすような烈《はげ》しい連続音がきこえた。叫《さけ》びごえがあがった。①「カンサイキだあ」と、その声はどなった。

艦載機《かんさいき》だ。彼は恐怖《きょうふ》に喉《のど》がつまり、とたんに芋畑の中に倒《たお》れこんだ。炸裂音《さくれつおん》が空中にすさまじい響《ひび》きを立てて頭上を過ぎ、女の泣きわめく声がきこえた。ヒロ子さんじゃない、と彼は思った。あれは、もっと大人の女のひとの声だ。

「二機だ、かくれろ！　またやってくるぞう」奇妙《きみょう》に間のびしたその声の間に、べつの男の声が叫んだ。「おーい、ひっこんでろその女の子、だめ、走っちゃだめ！　白い服はぜっこうの目標になるんだ、……おい！」

白い服――ヒロ子さんだ。きっと、ヒロ子さんは撃《う》たれて死んじゃうんだ。

そのとき第二撃《だいにげき》がきた。男が絶叫《ぜっきょう》した。

2023年度

頌栄女子学院中学校 ▶解説と解答

算　数　＜第２回試験＞（40分）＜満点：100点＞

解　答

1 (1) $1\frac{1}{3}$　(2) $32\frac{8}{11}$分　(3) 3.2％　(4) 34段，1717個　(5) 8，9　(6) 74度　(7) 25個　(8) 80人以上　(9) A…11％，B…７％　2 (例) 解説を参照のこと。　3 1500円　4 (1) 99個　(2) ① ×　② 38cm　③ ×　④ 34cm　5 (1) 200cm^2　(2) 72cm^2　(3) $522\frac{2}{3}$cm^3

解　説

1 逆算，時計算，割合と比，図形と規則，数列，条件の整理，角度，消去算，整数の性質，集まり，濃度《のうど》

(1) $3\frac{3}{8}\div0.375=\frac{27}{8}\div\frac{3}{8}=\frac{27}{8}\times\frac{8}{3}=9$ より，$\left(300-2.4\times\square\div\frac{4}{25}+9\right)\times7=2023$，$300-2.4\times\square\div\frac{4}{25}+9=2023\div7=289$，$300-2.4\times\square\div\frac{4}{25}=289-9=280$，$2.4\times\square\div\frac{4}{25}=300-280=20$　よって，$\square=20\times\frac{4}{25}\div2.4=\frac{16}{5}\div\frac{12}{5}=\frac{16}{5}\times\frac{5}{12}=\frac{4}{3}=1\frac{1}{3}$

(2) 右の図１から図２までの時間を求めればよい。長針は１分間に，360÷60＝６(度)動き，短針は１分間に，360÷12÷60＝0.5(度)動くから，長針は短針よりも１分間に，６－0.5＝5.5(度)多く動く。また，図１から図２までの間に長針は短針よりも180度多く動くので，図１から図２までの時間は，$180\div5.5=32\frac{8}{11}$(分)とわかる。

図１

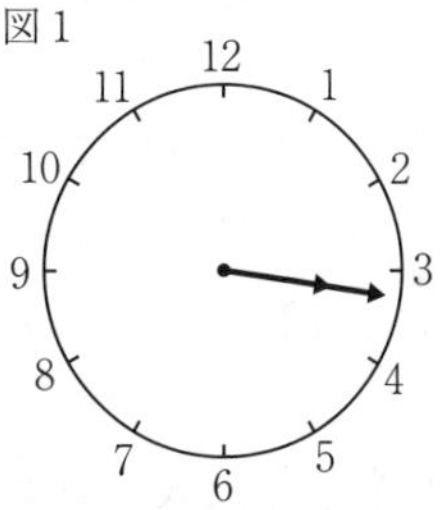

図２

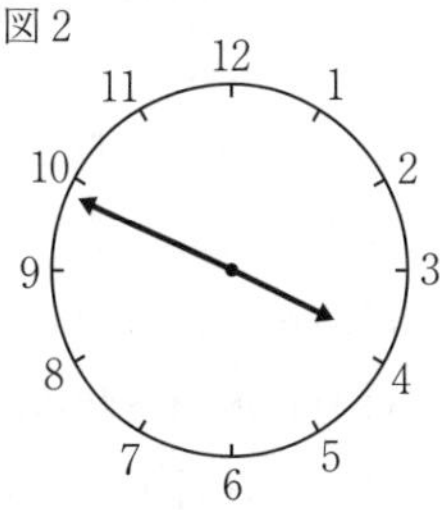

(3) 予定と実際を比べると，１個あたりの値段の比は，220：(220＋30)＝22：25であり，売り上げの比は，１：1.1＝10：11だから，売った個数の比は，$\frac{10}{22}:\frac{11}{25}=125:121$とわかる。そこで，予定の個数を$\boxed{125}$，実際に売った個数を$\boxed{121}$とすると，不良品の個数は，$\boxed{125}-\boxed{121}=\boxed{4}$になる。よって，不良品の全体に対する割合は，４÷125×100＝3.2(％)と求められる。

(4) １段目から順に，{黒，白，白}の順番で並んでいる。100÷３＝33余り１より，100段目までにはこれが33回くり返され，さらに黒を１段並べることがわかる。よって，黒い石の段は全部で，33＋１＝34(段)ある。また，１つの段に並ぶ黒い石の個数は，１個，４個，７個，…のように３個ずつ増え，100段目は100個ある。したがって，黒い石の個数は全部で，１＋４＋…＋100＝(１＋100)×34÷２＝1717(個)と求められる。

(5) 修正前の点数を小さい順に並べると，下の図３のようになる。また，全体の人数は15人だから，８番目の人の点数が中央値になる。10点の人の点数を修正すると，10点の人が１人減り，10－２＝８(点)の人が１人増えるので，図３のようになる。このとき中央値は変わらないから，条件に合わない。同様に，９点の人の点数を修正すると，９点の人が１人減り，９－２＝７(点)の人が１人増えるので，図３のようになる。このとき中央値は８点から７点に変わるから，条件に合う。同様に，８点と７点の人の点数を修正した場合も考えると図３のようになるから，考えられる点数は９点と８点である(図３より，６点以下は修正しても中央値は変わらない)。

図３

中央値 ↓（左から８番目）

(修正前)	3	4	5	5	6	6	7	8	8	8	8	9	9	10	10
(10点を修正)	3	4	5	5	6	6	7	8	8	8	8	8	9	9	10
(９点を修正)	3	4	5	5	6	6	7	7	8	8	8	8	9	10	10
(８点を修正)	3	4	5	5	6	6	6	7	8	8	8	9	9	10	10
(７点を修正)	3	4	5	5	5	6	6	8	8	8	8	9	9	10	10

図４

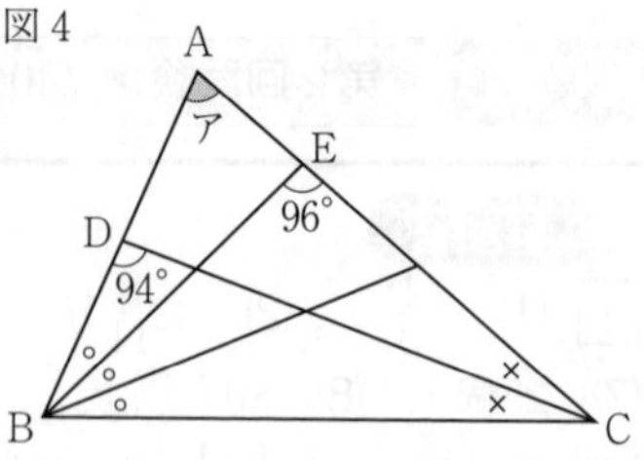

⑹　上の図４で，三角形DBCに注目すると，○３個と×１個の大きさの和は，180－94＝86(度)となる(…①)。また，三角形EBCに注目すると，○２個と×２個の大きさの和は，180－96＝84(度)とわかる(…②)。①の２倍から②をひくと，○６個と×２個から○２個と×２個をひくことになり，○４個の大きさが，86×２－84＝88(度)とわかる。よって，○＝88÷４＝22(度)となり，これを①にあてはめると，×＝86－22×３＝20(度)と求められる。したがって，三角形ABCに注目すると，○３個と×２個の大きさの和は，22×３＋20×２＝106(度)だから，角アの大きさは，180－106＝74(度)とわかる。

⑺　７で割って２余る数は，７×□＋２(□は整数)と表すことができるので，９÷７＝１余り２，99÷７＝14余り１より，この数が２けたになるのは□が２～13の場合であり，13－２＋１＝12(個)あることがわかる。また，９÷６＝１余り３，99÷６＝16余り３より，２けたの６の倍数は，16－１＝15(個)あることがわかる。さらに，７で割って２余る数は{2，9，16，23，30，…}だから，両方に共通する最も小さい数は30となる。また，両方に共通する数は７と６の最小公倍数の42ごとにあらわれるので，{30，72}の２個である。したがって，このような数の個数は，12＋15－２＝25(個)と求められる。

⑻　１日目と２日目に参加した人の数は，150×0.4＝60(人)であり，３日間すべてに参加した人の数は，200×0.2＝40(人)だから，１日目と２日目だけに参加した人の数は，60－40＝20(人)とわかる。また，３日目だけに参加した人の数は，200×0.1＝20(人)なので，右の図５のようにまとめることができる。図５で，アとイの和は，120－(40＋20)＝60(人)だから，イは60人以下である。また，イとウの和は，200－(40＋20)＝140(人)であり，そのうちイが60人以下なので，ウは，140－60＝80(人)以上になる。つまり，１日目には参加せず，２日目と３日目の両方に参加した人の数は80人以上である。

図５

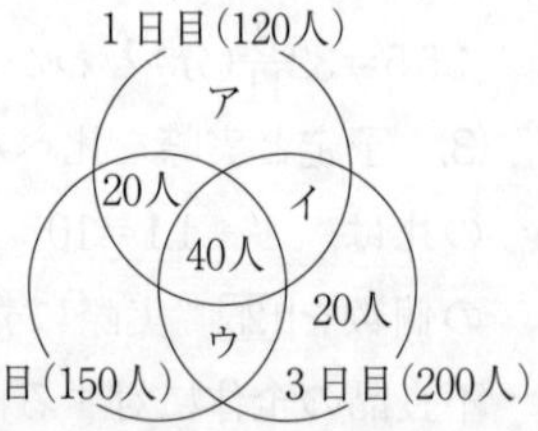

⑼　Aの食塩水100ｇとBの食塩水300ｇを混ぜると濃度が８％になるから，この中に含《ふく》まれている食塩の重さは，(100＋300)×0.08＝32(ｇ)とわかる。また，Aに残っている食塩水の重さは，400－100＝300(ｇ)，Bに残っている食塩水の重さは，400－300＝100(ｇ)であり，これらの食

図６

100×Ⓐ＋300×Ⓑ＝ 32(ｇ)…ア
300×Ⓐ＋100×Ⓑ＝ 40(ｇ)…イ

⬇

100×Ⓐ＋300×Ⓑ＝ 32(ｇ)…ア
900×Ⓐ＋300×Ⓑ＝120(ｇ)…イ×３

塩水を混ぜると濃度が10％になるので，この中に含まれている食塩の重さは，(300＋100)×0.1＝40(ｇ)とわかる。よって，Ａ，Ｂの食塩水の濃度をそれぞれⒶ，Ⓑとして式に表すと，上の図６のア，イのようになる。次に，イの式の等号の両側を３倍してからアの式をひくと，900×Ⓐ－100×Ⓐ＝800×Ⓐの値が，120－32＝88(ｇ)とわかる。したがって，Ⓐ＝88÷800＝0.11と求められ，これをアの式にあてはめると，Ⓑ＝(32－100×0.11)÷300＝0.07となる。つまり，Ａの食塩水の濃度は11％，Ｂの食塩水の濃度は７％である。

2 流水算

下るときの速さは，静水時の速さ(①とする)と川の流れの速さの和になる。よって，静水時の速さを２倍にすると，下りの速さは，②＋(川の流れの速さ)となり，２倍にはならない。したがって，かかる時間が半分になることはない。

3 比の性質

おこづかいをもらう前の２人の所持金をどちらも△円とすると，おこづかいをもらった直後のようすは下の図１のようになる。図１で，②－①＝①にあたる金額と，[12]－[7]＝[5]にあたる金額が等しいから，△＝[7]－①＝[7]－[5]＝[2]となることがわかる。すると，姉が1800円使った後の残金は，[2]×３＝[6]になるので，姉が使ったお金は，[12]－[6]＝[6]と表すことができる。つまり，[6]にあたる金額が1800円だから，[1]＝1800÷６＝300(円)と求められる。よって，妹の１ヶ月のおこづかい([5]にあたる金額)は，300×５＝1500(円)である。

図１

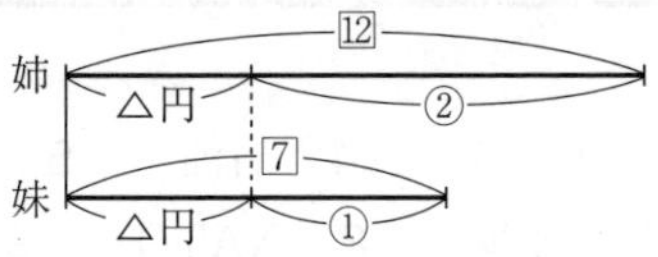

図２

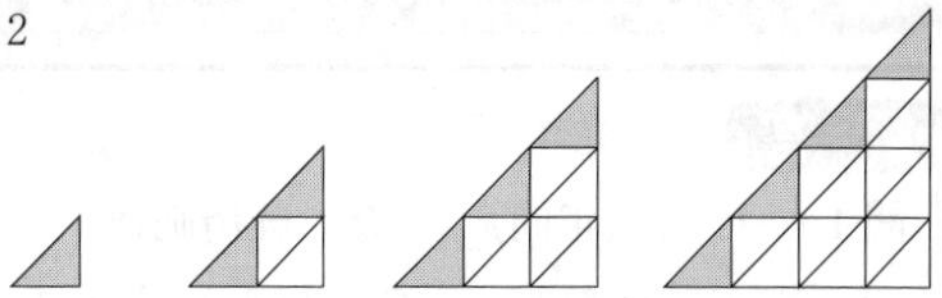

4 平面図形―図形と規則，面積

(1) 上の図２のように，斜辺《しゃへん》の長さが４cmの場合は４個，斜辺の長さが６cmの場合は９個，斜辺の長さが８cmの場合は16個必要になる。このように，かげをつけた部分の個数を□個とすると，必要な個数は，□×□(個)と表せることがわかる。斜辺の長さが98cmの場合，かげをつけた部分の個数は，98÷２＝49(個)だから，必要な個数は，49×49＝2401(個)になる。また，斜辺の長さが100cmの場合，かげをつけた部分の個数は，100÷２＝50(個)なので，必要な個数は，50×50＝2500(個)とわかる。よって，必要な個数の差は，2500－2401＝99(個)と求められる。

(2) 斜辺の長さが２cmの直角二等辺三角形を２個組み合わせると，対角線の長さが２cmの正方形になる。この正方形の面積は，２×２÷２＝２(cm^2)だから，斜辺の長さが２cmの直角二等辺三角形の面積は，２÷２＝１(cm^2)とわかる。よって，かげの部分の個数が□個のときの全体の面積は，１×□×□＝□×□(cm^2)となる。このように表すことができるのは，②の361(＝19×19)と，④の289(＝17×17)である。また，このときの斜辺の長さは，②が，２×19＝38(cm)，④が，２×17＝34(cm)となる。

5 立体図形―面積，体積，相似

(1) 下の図Ⅰの三角形OHCと三角形BHCはどちらも直角三角形であり，OCとBCの長さは等しい。また，辺HCは両方に共通だから，この２つの三角形は合同になる。よって，BHの長さは10cmなので，正方形ABCDの対角線の長さは，10×２＝20(cm)とわかる。したがって，正方形ABCDの面積は，20×20÷２＝200(cm^2)と求められる。

図Ⅰ

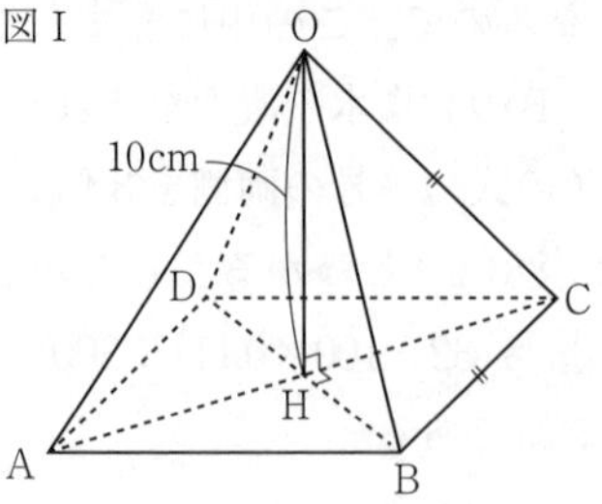

図Ⅱ

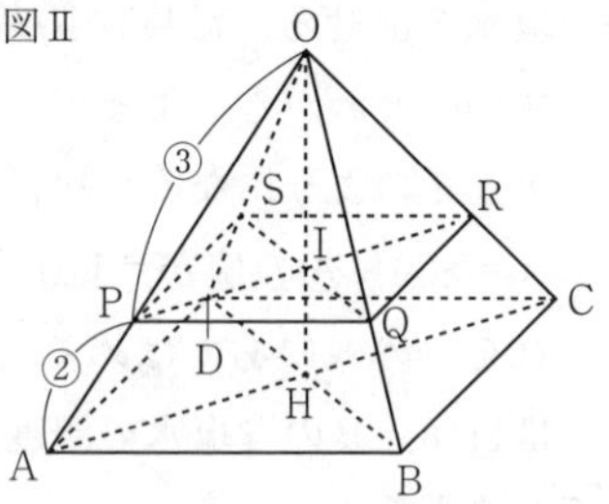

(2)　切り口は，右の図Ⅱの正方形PQRSになる。三角形OABと三角形OPQは相似であり，相似比は，OA：OP＝(３＋２)：３＝５：３だから，正方形ABCDと正方形PQRSの１辺の長さの比も５：３になる。よって，正方形ABCDと正方形PQRSの面積の比は，(５×５)：(３×３)＝25：９となるので，正方形PQRSの面積は，$200\times\frac{9}{25}=72$(cm^2)と求められる。

(3)　図Ⅰの四角すいO－ABCDの体積は，$200\times10\times\frac{1}{3}=\frac{2000}{3}$($cm^3$)である。また，図Ⅱで，OH：OI＝５：３だから，$OI=10\times\frac{3}{5}=6$(cm)となり，四角すいO－PQRSの体積は，$72\times6\times\frac{1}{3}=144$($cm^3$)とわかる。よって，正方形PQRSの下側の立体の体積は，$\frac{2000}{3}-144=\frac{1568}{3}=522\frac{2}{3}$($cm^3$)なので，体積が大きい方の立体は下側の立体であり，その体積は$522\frac{2}{3}cm^3$となる。

社　会　＜第２回試験＞（40分）＜満点：100点＞

解　答

1　問１　１　77(年間)　２　経済制裁　３　ベーブ＝ルース　４　石油　５　フランクリン＝ルーズベルト　６　ゴルバチョフ　７　ウラジミル　８　NATO　９　キューバ　10　台湾　問２　a　う　b　か　c　さ　d　つ　e　に　問３　(エ)　問４　(エ)　問５　(ウ)　問６　(ア)　問７　(イ)　問８　(例)　トマトは大航海時代に伝わったためイタリアの伝統的な食べ物ではなく，また南アメリカから伝わった食べ物でもありイタリア固有の食文化とはいえないから。　問９　①　(例)　偶然性にまかせるくじ引きでは，幅広い層から代表者を選ぶことになるため，社会的な偏りが減少する。　②　(例)　外交のような専門的な問題に対しては，たまたま選ばれた人々だけでは適切な判断ができず，国益を損なう恐れがある。　2　問１　イ　問２　(1)　法隆寺　(2)　聖武(天皇)　(3)　イ　(4)　一向一揆　問３　エ　問４　１　モース　２　高く　問５　ウ　問６　(1)　ウ　(2)　イ　問７　ク　問８　(例)　幕府が人質とするために大名の妻子を江戸に住まわせるように命じたため。　3　問１　１　下田　２　国土交通(省)　３　９(月)１(日)　問２　(1)　オ　(2)　中央構造線　(3)　ア　問３　ウ　問４　ウ　問５　エ　問６　ア　問７　(1)　イ　(2)　(例)　隅田川によって形成された湿地帯であるため，地盤がぜい弱で地震によってゆれやすかったから。

解　説

1　世界の動きと日本をめぐる状況についての問題

問１　１　1868年９月に明治と改元されて新しい時代が始まり，1945年８月にポツダム宣言を受け入れて敗戦した。よって，1945－1868＝77(年間)となる。　**2**　国際連盟規約第16条では，連盟加盟国が戦争を起こした国に対して通商や金融《きんゆう》上の関係を断つことが規定されており，経済制裁をすることができた。　**3**　ベーブ＝ルースは，20世紀前半にアメリカのメジャーリーグで活躍した野球選手で，「野球の神様」とよばれた。　**4**　1941年７月に日本がフランス領インドシナに侵攻《しんこう》すると，アメリカは日本への対抗措置《そち》として，日本に対する石油の輸出を全面禁止した。 **5**　フランクリン＝ルーズベルトは，1933年３月～1945年４月にかけて第32代アメリカ大統領を務めた。その間，1929年に発生した世界恐慌《きょうこう》で打撃を受けた経済の回復に取り組み，第二次世界大戦では連合国を主導した。　**6**　ゴルバチョフは，1985年にチェルネンコに代わってソビエト連邦(ソ連)の共産党書記長に就任し，ペレストロイカとよばれる改革政策を進めた。　**7**　ロシアのプーチン大統領の名前はウラジミル＝プーチン，ウクライナのゼレンスキー大統領の名前はウォロディミル(ロシア語ではウラジミル)＝ゼレンスキーである。　**8**　NATO(北大西洋条約機構)は，冷戦を背景にアメリカ・カナダ・イギリス・フランスなどの間で1949年に結成された軍事同盟である。冷戦後にはポーランドやルーマニアなどの東ヨーロッパの国々も加盟するようになり，ウクライナも加盟の意向を示したため，ロシアはその状況に不満を持った。　**9**　中米に位置するキューバでは，1962年にソ連による核ミサイル基地が建設中であることが発覚したため，アメリカがカリブ海でキューバを封鎖し，アメリカとソ連の間で緊張が高まり核戦争が起こる危機に直面したが，両国の話し合いが進められ，ソ連がキューバから核ミサイルを取り去ることで危機は回避された(キューバ危機)。　**10**　台湾と中華人民共和国(中国)を隔《へだ》てる海峡を台湾海峡という。

問２　**a**　蔣介石《しょうかいせき》は，中国国民党を結成した孫文が病死したのち中国国民党の指導者となり，国内で共産党と対立を続けたが，1937年に日中戦争が始まると，共産党と一時的に協力して日本と戦った。　**b**　近衛文麿《このえふみまろ》は，1937年６月から1941年10月の間に３度内閣総理大臣を務めた。　**c**　ロシアや東ヨーロッパでは，キリスト教の教派の一つであるギリシア正教会の信者が多い。　**d**　2014年２月，ウクライナで反政府デモが起こって親ロシア派のヤヌコーヴィチ大統領が解任されると，ロシアのプーチン大統領はクリミアに軍事介入し，３月にはクリミア半島の併合を宣言した。 **e**　沖縄県に属する与那国《よなぐに》島は，東経122度56分に位置する日本最西端の島で，台湾とは111キロメートルしか離れていない。

問３　1939年９月，ドイツがポーランドに侵入して始まった第二次世界大戦では，ドイツが1940年６月にフランスの首都パリを占領し，1941年６月に独ソ不可侵条約を破ってソ連に侵攻した。また，冷戦終結後の1991年12月，ゴルバチョフ大統領が辞任し，各共和国が独立したことにともなってソ連が解体された。

問４　徳川家康は1604年に朱印船制度を行い，こののち1635年までに朱印状を公付された貿易船350隻《せき》以上が東南アジアなどに出かけて活躍した。豊臣秀吉は1598年に亡くなっているので，Ａは誤り。琉球王国は15～16世紀に中継貿易で栄えたが，その後，ポルトガルの進出や中国・日本人商人たちの活躍もあっておとろえていった。よって，Ｂも誤り。

問５　Ａの二・二六事件は，1936年２月26日に陸軍の将校たちが約1400名の兵を率いて首相官邸《かんてい》などを襲い，高橋是清《これきよ》蔵相らを殺害し一帯を占拠した事件，Ｂの五・一五事件は，1932年５月15日に海軍の将校たちが犬養毅《いぬかいつよし》首相らを暗殺し，警視庁や政友会本部などを襲った事件，Ｃの盧溝橋《ろこうきょう》事件は，1937年に北京郊外の盧溝橋付近で日中両軍が衝突し，日中戦争のきっかけとなった事件である。したがって，Ｂ→Ａ→Ｃの順となる。

問６　フランスが植民地としていたフランス領インドシナとよばれるところは，現在のベトナム・ラオス・カンボジアである。また，タイは第二次世界大戦中に独立を守った国として知られ，いずれも東南アジアの国々である。

問７　北ヨーロッパに位置するフィンランドとスウェーデンは，それまで数十年間にわたり軍事的中立の立場をつらぬいてきたが，ロシアのウクライナ侵攻を受けてNATOに加盟することを決め，2022年６月に加盟を申請した。しかし，加盟するには全加盟国(30か国)の承認が必要とされ，トルコが条件をつけて加盟の承認を保留している(2023年２月現在)。

問８　スロー・フードは，その土地の伝統的な食文化や食材を見直そうという社会運動。南米原産のトマトは，大航海時代にスペインを経てヨーロッパに伝わった。イタリアでは17世紀以降，食用ではなく観賞用として栽培されていたが，18世紀末ごろになるとナポリでパスタとともに食べられるようになった。したがって，トマト・パスタをイタリア固有の食文化とするのはおかしいという考え方もある。

問９　①　データを見ると，現代の衆議院議員には性別・年齢・職業に偏《かたよ》りがある。これをくじ引きにすると女性が増えて年齢層が幅広くなり，さまざまな職業の人が議員になれるという長所・利点がある。　②　外交のような専門的で国の存続にかかわるような重要分野については，たまたま選ばれた人々だけで適切な判断ができない可能性があるため，国益が損なわれる危険があるという短所・欠点がある。

[2]　芝公園周辺の歴史についての問題

問１　明治政府は国の財政を安定させるため，1873年に地租改正を実施した。これにより，米の豊作・不作にかかわらず税率は変えず，土地の所有者に地価の３％を現金で納めさせるようにした。

問２　(1)　法隆寺は，７世紀初めに聖徳太子が奈良の斑鳩《いかるが》に建てたもので，現存する世界最古の木造建築である。1993年，日本で初めてユネスコ(国連教育科学文化機関)の世界文化遺産に登録された。(2)　奈良時代には，都で天然痘《とう》という伝染病が流行し，各地でききんや災害，貴族の反乱が起こるなど社会不安があいついだ。そのため，仏教を厚く信仰した聖武天皇は仏の力で国を安らかに治めようと考え，地方の国ごとに国分寺・国分尼《に》寺を建てさせ，その大もととして都(平城京)に東大寺と大仏をつくらせた。　(3)　平安時代末期から鎌倉時代には，法然の浄土《じょうど》宗，親鸞《しんらん》の浄土真宗，一遍《いっぺん》の時宗，日蓮の日蓮宗，栄西の臨済宗，道元の曹洞《そうとう》宗という，わかりやすく信仰しやすい６つの宗派が開かれ，武士や農民の間に広まった。真言宗は平安時代に空海が開いたもの。(4)　15世紀以降，近畿・東海・北陸地方の一向宗(浄土真宗)の信徒たちが，守護大名や戦国大名に対し，しばしば起こした反乱を，一向一揆という。中でも，1488年に守護の富樫《とがし》氏を倒し，約100年にわたり信徒たちが自治を行った加賀の一向一揆が有名。

問３　日本国憲法第20条に規定された，国が宗教的活動に支援・関与することを禁止する原則を政教分離の原則といい，国家は特定の宗教を禁止したり強制したりすることはできず，特定の宗教や団体を保護してはならないことになっている。

問４　**１**　1877年，アメリカの動物学者エドワード＝モースは横浜から新橋行きの汽車に乗ったさい，大森駅を過ぎたあたり(大田区と品川区の境界付近)で車窓から大森貝塚を発見した。これがきっかけとなり，日本で考古学という新しい学問が始まった。　**２**　縄文時代の約１万年前には，気温が温暖になって海水面が上昇し，群馬県などでも貝塚が発見されるなど，海岸線が今よりもだいぶ内陸に入り込んでいた。

問５　古墳は，大王や豪族がその権威を示すためにつくらせた大きな墓。古墳の頂上や周りには，家・馬・武人などをかたどった素焼きの土製品である埴輪《はにわ》が並べられ，墓の中には銅鏡・玉・鉄剣・馬具などが納められた。なお，ウは縄文時代につくられた土人形で，まじないに用いられたと考えられている。

問６　(1)　ＡはＢやＣにくらべて人口が少ない(会社などが多い)ことから港区，Ｃは面積が増えていることから大田区，残ったＢが江戸川区となる。2019年，長年にわたってその帰属が問題となっていた中央防波堤埋立地は，20.7％が大田区に帰属することになり，その新町名は令和島と名づけられた。　(2)　以前は，原子力の利用を推進する資源エネルギー庁とそれを規制するための原子力安全・保安院が，同じ経済産業省内に設置されていたが，2012年に規制する機関を経済産業省から分離・独立させるための法律が制定され，環境省のもとに原子力規制委員会が新設された。

問７　まず，半導体・通信機・医薬品など小型・軽量で高価なものが輸出入品の上位に入っているＡは成田空港である。次に，輸出品の約40％を自動車関連が占《し》めるＣは，自動車産業のさかんな豊田市に近い名古屋港である。残ったＢとＤのうち，衣類や肉類など衣食住に関するものを多く輸入しているＢが東京港，石油がおもな輸入品となっているＤが千葉港である。

問８　1635年，江戸幕府の第３代将軍徳川家光は武家諸法度を改定し，参勤交代を制度化した。これにより，大名は１年おきに江戸と領国に住むことを義務づけられ，大名の妻子は人質として江戸の大名屋敷に住まわされた。

３　過去の地震災害を題材とした問題

問１　**１**　1854年，前年に引き続き，アメリカ東インド艦隊司令長官ペリーが浦賀(神奈川県)に来航し，日本とアメリカとの間で日米和親条約が結ばれた。これにより，下田(静岡県)・函館(北海道)の２港を開き，アメリカ船に水・食料・燃料などを補給することが約束された。　**２**　国土地理院は，土地の測量や地図の作成をおもな仕事とする国土交通省の付属機関で，茨城県の筑波研究学園都市にある。　**３**　1923年９月１日，相模湾を震源とするマグニチュード7.9の大地震が起こり，関東地方南部を中心に死者・行方不明者約14万人を出す大災害が発生した(関東大震災)。

問２　(1)　日本の西南日本(Ａ)にはユーラシアプレート，東北日本には北米プレート，日本の東側(Ｂ)には太平洋プレート，南側にはフィリピン海プレートがある。　(2)　西南日本を九州東部から四国・紀伊半島を経て関東まで横断する1000キロメートルにおよぶ断層を，中央構造線という。(3)　黒曜石は黒い色をしたガラス状の光沢のある火成岩で，割ると非常に鋭《するど》い断面がつくられるため，旧石器時代以降おもに矢じりや槍《やり》の先などに利用された。

問３　ルイス＝フロイスはポルトガル人のイエズス会宣教師で，1563年に来日して京都で布教にあたり，織田信長や豊臣秀吉とも関わりを持った。イエズス会から命じられて『日本史』を著し，外国人から見た戦国時代の日本の様子や布教について記した。

問４　江戸時代末期には，地震なまずがあばれると地震が起こるといわれていたので，地震で被害を受けた人々がなまず(地震)に対して怒りをぶつける様子やなまずを退治する様子，世直しを行うなまずなど，数百種類のなまず絵が描かれた。(a)ではなまずが悪者として描かれているが，(b)ではなまずが裕福な者から貧困層へとお金をまわす弱い者の味方として描かれていることから，なまずの評価は絵によって異なるといえる。

問５　1854年にアメリカと日米和親条約を結んだ日本は，続いて来航したロシアのプチャーチンとの間で日露和親条約を結んだ。この条約では，ロシアとの国境が確認されたほか，函館・下田に加えて長崎を開港すること，日本に領事を置くことなどが決められた。

問６　( )は，過去に発生した津波・洪水・土砂災害などの情報を伝える自然災害伝承碑《ひ》を表し，イの記念碑の地図記号に碑文を示す縦線を加えてつくられた。なお，ウは城あと，エは灯台の地図記号。

問７　(1)　江戸時代には隅田川の西側(地図上では左側)に人口が密集していたが，地震や火災などの災害が多発したことから，防災対策中心の都市計画によって隅田川の東側が埋め立てられ，市街地が拡大した。　(2)　隅田川の東側は標高が低く，地盤が弱い湿地帯であったため，その上に建てられた建物の多くが地震によって倒壊し，深刻な被害につながった。

理　科　＜第２回試験＞（40分）＜満点：100点＞

解　答

1　**問１**　ア　**問２**　(1)　①　A　②　B　(2)　①　イ，ウ，エ　②　ア，イ，オ　**問３**　①　弱い　②　強い　③　震度　④　10　⑤　マグニチュード　**問４**　イ　**問５**　キ　**問６**　①　6　②　4　③　6　④　4　⑤　12　⑥　192

2　**問１**　①　ア　②　ウ　③　エ　④　オ　**問２**　1.29 g　**問３**　(1)　**二酸化炭素**…1.70 L　**水素**…0.02 L　(2)　アンモニア　**問４**　①　可燃性　②　助燃性(支燃性)　**問５**　(1)　①　ウ，カ　②　ア，オ　③　エ，キ　(2)　③　**問６**　4.5 g

3　**問１**　①　f　②　g　③　d　④　e　⑤　a　**問２**　**A**　ウ　**B**　ア　**C**　エ　**問３**　a，e　**問４**　f　**問５**　①　エ　②　ウ　③　オ　④　ア　**問６**　W　**問７**　W，X，Z　**問８**　①　オ　②　ア　**問９**　ア　**問10**　c

4　**問１**　比例　**問２**　3.75cm　**問３**　70cm　**問４**　(1)　37.5cm　(2)　65cm　(3)　25cm　**問５**　80 g　**問６**　(例)　右の図

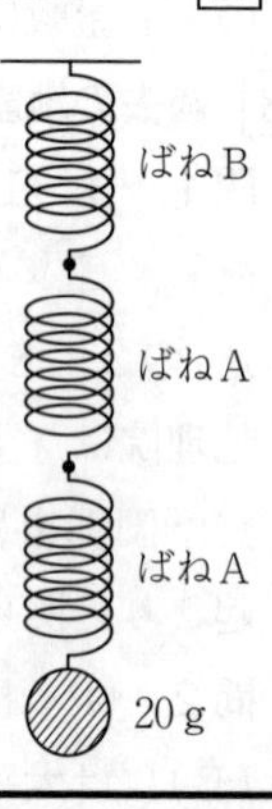

解　説

1　**地震《じしん》についての問題**

問１　三陸沖の日本海溝《かいこう》付近では，アのように，大陸プレート(北米プレート)の下に海洋プレート(太平洋プレート)が沈《しず》み込《こ》んでいる。このとき大陸プレートは海洋プレートに引き込まれていくが，それに耐《た》え切れなくなると，大陸プレートが一気にもとに戻《もど》ろうとはね返る。2011年の東北地方太平洋沖地震(東日本大震災《しんさい》)はこのようにして発生した。

問２　(1)　大陸プレートと海洋プレートの境界で，問１で述べたようなプレートの動きによって起こる地震を海溝型地震という。東北地方太平洋沖地震のほか，近い将来に発生すると考えられている南海トラフ地震がこのタイプにあてはまる。一方，大地の動きにより大陸プレート上の各所に力が加わると，そのひずみに耐えられなくなって，地層が切れてずれることがある。このようにして起こる地震は内陸型地震といい，1995年の兵庫県南部地震(阪神・淡路《あわじ》大震災)はこのタイプである。

(2)　東北地方太平洋沖地震は，世界的に見ても最大級の地震であった。また，海底の変動によって引き起こされた巨大《きょだい》な津波《つなみ》が，東北地方を中心とした太平洋岸をおそった。三陸沖の日本海溝付近では，過去にも今回のような地震がたびたび発生していることがわかっている。一方，兵庫県南部地震は，神戸市などの直下で発生した(直下型地震という)大地震であったため，非常に揺《ゆ》れが激しく，多くの建物が倒壊《とうかい》した。この地震は六甲《ろっこう》・淡路島断層帯という活断層が動いて発生した。

問３　①，②　一般《いっぱん》に，Ｐ波による揺れ(初期微《び》動)はＳ波による揺れ(主要動)よりも弱い。　③，④　各所の揺れの程度は震度で表され，０～４，５弱，５強，６弱，６強，７の10段階に分けられている。　⑤　地震の規模(エネルギーの大きさ)を表す単位をマグニチュードといい，記号Mに数値を続けて，たとえば“M4.5”のように表記する。

問４　力の向きと地層のずれ方が正しいのはイで，このようにしてできるものを逆断層という。ほかはみな，力の向き(矢印の向き)を反対にすると正しくなる。なお，アの矢印の向きを反対にしたのは正断層の様子である。

問５　M6.1のエネルギーを１とすると，M6.1からマグニチュードが２大きくなってM8.1になったとき，エネルギーは1000になる。さらにM8.1からマグニチュードが１大きくなってM9.1になると，エネルギーはおよそ，1000×32＝32000となる。よって，キが選べる。

問６　①，②　Ｐ波の速さはＳ波の速さより速い。グラフより，Ｐ波は20秒で120km伝わるので，Ｐ波の速さは毎秒，120÷20＝６(km)である。また，Ｓ波は20秒で80km伝わるので，Ｓ波の速さは毎秒，80÷20＝４(km)となる。　③，④　(時間)＝(距離《きょり》)÷(速さ)より，毎秒６kmのＰ波が$x$km伝わるのにかかる時間(T_1)は，(x÷６)秒になる。また，毎秒４kmのＳ波が$x$km伝わるのにかかる時間(T_2)は，(x÷４)秒となる。　⑤　$x \div 6 = x \times \frac{1}{6}$，$x \div 4 = x \times \frac{1}{4}$より，Ｐ波とＳ波の到達《とうたつ》時間差($T_2 - T_1$)は，$x \div 4 - x \div 6 = x \times \frac{1}{4} - x \times \frac{1}{6} = x \times \left(\frac{1}{4} - \frac{1}{6}\right) = x \times \frac{1}{12} = x \div 12$(秒)になる。　⑥　$x \div 12 = 16$となるから，$x = 16 \times 12 = 192$(km)と求められる。

2　気体の性質についての問題

問１　①　二酸化炭素の水溶液《すいようえき》を炭酸水といい，弱い酸性を示す。　②　アンモニアの水溶液をアンモニア水といい，アルカリ性である。　③　アンモニアには，鼻をさすような強いにおいがある。　④　窒素《ちっそ》は空気の主成分であるが，その空気に色がついていないことからもわかるように，窒素は無色である。

問２　空気１Ｌに含《ふく》まれている窒素は，体積が，$1 \times \frac{4}{4+1} = 0.8$(Ｌ)なので，質量(重さ)は，1.25×0.8＝１(ｇ)である。また，空気１Ｌに含まれている酸素の体積は，１－0.8＝0.2(Ｌ)で，その質量は，1.43×0.2＝0.286(ｇ)になる。したがって，空気１Ｌの質量は，１＋0.286＝1.286より，1.29ｇである。

問３　(1)　二酸化炭素の場合，１Ｌの水に溶《と》ける質量は3.4ｇだから，その体積は，3.4÷2.00＝1.70(Ｌ)である。また，水素の場合，１Ｌの水に溶ける質量は0.002ｇだから，その体積は，0.002÷0.09＝0.022…より，0.02Ｌとわかる。　(2)　上方置換《ちかん》法は，空気より軽く，水に溶けやすい気体を集めるときに用いる。アンモニアは，気体１Ｌの質量が空気(問２より，約1.29ｇ)よりも軽く，また，１Ｌの水に溶ける質量を見てもわかるように，水に非常に溶けやすい。したがって，集めるときには上方置換法が最も適している。

問４　水素のようにその気体自身が燃えるという性質を可燃性，酸素のように他のものが燃えるのを助けるという性質を助燃性という。

問５　二酸化マンガンに過酸化水素水（オキシドール）を加えると酸素が発生する。酸素は，過酸化水素水に溶けている過酸化水素が分解することで発生し，二酸化マンガンはその分解をうながすはたらきをする（触媒《しょくばい》）。水素を発生させるには，鉄やアルミニウムなどにうすい塩酸を加えるとよい。アンモニアは，塩化アンモニウムと水酸化カルシウムを混ぜて加熱すると発生する。なお，塩化アンモニウムを水酸化ナトリウム水溶液に加えてもアンモニアが発生する。

問６　表より，石灰石1.0ｇあたり0.44ｇの二酸化炭素が発生することがわかる。よって，二酸化炭素1.0Ｌ（質量2.00ｇ）を発生させるのに必要な石灰石は，2.00÷0.44＝4.54…より，4.5ｇである。

3　生物の特徴《とくちょう》と進化についての問題

問１　セキツイ動物のそれぞれのなかまに見られる共通性や，化石が出現する順序《じゅんじょ》などから，魚類から両生類が現れ，両生類からハチュウ類とホニュウ類が現れ，ハチュウ類から鳥類が現れたと考えられている。

問２　Ａは，背骨をもつセキツイ動物が現れた時期にあたる。Ｂは，えら呼吸のみを行う魚類から，肺呼吸を行う期間がある両生類が現れた時期である。Ｃは，固い殻《から》をもつ卵を産むハチュウ類から，その卵を親が温める鳥類が現れた時期となる。

問３　ホニュウ類と鳥類は，まわりの温度が変化しても，体温をほぼ一定に保つことができる。このような動物を恒温《こうおん》動物という。

問４，問５　一般に，魚類は卵を産みっ放しにして，卵やふ化した子を守ったり世話したりすることがない。そのため，卵や子は他の動物に食べられてしまいやすく，親にまで成長する割合がとても低いので，そのぶん産卵数を多くすることで子孫を残している。

問６　クジラの胸びれは水中を泳ぐためのものだが，ハトのつばさ，トンボのはね，コウモリのつばさは空を飛ぶためのものである。

問７　ヒトの腕《うで》やクジラの胸びれ，ハトのつばさ，コウモリのつばさは，形やはたらきは異なるが，もとは先祖《せんぞ》の生物の前あしであったと考えられている。このような器官を相同器官という。なお，トンボなどの昆虫《こんちゅう》のはねは，胸部の外骨格が変化してできたものである。

問８　太陽光に含まれる紫外《しがい》線は生物にとって有害であるため，地球が誕生してからしばらくの間，生物は紫外線の強い陸上では生きられなかった。しかし，水中に光合成を行う植物が発生すると次々と酸素がつくられ，それが上空でオゾンに変化し，地球を取り巻《ま》くオゾン層ができた。オゾン層は紫外線をさえぎるはたらきをするので，地上に届く紫外線量が減り，これによって生物が陸上に進出できるようになった。

問９　胚珠《はいしゅ》を子房《しぼう》で包んで保護している植物を被子《ひし》植物という。

問10　被子植物には，昆虫によって花粉を運んでもらうことによって受粉し，子孫をつくるものが多い。

4　ばねののび方についての問題

問１　一方の値が２倍，３倍，…になると，もう一方の値も２倍，３倍，…になるときの両者の関係を比例という。

問２　グラフより，ばねＡは，もとの長さ(おもりをつるしていないときの長さ)が20cmで，かかる重さ20ｇあたり５cmのびる。よって，ばねＡに15ｇのおもりをつるすと，のびは，$5\times\frac{15}{20}=3.75$(cm)になる。

問３　グラフより，ばねＢは，もとの長さが10cmで，かかる重さ20ｇあたり10cmのびる。したがって，ばねＢに120ｇのおもりをつるしたときの長さは，$10+10\times\frac{120}{20}=70$(cm)となる。

問４　(1)　ばねＡにもばねＢにも10ｇの重さがかかっている。ばねＡの長さは，$20+5\times\frac{10}{20}=22.5$(cm)，ばねＢの長さは，$10+10\times\frac{10}{20}=15$(cm)になるので，全体では，$22.5+15=37.5$(cm)となる。
(2)　ばねＡは，$20+40=60$(ｇ)がかかっているので，$20+5\times\frac{60}{20}=35$(cm)である。また，ばねＢは，40ｇがかかっているので，$10+10\times\frac{40}{20}=30$(cm)となる。したがって，全体では，$35+30=65$(cm)になる。　(3)　ばねの両側におもりがつるされているとき，一方のおもりはばねを止めるはたらき(天井やかべと同じようなはたらき)をしていると考えるとよい。つまり，ばねＡには20ｇの重さがかかっている。したがって，全体の長さは，$20+5\times\frac{20}{20}=25$(cm)である。

問５　おもりを棒の中央につるしたので，ばねＡとばねＢにはおもりの重さが半分ずつかかっている。つまり，ばねＡとばねＢにかかる重さは等しく，このときのばねＡの長さとばねＢの長さも等しくなっている。このようになるのは，グラフで，ばねＡの直線とばねＢの直線が交わるときである。よって，ばねＡとばねＢにかかる重さが40ｇのときとわかるので，おもりの重さは，$40+40=80$(ｇ)である。

問６　解答例のように，上から「ばねＢ，ばねＡ，ばねＡ，20ｇのおもり」の順につなげると，それぞれのばねには20ｇがかかるので，全体の長さが，$20+25+25=70$(cm)となる。また，上から「ばねＡ，20ｇのおもり，ばねＢ，ばねＢ，20ｇのおもり」の順につなげたときも，ばねＡには40ｇ，ばねＢにはそれぞれ20ｇがかかるので，全体の長さが，$30+20+20=70$(cm)になる。このほか，ばねＡとばねＢ１本ずつとおもりを複数個用いるパターンがいくつか考えられる。たとえば，上から「ばねＢ，20ｇのおもり，ばねＡ，20ｇのおもり２個」の順につなげると，60ｇがかかるばねＢは40cm，40ｇがかかるばねＡは30cmとなるので，全体の長さは，$40+30=70$(cm)になる。

国　語　＜第２回試験＞（40分）＜満点：100点＞

解　答

一　下記を参照のこと。　　二　**問１**　Ⅰ　エ　Ⅱ　イ　Ⅲ　ア　**問２**　ア　**問３**　(例)　ヒロ子さんとこのままいっしょにいたら，その白い服が目立って敵に撃ち殺されてしまうから。　**問４**　(例)　頭に浮かぶのが常に一九四五年の夏　**問５**　(例)　亡くなって柩の中にいるのはヒロ子さんかもしれないという予感。　**問６**　(例)　ヒロ子さんが亡くなったのはつい最近であるなら，自分が十八年前に彼女を突き飛ばしたことで殺したわけではないので，自分には罪がなかったことを喜ぶ気持ち。　**問７**　(例)　私は彼の話を聞いてもぜんぜん理解できなかった。　**問８**　**過去**…(例)　終戦前日のあの日から十八年間，ヒロ子さんの身に起こった出来事を誰にも話さないでいたこと。　**現在**…(例)　子供たちから亡くなった人の真実を聞いた「彼」が，その場ですべての言葉を失ったこと。　**未来**…(例)　ヒロ子さんとそのお母さんの死について，その後，永遠に口にすることがなくなったこと。　**問９**　(例)　過去は過去として割り切り，前を向こうと思って十八年間避けていた場所へ久しぶりに来たのに，たまたま行き会った葬列によって自分の罪がより重いものであると知らされてしまったという皮肉。

問10　(例)　ヒロ子さんのお母さんの死

●漢字の書き取り

□一　A　神秘　B　発揮　C　要領　D　博識　E　就航

解　説

□一　漢字の書き取り

A　人間の知恵《ちえ》では想像できないような不思議なこと。　B　持っている能力などを十分に外にあらわし出すこと。　C　物事をうまく処理するやり方。　D　はば広い知識があること。

E　船や飛行機が一定の経路を運行するようになること。

□二　出典は山川方夫《やまかわまさお》の『夏の葬列《そうれつ》』による。「彼《かれ》」は小学三年生のころに過ごした「海岸の小さな町」へと十八年ぶりにやって来たが，今まで訪《おとず》れなかったのには理由があった。

問１　Ⅰ　「即席《そくせき》」は，前もって準備するのではなく，その場ですぐすること。　Ⅱ　「不謹慎《きんしん》」は，つつしみがなく，ふまじめなようす。　Ⅲ　「ませた」は，子供が実際の年齢《ねんれい》の割に大人びているようす。

問２　「彼」は「烈《はげ》しい連続音」とともにぼう線①の叫《さけ》び声を聞いたので，何か危険を知らせていることはわかったものの，とっさに「艦載機《かんさいき》」と認識《にんしき》できなかったのである。

問３　少し前に，男の人がヒロ子さんと思われる女の子に「だめ，走っちゃだめ！　白い服はぜっこうの目標になるんだ」と叫んでいる。その白い服を着たヒロ子さんが自分のところに来たので，「彼」は，ヒロ子さんといっしょにいると自分まで撃《う》たれて死んでしまうと思ったのである。

問４　Aさんは，「振《ふ》り返ってみると」夏以外の日々がなかったという意味ではないかと言っている。そして，その「夏」とは「一九四五年の夏」だと言っているので，「頭に浮《う》かぶのは，一九四五年の夏だけ」のように書くことができる。

問５　続く部分に注目する。「ある予感」がした「彼」は，「もし，あのとき死んでいなかったら，彼女《かのじょ》はたしか二十八か，九だ」と考えて「熱心に柩《ひつぎ》の上の写真をみつめて」いる。それは，柩の中に入っているのがヒロ子さんではないかと思い，確かめようとしているのだと考えられる。

問６　「彼」が，ヒロ子さんを「銃撃《じゅうげき》のしたに突《つ》きとばし」，「殺人をおかし」てしまったという罪悪感を十八年間いだきつづけてきたことをおさえる。今目の前で運ばれている柩の中にいるのがヒロ子さんだとすると，当時ヒロ子さんは死んでいなかったということになり，「彼」は人殺しではなかったということになるので，それを喜んでいるのである。

問７　「ぜんぜん」は，一般《いっぱん》的には後に打ち消しの語をともなって，“まったく～ない”という意味を表す。よって，「この本はぜんぜんおもしろくなかった」のように書くとよい。

問８　Dさんの発言に注目する。「過去」の沈黙《ちんもく》とは，「彼」が「あの日の出来事について十八年間，ずっと沈黙して」きたことを指す。その後のBさんの発言にある「さっきまで『子供たち』にいろいろと話していた『彼』が，葬列の真相を知って何も話せなくなってしまった」が「現在」の沈黙，続くＪさんの発言の「『ヒロ子さん』の死について今後永遠に『沈黙』しつづけるしかない」というのが「未来」の沈黙である。

問９　直前に注目する。十八年前から「彼」はヒロ子さんを死なせてしまったという「傷にさわりたくない一心で海岸のこの町を避《さ》けつづけてきた」が，その夏の記憶《きおく》にけりをつけて自分を罪悪感から解放しようと思って再び海岸の町をおとずれた日に，たまたま葬列に行き会い，ヒロ子さんの死だけでなくヒロ子さんのお母さんの死についても知ってしまったのである。

問10　「彼」はこれまで十八年間ヒロ子さんの死について沈黙してきたのだが，この日，ヒロ子さんのお母さんが娘《むすめ》の死をきっかけに心を病《や》み自殺したことを知り，「彼」の中でだれにも言えないことがもう一つ増えたのである。よって，「二つの沈黙」のもう一つは，ヒロ子さんのお母さんの死についてである。

Memo

2022年度　頌栄女子学院中学校

〔電　話〕 (03) 3441－２００５
〔所在地〕 〒108-0071　東京都港区白金台２－26－５
〔交　通〕 都営浅草線－「高輪台駅」１分　JR・京浜急行－「品川駅」12分
東京メトロ南北線－「白金台駅」10分

【算　数】〈第１回試験〉（40分）〈満点：100点〉

《注意》 １．円周率は3.14とすること。
２．定規・コンパスは使わないこと。

１　次の問いに答えなさい。

(1)　2.5×34.2＋17.1×4.1－9.1×7.1 を計算しなさい。

(2)　右の図は正六角形で，同じ印がついている角の大きさは等しくなっています。角アの大きさを求めなさい。

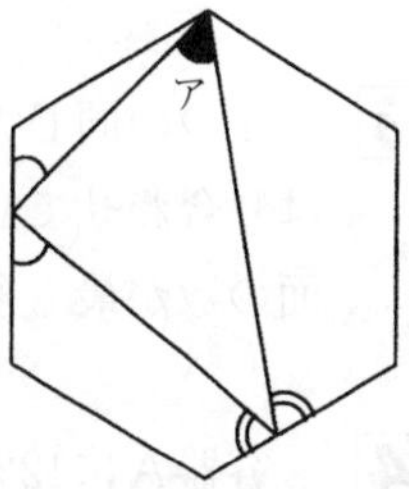

(3)　長さ105mの電車Ａが時速72kmで走っています。電車Ａが，長さ75mの電車Ｂに追いついてから完全に追いこすのに24秒かかりました。電車Ｂは時速何kmか求めなさい。

(4)　下の図のように底面の半径が異なる円柱が６つあります。半径の小さな円柱の上に大きな円柱を乗せることはできません。底面の中心同士が重なるように次の円柱を乗せることにします。３つの円柱を使って立体をつくるとき，立体は何種類つくれるか求めなさい。

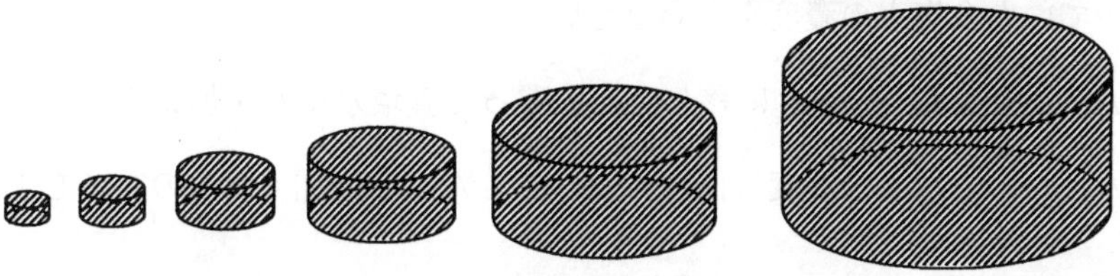

(5)　５人の生徒が10点満点のテストを受けました。その結果から次のようなことが言えます。
・満点の人はいない
・平均点は5.4点
・他の人と同じ点数の人は誰もいない
・点数が２番目に高い人と２番目に低い人の和は10点，差は４点
このとき，５人の点数を小さい方から順に書きなさい。ただし，点数は必ず整数であるものとします。

(6)　次のx，yについて，yがxに反比例するものをすべて選びなさい。
①　時速30kmで走る自動車の走った時間x分と道のり$y$km
②　30kmの道のりを走ったときの時速$x$kmと時間y時間
③　面積15cm^2の三角形の底辺$x$cmと高さ$y$cm
④　正方形の面積$y$$cm^2$と１辺の長さ$x$cm
⑤　３%の食塩水ygに含まれる食塩の量xg
⑥　200ページの本を１時間にxページずつ読むとき，読み終えるまでの時間y時間

2　下の図の，色がついた２つの部分の面積が等しくなる理由を説明しなさい。

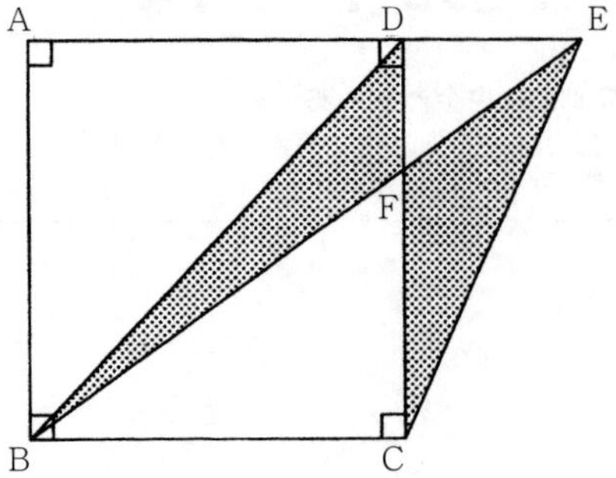

3　４つの同じ大きさの立方体があります。これらの面と面を，４つの頂点同士が重なるようにはり合わせて立体をつくります。はり合わせ方によって，できる立体の面の数が異なります。面の数が最も多くなるようにはり合わせたとき，できた立体の面の数を求めなさい。

4　容器Ａに12％の食塩水 250ｇが入っており，容器ＢにはＡの食塩水よりも濃《のう》度《ど》がうすい食塩水 150ｇが入っています。Ａから 100ｇ，Ｂから 50ｇを同時に取り出し，ＡからはＢに，ＢからはＡに入れてよくかき混ぜます。すると，できた食塩水の濃度の差は１％になりました。次の問いに答えなさい。

⑴　容器Ｂに最初に入っていた食塩水の濃度を求めなさい。

⑵　上の操作のあと，Ａの食塩水の $\frac{2}{3}$ をＢに移し，Ａに残った食塩水に水を加えました。よくかき混ぜたところ，ＡとＢの食塩水の濃度は同じになりました。Ａに加えた水の重さを求めなさい。

5　赤・青・緑の３つのランプがあり，2021年１月１日は赤・青・緑すべてのランプが点灯していました。以降，以下のように点灯・消灯をくり返します。

赤いランプは，１日点灯すると２日消灯
青いランプは，１日点灯すると６日消灯
緑のランプは，１日点灯すると□日消灯

また，2022年２月１日までの間に，赤・青・緑すべてのランプが点灯していたのは５日間でした。このとき，次の問いに答えなさい。

⑴　赤と青のランプが両方点灯していたのは，2021年の間で何日間か求めなさい。

⑵　□に当てはまる１けたの整数を求めなさい。

⑶　2021年５月13日に点灯しているランプの色を答えなさい。なお，答えの求め方も説明しなさい。

⑷　2022年２月１日までの間で，赤・青・緑すべてのランプが消灯している日は何日間か求めなさい。

【社　会】〈第１回試験〉（40分）〈満点：100点〉

《注意》　漢字で書くべきものは漢字で答えなさい。

〈編集部注：実物の入試問題では，図１以外の図やグラフ，写真はすべてカラー印刷です。〉

1　次の問題に答えなさい。

問１．古代日本において，戸籍に登録された６歳以上の男女に口分田を分け与え，亡くなった人の田は国に戻して繰り返し土地を人々に分け与える制度がとられていました。この制度を何と言いますか。

問２．鎌倉幕府において北条氏の一族が就任し，将軍を補佐して政治を行った役職は何ですか。

問３．ちがいだなを設け，ふすまや障子でしきり，たたみを敷きつめた特徴を持つ，室町時代に成立して現在の和室のもととなっている建築様式は何ですか。

問４．江戸時代，ききんや大塩平八郎の乱などで社会の不安が高まる中，幕府の財政を立て直すために倹約令を出したり，株仲間の解散を命じたりした老中は誰ですか。

問５．国会開設の詔を受けて，1882年に大隈重信がつくった政党は何ですか。

問６．日清戦争の直前にイギリスとの交渉によって治外法権をなくすことに成功した日本の外務大臣は誰ですか。

問７．満州事変が日本の侵略だったかどうかを調べるために国際連盟が派遣した調査団の団長は誰ですか。

問８．1945年，ソ連が日ソ中立条約を無視して日本に宣戦を布告し，この島を占領しました。この島は，日本の北方領土の中で最大です。現在ロシアが開発資金を募っており，返還を求める日本との間で対立点となっています。この島の名前を漢字で答えなさい。

問９．国際連合において国際平和を守るために設けられ，常任理事国５か国と非常任理事国10か国から構成される機関は何ですか。

2　次の文章を読み，あとの問題に答えなさい。

2021年７月，①南西諸島の島々が新たに世界遺産に登録されました。これらの島々は②琉球弧と呼ばれるプレートが沈み込む場所に形成されており，昔から貿易などによって交流があったことがわかっています。特に，③琉球王国が1429年に成立すると，その後1466年には奄美諸島を支配したことが知られています。この問題では，琉球王国や現在の沖縄県についてみていきましょう。

「りゅうきゅう」や「おきなわ」は現在の沖縄県を指す言葉として知られていますが，これはいつから使用されるようになったものでしょうか。初めて「りゅうきゅう」という言葉が使用されたのは，④中国の歴史書の１つである『隋書　東夷伝』内の「流求国」に関する記述といわれています。一方，「おきなわ」という言葉は，［　ア　］が来日した際の出来事を記した『唐大和上東征伝』に「阿児奈波(あこなは)」という文字が初めて出てきますが，沖縄を指すという確証はありません。現在使われている「沖縄」という文字は⑤新井白石の著書『南島誌』に初出し，1879年の琉球処分によって沖縄県が設置された際に正式に採用されました。

琉球処分を経て日本の一部になった沖縄県ですが，⑥県域のすべてが島によって構成されており，資源も乏しいため，第一次世界大戦後の不景気によって，多くの貧しい人々が県外での生活を余儀なくされ，中には⑦日系移民として海外に出稼ぎに行く人もいました。

その後，太平洋戦争末期には米軍の圧倒的な戦力により敗戦の色が濃くなりました。1945年４月，沖縄にはアメリカ軍が上陸し，激しい地上戦が行われました。さらに，[イ]に広島に原子力爆弾が投下され，無条件降伏をしたことで，太平洋戦争は終結を迎えます。

敗戦後の日本は連合国の占領下に置かれました。1952年にサンフランシスコ平和条約が発効したことで，独立を果たしましたが，沖縄県はその後もアメリカの施政権下に置かれました。[ウ]年にようやく日本に返還されると，⑧多くの観光客が訪れる場所として知られるようになりました。

現在の沖縄県は，日本の中でも数少ない⑨人口が増加している県として知られている一方で，他の都道府県と比べると⑩貧困に苦しむ人が多いという現状があります。華やかなイメージがある沖縄県ですが，いろいろな角度からその地域をみてみると，イメージとは異なる現状を知ることができます。中学校に入学したらぜひ様々な地域に興味をもち，学びを深めてみましょう。

問１．下線部①について，図１中のⅠ～Ⅲの島名を答えなさい。また，その島はどこに属していますか。次の(ア)～(エ)からそれぞれ１つ選びなさい。なお，同じ記号を何度使用してもかまいません。

(ア)　台湾　　(イ)　沖縄県

(ウ)　東京都　　(エ)　鹿児島県

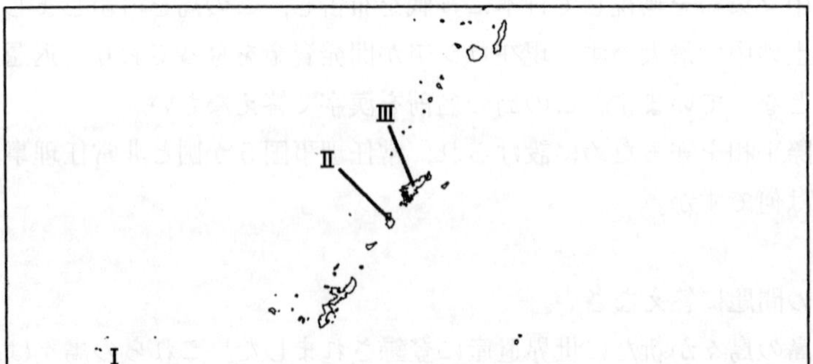

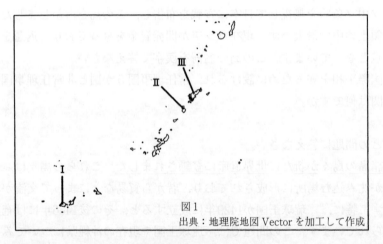

図１
出典：地理院地図 Vector を加工して作成

問２．下線部②について，琉球弧の形成に関係するプレートの組み合わせとして正しいものを(ア)～(エ)から１つ選び，記号で答えなさい。

(ア)　北アメリカプレートとユーラシアプレート

(イ)　ユーラシアプレートとフィリピン海プレート

(ウ)　太平洋プレートとフィリピン海プレート

(エ)　北アメリカプレートと太平洋プレート

問３．下線部③について，以下の文章は，王国が最も繁栄していた1458年に鋳造《ちゅうぞう》され，旧首里城正殿に掲げられていた万国津梁《しんりょう》の鐘に刻まれている銘文を現代語訳したものです。島国で資源が少ないとされる琉球王国において，なぜ「珍しい品物や宝物は国中に満ちあふれている」のか説明しなさい。

琉球国は南海の恵まれた地域に立地し，朝鮮の豊かな文化を一手に集め，中国とは上あごと下あごのように重要な関係にあり，日本とは唇と歯のように親しい関係をもっている。この２つの国の中間にある琉球はまさに理想郷といえよう。よって，琉球は諸外国に橋を架けるように船を通わせて交易をしている。そのため，外国の珍しい品物や宝物が国中に満ちあふれている。

問４．下線部④について，中国の歴史書には日本の様子が数多く描かれています。次の(い)～(は)は中国の歴史書の日本に関する記述を現代語訳し抜き出したものです。これらの史料を古いものから順に並べ替え，記号で答えなさい。

(い)

「日が昇る国の天子が，日が沈む国の天子に手紙を送ります。お変わりはありませんか。」……

(ろ)

建武中元二年，倭の奴国が朝貢してきた。その使いは自分のことを大夫と称した。奴国は倭の最南端にある。光武帝はこの奴国王に金印を授けた。安帝の永初元年には，倭の国王帥升らが160人の奴隷を献上し，お目にかかりたいと願い出た。

(は)

その国では，以前は男王をたてて七，八十年を過ごしたが，国内が乱れ何年間も戦争が続いたので，諸国が共同して一人の女子を王として立てた。その女王を卑弥呼という。

問５．空らん［ア］の人物は，唐招提寺を建立したとして知られる中国の僧です。その人物の名前を答えなさい。

問６．下線部⑤について，以下の問いに答えなさい。

(1) 新井白石が仕えた将軍として正しいものを次の(ア)～(エ)から１つ選び，記号で答えなさい。

(ア) 徳川吉宗

(イ) 徳川家宣

(ウ) 徳川家光

(エ) 徳川綱吉

(2) 新井白石によって行われたこととして正しいものを次の(ア)～(エ)から１つ選び，記号で答えなさい。

(ア) 公事方御定書を定め，裁判を公正に行えるようにした。

(イ) 生類憐《あわれ》みの令を出して，動物を保護した。

(ウ) 株仲間の結成をすすめた。

(エ) 生類憐《あわれ》みの令を廃止した。

問７．下線部⑥について，以下の会話文を読み，問いに答えなさい。

頌子さん：沖縄県は島で構成されているから，地震発生時に津波の被害が大きくなる可能性があるね。

栄子さん：そうだね。では，地形図を元にハザードマップを実際に作成してどのような被害が出る可能性があるか考えてみよう。

頌子さん：波照間島の地形図(図２)を持ってきたけど，どうやってハザードマップを作るの？

栄子さん：沖縄県は2015年に沖縄県周辺の海域で，最大クラスの津波が悪条件下に発生した場合の被害予測を公表したよ。これによると波照間島には最大23.8ｍの津波が予想されるから，標高30ｍ以下を塗りつぶしてみよう。

頌子さん：［　Ａ　］のような地図ができあがるね。この塗りつぶされたところは津波の被害を受けるということだね。

栄子さん：必ずしもそうとは言い切れないよ。これは何も対策をしなかった場合，被害を受ける可能性があるところを示したもので，たとえば沿岸に［　Ｂ　］を整備したら被害を受ける地域が減ることが想定されるよ。

頌子さん：確かに，東日本大震災の被害を受けた地域でも建設されていたね。

栄子さん：あらかじめハザードマップで被害が出る地域を知っておくといざという時に役立つね。

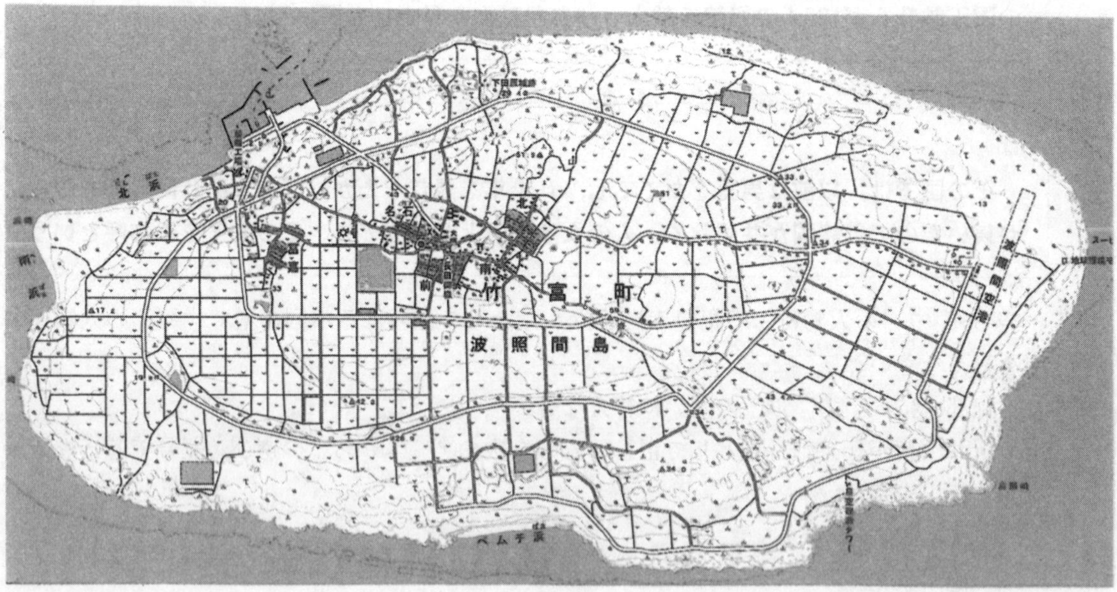

図２

出典：国土地理院発行2.5万分１地形図「波照間島」を70％縮小

〈編集部注：編集上の都合により原図の90％に縮小してあります。〉

(1)　空らん［A］に当てはまる最も適切な地図はどれか，(ア)～(エ)から１つ選び，記号で答えなさい。

(ア)

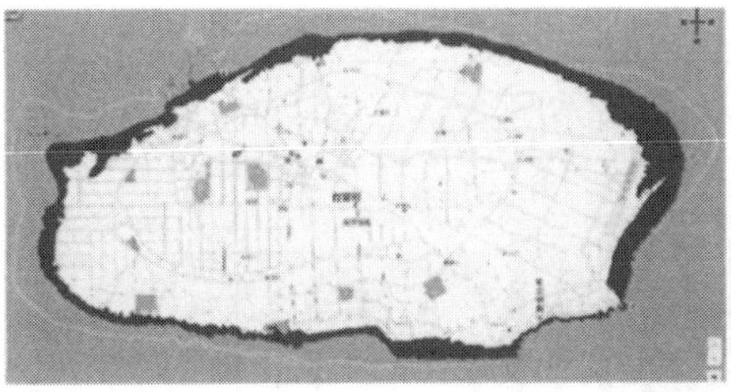

(イ)

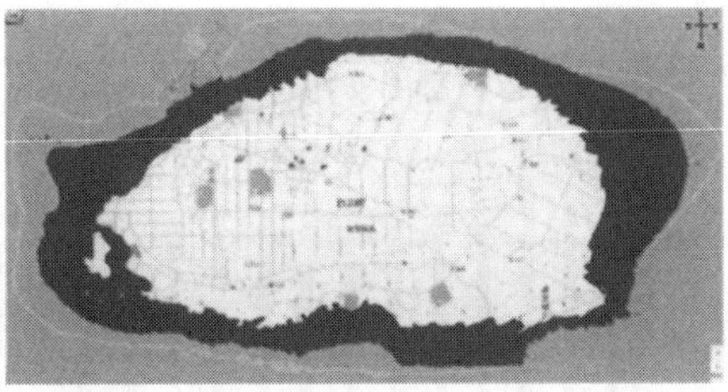

(ウ)

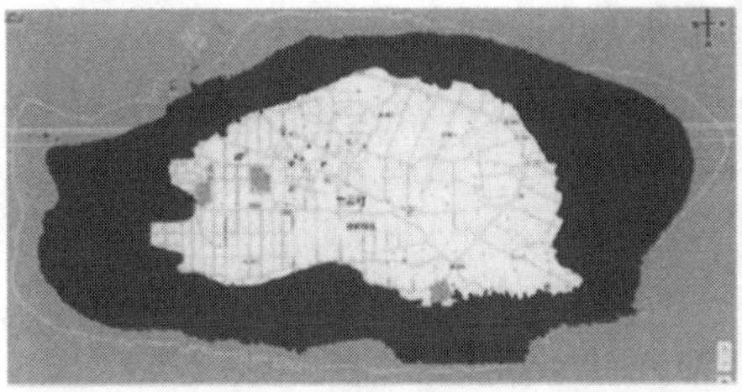

(エ)

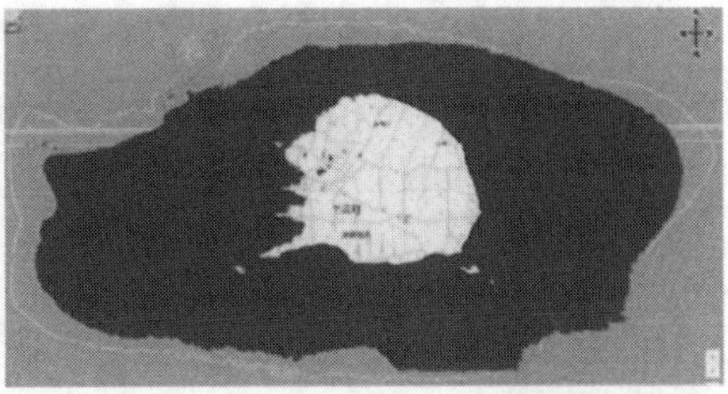

出典：地理院地図 Vector

(2)　空らん［B］に当てはまる最も適切な言葉を**漢字３文字**で答えなさい。

(3)　波照間島が属する竹富町に含まれる竹富島は写真１のような特徴的な住宅様式がみられます。ここは，伝統的建造物群保存地区に指定され，多くの観光客を集めています。この風景はある自然災害に対応するために形成されました。その災害とは何ですか。また，この災害に対応するための工夫を説明しなさい。

写真１
帝国書院写真館　写真で見る日本のようす
沖縄(teikokushoin.co.jp)より引用

問８．下線部⑦について，日系移民に関する以下の文章(ア)～(エ)のうち，正しいものを１つ選び，記号で答えなさい。

(ア)　日系移民の多くは移民先で観光業などに携わっていた。

(イ)　日系移民はドイツやイギリスなどに向かうことが多かった。

(ウ)　日系移民の多くは移民先で裕福な生活をおくっていた。

(エ)　日系移民の子孫が来日し，製造業に携わるケースが多くみられる。

問９．文中の空らん［イ］に当てはまる最も適切な日付を答えなさい。

問10．文中の空らん［ウ］に当てはまる最も適切な年を答えなさい。

問11．下線部⑧について，沖縄県の観光客数を示した図３から読み取れることとして正しいものを(ア)～(エ)から**すべて**選び記号で答えなさい。

(ア)　2019年は３月に最も観光客数が多くなった。

(イ)　2019年10月31日に発生した首里城火災は観光客数に大きな影響を与えた。

(ウ)　感染症の影響によって2020年３月以降観光客数は急減している。

(エ)　2018年の８月と2019年の８月の観光客数を比べると，2018年の方が多い。

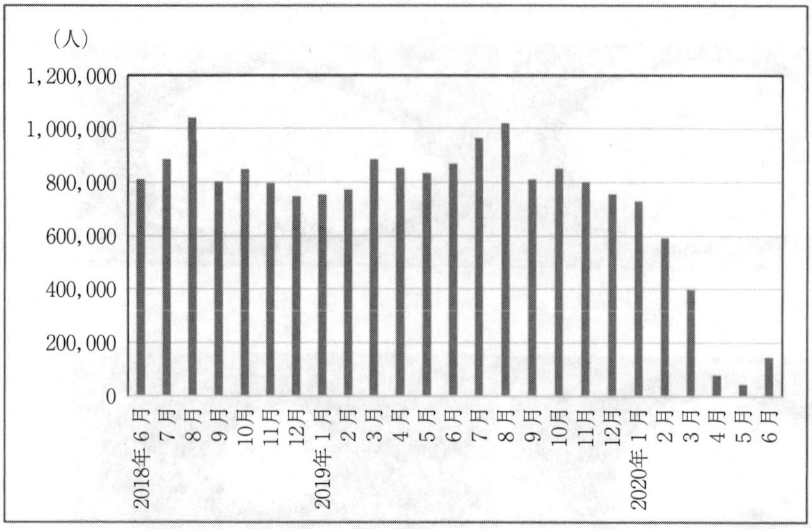

図３　沖縄県の観光客数

沖縄県のHPを参考に出題者が作成

問12．下線部⑨について，図４から読み取れることとして正しいものを(ア)〜(エ)から１つ選び記号で答えなさい。なお，自然増減とは出生や死亡による人口の増減のことを，社会増減とは転入や転出による人口の増減のことです。

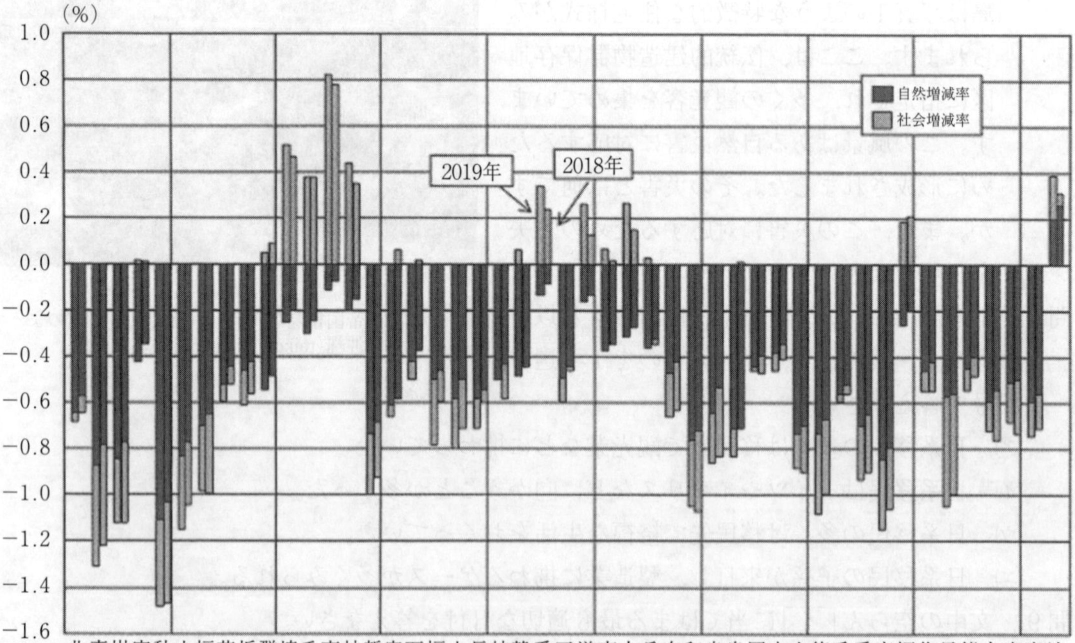

図４　都道府県別人口の増減要因

統計局ホームページ／人口推計／人口推計(2019年(令和元年)10月１日現在)
−全国：年齢(各歳)，男女別人口・都道府県：年齢(５歳階級)，男女別人口−(stat.go.jp)より引用

(ア)　沖縄県は主に自然増加によって人口が増えている。

(イ)　東京都の社会増減率は，2018年の方が2019年よりも増加率が高い。

(ウ)　2019年で最も減少率が高かったのは岐阜県である。

(エ)　宮城県の人口は増加している。

問13．下線部⑩について，沖縄県と全国の完全失業率を示した図５から読み取れることとして**誤っているもの**を(ア)～(エ)から１つ選び記号で答えなさい。なお，完全失業率とは労働力人口(15歳以上の働く意欲のある人)のうち，完全失業者(職がなく，求職活動をしている人)が占める割合のことです。

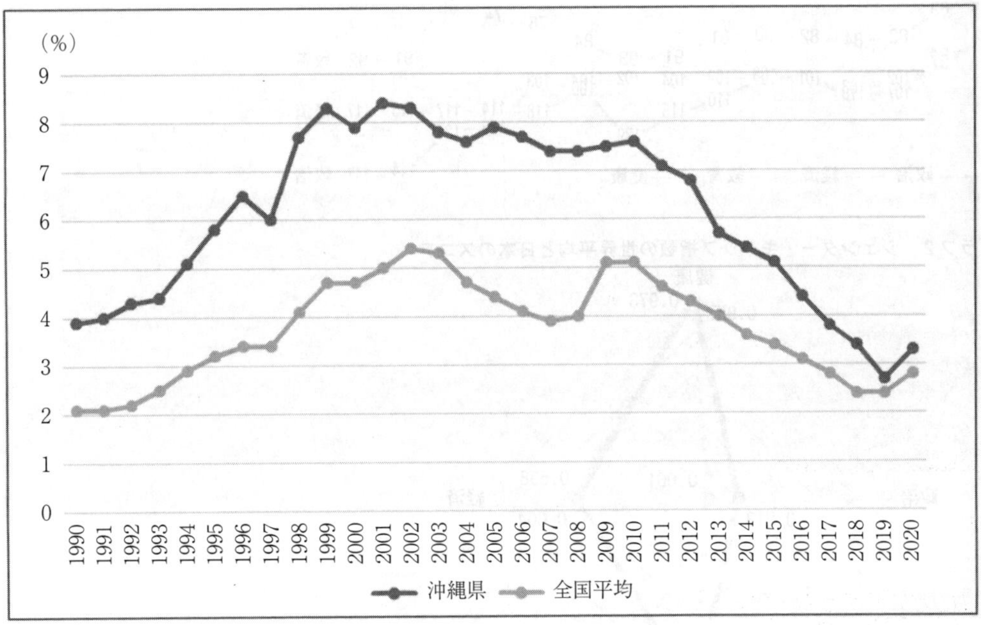

図５　沖縄県と全国の完全失業率の推移

総務省統計局労働力調査より出題者が作成

(ア)　全国平均と比較すると，沖縄県の完全失業率は常に高い。

(イ)　2010年以降，全国，沖縄県ともに完全失業率は低下し続けている。

(ウ)　全国平均では2002年をピークに完全失業率は低下したが，2009年に急激に上昇した。

(エ)　沖縄県では1997年から1998年にかけて完全失業率が急激に上昇した。

3　次の文章を読み，あとの問題に答えなさい。

世界経済フォーラムが発表するグローバル・ジェンダー・ギャップ指数は，各国の男女格差を示す指標として知られています。2021年３月時点のデータでは日本の総合順位は調査対象の156カ国中120位となり，格差解消が遅れていると報じられました。

この指標は，政治，①経済，②教育，健康という４分野の平等の度合いを数値化したもので，０に近いほど不平等，１に近いほど平等を示します。グラフ１は2006年から2020年までの日本の分野ごとの順位の推移を示しています。グラフ１を見ると，2017年には１位だった健康分野が2020年には65位まで下がったことが目につくので，日本の総合順位が低い原因は健康分野のせいに見えるかもしれません。しかしながら，世界平均と日本のスコアを比べたグラフ２を見れば，X健康の順位が下がっても総合順位には大きな影響はないと判断することができます。むしろ，日本の低順位の主な原因は，世界平均を大きく下回っている政治分野であると言えます。

グラフ１　ジェンダー・ギャップ指数の日本の部門別順位

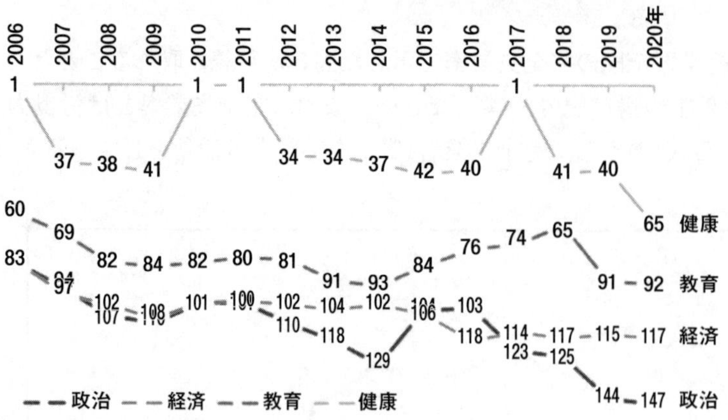

グラフ２　ジェンダー・ギャップ指数の世界平均と日本のスコア

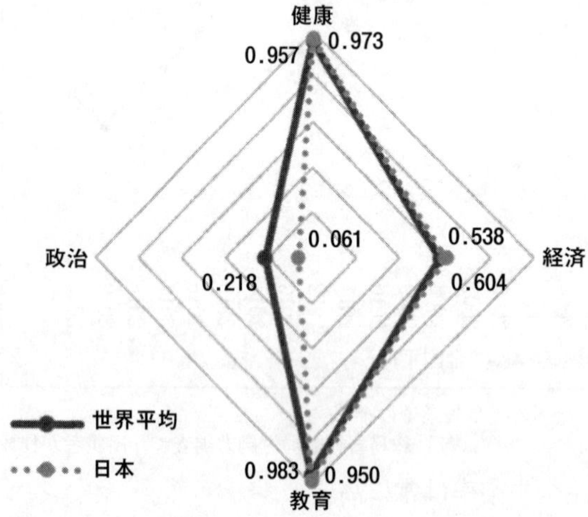

出典「Global Gender Gap Report」The World Economic Forum から出題者作成

それでは，政治分野のスコアはどのように求めているのでしょうか。それは，「下院(日本では衆議院)の男女比」，「閣僚の男女比」，「最近50年における行政府の長の在任年数の男女比」，という３つの指標から点数化しています。昨年行われた③衆議院議員選挙では，④当選した465人のうち女性は45人にとどまり，比率は9.7％と前回の選挙よりも低下しました。また，⑤昨年発足した岸田文雄内閣の閣僚20人に占める女性は３人で，菅内閣より１人増えたとはいえ15％にすぎません。そして，日本の行政府の長は⑥内閣総理大臣のことですが，これまでに女性が内閣総理大臣に選出されたことはありません。都道府県知事に視野を広げても，昨年末時点における女性知事は⑦東京都の小池百合子氏と⑧山形県の吉村美栄子氏の２人にとどまります。

諸外国と比べてみましょう。グラフ３は1980年から2020年にかけて，下院議員に占める女性の割合がどのように変化したかを示しています。日本は2018年に「政治分野における（ ⑨ ）の推進に関する法律」を制定するなど，女性の社会進出を進める取り組みを行っていないわけではありませんが，Yグラフ３を見ると，日本は諸外国と比べて取り組みが遅く，成果も乏しいと評価できるでしょう。

第二次世界大戦後，日本でも⑩女性の参政権を保障する⑪日本国憲法が制定されましたが，政治への女性の進出状況には大きな課題が残っています。本校の創立者・岡見清致は「女性の力が育って，はじめて国も発展していく」という思いをもっていました。現代も女子のための教育が重要であることに変わりはありません。ぜひ学び続ける意欲をもって本校に入学してください。

グラフ３　諸外国の下院議員に占める女性の割合の推移

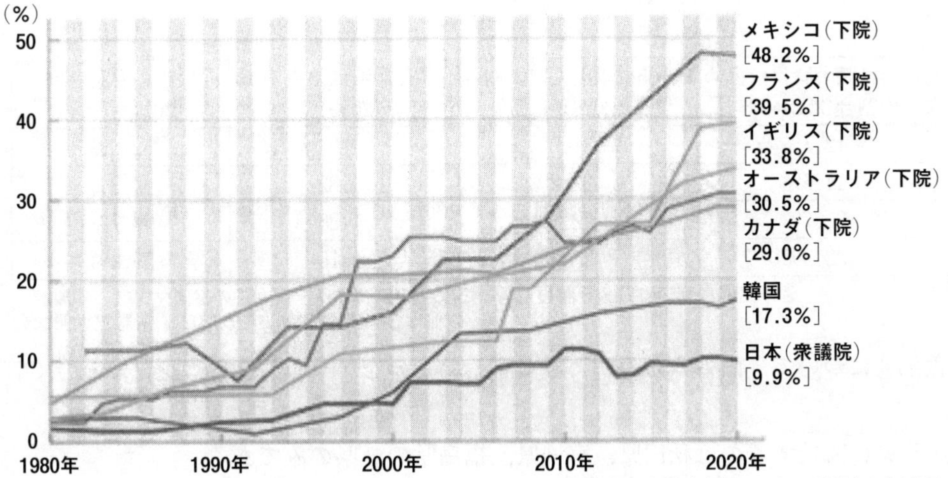

内閣府の広報誌(令和２年６月号)より引用

問１．下線部①について，経済の指標の中には「同種業務の給与における男女平等」が含まれています。では，日本において，男女同一賃金の原則をはじめとする雇用に関する最低限の条件を定めている法律の名前を答えなさい。

問２．下線部②に関する次の問題に答えなさい。

(1) 教育分野の指標の中には「ある国または一定の地域で，文字の読み書きができる人の割合」が含まれています。この割合のことを何と言いますか，漢字３字で答えなさい。

(2) ある国では，昨年８月にアメリカ軍が撤退してタリバンが政権をとり，女性の人権や教育が軽んじられることが心配されています。この国を答えなさい。

問３．下線部③について，日本の衆議院議員選挙の仕組みは一般に何と呼ばれていますか。漢字11文字で答えなさい。

問４．下線部④について，日本ではじめて女性議員が誕生した1946年４月の衆議院議員選挙では，当選した466人中39人が女性議員でした。このときの衆議院における女性議員の割合は何%ですか。小数点第２位を四捨五入して，小数点第１位まで答えなさい。

問５．下線部⑤について，衆議院の解散総選挙後，2021年11月10日に国会が召集され，岸田文雄氏が第101代内閣総理大臣に指名されました。この国会の種類を答えなさい。

問６．下線部⑥について，内閣総理大臣の説明として正しいものをア～エから**すべて**選び，記号で答えなさい。

ア．内閣総理大臣は国会議員の中から国会の議決で指名され，天皇が任命する。

イ．衆議院と参議院が異なる人物を指名した場合は，衆議院が出席議員の３分の２以上の多数をもって再度指名する。

ウ．内閣総理大臣はその他の国務大臣を任命できるが，その過半数は国会議員の中から選ばれなければならない。

エ．内閣不信任決議が可決された場合，内閣総理大臣は必ず衆議院を解散しなければならない。

問７．下線部⑦について，次の表は東京都，長野県，京都府，沖縄県について，都道府県議会議員に占める女性の割合，65歳以上人口の割合，合計特殊出生率，女性の有業者率(仕事をしている割合)を示しています。東京都を示す記号を表中のア～エから１つ選び，記号で答えなさい。

	都道府県議会議員に占める女性の割合(2021年８月)	65歳以上人口の割合(2019年10月)	合計特殊出生率(2019年)	女性の有業者率(2017年10月)
ア	12.5%	31.9%	1.57	52.6%
イ	14.6%	22.2%	1.82	52.2%
ウ	21.7%	29.1%	1.25	49.7%
エ	32.3%	23.1%	1.15	55.6%

出典　都道府県議会議員に占める女性の割合は「全国女性の参画マップ」内閣府，
その他は『データでみる県勢 2021』矢野恒太記念会

問８．下線部⑧について，山形県の説明として正しいものをア～エから１つ選び，記号で答えなさい。

ア．山形県に隣接するのは秋田県，宮城県，福島県の３県のみである。

イ．出羽山地が県の中央を南北に走るため，林業が盛んである。

ウ．最上川流域にある山形盆地では，西洋なし，おうとう(さくらんぼ)，ぶどうの生産が盛んである。

エ．最上川の下流にある庄内平野では，やませによる冷害に備えて，小麦の栽培が盛んである。

問９．空らん⑨に入る語句を漢字６字で答えなさい。

問10．下線部⑩について，女性の参政権獲得のために日本で積極的に活動した人に市川房枝がいます。彼女の説明として正しい文章をア～エから１つ選び，記号で答えなさい。

ア．大正時代には婦人参政権獲得期成同盟会の結成に参加し，戦後は参議院議員として女子差別撤廃条約に日本も早期に参加するよう働きかけた。

イ．1911年に雑誌「青鞜」を創刊するなど，女子の地位向上の先頭に立ち，戦後も積極的に婦人運動や反戦・平和運動に参加した。

ウ．戦前，アメリカに留学してシカゴやニューヨークで学びながら米国の女性参政権・労働運動を見学し，帰国後は津田塾大学を創設して女子の教育にあたった。

エ．「君死にたまふことなかれ」などの歌をよんで女性が政治に関わることを促し，1946年４月の衆議院議員選挙で当選して日本初の女性議員の１人となった。

問11．下線部⑪について，次の文章ア～エのうち，日本国憲法が定める参政権と最も**関係が薄いもの**を１つ選び，記号で答えなさい。

ア．18歳以上の日本国民には選挙権があり，投票に参加できる。

イ．日本国民は，誰でもつきたい職業を選ぶことができる。

ウ．衆議院議員選挙の際，最高裁判所の裁判官としてふさわしいか判断する国民審査が行われる。

エ．憲法改正が発議された場合，国民投票が行われる。

問12．二重下線部Ｘについて，なぜ健康の順位が下がっても総合順位に大きな影響はないと言えますか。グラフ２を参考にして説明しなさい。

問13．二重下線部Ｙについて，なぜ日本は諸外国と比べて取り組みが遅く，成果も乏しいと評価できますか。グラフ３を参考にして説明しなさい。

【理　科】 **〈第１回試験〉**（40分）〈満点：100点〉

《注意》 漢字で書くべき用語は漢字で書くこと。
与えられた定規のみ使用してよいものとします。

１　６種類の水溶《よう》液Ａ～Ｆがあり，いずれも右図のような容器に入っています。水溶液Ａ～Ｆは，塩酸，食塩水，アンモニア水，炭酸水，水酸化ナトリウム水溶液，石灰水ですが，どの容器に何が入っているかは示されていません。これらが何であるかを調べるために，次の実験を行いました。以下の各問いに答えなさい。

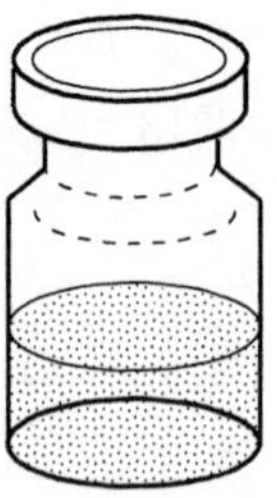

《実験１》 水溶液Ａ～Ｆに（ あ ）色のリトマス紙をそれぞれつけると，色が変わったのはＡとＣであった。また，（ い ）色のリトマス紙をそれぞれの水溶液につけると，色が変わったのはＢ，Ｄ，Ｆであった。

《実験２》 水溶液Ａ～Ｆのにおいをかぐと，ＡとＢににおいがあった。

《実験３》 水溶液Ａ～Ｆをスライドガラスに取り加熱し，水を蒸発させると，Ａ～Ｃは何も残らず，Ｄ～Ｆは白い粉が残った。

問１　水溶液についての文として正しいものを次の**ア**～**エ**からすべて選んで，記号で答えなさい。

ア　100ｇの水に砂糖を20ｇ溶《と》かした砂糖水の質量パーセント濃《のう》度は20％である。

イ　砂糖水をしばらく放置すると，砂糖が容器の底にたまってくる。

ウ　ものが水に溶ける量は，水の温度が高いほど大きくなる。

エ　ものが水に溶ける量は，水の量が多いほど大きくなる。

問２　《実験１》の（あ），（い）に当てはまる色を答えなさい。

問３　水溶液Ａ～Ｃの名称《しょう》を答えなさい。

問４　水溶液Ｂに溶けている気体について説明した文として，適切なものを次の**ア**～**カ**からすべて選んで，記号で答えなさい。

ア　空気より軽い気体である。

イ　空気より重い気体である。

ウ　水に溶けやすい気体である。

エ　空気中に約20％存在している。

オ　有毒である。

カ　無色の気体である。

問５　水溶液Ａ～Ｆに関する次の文のうち，適切なものを次の**ア**～**エ**からすべて選んで，記号で答えなさい。

ア　水溶液Ａは人間の胃液に含《ふく》まれている。

イ　水溶液Ｃに溶けている気体は，地球温暖化の原因になると考えられている。

ウ　水溶液Ａ～Ｆの中で，２種類の水溶液を混ぜて中和させるとき，中和が起こる２種類の水溶液の組合せは４通りである。

エ　《実験１》を行うだけで，２種類の水溶液を特定することができる。

問６　水溶液ＤとＦを見分けるために，どのような実験を行えばよいですか。また，その実験の結果がそれぞれどのようになるのかも予想し，水溶液の名前を明らかにして説明しなさい。

問７　水溶液の「ピーエイチ(pH)」を調べてみました。次の「ピーエイチ」の説明を読み，あとの各問いに答えなさい。

> 「ピーエイチ」は，酸性やアルカリ性の強さを示した数値です。数字の値は０から14に分けられ，０に近いほど酸性が強く，14に近いほどアルカリ性が強く，真ん中の７は中性を示します。

(1)　水溶液Ａ，Ｂ，Ｅを「ピーエイチ」の数値が大きい方から順に並べなさい。

(2)　水溶液Ａを多量の水でうすめました。このとき，「ピーエイチ」はどうなりますか。適切なものを次の**ア**～**エ**から選んで，記号で答えなさい。

ア　０に近づく　　**イ**　７に近づく

ウ　14に近づく　　**エ**　変わらない

問８　次の物質の組合せで発生させることができる気体が溶けている水溶液を，水溶液Ａ～Ｆからそれぞれ選んで，記号で答えなさい。当てはまる水溶液がない場合は，解答欄《らん》に『なし』と答えなさい。

(1)　過酸化水素水＋二酸化マンガン

(2)　うすい塩酸＋炭酸カルシウム

2　次の頌子さんとお父さんの会話を読んで，以下の各問いに答えなさい。

頌子さん「熱っ！」

突《とつ》然頌子さんが叫《さけ》びました。

お父さん「どうしたんだい？」

心配そうにお父さんが聞きました。

頌子さん「ここにちょっと触《さわ》ったらすごく熱くて，びっくりしちゃったの」

と頌子さんは，光っている電球のすぐそばを指さしました。

お父さん「それは危ないね，火傷《やけど》はしなかったかな？」

頌子さん「びっくりしただけなので大丈《じょう》夫。でも，あっちの照明を触ったときはそんなに熱くなかったのに，こっちのはどうしてこんなに熱いの？」

お父さん「あっちのはLEDで，こっちは白熱電球だからだね」

頌子さん「見た感じは同じなのに，種類が違《ちが》うんだね」

お父さん「照明器具では，電気のエネルギーを光のエネルギーに変えるんだけど，全部が光のエネルギーになるわけではなくて，熱のエネルギーに変わってしまう割合が高いんだ。その割合が，器具の種類によって違うんだよ。」

そこで頌子さんは，照明器具の種類とその性質について調べてみることにしました。

まず，豆電球の明るさについて確認《にん》した後，電力とエネルギーについて調べ，白熱電球，蛍《けい》光灯，LEDの違いを確認することにしました。

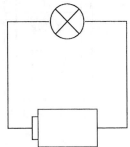

問１　右図のものと同じ17個の豆電球と，同じ12個の電池を用いて，以下のような回路をつくり，このうち12個の豆電球を**ア**～**シ**としました。なお，回路の中にはそのまま続けると電池が過熱してしまうものも含《ふく》まれますが，接続した瞬《しゅん》間で考えるものとします。

(1) 点灯しない豆電球を**ア**～**シ**からすべて選んで，記号で答えなさい。

(2) 前ページの図の豆電球と同じ明るさになる豆電球を**ア**～**シ**からすべて選んで，記号で答えなさい。

(3) 最も明るくつく豆電球を**ア**～**シ**の記号で答えなさい。同じ明るさのものが複数ある場合はすべて答えること。

(4) 点灯する豆電球の中で最も暗くつく豆電球を**ア**～**シ**の記号で答えなさい。同じ明るさのものが複数ある場合はすべて答えること。

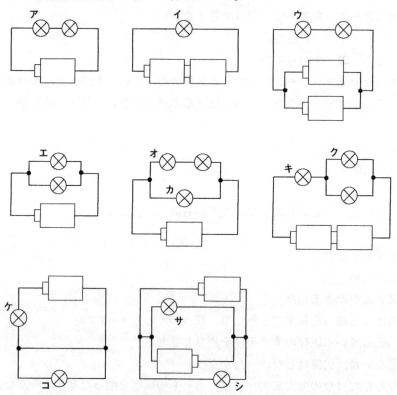

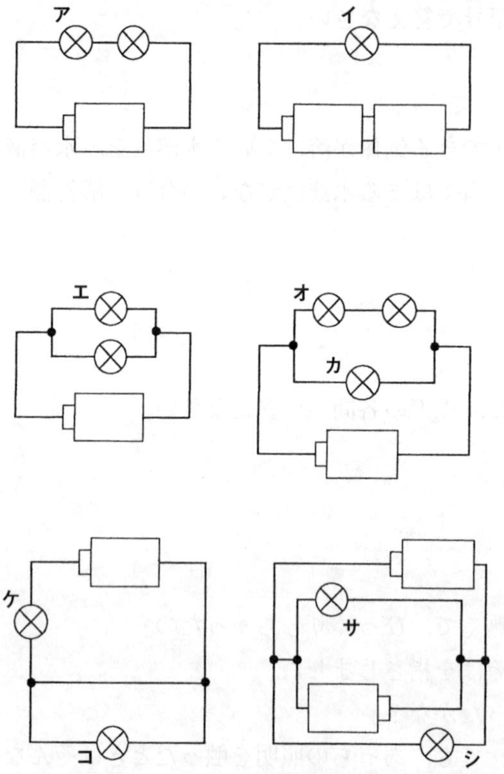

問2　図のような電源装置と電熱線Aを用いて水を温める実験をしました。いずれの装置も水は100g入れてあり，10分間電流を通したところ，【図1】の装置では，水温は6℃上昇《しょう》しました。【図2】～【図4】で，同じように10分間電流を通すと，それぞれ以下の通りに水温が上昇しました。

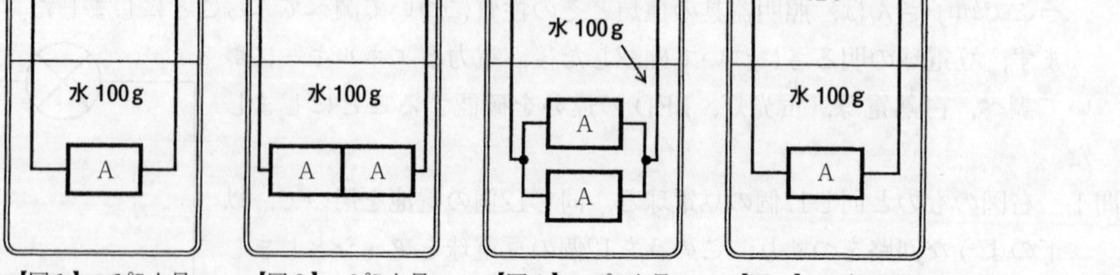

【図1】　6℃上昇　【図2】　3℃上昇　【図3】　12℃上昇　【図4】　24℃上昇

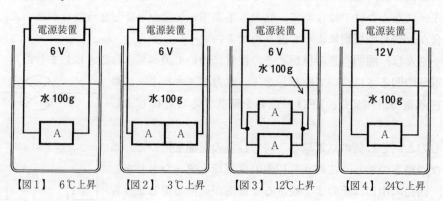

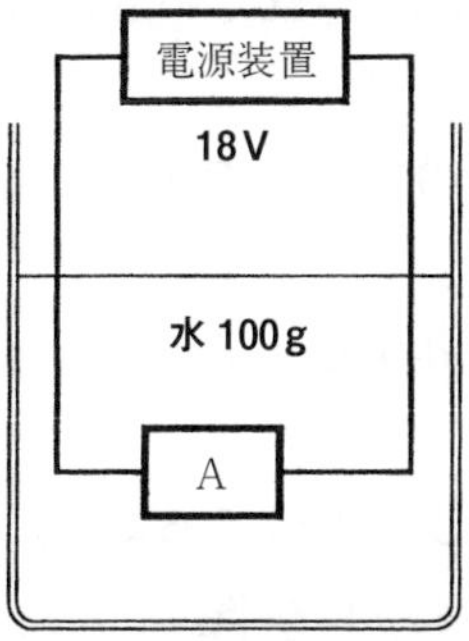

【図5】

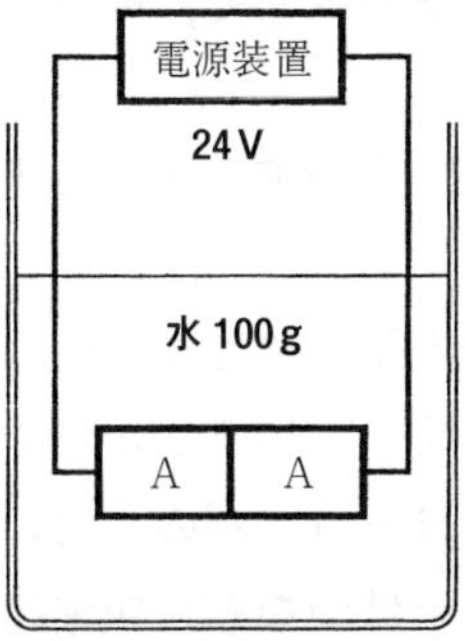

【図6】

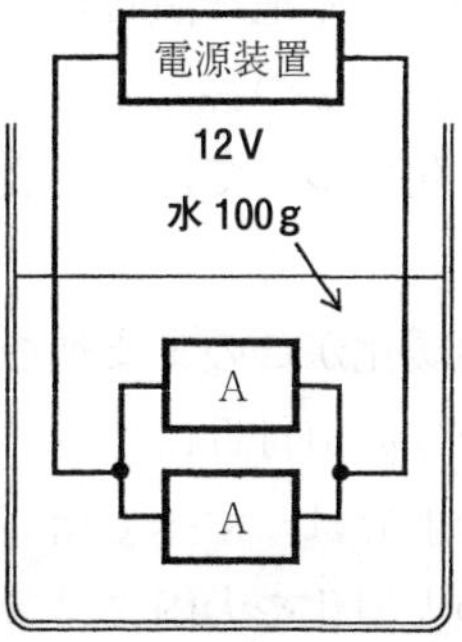

【図7】

(1)　【図1】～【図4】の結果からわかることを次の中から選んで，**ア**～**エ**の記号で答えなさい。

ア　発熱量は電圧に比例し，電流は関係しない。

イ　発熱量は電流に比例し，電圧は関係しない。

ウ　発熱量は電圧に比例し，電流にも比例する。

エ　発熱量は電圧とも電流とも関係しない。

(2)　【図5】～【図7】の装置で10分間電流を通したとき，それぞれの水温は何℃上昇しますか。それぞれ整数で答えなさい。

問3　電圧と電流と消費電力(電力)の間には次のような関係があります。これを使って，以下の問いに答えなさい。ただし，白熱電球，蛍光灯，LEDはどれも，家庭用電源100Vを使用したものとします。

消費電力〔W〕＝電圧〔V〕×電流〔A〕

(1)　消費電力60Wの白熱電球を流れる電流は何Aですか。

(2)　60W形の蛍光灯やLEDはそれぞれ60Wの白熱電球に相当する明るさで光ります。しかし，60W形の蛍光灯を流れる電流は240mA，60W形のLEDを流れる電流は80mAとなります。蛍光灯およびLEDの消費電力を求めなさい。

(3)　(1)の60Wの白熱電球では電気のエネルギーのうち，5.0%が光となり，残りは熱となります。(2)の蛍光灯では電気のエネルギーのうち，何%が光となりますか。

(4)　(1)の60Wの白熱電球を1時間使用したとき発生した熱で一定の質量の水を温めると，温度は20℃上昇します。(2)のLEDで同様の実験を行うと，水の温度は何℃上昇しますか。小数第2位を四捨五入して，小数第1位まで答えなさい。

3　最近は日本でも夏の気温が異常に高くなったり，雨が降ると災害級の大雨になったりして，異常気象だとよく言われます。地球全体で見ても，産業革命以降の平均気温の上昇《しょう》が確認《にん》されていて，地球が温暖化していくことで様々な影響《えいきょう》が出ているのではないかと考えられています。この地球温暖化を約50年も前に世界に先駆《が》けて提唱した真鍋淑郎博士が，昨年ノーベル賞を受賞して話題になりました。大気に関係する現象について，以下の各問いに答えなさい。

問1　真鍋博士が受賞したノーベル賞は何賞でしたか。次の**ア**～**キ**から1つ選んで，記号で答えなさい。

ア　経済学賞　　**イ**　数学賞　　**ウ**　物理学賞　　**エ**　化学賞

オ　生理学・医学賞　　**カ**　環《かん》境学賞　　**キ**　地球科学賞

問2　温室効果による地球温暖化に影響があるとして，脱《だつ》炭素化の中心とされているのは何という気体ですか。1つ答えなさい。

問3　地球温暖化について述べた文として，次の**ア**～**エ**から正しいものをすべて選んで，記号で答えなさい。

ア　地球温暖化がこのまま進むと，今世紀末には海面が約5m上昇する。

イ　極地方は赤道付近に比べて地球温暖化の影響が現れやすい。

ウ　海面の上昇は，すべて南極の氷やヨーロッパの氷河の融《ゆう》解によるものである。

エ　台風の大型化や大雨による災害，干ばつなどが頻繁《ひんぱん》に起こるようになる。

問4　次の【図1】は，太陽から地球に放射されるエネルギーを100として，それがその後どのようになるかを示した模式図です。図中のaは大気(温室効果ガス)や雲が吸収するエネルギー，bは地表が吸収するエネルギー，cは地表で反射されるエネルギー，dは大気と雲で反射されるエネルギーを示しており，それぞれの数字はその量を示しています。また，【図2】は，地表から放射されたエネルギーのゆくえを模式的に示したもので，aは【図1】のものと同じです。

地球にもし大気がなければ，地表が吸収したすべてのエネルギーを宇宙空間に放射するでしょうが，実際には大気があるために，そのうちのいくらかが大気や雲に吸収され地表へと放射されるので，地表面が暖められることになります。これが温室効果です。もし，地球に大気がなく温室効果がなければ，気温は現在より33℃下がるともいわれています。

【図1】

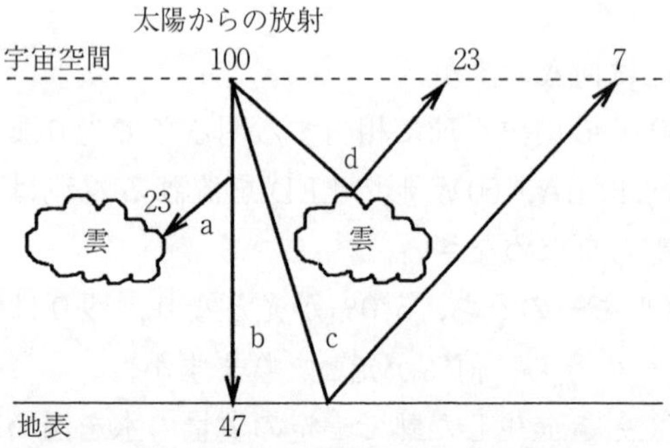

【図2】

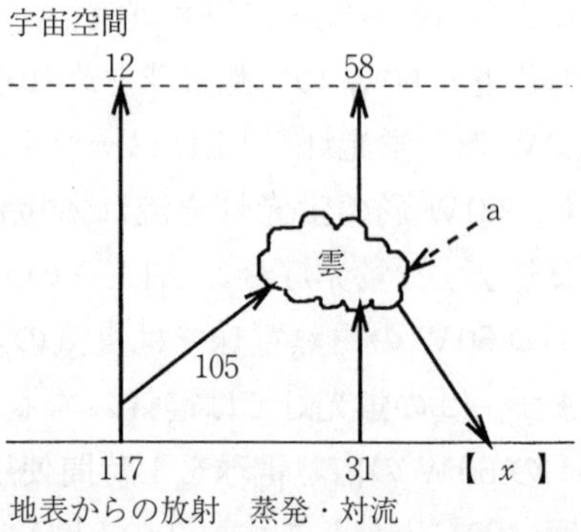

【図1】で，太陽からの放射100＝a＋b＋c＋dとなっています。同様に，地表から放射される分を考えたときの【 x 】が，温室効果による地表面への放射の割合になります。【 x 】に当てはまる数値を答えなさい。

雷《かみなり》を伴《ともな》ってゲリラ豪《ごう》雨が発生する場合，天気予報で「上空に寒気が入り込《こ》んで大気が不安定になっています」のような説明を聞くことがあります。これはどういうことか考えてみましょう。

通常，地表近く(ここでは10000mまでと考えておきます)の安定な大気は，100mにつき0.65℃ずつ一定の割合で，一様に気温が下がっていくことがわかっています。

問5　地表気温が30℃のとき，地表から上空3000mまでの高度と気温の関係をグラフに描きなさい。

夏の強い日射で暖められたなどの理由で周囲よりも温度が高くなった空気の塊《かたまり》は，周りの空気よりも温度が高い間は上昇を続けていきます。その際，空気の塊が水蒸気で飽《ほう》和している場合は雲を作りながら100ｍにつき0.5℃ずつ下がりますが，飽和していない場合(乾燥《かんそう》空気)は雲を作らず100ｍにつき１℃ずつ温度が下がります。ただし，空気の塊が上昇していく場合，下図の範囲《はんい》では体積は変化しないものとします。

【図３】，【図４】のように，上空2000ｍ以上に異なる空気層がある場合を考えてみましょう。【図３】では2000ｍの境のすぐ上は17℃の暖かい空気が入っていますが，【図４】では５℃の冷たい空気が入っているものとします。さらに上空4000ｍでは図に示した温度になっているものとします。なお，【表１】には1m^3あたりの空気が含《ふく》みうる水蒸気の量(飽和水蒸気量)を示してあります。例えば，30℃の空気1m^3が９ｇの水蒸気を含んで上昇した場合，10℃になった高さで雲ができ始めるということです。

【図３】

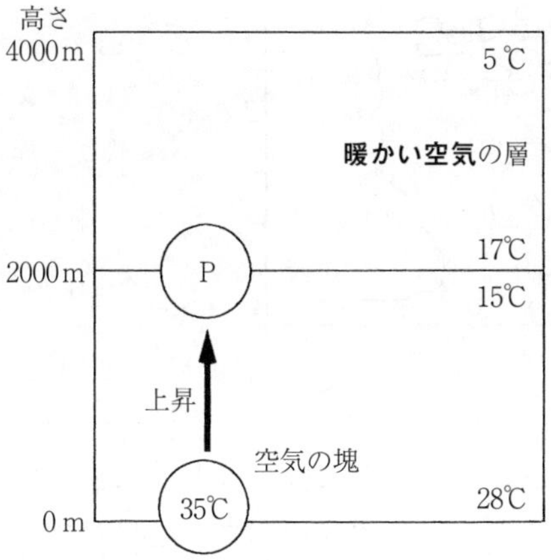

【図４】

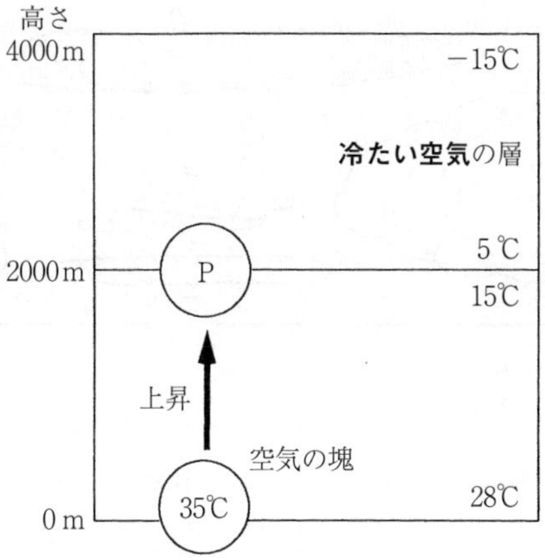

※空気の塊は気温35℃で，1m^3あたり13ｇの水蒸気を含んでいたとします。

【表１】

気温[℃]	0	5	10	15	20	25	30	35
飽和水蒸気量[g/m^3]	5	7	9	13	17	23	30	40

問６　【図３】，【図４】のＰには０ｍから上空2000ｍまで上昇した空気の塊の温度が入ります。この空気の塊は気温35℃で，1m^3あたり13ｇの水蒸気を含んでいたとします。Ｐは何℃になりますか。

問７　【図３】と【図４】の違《ちが》いについて，次のように説明しました。①〜⑤に当てはまる言葉をそれぞれ選んで，記号で答えなさい。

【図３】の場合は，2000ｍまで上昇した空気の塊は周りの気温17℃よりも①{**ア**　高い　**イ**　低い}ので，この後②{**ア**　雲を作りながら上昇し続ける　**イ**　雲を作らず上昇し，やがて雲を作る　**ウ**　上昇は止まる}。一方，【図４】の場合は，2000ｍまで上昇した空気の塊は周りの気温５℃よりも③{**ア**　高い　**イ**　低い}ので，この後④{**ア**　雲を作りながら上昇し続ける　**イ**　雲を作らず上昇し続ける}。さらに，4000ｍまで上昇しても，周りの気温が低いので雲を作りながら上昇を続ける。よって，【図３】に比べて【図４】の場合が，大気が⑤{**ア**　安定　**イ**　不安定}であるといえる。

問８　以上のことから，雷を伴ってゲリラ豪雨が発生する場合，その元になっているのは何という雲ですか。正式な名称《しょう》を下の【語群】から選んでａ〜ｊの記号で答えるとともに，その雲を表す模式図を1つ選んで，**ア**～**コ**の記号で答えなさい。

【語群】

a　巻《けん》雲	b　巻層雲	c　巻積雲	d　高層雲	e　高積雲
f　積雲	g　積乱雲	h　乱層雲	i　層積雲	j　層雲

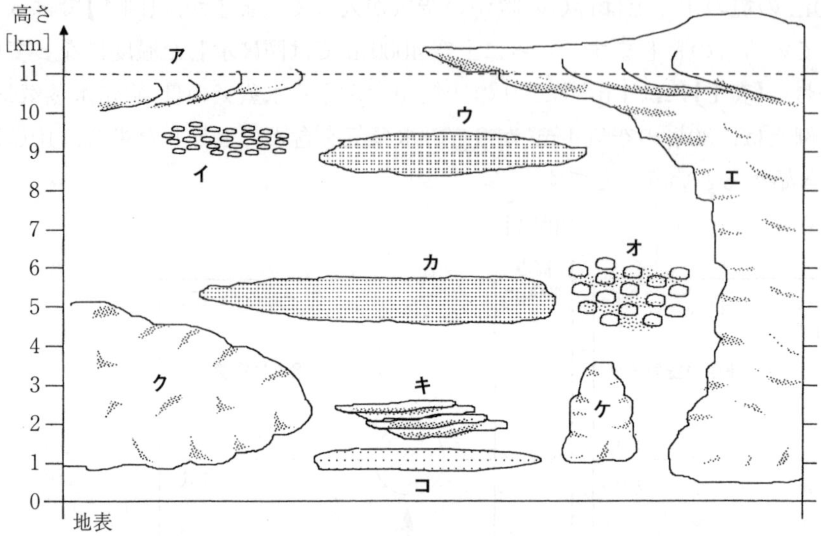

4　昨年はコロナ禍《か》ではありましたが，東京オリンピック・パラリンピックを無事に開催《さい》することができました。大会に向け，標高の高い場所で高地トレーニングを続けて，心肺機能を鍛《きた》え運動能力を向上させたマラソン選手もいました。そこで，呼吸と血液循環《じゅんかん》について考えてみましょう。

問1　下線部のように，標高の高い場所で高地トレーニングをすることで心肺機能が鍛えられ運動能力が向上するのはなぜでしょうか。その説明が成り立つように，次の文章の①～④に当てはまる言葉をそれぞれ選んで，記号で答えなさい。

　標高の高い場所(高地)は低い場所(低地)に比べ，空気は①{**ア**　濃《こ》　**イ**　薄}くなるので，呼吸により出入りする空気の量に変化がなければ1回の呼吸によって肺に届く酸素の量は②{**ア**　多　**イ**　少な}くなります。筋肉を動かして運動するためには酸素が必要となるので，高地では低地にいるときよりも体内における酸素の摂《せっ》取能力や運搬《ぱん》能力をより③{**ア**　高め　**イ**　低め}る必要がでてきます。高地トレーニングを重ねると，体内を流れる血液量が④{**ア**　増加　**イ**　減少}するなどの変化が起こってこれらの能力にも変化が現れ，低地で開催される大会当日に向上した運動能力を発揮できるということになるのです。

問2　セキツイ動物の場合，呼吸器官で血液中に酸素を取り込《こ》み，血液は心臓のはく動によって体中に運ばれます。次の**ア**～**エ**は，心臓と呼吸器官そして全身について血液循環のつながりを示したもので，矢印は血液の流れる方向を示します。①ヒト，②魚類の場合はどれですか。それぞれ当てはまるものを1つずつ選んで，**ア**～**エ**の記号で答えなさい。ただし，ここではひふ呼吸は考えないこととします。

ア　心臓→全身→呼吸器官→心臓　　**イ**　心臓→呼吸器官→全身→心臓

ウ　心臓→呼吸器官→心臓→全身→心臓　　**エ**　心臓→呼吸器官→全身→呼吸器官→心臓

問３　右の表は，ヒトの吸気と呼気に含《ふく》まれる酸素とその他の気体との割合を示しています。これを見て次の各問いに答えなさい。

息＼気体	酸素	その他の気体
吸気	21％	79％
呼気	17％	83％

(1)　ヒトが空気中から血液中に取り入れる酸素は，空気の何％に当たりますか。

(2)　吸気に含まれる「その他の気体(79％)」の中に，最も多く含まれる気体は何ですか。その気体の名称《しょう》を答えなさい。

(3)　呼気に含まれる「その他の気体(83％)」の中で，吸気と比べて最も増えた気体は何ですか。その気体の名称を答えなさい。

(4)　１回で700 cm^3 の空気が出入りする呼吸を30回行った場合に，空気中から血液中に取り入れた酸素の体積の合計は何 cm^3 になりますか。

問４　問１の下線部の「体内を流れる血液量」の他に，高地トレーニングを重ねることによってその数が変化し，酸素の摂取能力や運搬能力に変化を及《およ》ぼす血液の成分があります。

(1)　その血液の成分として最も適当なものの名称を答えなさい。

(2)　その成分に含まれる赤い色素の名称を，カタカナ６字で答えなさい。

問５　問４の色素を「色素Ｈ」と表すことにします。色素Ｈのはたらきによって，空気中から取り込まれた酸素は，酸素を必要としている組織の細胞《ぼう》まで運ばれ，その細胞に供給されます。この色素Ｈのはたらきとして最も適当なものを次の**ア**～**エ**から選んで，記号で答えなさい。

ア　酸素濃《のう》度の高いところで酸素を離《はな》し，酸素濃度の低いところで酸素と結合する。

イ　酸素濃度の高いところで酸素と結合し，酸素濃度の低いところで酸素を離す。

ウ　二酸化炭素濃度の高いところで酸素と結合し，二酸化炭素濃度の低いところで酸素を離す。

エ　二酸化炭素濃度の低いところで二酸化炭素と結合し，二酸化炭素濃度の高いところで二酸化炭素を離す。

問６　次の【図１】は，「色素Ｈ」の性質やはたらきを示したグラフです。

【グラフの見方】

まず，示された肺の内部・筋肉などの二酸化炭素濃度から，グラフ上のどの曲線を使うかを選ぶ。次に，選んだ曲線ともう１つの条件である酸素濃度の数値〈横軸《じく》〉との交点から，肺の内部・筋肉などにおける「酸素と結合した色素Ｈの割合(％)」〈縦軸〉を読み取る。

【肺の内部・筋肉などの二酸化炭素濃度と酸素濃度】

	二酸化炭素濃度	酸素濃度
肺の内部	５％	12％
筋肉など	８％	３％

以上をもとにして，あとの(1)〜(4)の問いに答えなさい。

【図１】

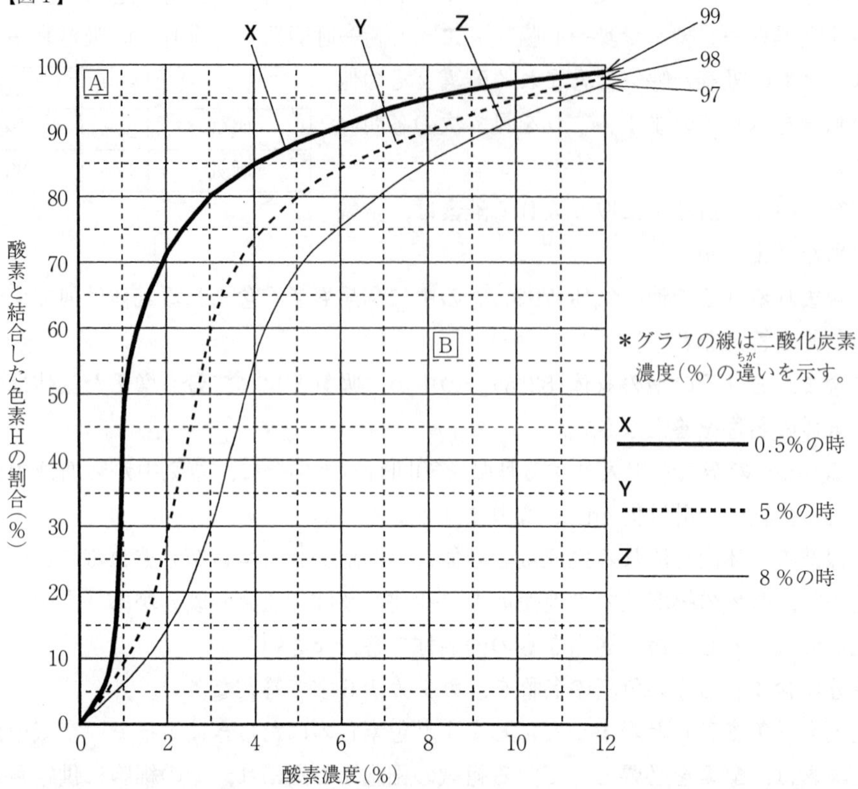

(1)　肺の内部で酸素と結合した色素Hは，すべての色素Hのうちの何%ですか。

(2)　筋肉などで酸素と結合した色素Hは，すべての色素Hのうちの何%ですか。

(3)　肺の内部で酸素と結合した色素Hのうち，筋肉などで酸素を離した色素Hの割合は何%になりますか。小数第２位を四捨五入して，小数第１位まで答えなさい。

(4)　アンデス山脈の高地に生息するラクダの仲間の「リャマ」の色素Hは，低地に生息する他のほ乳類の色素Hと性質が異なります。【図１】にリャマの肺の内部について表してみたとすると，リャマの色素Hの曲線はグラフ上の A または B のどちら側にかたよった形状になると考えられますか。AまたはBの記号で答えなさい。

エ　じっと　　オ　はきはきと　　カ　もぞもぞと
キ　ぼけっと　　ク　そっと

問三　――①「つい、しかたなくかわってしまった」とありますが、なぜですか。その理由の説明として最も適当なものを、次のア～エの中から一つ選び、記号で答えなさい。

ア　急なお願いだとは思ったが、「おれ」はリーダーであるハジメと仲良くしたいので望み通りに代わったほうが良いと思ったから。

イ　クラスのみんなと少しぎくしゃくしている「おれ」は、ハジメのいいなりになることで周りとうまくやっていけると思ったから。

ウ　「おれ」はハジメのいうことを聞くような立場にあったので、この時もハジメのいうことに逆らわないほうが良いと思ったから。

エ　クラスのみんなはハジメのいうことにいつもしたがっているので、「おれ」も周りと違《ちが》うことをしないほうが良いと思ったから。

問四　――②「おれは、ほっとしながら見ていた」とありますが、なぜ「おれ」は「ほっとし」たのですか。「おれ」の気持ちにふれながら、その理由を説明しなさい。

問五　――③「でも、柳田《やなぎだ》の言葉は、おれの気持ちをすこしらくにしてくれた」とありますが、この時「おれの気持ち」はどのように変化したのでしょうか。わかりやすく説明しなさい。

問六　――④「めだかの学校だな」とありますが、「めだかの学校」とは小学生たちのどのような様子を表していますか。十五字以上二十字以内で説明しなさい。

問七　――⑤「おれは、良子《りょうこ》とゲンにきこえるようになってやった」とありますが、なぜ「おれ」はこのようにしたのでしょうか。「おれ」の気持ちにふれながら、その理由を説明しなさい。

問八　【作文問題】　問題文中の「おれ」は「ゲン」とクラスの人たちに対してそれぞれ異なる「顔」を持っています。人は誰《だれ》しも相手にあわせた「顔」を持っているといえるでしょう。あなたが使い分けている「顔」はどのようなものか、また、そのような自分についてあなた自身どう考えるか、実際の経験や具体例をあげ、作文して答えて下さい。解答は大きく濃《こ》くていねいな文字で、必ず解答欄《かいとうらん》内に収まるように書いて下さい。評価は、表記もふくめた言葉としての正しさ、また、巧《たく》みさにも着目しながら、文章として完結しているもののみ、内容を中心に行います。

だけど、おれみたいに、勉強もできないし、Ⅲさりとてけんかも強くない男は、いつもだれかのそばにくっついて、ごきげんをとっていないと、気分がおちつかないのだ。

「じゃあね、いいかい、今度ゲンが学校にきたときは……」

シンイチが、かた目をつぶってみせた。

（中略。後日、「おれ」はゲンに町中で声をかけられ、一緒に喫茶店《きっさてん》へ行った。二ヶ月後に小学校を卒業する「おれ」は、中学の話を聞いて、子分にしてほしいとゲンにお願いする。そして、「おれ」のクラスの子たちがゲンをやっつける相談をしていた話を聞かせた。）

「こいつはおもしれえや。いったい、だれがいいだしたんだ。高岡か？」

「ううん、だれっていうことなしに決まったらしいよ」

「そうかい、そうかい。せっかく、おれの出た学校から、二、三人元気のいいやつを※4番長に紹介《しょうかい》してやろうと思ったのによ。やっぱり小学生は、考えることがかわいいや。④めだかの学校だな」

しばらくして、おれたちは喫茶店を出た。ゲンにくっついて、ぶらぶら歩いていると、児童公園のそばに出た。女の子の一団が、ボールで遊んでいた。なかに、おれのクラスの水原《みずはら》良子《りょうこ》がまじっていた。

良子は、おれたちに気づいたらしくて、立ちどまって、［4］こっちを見ている。

まずいな。おれは思った。ゲンといっしょにいるところをクラスの連中に見られたくなかった。

そのとき、ボールが、おれたちのほうにころがってきた。三年生くらいのちびたちが、こっちにむかってくる。でも、良子だけは、おれのほうを見つめたまま、動こうとしない。

おれは、とっさにボールにかけよると、思いきりけっ飛ばした。ボールはちびっ子の頭上を越えて、公園の外に飛びだしていった。

「いやあねえ。あした先生にいいつけるからね」

ちびたちが、かん高い声をあげる。

「うるせえ。がたがたさわぐな」

⑤おれは、良子とゲンにきこえるようにどなってやった。

（那《な》須《す》正幹《まさもと》作『めだかはめだからしく』より）

※1　しけたつら…ぱっとしない表情。自分にとってよくは見えない顔つき。
※2　厄病神《やくびょうがみ》…人に災難をもたらすとされる神。
※3　チェーン…不良がけんかに使う道具。後のナイフも同じ。
※4　番長…不良たちのリーダー。親分。

問一　〰〰Ⅰ〜Ⅲの意味として最も適当なものを、それぞれ後のア〜エの中から一つずつ選び、記号で答えなさい。

Ⅰ　めっぽう
ア　そこそこ　　イ　それなりに
ウ　比較的《ひかくてき》　　エ　非常に

Ⅱ　うさんくさそうに
ア　疑わしげに　　イ　気にかけずに
ウ　残念そうに　　エ　面倒《めんどう》くさそうに

Ⅲ　さりとて
ア　そうかといって　　イ　そうでなくても
ウ　それだけでなく　　エ　それはそれとして

問二　［1］〜［4］に入れるのに最も適当な語を、それぞれ次のア〜クの中から一つずつ選び、記号で答えなさい。

ア　たっぷりと　　イ　しっかりと　　ウ　ちらりと

きだした。
「ごめんよ」
かさねていうと、
「うるさいなあ。おめえの知ったこっちゃないだろ」
ハジメは、もうおれのほうをふりかえりもしなかった。
「いやだなあ。ゲンは、またくるかもしれないねえ」
うしろでシンイチと柳田《やなぎだ》が話しているのがきこえた。
「ゲンて、中一なんだろ。どうしてみんなだまってるんだい。中一なんて、たいしたことないじゃないか」
柳田は、六年生になって転校してきたから、ゲンのことは、まるで知らないのだ。③でも、柳田の言葉は、おれの気持ちをすこしらくにしてくれた。
それにしても、一年前までのおれたちにとって、ゲンは、まさに※2厄病神《やくびょうがみ》みたいなやつだった。おれたちは、小学校に入学して以来、ずっと、一年上級のゲンに、いじめられどおしだった。ゲンのすがたを見ただけで、気の弱い連中は逃《に》げだしたし、逃げだしたくないやつは、ゲンの子分にしてもらおうとした。おれやハジメは逃げだしたくないほうだった。

（中略）

よく朝、学校へいくとシンイチがそばによってきた。
「サブちゃん、ぼくら、ゲンをやっつける計画たててるんだけど、きみも仲間にならない？」
「ゲンを？」
「そう、ゲンから学校を守るんだ。きみだって、あんなやつに、運動場を荒《あ》らされるの、いやだろ」
おれは、シンイチがおかしくなったのではないかと思った。ハジメだって手も足も出ないゲンを、おれたちでどうやってやっつけられようか。
「シンちゃん、おまえだってゲンのこと知ってるだろ。あいつ、なにするかわかんないぜ。※3チェーンとか、ナイフ持ってるし、それに、不良の仲間がいっぱいいるんだ」
シンイチが、Ⅱうさんくさそうにおれを見た。
「ハジメくんも賛成したんだけどな。こっちは二十人だよ。ゲンがいくら強くたって、かないっこないさ。それとも、サブちゃんは、都合の悪いことでもあるの。たとえば、今でも、あいつとつき合ってるとか……？」
「つき合ってるもんか。ただ、五年のころ、いっしょに遊んでたんだ。ハジメだって、そうだぜ」
「今は、無関係なんだろ」
「あたりまえさ。あいつは中学、おれは小学校……」
「そうだよね、サブちゃんは、今はハジメくんの子分だもんな」
シンイチが、いやな笑いかたをした。おれは一瞬《いっしゅん》、このクラスでいちばん人気ある男の子をなぐりつけたくなった。
だが、考えてみたら、シンイチのいうとおりだ。おれは、ハジメの子分みたいな感じになっていた。
おれは、今までいちどもハジメにやられたことはなかった。だいいち、六年になって、他人となぐり合いのけんかなんて、やったこともない。それなのに、おれは、いつのまにかハジメのごきげんをとるようになり、やつのまわりで子犬みたいにしっぽをふっていた。
シンイチみたいに、勉強もできるし、みんなの前でうまく発言できるやつは幸福だ。もしかしたら、ゲンみたいな男の子も、それほどこわくないのかもしれない。

こんな寒い日のゴールキーパーなんて、やるもんじゃない。おまけに試合は、まるっきりおれたちが優勢ときている。

吹《ふ》きっさらしのゴールの前に立って、おれは、はるか運動場のかなたを走りまわるハジメたちを、足ぶみしながらながめていた。

ゲンが運動場にはいってきたのは、そのときだった。いや、おれが気がついたときには、やつは、もうおれのすぐそばに立っていた。

「サブ……」

やつが低い声で、おれをよんだ。おれはびっくりしてふりかえった。学生服の前をあけっぴろげて、下に着こんだまっ赤なセーターを見せびらかすようにしながら、ゲンはゆっくりとおれのそばによってきた。

「やっぱりサブじゃないか。なんだ、※1しけたつらしてるなあ」

ゲンが、わりとやさしい声で話しかけてきた。

「おまえが、キーパーか?」

おれは、こっくりうなずく。

そのとき、相手側のキーパーがけったボールが、ハジメたちの壁《かべ》を破った。ボールはセンターラインのあたりで、大きくバウンドしたあと、まっすぐこっちにむけてころがってくる。

「サブ――、ぼやぼやするなよ――」

ボールのうしろから走ってくる一団から声がかかった。ハジメだった。

おれは、ボールにむかって突進《とっしん》しかけた。と、それよりさきに、ゲンがころがってくるボールを、ひょいとかかえこんだ。そのまま、走ってくる連中の前に立ちはだかったのだ。

クラスのみなは、ゲンの前、五メートルくらいのところで走るのをやめた。ゲンが、ボールをかた手でつきながらたずねる。

「サブよ、あのでかいつらしてるのは、なんていうやつだったっけな」

おれはだまっていた。ゲンはだまっているおれの顔を［１］見ると、あらためてみんなのほう、なかのハジメひとりに視線をあてた。

「ああ、そう、そう、思いだしたぜ。高岡《たかおか》ハジメ、そうだったよな。おまえ、おれのこと、おぼえてるな」

「ボール、ボール返してください」

ハジメが、［２］いった。

「ああ、いいとも。返してやらあ」

ゲンは、ボールを地面において、ふたたびおれをふりかえった。

「サブ、キックしてやれよ。おっと、そっちじゃなくて、あっちだ」

ゲンの指が、まうしろの校舎のほうをさしている。おれは困って、ハジメやクラスの連中を見まわしていた。

「けとばせっていうのが、わかんねえのか!」

ゲンの声に、おれは思わずボールにかけよった。ボールは、灰色の空を引きさいて、校舎の横手のツツジの植込《うえこ》みに消えた。

「ほら、高岡、［３］してないで、ボール取ってこいよ」

ゲンがハジメの肩《かた》をおす。ハジメが校舎のほうに走りだすのを、おれも、ほかの連中も、ただだまってながめていた。

ゲンはやってきたときとおなじように、ふらりと校庭から去っていった。やつのうしろすがたが、学校のへいを乗りこえて消えていくのを、②<u>おれは、ほっとしながら見ていた</u>。

「おれ、帰るぜ」

ハジメが拾ってきたボールを、腕《うで》のなかにだいたまま、ぼそっといった。おれは、なんとなくハジメにあやまっといたほうがいいような気がした。

「ハジメちゃん、ごめんな」

ハジメは、おれの顔を、ちょっとふりかえっただけで、そのまま歩

(2) なぜ「ふつうにいい」という表現が使われていると筆者は考えるのですか。その説明として最も適当なものを、次のア～エの中から一つ選び、記号で答えなさい。

ア　条件をつけてほめても相手はうれしくないので、「ふつうに」をつけることで相手をよろこばせようとしているから。

イ　その評価が特別な条件をそなえた人によるものではないことが、「ふつうに」をつけることでわかりやすくなるから。

ウ　他の人とは違《ちが》い自分だけは何の条件もつけずにほめているのだと表すために、「ふつうに」が一役買っているから。

エ　期待できないと思っていた物事でも何の条件もつけずにほめたいのだということを、「ふつうに」で表しているから。

問六　――⑤「改まった場では使わないほうがいい俗語《ぞくご》」とありますが、筆者はこのような語はどのようなことばだといっていますか。それを説明した次の文の［　］に入れるのに適当なことばを、問題文中から二十字ちょうどで抜き出して答えなさい。

［　　　　］**ことば。**

問七　――⑥「人と人とがことばをやりとりするための、手助けをすること」とありますが、そのために筆者は、ことばの意味がいくつもあるために生じる誤解を解決できるような辞書を作りたいと考えています。

その《誤解をうみやすいことば》として筆者は「ちょっと」をあげ、次にまとめたような誤解や行《い》き違《ちが》いを例としてあげています。

あなたにとって大切なペットが死んだことを友だちに告げた。友だちは、あなたのことをなぐさめたいけれど、どう言っていいかわからず、でも、残念な気持ちを伝えようとしたために「ちょっと残念だね」という言い方になった。しかし、あなたにとってはとても残念なことを「ちょっと残念だね」と返されてしまったため、あなたはとても傷付いた。

この原因として考えられる「ちょっと」の二つの意味について、筆者の意見をまとめると次のようになります。

「ちょっと」ということばは、「少し」という意味だけでなく、「どう表現したらいいかわからないのですが」という意味も持つために生じた誤解である。

右の例や本文を参考に、次にあげる《誤解をうみやすいことば》の中から一つことばを選んで解答用紙に示した上で、どのような誤解がうまれるのか、また、なぜそのような誤解がおこるのかを説明しなさい。

《誤解をうみやすいことば》

適当・結構です・鳥肌《とりはだ》が立つ

三

次の文章を読んで、後の問いに答えなさい。（問題文中の※は、終わりに注があります。問題文の表記を一部書き改めてあります。）

ゲンが、おれたちの学校にやってきたのは、冬休みあけの、Ⅰめっぽう風の強い日だった。

おれたち六年一組の男子は、放課後運動場に残って、サッカーをして遊んでいた。

おれは、ゴールキーパーをやっていた。

ほんとは、ハジメがキーパーをする番だったけれど、やつが、

「サブ、いいじゃねえか、なあ」

とかなんとか、いつもの調子でいうし、おれも相手がハジメだから、①つい、しかたなくかわってしまった。

とはできません。

もし、辞書には正しいことばや意味がのっていて、「そこにないことばや意味は、まちがいだ」となったら、だれもが型にはまったことしか言えなくなります。新しい考えを発表したり、今までにない表現をしたりすることはできません。何しろ、今までにない表現は、辞書に書いてありませんからね。

国語辞典の役割は、正しい日本語を決めることではありません。では、本当の役割は、いったいどんなことでしょうか。それは――⑥人と人とがことばをやりとりするための、手助けをすることです。

（飯間《いいま》浩明《ひろあき》 著『ことばハンター　国語辞典はこうつくる』より）

※１　『舟《ふね》を編む』…三浦《みうら》しをんの小説。辞書作りに没頭《ぼっとう》する者たちの物語。本屋大賞受賞作品。
※２　監修《かんしゅう》…ここではアニメの編集を監督《かんとく》する責任者。
※３　第７版…七回目の訂正《ていせい》・追加などを経て出版された本。

問一　[1]～[3]に入れるのに最も適当な語を、それぞれ次のア～カの中から一つずつ選び、記号で答えなさい。

ア　あきれた　　イ　きびしい　　ウ　混乱する
エ　ためになった　　オ　たよりない　　カ　夢見る

問二　――①「ワードハンティング」とは「単語狩《が》り」の意味ですが、本文中ではどのようなことを指していますか。その説明として最も適当なものを、次のア～エの中から一つ選び、記号で答えなさい。

ア　辞書にのせるために、使っている人があまりいないめずらしいことばを探し、その意味を記録すること。
イ　辞書にのっていることばで、多くの人々が間違《まちが》って使っているものを探し、その使い方を記録すること。
ウ　辞書にのっていないことばや、本来の意味や使われ方ではないことばを探し、その用例を記録すること。
エ　辞書にのっているかいないかに関わらず、若者特有のことばや使い方を探し、その表現を記録すること。

問三　――②「じみだけど、ぼくにとっておもしろいことば」とありますが、どのようなことばを指していますか。その説明として最も適当なものを、次のア～エの中から一つ選び、記号で答えなさい。

ア　人々に広く使われてはいるが辞書にのせる価値がないと誰《だれ》もが思うことば
イ　まだ辞書にのっていないが人々に多く使われている間違《まちが》っていることば
ウ　人々がまだ使い始めたばかりで辞書にのっていないめずらしいことば
エ　辞書にのっていないけれど人々が多く使っているありふれたことば

問四　――③「疑問に思う人がいるかもしれません」とありますが、「疑問に思う人」は、なぜこのように思うのでしょうか。文中の言葉を用いて六十字以内で答えなさい。

問五　――④「ぼくにとって、『ふつうにいい』はめずらしい表現です」について後の問いに答えなさい。

(1)　それはなぜですか。その説明として最も適当なものを、次のア～エの中から一つ選び、記号で答えなさい。

ア　登場人物の年齢《ねんれい》にあわせて作者が作った新しい表現だから。
イ　ほめているのかいないのか意味のわかりにくい表現だから。
ウ　中年の人たちにはあまり使われない若者特有の表現だから。
エ　間違《まちが》っているのか正しいのかあいまいで難しい表現だから。

編む」の制作に協力したことは、とても［1］経験でした。

どのことばも、理由があって生まれてくる

ところで、今のアニメの監修の話で出てきた「ふつうにいい」という表現、どう思いますか。ぼくはさっき、『ふつう』なのに『いい』とはどういうこと?」と言いました。「いい」はほめることばですが、「ふつう」はべつにほめていません。どっちなんだろうと、少し混乱します。

ぼくのように思った大人が多かったせいか、「ふつうにいい」「ふつうにおもしろい」「ふつうにおいしい」という表現は、一時期、話題になりました。

「こんなことばは、まちがいだ」

そう言う人も、少なくありませんでした。

でも、ぼくは、ワードハンティングをするなかで、だんだんわかってきたことがあります。それは、テレビの取材の話のところでも言ったことですが、「どのことばも、理由があって生まれてくる」ということです。このことを、もう少し考えてみましょう。

「ふつうにいい」は、ちょっと聞くと［2］ことばかもしれません。でも、いろんな例を観察すると、この言い方にも理由があることがわかります。

ぼくたちは、何かをほめるとき、条件をつけることがあります。「欠点もあるけど、いい人だ」「一般人はともかく、マニアにとってはおもしろい映画」「変わった味だけど、好きな人にとっては、おいしいかもしれないアイス」……。条件をつけられると、ほめられても、うれしさは弱まりますね。

でも、何も条件をつけずに、ふつうにほめることができる場合もあります。それが、「ふつうにいい」「ふつうにおもしろい」「ふつうにおいしい」です。

赤や黄色の、どぎつい色をしたゼリーを食べた女の子が、「ふつうにおいしかった」と言いました。これは、「色から考えて、あまりおいしくないと思っていたのに、条件をつける必要がなくおいしかった」という意味です。

つまり、「ふつうに○○」という言い方は、意味の通らない言い方ではなくて、使われる理由がちゃんとあったんですね。

ワードハンティングを通じて、「ふつうに○○」という言い方は、若い人だけでなく、中年以上の大人もよく使っていることがわかりました。広く使われている以上、国語辞典にものせる必要があります。「ふつう」のこの用法は『三国』の※3第7版にのりました。

〈ふつう［略］べつに変なところがなく。とても。「あの人、ふつうに歌うまいよね・このアイス、わたし的にはふつうにおいしい」〉

この言い方は、⑤改まった場では使わないほうがいい俗語です。でも、日常会話ではよく使われているし、使ってもまちがいとは言えないのです。

ことばをやりとりする手助けを

「国語辞典というものは、正しい日本語を決めてくれるものだ」と考える人は多くいます。「そうでなくては、辞書の意味がないでしょう」と。でも、はたして、国語辞典は「正しい日本語を決めるもの」でしょうか。

いろいろな国語辞典を比べてみると、けっしてそうではないことがわかります。「凡人《ぼんじん》」について、「影響力《えいきょうりょく》が皆無《かいむ》のまま一生を終える人」と、［3］ことを書く辞書もありました。一方、単に「ふつうの人」と書く辞書もありました。辞書によって、ものの見方、説明のしかたはいろいろです。とても「ひとつの正しい説明」を決めるこいることばは、もはや「まちがい」とは言えなくなるのです。

「正油」は、多くの人が使っている「当て字」です。正式ではないけれど、まちがいとも言えないのです。お店の品書きに使ったり、メモとして書いたりするのはかまいません。

ひとびとは、ことばを、日常生活で使いやすいように、少しずつ変えていきます。多くの人が、せっかく便利に使っていることばを、「まちがいだ」と簡単に決めつけてはいけないのです。

（中略）

「ことばデータ」は正確に

小説※1「舟《ふね》を編む」は、映画版もヒットし、辞書に対する関心がいっそう高まりました。そして、こんどはアニメ化されることになりました。

（中略）

アニメの※2監修《かんしゅう》をしてわかったのは、専門家でない人には、ワードハンティングを実際にどうやるかが想像しにくいんだなあ、ということでした。

あるスタッフが、アニメの会議で発言しました。

「ハンティングして見つけたことばは、どうやって記録するんですか。新しいことばをメモして、そこに意味を書きそえておくんですか」

「そうじゃないんです」ぼくは説明しました。「ワードハンティングをするときは、意味は書かなくていいんですよ」

「えもの」となることばを見つけたとき、そのことば自体を記録するのはもちろんです。それ以外に大事なのは、前後の部分を記録することです。そのことばがどんな文脈で使われているか、なるべく長く引用しておきます。

見つけたえものを記録した「ことばデータ」の例を紹介しましょう。「ふつう」ということばのめずらしい使い方を書きとめたデータです。

> ●ふつう［普通］
> サーッと武文《たけふみ》の言葉を頭上で流しながら、僕《ぼく》はじっくりと脚《きゃく》本《ほん》を読んだ。［略］「……◆普通にいいと思う」
> （朝井《あさい》リョウ『桐島《きりしま》、部活やめるってよ』集英社《しゅうえいしゃ》文庫　２０１２・12・04　ｐ１２０）

これは高校生たちをえがいた小説です。登場人物の書いた映画の脚本を見て、「普通にいい」と言った部分を記録しました。

最初に「ふつう［普通］」という見出しを書き、次に、「普通」ということばがどんな状況《じょうきょう》で使われたかわかるように、原文を長く書きぬきます。

④ぼくにとって、「ふつうにいい」はめずらしい表現です。「ふつう」なのに「いい」とはどういうこと？

それはともかく、注目した「普通」の部分に◆の目印をつけます。あとは、自分が見た作品名、日付を書きそえておきます。

「これが、ぼくの作っている『ことばデータ』です。意味の説明は書かなくていいんです。その代わり、正確な原文と日付が必要です」

（中略）

——こうして、ぼくは、アニメで使うための「ことばデータ」を数十個も作ることになりました。

こんなふうに慣れない仕事が増えて大変でしたが、アニメ版「舟を

二〇二二年度　頌栄女子学院中学校

【国　語】〈**第一回試験**〉（四〇分）〈満点：一〇〇点〉

※字数指定のある問いでは、特にことわりのない限り、句読点等の符号《ふごう》も一字分と数えます。

一　次のA～Eの各文中のカタカナを、漢字に直してていねいに書きなさい。

A　オンシに感謝の手紙を送る。
B　世界イサンに登録された湖。
C　安全ソウチの点検を行った。
D　大いにフンキして勉強する。
E　血液中のサンソ濃度を測る。

二　次の文章は、『三省堂国語辞典《さんせいどうこくごじてん》』（略して『三国《さんこく》』）を作ったメンバーの一人である飯間浩明《いいまひろあき》氏が著《あらわ》したものです。彼はこの文章の中で、「国語辞典の中には、昔のことばを多くのせるものもありますが、この『三国』は、現代日本語を第一に考える辞書です。」と『三国』の特徴《とくちょう》を紹介《しょうかい》しています。これを読んで、後の問いに答えなさい。（問題文中の※は、終わりに注があります。問題文の表記を一部書き改めてあります。）

「まちがい」とは決めつけない

国語辞典を作るために、ぼくが①ワードハンティングをする様子も、テレビ番組などで取り上げられるようになりました。新聞や本、インターネットからじっくりことばを拾う作業を取材してくれるのかと思ったら、

「そんなのは、カメラで撮《と》ってもおもしろくありません」

とのこと。それよりも、ぼくが街に出て、看板やポスターなどを観察しているところを撮影《さつえい》したい、と言われました。それで、ぼくはテレビの撮影隊を引き連れて、東京のいろいろな街を訪ねることになりました。

ワードハンティングでは、「まちがいではないか」「辞書にのせる価値がないのでは」と思われそうなことばも、たくさん見つかります。でも、ぼくは、ことばを「まちがい」「価値がない」とは決めつけません。どのことばも、理由があって生まれてくるからです。

あるニュース番組の取材では、撮影隊といっしょに、世《せ》田谷《たがや》区《く》の下《しも》北沢《きたざわ》を訪ねました。下北沢には商店街がありますが、取材スタッフの喜びそうな、めずらしいことばは、ほとんど見つかりませんでした。

ただ、②じみだけど、ぼくにとっておもしろいことばは、いろいろありました。

たとえば、だんご屋さんのお品書きに、こう書いてあります。

〈みたらし　1本　¥80　／　正油　1本　¥80〉

ここに出てくる「正油」は「しょうゆ」と読みます。「しょうゆ」はふつう「醤油《しょうゆ》」と書きますが、むずかしすぎるので、昔から「正油」と書くことがあります。あちこちで目にする字ですが、国語辞典にはのっていませんでした。

「『三国』には、ぜひ、俗《ぞく》に『正油』とも書く、という説明を入れたいです」

ぼくは、歩きながら、取材スタッフにそんな話をしました。

③疑問に思う人がいるかもしれません。「『正油』はまちがいじゃないんですか。辞書にのせてもいいんですか」と。

まちがいかどうかは、ひとびとが決めます。たくさんの人が使って

2022年度

頌栄女子学院中学校　▶解説と解答

算 数　＜第１回試験＞（40分）＜満点：100点＞

解 答

1 (1) 91　(2) 60度　(3) 時速45km　(4) 20種類　(5) ２点，３点，６点，７点，９点　(6) ②，③，⑥　**2** (例) 解説を参照のこと。　**3** 12面　**4** (1) ８％　(2) $3\frac{11}{13}$g　**5** (1) 18日間　(2) ３　(3) 赤，緑　(4) 170日間

解 説

1 **計算のくふう，角度，通過算，場合の数，条件の整理，和差算，平均とのべ，正比例と反比例**

(1) $A\times B+A\times C=A\times(B+C)$となることを利用すると，2.5×34.2＋17.1×4.1－9.1×7.1＝2.5×２×17.1＋17.1×4.1－9.1×7.1＝５×17.1＋17.1×4.1－9.1×7.1＝(５＋4.1)×17.1－9.1×7.1＝9.1×17.1－9.1×7.1＝9.1×(17.1－7.1)＝9.1×10＝91

(2) N角形の内角の和は，180×(N－２)(度)だから，六角形の内角の和は，180×(６－２)＝720(度)であり，正六角形の１つの内角は，720÷６＝120(度)とわかる。右の図１で，かげをつけた四角形に注目すると，●印と○印をつけた角の大きさの和は，360－120×２＝120(度)となる。よって，●印２個と○印２個の大きさの和は，120×２＝240(度)なので，角イと角ウの大きさの和は，180×２－240＝120(度)になる。したがって，角アの大きさは，180－120＝60(度)と求められる。

図１

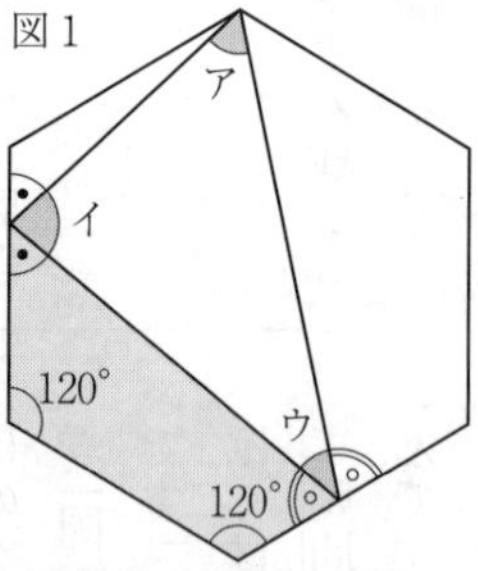

(3) 電車Ａの速さを秒速に直すと，(72×1000)÷(60×60)＝20(m)になる。また，右の図２で，電車Ａの最後尾《さいこうび》アと電車Ｂの先頭イの間の距離《きょり》は，105＋75＝180(m)である。さらに，アがイに追いつくまでの時間が24秒だから，電車Ａと電車Ｂの速さの差は秒速，180÷24＝7.5(m)とわかる。よって，電車Ｂの速さは秒速，20－7.5＝12.5(m)と求められ，これを時速に直すと，12.5×60×60÷1000＝45(km)となる。

図２

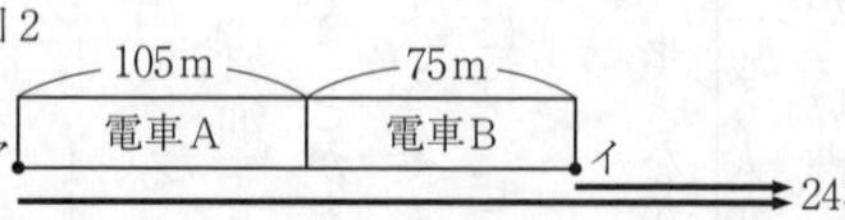

(4) ６つの円柱から３つの円柱を選ぶ方法は全部で，$\frac{6\times5\times4}{3\times2\times1}$＝20(通り)ある。また，３つの円柱を選んだとき，乗せ方は１通りに決まるので，立体は20種類つくることができる。

(5) 右の図３より，高い方から２番目の人の点数は，(10＋４)÷２＝７(点)，高い方から４番目の人の点数は，10－７＝３(点)とわかる。また，(平均点)＝(合計点)÷(人数)より，(合計点)＝(平均点)×(人数)となるので，５人の合計点は，5.4×５＝27(点)とわかる。よって，１番目と３番目と５番目の人の点数の合計は，27－10＝17(点)である。もし，１番目の人の点数が８点だとすると，３番目の人と５番目の人の点数の合計は，17－８＝９(点)となるが，このような組み合わせはない。よって，１番目の人の点数は９点だから，３番目の人と５番目の人の点数の合計は，17－

図３

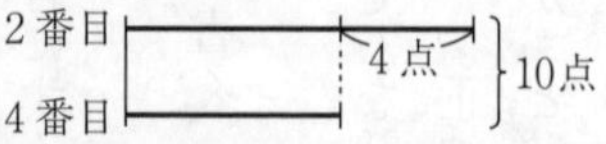

9＝8(点)とわかる。このとき，３番目の人の点数を６点，５番目の人の点数を２点にすると条件に合うので，５人の点数は小さい方から順に，２点，３点，６点，７点，９点と決まる。

(6) それぞれの関係を式で表すと，①は，$y=\frac{30}{60}\times x$より，$y=\frac{1}{2}\times x$，②は，$x\times y=30$，③は，$x\times y\div 2=15$より，$x\times y=30$，④は，$y=x\times x$，⑤は，$y\times 0.03=x$，⑥は，$x\times y=200$となる。yがxに反比例するのは，xとyの積が一定のときだから，②，③，⑥である。

2 平面図形―面積

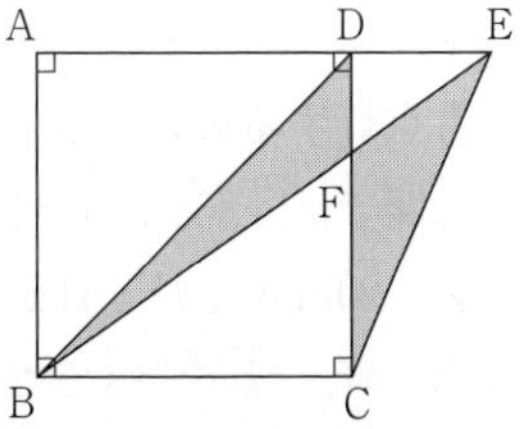

右の図で，三角形DBCと三角形EBCは，底辺(BC)と高さ(DC)が等しいから，面積も等しい。よって，両方の三角形から三角形FBCを除いた部分の面積も等しくなるので，色がついた２つの部分の面積も等しくなる。

3 立体図形―構成

図１　図２　図３

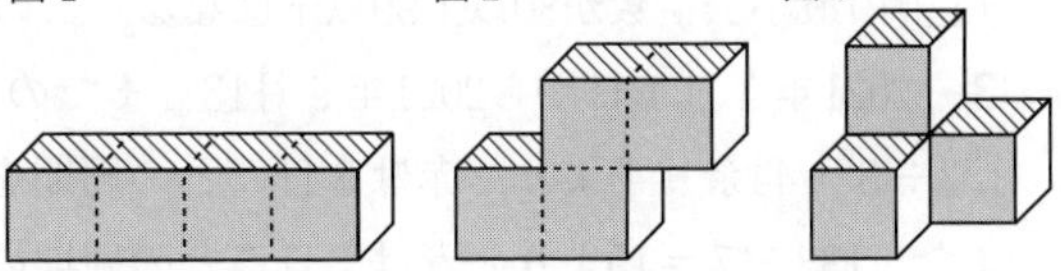

たとえば右の図１の立体の場合，かげをつけた部分と斜線《しゃせん》をつけた部分はそれぞれつながっているから，どちらも１面ずつになる。よって，図１の立体の面の数は６面である。また，図２の立体の場合，かげをつけた部分は１面であるが，斜線をつけた部分は２面になる。同様に，真横から見た部分も２面になるので，図２の立体の面の数は，(１＋２＋２)×２＝10(面)とわかる。さらに，図３の場合，正面，真上，右横から見ると３面ずつになるが，反対側から見るとそれぞれ１面ずつになる。よって，図３の立体の面の数は，(３＋１)×３＝12(面)と求められる。これよりも面の数が多くなる立体はないから，最も多い面の数は12面である。

4 濃度《のうど》

(1) 食塩の重さの変化に注目する。(食塩の重さ)＝(食塩水の重さ)×(濃度)だから，最初にAに含《ふく》まれていた食塩の重さは，250×0.12＝30(g)であり，AからBに移した食塩水に含まれていた食塩の重さは，100×0.12＝12(g)となる。また，最初にBに入っていた食塩水と，BからAに移した食塩水の重さの比は，150：50＝３：１なので，最初にBに含まれていた食塩の重さを③とすると，BからAに移した食塩水に含まれていた食塩の重さは①となる。すると，やりとりの後，Aに含まれている食塩の重さは，30－12＋①＝18＋①(g)になり，Bに含まれている食塩の重さは，③－①＋12＝②＋12(g)になる。一方，やりとりの後，Aに入っている食塩水の重さは，250－100＋50＝200(g)，Bに入っている食塩水の重さは，150－50＋100＝200(g)であり，等しくなる。このとき，Aの濃度の方が１％高いとすると，含まれている食塩の重さはAの方が，200×0.01＝2(g)重いことになる。よって，②＋12＋２＝18＋①より，②－①＝18－14，①＝４と求められる。つまり，BからAに移した50gの食塩水に含まれていた食塩の重さが４gなので，最初にBに入っていた食塩水の濃度は，４÷50＝0.08，0.08×100＝８(％)とわかり，条件にあてはまる。

(2) (1)の操作の後，Aに含まれている食塩の重さは，18＋４＝22(g)，Bに含まれている食塩の重さは，４×２＋12＝20(g)になる。よって，Aの食塩水の$\frac{2}{3}$をBに移すと，Bに入っている食塩水の重さは，$200+200\times\frac{2}{3}=\frac{1000}{3}$(g)，Bに含まれている食塩の重さは，$20+22\times\frac{2}{3}=\frac{104}{3}$(g)になるから，Bの濃度は，$\frac{104}{3}\div\frac{1000}{3}=\frac{13}{125}$と求められる。一方，Aに入っている食塩水の重さは，

$200\times\left(1-\frac{2}{3}\right)=\frac{200}{3}$（g），Aに含まれている食塩の重さは，$22\times\left(1-\frac{2}{3}\right)=\frac{22}{3}$（g）になる。ここへ水を加えても食塩の重さは変わらないので，水を加えた後の食塩水の重さを□gとすると，$□\times\frac{13}{125}=\frac{22}{3}$（g）と表すことができ，$□=\frac{22}{3}\div\frac{13}{125}=\frac{2750}{39}$（g）と求められる。したがって，加えた水の重さは，$\frac{2750}{39}-\frac{200}{3}=\frac{50}{13}=3\frac{11}{13}$（g）である。

5 整数の性質，周期算

⑴　赤は，１＋２＝３(日)ごとに点灯し，青は，１＋６＝７(日)ごとに点灯するから，赤と青が両方点灯するのは，３と７の最小公倍数である，３×７＝21(日)ごとである。よって，2021年の365日間では，365÷21＝17余り８より，17＋１＝18(日間)あることがわかる。

⑵　2021年１月１日から2022年２月１日までの日数は，365＋31＋１＝397(日間)である。この間に，赤，青，緑がすべて点灯したのが５日間あるので，397÷４＝99.25，397÷５＝79.4より，同時に点灯するのは，最も短い場合で80日ごと，最も長い場合で99日ごととわかる。つまり，３と７と(１＋□)の最小公倍数が80以上99以下になる。このような□に当てはまる１けたの整数は３である。

⑶　2021年１月１日から2021年５月13日までの日数は，31＋28＋31＋30＋13＝133(日間)である。133÷３＝44余り１より，赤は３日ごとの周期を終えた１日目とわかるから，赤は点灯している。また，133÷７＝19より，青は７日ごとの周期の最終日とわかるので，青は点灯していない。また，緑は４日ごとに点灯するから，133÷４＝33余り１より，赤と同様に点灯している。よって，点灯しているのは赤と緑である。

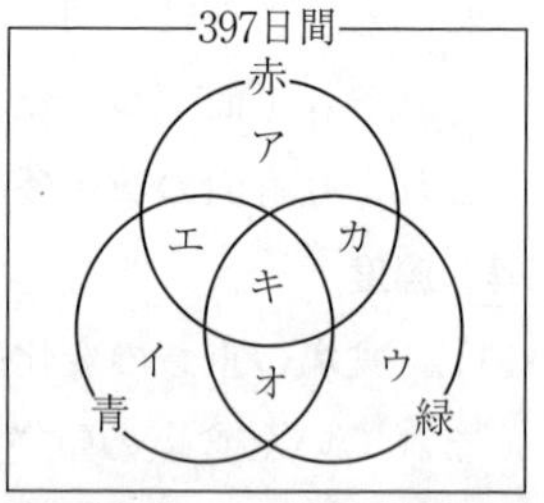

⑷　右の図のア～キの日数の合計を求めて，397日間からひけばよい。397÷３＝132余り１より，ア＋エ＋カ＋キ＝132＋１＝133(日間)，397÷７＝56余り５より，イ＋エ＋オ＋キ＝56＋１＝57(日間)，397÷４＝99余り１より，ウ＋オ＋カ＋キ＝99＋１＝100(日間)とわかる。また，397÷21＝18余り19より，エ＋キ＝18＋１＝19(日間)，397÷(４×７)＝14余り５より，オ＋キ＝14＋１＝15(日間)，397÷(３×４)＝33余り１より，カ＋キ＝33＋１＝34(日間)と求められる。さらに，問題文からキは５日間とわかる。ア～キの合計は，(ア＋エ＋カ＋キ)＋(イ＋エ＋オ＋キ)＋(ウ＋オ＋カ＋キ)－(エ＋キ)－(オ＋キ)－(カ＋キ)＋キで求めることができるので，133＋57＋100－19－15－34＋５＝227(日間)となる。よって，すべて消灯しているのは，397－227＝170(日間)とわかる。

社　会　＜第１回試験＞（40分）＜満点：100点＞

解　答

1　**問１**　班田収授(の法)　**問２**　執権　**問３**　書院造(り)　**問４**　水野忠邦　**問５**　立憲改進党　**問６**　陸奥宗光　**問７**　リットン　**問８**　択捉島　**問９**　安全保障理事会

2　**問１**　Ⅰ　西表島，(イ)　Ⅱ　徳之島，(エ)　Ⅲ　奄美大島，(エ)　**問２**　(イ)　**問３**　(例)　当時の琉球王国は，周辺の中国や日本，朝鮮や東南アジアから商品を輸入し，輸入した商品を販売する中継貿易で利益を得ており，多くの外国の珍しい商品が琉球に入っていたから。
問４　(ろ)→(は)→(い)　**問５**　鑑真　**問６**　(1)　(イ)　(2)　(エ)　**問７**　(1)　(ウ)　(2)　防波堤

(防潮堤)　(3)　台風／(例)　家を石垣や防風林で囲み，屋根が飛ばされないように漆喰で塗り固めるといった工夫がなされている。　**問８**　(エ)　**問９**　8(月)6(日)　**問10**　1972(年)　**問11**　(ウ)，(エ)　**問12**　(ア)　**問13**　(イ)　**[3]**　**問１**　労働基準法　**問２**　(1)　識字率　(2)　アフガニスタン　**問３**　小選挙区比例代表並立制　**問４**　8.4(％)　**問５**　特別会(特別国会)　**問６**　ア，ウ　**問７**　エ　**問８**　ウ　**問９**　男女共同参画　**問10**　ア　**問11**　イ　**問12**　(例)　世界平均が0.957であり，ほとんどの国が完全に平等に近いスコアをとっているため，わずかなスコアの変化によって順位は大きく変動するが，日本のスコアそのものは高水準を保っているから。　**問13**　(例)　1980年時点では比較対象の多くの国も女性議員の比率が10％未満であり，日本と大きな差がなかったが，1990年代には上昇をはじめ，現在では30％を超える国も多くなっているから。

解　説

[1]　各時代の歴史的なことがらについての問題

問１　律令制度のもと，農民は国から口分田が支給され，租・庸《よう》・調などの税や労役・兵役の負担を強いられた。口分田の支給は班田収授の法にもとづくもので，６年ごとに作成された戸籍により，原則として男子に２段(約24アール)，女子にはその３分の２の口分田が支給され，死んだら国に返させた。

問２　鎌倉時代，北条氏は将軍を補佐する執権《しっけん》という役職につき，源氏の将軍が３代で絶えると，その役職のままで政治の実権をにぎった(執権政治)。

問３　書院造は，室町幕府の第８代将軍足利義政が京都東山に建てた銀閣(慈照寺《じしょうじ》)に用いられた建築様式である。床の間・ちがいだな・付《つけ》書院が設けられ，ふすまや明かり障子《しょうじ》を用い，室内にはたたみを敷《し》きつめているのが特徴で，現代の和風建築のもととなった。

問４　老中の水野忠邦《ただくに》は江戸時代の終わりごろ，天保の改革(1841～43年)とよばれる幕政の改革を行った。この改革では，農村の再建を図るため農民の出稼《でかせ》ぎを禁じ，江戸に出てきた農民を強制的に農村に返す人返し令，江戸・大阪周辺の土地を幕府直轄《ちょっかつ》地にする上知《あげち》令を出し，物価の安定を図るため株仲間(商工業者の同業組合)の解散を命じるなどの政策を行ったが，失敗に終わった。

問５　大隈重信《おおくましげのぶ》は肥前佐賀藩(佐賀県)出身の政治家で，明治政府で大蔵卿《きょう》や参議を歴任したが，1881年の明治十四年の政変で参議を辞めさせられると，翌82年には立憲改進党を結成し，自由党を結成した板垣退助とともに自由民権運動を指導した。東京専門学校(現在の早稲田大学)の創立者としても知られる。

問６　陸奥宗光《むつむねみつ》は紀伊藩(和歌山県)出身の外交官で，1894年にイギリスと交渉《こうしょう》して治外法権(領事裁判権)の撤廃《てっぱい》に成功した。また，下関(山口県)で開かれた日清戦争(1894～95年)の講和会議では，首相の伊藤博文とともに日本の代表として出席し，下関条約を結ぶことに貢献《こうけん》した。

問７　1931年に満州事変がはじまると，中国(中華民国)が満州(中国東北部)における日本軍の行いは侵略《しんりゃく》であるとして国際連盟に訴《うった》えたため，連盟はイギリスのリットン卿を団長とする調査団を満州に派遣した。このリットン調査団の報告書にもとづき，連盟は中国の訴えを認め，連盟の総会で日本軍の満州撤退を勧告《かんこく》する決議案が可決されたことから，日本はこれを不服として1933年に連盟を脱退した。

問８　択捉《えとろふ》島は千島列島の中で最大の島で，1945年８月，日本がポツダム宣言を受け入れて連合国軍に無条件降伏《こうふく》したあと，ソ連に占領された。択捉島は国後《くなしり》島・色丹《しこたん》島・歯舞《はぼまい》群島とともに北方領土を形成し，日本固有の領土であるが，現在，ロシア連邦が実効支配している。

問９　安全保障理事会は世界の平和と安全を守る国際連合の中心機関で，アメリカ合衆国・ロシア連邦・イギリス・フランス・中国（中華人民共和国）の常任理事国５か国と，総会で選出される任期２年の非常任理事国10か国で構成される。常任理事国には重要問題について１か国でも反対すればその議案を否決できるという拒否《きょひ》権が認められている。

2　南西諸島の歴史や自然についての問題

問１　2021年７月，南西諸島の一部が「奄美《あまみ》大島，徳之《とくの》島，沖縄島北部及《およ》び西表《いりおもて》島」として，ユネスコ（国連教育科学文化機関）の世界自然遺産に登録された。図１のⅠが西表島（沖縄県），Ⅱが徳之島（鹿児島県），Ⅲが奄美大島（鹿児島県）である。なお，同時に北海道と青森・岩手・秋田の３県にまたがる縄文時代の遺跡が「北海道・北東北の縄文遺跡群」として世界文化遺産に登録されたことで，日本の世界遺産登録地は，文化遺産が20件，自然遺産が５件となった。

問２　「琉球弧《りゅうきゅうこ》」は九州南部から台湾にいたる弧状に連なる島々，つまり南西諸島のことで，この島々は陸側のユーラシアプレートと海側のフィリピン海プレートの境界線の西側に位置する。その境界線が琉球（南西諸島）海溝《かいこう》である。

問３　銘文《めいぶん》の現代語訳に，琉球王国が朝鮮・中国や日本と交易をしており，それらの国の珍《めずら》しい品物や宝物が国中に満ちあふれているとある。琉球王国はこれらの国のほか，東南アジアの国々と中継《ちゅうけい》貿易を行って栄えた。

問４　資料の(い)は，７世紀初めに聖徳太子が小野妹子を遣隋《けんずい》使として隋（中国）の煬帝《ようだい》のもとに派遣したことを記す『隋書』の「倭国《わこく》伝」，(ろ)は，１世紀に倭（日本）の奴国《なこく》王が後漢（中国）に使者を送って光武帝から金印を授けられたことを記す『後漢書』の「東夷《とうい》伝」，(は)は，３世紀の日本に邪馬《やま》台国《たいこく》という強い国があり，女王の卑弥呼《ひみこ》が30あまりの小国を従えていたことを記す『魏書《ぎしょ》』の「東夷伝」（魏志倭人伝）である。よって，時期の古い順に(ろ)→(は)→(い)となる。

問５　唐（中国）の高僧であった鑑真《がんじん》は，日本の招きに応じて来日することを決意すると，５度の渡航失敗と失明するという不運を乗り越《こ》え，753年，６度目の航海で念願の来日を果たした。鑑真は日本に戒律《かいりつ》（僧の守るべきいましめ）を伝え，平城京に唐招提寺を建てるなど，日本の仏教発展に力をつくした。

問６　(1)　儒学《じゅがく》者であった新井白石は，徳川家宣《いえのぶ》が第６代将軍に就任したことで幕閣に入り，正徳の治《ち》とよばれる政治を行った。なお，(ア)の徳川吉宗は第８代，(ウ)の徳川家光は第３代，(エ)の徳川綱吉は第５代将軍。　(2)　正徳の治で白石は，第５代将軍綱吉が出した生類憐《しょうるいあわれ》みの令を廃止したほか，下がっていた貨幣《かへい》の質をもとに戻《もど》す，長崎貿易を統制するなどの政策を行った。なお，(ア)の公事方御定書《くじかたおさだめがき》は吉宗の享保の改革，(ウ)の株仲間の奨励《しょうれい》は老中田沼意次《おきつぐ》の政策。

問７　(1)　図２の地形図において，標高を示す数字から標高30m以下の地域を塗《ぬ》りつぶすには，波《は》照間《てるま》島をめぐる環状《かんじょう》道路が目安になる。一部低いところもあるが，おおむね道路の外側（海側）が塗りつぶせるので，(ウ)があてはまる。　(2)　波照間島で予想される23.8mの津波の被害を防ぐには，防波堤（防潮堤）を築くことが考えられる。　(3)　写真１は沖縄県によく見られる伝統的な民家で，台風による被害を防ぐため，屋根を低くし，家の周りを石垣や防風林で囲み，屋根がわらを漆喰《しっくい》で固めている。

問8　かつて多くの日本人が海外に移住したが，中でも南米のブラジルへの移民が多く，現在，その子孫が来日し，さまざまな仕事についている。よって，(エ)が正しい。(ア)について，日系移民の多くは農園で働いた。(イ)について，ドイツやイギリスなどのヨーロッパへの移民は少ない。(ウ)について，移民先での生活は厳しかった。

問9　第二次世界大戦末期の1945年8月6日，人類史上初の原子爆弾が広島市に投下された。3日後の8月9日には長崎市にも投下され，両市とも壊滅《かいめつ》的な被害を受けた。

問10　沖縄が日本に返還されたのは1972年5月のことで，これにより沖縄県が発足した。

問11　図3を見ると，2020年の3月以降，沖縄県への観光客が激減しているが，これは新型コロナウイルス感染症《しょう》の拡大が影響したと考えられる。また，2018年8月と2019年8月の観光客数を比べると，2018年のほうがわずかに多い。よって，(ウ)，(エ)の2つが正しい。(ア)について，2019年の観光客数は8月が最も多い。(イ)について，2018年と2019年は，どちらも10月から12月にかけて観光客数が減る傾向《けいこう》にあるので，2019年10月の首里城火災が観光客数に大きく影響したとは考えにくい。

問12　図4を見ると，47都道府県のうち沖縄県だけが自然増減率が高くなっているのがわかる。よって，(ア)が正しい。(イ)について，東京都の社会増減率は2018年のほうが低い。(ウ)について，2019年で最も減少率が高かったのは秋田県である。(エ)について，宮城県の人口は減少している。

問13　図5を見ると，沖縄県，全国平均とも，2010年以降の完全失業率が低下し続けていたが，2020年にどちらも増加に転じている。よって，(イ)が誤っている。

3　ジェンダー・ギャップ指数を題材にした問題

問1　労働基準法は労働条件の最低基準を定めた法律で，1947年に制定された。労働組合法と労働関係調整法とともに労働三法を構成する。

問2　(1)　文字の読み書きができる人の割合を識字率という。識字率が高ければ高いほど，教育が普《ふ》及《きゅう》していることを示す。　(2)　アフガニスタンのタリバン政権は，2001年にアメリカ合衆国で起きた同時多発テロ事件をきっかけに始まったアフガニスタン戦争でアメリカ軍の攻撃を受けて崩壊《ほうかい》したが，2021年8月，20年ぶりに政権復活を果たした。旧タリバン政権は，女性が学校に通うことを制限したり，全身をブルカ(一種のマント)でおおうことを義務づけたりするなど，女性の権利保障にきわめて消極的だったため，同じようなことにならないか心配されている。

問3　衆議院の選挙制度は小選挙区比例代表並立制とよばれ，289の小選挙区から289人，全国を11のブロックに分けた比例代表区から176人の合計465人が選ばれる。

問4　1945年12月に女性の参政権が認められ，翌46年4月に行われた戦後初の衆議院議員総選挙では，39人の女性議員が誕生した。その割合は，39÷466×100＝8.36…より，約8.4％になる。2021年10月に行われた衆議院議員総選挙で当選した女性議員の割合は9.7％なので，当時からほとんど増えていないことになる。

問5　衆議院が解散されたのち，衆議院議員総選挙が行われると，選挙の日から30日以内に特別国会(特別会)が開かれ，それまでの内閣が総辞職して新しい内閣総理大臣が選ばれる。

問6　内閣総理大臣は国会議員の中から国会の指名で選ばれ，天皇がそれを任命する。また，内閣総理大臣はその他の国務大臣を任命するが，国務大臣の過半数は国会議員でなければならない。よって，ア，ウの2つが正しい。イについて，衆参両議院で指名が異なったとき，衆議院の指名が国会の指名となる(衆議院の優越)。エについて，内閣不信任案が可決された場合，内閣は10日以内に衆議院を解散するか，または総辞職しなければならない。

問７　東京都のような大都市では女性の社会進出が進んでおり，仕事を持って働く女性や都道府県議会の女性議員の割合が高い。また，高齢化率が低いが，合計特殊出生率も低い。よって，エがあてはまる。アは長野県，イは沖縄県，ウは京都府。統計資料は『データでみる県勢』2021年版などによる。

問８　山形県内には最上川が流れており，その中流に位置する山形盆地では西洋なし・おうとう(さくらんぼ)・ぶどうなどの果樹栽培がさかんである。よって，ウが正しい。

問９　2018年５月，「政治分野における男女共同参画の推進に関する法律」が制定された。この法律は衆参両議院の選挙や地方議会の選挙において，男女の候補者の数をできるだけ均等にすることをめざし，政党などが自主的に取り組むことを求めている。しかし，実質をともなっていないのが現状である。

問10　市川房枝《ふさえ》は大正時代から昭和時代にかけて活躍《かつやく》した女性解放運動家で，1920年に平塚らいてう(らいちょう)らとともに新婦人協会を設立，1924年には女性の参政権実現をめざす婦人参政権獲《かく》得《とく》期成同盟会を結成した。戦後，参議院議員として女性の権利獲得に貢献《こうけん》した。よって，アが正しい。イは平塚らいてう，ウは津田梅子(ただし留学先はおもにワシントン)，エは与謝野晶子《よさのあきこ》(ただし戦前に亡くなっている)。

問11　職業選択《せんたく》の自由は自由権に関係するので，イがあてはまらない。

問12　グラフ１を見ると，日本の「健康」の順位は2006年に第１位だったが，2020年には第65位まで下がっている。しかし，グラフ２を見ると，日本の「健康」は世界平均をわずかに超《こ》えている。しかも，「政治」が低くても，「経済」と「教育」は世界平均を上回る高水準を保っているため，総合順位に大きな変化はないといえる。

問13　グラフ３を見ると，1980年にはほとんどの国で女性議員の割合が10％を下回っている。その後，年を経るにつれてほかの国の割合が上昇し，30％を超える国が多くなったのに，日本は低水準のままで推移している。よって，日本がほかの国に比べて取り組みが遅く，成果も乏《とぼ》しいと評価できるのである。

理　科　＜第１回試験＞（40分）＜満点：100点＞

解　答

[1] **問１**　エ　**問２**　**あ**　青　**い**　赤　**問３**　**A**　塩酸　**B**　アンモニア水　**C**　炭酸水　**問４**　ア，ウ，オ，カ　**問５**　ア，イ　**問６**　(例)　水溶液Ｄと水溶液Ｆそれぞれにストローで息をふき込み，二酸化炭素を入れる。そのとき，白くにごれば石灰水，にごらなければ水酸化ナトリウム水溶液である。　**問７**　(1)　Ｂ，Ｅ，Ａ　(2)　イ　**問８**　(1)　なし　(2)　Ｃ　[2] **問１**　(1)　コ，サ，シ　(2)　エ，カ，ケ　(3)　イ　(4)　ア，ウ，オ　**問２**　(1)　ウ　(2)　**図５**…54℃　**図６**…48℃　**図７**…48℃　**問３**　(1)　0.6A　(2)　**蛍光灯**…24W　**LED**…８W　(3)　12.5％　(4)　1.8℃　[3] **問１**　ウ　**問２**　(例)

二酸化炭素　**問３**　イ，エ　**問４**　101　**問５**　右の図
問６　15℃　**問７**　①　イ　②　ウ　③　ア　④　ア
⑤　イ　**問８**　**名称**…g　**模式図**…エ　**4**　**問１**　①
イ　②　イ　③　ア　④　ア　**問２**　①　ウ　②
イ　**問３**　(1)　４％　(2)　ちっ素　(3)　二酸化炭素
(4)　840cm^3　**問４**　(1)　赤血球　(2)　ヘモグロビン
問５　イ　**問６**　(1)　98％　(2)　30％　(3)　69.4％
(4)　A

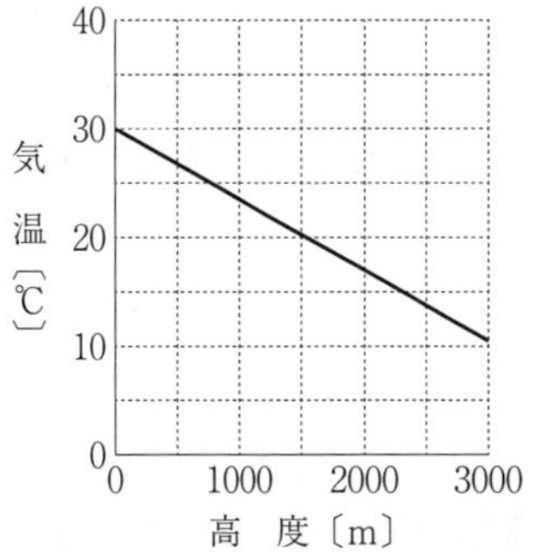

解説

1　水溶液《すいようえき》の判別についての問題

問１　ア　100ｇの水に砂糖を20ｇ溶《と》かした砂糖水の質量パーセント濃度《のうど》は，20÷(100＋20)×100＝16.6…(％)となる。　イ　水溶液は物質が完全に溶けて均一になっており，砂糖水を放置しても，水が蒸発したり温度が変化したりしなければ沈殿《ちんでん》ができることはない。　ウ　固体の水酸化カルシウムや気体(二酸化炭素やアンモニアなど)は，水の温度が高いほど水に溶ける量が小さくなる。　エ　ものが水に溶ける量は，水の量に比例する。

問２　**あ**　６種類の水溶液のうち，塩酸と炭酸水の２つは酸性の水溶液で，これらの水溶液は青色リトマス紙の色を赤色に変える。　**い**　アンモニア水，水酸化ナトリウム水溶液，石灰水の３つはアルカリ性の水溶液で，これらの水溶液は赤色リトマス紙の色を青色に変える。

問３　水溶液Aは，酸性でにおいがあり，気体が溶けている塩酸である。また，水溶液Bは，アルカリ性でにおいがあり，気体が溶けているアンモニア水，水溶液Cは，酸性でにおいがなく，気体が溶けている炭酸水になる。

問４　水溶液Bはアンモニア水で，溶けているアンモニアの気体は空気より軽く，水に非常に溶けやすく，無色で，目や鼻の粘膜《ねんまく》などをいためる有毒な気体である。

問５　ア　水溶液Aは塩酸で，ヒトの胃液には塩酸が0.5％程度含《ふく》まれている。　イ　水溶液Cは炭酸水で，炭酸水に溶けている二酸化炭素は，地表から宇宙空間に放出される熱を吸収してたくわえる性質が強く，地球温暖化の原因になると考えられている。　ウ　酸性の水溶液とアルカリ性の水溶液を混ぜると中和が起こる。６種類の水溶液の中に，酸性の水溶液は２種類，アルカリ性の水溶液は３種類あるので，中和が起こる２種類の水溶液の組み合わせは，２×３＝６(通り)と求められる。　エ　実験１を行うだけで特定できる水溶液はEの食塩水だけである。

問６　アルカリ性の水溶液Dと水溶液Fは，水酸化ナトリウム水溶液と石灰水のいずれかである。この２種類の水溶液に，ストローで息をふき込《こ》むなどして二酸化炭素を通したときに，白くにごれば石灰水で，にごらなければ水酸化ナトリウム水溶液とわかる。

問７　(1)　水溶液Aは塩酸で酸性の水溶液なので，「ピーエイチ」の値は７より小さく，水溶液Bはアンモニア水でアルカリ性の水溶液なので，「ピーエイチ」の値は７より大きい。水溶液Eは中性の食塩水なので，「ピーエイチ」の値は７である。　(2)　酸性の水溶液もアルカリ性の水溶液も，多量の水でうすめると，その性質が弱まり，中性の「ピーエイチ」である７に近づく。

問８　(1)　過酸化水素水に二酸化マンガンを加えたときに発生する気体は酸素なので，あてはまる

水溶液はない。　(2)　うすい塩酸に炭酸カルシウムを加えると二酸化炭素が発生する。二酸化炭素の溶けた水溶液は，水溶液Ｃの炭酸水である。

2　豆電球と回路，電熱線と発熱についての問題

問１　(1)　豆電球と導線が並列につながれている場合，電流はほとんど抵抗《ていこう》のない導線だけに流れる。ケとコがつながれた回路では，電流はケには流れるが，コには流れないので，コはつかない。また，サとシがつながれた回路では，電池と電池が直接導線でつながれているため，サとシは電流が流れず，点灯しない。この回路はショート回路になっていて，大きな電流が流れてしまうので危険である。　(2)　豆電球１つに電池１つをつないだ回路に流れる電流の大きさを１とすると，ア～ケの各豆電球に流れる電流の大きさは右の表のようになる。問１の問題文横の図の豆電球と同じ大きさの電流が流れるとき，豆電球は同じ明るさで光るので，エ，カ，ケが選べる。　(3)　豆電球に流れる電流が大きいほど，豆電球は明るく光るので，表より，イが最も明るくつく。　(4)　豆電球に流れる電流が小さいほど，豆電球の光は暗くなるので，表より，ア，ウ，オが最も暗く点灯する。

ア	イ	ウ	エ	オ
$\frac{1}{2}$	2	$\frac{1}{2}$	1	$\frac{1}{2}$
カ	キ	ク	ケ	
1	$1\frac{1}{3}$	$\frac{2}{3}$	1	

問２　(1)　図１と図２を比べると，図２に流れる電流の大きさは図１の$\frac{1}{2}$倍で，温度上昇《じょうしょう》も図１の，$3 \div 6 = \frac{1}{2}$(倍)なので，発熱量は電流に比例している。また，電熱線２つを並列につないだ図３の回路全体に流れる電流の大きさは図１の２倍になる。電熱線を変えずに電源装置の電圧を２倍にすると流れる電流の大きさが２倍になるので，図４の回路全体に流れる電流の大きさも図１の２倍になる。すると，図３と図４から，流れる電流の大きさが同じでも，電圧が２倍になると温度上昇が，24÷12＝２(倍)になるとわかる。よって，発熱量は電圧にも比例する。　(2)　**図５**…図１と比べたとき，電源装置の電圧が３倍，回路全体に流れる電流の大きさが３倍になっているので，水温は，６×３×３＝54(℃)上昇する。　**図６**…図２と比べて，電源装置の電圧が４倍で，回路全体に流れる電流の大きさも４倍になるので，水温の上昇は，３×４×４＝48(℃)になる。　**図７**…図３と比べたとき，電源装置の電圧が２倍，回路全体に流れる電流の大きさも２倍になるので，水温の上昇は，12×２×２＝48(℃)と求められる。

問３　(1)　(消費電力)＝(電圧)×(電流)で求められるので，消費電力60Wの白熱電球を流れる電流の大きさは，60÷100＝0.6(Ａ)である。　(2)　240mA＝0.24Ａ，80mA＝0.08Ａより，60W形の蛍《けい》光《こう》灯の消費電力は，100×0.24＝24(W)，60W形のLEDの消費電力は，100×0.08＝８(W)である。
(3)　60Wの白熱電球の場合，60Wのうち，$60 \times \frac{5}{100} = 3$(W)分が光となる。(2)の蛍光灯の場合は，24Wのうち３W分が光となることから，電気のエネルギーのうち，３÷24×100＝12.5(％)が光になっている。　(4)　電気のエネルギーはすべて光と熱の２つのエネルギーに変わるものとすると，60Wの白熱電球の場合は60Wのうち，60－３＝57(W)分が熱になり，その熱である量の水の温度を20℃上昇させる。(2)のLEDは８Wのうち，８－３＝５(W)分が熱になるので，ある量の水を１時間に上昇させる温度は，$20 \times \frac{5}{57} = 1.75\cdots$より，1.8℃である。

3　地球温暖化，雲の発生と気温の関係についての問題

問１　真鍋淑郎《まなべしゅくろう》氏は，コンピュータを使って，大気中の二酸化炭素が増加することによる地球温暖化の影響《えいきょう》を予測したことなどが認められ，2021年にノーベル物理学賞を受賞した。

問２　二酸化炭素やメタンなどの温室効果ガスは，地表から宇宙空間に向けて放出される熱（赤外線）を吸収してたくわえる性質が強い。近年，化石燃料（石油や石炭など）の大量消費などによって，地球を取りまく大気中に含まれる二酸化炭素が増え続けており，地球の温暖化に影響をあたえているとされている。脱《だつ》炭素化は，地球温暖化の原因となる二酸化炭素などの排出《はいしゅつ》量をおさえようとする運動のこと。

問３　地球温暖化が進むと，北極や南極の極地方で，氷がとけるなどの影響が出てくる。その結果，海面の面積が広がり，極地方にすむ生物だけでなく地球全体の生態系に大きな影響があると考えられている。また，地球温暖化により大気の流れが変わるなどして気候が変化し，一部の地域で砂漠《さばく》化が進んだり異常気象が起こりやすくなったりするなど深刻な影響をおよぼすようになるとされている。なお，地球温暖化が進むと，陸上の氷河や氷床《ひょうしょう》にたくわえられていた氷がとけたり，海水温が高くなって海水が膨張《ぼうちょう》したりするため，今世紀末には海面が約30cmから１m上昇すると見積もられている。

問４　地表からの放射と，蒸発・対流と，太陽から大気や雲が吸収するエネルギーの合計は，117＋31＋23＝171である。また，大気や雲から宇宙空間に放出されるエネルギーは，12＋58＝70なので，温室効果による地表面への放射の割合【x】は，171−70＝101となる。

問５　高度が100m高くなるごとに気温は0.65℃下がるので，高度3000mになると地表（気温30℃）に比べて気温が，$0.65\times\frac{3000}{100}=19.5$（℃）下がり，30−19.5＝10.5（℃）になる。この関係をグラフに表すと解答に示した図のようになる。

問６　気温35℃で，１m^3あたり13gの水蒸気を含んでいる空気は，温度が15℃になるまでは雲を作らず100mにつき１℃ずつ下がる。15℃に下がるまでに上昇する高さは，$100\times\frac{35-15}{1}=2000$（m）で，ちょうどPの高さになったときに15℃になる。

問７　空気は温度が高いほど，同じ体積あたりの重さが軽い。図３で，2000mまで上昇した空気の塊《かたまり》の温度（15℃）は，周りの気温（17℃）より低いので，2000mに達すると上昇が止まる。一方，図４では，2000mまで上昇した空気の塊の温度（15℃）は，周りの気温（５℃）より高く，軽いのでさらに上昇し続ける。そのとき，温度が15℃未満になるため，雲を作りながら上昇する。よって，図３に比べて上空に冷たい空気がある図４の場合には雲が発生しやすく大気が不安定であるといえる。

問８　上空に寒気があり，地表が日射で熱せられて水蒸気を多く含む空気が上昇すると，上空の冷たい空気とぶつかって大気の状態が不安定になる。このとき，エのような積乱雲が発生する。発達した積乱雲は短時間に局地的に雷《かみなり》を伴《ともな》った豪雨《ごうう》をもたらし，河川の氾濫《はんらん》などを発生させる原因になる。この雨は予測が難しいことからゲリラ豪雨ともよばれる。

4　呼吸と血液の循環《じゅんかん》，血液と酸素濃度についての問題

問１　高地は低地に比べて，空気の密度（１m^3あたりの重さ）が小さいので，空気は薄《うす》くなる。したがって，低地と同じ量の空気を吸っても，呼吸によって肺に届く酸素の量が少なくなる。筋肉を動かして運動するためには酸素を体中に十分いきわたらせなくてはならないので，高地では低地にいるときよりも酸素を取り入れて運ぶはたらきを高める必要がある。そのため，高地トレーニングを重ねることによって，体内を流れる血液量が増加し，多くの酸素を運ぶことができるようにしている。その結果，低地で開催《かいさい》される大会当日に向上した運動能力を発揮《はっき》することができる。

問２　①　ヒトなどのほ乳類の心臓は２心房《しんぼう》２心室で，全身から戻《もど》ってきた血液は右心房に入り，右心室から肺動脈を通って呼吸器官である肺に送られる。血液は肺で二酸化炭素を排出して，酸素を取り入れたのち，肺静脈を通って左心房に戻り，左心室から大動脈を通って全身に送られ，再び心臓に戻る。　② 魚の心臓は１心房１心室で，心臓から送り出された血液はえらで二酸化炭素を排出して，酸素を取り入れたのち，全身へ送られ，再び心臓に戻ってくる。

問３　(1) ヒトが空気中から血液中に取り入れる酸素は，空気の，21－17＝４(％)にあたる。
(2) 空気中の約78％はちっ素，約21％は酸素がしめており，残りの約１％にはアルゴン(約0.93％)や二酸化炭素(約0.04％)などさまざまな気体が含まれている。　(3) 呼吸により，吸った空気から酸素を取り入れ，空気中に二酸化炭素を排出しているので，呼気には吸気に比べて二酸化炭素が増えている。　(4) １回の呼吸で700cm^3の空気から，700×４÷100＝28(cm^3)の酸素を取り入れているので，30回の呼吸で血液中に取り入れた酸素の体積の合計は，28×30＝840(cm^3)になる。

問４　(1) 血液の成分のうち，酸素を運搬《うんぱん》するのは赤血球である。赤血球は中央がくぼんだ円盤《えんばん》のような形をしている。　(2) 赤血球内にはヘモグロビンとよばれる赤色の色素が含まれている。

問５　ヘモグロビンが酸素の多いところで酸素と結びつき，酸素の少ないところで酸素を離《はな》すことで，体の各部分まで酸素が運ばれる。

問６　(1) 表より，肺の内部の二酸化炭素濃度は５％，酸素濃度は12％である。図１のＹのグラフで酸素濃度12％のとき，酸素と結合した色素Ｈの割合を読み取ると98％である。　(2) 表より，筋肉などの二酸化炭素濃度は８％，酸素濃度は３％である。図１のＺのグラフで酸素濃度３％のとき，酸素と結合した色素Ｈの割合は30％である。　(3) 血液中に含まれる色素Ｈの量を100とすると，色素Ｈが酸素と結合した割合は肺の内部で，$100\times\frac{98}{100}=98$，筋肉などでは，$100\times\frac{30}{100}=30$である。よって，肺の内部で酸素と結合した色素Ｈのうち，(98－30)÷98×100＝69.38…より，69.4％の色素Ｈが筋肉などで酸素を離したことになる。　(4) 高地は空気中に含まれる酸素の量が少ないので，高地に生息するリャマの色素Ｈは，血液中の酸素濃度が低くても酸素と結合しやすくなっていると考えられる。よって，リャマの色素Ｈの曲線はＡ側にかたよった形状になる。

国　語　＜第１回試験＞（40分）＜満点：100点＞

解　答

一　下記を参照のこと。　二　**問１**　**１**　エ　**２**　ウ　**３**　イ　**問２**　ウ　**問３**　エ　**問４**　(例)　国語辞典にはひとつの正しい説明をのせるべきで，まちがった表現である「正油」をのせるのはおかしいことだと考えているから。　**問５**　(1) イ　(2) エ　**問６**　正式ではないけれど，まちがいとも言えない　**問７**　**選択した《誤解をうみやすいことば》…**(例)　適当／テストで問題文に「適当なものを選びなさい」と書かれていたので何を答えてもよいのかと思い，「どれにしようかな」で記号を選んで書いた。しかしテストが返却されるとその答えは０点で納得がいかなかった。なぜこのような誤解が起きたかといえば，「適当」には「物事を深く考えないようす」のほかに，「適切」という意味もあるからである。　三　**問１**　Ⅰ　エ　Ⅱ　ア　Ⅲ　ア　**問２**　**１**　ウ　**２**　カ　**３**　キ　**４**　エ　**問３**　ウ　**問４**　(例)　ゲンがいるとその言うことに従わなければいけなくなり，一方ではハジメに対しても気を遣わなければいけないという葛藤があったが，ゲンが帰っていくことでそれが解消されて緊張から解放されたから。　**問５**　（例）今まではゲンに対してハジメですら逆らえない絶対的な存在だと思っていたが，もしかしたらたいしたことがないのかもしれないと，少しでも思えるようになった。　**問６**　（例）いつもみんなで動こうとするようす。　**問７**　（例）ゲンといっしょにいるところをクラスメイトである良子に見られたために焦っている一方で，ゲンに対しては指示される前に期待された行動をとることによって，自分が子分であることをアピールしようとしたから。　**問８**　（例）私は三人姉妹の末っ子で，家では甘えんぼうだと言われています。そんな私が六年生になってから一年生のお世話をすることになり，一年生の前ではお姉さんらしくふるまっています。一度，一年生の手を引いて横断歩道をわたっているところを母に見られ，「しっかりお世話していたね。」と言われたときは，てれくさかったです。でも，私自身，お世話係をするようになって，自分はこんなこともできるんだと新しい自分を発見できたので，よかったと思います。

●漢字の書き取り

一　A　恩師　B　遺産　C　装置　D　奮起　E　酸素

解説

一　漢字の書き取り

A　教えを受けた恩のある先生。　B　前代の人がのこした有形や無形のものごと。　C　ある目的のために設備や機械などを備えつけること。また，そのしかけ。　D　気力を奮い起こすこと。　E　生物の呼吸に深くかかわる，生命維持《いじ》に不可欠な気体。

二　出典は飯間浩明《いいまひろあき》の『ことばハンター　国語辞典はこうつくる』による。国語辞典をつくるためのワードハンティングではいろいろなことばの使い方に出会うが，筆者はことばを「まちがい」だとか「価値がない」とか決めつけないと述べている。

問１　１「慣れない仕事」は「大変」だったが，筆者にとってはよい経験になったという文脈である。よって，「ためになった」がふさわしい。　２「いい」がほめることばであるのに対し，「ふつう」は別にほめていないので，「ふつうにいい」という表現を耳にした筆者は「どっちなんだろうと，少し混乱」したのである。よって，「混乱する」が入る。　３「凡人《ぼんじん》」の意味について，「ふつうの人」と書く辞書もあれば，「影響力《えいきょうりょく》が皆無《かいむ》のまま一生を終える人」と少し辛《しん》らつな表現をする辞書もあるというのだから，「きびしい」があてはまる。

問２　どのことばも理由があって生まれてくると考える筆者は，あらゆることばに対して「まちがい」だとか「価値がない」などと決めつけることはしないという姿勢で「ワードハンティング」に取りかかっている。そのうえで，「えもの」を見つけたさいには「そのことば自体」だけではなく，「どんな文脈で使われているか」を記録するというのだから，ウが選べる。なお，「若者特有のことばや使い方」とは書かれていないので，エは誤り。

問３　続く部分で，「多くの人が使って」おり「あちこちで目にする」ものの，「国語辞典にはのって」いない「正油」という字が，筆者にとって「おもしろいことば」の例としてあげられている。よって，エが正しい。

問４　「『正油』はまちがいじゃないんですか。辞書にのせてもいいんですか」と疑問に思う人は，国語辞典に「ひとつの正しい説明」を求めていると，本文の最後のほうで述べられている。これをもとに，「国語辞典にはひとつの正しい説明をのせるべきであり，『正油』というまちがったことばをのせてはいけないと考えているから」のようにまとめる。

問５　(1)「ふつうにいい」という言葉について，筆者はほめることばである「いい」と，別にほめことばでもない「ふつう」が混在していることにとまどったのだから，イが選べる。　(2) 空らん１以降の部分で，「ふつうにいい」という表現について説明されている。人々は何かをほめるとき，「欠点もあるけど，いい人だ」などの「条件」をつけることがあるが，たとえば「赤や黄色の，どぎつい色をしたゼリーを食べた女の子」が，その「色から考えて」あまり食欲をそそられないと思っていたのにおいしいと感じたならば「ふつうにおいしかった」と言うように，期待できないと思っていたが何も条件をつける必要がなくただほめることができるとき，「ふつうにいい」と使うと述べられている。

問６　ここでは「『ふつうに〇〇』という言い方」が，「改まった場では使わないほうがいい俗語《ぞくご》」の例としてあげられているが，これと同様，「あちこちで目にする字」ではあるものの「国語辞典にはのって」いない「正油」について説明した部分で，筆者はこういったものを「正式ではないけれど，まちがいとも言えない」ことばだと述べている。なお，「俗語」は，主に日常会話で用いるような，くだけたことば。

問７　「適当」には，“物事を深く考えないようす”のほかに“適切”という意味がある。また，「結構です」は，“とてもよい”のほか，“必要ない”という意味でも使われる。そして「鳥肌《とりはだ》が立つ」は，もとは“寒さや恐怖《きょうふ》などによって，皮膚《ひふ》に鳥肌があらわれる”という意味だが，深い感動の表現としても用いられる。これをふまえ，「誤解」を生む具体的な状況《じょうきょう》を，その理由とともに説明すればよいだろう。

三　**出典は那須正幹《なすまさもと》の『六年目のクラス会　那須正幹作品集』所収の「めだかはめだからしく」による。**クラスの男子たちはみんなでいじめっ子のゲンをやっつける計画を立てたが，「おれ」はそのことをゲンに話してしまう。

問１　Ⅰ　程度がふつうでないさま。　Ⅱ「うさんくさい」は，どことなくあやしく疑わしいようす。　Ⅲ　そうだからといって。

問２　**１**　ゲンは「おれの顔を」見た後，すぐに「みんなのほう，なかのハジメひとりに視線を」うつしているので，「ちらりと」があてはまる。　**２**　ぼう線③に続く部分にあるとおり，「おれやハジメ」は「小学校に入学して以来，ずっと，一年上級のゲンに，いじめられどおしだった」のだから，ここでもハジメはボールをかかえこんだゲンに対し，おそるおそる「返してください」と言ったものと想像できる。よって，「もぞもぞと」があてはまる。　**３**　ゲンに言われるがまま，わざとボールを「校舎のほう」にけった「おれ」のようすに，みんなはあっけにとられたものと考えられる。そんななか，ゲンはハジメにボールを早くとってくるよううながしているので，「ぼけっと」が合う。　**４**　続く部分に，「おれのほうを見つめたまま，動こうとしない」とあるとおり，ゲンと一緒《いっしょ》にいる「おれ」に気づいた良子《りょうこ》は，「立ちどまって」自分を見つめ続けていたものと推測できる。よって，「じっと」が合う。

問３　一つめの(中略)の後の場面で，シンイチから「ハジメくんの子分」と言われた「おれ」は，「いつのまにかハジメのごきげんをとるようになり，やつのまわりで子犬みたいにしっぽをふっていた」自分をふり返っている。つまりここでも，寒いなかキーパーなどやりたくなかったものの，「おれ」はハジメに逆らうことができなかったのだから，ウが選べる。

問４　「おれ」は今「ハジメの子分みたいな感じ」になっていながら，一方でゲンにも逆らえず，わざとハジメとは反対側にボールをけっている。さらにけったボールをゲンがハジメに取りにいかせるようすを見た「おれ」は，ハジメとゲンの間で板ばさみの状態になっていたが，ゲンが帰ったことでその状態から解放されて安心したのである。

問５　柳田《やなぎだ》は「六年生になって転校してきたから，ゲンのことは，まるで知らない」ので「たいしたことないじゃないか」と言えるのだが，「おれ」はそれを聞いて，これまでは絶対に逆らえない存在だと思っていたゲンが，確かに「たいしたことない」のかもしれないと思え，「すこしらくに」なったのだと考えられる。

問６　「おれ」から，クラスの子たちが自分をやっつける相談をしていたと聞かされたゲンは，そのようすがいつも群れで動くめだかのように思え，「考えることがかわいい」と言ったのである。

問７　児童公園のそばで，良子に「ゲンといっしょにいるところ」を見られた「おれ」が，「まずいな」と思ったことをおさえる。つまり，自分と同じクラスの良子と会ってしまったことに焦《あせ》る一方，ゲンに対しては，自分が彼《かれ》の期待通りに行動できることを見せて気に入られようと，ここでも板ばさみのような状態になりながら，それをふり払《はら》うように「おれ」は転がってきたボールを乱暴にけ飛ばし，どなったのだろうと想像できる。

問８　自分がどんな相手の前でどんな「顔」をしているのか，具体的な場面をあげながらわかりやすく書く。実際の経験と，そこからどのような考えを持つようになったのかという流れでまとめるとよい。

Dr.福井の

入試に勝つ！脳とからだのウルトラ科学

意外！　こんなに役立つ“替え歌勉強法”

病気やケガで脳の左側（左脳）にダメージを受けると，字を読むことも書くことも，話すこともできなくなる。言葉を使うときには左脳が必要だからだ。ところが，ふしぎなことに，左脳にダメージを受けた人でも，歌を歌う（つまり言葉を使う）ことができる。それは，歌のメロディーが右脳に記憶されると同時に，歌詞も右脳に記憶されるからだ。ただし，歌詞は言葉としてではなく，音として右脳に記憶される。

そこで，右脳が左脳の10倍以上も記憶できるという特長を利用して，暗記することがらを歌にして右脳で覚える“替え歌勉強法”にトライしてみよう！

歌のメロディーには，自分がよく知っている曲を選ぶとよい。キミが好きな歌手の曲でもいいし，学校で習うようなものでもいい。あとは，覚えたいことがらをメロディーに乗せて替え歌をつくり，覚えるだけだ。メロディーにあった歌詞をつくるのは少し面倒かもしれないが，つくる楽しみもあって，スムーズに暗記できるはずだ。

替え歌をICレコーダーなどに録音し，それを何度もくり返し聞くようにすると，さらに効果的に覚えることができる。

音楽が苦手だったりして替え歌がうまくつくれない人は，かわりに俳句（川柳）をつくってみよう。五七五のリズムに乗って覚えてしまうわけだ。たとえば，「サソリ君，一番まっ赤は，あんたです」（さそり座の１等星アンタレスは赤色――イメージとしては，運動会の競走でまっ赤な顔をして走ったサソリ君が一番でゴールした場面）というように。

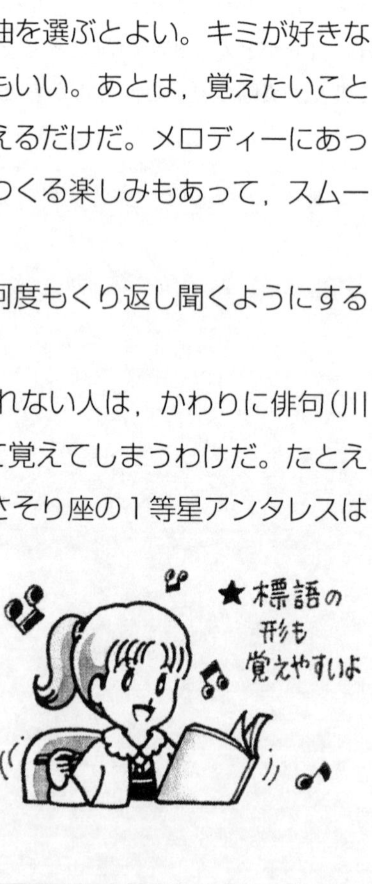

Dr.福井（福井《ふくい》一成《かずしげ》）…医学博士。開成中・高から東大・文Ⅱに入学後，再受験して翌年東大・理Ⅲに合格。同大医学部卒。さまざまな勉強法や脳科学に関する著書多数。

2022年度　頌栄女子学院中学校

〔電　話〕(03) 3441－２００５
〔所在地〕〒108-0071　東京都港区白金台２－26－５
〔交　通〕都営浅草線－「高輪台駅」１分　JR・京浜急行－「品川駅」12分
東京メトロ南北線－「白金台駅」10分

【算　数】〈第２回試験〉（40分）〈満点：100点〉

《注意》 1．円周率は3.14とすること。
　　　　2．定規・コンパスは使わないこと。

1 次の問いに答えなさい。

(1) $(2021\times97-37)\times\frac{1}{100}$ を計算しなさい。

(2) $\frac{1}{729}+\left(\frac{1}{3}+\frac{1}{27}+\frac{1}{9}+\frac{1}{243}+\frac{1}{81}+\frac{1}{729}\right)\times2$ を計算しなさい。

(3) 右の図のように長方形を台形，平行四辺形，直角三角形に分けた。台形と平行四辺形の面積が等しいとき，xの値を求めなさい。

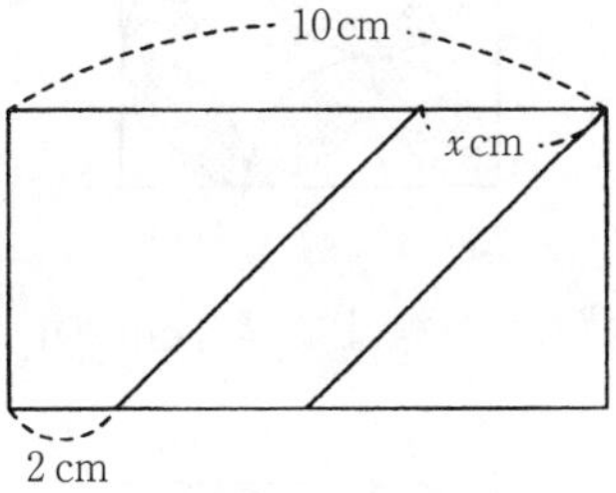

(4) 18％の食塩水100gに水50gを加え，よくかき混ぜました。そのうち何gかを捨て，さらに水150gを加えてよくかき混ぜたところ４％の食塩水ができあがりました。捨てた食塩水の重さを求めなさい。

(5) 直線の道路に沿って木を植えます。木の本数が予定していた本数より８本増やすと20mおきに植えることができ，３本減らすと30mおきに植えることができます。予定していた木の本数を求めなさい。ただし，両はじには必ず木を植えます。

(6) 現在，父の年齢《れい》は40才，２人の子どもの年齢は６才と４才です。父の年齢が子ども２人の年齢の和の３倍になるのは何年後か求めなさい。

(7) 下の表は児童30人の１日の自宅学習時間を調べた結果です。学習時間の平均値，最頻《ひん》値，中央値のうち最も大きい値はどれか答えなさい。また，その値も答えなさい。

学習時間(時間)	0	0.5	1	1.5	2	2.5
人数(人)	2	9	4	7	6	2

2 右の図のように，点Oを中心とする円と，円の直径BCを１辺とする三角形ABCがあります。三角形の頂点Aが円周上にあるとき，この三角形は直角三角形になります。その理由を言葉で説明しなさい。必要ならば，図や式を用いても構いません。

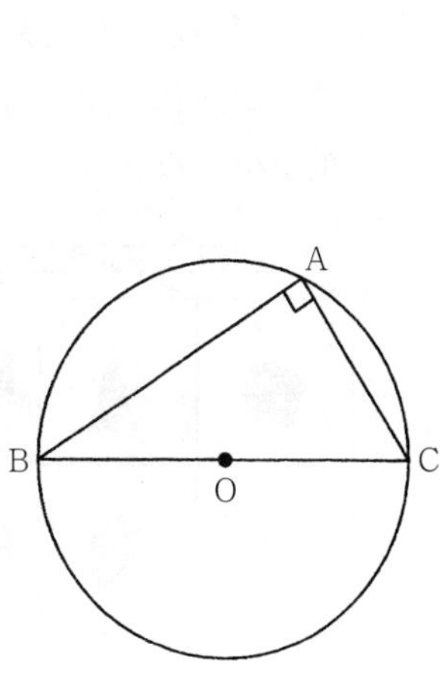

3　四角形ABCDは１辺が12cmの正方形です。色をつけた部分の面積の和を求めなさい。

(1)　曲線は半径６cmの円の一部です。

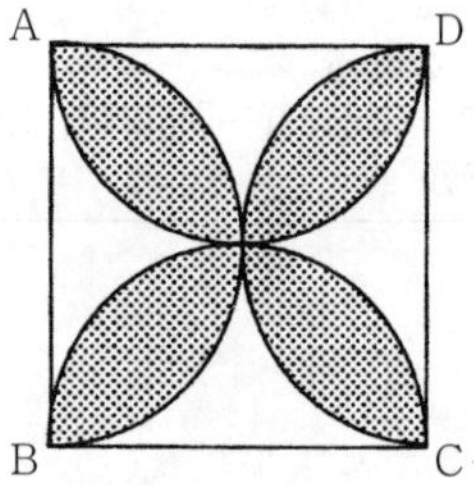

(2)　曲線は半径４cmの円および円の一部です。

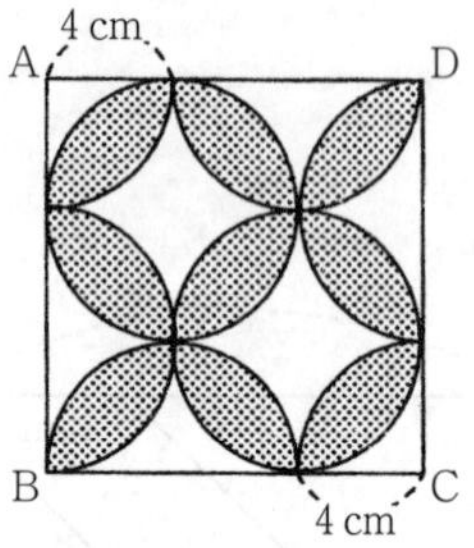

(3)　曲線は半径３cmの円および円の一部です。

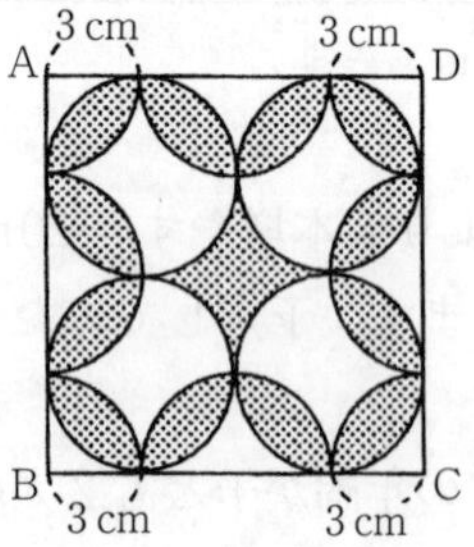

4　下の図１のように小さな立方体８個をはり合わせて大きな立方体を作りました。図１の上の面は図２のようになっています。小さな立方体のそれぞれの面には図３にあるいずれかの記号が１つずつかかれており，どの小さな立方体も記号の並びは同じになっています。また，同じ記号がかかれた面と面をはり合わせましたが，記号の向きが同じであるとは限りません。解答用紙の小さな立方体の展開図に，向きに注意して記号をかき込みなさい。

図１

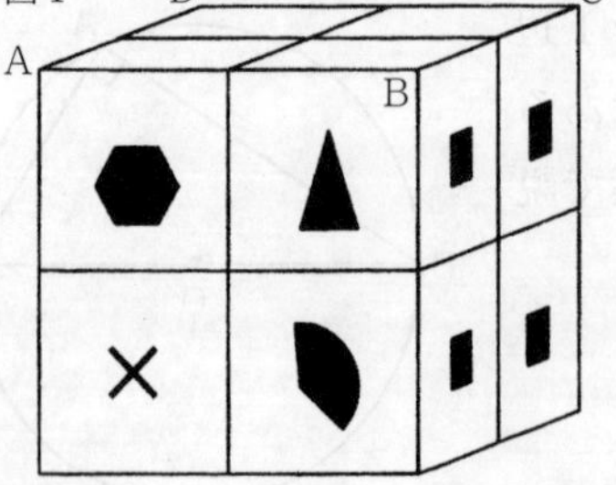

図２

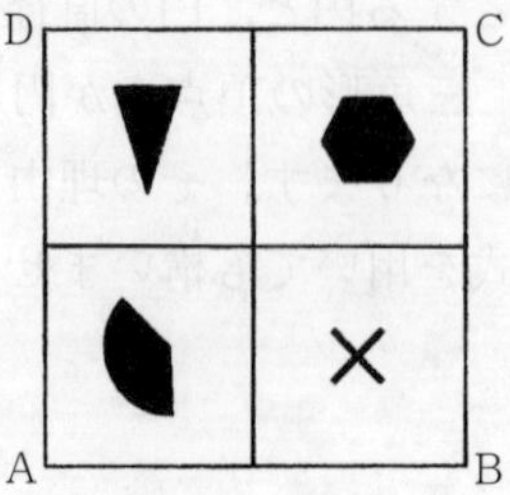

図３

（必要ならば，自由に使いなさい。）

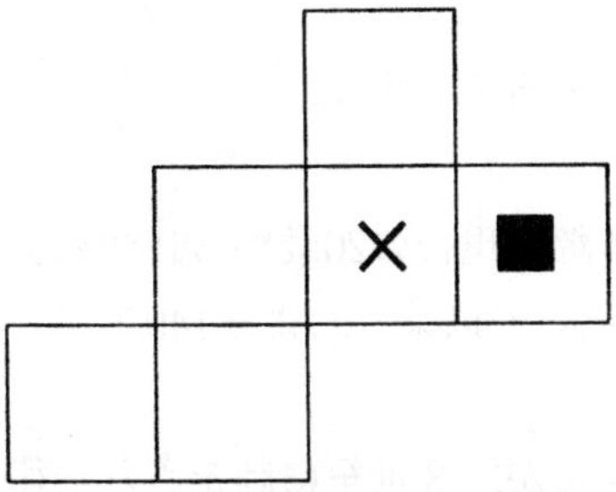

5 840m はなれた地点アと地点イがあります。この２つの地点をＡさんとＢさんがそれぞれくり返し往復します。２つの地点のちょうど真ん中の地点ウからＡさんとＢさんは同時に出発し，Ａさんはアに向かって分速 140m，Ｂさんはイに向かって分速 100m の速さで進みます。２人はアまたはイに着いたら，休むことなくもう片方の地点に向かって，それぞれ同じ速さで進みます。

(1) ＡさんとＢさんが初めて同時にアに着くのは，２人がウを出発してから何分後か求めなさい。

(2) ＡさんとＢさんが初めて同時にイに着いたとき，Ｃさんが分速 120m の速さでアからイに向かって出発しました。ＡさんがちょうどＢさんとＣさんの真ん中の位置に来たとき，Ａさんはイから何mのところにいたか求めなさい。なお，答えの求め方も説明しなさい。

【社　会】〈第２回試験〉（40分）〈満点：100点〉

《注意》 漢字で書くべきものは漢字で答えなさい。

〈編集部注：実物の入試問題では，グラフや地形図，図はすべてカラー印刷です。〉

1 次の文章を読んで，あとの問いに答えなさい。

今年(2022年)４月に改正された(　１　)が施行され，成年年齢が現行の20歳から18歳に引き下げられます。①1876(明治９)年に20歳を成人と明治政府が定めて以来，およそ140年ぶりに成年の定義が見直されることになります。

明治以前には○歳＝成人年齢と定めたものは見当たりませんが，８世紀に制定された律令の規定によれば，21歳以上の男子を正丁《せいてい》と呼び，九州などを守る兵役である(　２　)の負担や，都での労働の代わりに布を納める〔 あ 〕の負担が課せられました。しかし，各地の特産物を納める〔 い 〕が17歳からの負担となっていたことや，(　３　)が与えられて〔 う 〕を負担しているのが６歳以上となっていたことから，この場合の正丁は成年としての区分ではなく，②税の負担義務による区分と考えられています。

日本の歴史を見てみると，成年になる(周囲から成年と見なされる)には，③通過儀礼を経ていたことが分かります。たとえば，④縄文時代には成年になるために抜歯《ばっし》と呼ばれる風習があったことが，発掘された人骨から分かります。また奈良時代以後の男子は元服，平安時代以後の女子は裳着《もぎ》と呼ばれる儀式を経て，社会的に成人の資格を得ていたと考えられますが，元服や裳着の年齢は時代や身分階級によって異なっていました。一例として，11世紀に３人の天皇の摂政関白を務め，平等院鳳凰堂を建立したことでも知られる(　４　)は12歳で元服，同時期の藤原彰子は同じく12歳で裳着の儀式を挙げています。なお，藤原彰子に仕えたのが『源氏物語』の作者である(　５　)です。武士では室町幕府の将軍で金閣寺を建立したことでも有名な(　６　)は11歳で元服し，江戸幕府の将軍で在任中に参勤交代の制度化や鎖国政策を進めた(　７　)は17歳と当時としては少々遅い元服となっています。早い年齢での元服の例としては鎌倉幕府の４代目の将軍となった九条頼経という人物が1225年に数え年８歳で元服しています。この人物は翌年には征夷大将軍に就いていることから，この早い元服の背景には，幼い将軍を立てて，北条氏が(　８　)として鎌倉幕府の実権を握ろうとしていたことがあるようです。

明治以降の近代国家では，成年年齢を「一人で契約をすることができる年齢」という意味と，「父母の親権に服さなくなる年齢」という意味を持たせて法律で定めています。このことは成年に達すると，親の同意を得なくても，自分の意思で様々な⑤契約ができるようになるということを表しています。⑥この成年年齢の引き下げには今でも賛成・反対の多くの議論があります。みなさんも⑦18歳成年で変わること・変わらないことをしっかりと知って，中学生・高校生のうちに18歳成年に向けて，消費者として身につけるべき知識などをしっかりと学ぶことが大切です。

問１．文中の空らん(１)～(８)に適する語句・人名を答えなさい。空らん(３)は漢字３字です。

問２．下線部①について，この1876年は士族(武士)が刀を帯刀すること(刀を差して歩くこと)を禁止された廃刀令が出された年です。江戸時代を通じて帯刀する者のみが武士身分とされていましたが，このことは豊臣秀吉が1588年にある命令(法令)を出してからと考えられています。その命令(法令)の名前を答えなさい。

問３．空らん〔あ〕～〔う〕に入る語の組み合わせとして正しいものをア～カから１つ選び，記号で答えなさい。

ア．あ一租　い一庸　う一調　　イ．あ一租　い一調　う一庸

ウ．あ一調　い一租　う一庸　　エ．あ一調　い一庸　う一租

オ．あ一庸　い一調　う一租　　カ．あ一庸　い一租　う一調

問４．下線部②について，税の負担や税制についての以下の文章の正誤の組み合わせとして，正しいものをア～クから１つ選び，記号で答えなさい。

あ　江戸時代，土地を持たない農民である小作人は，検地帳に登録された石高に応じて課せられた年貢(本年貢)の負担義務がなかった。

い　明治時代の地租改正では，小作人は地租の負担義務がなかった。

う　租税総額に占める直接税(納税者と負担者が同じ税)と間接税(納税者と負担者が異なる税)の割合を平成元(1989)年と令和元(2019)年で比べると，令和では直接税の割合が増加し，間接税の割合が減少している。

ア．あ一正　い一正　う一正

イ．あ一正　い一正　う一誤

ウ．あ一正　い一誤　う一正

エ．あ一正　い一誤　う一誤

オ．あ一誤　い一正　う一正

カ．あ一誤　い一正　う一誤

キ．あ一誤　い一誤　う一正

ク．あ一誤　い一誤　う一誤

問５．下線部③について，通過儀礼は人生の重要な節目にあたって行われる儀礼のことを指しています。現代の日本で生後まもなくから３歳ぐらいまでの以下の３つの通過儀礼を一般的に行われる順に並べ替えたとき，正しい順序はどれになりますか。ア～カから１つ選び，記号で答えなさい。

ア．七五三→お宮参り→お食い初め

イ．七五三→お食い初め→お宮参り

ウ．お食い初め→お宮参り→七五三

エ．お食い初め→七五三→お宮参り

オ．お宮参り→七五三→お食い初め

カ．お宮参り→お食い初め→七五三

問６．下線部④について，「縄文時代」の「縄文」は明治時代に来日し，来日直後の横浜から東京への列車の中から貝塚を発見した人物が，その貝塚から発見された土器を「縄目模様がついた土器」と呼んだことに由来しています。この人物とは誰ですか。

問７．下線部⑤に関して，以下の「契約」に関する文章をよく読み，**誤りを含む文章**を以下のア～エから１つ選び，記号で答えなさい(2022年４月以降のケースで考えること)。

契約は，当事者(契約を結ぶ人)どうしの意思表示(考えを表すこと)が合うことによって成立するものです。契約は当事者の自由な意思に基づいて結ぶことができます。当事者間で結ばれた契約に対しては，国家は干渉せず，その内容を尊重しなければなりませ

ん。これを契約自由の原則といいます。「契約を結ぶかどうか」，結ぶとしても「誰と結ぶか」，「どのような契約内容にするか」について，当事者は自由に決めることができます。未成年者が契約するときは，親の同意が必要とされており，その同意がない契約は原則として取り消すことができます(これを未成年者取消権と呼んでいます)。成年に達すると，親の同意がなくても自分で契約ができるようになりますが，未成年者取消権は行使できなくなります。つまり，契約を結ぶかどうかを決めるのも自分なら，その契約に対して責任を負うのも自分自身になります。

ア．プロ野球選手の年俸は選手によってそれぞれ違っているが，これは各選手が球団と自由に結んだ契約に基づいており，契約自由の原則にも合っている。

イ．中学生がスマートフォンを購入し，携帯電話を契約するには親の同意が必要である。

ウ．高校生が自分一人で高額の契約を結んだ場合，その高校生の生年月日によっては契約を取り消せない場合がある。

エ．契約を結ぶには，必ず契約書を作成することが必要であり，口約束での契約は契約としては無効である。

問８．下線部⑥について，

⑴　以下のⅠⅡの資料の両方を使用して，「成年年齢を20歳から18歳に引き下げることには賛成である」と論じるには，どのような論点(根拠)が考えられますか，説明しなさい。

⑵　以下のⅢⅣの資料の両方を使用して，「未成年者取消権がなくなるため，成年年齢を20歳から18歳に引き下げることには反対である」と論じるには，どのような論点(根拠)が考えられますか，説明しなさい。

なお，「未成年者取消権」については問７の契約に関する説明文をよく読むこと。

Ⅰ　こどもの権利条約とその主な批准国

第１条　この条約の適用上，児童とは，18歳未満のすべての者をいう。ただし，当該児童で，その者に適用される法律によりより早く成年に達したものを除く。

主な批准国：英国，オランダ，ドイツ，フランス，イタリア，ロシア，日本

Ⅱ　18歳を成年年齢としている主要な国々(法務省「諸外国における成年年齢等の調査結果」)

英国，オランダ，ドイツ，フランス，イタリア，ロシア

Ⅲ「あなたは，ご自身のことを「大人」だと思いますか，「こども」だと思いますか」の問いに対する回答の割合と，「こども」を選択した人の選択理由とその人数。

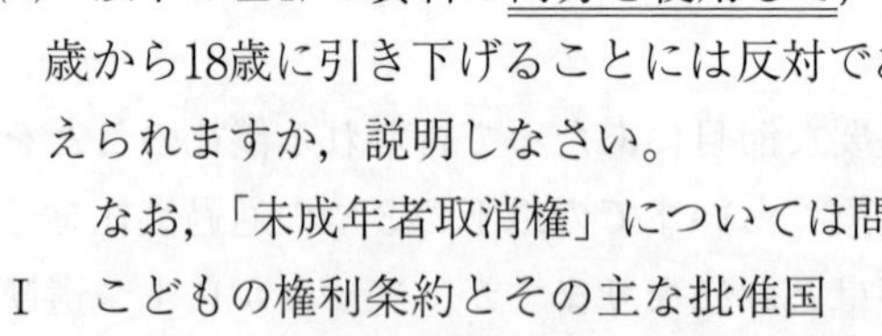

自分を「こども」だと思う理由の上位３つ	
経済的に自立していないから	311
法律上，成人ではないから	262
十分な判断力があるとは言えないから	181

「日本財団『18歳意識調査』(2018年，全国の17歳～19歳の800人に調査)」より作成

Ⅳ　国民生活センターに寄せられた「※マルチ商法」に関する相談の年齢層別割合

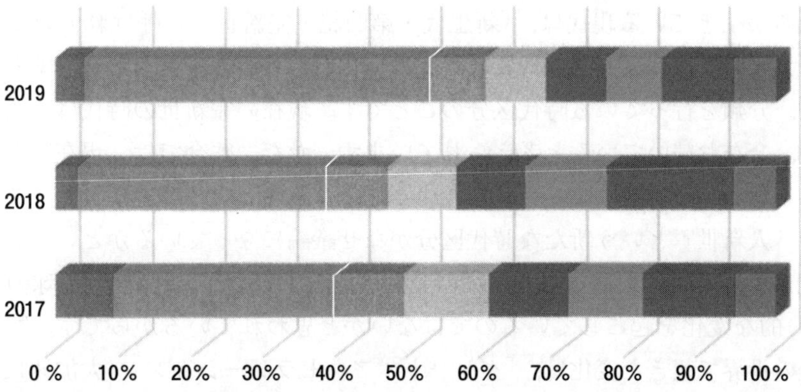

(左から順に) ■20歳未満 ■20歳代 ■30歳代 ■40歳代 ■50歳代 ■60歳代 ■70歳以上 ■無回答(未入力)

令和２年版『消費者白書』(消費者庁)より作成

※マルチ商法　ほかの人を販売組織に加入させれば利益が得られると言って高額な商品を買わせたり，不当に高額な加盟金等を払わせるなどの商法。しばしばトラブルのもとになるので，「特定商取引に関する法律」により「連鎖販売取引」として厳しく規制されている。

問９．下線部⑦に関して，以下の表は，2022年４月以降，成人年齢が引き下げられることによって，今までは20歳以上の人々が対象であったことが，18歳で対象となるのか，今まで通り，20歳以上を対象としているのかについて，「2022年４月以降，18歳の人が法律上どのようなことができるようになるのか，知っていますか？」という問いで調査した結果を表しています。設問１～設問４についての正解はどのようになりますか。「法律上18歳でできる(18歳で義務が発生する)」場合はＡを，「法律上18歳でできない(義務が発生しない)」場合はＢを，解答用紙に記入しなさい。

		Ａ　法律上18歳でできる (法律上18歳で義務が発生する)	Ｂ　法律上18歳でできない (法律上18歳で義務が発生しない)	分からない
設問１	飲酒	11.5%	62.5%	26.0%
設問２	競馬・競輪などの公営ギャンブルができる	17.5%	33.6%	48.9%
設問３	親の同意なしに結婚できる	42.3%	15.0%	42.8%
設問４	国民年金への加入義務が発生する	19.0%	18.5%	62.5%

「日本財団『18歳意識調査』(2018年，全国の17歳～19歳の800人に調査)」より作成

なお，設問１～設問４の正解・不正解は以下の条件を満たしています。

・「分からない」を不正解に含めると，正解率が不正解率を上回っている設問は１つだけである。

・「分からない」を除いた正解率を見ると，４つの設問中，１つの設問だけが不正解率が正解率を上回っている。

・「分からない」を不正解に加えない場合，不正解率の最も高い設問の「分からない」の割合は不正解率の３倍以上ある。

2　次の文章を読んで，あとの問いに答えなさい。

私たちが生きている現代は，「新生代・第四紀・完新世」と呼ばれています。これは地質時代(年代)における呼び方で，地質時代とは①化石や地層の堆積などを基準として，ある期間で区切り，分類を行っている時代区分のことです。現在の完新世の時代は，約１万1700年前から始まり，今なお続いていると考えられています。ただ，昨今では，現在私たちが生きている時代のことを，完新世ではなく「人新世」と呼ぶべきだという議論が行われています。

この「人新世」という新たな時代区分がなぜ議論になっているかというと，人類の活動による変化が，②火山の大噴火や大地震の発生に匹敵するような地質学(地球の地層などを研究する学問)的な変化を起こしているのではないかと思われているからです。特に，③第二次世界大戦後の世界で起きた変化は，「グレート・アクセラレーション」(大加速)と呼ばれています。人類による経済活動が活発化し，人口・エネルギー使用量・④森林伐採量・水資源使用量・建築材製造量などが増加し，さまざまな変化がもたらされました。人類は⑤地球の大気(空気)の構成比，⑥地形や生物の生活を変化させ，プラスチック，コンクリート，炭素微粒子，放射性物質微粒子などを，陸地や海にまき散らし，これらが大地に刻まれ，地層の一部になるほどの影響を与えています。このような現在の地質時代を「人新世」と呼ぶべきかどうか，議論が重ねられています。

問１．下線部①に関して，日本のある県で発見された肉食恐竜の化石から，初めて全身骨格が復元されました。この県名を答えなさい。

問２．下線部②に関して，九州の火山に関する以下の設問に答えなさい。

(1)　熊本にある阿蘇山は，現在も断続的に噴火活動を続けている活火山です。次のページの地図は，熊本県が発行している阿蘇山火山防災マップ(ハザードマップ)です。このハザードマップから読み取れることとして**誤っているもの**を，次のア～エから１つ選び，記号で答えなさい。

ア．阿蘇山はカルデラをもつ火山である。
イ．土石流が阿蘇市役所まで到達することはないと予想されている。
ウ．阿蘇山の火口の北側にはJR，南側には私鉄が走っている。
エ．噴石が降ることが予測されているエリアは，火口から約２kmにまで及ぶ。

(2)　火山が多く存在する九州地方でも，古くから様々な産業が行われてきました。以下のA・Bの文章の正誤の組み合わせとして正しいものを，次のア～エから１つ選び，記号で答えなさい。

A．大分県の別府・湯布院(由布院)や長崎県の雲仙などの温泉が多くあり，温泉旅館などの観光業に利用されています。

B．鹿児島県周辺では，火山灰などによるシラス台地が広がっており，シラス台地の保水性に富む土壌を活かして，さつまいもなどの生産が行われています。

ア．A－正　B－正
イ．A－正　B－誤
ウ．A－誤　B－正
エ．A－誤　B－誤

4

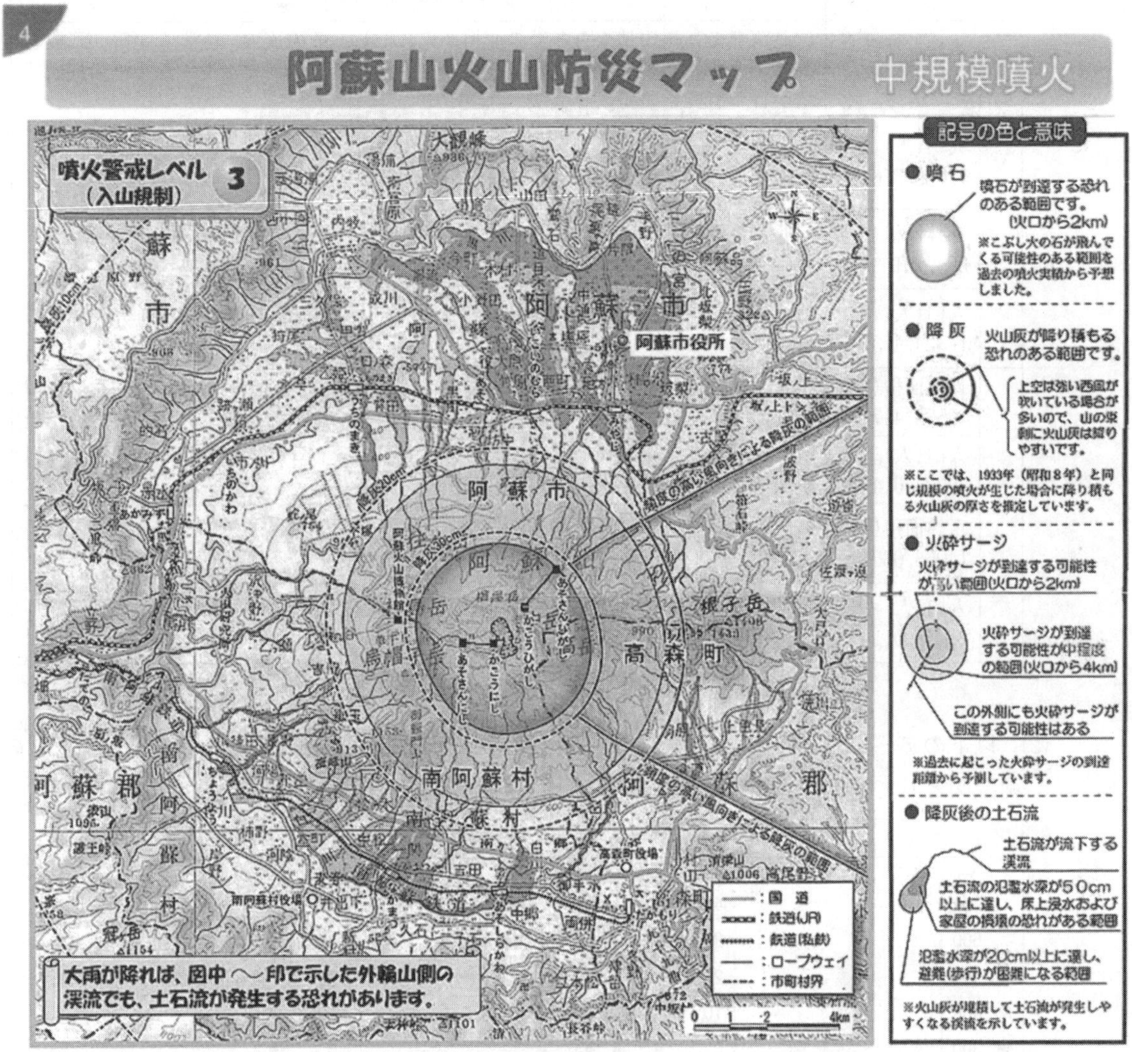

【出典】 熊本県「阿蘇山火山防災マップ」より出題者加工 https://www.pref.kumamoto.jp/soshiki/114/2826.html

問３．下線部③に関して，第二次世界大戦後の日本の出来事について書かれた次の文ア～エを，その出来事が起こった順番に並べ替えなさい。

ア．温室効果ガスの排出量削減目標を定めた京都議定書が採択された。

イ．アジアの国として初めてのオリンピックが東京で開催された。

ウ．田中角栄首相のときに，日中共同声明が出され，日本と中国の国交が回復した。

エ．株価が急上昇するバブル景気が到来し，日本列島が好景気に沸いた。

問４．下線部④に関して，日本では豊富な自然資源を活かして，古くから林業が盛んに行われてきました。以下の表は，林業が盛んな都道府県を示しています。

(1) 表のＡ～Ｄの都道府県をそれぞれ答えなさい。

		地形・産業・森林利用などの様子
A	森林面積(ha) 585,559 人口(人) 1,069,576	○北西部の九州山地から多数の河川が流れだし，その流域に広大な平野が形成されています。この平野では暖かな気候を生かして，ピーマンやキュウリの促成栽培が行われています。 ○スギの生産が盛んで，長年全国１位の生産量を誇っています。また，竹の産地としても知られており，伝統工芸品に指定されている都城大弓にも使用されています。
B	森林面積(ha) 283,701 人口(人) 1,324,473	○北部には盆地が広がり，この地に唐の都であった長安を模した碁盤目状の都が造成されました。 ○南部には紀伊山地が走っており，桜の名所としても有名です。また，日本でも最も古い時代から植林が行われているスギの人工林がみられ，割り箸など様々な製品に加工されています。
C	森林面積(ha) 5,538,447 人口(人) 5,224,614	○長さが全国３位，流域面積が全国２位の大河川が流れており，その周辺では泥炭地を改良した平野で「ゆめぴりか」などの銘柄の稲作が盛んに行われています。 ○この都道府県の先住民族は「アットゥシアミプ」と呼ばれる木の皮で作った衣服を着ており，普段の生活の際に着用してきました。
D	森林面積(ha) 1,068,636 人口(人) 2,048,011	○県内を日本アルプスが走り，平地が少ない都道府県であり，その標高を生かした高原野菜の栽培が盛んです。レタスなどの抑制栽培が行われています。また，長さ全国１位の河川が流れており，2019年には大規模な氾濫が発生しました。 ○日本三大天然美林の１つに数えられる天然林がみられ，それを利用した漆器は伝統工芸品に指定されています。

【出典】　森林面積は林野庁　都道府県別森林率・人工林率(平成29年３月31日現在)による
人口は国勢調査　令和２年国勢調査 人口等基本集計による

(2)　以下のア～エは，(1)のＡ～Ｄの都道府県庁所在地の雨温図を表したものです。ＡとＢの雨温図として適したものを，次のア～エから１つ選び，記号で答えなさい。

ア

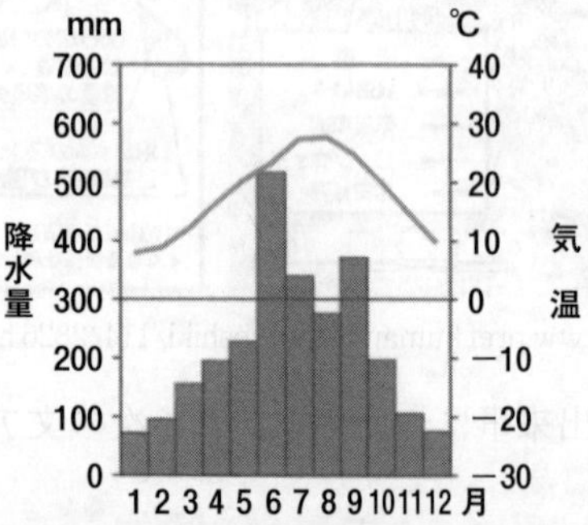

年平均気温：17.7℃　年降水量：2625.5mm

イ

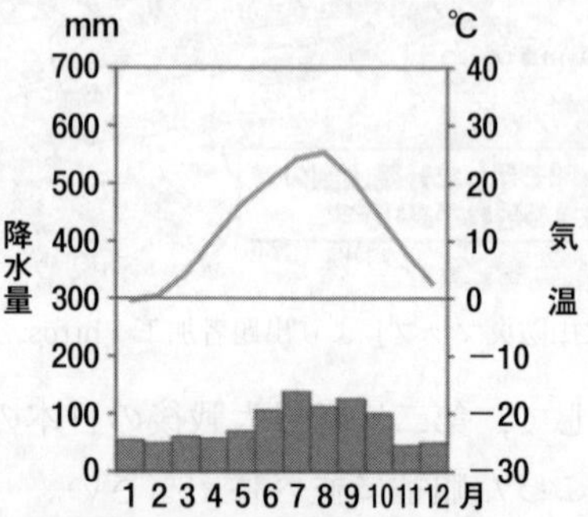

年平均気温：12.2℃　年降水量：965.1mm

ウ

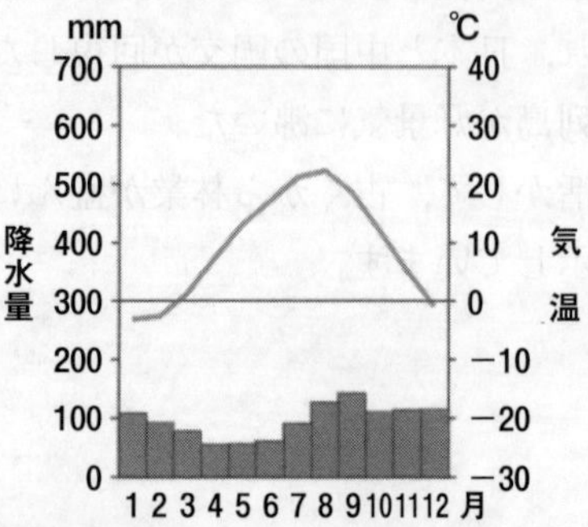

年平均気温：9.2℃　年降水量：1146.3mm

エ

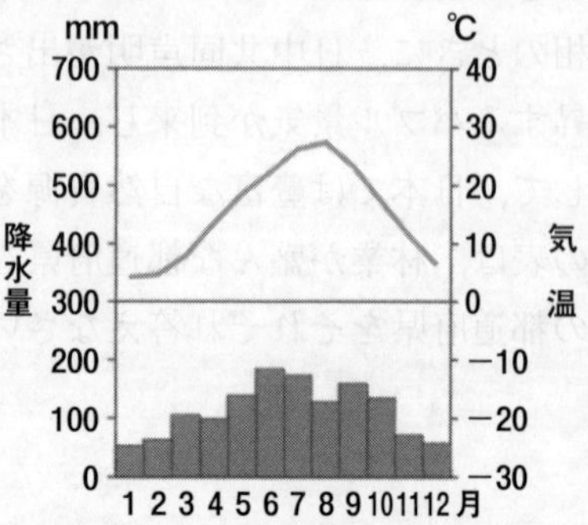

年平均気温：15.2℃　年降水量：1365.2mm

雨温図作成サイト（https://ktgis.net/service/uonzu/）で作成

問５．下線部⑤に関して，2020年10月当時の菅総理大臣は所信表明演説で，2050年までにカーボンニュートラルの実現を目指すと発表しました。以下の問いに答えなさい。

(1)　カーボンニュートラルとは，ある環境問題の対策の一つとして注目されている，二酸化炭素に関する取り組みです。その環境問題とは何ですか。

(2)　カーボンニュートラルとは，二酸化炭素の排出をどのような状態にする考え方のことでしょうか。「排出量」「吸収量」の２つの言葉を必ず使用して説明しなさい。

(3)　日本政府はカーボンニュートラル化を目指すにあたって，電気自動車(充電された電池で動く車，以下EVと表記します)へと転換することを目指しています。それに対して，ある大手自動車会社の社長は「『(日本の政府のEV化推進派の人々は)全EV化すればカーボンニュートラルは達成できる』と主張するばかりで，日本の現状が全く見えていないように思えます。」と疑問を投げかけています。なぜ，全EV化することが，カーボンニュートラルを達成することにつながらないと言えるのでしょうか。以下の２つの資料を用いて，説明しなさい。

資料１

日本の二酸化炭素排出部門

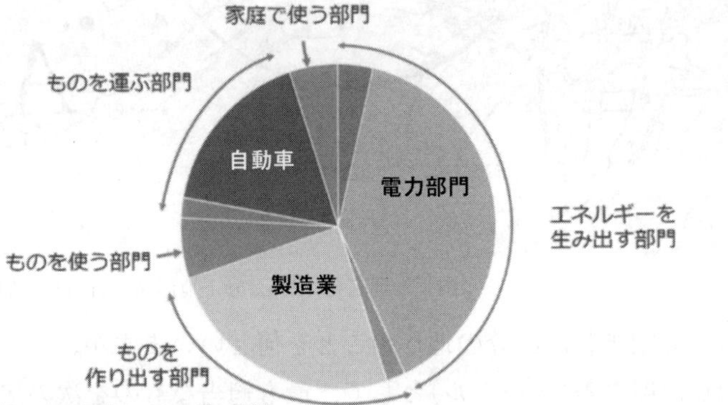

注：2018年度のエネルギー起源
CO2排出量　電力・熱分配前

出典：温室効果ガスインベントリオフィス

資料２

日本の発電電力量の構成

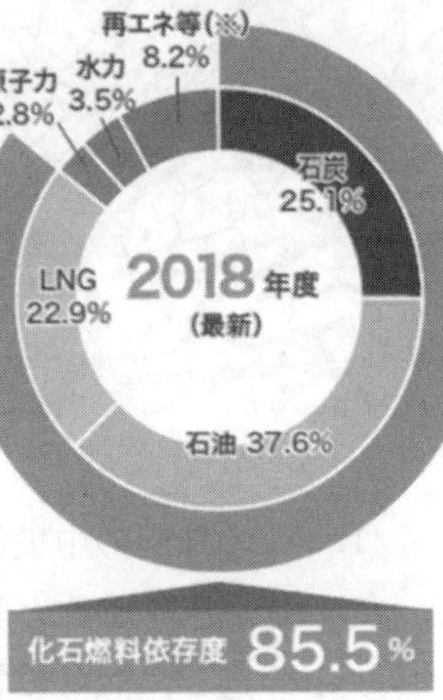

【出典】

資料１　「EUで進む航空機，鉄道，自動車の脱炭素戦略」World Energy Watch 山本隆三(常葉大学名誉教授)
https://wedge.ismedia.jp/articles/-/23590 より作成

資料２　2020ー日本が抱えているエネルギー問題(前編)　経済産業省　資源エネルギー庁
https://www.enecho.meti.go.jp/about/special/johoteikyo/energyissue2020_1.html より作成

問６．下線部⑥に関して，日本各地に堆積によって形成された地形が見られます。次の地形図は2015年の山梨県の笛吹市のものです。あとの設問に答えなさい。

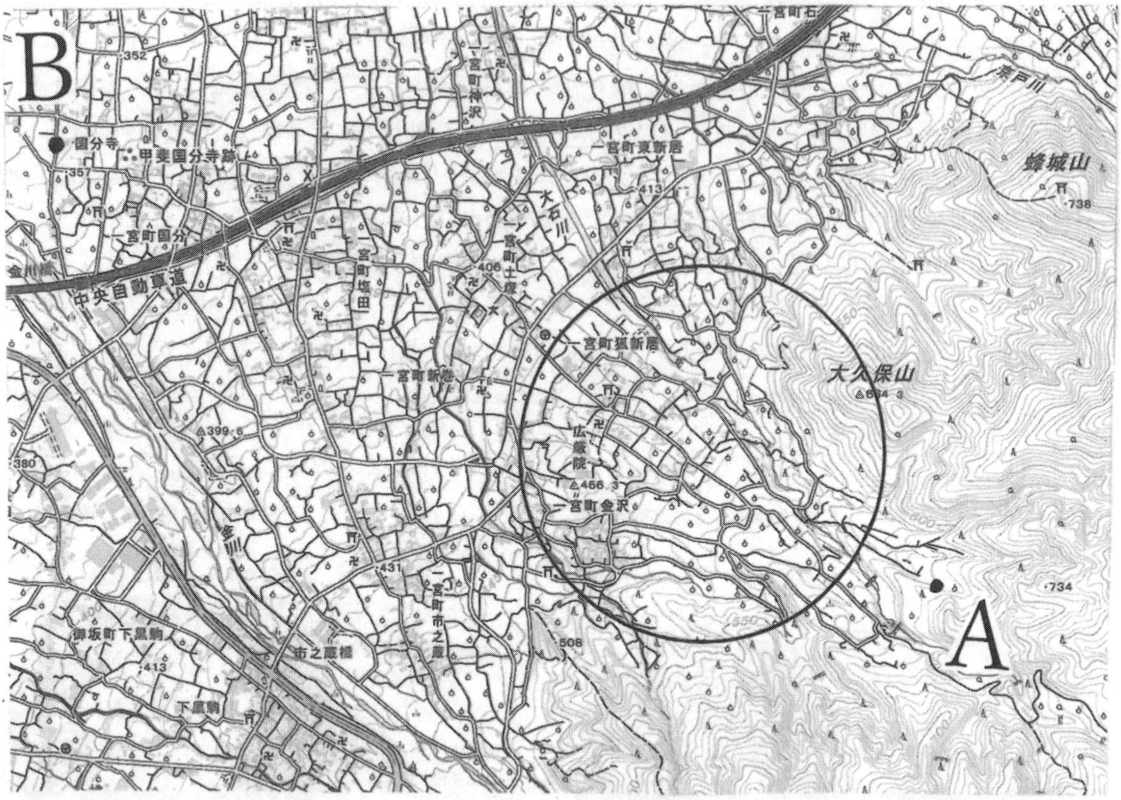

国土地理院発行2.5万分１地形図「石和」を加工して作成

(1)　この地図の中央付近の円で囲まれた部分の地形のことを何といいますか。

(2)　地形図中のＡとＢの地点の標高差(メートル)として，最も適当なものを次のア～エから１つ選び，記号で答えなさい。

ア．150ｍ　　イ．250ｍ　　ウ．350ｍ　　エ．600ｍ

(3)　この地図の円で囲まれた部分では，どのような土地利用をしていますか。また，そのような土地利用になる理由を説明しなさい。

3　次の文章を読んで，あとの問いに答えなさい。

2021年６月文部科学省は，①デジタル教科書の本格導入に向けて必要な取り組みや課題を報告書としてまとめ，発表しました。児童，生徒へのタブレット端末の広まりが急速に進む中，文部科学省は2024年のデジタル②教科書無償化を含め，様々な取り組みを準備しています。現在はまだ，デジタル教科書の利用は限られていますが，今後は教室の風景が大きくかわっていくかもしれません。ここでは，日本の教科書の変化について見ていきましょう。

1872(明治５)年学制が発布され，③近代教育制度がスタートしました。当初教科書は出版社が自由に発行でき，学校が自由に選ぶことができました。「自由」「権利」「独立」「平等」などについて述べた④福沢諭吉の『学問のすゝめ』も教科書として利用されていました。欧米文化の取り入れに重きがおかれていましたので，欧米の教科書を日本語に訳したものが多くみられました。

1881(明治14)年以降，教科書は自由採択から届出制，許可制へと移行しました。この頃から⑤教科書の内容は儒教などの伝統を重んじるものに変化していきました。さらに，1886(明治19)年に教科書検定制度が始まるとともに，教科書は各府県で選ぶことになりました。ところが，この検定制度が始まると，自社の教科書を選んでもらうため，教科書会社が府県の教科書審査委員に不正にお金を支払うという問題が起こりました。このため，⑥1903(明治36)年からは，国が教科書の編集，発行の権限を独占する教科書国定制度に移行することになりました。この頃日本は外国との戦争を繰り返し，その中で教科書の内容はしだいに国家主義，軍国主義の要素が目立つようになっていきました。

太平洋戦争の敗戦後，日本を占領したGHQは日本政府に対し，教育の民主化，非軍国主義化を要求しました。それまで使用されていた教科書は，それらの観点から適切でないと考えられる部分を塗りつぶすことになり，⑦一部の教科は授業を停止することになりました。日本国憲法と教育基本法が公布されると，⑧新しい教育制度が整えられ，教科書については検定制度へ移行することになりました。

その後，教科の目標や大まかな教育内容を定めた学習指導要領はほぼ10年ごとに改訂されてきました。情報活用能力がいっそう重要になる時代にあって，学習指導要領でもその能力を学習の基盤になるものと位置づけるようになりました。今後も社会の変化や教育が抱える問題に対応するために教育の方針，教科書の内容，かたちは変化してゆくことでしょう。

問１．下線部①には支援の必要な学習者にも利用しやすいという特徴があります。この特徴をさらに伸ばすため，例えば視力の弱い人にも読みやすいデジタル教科書向けの書体も開発されています。この書体のように，国籍や性別，年齢，能力に関わらず，より多くの人が利用できるように工夫した製品や設計を何と呼びますか。

問２．下線部②は憲法第26条の義務教育無償の精神をより広く実現するものとして，現在は紙の教科書について実施されています。国民の義務に関する次のア～エから**明らかな誤りを含むもの**を１つ選び，記号で答えなさい。

ア．親(保護者)は子どもに普通教育を受けさせる義務を負う。

イ．国や地方公共団体は国民を守るための行政サービスを提供しており，その費用を税として負担することは国民の義務である。

ウ．すべての国民は勤労の義務を負っているので，働かない人は罰金を支払わなければならない。

エ．国会や地方議会の投票率が低下していることから，投票を義務化すべきであるという議論がある。

問３．下線部③に関して，全国に小学校が作られましたが就学率は低く，特に女子は15％程度にとどまりました。以下は，女子就学率が10％台の状態が続いていた秋田県で1889(明治22)年に，県の教育会が行った学校に行かない女子児童が多い原因についての調査に寄せられた意見の一部です。これを読んで，当時の学校でどのような学習内容を整えれば女子の就学率をあげることにつながると考えられますか，説明しなさい。

・今の教育内容は男子のためのもののようで，女子に欠かせない学科が軽視されている

・女子に必須である裁縫科の扱いが軽すぎる
・学校での教育は女子には必要ないという誤解がある

【出典】 広島大学教育開発国際協力研究センター『国際教育協力論集』第13巻第１号(2010)（初等義務教育制度の確立と女子の就学奨励－日本の経験） 斉藤泰雄
但し，出題者が表現を一部改めた。

問４．下線部④に関する次の(1)，(2)の設問に答えなさい。

(1) 彼は安政２(1855)年に適塾という私塾に入門しました。適塾を開いた緒方洪庵は天然痘の予防に貢献したことでも知られています。天然痘は世界的にも多くの死者を出した疫病で，日本でも何度も流行を繰り返しました。次のア～エは天然痘と思われる疫病が流行したとされる時代のできごとです。ア～エを年代の古いものから順に並べ替えなさい。

ア．後醍醐天皇は楠木正成や足利尊氏，新田義貞らと協力して，幕府を倒した。
イ．平城京を中心に，唐の影響を受けた仏教文化である天平文化が栄えた。
ウ．多くの渡来人と結んだ蘇我氏とこれに対抗する物部氏という豪族の争いが起こった。
エ．遣唐使の派遣取りやめを提案したことで知られる菅原道真が，政治的争いにより失脚した。

(2) 彼はある外国語を適塾で学びましたが，開国後の横浜を訪れた際に，自分の学んだ言葉が外国人に通じないことに衝撃をうけ，多くの外国人が使用していた英語を学び始めたそうです。彼が適塾で学んだ言語とは何だと考えられますか，答えなさい。

問５．下線部⑤に関する次の(1)，(2)の設問に答えなさい。

(1) この方針転換の背景には，藩閥政治を批判し議会政治を求める運動の高まりを政府が警戒していたことにあります。この運動を何と呼びますか。

(2) 儒教は孔子の教えをもとにした思想です。江戸時代にはその思想に基づく儒学のうちの一つが特に重視されました。昌平坂学問所でも講義されたその学問とは何ですか。

問６．下線部⑥に関連し，20世紀初頭の日本について述べた文章として**適さないもの**を次のア～エから１つ選び，記号で答えなさい。

ア．大日本帝国憲法の発布の翌年，日本の教育の基本となる教育勅語が発布された。
イ．小学校の義務教育がそれまでの４年制から６年制にかわった。
ウ．外務大臣小村寿太郎がアメリカとの間で関税自主権を回復した。
エ．ロシアに対抗するため，日本はイギリスと同盟を結んだ。

問７．下線部⑦の授業を停止した教科の一つが地理です。敗戦前に使用されていた地図帳に関する以下の(1)，(2)の設問に答えなさい。

(1) 次のページの【図版①】は敗戦前の地図帳に掲載されていたものです。現在の中学校の地図帳に載っている【図版②】と見比べたときに**読み取れないもの**を下のア～エから１つ選び，記号で答えなさい。

ア．富岡製糸場があった群馬県は，桑畑が多くあり養蚕も行われていたと考えられる。
イ．昭和初期の埼玉県東部にみられた水田地帯は，現在では主に市街地になっている。
ウ．現在，市街地が多い神奈川県の東部はかつて煙草（タバコ）の多産地だった。
エ．現在，メロン生産量の多い茨城県では，昭和初期にはまだ果樹園はわずかであった。

【図版①】

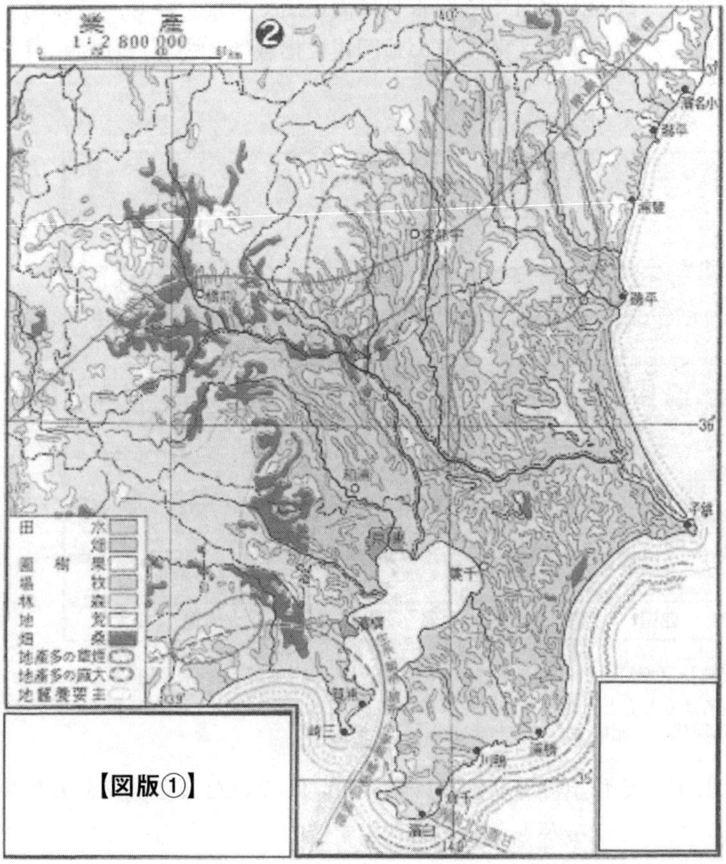

【出典】『増訂改版　新選詳図　帝國の部』(昭和９年発行　帝國書院)復刻版
※地図中の地名，凡例は右側から表記されています。また，本問に必要のない部分を削除しています。

【図版②】

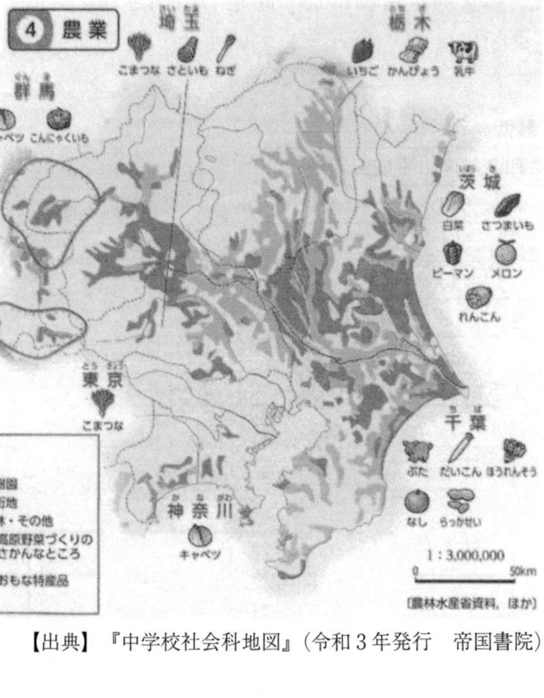

【出典】『中学校社会科地図』(令和３年発行　帝国書院)

※弊社ホームページにて，２つの図のカラー印刷のものを掲載しています。
必要な方はアクセスしてください。
なお，右のＱＲコードからもアクセスできます。

⑵　1895年から敗戦まで，富士山は日本で四番目に高い山でした。なぜ，この期間は富士山が一番高い山でなかったのですか，敗戦前の地図帳に掲載されていた【図版③】を参考に，説明しなさい。

【図版③】

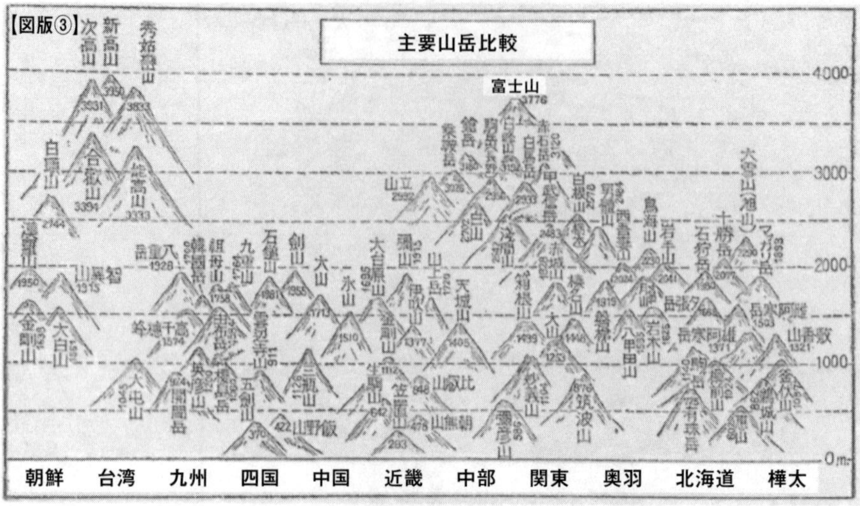

【出典】『増訂改版　新選詳図　帝國の部』(昭和９年発行　帝國書院)復刻版

※地図中の横書き地名はもともと右側から表記されていますが，出題の都合により表題と地方名，「富士山」のみ現代の表記に改めてあります。

問８．下線部⑧の一環として，それまで男女別々の学校で学んでいた公立学校を男女共学に切り替えることになりました。ところがもともと男女で学習内容に差があったため，女子の学力では新しい高校に進学することが難しく，このため男女別の定員にすることで，女子も高校に進学しやすいしくみが各地でとられました。これを男女別定員制度といいます。男女の学習内容の差がなくなった現在，男女別定員制は別の問題が指摘され，見直しが進んでいます。まだ継続している東京都も将来的にはなくそうとしています。男女別定員制の問題点を次の表を参考に指摘しなさい。

都立高校合格者最低点

	令和２年度	平成27年度
男子の合格者最低点の平均点	548	539
女子の合格者最低点の平均点	591	616
合格者最低点の平均の男女差	43	77
女子の方が低かった学校数	3	0
開示された回答数	36	34

毎日新聞社が情報公開請求によって入手した資料により作成。

【理　科】〈第２回試験〉（40分）〈満点：100点〉

《注意》　漢字で書くべき用語は漢字で書くこと。

1　昨年は小笠原諸島近海の海底火山である福徳岡ノ場が大規模な噴《ふん》火を起こし，そのときに放出されたとみられる軽石が各地の沿岸に漂《ひょう》着して漁業被《ひ》害などをもたらしました。自然災害の多い日本では，私たちが住んでいる地域の地表面だけでなく，地下の構造がどのようになっているかを知っておくことも災害防止につながっていきます。

次の【図１】は，ある地域の地下の断面を示した模式図です。その下の【文章】は，【図１】のＡ～Ｉの各層について説明したものです。また【語群】は，各層に見られた岩石です。これらを見て，以下の各問いに答えなさい。

【図１】

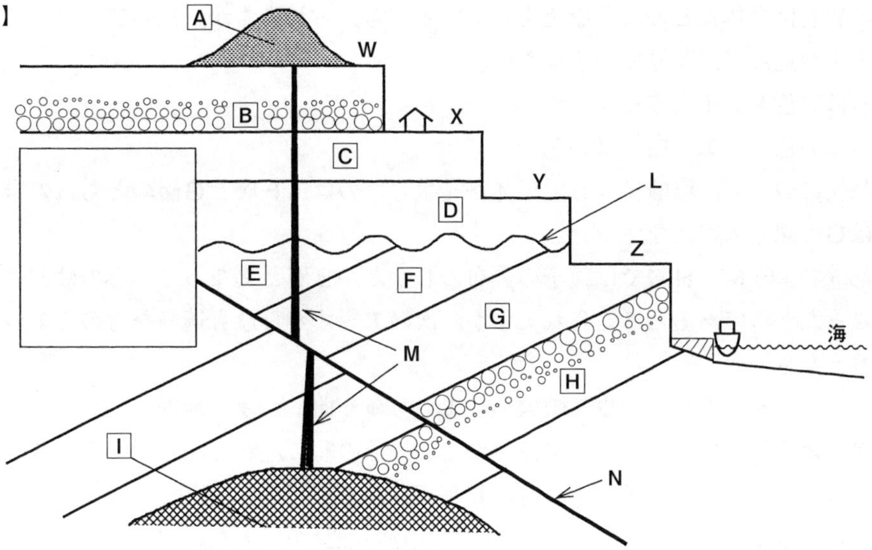

【文章】

A層の岩石は白っぽい色をしています。**B**層の下部には肉眼で見える角が丸みをおびた小石が多く，上部にいくにしたがって粒《つぶ》の大きさがだんだんと小さくなるような分布のしかたをしています。**X**面上の家の住民は，**B**層のがけの下部から出ている地下水を利用して生活しています。

①**D**層と**I**層(図の下部)の岩石の粒は，角ばったものがほとんどです。**D**層の岩石は火山灰が堆《たい》積してできています。**I**層の岩石を顕微《けんび》鏡で観察すると，②大部分が石英や長石の結晶《しょう》で，その他にクロウンモなどの結晶が分散していて，結晶どうしがすきまなくびっしりとつまっているようすが見られます。

また，**I**層からはまったく化石がみつかりません。

それに対して③**E**層からはアサリなどの二枚貝，**F**層からはサンゴなど，**G**層からはホウサンチュウなどの化石が見つかります。**E**層の岩石の粒はどうにか肉眼で見える大きさで，**F**層は全体に白っぽい色の岩石，**G**層は全体に赤褐《かつ》色の岩石でできています。また，④**F**層と**G**層の岩石を塩酸に入れると，一方から気体が発生します。

H層の粒のようすは**B**層とほとんど同じですが，⑤層の左斜《なな》め上から右斜め下にいくにしたがって，粒の大きさが小さくなるような分布のしかたをしています。

【語群】

ア　でい岩　　**イ**　砂岩　　**ウ**　れき岩　　**エ**　石灰岩
オ　ぎょう灰岩　　**カ**　かこう岩　　**キ**　りゅうもん岩　　**ク**　チャート

問１　**A**～**G**と**I**の層を構成する岩石の名称《しょう》として最も適当なものを【語群】から選んで，**ア**～**ク**の記号で答えなさい。ただし，**B**層と**H**層の岩石は同じ種類で，他の層はそれぞれ異なる岩石でできています。

問２　**D**層，**I**層以外に，下線部①のように角ばった粒が集まった岩石でできている層を他から１つ選んで，**A**～**I**の記号で答えなさい。

問３　**I**層の岩石は全体にどのような色をしていると考えられますか。次の**ア**～**エ**から最も適当なものを１つ選んで，記号で答えなさい。

ア　黒っぽい色　　**イ**　赤っぽい色
ウ　青っぽい色　　**エ**　白っぽい色

問４　下線部④について，塩酸に入れて気体が発生したのは，**F**層と**G**層のどちらの岩石ですか。**F**または**G**の記号で答えなさい。

問５　下線部⑤のように，**H**層では粒《りゅう》子の分布のしかたが**B**層と異なっているのはどのような変化が起こったからであると考えられますか。次の**ア**～**オ**から最も適当なものを１つ選んで，記号で答えなさい。

ア　運ぱん　　**イ**　侵《しん》食　　**ウ**　噴火　　**エ**　しゅう曲　　**オ**　地震《しん》

問６　次の**ア**～**オ**を古い出来事から順に並べかえて，その順に左から記号で答えなさい。

ア　断層**N**ができた。　　**イ**　不整合面**L**ができた。
ウ　**F**層ができた。　　**エ**　火道**M**(マグマの通り道)ができた。
オ　**C**層ができた。

問７　次の(1)～(4)に関する語句を(　)内の条件で示しなさい。

(1)　下線部②のような岩石内部のつくりの名称　(漢字５字)

(2)　地層ができた当時のようすを推定することができる下線部③のような化石の名称　(漢字４字)

(3)　【図１】に示されている階段状の地形(**W**～**Z**)の名称　(漢字４字)

(4)　各自治体などで作成し発行する自然災害の危険度を表した地図「○○○○マップ」(○○○○に当てはまるカタカナ４字)

問８　【図１】の左側の四角い空白部分の地下断面がどのようになっているか考え，描きなさい。

問９　断層が地下から地上に到《とう》達した辺りでは，その後に河川《かせん》や湖などが形成されることがあります。長野県の諏訪湖や瀬戸内海の一部などは，そのようにして形成されたと考えられています。

次の【図２】は，地下から地上に到達した断層Ｓと断層Ｔが交差した付近に湖のもととなるくぼ地ができていくようすを表した模式図で，上空から見た大地の平面図です。【図３】の矢印のように，まず断層Ｓの両側が水平方向にずれ動いたあと，断層Ｔの両側がどのように水平方向にずれ動けばこのようなくぼ地ができていくと考えられますか。断層Ｔに沿って矢印を書き，その動きを示しなさい。

【図２】

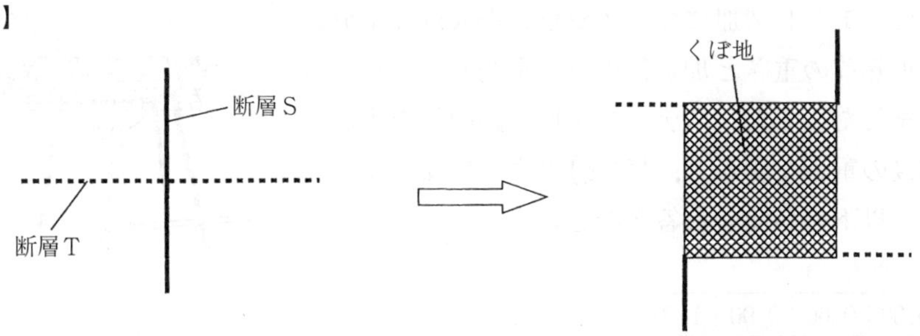

【図３】

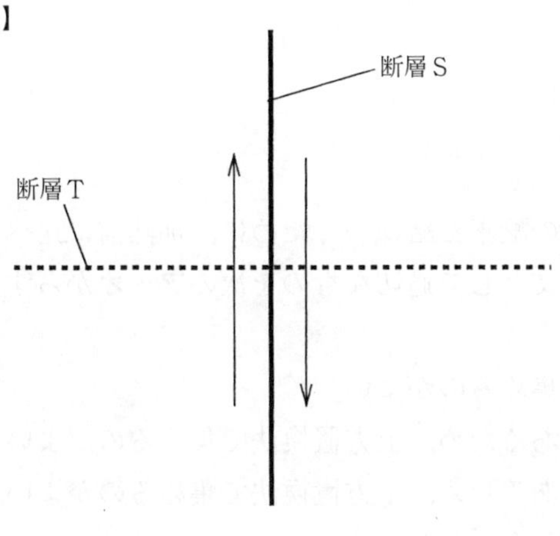

2　以下の各問いに答えなさい。

［Ｉ］　夏の暑い日の次の会話を読み，あとの問いに答えなさい。

頌太「この前，炭酸飲料が入った開けていないペットボトルを車内に長時間放置していたら，車にもどってきたときにペットボトルのキャップがふっとんでいたんだ。なぜそんなことが起こったのか考えてみたんだけど，炭酸飲料の水が（　あ　）して気体になったからじゃないかな。気体は液体よりも体積が（　い　）から，ペットボトル内の圧力が大きくなって，キャップが耐《た》えられなくなったんだと思うんだ。」

頌子「なるほど。でも水が（　あ　）する温度は約（　う　）℃よね。車内の温度って60℃ぐらいまでしか上がらないと思うわ。」

頌太「それなら原因は他にありそうだね。炭酸飲料ってことは，中に（　え　）が溶《と》けているから，それが溶けきれなくなって出てきたというのは考えられないかな。」

頌子「それだわ！　炭酸飲料って，冷蔵庫から取り出してすぐ飲むとおいしいけど，ぬるくなると炭酸がぬけてておいしくないものね！」

問１　上の会話の(あ)～(え)に当てはまる語句および数値を答えなさい。

問２　最後の頌子さんの発言もふまえ，炭酸飲料のキャップが外れた理由を説明しなさい。

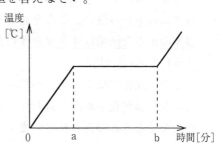

問３　右図は，０℃の水を一定の時間加熱したときの温度変化を表したグラフです。グラフのａ～ｂの間は，温度が上がっていません。これはなぜでしょうか，簡潔に説明しなさい。

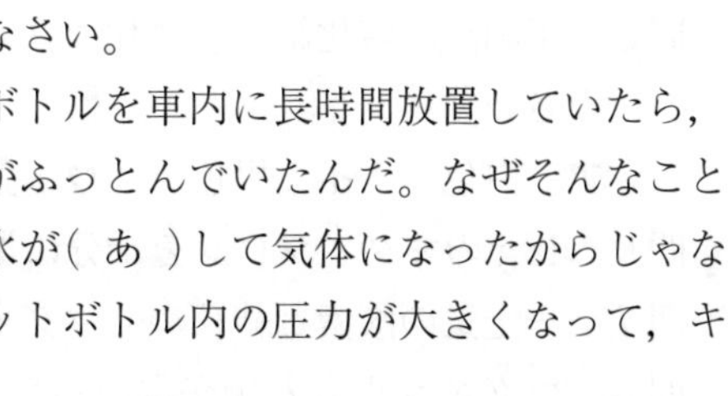

［Ⅱ］　図のようにステンレス皿にマグネシウムを入れ，十分に熱したときの加熱前の重さと加熱後の重さを測ると，【表１】のようになりました。また，ステンレス皿に銅の粉を入れ，同様に加熱前後の重さを測ると，【表２】のようになりました。これについて，以下の各問いに答えなさい。

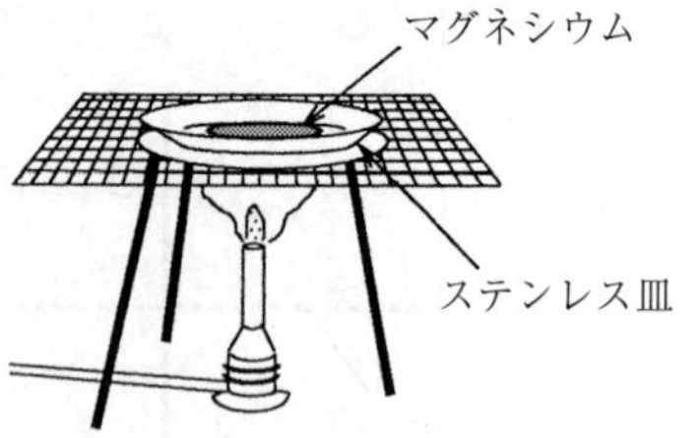

【表１】　マグネシウム

加熱前[ｇ]	0.30	0.60	0.90	1.20
加熱後[ｇ]	0.50	1.00	1.50	2.00

【表２】　銅

加熱前[ｇ]	0.30	0.60	0.90	1.20
加熱後[ｇ]	0.375	0.75	1.125	1.50

問４　加熱後は，マグネシウムや銅が空気中の酸素と結びつくために，加熱前に比べるとどちらも重くなります。酸素について説明した文として適切なものを次の**ア**～**オ**からすべて選んで，記号で答えなさい。

ア　水に溶けにくいため，水上置換《かん》法で集めるのがよい。

イ　水に溶けやすく空気より軽い気体であるため，上方置換法で集めるのがよい。

ウ　水に溶けやすく空気より重い気体であるため，下方置換法で集めるのがよい。

エ　無色，無臭《しゅう》の気体で，空気中に約21％含《ふく》まれる。

オ　黄緑色の気体で，においがある。

問５　①銅，②酸化銅，③酸化マグネシウムの色を次の**ア**～**カ**からそれぞれ選んで，記号で答えなさい。

ア　白色　　**イ**　黒色　　**ウ**　銀色　　**エ**　赤茶色　　**オ**　黄色　　**カ**　青色

問６　18ｇのマグネシウムを十分に加熱すると，加熱後の物質は何ｇになりますか。

問７　一定量の酸素と結びつくマグネシウムと銅の粉の重さの比を求めなさい。

問８　マグネシウムと銅が混ざった粉50ｇを十分に加熱したところ，67ｇになりました。加熱前の粉の中には，マグネシウムの粉が何ｇ含まれていましたか。

3　次の文を読んで，以下の各問いに答えなさい。

東北や北海道など各地で，鮭《さけ》が極端《たん》な不漁であるとニュースになっています。他にも，サンマやスルメイカなど，漁獲《かく》量が０に近いような不漁になっているものもあります。その原因ははっきりとは特定されていませんが，温暖化が関係していると考えられています。

たとえば，サンマは温かい海水を嫌《きら》うので，日本近海の海水温が上昇《しょう》すると，日本近海を通らずに日本から遠いところを通って回遊するようになります。すると，①日本近海で漁をする日本の小さな漁船はサンマを獲《と》れず，外国の冷凍《とう》設備をもつ大型の漁船だけがサンマを獲れるようになるのです。

また，北極ではシロクマが絶滅《めつ》の危機に瀕《ひん》しているということもニュースとなっています。これも，温暖化が原因と言われていて，②北極圏《けん》の氷が早い時期に融《と》けてしまうため，エサが獲れなくなると考えられています。

ヒトなど多くの動物では，雌雄《しゆう》の性別は染色体《せんしょくたい》(遺伝子)の違《ちが》いによって決まるので，生まれる前に雄《おす》になるか雌《めす》になるかは決定されています。これに対して，③ウミガメなど一部のは虫類では，雌雄は，卵のときの周りの温度で決定されることがわかっていて，ウミガメの場合にはおよそ29℃を境に，それより高いと雌，低いと雄になります。

問1　サンマが獲れなくなる理由の一つは，下線部①のように外国の大型の漁船がサンマを獲ってしまうことにあります。しかし，それだけでなく，もともとのサンマの個体数自体が減少していることも理由と考えられています。サンマの生態については分かっていないことが多く，次の説明も諸説あるうちの一つです。この説明が正しいと仮定し，この説明に沿って考えるものとして，以下の問いに答えなさい。

> 　サンマの雌はメダカの卵と同じくらいの大きさの卵を１回に2000個ほど，数回に分けて１年に合計５万個ほど産みます。サンマの卵はメダカの卵と同様に，周りのものに付きやすい付着糸をもちます。約２週間ほどでふ化し，ふ化の１日後には動物プランクトンを捕《ほ》食するようになります。
>
> 　日本付近を訪《おとず》れるサンマの産卵《さんらん》場所は，秋には常磐沖《おき》，冬から早春にかけては黒潮およびその周辺海域と考えられています。
>
> 　産卵は約20℃の海域，エサを食べ成長するのは約10℃の海域が好まれると考えられています。最終的に30cm以上まで成長し，寿命《じゅみょう》もはっきりとは分かっていませんが，およそ１年半くらいと言われています。

(1)　サンマの卵の特徴から考えて，サンマの雌はどのような場所に産卵すると考えられますか。文中にある温度の条件以外で，簡潔に答えなさい。

(2)　サンマと同じ30cmくらいのアジの雌は，１年に50万個ほど産卵すると考えられています。このことから推定されるサンマの卵とアジの卵の違いとして適切なものを次の**ア**～**エ**から選んで，記号で答えなさい。

ア　サンマの卵の方が小さく，成魚まで育つ確率は高い。

イ　サンマの卵の方が小さく，成魚まで育つ確率は低い。

ウ　サンマの卵の方が大きく，成魚まで育つ確率は高い。

エ　サンマの卵の方が大きく，成魚まで育つ確率は低い。

(3)　日本近海ではサンマの産卵期には海水温が20℃を越《こ》えてしまっている可能性が指摘《てき》されています。今，産卵を陸に近い浅い海で行わず，陸から遠い外洋で行うようになったと仮定し，それがサンマの個体数の減少に関係すると考えたとすると，サンマにとってどのような影響《えいきょう》があるからだと考えられますか。陸に近い浅い海と外洋との違いを考えて，説明しなさい。

問2　下線部②について，次の問いに答えなさい。

(1)　次の生物を『食われるもの→食うもの』の順に並べかえなさい。

ア　アザラシ　　**イ**　動物プランクトン(オキアミなど)

ウ　タラ　　**エ**　植物プランクトン

オ　シロクマ

(2)　(1)のような関係を何というか，漢字４字で答えなさい。

(3)　下線部②から，シロクマはどのようにエサを獲っていると考えられますか。

問3　温暖化によってウミガメも絶滅《めつ》の危機にあるとニュースになっています。下線部③をもとに，温暖化がウミガメに与《あた》える影響を説明しなさい。

問4　右の図の太矢印は『食われるもの→食うもの』の関係，点線の矢印は気体の出入りを示しています。A・Bに適する気体の名前を答えなさい。また，図には点線の矢印が何本か不足しています。解答欄《らん》の図に書き足しなさい。ただし，書き足す矢印は実線で良いものとします。

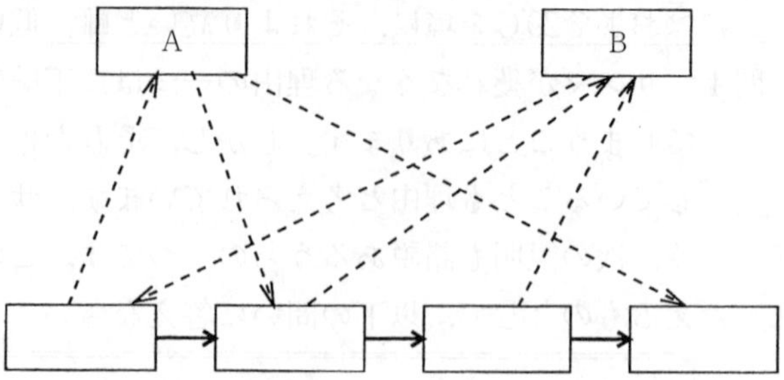

4　音について，以下の各問いに答えなさい。

［Ⅰ］　音が空気中を進む速さは，およそ340m/秒（1秒間に340m進む割合）です。

問1　光が空気中を進む速さは音よりも速く，およそ30万km/秒です。空気中で，光の速さは音の速さの何倍ですか。次の**ア**～**コ**から最も近いものを1つ選んで，記号で答えなさい。

ア　11倍　　**イ**　88倍　　**ウ**　110倍　　**エ**　880倍　　**オ**　1100倍
カ　8800倍　　**キ**　11万倍　　**ク**　88万倍　　**ケ**　110万倍　　**コ**　880万倍

問2　音は，異なる物質中を進むときに速さが変わります。次の**ア**～**ウ**の物質中を進むとき，音が速いものから順に並べなさい。

ア　空気中　　**イ**　水中　　**ウ**　鉄のレール中

問3　詳《くわ》しく調べると，空気中を進む音の速さは，気温によって規則的に変わることがわかっています。【表1】は，空気中を進む音の速さと気温の関係を示したものです。この表から，音の速さは気温を次の式に代入することで求められることがわかります。空欄《らん》a，bに当てはまる数値をそれぞれ答えなさい。

【表1】

気温［℃］	0	5	10	15	20	25	30	35
音の速さ［m/秒］	331	334	337	340	343	346	349	352

（音の速さ［m/秒］）＝【　a　】＋【　b　】×（気温［℃］）

問4　a冬，積雪のないよく晴れた夜間に，遠くの音がよく聞こえるようになることがあります。これは，昼間に比べて騒《そう》音が少ないせいもありますが，温度の異なる空気の層が重なっていると考えることで説明ができます。音は，同じ温度の層では同じ速さで進みますが，異なる温度の層に入ると速さが変化するので，b空気層の境界で折れ曲がって進む性質があります。

(1)　下線部bのような性質を何といいますか。次の**ア**～**エ**から最も適当なものを1つ選んで，記号で答えなさい。

ア　直進　　**イ**　反射　　**ウ**　屈《くっ》折　　**エ**　回折

(2)　【図1】は，下線部aのようになる日の地表付近の空気層を垂直に切った断面の模式図で，音が進む道すじを矢印で示しています。また，【図2】は，夏のよく晴れた日中の様子を示しています。温度の異なる空気層A～Cが重なっているとして，温度の高い層から順に並べるとどうなりますか。次の**ア**～**カ**から最も適当なものを1つ選んで，記号で答えなさい。

ア　A＞B＞C　　**イ**　A＞C＞B　　**ウ**　B＞A＞C
エ　B＞C＞A　　**オ**　C＞A＞B　　**カ**　C＞B＞A

【図１】

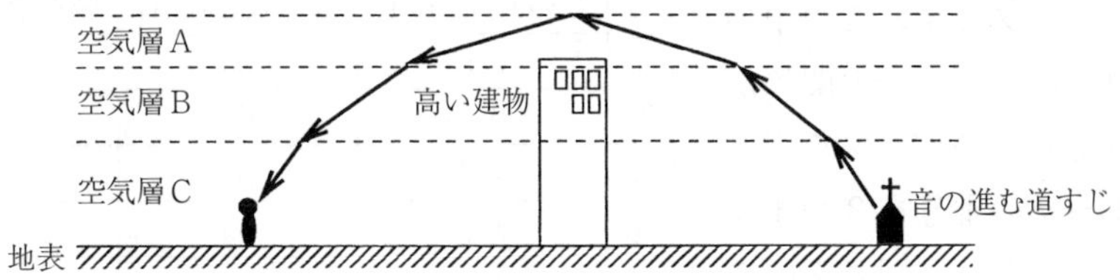

【図２】

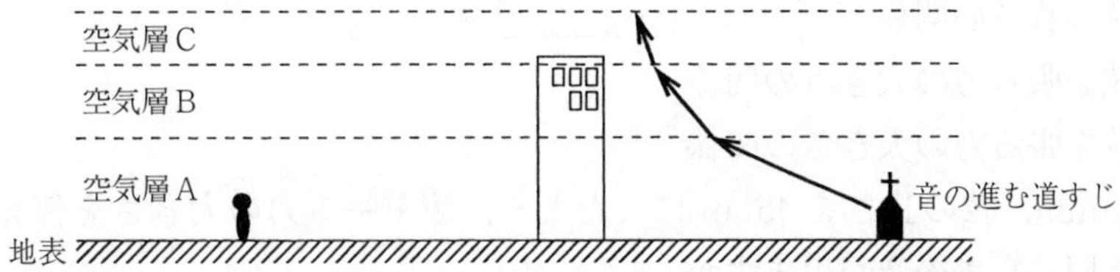

(3)　(2)の結果より，温度の異なる２つの空気層が接している境界で，音はどのように進むと考えられますか。下図の**ア**～**ウ**から最も適当なものを１つ選んで，記号で答えなさい。

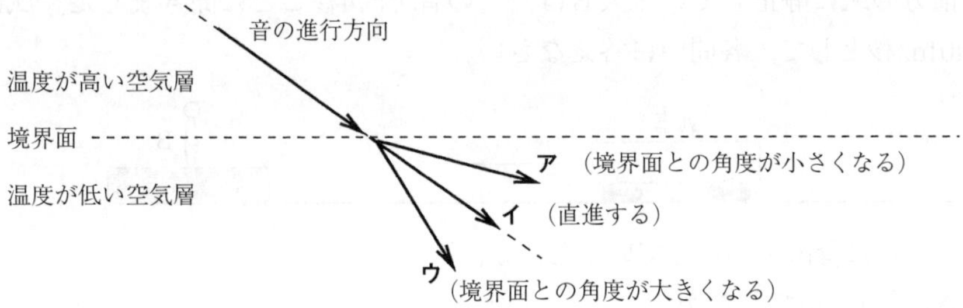

(4)　以上のことを踏《ふ》まえて，下線部ａのようになる理由を説明した次の文章中の①～④からそれぞれ言葉を選んで，記号で答えなさい。

【図１】のように，上空にいくほどだんだん温度が①{**ア**　高く　　**イ**　低く}なる空気層が重なっている場合，地表から上空に行く音はだんだん②{**ア**　速く　　**イ**　遅《おそ》く}なるため，境界面との角度が③{**ア**　大きくなる　　**イ**　小さくなる}方向に曲がりながら進む。進行方向と境界面との角度がある程度小さくなると，境界面ではね返り，上空から地表に進むように変わるが，こんどは音の速さはだんだん④{**ア**　速く　　**イ**　遅く}なるため進路の曲がり方は逆になる。このため，音はループを描きながら曲がって別の地表に届くようになり，遠くの音が聞こえやすくなる。

［Ⅱ］【図３】のようなモノコードの弦《げん》をはじいて，出る音について調べました。このモノコードは，弦を替《か》えることで太さを変え，ことじ(コマ)を動かすことではじく弦の長さを変えることができます。また，弦につながるおもりを替えることで，弦を張る力の大きさを変えることができます。ただし，弦はすべて同じ材質であるものとします。

【図３】

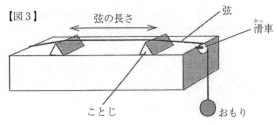

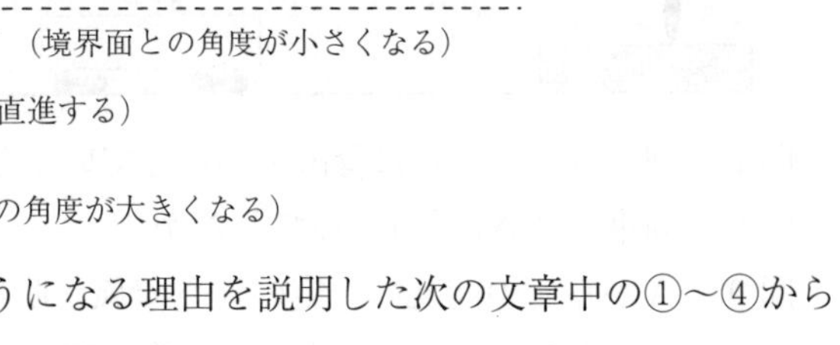

問５　【表２】の①～⑦は，同じ高さの音が出る組合せを調べたデータです。この中の３つを比べることで次の⑴～⑶の関係がわかります。それぞれどのデータを選べばよいですか。①～⑦の番号を３つずつ選んで答えなさい。ただし，同じものを選んでも構いません。

⑴　弦の直径と弦の長さの関係

⑵　弦の直径と弦を張る力の大きさの関係

⑶　弦の長さと弦を張る力の大きさの関係

【表２】

	弦の直径[mm]	弦の長さ[cm]	弦を張る力[kg]
①	0.5	30	1
②	0.5	60	4
③	1.0	30	4
④	1.0	60	16
⑤	1.0	90	36
⑥	1.5	20	4
⑦	1.5	30	9

問６　弦の直径を2.0mm，弦の長さを45cmにしたとき，弦を張る力の大きさを何kgにすれば，表の組合せと同じ高さの音が出ますか。

［Ⅲ］　まっすぐなレール上を，列車が一定時間ごとに短時間(一瞬)警笛を鳴らしながら，同じ速さで走っています。列車の進行方向に対して後方の駅に静止している人Aは，この音を6.6秒ごとに聞き，前方の駅に静止している人Bは，この音を5.4秒ごとに聞きました。風はなく，音の速さを340m/秒として，各問いに答えなさい。

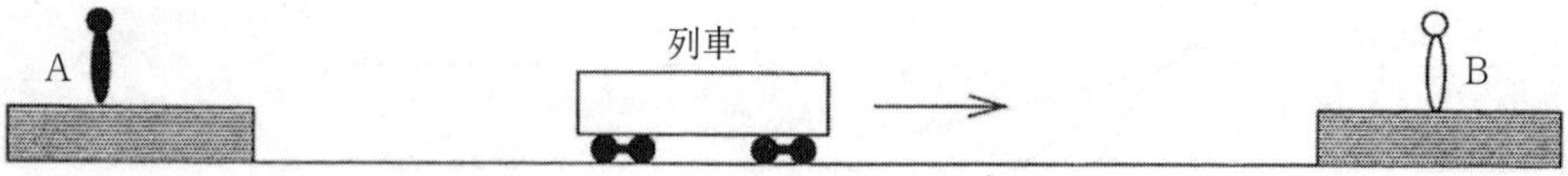

問７　列車は何秒ごとに警笛を鳴らしていましたか。

問８　列車の速さは何m/秒でしたか。

問９　AからBの向きに一定の速さで風が吹《ふ》いた場合，Aの人が聞く警笛の間隔《かく》は6.6秒と比べてどうなると考えられますか。次の**ア**～**ウ**から最も適当なものを１つ選んで，記号で答えなさい。

ア　長くなる　　**イ**　短くなる　　**ウ**　変わらない

問六　――④「なぜかニヤニヤ笑いながら了承した」とありますが、なぜ「悟空《ごくう》」はそのようにしたのでしょうか。その理由をわかりやすく説明しなさい。

問七　――⑤「頭を思いきり打《う》ち叩《たた》かれたような衝撃《しょうげき》を受けた」とありますが、なぜ「悟浄《ごじょう》」はそのようになったのでしょうか。その理由としてあてはまらないものを、次のア～エの中から一つ選び、記号で答えなさい。

ア　進む道はどこかに示されていると思っていたが、実は決まっていないことを知ったから。

イ　正しい方向を認識しているはずだと思っていた悟空《ごくう》も、進むべき道を知らなかったから。

ウ　素朴《そぼく》な質問をしたところ、悟空に馬鹿《ばか》にされたような言い方で否定されてしまったから。

エ　悟空の発言は、これまでの自分の人生の中で考えすらしなかった新しい見方だったから。

問八　――⑥「悟浄《ごじょう》の質問は八戒《はっかい》にけちらかされてしまった」とありますが、なぜ「八戒」は「悟浄」の質問をけちらかしたのでしょうか。その理由を三十字以内でわかりやすく説明しなさい。

問九　[a]・[b]・[c]には、悟浄《ごじょう》の前を歩く三人の名前が入ります。その三人を先頭から順に並べたものとして最も適当なものを次のア～カの中から一つ選び、記号で答えなさい。

ア　a　師父《しふ》　b　悟空《ごくう》　c　八戒《はっかい》

イ　a　師父　b　八戒　c　悟空

ウ　a　八戒　b　悟空　c　師父

エ　a　八戒　b　師父　c　悟空

オ　a　悟空　b　八戒　c　師父

カ　a　悟空　b　師父　c　八戒

問十　――⑦「そんな自分が天蓬元帥《てんほうげんすい》だった時よりも好きなんだね」とありますが、なぜ「八戒《はっかい》」は今の自分が好きなのでしょうか。考えて七十字以内で説明しなさい。

問十一　□□にあてはまる漢字二字の言葉を、文章中から抜き出して答えなさい。

問十二　――⑧「でもね、私は『なま』でもいいと思うの」というAさんの発言がありますが、あなたはその理由をどのように考えますか。三人の会話の内容を参考にして、わかりやすく説明しなさい。解答は会話の文体でも、そうでなくてもかまいません。

撃」よね。行きたい方向に行けばいい、なんて言われたって困っちゃう……なんて思っていたらあの八戒まで「好きな道を行けよ」って言ってくれたのね。今までの悟浄は、どう進んでいいかわからなくて、一行の最後尾を歩いていた。そんな悟浄が、どう進むべきかを悩むんじゃなく、とにかく進んでみることが大切だ、って言われたわけよね。

B　悟浄は、「進んでみよう」と決心して、宝杖をぐいと差しこんだ……。新しい一歩を踏み出したんだね。

A　だから『悟浄出立』なのね。

C　なんだかわかってきた気がする。みんなで話し合っていいものだね。

B　最後に一つだけいいかな。最後の行にある「生の風景」、この「生」ってどう読むの？　「なま」？　「せい」？

A　難しい問題だね。でも、なんだかいろいろな考え方ができる気がするよ。

C　私は「せい」だと思う。悟浄にとっての「人生の風景」なんじゃない？　これからの人生をどう生きていくか？　悟浄が新しい人生に向かっての第一歩を踏み出した、ということだよ、きっと。

B　そっかぁ、悟浄の今後の人生の見通しが変わったというわけね。悟浄も強くなるんだね。

C　そうそう、その通りよ。それでさ、悟浄って、「人間」じゃないよね？　人間じゃないから「人生」って書けなかったんだよ。「人生の風景」なんだけど「人」じゃない。「生の風景」になっちゃったんだと思うんだ。

A　「人」じゃないから「人生」って書けなかったかぁ、それ、とっても面白いね。⑧でもね、私は「なま」でもいいと思うの。

B　なるほど。

C　実況生中継《じっきょうなまちゅうけい》の「なま」っていう感じかしら。

A　それ、いいね。私、それが言いたかったの。「実況生風景」になった、っていうことなのよ。

問一　X、Y に入れるのに最も適当な語を、下のア～オの中からそれぞれ一つずつ選び、記号で答えなさい。

X　ア　ふらふらと　イ　ゆらゆらと　ウ　つらつらと　エ　ちらちらと　オ　ぱらぱらと

Y　ア　しっとりと　イ　ねっとりと　ウ　だらだらと　エ　ぐっしょりと　オ　びちゃびちゃと

問二　〰〰「■開」の■に入る漢字一字を、文章中から抜き出して答えなさい。

問三　――①「天神地仙《てんじんちせん》」とありますが、その意味をAさん、Bさん、Cさんはどのようにとらえていたでしょうか。Ⅱの文章中からそれぞれ一語で抜き出して答えなさい。

問四　――②「過程を拒絶《きょぜつ》した者が行き着く当然の帰結」について後の問いに答えなさい。

(1)「過程」とはどういうことを言っているのでしょうか。Ⅱの文章から五字以内で抜き出して答えなさい。

(2)「過程を拒絶した者が行き着く当然の帰結」とはどういうことを言っているのでしょうか。Ⅱの文章の言葉を使って説明しなさい。

問五　――③「なだらかな砂丘《さきゅう》が幾《いく》つも重なる風景の中央に、一つの線が揺《ゆ》れながら続いている」とありますが、どういうことを言っているのでしょうか。考えてわかりやすく説明しなさい。

と「蹴球」、「ボールを蹴《け》る」っていう意味なんだって。「一蹴される」って、「けちらかされちゃう」ってことよ、きっと。⑥悟浄の質問は八戒にけちらかされてしまった、ということよ。

A　難しい言葉遣いはこれで解決ね。次は内容について深く踏み入ってみようよ。このお話、「大冒険」の話じゃなく、まるで哲学《てつがく》の本みたい。書いてあることの意味が私が考えている通りでいいのか確認しておきたいから。

C　お話の題名が『悟浄出立』なのだから、主人公は「悟浄」で、四人旅なんだよね。［ａ］・［ｂ］・［ｃ］の後ろ姿を見ながら歩いている。つまり、最後尾《さいこうび》を行くキャラなんだよね。

B　そんな「悟浄」があるとき突然《とつぜん》、先頭に立つのよね。それまでずっと先頭を歩いていた悟空もびっくり……。

A　でも、それって、意識的に先頭に立ったわけじゃないのよね。「八戒」が話したことについて考えていたらいつの間にか先頭を歩いていた、ってことよね。

B　そう。それで確かにその八戒の言葉って、難しいと思う。悟浄が悩《なや》んでしまうのももっともな話だよ。

A　でしょう……。私が特に確認しておきたいのが「そこには初めから過程はない。ただ、完成された結果があるのみだ。それに対し、人間の何という未熟で脆弱なことだろう。」のところなの。彼らって「天神地仙」、つまり天人のことよね。天人には「過程」がない。「完成された結果があるのみだ」――「それに対し、人間」が「未熟で脆弱」ってどういうこと？　「過程」がない天人に対して人間は、って言うなら、「過程がある」じゃないの？　何で未熟で弱いの？　って思ったのよ。

C　そこなら私、わかる気がする。例えば、何か、「ほしいもの」があったとする。洋服でもゲームでもお菓子《かし》でも何でもいいの。天界の人はそのすべてがすぐに手に入るんだよ、きっと。「ほしい！」と思えばすぐに手に入る、これが「完成された結果」ね。でもさ、私たちってそうはいかないでしょ？　限られたお小遣いじゃ買えない、でも「ほしい！」って思うことあるよね？　ほしいのに手に入らない……。それって未熟で脆弱なんだよ。

B　なるほどね。ほしいけど手に入らない……。そういう時、私たち工夫してるよね。

A　私はまず、親にお願いする。

B　私はおばあちゃんに頼《たよ》っちゃう。

C　ほしいものを手に入れるためにいろんな工夫や努力をするってことだよね。それってまさしく「変化」だよね。

A　人は未熟で脆弱だから、ほしいものがすぐ手に入るとは限らない。でも、いろんな工夫や努力をして、私たち自身が変化をして手に入れる。

B　そうだね。だから今の八戒は「怠《なま》け者《もの》のぐうたら」になってしまっているのね。

C　うん。それでも八戒は、⑦そんな自分が天蓬元帥だった時よりも好きなんだね。

A　そんなことを考えているうちに、悟浄は先頭に立っちゃったのね。

B　そう。そしてついでに「自分も変化しよう」と思ったんじゃない？　だから「しばらく、先頭を歩いてもいいかな？」って、悟空に申し出たのよ。

A　でも、先頭に立ってみたら、進むべき道がわからない……。砂漠《さばく》のど真ん中だもんね。目的地の「西天」だって、どこにあるのか見当もつかないところなんだよね。

C　今まで先頭を歩いていた悟空なら、進むべき道を知っている、って思ったんでしょ？　でも、悟空も知らなかった。そりゃあ、「衝

B　私たちが知ってる「孫悟空の大冒険《だいぼうけん》」の話とは全然違《ちが》う内容だったね。

C　私には難しい言葉遣《ことばづか》いばかり。一つずつ調べていたら読むのがいやになってしまいそうだから飛ばし読みをしたんだけど、本当はどんな意味なのか、今、確認させてもらっていいかなあ。

A　うん、そうしようよ。実は私も飛ばし読みしてて、今日は二人に教えてもらいたいな、って思ってたんだ。言葉遣いも難しいけど、書いてある内容についてもはっきりとは理解できないところがあったから、二人の考えが聞けたらうれしいなって思ってた。

C　最初に出てくる「まぐわ」って何？

B　私もよくわからないんだけど、以前にテレビで放映していた「孫悟空」のお話で「猪八戒《ちょはっかい》」が、農家で使う大きなフォークみたいな農具を肩に担いでいるのを見たの。たぶん、それのことだと思うんだ。妖怪と闘《たたか》うときの武器として使っていたみたいよ。そんな意味では「悟浄」が持っていた「宝杖」も、必要に応じて武器になる、そんな道具なのよね、きっと。

C　で、最後の方にある「宝杖」の「宝」は「たから」よね。「杖」って何かしら？

A　「つえ」だと思う。剣道部《けんどうぶ》に入っている私のお姉ちゃんが「杖《じょう》道《どう》」という武術も習ってて、「杖」って「つえ」のことなんだって教えてくれたことがあるから。

B　いずれにしても、いざというときのための武器、と思っていればよさそうね。じゃあ、次は私ね。「天神地仙」って何かしら？

C　あら、私は全然気にしないで読み進めてたわ。天界にいる八戒が「囲まれて」って言ってるから、私たちが「山に囲まれて」とか「高層ビルに囲まれて」って言うみたいに、天界の周囲の環境《かんきょう》のことを言ってるんだと思ってたわ。

A　もちろんそれでいいと思うわ。でもね、次の行に「彼ら」って書いてあるでしょ？　この「彼ら」って「天神地仙」のことよね？　ということは「天神地仙」って、山とか高層ビルとは違って「人」なんじゃないかと思うの。

C　でも、そのすぐ下を見て。「彼ら」は「人間とは真逆」って書いてあるでしょ？　「人」じゃあないのよ、きっと。

B　わかった。「人」だけど「人」じゃない。「天神」って言うんだから、「神さま」なのよ、きっと。

C　なるほど。天界に住んでて、「人」みたいに見えるけど実は神さま、そんな人たちのことなのね。正確には「人たち」じゃないけど。

A　ねぇ、「脆弱《ぜいじゃく》」ってわかる？

B　「未熟で脆弱」でしょ？　「脆」の字はわからないけど、「未熟で弱い存在」なのよ、人間は。

A　人間と何を比べてるの？

C　さっき言ったじゃない。「天神地仙」、つまり天界に住んでる神さまたちよ。

A　なるほどね、これですっきりできたよ。

B　ところで、そのすぐ下にある「人間」は「にんげん」ではなく「じんかん」って読むのね。

C　そう。八戒さんのことを言ってるのよ。次の行にある通り、天界での八戒さんは「天蓬元帥」っていう名前だったみたい。それが、八戒という名前になって人間界に生まれ変わったの。つまり、「ひと」の「あいだ」に生まれ落ちたということよ。

A　リボーンってやつだね。

C　最後にもう一つだけ……。「一蹴《いっしゅう》」って何？

B　これ、私に任せて。おじいちゃんが教えてくれたんだけど、サッカーのことを日本語で「しゅうきゅう」って言うんだって。漢字だだらかな砂丘《さきゅう》が幾《いく》つも重なる風景の中央に、一つの線が揺れながら続いている。その線はときどき砂に掻《か》き消《け》されながら、我々《われわれ》の足元へとつながっている。

　結局、あの洞穴で、八戒が悟空の何を見て旅を続けることを決めたのか、続きを聞くことはできなかった。その後になって訊《たず》ねても、

「よせやい」とすぐさま一蹴《いっしゅう》されてしまった。ただ、

「あのサルは大したもんだよ。悟空は確実に□している。この取経の旅を経て、あいつはどれほど強くなることだろう。だから俺も一つ、素直にあいつを見習ってみようと思ったわけさ」

と恥《は》ずかしそうに八戒がつけ加えたとき、俺はこの愛すべきブタがすでに新たな一歩を踏《ふ》み出《だ》したことを知ったのである。

（中略）

「おい、悟浄」

　そのとき、急に後ろから悟空の声がした。驚《おどろ》いて振り返ると、いつの間にか俺は先頭の悟空を追《お》い越《こ》してしまっていた。

「どうしたんだ？」

　という悟空の問いに、いや、何でもないと頭を振って、俺は前方に向き直った。何者の気配も感じられない、どこまでも砂に覆《おお》われた、むき出しの大地が続いていた。そこには八戒のたてがみも、埃《ほこり》まみれの師父の衣も、悟空のトラ皮の腰当《こしあ》ても見当たらない。完全なる[redacted]開の眺《なが》めは、自分でも不思議なほど新鮮《しんせん》なものに映った。

　俺は隣《となり》に追いついた悟空に、

「しばらく、先頭を歩いてもいいかな？」

と小声で申し出た。「ああ、もちろん」と悟空は④なぜかニヤニヤ笑いながら了承《りょうしょう》した。

　俺はうなずいて、悟空の数歩先へ進んだ。だが、すぐさま振り返って訊ねた。

「すまない、どうやって進む道を決めているんだ？」

「馬鹿《ばか》か、お前は」

　悟空は呆《あき》れた声とともに、手綱を引いて馬の動きを止めた。

「こっちが西天ですよ、と書かれた立て札が、どこかに用意されているとでも思ったか？　ただ、自分が行きたい方向に足を出しさえすればいいんだよ！」

　その言葉に、俺は瞬間《しゅんかん》、⑤頭を思いきり打《う》ち叩《たた》かれたような衝撃《しょうげき》を受けた。

「好きな道を行けよ、悟浄。少し遠回りしたって、また戻《もど》ればいいんだ。もっとも、出来ることなら、最短の道をお願いしたいけどね」

　という八戒の声を受けながら、俺は背中の荷物を担《かつ》ぎ直《なお》した。

「わかってるよ」

　誰《だれ》の足跡《あしあと》も見当たらない、砂丘が波のように肩《かた》を寄せ合う、未踏《みとう》の世界が俺の正面に広がっていた。大きく息を吸って一歩足を進めた。踏《ふ》みこんだ沓《くつ》に吸いつくように寄せる砂が、やがて細かく崩《くず》れていくのを見下ろしながら、進むべき道筋に宝杖《ほうじょう》の先をぐいと差しこんだ。

　そのとたん、俺のなかで少しだけ生の風景が変わったような気がした。

Ⅱ

　次の文章は、頌栄小学校六年一組の同級生であるAさん・Bさん・Cさんが、Ⅰの部分について話し合っているところを文字に起こしたものです。

A　ずいぶん難しいお話だったよね。

二〇二二年度 頌栄女子学院中学校

【国　語】〈第二回試験〉（四〇分）〈満点：一〇〇点〉

※字数指定のある問いでは、特にことわりのない限り、句読点等の符号《ふごう》も一字分と数えます。

一　次のA～Eの各文中のカタカナを、漢字に直してていねいに書きなさい。

A　ゼンアクの区別ができる大人になる。
B　彼女のキンベンな態度を見習いたい。
C　彼は一度もケイコクに従わなかった。
D　聖書に描かれた天地ソウゾウの物語。
E　国内で現在行われているハクラン会。

二　次のⅠとⅡの文章を読んで、後の問いに答えなさい。

Ⅰ　次の文章は、万城目学《まきめまなぶ》作『悟浄出立《ごじょうしゅったつ》』の一部分です。悟空《ごくう》・八《はっ》戒《かい》・悟浄を供として従える三蔵法師《さんぞうほうし》が、ありがたい「お経《きょう》」を求めて中国西部を旅する『西遊記《さいゆうき》』に取材した作品です。「孫悟空《そんごくう》」の話としておなじみかもしれません。作中で「師父《しふ》」と呼ばれている三蔵法師は、仏教についてのすべてを修得し人格的にも非常に優れた立派《りっぱ》な僧侶《そうりょ》で、その三蔵法師が求める「お経」は、作中で「西天《せいてん》」と呼ばれるところに存在しています。ありがたい「お経」を取りに行く旅、ということで、作中ではこの旅を「取経の旅」と言っています。悟空・八戒・悟浄は、もともとは「天界」にいた「天人」なのですが、天界で犯《おか》した罪のために「人間界に追放」という形の罰《ばつ》を受け、それぞれ「サルの妖怪《ようかい》」「ブタの妖怪」「河童《かっぱ》」の姿になって生活しています。みなさんに読みやすくするために、原文の一部を改変したか所があります。

俺《おれ》は歩いている。

俺の目の前には、見渡《みわた》す限り、いつ終わるとも知れぬ砂漠《さばく》が広がっている。

悟空は正面を睨《にら》みつけながら先頭で手綱《たづな》を引き、馬上では師父が X とうつむき加減に揺《ゆ》れている。その後ろには八戒が従い、八戒が「暑い」とこぼすたび、俺の目の前で肩《かた》に担《かつ》いだまぐわの先が、落ち着きなく位置を変える。

両のわきから、背中から、 Y 汗《あせ》に濡《ぬ》れる八戒の衣を背後から見つめながら、俺は洞穴《ほらあな》の外に出る途中《とちゅう》、八戒が小声で放った言葉を思い返した。

「実のところ、俺は人間が住む下界に来て初めて知ったんだ。人間という生き物が変化する存在である、ということをね。おいおい、そんな妙《みょう》な顔をするなよ。だって仕方ないだろ？　お前も知っての通り、彼らは①天神地仙《てんじんちせん》に囲まれて生きてきたんだ。俺はずっと天界で、とにかく人間とは真逆の存在だ。いわば永遠に変わらないことを義務づけられた〝絶対〟の存在だ。そこには初めから過程はない。ただ、完成された結果があるのみだ。それに対し、人間の何という未熟で脆《ぜい》弱《じゃく》なことだろう。こうして人間《じんかん》にふたたび生を得た途端《とたん》、俺が怠《なま》け者《もの》のぐうたらに成り下がってしまったのも、②過程を拒絶《きょぜつ》した者が行き着く当然の帰結だと言えやしないか？　でも、俺は今の姿が嫌《きら》いじゃない。実のところ天蓬元帥《てんほうげんすい》のときよりも、少しばかり今のほうが好きだよ」

耳のわきをすり抜《ぬ》けていく風を追って、俺は後ろを振《ふ》り返《かえ》る。③な

2022年度

頌栄女子学院中学校 ▶解説と解答

算 数 ＜第２回試験＞（40分）＜満点：100点＞

解 答

[1] (1) 1960 (2) 1 (3) 4 (4) 75ｇ (5) 26本 (6) ２年後 (7) **最も大きい値** 中央値 **その値** 1.25時間 [2] （例） 解説を参照のこと。 [3] (1) 82.08 cm^2 (2) 82.08cm^2 (3) 69.3cm^2 [4] 解説の図⑤を参照のこと。 [5] (1) 63分後 (2) 392m

解 説

[1] 四則計算，面積，濃度《のうど》，植木算，比の性質，年齢《ねんれい》算，表とグラフ

(1) $(2021\times 97-37)\times\frac{1}{100}=(196037-37)\times\frac{1}{100}=196000\times\frac{1}{100}=1960$

(2) $\frac{1}{729}+\left(\frac{1}{3}+\frac{1}{27}+\frac{1}{9}+\frac{1}{243}+\frac{1}{81}+\frac{1}{729}\right)\times 2=\frac{1}{729}+\left(\frac{243}{729}+\frac{27}{729}+\frac{81}{729}+\frac{3}{729}+\frac{9}{729}+\frac{1}{729}\right)\times 2=\frac{1}{729}+\frac{364}{729}\times 2=\frac{1}{729}+\frac{728}{729}=\frac{729}{729}=1$

(3) 右の図１で，台形と平行四辺形の高さは等しいから，面積が等しいとき，上底と下底の和も等しくなる。また，台形の上底の長さは，$(10-x)$cmなので，台形の上底と下底の和は，$10-x+2=12-x$(cm)となる。さらに，平行四辺形の上底と下底の和は，$x+x=x\times 2$(cm)だから，$12-x=x\times 2$と表すことができる。よって，$12=x\times 2+x$，$12=x\times 3$より，$x=12\div 3=4$(cm)と求められる。

図１

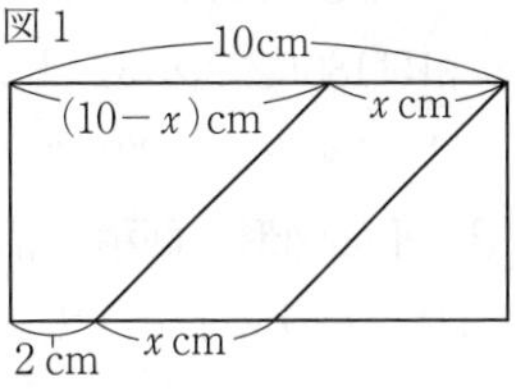

(4) (食塩の重さ)＝(食塩水の重さ)×(濃度)だから，はじめの食塩水に含《ふく》まれていた食塩の重さは，100×0.18＝18(ｇ)とわかる。ここへ水を50ｇ加えると，食塩の重さは18ｇのままであり，食塩水の重さが，100＋50＝150(ｇ)になるので，濃度は，18÷150＝0.12，0.12×100＝12(％)になる。よって，そのうち何ｇかを捨てた後の食塩水の濃度も12％だから，右の図２のようになる(水は濃度０％の食塩水と考えている)。図２で，ア：イ＝(12－４)：(４－０)＝２：１だから，□：150＝$\frac{1}{2}$：$\frac{1}{1}$＝１：２となり，□＝150×$\frac{1}{2}$＝75(ｇ)と求められる。したがって，捨てた食塩水の重さは，150－75＝75(ｇ)である。

図２

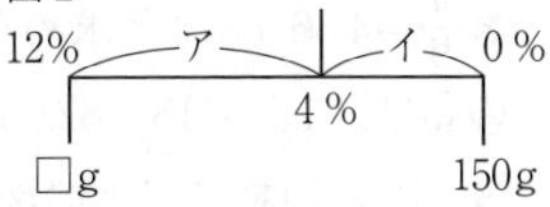

(5) 20mおきと30mおきで植える木の本数の差は，８＋３＝11(本)なので，木と木の間かくの数の差も11か所になる。また，１か所あたりの間かくの比は，20：30＝２：３だから，間かくの数の比は，$\frac{1}{2}$：$\frac{1}{3}$＝３：２とわかる。よって，この比の，３－２＝１にあたる数が11か所なので，20mおきに植えるときの間かくの数は，11×３＝33(か所)と求められる。したがって，20mおきに植えるときの木の本数は，33＋１＝34(本)だから，予定していた木の本数は，34－８＝26(本)である。

(6) １年間で父の年齢は１才増えるので，①年後の父の年齢は，40＋①(才)と表すことができる。

また，１年間で２人の子どもの年齢の和は２才増えるから，①年後の子どもの年齢の和は，６＋４＋①×２＝10＋②(才)と表すことができる。＿が＿の３倍になるときを求めるので，40＋①＝(10＋②)×３より，40＋①＝10×３＋②×３，40＋①＝30＋⑥，⑥－①＝40－30，⑤＝10，①＝10÷５＝２(年後)と求められる。

(7)　0.5時間の人が９人いるから，この９人の学習時間の合計は，0.5×９＝4.5(時間)である。同様に考えると，30人の学習時間の合計は，4.5＋１×４＋1.5×７＋２×６＋2.5×２＝36(時間)なので，平均値は，36÷30＝1.2(時間)とわかる。また，最頻《さいひん》値《ち》とは，資料の中にあらわれる個数が最も多い値のことだから，この場合は0.5時間である。次に，中央値とは，資料を大きさの順に並べたときの中央の値のことである。ただし，資料の個数が偶数《ぐうすう》個の場合は，中央の２個の値の平均が中央値になる。よって，この場合は，30÷２＝15(番目)の人と16番目の人の平均が中央値になる。０時間，0.5時間，１時間の人の合計が，２＋９＋４＝15(人)なので，小さい方から15番目の人は１時間，16番目の人は1.5時間であり，中央値は，(１＋1.5)÷２＝1.25(時間)とわかる。したがって，最も大きい値は中央値の1.25時間である。

2　平面図形—角度

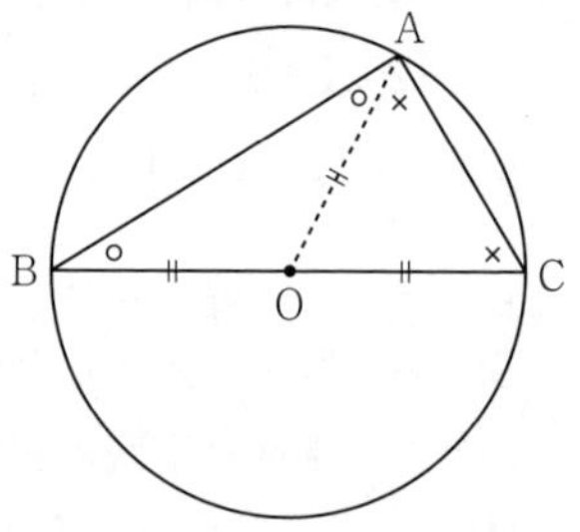

右の図で，OA，OB，OCは円の半径だから，同じ長さである。よって，三角形OABと三角形OCAはどちらも二等辺三角形なので，○印と×印をつけた角の大きさはそれぞれ等しくなる。また，三角形ABCの内角の和は180度だから，○印２個と×印２個の大きさの和は180度である。したがって，○印１個と×印１個の大きさの和は，180÷２＝90(度)なので，角BACの大きさは90度とわかる。

3　平面図形—面積，相似

(1)　下の図１で，太線で囲んだおうぎ形の面積は，$6\times6\times3.14\times\frac{90}{360}=9\times3.14=28.26(\text{cm}^2)$である。また，斜線《しゃせん》部分の三角形の面積は，$6\times6\div2=18(\text{cm}^2)$だから，★印の部分の面積は，$28.26-18=10.26(\text{cm}^2)$と求められる。これが全部で，２×４＝８(個)あるので，色をつけた部分の面積の和は，$10.26\times8=82.08(\text{cm}^2)$とわかる。

(2)　下の図２の☆印の部分は，図１の★印の部分と相似である。このとき，相似比は，６：４＝３：２だから，面積の比は，(３×３)：(２×２)＝９：４とわかり，☆印の部分の面積は，$10.26\times\frac{4}{9}=4.56(\text{cm}^2)$と求められる。これが全部で，２×９＝18(個)あるので，色をつけた部分の面積の和は，$4.56\times18=82.08(\text{cm}^2)$となる。

(3)　(2)と同様に，下の図３の◆印の部分は，図１の★印の部分と相似である。このとき，相似比は，

図１

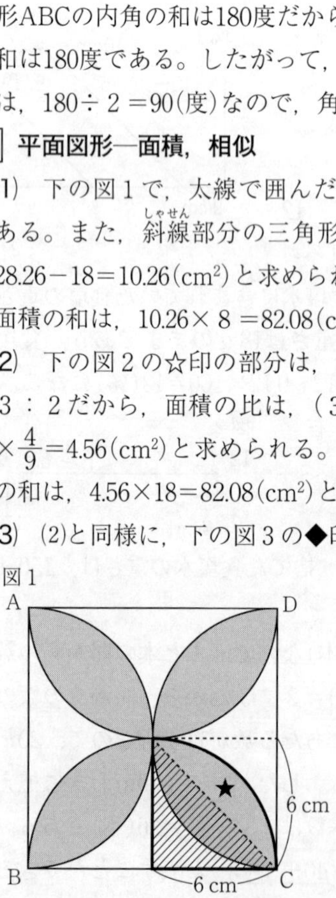

図２

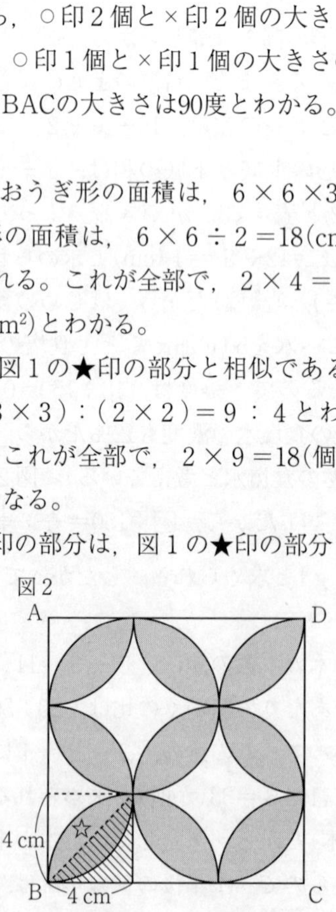

図３

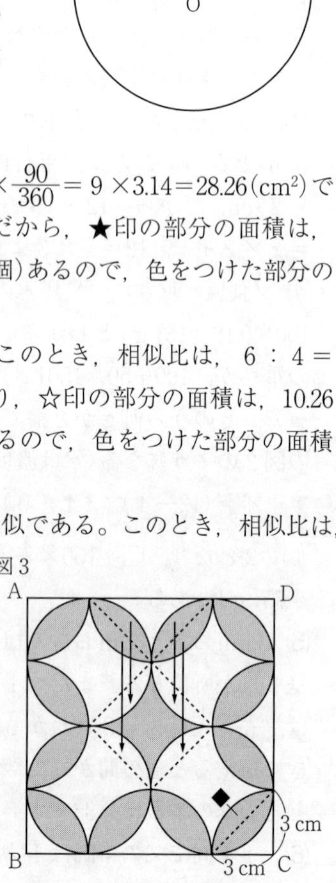

６：３＝２：１だから，面積の比は，（２×２）：（１×１）＝４：１とわかり，◆印の部分の面積は，$10.26\times\frac{1}{4}=2.565(\mathrm{cm}^2)$となる。また，◆印の部分は全部で，２×12＝24(個)あるが，そのうちの４個を矢印のように移動すると，対角線の長さが，３×２＝６(cm)の正方形になる。この正方形の面積は，６×６÷２＝18(cm^2)であり，◆印の部分の残りの数は，24－４＝20(個)なので，色をつけた部分の面積の和は，18＋2.565×20＝69.3(cm^2)と求められる。

4 立体図形―構成，展開図

はじめに，円をア，おうぎ形をイ，三角形をウ，六角形をエ，正方形をオ，×をカとすると，それぞれの面にかかれている記号は右の図①のようになる。図①で，オととなり合う面には｛イ，ウ，エ，カ｝がかかれているから，オと向かい合う面は残りのアとわかる。つまり，斜線をつけた立方体とかげをつけた立方体をはり合わせた面の記号はアである。よって，斜線をつけた立方体の展開図の一部は下の図②，かげをつけた立方体の展開図の一部は下の図③のようになり，これらを組み合わせると，下の図④のようになる。次に，図④の展開図を解答用紙の展開図と同じ形に変形すると，下の図⑤のようになる。

図①
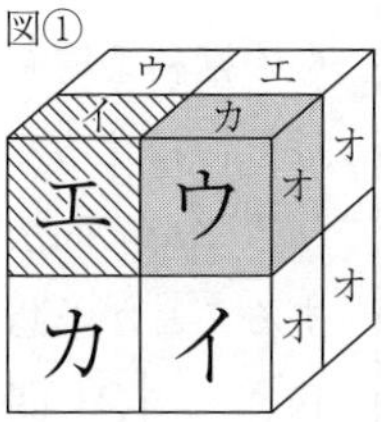

図②
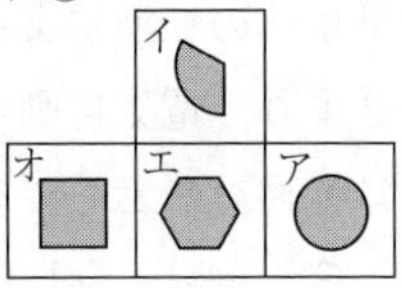

図③
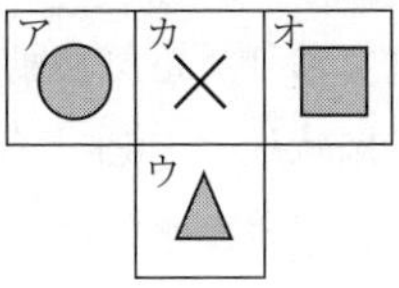

図④
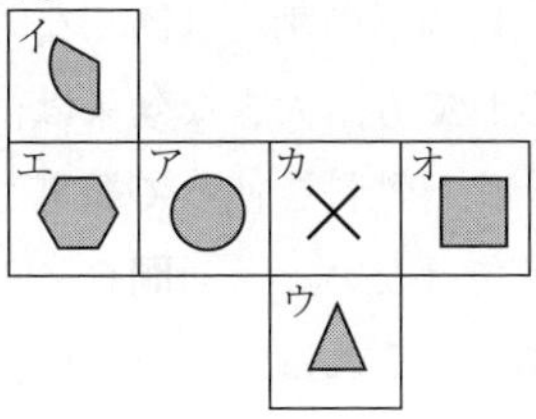

図⑤
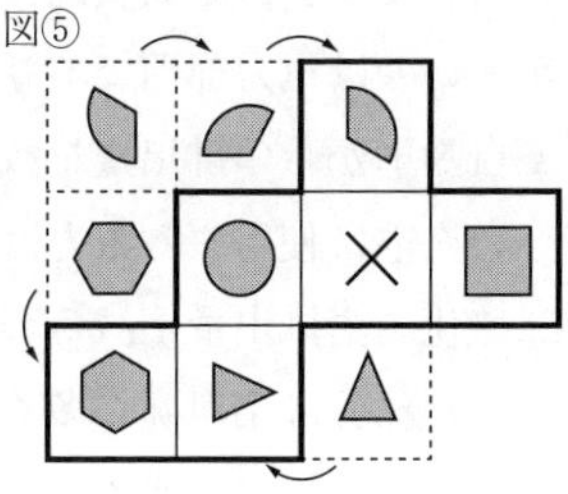

5 速さ，旅人算

(1)　Ａさんが初めてアに着くのは，(840÷２)÷140＝３(分後)であり，その後は，(840×２)÷140＝12(分)ごとにアに着くから，Ａさんがアに着く時間は，｛３，15，27，39，51，63，…｝分後である。一方，Ｂさんが初めてアに着くのは，(840÷２×３)÷100＝12.6(分後)であり，その後は，(840×２)÷100＝16.8(分)ごとにアに着くので，Ｂさんがアに着く時間は，｛12.6，29.4，46.2，63，…｝分後とわかる。よって，２人が初めて同時にアに着くのは，出発してから63分後である。

(2)　ＢさんとＣさんの真ん中を動く点をＰとすると，右の図のように，Ｃさんが出発するときに点Ｐは地点ウにある。また，Ｂさんは図の左方向に分速100ｍで動き，Ｃさんは右方向に分速120ｍで動くから，点Ｐは右方向に分速，(120－100)÷２＝10(ｍ)で動くことになる。さらに，Ａさんは左方向に分速140ｍで動くので，Ａさんと点Ｐの間の距離《きょり》は１分間に，140＋10＝150(ｍ)の割合で短くなる。よって，Ａさんと点Ｐが出会うのは，Ｃさんが出発してから，(840÷２)÷150＝2.8(分後)であり，このときＡさんはＢさんとＣさんの真ん中の位置に来る。よって，Ａさんはイから，140×2.8＝392(ｍ)のところにいる。

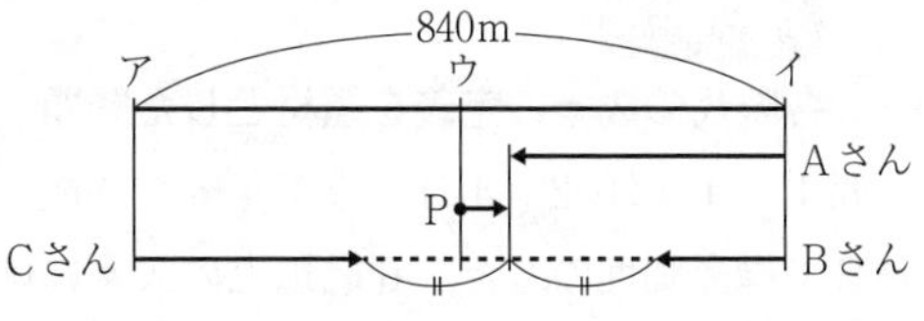

社会 ＜第２回試験＞（40分）＜満点：100点＞

解答

1 **問１** **１** 民法 **２** 防人 **３** 口分田 **４** 藤原頼通 **５** 紫式部 **６** 足利義満 **７** 徳川家光 **８** 執権 **問２** 刀狩(り)令 **問３** オ **問４** イ **問５** カ **問６** モース **問７** エ **問８** ⑴ (例) 資料Ⅰの18歳以上を成年と定義するこどもの権利条約を批准している主要な国の中で，日本だけが20歳成年としており，諸外国に成年年齢を合わせるため。 ⑵ (例) 未成年者取消権がなくなることによって，20歳代に多く見られるマルチ商法などの被害がみずからを経済的に自立していないと考える18～19歳の人々に拡大することが予想されるため。 **問９** **設問１** B **設問２** B **設問３** A **設問４** B 2 **問１** 福井県 **問２** ⑴ イ ⑵ イ **問３** イ→ウ→エ→ア **問４** ⑴ **A** 宮崎県 **B** 奈良県 **C** 北海道 **D** 長野県 ⑵ **A** ア **B** エ **問５** ⑴ (地球)温暖化 ⑵ (例) 二酸化炭素の「排出量」から，植林などによる「吸収量」を差し引いて，合計を実質的にゼロにすること。 ⑶ (例) 資料１より，温室効果ガスの排出量が多いのは電力部門であり，自動車の割合は高くない。したがって，電気自動車への転換によって自動車からの排出量を減らしても，大きな効果は得られない。また，資料２より，電気自動車への充電に使用する電力は，化石燃料を使って発電されており，電気自動車に転換したとしても二酸化炭素排出量が減るわけではない。 **問６** ⑴ 扇状地 ⑵ イ ⑶ (例) 丸に囲まれた部分は果樹園が多くある。それは，レキが堆積してできた水はけのよい土壌であるためである。 3 **問１** ユニバーサルデザイン **問２** ウ **問３** (例) 多くの人が女子に必要と考えている裁縫などの科目を充実させること。 **問４** ⑴ ウ→イ→エ→ア ⑵ オランダ語 **問５** ⑴ 自由民権運動 ⑵ 朱子学 **問６** ア **問７** ⑴ ウ ⑵ (例) 1895年の下関条約から敗戦までの期間は，富士山よりも高い山がある台湾が日本の領土であったため。 **問８** (例) 男子よりも女子のほうが合格するためにより多くの点数をとる必要があり，不公平が生じている。

解説

1 各時代の成年の定義を題材とした問題

問１ **１** 2022年４月，成年年齢を18歳とする民法の一部を改正した法律が施行された。 **２**，**３** 律令制度のもと，６歳以上の人々に国から口分田が支給され，租・庸《よう》・調などの税や労役・兵役の義務が課された。兵役には，１年間都の警備につく衛士《えじ》や，３年間北九州の防衛にあたる防人《さきもり》があった。 **４** 藤原頼通《よりみち》は父の道長とともに藤原氏の全盛期を築き，３人の天皇の摂政《せっしょう》・関白を務めたほか，京都府宇治市に平等院鳳凰《ほうおう》堂を建てた。 **５** 紫式部は一条天皇の中宮彰子《しょうし》(藤原道長の娘)に仕えた女官で，長編小説である『源氏物語』を著した。『源氏物語』には平安時代の貴族の生活がいきいきとえがかれている。 **６** 足利義満は室町幕府の第３代将軍で，幕府の全盛期を築き，京都北山に金閣(鹿苑寺《ろくおんじ》)を建てた。 **７** 徳川家光は江戸幕府の第３代将軍で，武家諸法度《しょはっと》を改定して参勤交代を制度化し，鎖国体制を完成させた。 **８** 鎌倉時代，北条氏は将軍を補佐する執権《しっけん》として政治の実権を握《にぎ》った(執権政治)。

問２　1588年，豊臣秀吉は刀狩令を出し，農民から武器を取り上げた。これは農民の一揆《いっき》を未然に防いで耕作に専念させるために行われ，これによって武士と農民の身分をはっきり区別する兵農分離が進んだ。

問３　律令制度下における税のうち，租は収穫の３％にあたる稲を地方の役所に納める税，庸は一定期間都に出て労役につく代わりに布を納める税，調は各地の特産物を納める税で，庸と調の２つの税は農民みずから都に運んで納めなければならなかった。

問４　江戸時代も明治時代も，土地を持たない小作人には，自分たちで納税する義務はなかった。また，1989年から2019年にかけて，税制における直間比率(直接税と間接税の割合)は，消費税の導入と税率の引き上げなどから，間接税の割合が増えている。よって，イが正しい。

問５　生まれたこどもの通過儀礼のうち，お宮参りは自分が生まれた土地の守り神に初めて参詣《さんけい》する儀式で，生後１か月を目安とする。お食い初めは初めて食べ物を与える儀式で，歯が生え始める生後100日ころに行う。七五三はこどもの成長に感謝をこめて近くの神社へ参詣する儀式で，数え年で３年目に男女とも，５年目に男子，７年目に女子が行う。よって，カが正しい。

問６　エドワード・モースはアメリカの動物学者で，1877年に貝などの研究のため日本を訪れたさい，横浜から新橋行きの汽車に乗った。大森付近を列車が通過したとき，車窓から貝塚らしきものを発見し，のちに現地を訪れて貝塚であることを確認した。この大森貝塚の発見により，日本で考古学という新しい学問が始まった。

問７　資料の文の初めに「契約《けいやく》は，当事者(契約を結ぶ人)どうしの意思表示(考えを表すこと)が合うことによって成立するものです」とある。よって，必ずしも契約書が必要というわけではないので，エが誤っている。

問８　(1)　資料Ⅰを見ると，こどもの権利条約では「児童とは，18歳未満のすべての者をいう」とあり，18歳以上が成年になる。しかし，資料Ⅱで，おもな批准《ひじゅん》国が成年年齢を18歳としているのに，この条約を批准している日本が相変わらず成年年齢を20歳にしているのでは，日本の基準が世界の基準と食い違うことになる。　(2)　資料Ⅲにおいて，自分のことを「『こども』だと思う」という人が63％もおり，その理由としては「経済的に自立していないから」が最も多い。また，資料Ⅳの「マルチ商法」に関する相談件数を見ると，20歳代が増えており，2019年にはほぼ50％になっていることがわかる。つまり，マルチ商法の被害が，未成年者取消権がなくなり，経済的に自立していないと考える18～19歳の人々に広がる可能性が高い。

問９　民法の一部を改正した法律によれば，成年年齢が18歳になっても，飲酒や喫煙《きつえん》，公営ギャンブルへの参加はこれまで通り20歳以上からである。また，国民年金は20歳以上60歳未満に加入義務があるが，これもそのままである。

２　現在の地質時代を題材とした問題

問１　福井県勝山市で肉食恐竜《きょうりゅう》の化石が発見され，発掘《はっくつ》された北谷にちなんで，「フクイラプトル・キタダニエンシス」と命名された。そして，その化石から初めて全身骨格が復元された。

問２　(1)　資料のハザードマップでは，阿蘇市役所(◎)が土石流の被害がおよぶ範囲《はんい》にふくまれている。よって，イが誤っている。　(2)　九州の火山に近いところでは，温泉が湧《わ》き出し観光地になっている。一方，鹿児島県のほぼ全域には火山灰などが堆積《たいせき》したシラス台地が広がっているので，保水性がとぼしく稲作には不向きで，かんばつに強いさつまいもなどの畑作が行われている。よって，イがあてはまる。

問３　アの京都議定書の採択《さいたく》は1997年，イのアジア初の東京オリンピックは1964年，ウの日中の国交回復(日中共同声明)は1972年，エのバブル景気は1980年代後半から1990年代初めまでのできごとである。よって，年代の古い順にイ→ウ→エ→アとなる。

問４　(1)　**A**　九州山地から流れでる川が複数あり，その流域の平野(宮崎平野)でピーマンやキュウリの促成栽培が行われているとあるので，宮崎県である。宮崎平野は沖合を暖流の日本海流(黒潮)が流れているため冬でも比較《ひかく》的温暖で，その気候とビニルハウスなどを利用した夏野菜の早づくりがさかんである。　**B**　北部の盆地に唐の都・長安を模した都(平城京)が造成されたとあるので，奈良県である。県南部には，紀伊山地が東西に走っている。　**C**　流域面積が全国第２位の大河川(石狩川)が流れ，その周辺では泥炭《でいたん》地を改良した平野(石狩平野)で「ゆめぴりか」などの稲作がさかんとあるので，北海道である。石狩川流域の泥炭地は排水や客土などの方法で改良され，流域の石狩平野は北海道有数の稲作地帯となっている。　**D**　日本アルプス(北アルプスともよばれる飛騨《ひだ》山脈，中央アルプスともよばれる木曽山脈，南アルプスともよばれる赤石山脈の総称)があり，レタスなどの高原野菜の栽培がさかんで，長さ全国第１位の河川(信濃川)が流れているとあるので，長野県である。信濃川は長野県を流れているときは千曲《ちくま》川とよばれ，新潟県に入って信濃川と名称を変える。　(2)　**A**　宮崎市は太平洋側の気候に属し，夏の降水量が多いので，アがあてはまる。　**B**　奈良市は太平洋側の気候に属しているが，内陸部にあるので寒暖の差が大きい。しかし，冬は長野市ほど気温が低くないので，エがあてはまる。　なお，イは長野市，ウは札幌市(北海道)。

問５　(1)，(2)　カーボンニュートラルとは，地球温暖化の原因となる二酸化炭素の排出量と吸収量を差し引きゼロにすることをいう。たとえば，サトウキビを原料とするバイオエタノールは燃やすと二酸化炭素を排出するが，サトウキビは生長過程で二酸化炭素を吸収するので，二酸化炭素の排出量はゼロとみなされる。　(3)　資料１を見ると，最も多く二酸化炭素を排出しているのは電力部門で，自動車はその半分くらいである。よって，自動車をガソリン車から電気自動車に転換《てんかん》しても，その効果は大きいとはいえない。また，資料２を見ると，化石燃料依存《いぞん》度が85.5％にもおよんでいる。よって，電気自動車が普及《ふきゅう》しても，その充電《じゅうでん》に使う電気のほとんどは化石燃料を使って生みだされているので，カーボンニュートラルの達成にはつながらない。

問６　(1)　資料の地形図に見られる地形は，川が山間部から平地にでるところに上流から運ばれた土砂が扇形《おうぎがた》に堆積してできた扇状《せんじょう》地である。　(2)　Ａ地点は標高600ｍの計曲線上にあり，Ｂ地点はすぐそばに357ｍの表示が見られ，それより低いので約350ｍとすることができる。よって，標高差は，600－350＝250(ｍ)になる。　(3)　扇状地は砂やレキが堆積して水はけがよいことから果樹栽培に適しており，円で囲まれたところに果樹園の地図記号(○)が見られる。

3　近代の教育制度の歩みを題材にした問題

問１　国籍や性別，年齢，障がいの有無などに関わらず，どんな人でも利用できるように工夫された製品や設計をユニバーサルデザインという。

問２　日本国憲法は第27条で，勤労の権利とともに勤労の義務を定めているが，働かない人に罰金《ばっきん》を科すということはない。よって，ウが誤っている。

問３　資料の文に，「女子に欠かせない学科が軽視されている」，「女子に必須《ひっす》である裁縫《さいほう》科の扱《あつか》いが軽すぎる」という意見がある。よって，裁縫科のように女子に必要な学科を充実させる必要がある。

問４　(1)　アは鎌倉時代末期，イは奈良時代，ウは飛鳥時代，エは平安時代のできごとなので，時代の古い順にウ→イ→エ→アとなる。　(2)　福沢諭吉は大阪で緒方洪庵《おがたこうあん》が開いていた適塾でオランダ語を学んだが，開港地となった横浜でオランダ語が通用しないことに衝撃《しょうげき》をうけ，英語を学び始めた。

問５　(1)　自由民権運動は，1874年に板垣退助らが民撰議院設立建白書を提出したことにより始まった。これは薩摩藩（鹿児島県）と長州藩（山口県）の出身者を中心とする藩閥《はんばつ》政治を批判し，国会の開設を要求する運動であった。　(2)　朱子学は儒学《じゅがく》の一派で，日本には鎌倉時代に伝わったが，その教えが君臣の別をわきまえ，上下の秩序《ちつじょ》を重んじたことなどがら，江戸幕府は封建秩序を守るのに適していると考え，官学として保護した。

問６　大日本帝国憲法の発布は1889年，教育勅語《ちょくご》の発布は1890年のことなので，アが適していない。なお，イは1907年，ウは1911年，エは1902年のこと。

問７　(1)　【図版①】を見ると，煙草《たばこ》の多産地は神奈川県西部に分布しているので，ウが読み取れない。　(2)　【図版③】を見ると，当時，日本の領土であった朝鮮・台湾や樺太《からふと》（南半分）も入っており，台湾の新高《にいたか》山など富士山より標高の高い山が３つ示されている。よって，富士山は四番目に高い山だったのである。なお，新高山は玉山（ユイシャン，標高3952m）の日本統治時代の名称で，台湾のほぼ中央に位置する。

問８　資料において，「男子の合格者最低点の平均点」に比べて「女子の合格者最低点の平均点」が高くなっている。つまり，男女別定員制度では，同じ高校を受験しても，女子のほうが合格最低点が高いため，より多くの点数をとらなければならない。これでは不公平なので，男女別定員制度をなくすか，男女の区別をつけずに点数の高い人から合格者とするなどの工夫が必要である。

理　科　＜第２回試験＞（40分）＜満点：100点＞

解　答

1 **問１**　**A**　キ　**B**　ウ　**C**　ア　**D**　オ　**E**　イ　**F**　エ　**G**　ク　**I**　カ　**問２**　A　**問３**　エ　**問４**　F　**問５**　エ　**問６**　ウ→イ→オ→エ→ア　**問７**　(1)　等粒状組織　(2)　示相化石　(3)　海岸段丘　(4)　ハザード　**問８**　下の図①　**問９**　下の図②　2 **問１**　**あ**　ふっとう　**い**　大きい　**う**　100　**え**　二酸化炭素　**問２**　（例）　車内の温度が上がり，溶けきれなくなった二酸化炭素が水溶液中から出てきて，体積が大きくなり，ペットボトル内の圧力が大きくなったため。　**問３**　（例）　状態変化をするためだけに熱が使われたから。　**問４**　ア，エ　**問５**　①　エ　②　イ　③　ア　**問６**　30g　**問７**　3：8　**問８**　10.8g　3 **問１**　(1)　（例）　海そうなど卵が付きやすいものがある場所。　(2)　ウ　(3)　（例）　外洋ではち魚のエサとなる動物プランクトンが少なく，ち魚が育ちにくい。　**問２**　(1)　エ→イ→ウ→ア→オ　(2)　食物連鎖　(3)　（例）　氷の上で海面に上がってくるアザラシを待ちぶせしている。　**問３**　（例）　雌ばかりが生まれて，

子孫をつくれなくなっていく。　**問４**　**A**　酸素　**B**　二酸化炭素　**図**　下の図③

4　**問１**　ク　**問２**　ウ，イ，ア　**問３**　**a**　331　**b**　0.6　**問４**　(1)　ウ　(2)　ア　(3)　ウ　(4)　①　ア　②　ア　③　イ　④　イ　**問５**　(1)　②，③，⑥　(2)　①，③，⑦　(3)　③，④，⑤　**問６**　36kg　**問７**　６秒　**問８**　34m/秒　**問９**　ア

図①

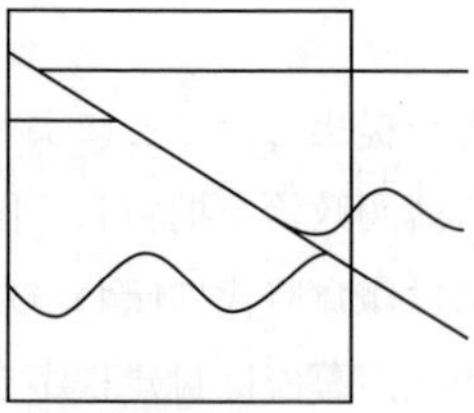

図②

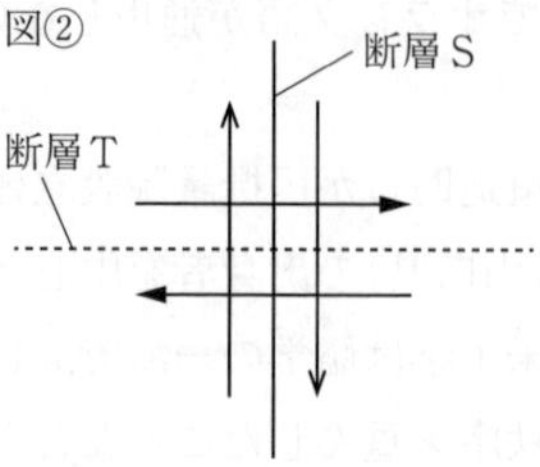

図③

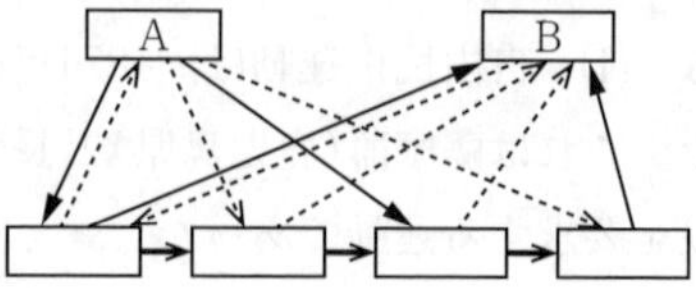

解　説

1　**地層と岩石についての問題**

問１　**A**　マグマが地表で冷え固まってできた火山岩で，白っぽい色をしているので，りゅうもん岩である。　**B**　丸みをおびた小石が多く含《ふく》まれていることから，れき岩とわかる。　**C**　Ｂ層のがけの下部から地下水が出ているので，Ｂ層のすぐ下のＣ層にはでい岩があると考えられる。でい岩は粒《つぶ》の小さな泥《どろ》(ねん土)でできた岩石で，粒と粒のすき間がせまく，水を通しにくい。
D　火山灰が堆積《たいせき》してできているので，ぎょう灰岩である。　**E**　アサリなどの二枚貝の化石が見つかり，肉眼で見える大きさの粒からできていることから，砂岩と考えられる。　**F**　白っぽい色をしていて，サンゴの化石が見つかっているので，石灰岩である。　**G**　ホウサンチュウの化石が見つかっていることから，チャートと考えられる。チャートはおもに二酸化ケイ素からできていて，赤褐色《せきかっしょく》の他に灰色や緑色など，さまざまな色のものがある。　**I**　マグマが地下深くで冷え固まってできた深成岩は，大きさがほぼそろった結晶《けっしょう》が組み合わさったつくりになっている。大部分が石英や長石といった無色や白色の鉱物(無色鉱物)でできている深成岩は，かこう岩である。

問２　りゅうもん岩はマグマが冷え固まってできた岩石なので，角ばった粒が集まっている。

問３　Ｉ層の岩石(かこう岩)には，石英や長石といった無色や白色の鉱物が多く含まれているので，白っぽい色をしている。

問４　塩酸に石灰岩を入れると，二酸化炭素を発生させながら溶《と》ける。

問５　小石を含んだ層ではふつう，Ｂ層のように上部にいくにしたがって粒の大きさがだんだんと小さくなるが，Ｈ層では上部にいくにしたがって粒の大きさがだんだん大きくなっている。つまり，Ｈ層は上下が逆転している。地層に大きな力がかかって地層が曲がる(しゅう曲する)と，地層の上下が逆転することがある。

問６　Ｆ層が不整合面Ｌで切られていることから，Ｆ層ができたあとに不整合面Ｌができ，不整合面Ｌの上にＣ層が堆積していることから，不整合面ＬができたあとにＣ層が堆積したとわかる。また，火道ＭがＣ層をつらぬいているので，Ｃ層ができたあとに火道Ｍができたことになる。その火道Ｍは断層Ｎによってずれていることから，火道Ｍができたあとに断層Ｎができたとわかる。

問７　(1)　深成岩はマグマが地下深くで冷え固まってできるため，結晶が大きく，結晶どうしがす

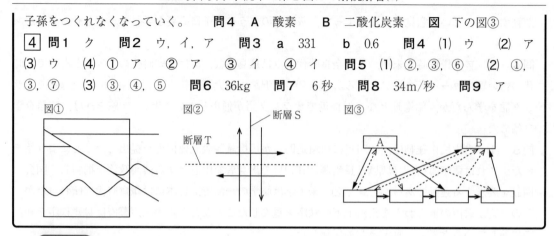

きまなくびっしりとつまったつくりをしている。このつくりを，等粒《りゅう》状組織という。　(2)　地層ができた当時のようす(環境《かんきょう》)を知る手がかりとなる化石を示相化石という。なお，地層ができた年代を知る手がかりとなる化石は示準化石とよばれる。　(3)　波の侵食《しんしょく》と土地の隆起《りゅうき》や海面の低下などによってできた，海岸に沿って広がる階段状の地形を海岸段丘《だんきゅう》という。　(4)　ハザードマップは，地震《じしん》や火山の噴火《ふんか》，豪雨《ごうう》などによって自然災害が起こったときの危険の度合いや危険が生じる場所，避難《ひなん》場所などの情報を地図上にまとめたもので，各自治体などが作成している。

問８　問６より，不整合面ＬができたあとＣ層が堆積し，その後，断層Ｎができているため，不整合面ＬとＣ層は，断層Ｎによって断ち切られている。この断層Ｎでは，断層Ｎの上(図１の右側)にある地層がずり上がるようにずれている。

問９　図３で，断層Ｓの両側が矢印の方向にずれ動くと，断層Ｓの左側では断層Ｔが上側に，右側では断層Ｔが下側にずれる。この状態から，断層Ｔの上側が右に，下側が左にずれると，図２の右の図のように，断層Ｓの断層Ｔより上側の部分が右に，下側の部分が左にずれて，くぼ地ができる。

[2] 状態変化，金属の燃焼についての問題

問１　**あ～う**　液体の水は約100℃になるとふっとうして，気体の水蒸気に状態が変化する。また，液体の水が気体の水蒸気に変化すると，重さは変化しないが，体積は約1700倍になる。　**え**　炭酸水(炭酸飲料)には二酸化炭素が溶けている。

問２　水に溶ける量は，固体の場合，ふつう水の温度が高くなるほど多くなるが，気体の場合，水の温度が高くなるほど少なくなる。そのため，車内の温度が高くなり，炭酸飲料の温度が高くなると，水に溶けきれなくなった二酸化炭素が出てきて，ペットボトル内の気体の体積が大きくなり，圧力が大きくなると考えられる。

問３　水を加熱し，水の温度が約100℃になると，液体の水が気体の水蒸気に状態変化を始める。そして，液体の水がすべて気体の水蒸気になるまで，加えられた熱が状態変化のためだけに使われて，温度が約100℃で一定となる。その後，液体の水がすべて気体の水蒸気になると，再び温度が上がっていく。

問４　酸素は水に溶けにくい気体なので，水上置換《ちかん》法で集めるのが適する。また，酸素は空気中に約21％含まれていて，その割合はちっ素に次いで２番目に多い。

問５　銅は赤茶色っぽい色をしていて，金属特有の光沢がある。図のように加熱して得られる酸化銅は黒色，酸化マグネシウムは白色をしており，どちらも光沢がない。

問６　表１より，0.30ｇのマグネシウムを十分に加熱すると0.50ｇの酸化マグネシウムができるので，18ｇのマグネシウムを十分に加熱したときにできる酸化マグネシウムの重さは，$18\times\frac{0.50}{0.30}=30$(ｇ)と求められる。

問７　表１より，0.90ｇのマグネシウムを十分に加熱すると，1.50－0.90＝0.60(ｇ)の酸素が結びつき，表２より，1.20ｇの銅を十分に加熱すると，1.50－1.20＝0.30(ｇ)の酸素が結びつくとわかる。0.60ｇの酸素と結びつくマグネシウムと銅の重さを比べると，マグネシウムは0.90ｇ，銅は，$1.20\times\frac{0.60}{0.30}=2.40$(ｇ)なので，一定量の酸素と結びつくマグネシウムと銅の重さの比は，0.90：2.40＝３：８になる。

問８　マグネシウムと銅が混ざった粉50ｇがすべて銅であった場合，加熱後の重さは，$50\times\frac{1.50}{1.20}=62.5$(ｇ)になる。しかし，実際の加熱後の重さはこれよりも，67－62.5＝4.5(ｇ)重い。銅１ｇをマ

グネシウム１ｇにかえると，加熱後の重さが，$1\times\frac{0.50}{0.30}-1\times\frac{1.50}{1.20}=\frac{5}{3}-\frac{5}{4}=\frac{5}{12}$（ｇ）増えるため，加熱前の粉50ｇに含まれていたマグネシウムの重さは，$4.5\div\frac{5}{12}=10.8$（ｇ）と求められる。

3 温暖化と海の生物についての問題

問１ ⑴ サンマの卵はメダカの卵と同様に，周りのものに付きやすい付着糸をもつと述べられていることから，サンマは卵が海そうなどにからみ付くことができる場所に産卵すると考えられる。
⑵ サンマの雌《めす》とアジの雌の大きさはほぼ同じであることと，アジの雌が１年に50万個ほど産卵するのに対してサンマの雌は１年に５万個ほどしか産卵しないことから，サンマの卵の方がアジの卵よりも大きく，成魚まで育つ確率が高いと推定される。 ⑶ サンマはふ化の１日後には動物プランクトンを捕食《ほしょく》するようになると述べられている。陸から遠い外洋では，陸地から養分が運ばれてくる陸に近い海よりも，植物プランクトンが育つために必要な養分が少なく，海水中の植物プランクトンや動物プランクトンの数が少ない。そのため，ふ化したばかりのサンマのち魚のエサが不足し，十分成長できず，個体数が減少すると考えられる。

問２ ⑴，⑵ 植物プランクトンを動物プランクトンが食べ，動物プランクトンをタラなどの魚が食べる。そして，タラなどの魚をアザラシが食べ，アザラシをシロクマ（ホッキョクグマ）が食べる。このような生物の間に見られる，食べる・食べられるという関係のつながりを食物連鎖《れんさ》という。
⑶ アザラシはほ乳類なので，肺で呼吸する。そのため，水中にもぐっているアザラシはある一定の時間が経過すると，息を吸うために海面に上がってくる。シロクマは，そのタイミングのアザラシを氷の上で待ちぶせして，アザラシを捕食する。

問３ ウミガメは，周りの温度が29℃より高くなると雌が生まれてくると述べられている。温暖化が進み，周りの温度が29℃より高くなると，雌ばかり生まれてくるので，雄《おす》の個体数が減少し，子孫をつくりにくくなる。

問４ すべての生物は呼吸をしており，酸素（Ａ）を吸収して二酸化炭素（Ｂ）を放出している。また，植物は呼吸以外に光合成を行っているので，二酸化炭素（Ｂ）を吸収し，酸素（Ａ）を放出することもある。

4 音についての問題

問１ 音の速さはおよそ，340m／秒＝0.34km／秒，光の速さはおよそ30万km／秒なので，光の速さは音の速さの，300000÷0.34＝882352.9…（倍）より，およそ88万倍である。

問２ 一般《いっぱん》に，音の伝わる速さは，固体，液体，気体の順に遅《おそ》くなっていく。そのため，音の伝わる速さが速いものから順に並べると，鉄のレール中，水中，空気中になる。

問３ 気温が０℃のときの音の速さは331m／秒で，そこから気温が１℃上がるごとに音の速さが，（334－331）÷５＝0.6（m／秒）ずつ速くなっている。このことから，音の速さは，331＋0.6×（気温）で求められる。

問４ ⑴ 音や光が異なる層の境界で折れ曲がる性質を，屈折《くっせつ》という。 ⑵ 太陽の光は地面をあたため，その地面によって空気があたためられる。よって，夏のよく晴れた日中（図２）では，地面に近い空気層Ａの温度が最も高くなり，上空にいくほど温度が低くなる。 ⑶ 図２で，音が温度の高い空気層Ａから温度の低い空気層Ｂに進むとき，その境界で境界面から遠ざかるように（境界面との角度が大きくなるように）音が折れ曲がっている。したがって，音の進行方向はウのようになる。　(4)　図１では上空にいくほど温度が高くなっていて，問３より，音は空気の温度が高くなるほど速くなる。図１で，音が温度の低い空気層Ｃから温度の高い空気層Ｂに進むときには，音が速くなり，その境界で境界面に近づくように(境界面との角度が小さくなるように)折れ曲がる。反対に，音が温度の高い空気層Ａから温度の低い空気層Ｂに進むとき，音は遅くなり，その境界で境界面から遠ざかるように(境界面との角度が大きくなるように)折れ曲がっている。

問５　(1)　弦《げん》を張る力がすべて等しい②，③，⑥を比べると，弦の直径を，1.0÷0.5＝２(倍)，1.5÷0.5＝３(倍)すると，弦の長さは，30÷60＝$\frac{1}{2}$(倍)，20÷60＝$\frac{1}{3}$(倍)になるとわかる。　(2)　弦の長さがすべて等しい①，③，⑦より，弦の直径を，1.0÷0.5＝２(倍)，1.5÷0.5＝３(倍)にした場合，弦を張る力を，４÷１＝４(倍)，９÷１＝９(倍)にすると，同じ高さの音が出る。　(3)　弦の直径がすべて等しい③，④，⑤を比べると，弦の長さを，60÷30＝２(倍)，60÷20＝３(倍)すると，弦を張る力が，16÷４＝４(倍)，36÷４＝９(倍)になっている。

問６　⑤と比べて，直径が，2.0÷1.0＝２(倍)，弦の長さが，45÷90＝$\frac{1}{2}$(倍)になっているので，弦を張る力は，４×$\frac{1}{4}$＝１(倍)より，⑤と同じ36kgにすれば，同じ高さの音が出る。

問７　音が鳴ってから次の音が鳴るまでに列車がＢに近づいた距離《きょり》を音が伝わるのにかかる時間の分だけ，Ｂには列車が警笛を鳴らす音の間かくより短い間かくで音が聞こえる。一方，Ａには同じ時間の分だけ，列車が警笛を鳴らす間かくよりも長い間かくで聞こえる。そのため，列車が警笛を鳴らした間かくは，ＡとＢが聞く警笛の間かくの合計の半分にあたる，(6.6＋5.4)÷２＝６(秒)になる。

問８　６秒間に列車がＢに近づいた距離を音が伝わるのにかかる時間の分だけ，Ｂには列車が警笛を鳴らす音の間かくより短い間かくで音が聞こえるため，列車の速さを□m/秒とすると，(□×６)÷340＝６－5.4が成り立ち，□＝(６－5.4)×340÷６＝34(m/秒)と求められる。

問９　一定の速さでＡからＢの向きに風が吹《ふ》くと，Ａに向かう音は進行方向から吹く風のえいきょうで，速さが遅くなるため，Ａが聞く警笛の間かくは6.6秒よりも長くなる。

国　語　＜第２回試験＞（40分）＜満点：100点＞

解　答

[一]　下記を参照のこと。　[二]　**問１**　**Ｘ**　イ　**Ｙ**　エ　**問２**　未　**問３**　**Ａ**　人　**Ｂ**　神さま　**Ｃ**　環境　**問４**　(1)　工夫や努力　(2)　(例)　本来，人間は変化していくものであるにも関わらず，天界にいた時と同じようにさまざまな工夫や努力をせずにいた結果，怠け者のぐうたらな人間になってしまったこと。　**問５**　(例)　周囲のどこを見ても砂丘だらけの道の真ん中に，悟空，八戒，悟浄，三蔵法師が一列になってあちらこちらと歩いた跡が残っているということ。　**問６**　(例)　悟浄もようやく「変化」して，新しい日々に向かう一歩を踏み出そうとしていることに気がついたから。　**問７**　ウ　**問８**　(例)　自分が変化したことについて悟浄に話すのが恥ずかしかったから。　**問９**　カ　**問10**　(例)　天界で苦労せずに完成された結果を手に入れていた時よりも，工夫や努力をして人生を歩んでいくほうがよほど充実感があると考えるようになったから。　**問11**　変化　**問12**　(例)　だって，ここに来て初

めて悟浄は，自分から率先して自分の頭で考えて自分の目で前を見て歩き出したんだよね。まるで他人事のように見えていた目の前の風景が，「なま」のものとして感じられるようになった，という意味なんだと思うのよ。

●漢字の書き取り

一 A **善悪** B **勤勉** C **警告** D **創造** E **博覧**

解説

一 漢字の書き取り

A よいことと悪いこと。 B 仕事や勉強に一所懸命《けんめい》はげむこと。 C よくない事態が起こりそうなときに，前もって気をつけるよう告げ知らせること。 D 新しいものをつくり出すこと。また，神が万物《ばんぶつ》をつくること。 E 広く一般《いっぱん》の人々が見ること。

二 **出典は万城目学《まきめまなぶ》の『悟浄出立《ごじょうしゅったつ》』による。**悟空《ごくう》・八戒《はっかい》・悟浄・三蔵法師《さんぞうほうし》の一行は，「取経《しゅきょう》の旅」の道中で，砂漠《さばく》を歩いている。

問１ 三蔵法師一行は，見渡《みわた》す限り広がる砂漠のなか，暑さに耐《た》えながら歩みを進めている。

X，Y 馬上の三蔵法師は「うつむき加減に揺《ゆ》れて」おり，「八戒の衣《ころも》」は悟浄から見てもわかるくらい「汗《あせ》に濡《ぬ》れ」ていたのだから，空らんXには「ゆらゆらと」，空らんYには「ぐっしょりと」が入る。

問２ ぼう線⑤の後に，正面には「未踏《みとう》の世界」が広がっていたとあるとおり，「どこまでも砂に覆《おお》われた，むき出しの大地」は，悟浄にとって「完全なる未開の眺《なが》め」だったといえる。

問３ **A～C** Ⅲで，Bさんの「『天神地仙《てんじんちせん》』って何かしら？」という疑問に，Cさんは「天界の周囲の環境《かんきょう》のことを言ってるんだと思ってたわ」と言っている。また，Aさんは，「『天神地仙』って，山とか高層ビルとは違って，『人』なんじゃないかと思うの」と話している。そして，AさんとCさんの考えを聞いたBさんは，「『人』だけど『人』じゃない。『天神』って言うんだから，『神さま』なのよ」と語っている。

問４ ⑴ 直前に，天界には「初めから過程はない」と書かれていることをおさえる。ⅢでAさんは，「人は未熟で脆弱《ぜいじゃく》だから，ほしいものがすぐ手に入るとは限らない。でも，いろんな工夫《くふう》や努力をして，私たち自身が変化をして手に入れる」と語っているが，その「工夫や努力」の「過程」が天界にはないというのである。 ⑵ ⅢにおけるA～Cさんの会話のなかで，「天界の人」はほしいと思えばあらゆるものがすぐ手に入るのに対し，人間は「工夫や努力」をしなければならない，つまり自らが「変化」しなければほしいものを手に入れることができない「未熟で脆弱」な存在だと語られていることに注目する。「初めから過程」のない天界にいた当初，八戒は何もしなくてもよかったが，「人間《じんかん》にふたたび生を得た」後もこれまでと同様の姿勢でいたため，「怠《なま》け者のぐうたらに成り下がってしまった」のである。

問５ 「見渡す限り，いつ終わるとも知れぬ砂漠」のなかの「一つの線」とは，一行が歩いた足跡《あしあと》を意味している。それが「揺れながら続いている」とあるので，まっすぐではなくあっちへ行ったりこっちへ行ったりしながら歩いてきたことがわかる。よって，「見渡す限り砂丘《さきゅう》だらけの砂漠のなかを，悟空，八戒，悟浄，三蔵法師が一列になってあちらこちら歩いた足跡が残っているということ」のようにまとめる。

問６　直前で，「悟空を追い越《こ》して」先頭に立った悟浄は，「八戒のたてがみも～見当たら」ず，「何者の気配も感じられない～むき出しの大地」を目のあたりにして「不思議なほど」の「新鮮《しんせん》」さを感じ，悟空に「しばらく，先頭を歩いてもいいかな？」と申し出ている。誰《だれ》の足跡もない大地の上を自分で歩いてみたいと思いはじめた悟浄の気持ちの変化を感じ取り，悟空は「ニヤニヤ」したのだろうと想像できる。

問７　「どうやって進む道を決めているんだ？」と悟空にたずねた悟浄は，「ただ，自分が行きたい方向に足を出しさえすればいいんだよ！」と言われ，強い衝撃《しょうげき》を受けている。ぼう線⑤は，それが思いもしなかった，目を覚まさせてくれるような答えだったことを表しているので，ウがあてはまらない。

問８　Ⅰにおける，「悟浄の質問」が「八戒にけちらかされてしまった」場面に注目する。「悟空の何を見て旅を続けることを決めたのか」という悟浄からの質問に対し，八戒は「よせやい」と「一《いっ》蹴《しゅう》」しているが，続いて「恥《は》ずかしそうに」，「あのサルは大したもんだよ～あいつはどれほど強くなることだろう」と言っている。つまり，八戒は，悟空が強くなっていくさまを見て自分も変わってみようと思ったことを話すのが照れくさく，「よせやい」と言ったのだと考えられる。

問９　Ⅰの最初のほうに，「悟空は～手綱《たづな》を引き」，「馬上では師父が」「揺れて」おり，「その後ろには八戒が従」っているとあるので，先頭から悟空，師父（三蔵法師），八戒の順だと判断できる。

問10　八戒は，天界にいたときの自分と比べて，今の自分のほうが好きだと言っている。天界にいたときには「初めから過程はな」く，「完成された結果があるのみ」だったが，「下界」では，「未熟で脆弱な」人間が「工夫や努力」を重ねることで「変化」している。そこで暮らす自分もまた，「工夫や努力」を求められるわけだが，充実した人生を味わうことができるという点で，八戒は「少しばかり今のほうが好き」だと言っているのだろうと考えられる。

問11　空らんＹの後で八戒は，「変化する存在」である「人間という生き物」に対し，ずっと天界で「永遠に変わらない」「天神地仙に囲まれて生きてきた」自分は「怠け者のぐうたらに成り下がってしまった」と言っている。そんな自分と比べて悟空のことを「大したもんだ」とほめ，「この取経の旅を経て，あいつはどれほど強くなることだろう」と言っていることから，悟空はこれまで「変化」していることがわかる。

問12　最後のＡさんの言葉にある「実況《じっきょう》生風景」は，先頭に立って自分の思う通りに歩きはじめた悟浄が，目の前の風景をしっかりと感じながら自分で未来を切り開いていくようすを言っていると考えられる。

Memo

2021年度　頌栄女子学院中学校

〔電　話〕 (03) 3441－２００５
〔所在地〕 〒108-0071　東京都港区白金台２－26－５
〔交　通〕 都営浅草線―「高輪台駅」１分　JR・京浜急行―「品川駅」12分
東京メトロ南北線―「白金台駅」10分

【算　数】 〈**第１回試験**〉 (40分) 〈満点：100点〉

《注意》 １．円周率は3.14とすること。
　　　　２．定規・コンパスは使わないこと。

1 　次の問いに答えなさい。

(1)　5÷0.375÷0.625×0.125×0.0625 を計算しなさい。

(2)　えんぴつを１人に３本ずつ配ると16本余り，１人に５本ずつ配ると20本不足します。このとき，えんぴつは全部で何本ありますか。

(3)　32で割っても21で割っても５余る４けたの整数のうち，小さい方から２番目の整数を求めなさい。

(4)　右の図において，HD と FG はそれぞれ長方形 OABC の辺に平行です。長方形 OABC の面積は 88cm²，長方形 ODEF の面積は 12cm² です。三角形 OGH の面積を求めなさい。

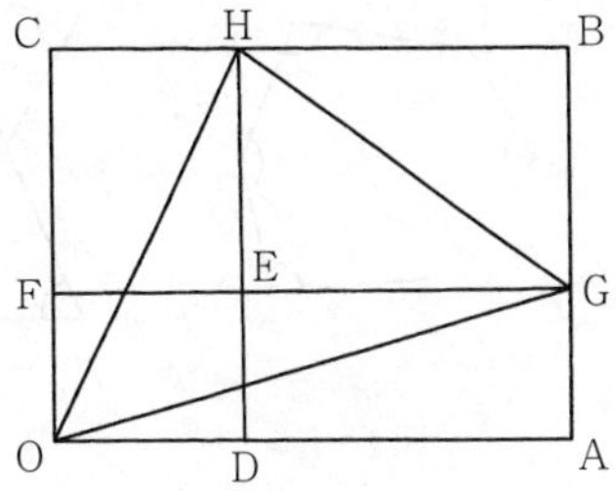

(5)　右の図１のような円すいがあります。図２は，図１の円すいを底面に平行な平面で切って高さの等しい３つの立体に分け，上の立体と下の立体を重ねてできた立体です。図２の立体の表面積を求めなさい。

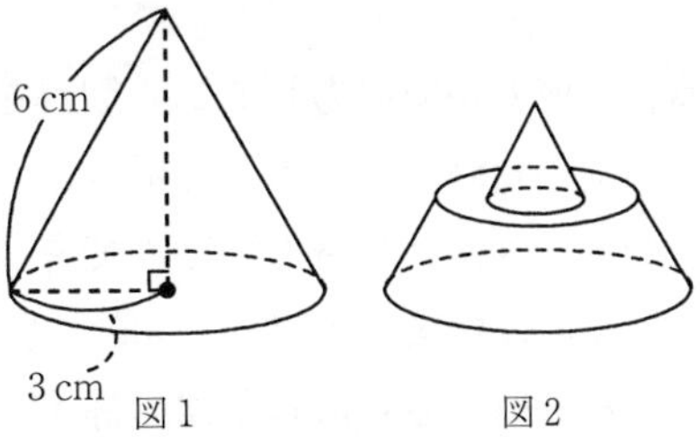

図１　　図２

(6)　□にあてはまる数を求めなさい。

Ａさんは家から学校までの道のりを，行きは時速 18km，帰りは時速 12km で走りました。妹は同じ道のりを，行きも帰りも時速□km で走りました。２人の往復にかかる時間は同じでした。

(7)　１辺の長さが１cm の正方形を下の図のように並べていきます。７番目の図形の周の長さと面積をそれぞれ求めなさい。ただし，周とは図の太線部分のことです。

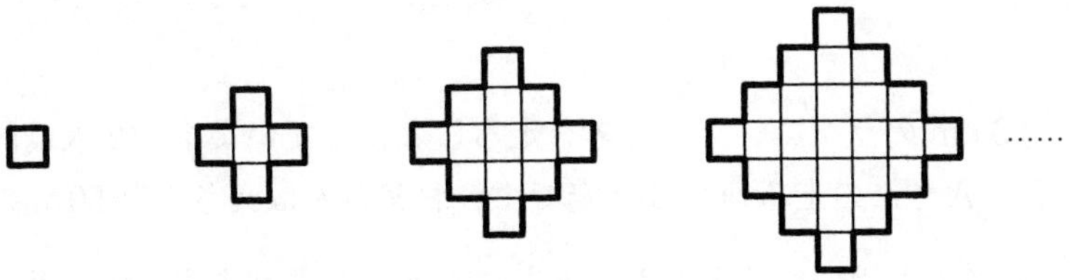

１番目　　２番目　　３番目　　４番目

(8)　容器Ａには濃度《のうど》10％の食塩水が 100g，容器Ｂには濃度４％の食塩水が 100g 入っています。２つを混ぜ合わせて新しい食塩水を作ろうとしましたが，容器Ｂの食塩水をいくらかこぼしてしまいました。容器Ｂの残り全部と容器Ａの食塩水 100g を混ぜ合わせたら，濃度8.8％の食塩水ができました。こぼしてしまった食塩水は何 g でしたか。

2　バレーボールクラブの15人全員が１人１枚Ｔシャツを買うことにしました。５枚買うと１枚が無料になるＡ店と，１枚につき13％引きのＢ店があります。１枚あたりの定価はどちらのお店も同じです。合計金額をなるべく安くしたいとき，どちらのお店で買えばよいですか。理由もあわせて答えなさい。

3　次の問いに答えなさい。

(1)　図１の印をつけた角の大きさの合計を求めなさい。

(2)　図２の印をつけた角の大きさの合計を求めなさい。

(3)　図３の印をつけた角の大きさの合計を求めなさい。

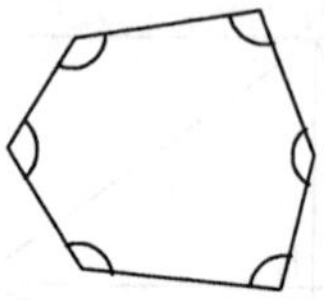

図１

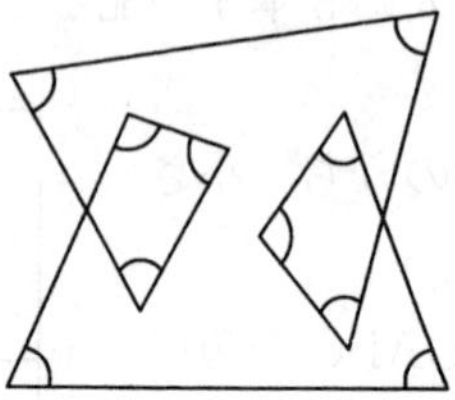

図２

図３

4　何人かで協力してある製品を作ります。ＡさんとＢさんの２人だと48日間で完成します。作業を始めたら休みなく働き，１日の仕事量はそれぞれ一定です。次の問いに答えなさい。

(1)　ＡさんとＢさんの２人でちょうど36日間で完成させなければいけなくなりました。まずＡさんのみ作業の速さを1.3倍にしたら，40日間で終わることがわかりました。36日間で完成させるには，さらにＢさんの作業の速さを何倍にしなくてはならないか答えなさい。

(2)　はじめの８日間はＡさんとＢさんの２人で，９日目からはＡさんとＢさんとＣさんの３人で作ると，最初から数えて32日間で完成します。Ｄさんにも手伝ってもらって最初から数えて26日間で完成させることになりました。Ｄさんの作業の速さはＣさんと同じです。はじめからＡさんとＢさんとＣさんの３人で作り始めるとき，Ｄさんには最初から数えて何日目から手伝ってもらえばよいか求めなさい。

5　Ａさんとお父さんは毎朝３kmのランニングコースを走ることにしています。２人は同じところから同時にスタートし，Ａさんの走る速さは一定です。お父さんはＡさんと50mの差がつくと速さを$\frac{1}{2}$倍にし，Ａさんが追いつくと速さをもとにもどして走ります。すると，お父さんは１分間ごとに速く走るとゆっくり走るのくり返しになりました。次の問いに答えなさい。

(1)　Ａさんの走る速さは分速何mか求めなさい。

(2)　お父さんがゆっくり走った距離《きょり》の合計は何mか求めなさい。

(3)　Ａさんとお父さんがゴールするまでにかかった時間の差を求めなさい。なお，答えの求め方も説明しなさい。

【社　会】〈第１回試験〉(40分)〈満点：100点〉

《注意》 漢字で書くべきものは漢字で答えなさい。

〈編集部注：実物の入試問題では，地形図と写真はすべて，図も大半はカラー印刷です。〉

1 次の文章を読んで，あとの問いに答えなさい。

「境目」と聞いて皆さんはどのような境目を連想するでしょうか。①国境という言葉に見られるような国と国の境目，他の市や区との境目，自分の家の敷地と隣の家の境目，または②子どもと大人の境目のような③時間的な境目，なかには④あの世とこの世のような境目を思い浮かべる人もいるかもしれません。

このような境目の１つに都道府県の境目もあげられます。特に昨年は新型コロナウイルス感染症対策として国が「緊急事態宣言」を発出した期間を中心に「都道府県の県境をまたいだ移動はお控えください」などと言われていたことを覚えていることでしょう。⑤実際にさまざまな(あ)の解析からもゴールデンウィーク期間には都道府県間の移動が控えられたことが確認されています。

では「県境」とはどのような場所に設けられているのでしょうか。そのことはまず現在の都道府県の源流である７～８世紀の時代に設けられた，律令国家の「国」から考えてゆかなければなりません。こうした「国」は明治維新後の1871年に(い)が行われると廃止され，1888年には現在の都道府県の原型ができあがりました。律令国家の「国」は山や峠の尾根，川，湖などを境目としていましたので，現在でもそのような場所が都道府県境となっていることが多く見られます。険しい山などの尾根を県境とするために，時に県境は気候の変わり目にもなります。ノーベル文学賞を日本人として初めて受賞した［　⑥　］の小説『雪国』の冒頭には「国境の長いトンネルを抜けると雪国であった」とありますが，この国境は上越国境，つまり現在の群馬県と新潟県の県境を指しています。⑦冬場には晴天でからっ風の吹く群馬県側，大雪の新潟県側と県境を越えると気候が一変することもあるのです。

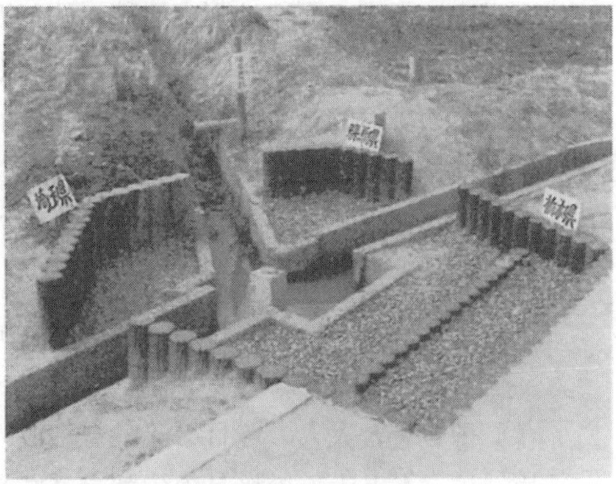

写真１〔群馬県板倉町のホームページより〕

ところで，上の白地図に見られるように，⑧県境(海を挟んだ都道府県境は考えないものとします)には３つの都府県の境目となっている場所(以下，三県境と呼びます)もあります。三県境は43都府県で48ヶ所あると言われていますが，ほとんどが険しい山の山頂や川の中となっています。写真１は⑨埼玉県・群馬県・栃木県の三県境ですが，この三県境は徒歩で容易に行くことのできる観光スポットとなっています。

各都府県境にはそれを越える鉄道や自動車の通行できる道路が１つ以上はあります。しかし，群馬県と(　う　)県の県境は鉄道も道路もなく，この両県にまたがる移動は登山道を徒歩で越えることしかできません。このような場所は日本で唯一ですが，その理由の１つとして，両県の県境のほとんどが(　え　)国立公園内に位置しており，開発が制限されていることがあげられます。

また，２つの府県境にまたがるような施設も存在します。最後にこのような例を紹介してゆきましょう。京都府木津川市と奈良県奈良市の境目に立地するショッピングモールの床には写真２に見られるように府県境が表示されています。府県境を明確に表示している理由は，⑩府県単位での管轄《かんかつ》が必要な事柄を明らかにするためと言われています。

〔編集部注…ここには，ショッピングモールの床に表示された，京都府と奈良県との府県境を写した写真がありましたが，著作権上の問題により掲載《けいさい》できません。〕

問１．空らん(あ)～(え)に当てはまる語句を答えなさい。

〔(あ)はカタカナ６字〕

問２．下線部①について，以下の日本の領域を説明した文章を参考にして，ア～エの文のうち，**誤りを含むもの**を１つ選び，記号で答えなさい。

国の主権が及ぶ場所を領域と呼びます。日本の領域には，北海道，本州，四国，九州と，その周辺の小さな島々を含む領土，領土の海岸線から12海里(１海里は1852m，12海里は22224m)までの範囲の海である領海，領土と領海の上空である領空から構成されます。また領土の海岸線から200海里(約 370km)までの水域を排他的経済水域と言います。一般に排他的経済水域内にある水産物や鉱物などの資源は，沿岸国の物になります。

ア．日本の領域の面積は領土と領海の面積を足したものに等しい。

イ．日本の領空の面積は国土面積の約38万 km^2 と等しい。

ウ．日本の排他的経済水域内では，外国船が日本の許可なく勝手に漁をしてはいけない。

エ．日本の排他的経済水域の面積は国土面積の約38万 km^2 よりも大きい。

問３．下線部②について，以下の設問に答えなさい。

(1)　子どもと大人の境目の年齢についての以下の文章のうち，**誤りを含むもの**を１つ選び，記号で答えなさい。

ア．子どもと大人の境目の年齢を「就職する年齢」と考えれば，人によってその年齢は異なることになる。

イ．子どもと大人の境目の年齢を「成人年齢」と考えれば，現在の日本では20歳となる。

ウ．子どもと大人の境目の年齢を「結婚できる年齢」と考えれば，現在の日本では男女で年齢が違うことになる。

エ．子どもと大人の境目の年齢は時代や地域が変わったとしてもほぼ一定であった。

(2)　子どもから大人へと成長してゆく中で，重要な節目にあたって行われる儀礼を通過儀礼と言います。以下のうち，通過儀礼に**当てはまらないもの**を１つ選び，記号で答えなさい。

ア．お宮参り　　イ．七五三　　ウ．桃の節句

エ．成人式　　　オ．小学校の入学式

問４．下線部③について，日本歴史の時代の境目(時代区分)は大きく分けて３つのパターンがあると考えられます。そのうちの１つは明治時代から大正時代のような年号(元号)の変わり目です。残り２つの境目(○○時代という名付け方)について，以下の設問に答えなさい。

⑴　旧石器時代・縄文時代・弥生時代はどのようなことを基準にした境目(区分)ですか。

⑵　奈良時代・平安時代・鎌倉時代・室町時代・江戸時代はどのようなことを基準にした境目(区分)ですか。

問５．下線部④について，奈良時代に太安万侶によって記録された，日本の神話を記したある書物によれば，生きている人の住む世界と死者の住む世界(黄泉《よみ》)との間には黄泉比良坂《よもつひらさか》という境目があるとされています。この書物名を答えなさい。

問６．下線部⑤について，ある特定の期間の人々の移動を調査するデータとして，**不適切と考えられるもの**を**２つ**選び，記号で答えなさい。なお，データの利用に際しては，個人情報の処理は適切に行われているものとします。

ア．人々の携帯電話の位置情報の履歴

イ．人々の交通系ICカードの利用履歴

ウ．国勢調査で調査された地区ごとの昼間人口と夜間人口の比率

エ．人々のETC(高速道路などの有料道路を自動車で利用する際に料金所で自動的に料金を支払う仕組み)利用履歴

オ．人々の交通定期券の発行履歴

問７．空らん⑥に当てはまる人物名を以下から１人選び，記号で答えなさい。

ア．湯川秀樹　　イ．川端康成　　ウ．芥川龍之介

エ．三島由紀夫　　オ．夏目漱石

問８．下線部⑦の理由を説明しなさい。

問９．下線部⑧について，以下の設問に答えなさい。

⑴　三県境の最も多い県は三重県で９箇所になります。その理由として最も適当なものを１つ選び，記号で答えなさい。

ア．三重県は隣接する府県数が全国で最も多い県だから。

イ．三重県は県境の距離の長さが全国で最も長い県だから。

ウ．隣県和歌山県の飛び地が三重県と奈良県の県境にあるから。

エ．三重県は県の面積が全国で最も大きい県だから。

⑵　三県境がない都道府県は４つあります。北海道，沖縄県，佐賀県と何県ですか。

問10．下線部⑨の埼玉・群馬・栃木の３県について，以下の設問に答えなさい。

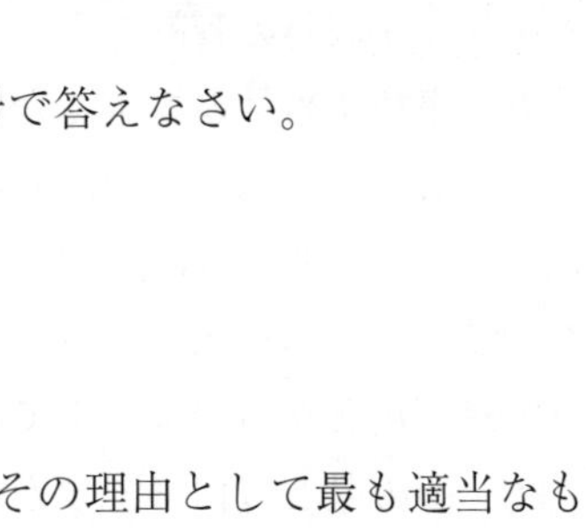

⑴　右の地図中の●はどのような工業の立地を示していますか。以下から１つ選び，記号で答えなさい。

ア．鉄鋼業

イ．石油化学工業

ウ．セメント工業

エ．自動車組立工業

(2) 以下の表のABCはこの３県の農業産出額(農業生産額)の金額とその内訳を示しています。この３県の組み合わせとして最も適当なものを下のア～カから１つ選び，記号で答えなさい。

	農業産出額(億円)	農業産出額の内訳
A	2,871	畜産38%，野菜28%，米25%，その他９%
B	2,454	畜産43%，野菜40%，米７%，その他10%
C	1,758	野菜47%，米21%，畜産15%，その他17%

(関東農政局『関東農政局管内の農業産出額(平成30年度)』より)

ア．A－埼玉　B－群馬　C－栃木
イ．A－埼玉　B－栃木　C－群馬
ウ．A－群馬　B－埼玉　C－栃木
エ．A－群馬　B－栃木　C－埼玉
オ．A－栃木　B－群馬　C－埼玉
カ．A－栃木　B－埼玉　C－群馬

問11．下線部⑩について，以下の事柄のうち，管轄が府県単位となるものはどれですか。最も適当なものを１つ選び，記号で答えなさい。

ア．ショッピングモール内の各店舗の固定資産税の納付先
イ．ゴミ収集の管轄
ウ．事故や事件が発生した際の警察の管轄
エ．火災や緊急の際の消防の管轄

問12．ある県は他の都道府県との境目(海を挟んだ都道府県境は考えないものとします)が，約200kmありますが，その境界線のほとんどすべてが河川となります。県境のほとんどすべてが河川となるのは日本で唯一です。以下の設問に答えなさい。

(1) その県とは何県ですか。

(2) その県の河川でない県境の例として，次のページの地形図に見られるような場所もあります。県境が地形図のように河川の流路と一致していない理由として考えられることを記しなさい。

(3) 以下の文章のうち，この地形図からは**読み取れないこと**を１つ選び，記号で答えなさい。

ア．県境となっている河川は西方向から東方向へと流れている。
イ．市役所の最寄りの鉄道駅はJR線ではなく私鉄の駅となっている。
ウ．JR線の駅から半径１km以内に裁判所・高等学校・図書館はあるが警察署はない。
エ．小堀地区の人々が対岸の市民会館へ行くには西の道路橋を渡ってゆく以外の手段がない。

(4) 地形図中のJR線の鉄道橋の長さは地形図上で４cmあります。この鉄道橋を特急列車が30秒で渡り終えたとしたら，この特急列車の時速は何kmですか。なお，特急列車の編成の長さは無視するものとします。

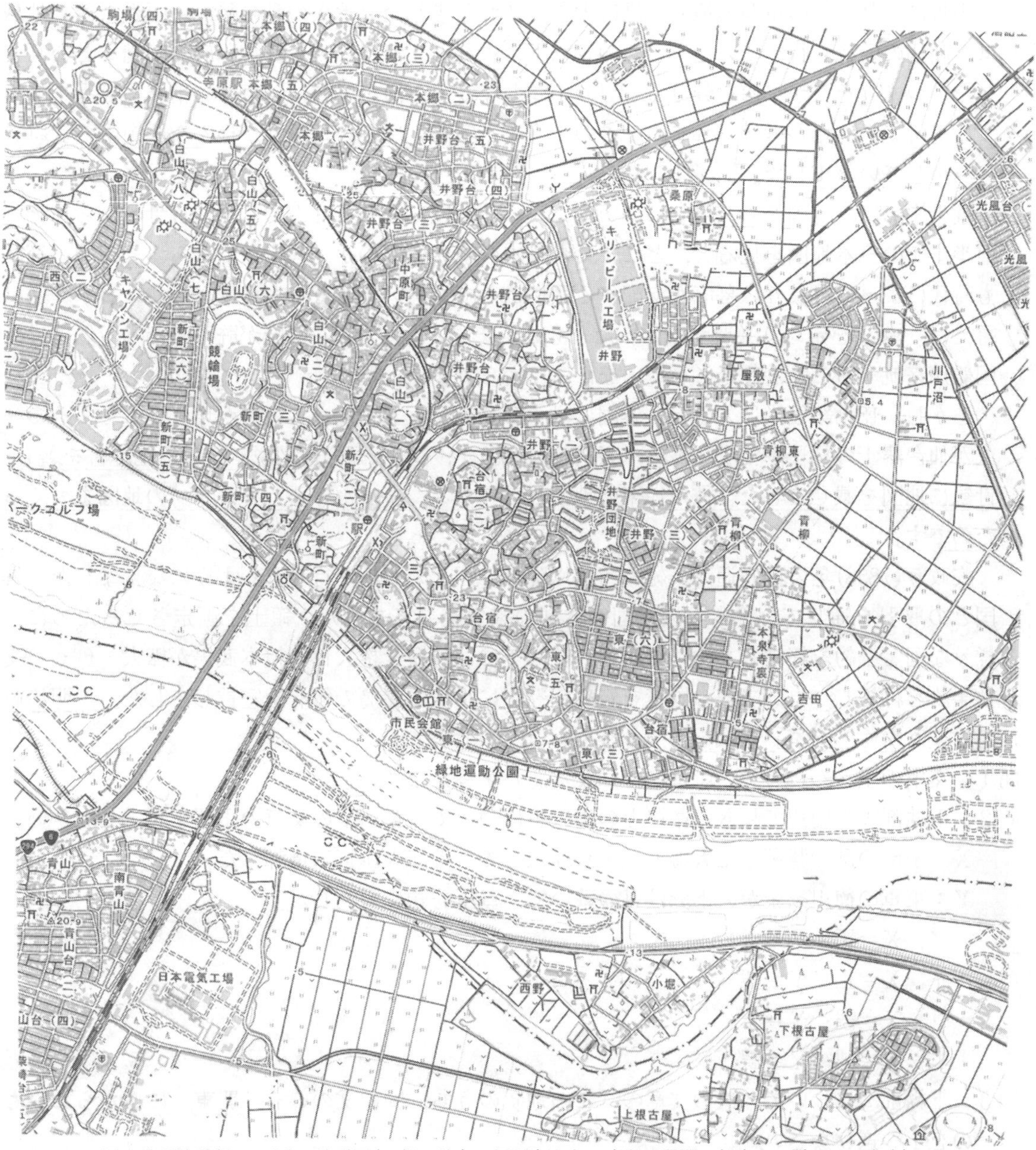

国土地理院発行2.5万分１地形図(一部の地名や河川名などの表記は設問の都合上，隠しています)
〈編集部注：編集上の都合により原図の90％に縮小してあります。〉

2 次の文章を読んで，あとの問いに答えなさい。

日本の歴史から見た「境目」についても考えてみましょう。古代には都を中心にした七道という幹線道路が作られ，都への敵の侵入を防ぐために，北陸道に愛発関《あらちのせき》(福井県)，東海道に鈴鹿関(三重県)，東山道に①不破関《ふわのせき》(岐阜県)という関所が設置されました。この三カ所の関所はすべて都の東側に設置されており，古代ではこの関所より東の地域を「関東」と呼んでいました。奈良時代に編纂された歌集『(あ)』に載せられた東歌《あずまうた》には，「関東」の民衆の様子が歌われています。都に住む人々にとって九州から畿内にかけては関の内側で，東側は遠く自力で帰るのが難しい地域と考えられ，律令国家では②「関東」が流罪の地として選ばれました。

中世に入り，この東西の境界意識は大きく変わりました。承久の乱の後，尾張から西の地域は，朝廷の監視も行っていた(い)の管轄下に入り，三河から東が鎌倉幕府の管轄下となりました。つまりそこが東西を分ける境界の１つとなり，三河・尾張は③東西の情報や商品を交換する場所であったと考えられます。このような④三河・尾張の地域性が様々な歴史上の武将を生み出していきました。

近世までは，外国との「境」については大きな問題になりませんでした。17世紀から18世紀前半までの日本地図を見ると，どこまでが日本の境界内なのかが画定しておらず，地図の範囲も時代によって異なり，幕府が支配する領域はとてもあいまいだったことがわかります。逆に言えば，「境」を定める必要がなかったともいえます。なぜなら，幕府が許可した場所以外に外国船が来航することが想定されていなかったからです。

しかし，18世紀後半に入ると，外国に対する意識を大きく変える人物が現れました。その一人が仙台藩士の林子《はやしし》平《へい》です。彼は，天明５(1785)年，⑤『三国通覧《さんごくつうらん》図説《ずせつ》』という地理書を著し，付録に地図を載せました。彼は従来の地図とは異なる，まったく新しいタイプの地図をつくったのです。

安政５(1858)年の修好通商条約の締結以降，外国との貿易が行われるようになりました。外国との取引を通じて，日本も近代国家体制の整備を急ぎました。領土を画定させるために，様々な国と条約を締結します。明治８(1875)年には特命全権大使の榎本武揚が樺太・(う)交換条約を締結し，ロシアとの国境を定め，翌年に小笠原諸島の領有を宣言しました。⑥明治政府はようやく「国家」意識を持つようになったのです。

問１．文中の空らん(あ)～(う)に当てはまる語句を答えなさい。

問２．下線部①の周辺で起きた歴史上の出来事について，Ｘ・Ｙの文章の正誤を判定しなさい。

Ｘ：壬申の乱で勝利した大海人皇子が即位して，近江大津宮に遷都した。

Ｙ：東軍の徳川家康が天下分け目の戦いで，豊臣秀頼に勝利した。

ア．Ｘ＝正　Ｙ＝正

イ．Ｘ＝正　Ｙ＝誤

ウ．Ｘ＝誤　Ｙ＝正

エ．Ｘ＝誤　Ｙ＝誤

問３．下線部②について，次の文章の「この地」のうち，問題文のいう**「関東」にあたらないもの**を１つ選びなさい。

ア．源頼朝は平治の乱の後，この地に流された。

イ．鎌倉幕府の執権北条時頼に意見を提出した日蓮はこの地に流された。

ウ．法然の弟子であった親鸞は，後鳥羽上皇の怒りにふれ，この地に流された。

エ．後醍醐天皇は，鎌倉幕府の倒幕計画を立てたが，元弘の変でこの地に流された。

問４．下線部③について，現在でも愛知県は東西をつなぐ中継地としての役割を果たしています。以下の【地図１】のＡは半島，Ｂは高速道路，Ｃは用水路を示しています。Ａ半島には，【写真】のような日本夜景遺産の１つがみられます。この夜景はある作物の栽培と関係があります。

Ａ半島一帯でこの作物が栽培されるようになった理由は何ですか。この作物の名前をあげ，立地に着目して説明しなさい。

【地図１】

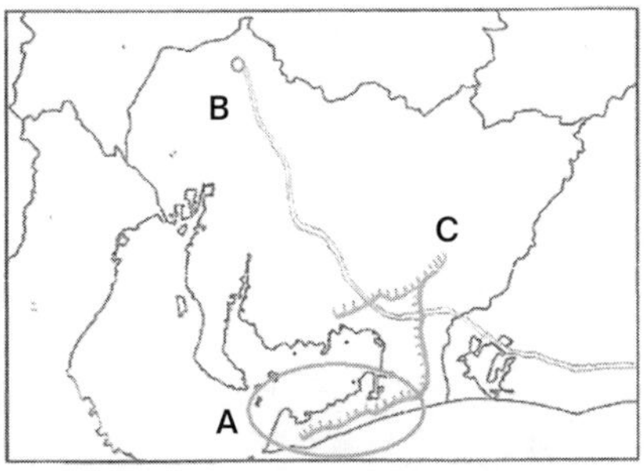

【写真】

〔日本夜景遺産のホームページより〕

問５．下線部④について，**尾張出身ではない武将の説明**として，正しいものを１つ選びなさい。

ア．九州にバテレン追放令を出し，宣教師の国外追放を命じた。

イ．幼少期を今川氏の人質として過ごし，息子の名で武家諸法度を制定した。

ウ．堺の鉄砲生産の技術に着目して，自治権を取り上げ直接おさめた。

エ．小田原攻めで北条氏をほろぼし，東北地方の伊達政宗を従えた。

問６．下線部⑤について，以下の【資料１】・【資料２】は『三国通覧図説』から，【地図２】はその付録の地図『三国通覧輿《よ》地《ち》路《ろ》程《てい》全《ぜん》図《ず》』(出題者が一部編集)から引用したものです。

【資料１】『三国通覧図説』序文(出題者により訳出)

　地理は非常に大切である。思うに，政府にいて国事にあたる者が地理を知らない時には，治安を守ることができない。兵士を引き連れて征伐を職務とする者が地理を知らない時には，安全を確保できない。…世に地理に明るい者は多くいるが，その誰もが万国の図(世界地図)を作るか，または，本国の図(日本地図)に限定して描くだけである。…だから，今新たに本国を中心にして［　D　］・［　E　］・［　F　］及び小笠原島などの図を作り示すことがこの本の目的である。この三国(３つの国・地域)は《　G　》だからである。思うに本国の人，身分の上下や教育の有無に関係なく，知るべきものは三国の地理である。

【資料２】『三国通覧図説』に載せられた三国の風俗(一部抜粋)

［　D　］の文字について

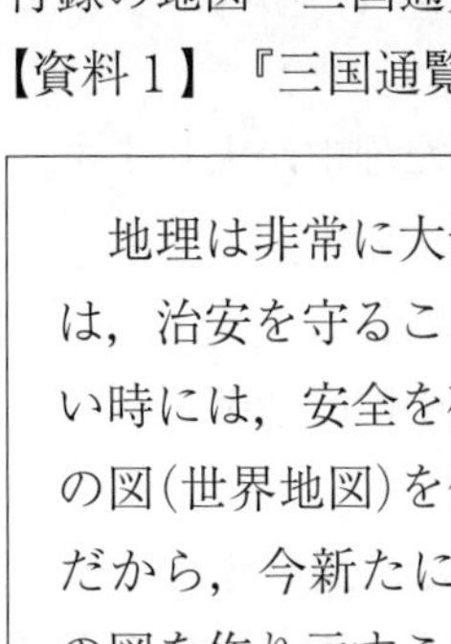

［　E　］について(出題者により訳出)

…その国は小さいので，日本，中国の両大国に服従して両方の朝廷に使いを送っている。日本を訪ねるときは日本の年号を使用し，中国を訪ねるときは中国の年号を用いる。…

［　F　］にいる人々について

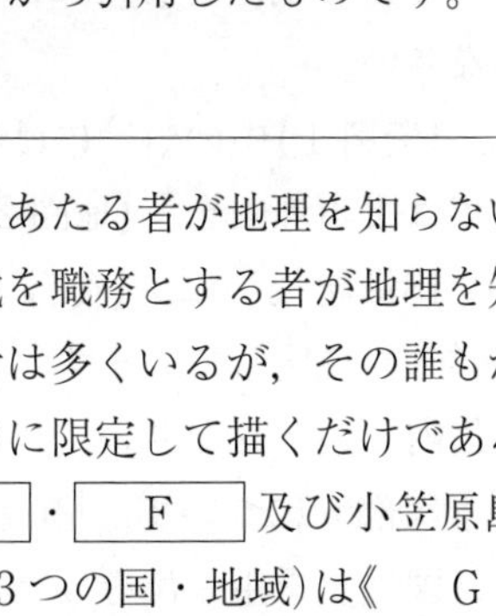

【地図２】『三国通覧輿地路程全図』

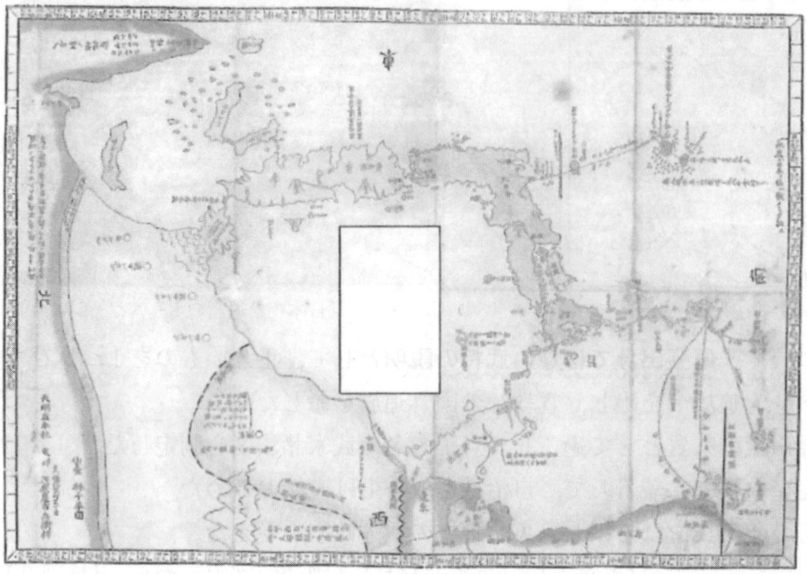

(1) 資料や地図を参考に，空らん D・E・F に当てはまる国・地域をそれぞれ答えなさい。

(2) 【資料１】中の《Ｇ》には林子平がこの「三国」を本で取り上げた理由が入ります。Ｇに当てはまる理由を，【地図２】を参考にしながら15字以内で答えなさい。

(3) 18世紀後半に，【資料１】中の波線部のような考えを林子平は持ち， F について特に詳しく説明しています。このような考えが生まれた背景を当時の国際情勢から考え，15字以内で説明しなさい。

問７．下線部⑥について，「国家」意識の高まりとともに，明治政府は四民平等を実現し，均質な「国民」を生み出そうとしました。四民平等によって農民や商人・職人は名字を名乗ることや自由な結婚ができること等，いくつかの権利を獲得できた一方で，平等に義務も課されました。その義務を２つ，それぞれ漢字二字で答えなさい。

3 次の文章を読んで，あとの問いに答えなさい。

昨年(2020年)は正月早々に，X カルロス＝ゴーン日産自動車元会長が刑事裁判を控えた身(被告)でありながらレバノンへ逃亡するというニュースが飛びこみ，改めて我が国と世界とのつながりを感じた人も多かったのではないでしょうか。そこで，この問題では国際結婚(これも「境目」のひとつをなしています)によって大きな話題を提供した３人の女性を取り上げ，世界との結びつきについて目を向けていきます。

まず１人目は，クーデンホーフ光子です。本名は青山みつといいます。彼女が著名になった理由は，1893年に(あ)出身のクーデンホーフ＝カレルギー伯爵と出会い，当時としては珍しかった国際結婚のはしりとなったことが挙げられます。(あ)はウィーンを首都とする国です。２人が知り合ったのは，紅葉館《こうようかん》という外国人を接待する社交場でした。同じ時期に，条約改正のために井上馨や伊藤博文が開設した国際的な社交場としては，現在の千代田区内幸町《うちさいわいちょう》にあった(い)が知られています。紅葉館は(い)のいわば姉妹組織とでもいうべきものでした。

クーデンホーフ光子は「レディーミツコ」とも呼ばれ，その波乱に満ちた人生はたびたび物語や舞台にもなりましたが，彼女の名前が知られるようになったもうひとつの理由としては，息子リヒャルトの存在があります。リヒャルトは雑誌『パン・ヨーロッパ』を1923年に刊行し，ヨーロッパがひとつになることを呼びかけました。それは現在に続く①ヨーロッパ統合の先駆けとなる運動だったため，リヒャルト＝クーデンホーフ＝カレルギーは「ヨーロッパ統合の父」のひとりに数えられます。現在，ヨーロッパ統合は，1993年に発効した（　う　）条約により，EU（ヨーロッパ連合）に発展しています。

Y第二次世界大戦が終わるまで，すなわち戦前に最も国際的に著名であった日本人女性がクーデンホーフ光子であったとするならば，戦後に最も世界中で知られるようになった日本人女性のひとりが，２人目のオノ＝ヨーコでしょう。彼女は本名を小野洋子といい，芸術家として活動を開始し，1960年代に世界的なロック・グループとなった（　え　）のリーダーであるジョン＝レノンと1969年に結婚しました。英国のグループであった（　え　）は1966年に来日し，初めて日本武道館をコンサート会場として使用したことでも知られています。ジョンとヨーコのふたりは，「ラブ＆ピース（愛と平和）」を唱えて反戦運動を行い，1969年には「ウォー・イズ・オーバー（戦争は終わった）」の屋外看板広告を世界12都市で掲げて，アメリカ合衆国が当時泥沼におちいっていた（　お　）戦争の早期終結を訴えました。

最後に３人目として，最近でもテレビでよく見かけるデヴィ夫人にも触れておきましょう。デヴィ夫人こと本名根本七保子は，インドネシア共和国の初代大統領であるスカルノによって，1962年に正式にその第三夫人として迎えられました。したがって，彼女のことをデヴィ＝スカルノとも呼びます。なぜ第三夫人かというと，スカルノ大統領が（　か　）教徒であり，世界で最もインドネシアに信者の多い（　か　）教では，一夫多妻制が認められているからです。第二次世界大戦後にインドネシアの独立を達成し，その初代大統領となったスカルノは，②1955年にジャワ島で国際的な会議を開催したことでも知られます。しかし彼は独裁者としての顔も持ち，この会議から十年後には国内で軍事クーデターが発生したため，国際結婚を通じて茶の間の有名人になったデヴィ夫人も，かつてのクーデンホーフ光子と同様に，波乱の人生を歩んだのでした。

問１．空らん（あ）～（か）に当てはまる語句を答えなさい。

問２．下線部①に関する説明について，正しい組み合わせをＡ～Ｄから１つ選びなさい。

(ア)　フランスとドイツが中心国であり，欧州の平和と安定に貢献した。

(イ)　難民問題に苦しんだイタリアが，2020年にEUから正式に離脱した。

Ａ．(ア)(イ)ともに正しい　　Ｂ．(ア)のみ正しい

Ｃ．(イ)のみ正しい　　Ｄ．(ア)(イ)ともに誤り

問３．下線部②に関する説明について，正しい組み合わせをＡ～Ｄから１つ選びなさい。

(ア)　バンドン会議と呼ばれ，主に環境問題について話し合った。

(イ)　朝鮮戦争の休戦後に開かれ，我が国も出席した。

Ａ．(ア)(イ)ともに正しい　　Ｂ．(ア)のみ正しい

Ｃ．(イ)のみ正しい　　Ｄ．(ア)(イ)ともに誤り

問４．波線部について，彼とオノ＝ヨーコが共作した曲として「イマジン」が知られています。

国境や戦争のない世界を想像（イマジン）するこの曲の精神を伝える建造物（モニュメント）と

して，2007年にアイスランドの首都レイキャビック沖合の島に「イマジン・ピース・タワー」が建てられました。

この場所が選ばれた理由としては，アイスランドの環境に配慮した発電への取り組みが関係しているといわれています。右のグラフはアイスランドの発電割合を示しており，そのうち30%を占めるイの発電には，我が国の技術も導入されています。

アイスランドの発電割合

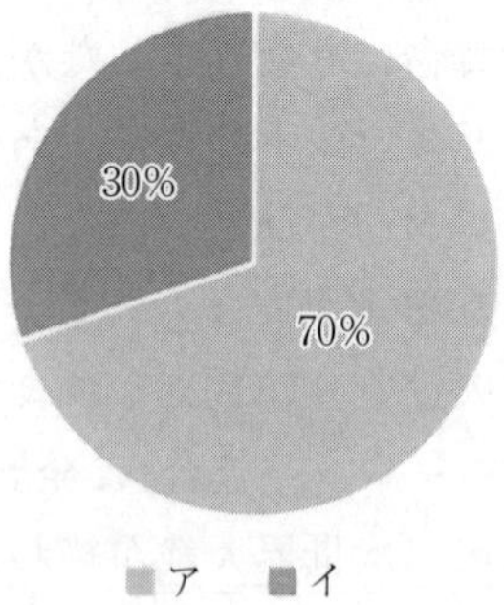

出典：IEA “Key World Energy Statistics 2019”

アとイの組み合わせとして正しいものをＡ～Ｄから１つ選びなさい。

Ａ．ア　水力　イ　地熱　　Ｂ．ア　火力　　イ　水力

Ｃ．ア　地熱　イ　原子力　Ｄ．ア　原子力　イ　火力

問５．二重下線部Ｘについて，ゴーン被告の日本への身柄《みがら》引き渡しは実現していませんが，我が国が犯罪人引き渡し条約を結んでいるのは，アメリカ合衆国と大韓民国だけです。

犯罪人について日本・アメリカ・韓国に共通することを，刑事裁判の判決の結果として受ける可能性のある刑罰の点から，説明しなさい。

問６．二重下線部Ｙについて，我が国では第二次世界大戦はこれまで「太平洋戦争」と表記されることが多かったですが，近年「アジア太平洋戦争」と呼ばれることも増えてきています。その理由を説明しなさい。

【理　科】〈**第１回試験**〉（40分）〈満点：100点〉

《注意》 漢字で書くべき用語は漢字で書くこと。

1　火山について，以下の各問いに答えなさい。

問１　【図１】は火山の形をａ～ｃの３つに分類し，模式的に表したものです。

【図１】

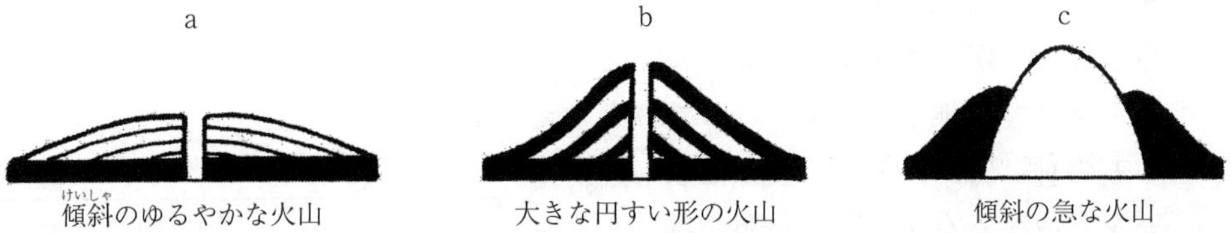

(1)　浅間山は，火山ａ～ｃのどの形ですか。ａ～ｃから１つ選んで，記号で答えなさい。

(2)　マグマの性質と火山の形の関係について適切なものを，次の**ア**～**エ**から１つ選んで，記号で答えなさい。

ア　粘《ねば》りけが強いマグマは，冷えて固まると黒っぽい岩石になり，傾斜の急な火山になりやすい。

イ　粘りけが弱いマグマは，冷えて固まると黒っぽい岩石になり，傾斜のゆるやかな火山になりやすい。

ウ　粘りけが強いマグマは，冷えて固まると白っぽい岩石になり，傾斜のゆるやかな火山になりやすい。

エ　粘りけが弱いマグマは，冷えて固まると白っぽい岩石になり，傾斜の急な火山になりやすい。

問２　マグマが冷えて固まった岩石は，マグマがどのように冷えたかによって２種類に分類できます。この２種類の岩石をまとめて何といいますか。

問３　問２の岩石のうち１種類の断面を顕微《けんび》鏡で観察しました。【図２】は，そのようすを模式的に示したもので，肉眼で見えるくらいの鉱物がきっちりと組み合わさっていました。また【表１】は，一般《いっぱん》的に岩石に含《ふく》まれる鉱物と，それらが【図２】の岩石に含まれている体積の割合[％]を示したものです。

【図２】

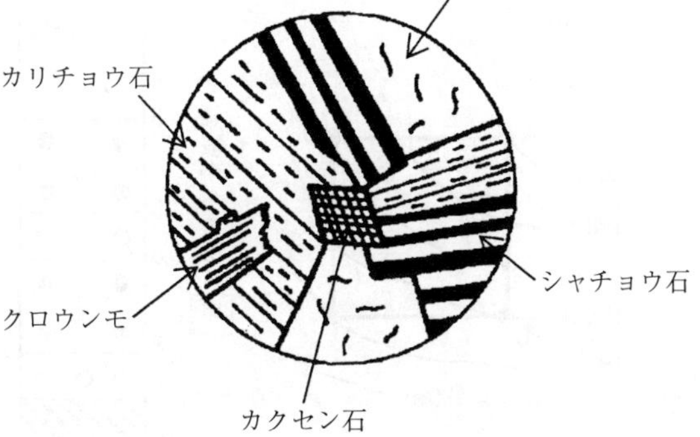

【表１】

鉱物		岩石に含まれる体積の割合[％]
有色鉱物	キ石	0
	カンラン石	0
	カクセン石	2
	クロウンモ	5
無色鉱物	セキエイ	32
	シャチョウ石	21
	カリチョウ石	40

(1)　下線部のような岩石のつくりを何といいますか。

(2)　この岩石はどのようにしてできたと考えられますか。次の**ア**～**エ**から１つ選んで，記号で答えなさい。

ア　マグマが地表付近で，急激に冷えてできた。

イ　マグマが地表付近で，ゆっくりと冷えてできた。

ウ　マグマが地下深くで，急激に冷えてできた。

エ　マグマが地下深くで，ゆっくりと冷えてできた。

(3)　右の【図３】は，岩石の種類と岩石を構成する有色鉱物と無色鉱物の体積の割合[%]を示したものです。これをもとにすると，【図２】の岩石は何であると考えられますか。岩石の名称《しょう》を答えなさい。

【図３】

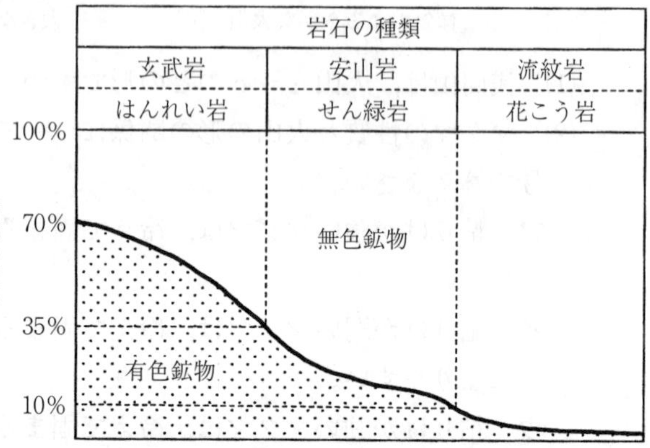

火山が噴《ふん》火すると，溶《よう》岩・軽石・火山灰などを噴出し，噴《ふ》き上げられた火山灰は，風に運ばれ，広い範囲《はんい》に堆積《たいせき》することがあります。【図４】はある地域の等高線を表した図で，Ａ～Ｄ地点を結んだ図形は正方形であり，Ｂ地点から見たＡ地点は真北の方角にあります。【図５】はＡ～Ｄの４地点でボーリング調査を行った結果をもとに作成したＡ・Ｂ・Ｄ地点の柱状図です。ただし，この地域では，断層や地層の曲がりは見られず，各地点で見られる火山灰の層は同一のものであるとします。

【図４】

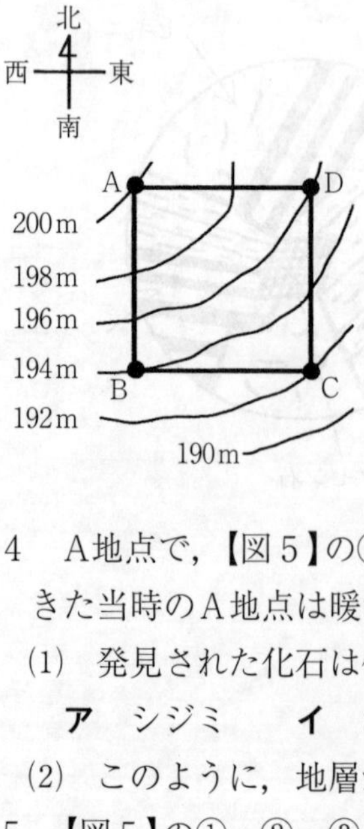

【図５】

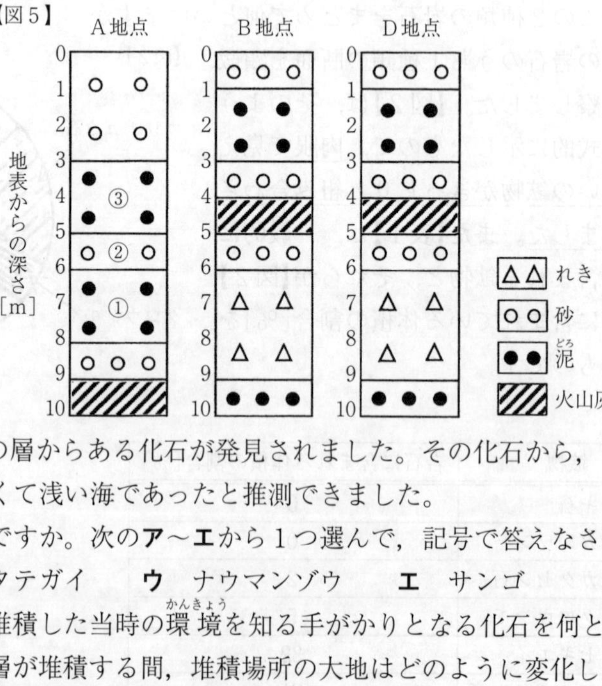

問４　Ａ地点で，【図５】の②の層からある化石が発見されました。その化石から，この地層ができた当時のＡ地点は暖かくて浅い海であったと推測できました。

(1)　発見された化石は何ですか。次の**ア**～**エ**から１つ選んで，記号で答えなさい。

ア　シジミ　　**イ**　ホタテガイ　　**ウ**　ナウマンゾウ　　**エ**　サンゴ

(2)　このように，地層が堆積した当時の環境《かんきょう》を知る手がかりとなる化石を何といいますか。

問５　【図５】の①・②・③の層が堆積する間，堆積場所の大地はどのように変化したと考えられますか。次の**ア**～**エ**から１つ選んで，記号で答えなさい。ただし，この間，海水面の高さは変わらなかったものとします。

ア　隆起《りゅうき》し続けた。

イ　沈降《ちんこう》し続けた。

ウ　隆起してから沈降した。

エ　沈降してから隆起した。

問6　【図5】から，この地域の地層はある方角が低くなるように傾《かたむ》いていることがわかります。

(1)　東西方向について考えると，ＡとＤではどちらが何m低くなっていますか。

(2)　南北方向について考えると，ＡとＢではどちらが何m低くなっていますか。

(3)　(1)と(2)より，この地域の地層は，どの向きに低くなっていると考えられますか。次の**ア**～**シ**から１つ選んで，記号で答えなさい。

ア　Ａ→Ｂの向き　**イ**　Ａ→Ｃの向き

ウ　Ａ→Ｄの向き　**エ**　Ｂ→Ｃの向き

オ　Ｂ→Ｄの向き　**カ**　Ｃ→Ｄの向き

キ　Ｂ→Ａの向き　**ク**　Ｃ→Ａの向き

ケ　Ｄ→Ａの向き　**コ**　Ｃ→Ｂの向き

サ　Ｄ→Ｂの向き　**シ**　Ｄ→Ｃの向き

問7　Ｃ地点の火山灰の層は，地表から何mから何mの深さにありますか。

2　身のまわりの物質は，１種類だけの物質(純《じゅん》物質)と，純物質どうしが混ざった混合物とに分類されます。混合物は様々な方法で純物質に分けることができますが，ここでは水に対する溶《と》け方の違《ちが》いを利用して分ける方法を考えてみましょう。

［Ｉ］　ある固体が一定量の水に溶ける場合，同じ温度であれば溶かすことのできる固体の量には限界があります。それ以上溶かそうとしても溶け残りができてしまいますが，条件を変えることで完全に溶かすことができます。右の【表１】には，４種類の固体Ａ～Ｄについて，100gの水に溶ける最大量[g](この数値を溶《よう》解度という)と水の温度[℃]との関係を示しました。

【表１】

	0℃	20℃	40℃	60℃	80℃
固体Ａ[g]	14	32	64	110	170
固体Ｂ[g]	35.6	35.8	36.3	37.1	38.0
固体Ｃ[g]	3	5	9	15	24
固体Ｄ[g]	3	6	12	25	71

固体Ａ～Ｄは次のいずれかです。以下の各問いに答えなさい。ただし，それぞれの固体が水に溶けることによる温度変化は考えないものとします。また，計算結果は，小数第１位を四捨五入して整数値で答えなさい。

【固体Ａ～Ｄ】

ミョウバン　　ホウ酸　　塩化ナトリウム　　硝《しょう》酸カリウム

問1　固体Ａについて，水の温度と溶解度との関係を，【表１】をもとに解答用紙にグラフで示しなさい。

問2　固体Ａと固体Ｂの溶解度が等しくなる水の温度は何℃くらいですか。最も適当なものを次の**ア**～**カ**から１つ選んで，記号で答えなさい。

ア　13　**イ**　17　**ウ**　23

エ　27　**オ**　33　**カ**　37

問3　次の計算をしなさい。

(1)　60℃で固体Bの20％水溶液が100gあります。同じ温度で，これに固体Bをあと何g溶かすことができますか。

(2)　9gの固体Dを80℃の水150gに溶かした水溶液をゆっくり冷却《きゃく》していくと，溶けきれなくなった結晶《しょう》が容器の底にでき始めました。このときの水の温度は何℃ですか。

問4　次の条件に合う固体をそれぞれA～Dから1つずつ選んで，記号で答えなさい。

(1)　80℃の水にそれぞれ溶けるだけ溶かした水溶液100gずつを20℃まで冷却したとき，出てくる結晶が最も多い固体

(2)　水溶液から結晶を取り出すのに，水溶液を冷却する方法が適さないため，水を蒸発させる方法で行う固体

問5　溶けきれなくなって出てきた結晶を取り出すには，ろ過をします。

右図はろ過の操作を示していますが，適切でないところが1つあります。どこをどのようにすべきかを文章で示しなさい。

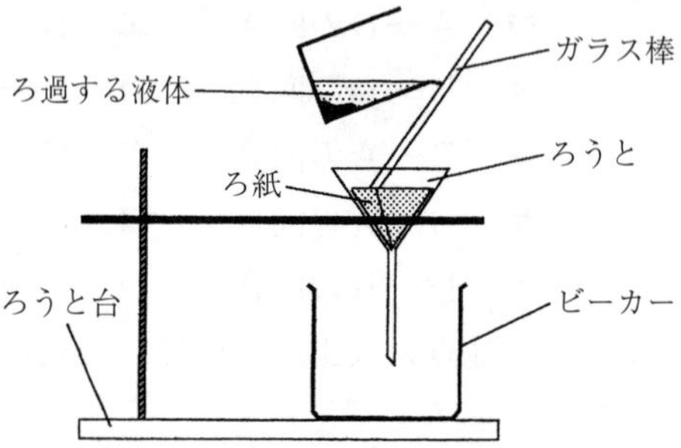

問6　固体A～Dの結晶の形にはそれぞれ特徴《ちょう》があり，このうちAは針状の結晶，Bは立方体，Dは正八面体の形でした。A，B，Dはそれぞれ何ですか。固体名を答えなさい。

問7　固体Aと固体Bの混合物が60gあります。それぞれ何g含《ふく》まれているかはわかっていません。この混合物からAだけを取り出す操作を次のように行いました。混合物中に含まれていた固体Aは何gでしたか。ただし，それぞれの固体は，他方の固体の溶解度に影響《えいきょう》を与《あた》えないものとします。

①　全体を80℃の水100gに溶かすと，すべて溶けた。

②　①のあとゆっくり冷却していくと，30℃でAの結晶ができ始めた。最終的に20℃まで冷却したが，Bの結晶はできなかった。また，この間に水の蒸発はなかった。

③　②のあとろ過したところ，結晶は14gあった。

[Ⅱ]　ある気体が一定量の水に溶ける場合，気体の溶ける量は何と関係があるのでしょうか。ビンに入った炭酸水の栓《せん》を抜《ぬ》くと泡《あわ》が出ます。このことをもとに考えてみましょう。

問8　この泡の主成分は何という気体ですか。

問9　泡の出方について述べた次の文章の空欄《らん》をうめて，文章を完成させなさい。ただし，②，③，⑤については，それぞれ適する語句を選んで，記号で答えなさい。

栓を抜くと泡が出るのは，ビンの中と外との(　①　)差に関係がある。炭酸水は水に②{**ア**　高い　**イ**　低い}(　①　)で気体を溶かしているため，栓を抜くことで溶けていた気体が出てくるのである。また，夏に室温で置いていたビンより冷蔵庫で冷やしていたビンの方が泡が③{**ウ**　出やすい　**エ**　出にくい}ことから，水の(　④　)が高いほど気体が⑤{**オ**　溶けやすい　**カ**　溶けにくい}と言える。

3　被《ひ》子植物について，以下の各問いに答えなさい。

［Ｉ］【図１】は植物Ａと植物Ｂの葉，【図２】は葉の断面，【図３】は葉の裏面《りめん》に多く見られる構造の模式図です。

【図１】

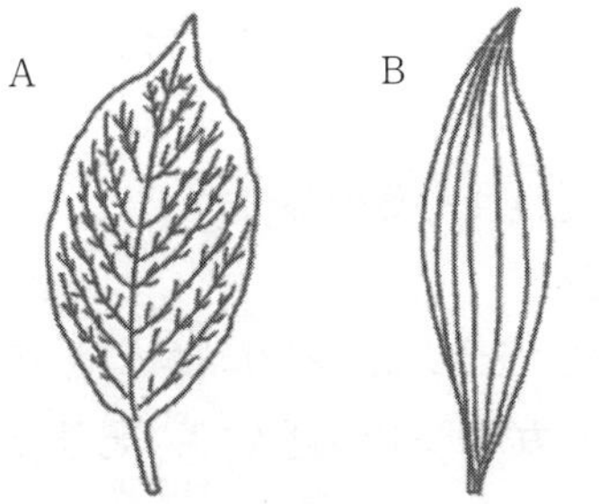

【図２】

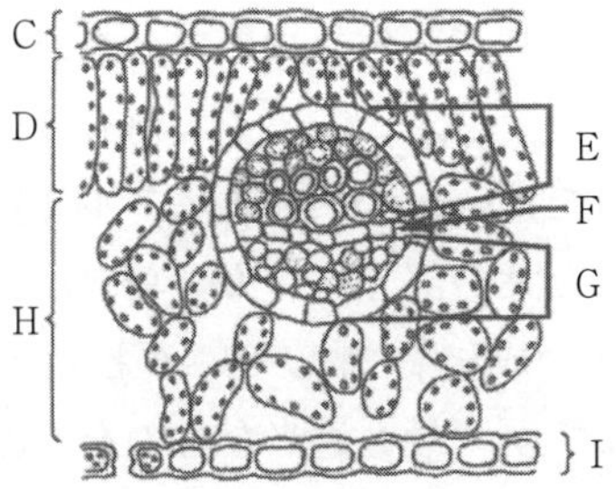

【図３】

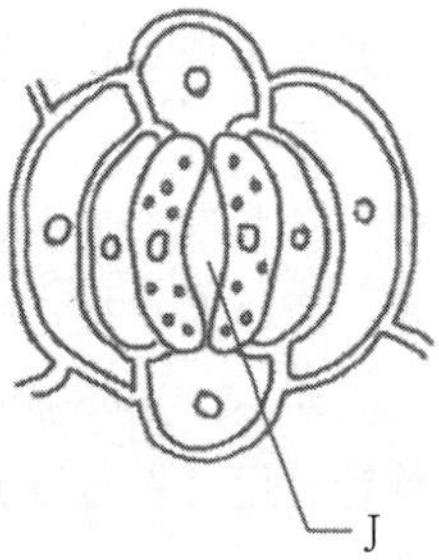

問１　【図１】に見られる，葉の表面にある筋のようなものを何といいますか。

問２　【図１】のＡのような筋をもつ植物を次の**ア**～**ク**からすべて選んで，記号で答えなさい。

ア　ヘチマ　　**イ**　ススキ　　**ウ**　トウモロコシ　　**エ**　ヤマユリ

オ　アサガオ　　**カ**　ソメイヨシノ　　**キ**　エノコログサ　　**ク**　トマト

問３　葉の表面の筋が，【図１】のＢと同じようになっている植物のグループを何といいますか。

問４　葉の表面にある筋のようなものは，【図２】ではどこにあたりますか。【図２】のＣ～Ｉからすべて選んで，記号で答えなさい。

問５　【図３】のＪの部分を何といいますか。

問６　植物が，【図３】のＪを通して出し入れしている気体を３つ答えなさい。

［Ⅱ］　植物の光合成について調べるために，次のような実験を行いました。

ある植物を，下の①～⑥のように準備しました。ただし，茎《くき》の長さ，茎の太さ，葉の厚さはすべて同じとします。

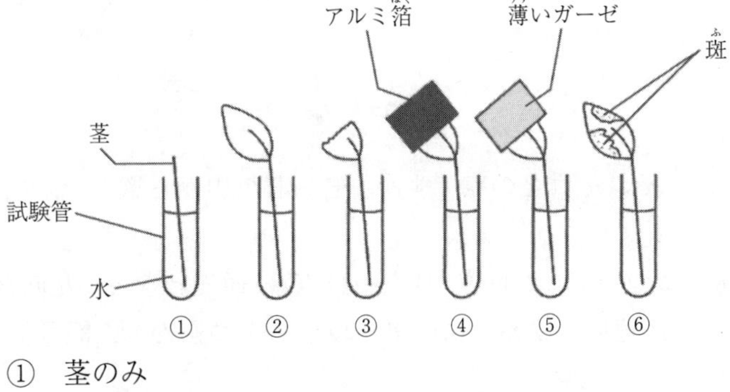

①　茎のみ

②　茎と葉(100cm^2)

③　茎と葉半分(50cm^2)　葉の半分ははさみで切り取る

④　茎と葉(100cm^2)　葉の半分はアルミ箔で覆《おお》う

⑤　茎と葉(100cm^2)　葉の半分は薄いガーゼで覆う

⑥　茎と斑入りの葉(緑の部分は50cm^2)

これらの試験管に十分な強さの光を当て，５時間放置しました。その後，植物の乾燥《かんそう》重量(mg)の変化を

	①	②	③	④	⑤	⑥
乾燥重量の変化(mg)	±0	＋36	＋9	＋9	＋18	＋9

調べたところ，前のページの表のようになりました。乾燥重量の変化は，植物が使ったデンプンの質量とつくったデンプンの質量の差で表されるとします。また，この強さの光のもとで，植物を数日間放置しても，枯《か》れた植物はありませんでした。

問７　上記の実験について，以下の問いに答えなさい。

⑴　光合成していると考えられる部分を次の**ア**～**カ**からすべて選んで，記号で答えなさい。

ア　茎　　　**イ**　何も操作をしていない葉
ウ　はさみで切って残った葉　　　**エ**　アルミ箔で覆われた葉の部分
オ　薄いガーゼで覆われた葉の部分　　　**カ**　葉の斑の部分

⑵　表から，光の強弱は光合成に影響《えいきょう》しているといえます。それは，どの試験管とどの試験管を比べるとわかりますか。最も適当なものを次の**ア**～**カ**から１つ選んで，記号で答えなさい。

ア　①と④　　**イ**　①と⑤　　**ウ**　②と③　　**エ**　②と⑤　　**オ**　④と⑥　　**カ**　⑤と⑥

⑶　表から，葉の損傷は光合成に影響しているといえます。それは，どの試験管とどの試験管を比べるとわかりますか。２本の試験管を選び，番号で答え，また，そう考えた理由を説明しなさい。

4　以下の各問いに答えなさい。

［Ｉ］　図のように，くぎに細い糸を結び，糸の反対側の端《はし》におもりを取り付け，糸がたるまないようにして，図のＡ点までおもりを持ち上げ，手を離《はな》したところ，おもりはＡ点とＦ点の間で振《ふ》り子運動をはじめました。この振り子について以下の各問いに答えなさい。

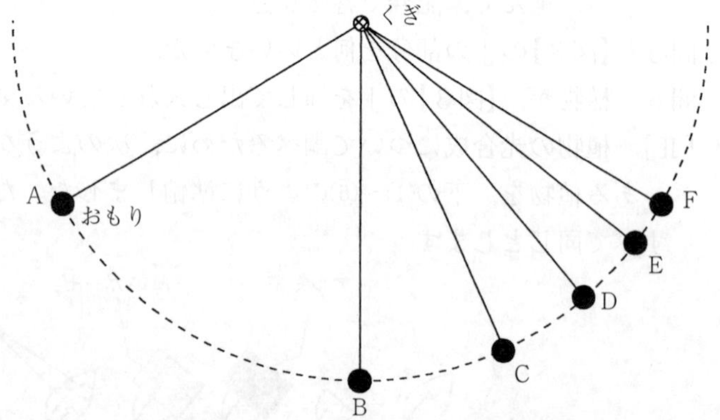

問１　Ｂ点からＥ点の間でおもりの速さが最も速い点と最も遅《おそ》い点は，それぞれどの点ですか。Ｂ～Ｅの中から選んで，記号で答えなさい。

問２　おもりがＣ点を通るときの速さについて，右向き（Ｂ点→Ｄ点）に通るときと，左向き（Ｄ点→Ｂ点）に通るときでは，どちらが速いですか。次の**ア**～**ウ**から１つ選んで，記号で答えなさい。

ア　右向きが速い
イ　速さは同じ
ウ　左向きが速い

［Ⅱ］　右の図のＡ～Ｅは，斜面《しゃめん》上のＡ点に置いた球から静かに手を離して転がしたときに，手を離してから１秒ごとの球の位置を示したものです。

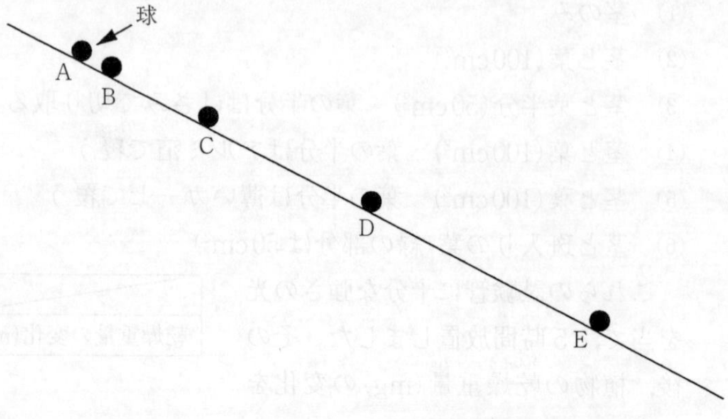

Ａ点で手を離してからの時間と転がった距離《きょり》の関係を表に表すと次のようになります。

	A	B	C	D	E
手を離してからの時間［秒］	0	1	2	3	4
Ａ点から転がった距離［m］	0	1	4	9	16

問３　AB 間，BC 間，CD 間，DE 間の長さはそれぞれ何mですか。

問４　BC 間，DE 間の平均の速さ〔m／秒〕をそれぞれ求めなさい。

問５　Ｃ点での速さは，BC 間の平均の速さと CD 間の平均の速さの平均となります。Ｃ点での速さを求めなさい。

［Ⅲ］　地下鉄をつくるとき，比較《かく》的新しく建設された路線では，省エネを目的として線路と駅の配置に工夫《くふう》をしているケースがあります。ここまでの［Ⅰ］［Ⅱ］で考えたことを参考に，次の問いに答えなさい。

問６　あなたが鉄道会社の社長になって地下鉄をつくることになったと仮定して，線路と駅をどのようにつくると電車を運行するときの電力(エネルギー)の節約につながるか考えて，次の断面図(垂直断面図)に線路と駅のようすを図示《し》しなさい。ただし，駅は３つ書き込《こ》み，また，なぜそのように考えたのか，説明も図の中に書き込むこと。

〔記入例〕

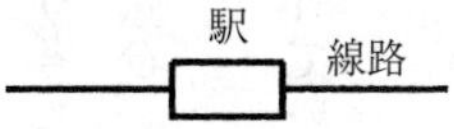

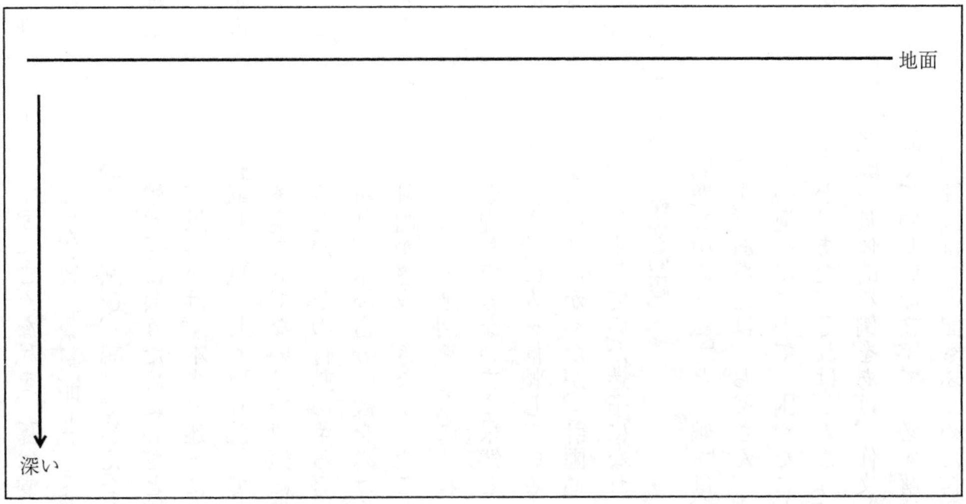

どでぬき出して答えなさい。

問六　――②「しかし私の頭の中には、娘の残した言葉が案外深く刻みつけられていたらしい」とありますが、「私」がそう考えた理由として最も適当なものを、次のア〜エの中から一つ選び、記号で答えなさい。

ア　道に迷う人の様子を観察することで、自分にはとうてい理解しがたい価値観を持つ娘に近づきたかったから。

イ　地図を見ないで道に迷う人の様子を探《さぐ》ることで、自分も娘のような無鉄砲《むてっぽう》な生き方をやってみたかったから。

ウ　道に迷う人のパターンを考察することで、人生に迷って家を出た娘を助けられるのではないかと考えたから。

エ　的を射た娘の発言が忘れられなかったので、道に迷った人々を観察することで娘と和解したいと思ったから。

問七　――③「私はあまり好意を抱《いだ》かれるタイプではないが、その原因はもしかしたらこんなところにあったのかもしれない」とありますが、「こんなところ」を説明したものとして最も適当なものを、次のア〜エの中から一つ選び、記号で答えなさい。

ア　他人を信用せず、見下しているところ

イ　愛想がなく、冷淡《れいたん》な態度を取るところ

ウ　疑い深く、物事を入念に考えるところ

エ　効率を最優先する、せっかちなところ

問八　[Y]に入れるのに最も適当なものを、次のア〜エの中から一つ選び、記号で答えなさい。

ア　他人に心から頼《たよ》ってみたいと考えている

イ　娘に謝罪して仲直りしたいと思っている

ウ　想定外の行動をしてみたいと感じている

エ　初対面の人間に愛されたいと願っている

問九　――④「私は突然《とつぜん》、不安になってきた」とありますが、「私」はなぜそうなったのでしょうか。わかりやすく説明しなさい。

問十　――⑤「こんな私を、孫は愛してくれるだろうか」とありますが、「こんな私」の説明として適当でないものを、次のア〜エの中から一つ選び、記号で答えなさい。

ア　娘《むすめ》や孫に会うためにわざと道に迷ってみようと決意したものの、思いがけず本当に迷子になってしまったため混乱して気が動転し、見苦しく取り乱してしまった「私」。

イ　予定を立てないせいで道に迷い他人を頼《たよ》るような人間を装《よそお》ってみたが、その行動に至る努力自体が計画的に考えられたものであり、結局自分の殻《から》をぬけ出せない「私」。

ウ　計画が達成できなかったことに動揺《どうよう》するだけでなく、覚えていたはずの地図を完全に忘れてしまったことで自信を失い、現状が理解できないまま呆然《ぼうぜん》としている「私」。

エ　根本的に人を信頼《しんらい》しているからこそ周囲に好かれる本当の迷子になりたかったが、計画通りにいかなくなってしまったせいで、想定していた迷子になれなかった「私」。

問十一　**［作文問題］**

問題文中の「私」と「娘《むすめ》」は、全く異なる部分を持ち合わせています。あなたは、お父さん、またはお母さんと、性格や考え方などの違《ちが》いによって、困ったことやトラブルになったことはありますか。また、それはどのように解決したのでしょうか。実際の経験や具体的な例をあげ、作文して答えて下さい。解答は大きく濃《こ》くていねいな文字で、必ず解答欄《かいとうらん》内に収まるように書いて下さい。評価は、表記もふくめた言葉としての正しさ、また、巧《たく》みさにも着目しながら、文章として完結しているもののみ、内容を中心に行います。

りこむ。携帯電話《けいたいでんわ》は持っていると地図の確認ができてしまうので、わざと家に置いてきた。

そうした［Ⅲ］な道のりを経て、私は今迷っている。誰はばかることのない、一人前の迷子だ。方向感覚を失い、遠くのビルを見ようにも密集した家が空を塞《ふさ》いでいる。さあ、これで見ず知らずの人間に声をかける準備が整った。あとは道に現れた人物に困り顔で近寄っていくだけだ。

なのに待てど暮らせど誰も通りかからない。平日の午後という時間帯がそうさせるのか。明るい日射《ひざ》しに満ちた住宅街に人の気配はなかった。娘の家を訪問する時間は刻々と近づいている。そろそろ歩き出さないと、度を超《こ》した遅刻《ちこく》になってしまうだろう。私はとにかく急がなければと足を速める。けれど速めたところで方向が合っているかはわからない。④私は突然《とつぜん》、不安になってきた。動悸《どうき》を抑《おさ》えながら、［C］とあたりを見回す。わからない。自分がどこにいて、どの方向に進めばいいのかがわからない。これが本当の迷子という感覚なのか。

混乱した状態で、ふと嫌《いや》な考えがc■をもたげた。もしかしたらこれは迷子なのではなく、ただのボケなのではないだろうか。近隣《きんりん》の地図は覚えていたというのに、わざと外れたはずの幹線道路にたどり着けないなんて異常だ。脳の機能障害かもしれない。なぜだ。ここはどこだ。そしてどっちへ行ったらいいのだ。

むやみに歩き回ったせいで、汗《あせ》が［D］と流れ落ちる。不安を感じすぎたせいか口が渇《かわ》き、入れ歯のにおいと共に口臭《こうしゅう》が漂《ただよ》う。自《じ》動販売機《どうはんばいき》を探そうにも、見当たらない。しまいには涙《なみだ》と鼻水まで出てきた。

⑤こんな私を、孫は愛してくれるだろうか。

（坂木 司《つかさ》作『迷子』より）

問一　［Ⅰ］～［Ⅲ］に入れるのに最も適当な語を、それぞれ次のア～クの中から一つずつ選び、記号で答えなさい。ただし、同じ記号は二回以上使えません。

ア　付和雷同《ふわらいどう》　イ　臨機応変　ウ　用意周到《よういしゅうとう》
エ　反面教師　オ　天衣無縫《てんいむほう》　カ　天真爛漫《てんしんらんまん》
キ　我田引水《がでんいんすい》　ク　四角四面

問二　［A］～［D］に入れるのに最も適当な語を、それぞれ下のア～オの中から一つずつ選び、記号で答えなさい。

［A］　ア　ひらりひらり　イ　ふにゃふにゃ
　ウ　くちゃくちゃ　エ　にょろにょろ
　オ　しゃきしゃき
［B］　ア　じわりじわり　イ　ぽつんぽつん
　ウ　ぴょんぴょん　エ　ぐるんぐるん
　オ　はらりはらり
［C］　ア　じろじろ　イ　うろうろ　ウ　おろおろ
　エ　はらはら　オ　こそこそ
［D］　ア　ぱらぱら　イ　だらだら　ウ　しとしと
　エ　さらさら　オ　ぽろぽろ

問三　～～～a「■襟《きん》を開いて」・b「寝■に水」・c「■をもたげた」の■に入れるのに適当な漢字一字を、それぞれ書きなさい。ただし、すべて体の一部を表す語が入ります。

問四　――①「漠然《ばくぜん》とした不安はあるものの、それよりも遥《はる》かに大きな解放感が私を包んでいる」とありますが、なぜ「私」は「不安」よりも「解放感」に包まれているのでしょうか。理由を説明しなさい。

問五　［X］に入れるのに最も適当な語句を、本文中から八字ちょう

ものなのか」

「そこまで考えないからこそ、受け入れられるんだろ。子供と同じさ。心から信頼を寄せてくる相手に対して、人はそうそう冷たくなれないもんだ」

私の質問に、同僚は笑って答えた。説得力のある意見だった。③私はあまり好意を抱かれるタイプではないが、その原因はもしかしたらこんなところにあったのかもしれない。

しかしむやみやたらと他人を信頼するのも考えものだ。冒険《ぼうけん》と自重〈軽はずみなことをしないこと〉を天秤《てんびん》にかけた場合、私の中では大《たい》抵《てい》自重が競《せ》り勝《か》つ。

（だからお父さんは愛されないんだよ）

娘の言葉が記憶《きおく》の彼方《かなた》から聞こえてくる。愛されない？　だが見ず知らずの他人に愛される必要がどこにあるというのか。私は自分の父母に愛され、妻に愛されていればそれで満足だ。そして娘は愛するものであって、娘に私を愛する義務はない。

そこに迷いの生ずる隙間《すきま》はなかった。

孫が出来た。そう聞かされたのは昨日のことだった。妻は昨夜遅《おそ》くまで外出しており、帰ってくるなり私にその事実を告げた。

「あなた、私たちおじいちゃんとおばあちゃんになったんですよ」

娘が妊娠《にんしん》したらしいということは、妻の態度からなんとなくわかっていた。けれどいつが予定日だとか詳《くわ》しいことは知らなかったため、私にとってはｂ寝■に水の出来事だった。

あのやわらかくて［　Ａ　］した感触《かんしょく》が甦《よみがえ》る。そうか、孫か。喜びが［　Ｂ　］とわき上がってきた。どんなに小さいのだろう、そしてどんなにか可愛《かわい》いのだろう。

けれど娘は私のことを好きではないはずだ。私がそう告げると、妻は困った顔をしてみせる。

「そんなこと考えず、ただお祝いに行ってあげなさいな」

きっとあの子は喜びますから。妻の言葉を頭から信じるほど私は単純ではなかった。けれど今、私はその台詞《せりふ》にすがりたいと思っている。

なぜなら。

私は人生で初めて、［　Ｙ　］からだ。

悩《なや》みに悩んだ末、私はある結論に達した。そう。道に迷えばいいのだ。

迷い道のない人生を嫌《きら》った娘だからこそ、迷った人間にはあたたかく接するはずだ。私は娘の住む部屋までの道のりを思いきり迷い、他人に全幅《ぜんぷく》の〈完全な〉信頼を置いて道をたずね、思わず相手がａ■襟を開くような人間になろう。

「いやあ、迷ってしまって」

時間に少し遅れて照れくさそうに言う私に対し、ぷっと吹《ふ》き出《だ》す娘。その腕に抱かれた孫は、軽く汗《あせ》をかいて赤くなった私の禿頭《はげあたま》を見て笑うだろう。夫だという男は、そんな私を「お義父《とう》さん」と呼ぶのだろうか。

しかしいざ迷うとなると、相当の努力が必要だった。なぜなら私は娘が住んでいるアパートの番地を知っているからだ。賀状〈年賀状〉に記してあったそれを頼りに、私は何度となく地図でアパートの場所を確認《かくにん》していた。だから実際に行かずとも、最寄《もよ》りの駅からの道のりはそらで覚えている。そう、一つ目の角にガソリンスタンドがあり、二つ目の角にコンビニエンスストアがあることまで。

そこで私は非常手段として、あえて駅を一つ乗り過ごしてみた。ここから歩けば、きっと迷うに違《ちが》いない。記憶していない駅に降り立ち、あえて隣町《となりまち》に続く幹線道路を避《さ》け、似たような家が並ぶ住宅街に入初めてこの腕《うで》に抱《だ》いたとき、私は後先考えずに童謡《どうよう》を歌いまくった。看護師が眉《まゆ》をひそめても、同室の女性にカーテンを閉められても、私は赤ん坊のために歌を歌い続けた。困惑《こんわく》した妻が私から娘を取り上げた後、私たちは顔を見合わせて笑った。すべてが計画通りに進められてきた私の人生の中で、あれほど我を失ったことはない。酒に酔《よ》ったことのない人間でも、幸福には酔うことができるのだと知った。

しかしその娘は長じて〈成長して〉道を踏《ふ》み外《はず》した。母が祖父を［Ⅱ］としてきたように、娘もまた私を［Ⅱ］として捉《とら》えたのだ。

「お父さんみたいな予定通りの人生なんて絶対嫌《いや》！」

それが口癖《くちぐせ》だった娘は夜遊びをし、幾人《いくにん》もの男とつきあい、失敗と挫折《ざせつ》を繰《く》り返《かえ》しながら専門学校を卒業した。

「［Ｘ］なんて、味気ないよ」

私には理解しがたい世界で理解しがたい生活を送っていた娘は、最後にそう言い残して家を出た。妻は私に内緒《ないしょ》でひそかに連絡《れんらく》を取り続けていたらしいが、そのことが食卓《しょくたく》の話題に上ることはついぞなかった。

②しかし私の頭の中には、娘の残した言葉が案外深く刻みつけられていたらしい。なぜなら職場や出先で道に迷う人間を目にするたび、私はその相手を観察してしまうのだ。なぜ迷うのか。どうやってその状態から抜《ぬ》け出《だ》しているのか。その理由がわかれば娘の気持ちも理解できるのかもしれない。頭のどこかでそんなことを思いながら、私は迷う人々を見つめている。

何年も観察を続けていると、道に迷う人間にはいくつかのパターンがあることに気がついた。まず彼《かれ》らは地図を見ない。あるいは見ても、理解できていない。そして運良く地図が理解できても歩き出したが最後、自分がどこを背にしているか失念する。東西南北がわからないのは当たり前。さらに駅や幹線道路〈大きな道路〉といった目印を把握《はあく》しないのも当たり前。彼らは目的地と自分のいる地点のことしか考えないから、一本でも道がそれたら迷ってしまう。

ではなぜそんな状態で家を出ることができるのか。私だったら行き先の地図を眺《なが》め、目的地の周囲までをおおよそ把握してからでないと出かけられないものだが、彼らはそんな状況《じょうきょう》に一切臆《いっさいおく》することなく外出する。そして迷いながら私の倍以上の時間をかけて目的地に到《とう》着《ちゃく》するのだ。まったくもって非合理的かつ非論理的である。

しかし道に迷う人々を観察していると、ある共通項《きょうつうこう》が見えてきた。それは「道に迷う者は好意を抱《いだ》かれやすい」ということだ。これもまた私自身の感情による非論理的な感想に過ぎないのだが、道に迷う人々の大半はその突破口《とっぱこう》を他人の助言に頼《たよ》るという傾向《けいこう》がある。

「すいません、道に迷ってしまいまして」

彼らは交番にいる警察官にものをたずねるように、道行く人にさり気なく声をかける。

「ここへはどう行ったらいいんでしょうか」

地図を見せて困り顔で首をかしげる彼ら。するとよほど不親切な者以外は、たいてい同じように首をかしげてその紙切れをのぞき込《こ》んでくれるだろう。

他人をあてにするような行為《こうい》は、私から見れば依存《いそん》としか思えない。けれどあるとき同僚《どうりょう》との会話の中で、こんな意見が飛び出した。

「人に道をたずねることができる奴《やつ》っていうのは、根本的に人を信じてるんだよ」

開けっぴろげで信頼《しんらい》を寄せてくる彼らだからこそ、相手もたやすく a■襟《きん》を開いて受け入れる。

「嘘《うそ》をつかれたり騙《だま》されたりする可能性というのを考えたりはしない

これらの言葉はなぜカタカナで書かれているのでしょうか。その説明として適当でないものを、次のア～エの中から一つ選び、記号で答えなさい。

ア　いろいろな種類の言葉があるなどということは、赤ちゃんにはわからないのだと表したかったから。

イ　赤ちゃんにとって、文章の意味の区切れははっきりわかるものではないことを表現したかったから。

ウ　赤ちゃんが、お母さんの言葉の意味ではなく音を優先して聞き取っていることを示したかったから。

エ　知らない言葉があると、赤ちゃんは文章そのものがわからなくなるということを言いたかったから。

問十　――④「一般化《いっぱんか》の問題」とありますが、その説明として最も適当なものを、次のア～エの中から一つ選び、記号で答えなさい。

ア　「ウサギ」を説明するためにはどうしても他の言葉が必要であるため、「ウサギ」という言葉一つを理解するにしても、相当多くの言葉を身につけなければならないということ。

イ　「ウサギ」は個々に色や形など異なる性質や特徴《とくちょう》があるため、具体的な「ウサギ」の例をどれだけ見たところで、その言葉自体を説明することはどうしてもできないということ。

ウ　「ウサギ」がどういうものであるのかを説明するには、日本語のような一つの言語だけでは難しいので、英語など全く異なる言語に置《お》き換《か》えて考える必要があるのだということ。

エ　「ウサギ」にもいろいろな種類があるため、多くの言葉を学習していなかったならば、具体的な例から普通《ふつう》の「ウサギ」とはこういうものだと言い表すことは難しいということ。

三　次の文章を読んで、後の問いに答えなさい。（問題文中の〈　〉は上の語の意味を説明しています。問題文の一部を書き改めてあります。）

今、私《わたし》は道に迷っている。見知らぬ町角を思いつきで曲がり、駅の方向もわからぬまま直線を突《つ》き進《すす》む。①漠然《ばくぜん》とした不安はあるものの、それよりも遥《はる》かに大きな解放感が私を包んでいる。迷子。この甘く郷愁《きょうしゅう》〈ふるさとや過去などをなつかしく思う気持ち〉を誘《さそ》う響《ひび》き。迷子。さて誰《だれ》に道をたずねようか。迷子。なんともいえず素晴《すば》らしいものじゃないか。

そう、私は今、道に迷っているのだ。

昔からつまらない男だと言われてきた。酒も煙草《たばこ》も嗜《たしな》まず〈好まず〉、賭《か》け事《ごと》など手を出したこともない。見合いで出会った妻以外には女を知らない。そう言ったときには、古い友人にすら目を見張られた。かといって高級な品物に興味はないし、金のかかる趣味《しゅみ》があるわけでもない。強《し》いて言えば、地図を眺《なが》めて目的とする場所までの最短ルートを考えることが趣味かもしれない。小説や映画といった架空《かくう》のものごとにはそそられないので、こういった実利的な頭脳ゲームの方が私には向いているのだろう。

道を外したことのない人生。奔放《ほんぽう》な祖父のせいで苦労を強いられた母は、私に着実で確実な生き方をしろと言い聞かせた。真面目。[I]。堅物《かたぶつ》。周りにどう呼ばれてもかまわなかった。苦笑《くしょう》混《ま》じり、あるいは呆《あき》れ顔《がお》で発せられたその言葉たちは、いつか美徳〈立派な心がけ〉への賛辞に変わるのだと私は信じていたから。

妻との間に娘《むすめ》が出来たとき。もしかしたらあれが私の最も幸福な瞬間《しゅんかん》だったのかもしれない。生まれたてで[A]とした赤ん坊を

イ　立ったままどういうことか考えてしまいました
ウ　はっとして体がこわばって動けなくなりました
エ　打ちつけられ移動できなくなってしまいました

B　「道すがら」
ア　道に向かいつつ　　イ　道を探しながら
ウ　道に沿うように　　エ　道を行く途中《とちゅう》で

C　「端緒《たんしょ》」
ア　きっかけ　　イ　目じるし
ウ　手がかり　　エ　いましめ

問三　問題文から**次の一文**がぬけています。この文を入れるか所として最も適当なものを、**【a】**～**【d】**の中から一つ選び、記号で答えなさい。

モノが複数あったらどうでしょう。

問四　[1]に入れるのに最も適当な語を、問題文中からぬき出して答えなさい。

問五　[2]に入れるのに最も適当なものを、次のア～エの中から一つ選び、記号で答えなさい。
ア　指文字が「ことば」であることをヘレンは理解できていなかった
イ　指文字が「ことば」としては不便なものだとヘレンは思っていた
ウ　指文字が「ことば」を示す唯一《ゆいいつ》の手段だとヘレンは考えなかった
エ　指文字が「ことば」に近いものであるとヘレンはわからなかった

問六　[3]に入る漢字三字の語を、自分で考えて答えなさい。

問七　――①「運命の時」とありますが、これはどういうことを言っていますか。それを説明した**次の文**の[　　]に入れるのに適当な言葉を考え、問題文中の語句を用いて四十五字以内で答えなさい。

[　　]**ということに、ヘレンがついに気づいたということ。**

問八　――②「ヘレンは“mug”（深めで大ぶりなコップ。アメリカでは普段使《ふだんづか》いではcupではなくmugでミルクやコーヒーを飲みます。）“milk”“drink”をよく混同した」とありますが、その理由の説明として最も適当なものを、次のア～エの中から一つ選び、記号で答えなさい。
ア　知らない言葉を聞いた時、赤ちゃんはまだ名前がわからないモノのことだと判断するが、ヘレンは言葉の種類について既《すで》に習っていたので、赤ちゃんのような思《おも》い込《こ》みができなくなってしまっていたから。
イ　知らない言葉を聞いた時、赤ちゃんはまずモノの名前だと思い迷うことはないが、ヘレンは大きくなってから言葉の学習を始めたことによって、言葉は全てモノの名前だとは既に思わなくなっていたから。
ウ　知らない言葉を聞いた時、赤ちゃんは最初モノの名前だと思いたがるが、ヘレンは既にモノの様子を表す言葉のことも知っており、今見ているシーンの正しいところにあてはめようと考えてしまったから。
エ　知らない言葉を聞いた時、赤ちゃんはまずモノの名前だと決めてかかるが、ヘレンは言葉にはいろいろな種類があることをもう知っており、それがモノの名前ではないことも考えるようになっていたから。

問九　――③「『ガラガラガスキナノネ』『ガラガラフッテイルノネ』『ウレシイノネ』『アラジョウズニフッテルネ』」とありますが、

が入っている入れ物（マグ）のことかしら、飲む動作かしら、と迷わないのです。

単語をいま見ているシーンのどこかに正しく結びつけることは、ことばの意味の学習の大事な第一歩です。［Ⅲ］、単語がシーンの中のどこに対応するのかがわかったら、単語の「意味」がわかったことになるのでしょうか？　残念ながら、そうではありません。

そもそも単語の意味を教えることはできるのでしょうか？　日本語を知らない外国の人や赤ちゃんにどうやって日本語の単語の意味を教えるか、考えてみてください。例えば「ウサギ」「コップ」「みどり」。大人の外国人に教えるのは簡単そうですね。教える相手が英語を理解し、みなさんが英語を話せるのなら。例えば"Usagi (koppu / midori) means 'rabbits' ('cups' / 'green')"〈Usagi (koppu / midori) はウサギ（カップ／緑）を意味します〉と言えばよいだけです。その時、もちろん、相手の人は rabbit, cup, green の意味を英語でなら知っているということを前提にしているわけです。

一方、赤ちゃんに教える時はどうでしょう？ ［Ⅳ］「ウサギ」は「白いふわふわの動物だよ。耳が長くて、目が赤いよ。」と言いたくなりますよね。でも、「ウサギ」ということばを知らないくらい小さい赤ちゃんは、「ふわふわ」「動物」「耳」「長い」「目」「赤い」などのことばも多分知りません。赤ちゃんにことばの意味を教えるのに、他のことばを使って言い換《か》えをしても通じないのです。

「そんなこと全然問題じゃない、簡単だよ、例を見せればいいんだよ。」とみなさんは思うかもしれません。でもほんとうにそうでしょうか？　「ウサギ」ということばの意味を教えるのに一羽《わ》（ウサギは一匹《ぴき》、二匹《ひき》ではなく鳥のように一羽、二羽と数えます）のウサギを見せれば十分ですか？　でもどのウサギを見せたらよいのでしょう？　普《ふ》通《つう》の白いウサギですか？　とはいっても、灰色のもいるし、茶色っぽいのもいるし、耳が垂れているウサギもいるし、いろいろなウサギが存在します。大きさもいろいろです。白いウサギを見せられた赤ちゃんは、灰色で、それよりもかなり小さいのもウサギだとわかるでしょうか？　赤ちゃんに見せた白いウサギがその時ケージの中でニンジンを食べていたとします。そうしたら赤ちゃんには、ニンジンを食べていなくてもウサギだとわかるでしょうか？　ケージの中にいなくてもウサギだとわかるでしょうか？

みなさんは、そんなのはわかって当たり前と思うかもしれませんが、それはみなさんが「ウサギ」ということばの意味を知っているからわかるのであって、赤ちゃんにとってそれは自明なことではありません。ことばが指す一つの特定の例だけからことばの「意味」を確定するのは、実は［3］なことなのです。まったく考えつかない、ということではなく、その逆で、例から考えられる可能性がたくさんありすぎて、そのうちのどれがその単語の意味なのか決めることができない、ということです。（これを「④一般化《いっぱんか》の問題」と言います。）

（今井むつみ 著『ことばの発達の謎《なぞ》を解く』より）

問一　［Ⅰ］～［Ⅳ］に入れるのに最も適当な語を、それぞれ次のア～コの中から一つずつ選び、記号で答えなさい。ただし、同じ記号は二回以上使えません。

ア　なぜなら　イ　そもそも　ウ　しかし
エ　だから　オ　また　カ　たとえば
キ　ところで　ク　さらに　ケ　ただし
コ　しかも

問二　～～～A～Cの語句の意味として最も適当なものを、それぞれ後のア～エの中から一つずつ選び、記号で答えなさい。

A「立ちすくみました」

ア　立ち方を変えようとしてもできなくなりました

究の結果は、人の子どもがことばを学習するということは、単に対象とことばの間の対応づけを機械的に学ぶことではないことを私たちに教えてくれます。

では、人の子どもがことばを覚えていくには、何を知る必要があるのでしょうか？　また、どのように覚えていくのでしょうか？

ヘレンは"water"を C 端緒《たんしょ》にことばの世界への扉《とびら》を開き、ものすごいスピードでたくさんの単語を覚えていきました。でも実は、耳が聞こえる子どもにとっても、単語の意味を覚えるということはそんなに簡単なことではないのです。

サリバン先生は、②ヘレンは"mug"（深めで大ぶりなコップ。アメリカでは普段使《ふだんづか》いではcup〈カップ〉ではなくmugでミルクやコーヒーを飲みます。）"milk"〈牛乳〉"drink"〈飲む〉をよく混同したと手紙で書いています。考えてみると、これは無理もないことです。普段の生活の中ではミルクはたいていマグに入れられて出されるし、出されれば飲みますよね。その時、ある時にはm-i-l-kと綴られ、別の時にはm-u-g、また別の時にはd-r-i-n-kと綴られます。マグに入っているミルクを飲むという状況《じょうきょう》の中で三つのことばを教えられたら、どのことばが状況のどの部分に対応するのかを見極《みきわ》めるのはとても難しいと思いませんか？

赤ちゃんは日常的にこのような状況に遭遇《そうぐう》します。例えば赤ちゃんがガラガラを振《ふ》って喜んでいる時、③「ガラガラガスキナノネ」「ガラガラフッテイルノネ」「ウレシイノネ」「アラジョウズニフッテルネ」など、いろいろなことをお母さんは言うでしょう。それを聞いた赤ちゃんは、いったいどうして「ガラガラ」が今振っているおもちゃで、さっきまで吸っていた哺乳瓶《ほにゅうびん》ではないこと、そもそも「ガラガラ」が自分の持っているモノを指し、「振っている」という動作ではないことがわかるのでしょう。また、「ガラガラ」は自分が振っていない時——例えば畳《たたみ》の上に置かれている時も「ガラガラ」と呼ばれるのだ、ということもどうしてわかるのでしょう。それに、「ウレシイ」というのはモノでも動作でもなく、自分の気持ちのことを言っているのだなんて、いったいどうしてわかるのでしょう。

実は赤ちゃんはいろいろな可能性の中であまり迷いません。【a】赤ちゃんは単語を聞いた時に、その意味についていくつかの「思《おも》い込《こ》み」を持っていて、あれこれ余計なことを考えないのです。その「思い込み」とはどのようなものでしょうか？

まず、赤ちゃんは動きや動作よりも、モノに名前をつけたがります。人が何かを持って動作をしているシーンを見ている時に知らないことばを聞いたら、それは動作の名前ではなく、モノの名前だと思います。【b】名前を知っているモノと知らないモノがあったら、知らないことばが指すのは、名前を知らないモノのほうだと思います。このような思い込みで、日常体験するシーンに含《ふく》まれる複雑な要素のあれこれを考えず、まず名前のつく対象として名前がついてないモノに注目するのです。【c】動きの名前とか、色とか、模様とか、やわらかさとかいったモノの様子を表すことばに注目するのは、少し後になってからです。

【d】ヘレンは"milk""drink"を混同したようですが、それは彼女がすでに六歳《さい》になっており、サリバン先生が彼女に最初から名詞と動詞が両方入ったきちんとした文で「話して」（実際には「綴って」）いたためなのかもしれません。耳の聞こえる赤ちゃんは、最初は単語の品詞〈言葉の種類〉は無視してすべての単語がモノの名前であると思い込み、動作にも名前があるとはあまり思わないようです。 Ⅱ

ヘレンのように、「ミルク」というのは白い液体のことかしら、それはコップを落とし、くぎづけされた人のように A立ちすくみました。ある新しい明るい表情が顔に浮《う》かびました。彼女は何度も、「water」と綴りました。それから、地面にしゃがみこみ、その名前をたずね、ポンプやぶどう棚《だな》を指さし、そして突然《とつぜん》ふり返って私の名前をたずねたのです。私は「Teacher」〈先生〉と綴りました。ちょうどそのとき、乳母《うば》がヘレンの妹を井戸小屋に連れてきたので、ヘレンは「baby」〈赤ちゃん〉と綴り、乳母を指さしました。家にもどる B道すがら彼女はひどく興奮していて、手にふれる物の名前をみな覚えてしまい、数時間で今までの語彙《ごい》〈知っている言葉〉に三十もの新しい単語をつけ加えることになりました。」

この時に、ヘレンに何が起きたのでしょうか。彼女は理解したのです。指文字は「ことば」で、すべてのモノには名前があり、それを表すのが「ことば」だということを。ヘレンはそれ以降どこに行っても名前を知らないモノすべての名前を知りたがり、周りの人に自分の知っていることば(綴り)を教えたがるようになりました。そして、今まで使っていた合図や身振りをやめてしまったとサリバン先生は書いています。

この話は、赤ちゃんが言語を学習するために何が必要かということについて、非常に大切で深いことを教えてくれています。「ことば」を学習することとは、単にモノや動作と音のかたまり(あるいはヘレンの場合は文字)の結びつきを機械的に覚えるだけでは不十分なのです。言語をすでに身につけた私たちは、言語に関するさまざまな事実を当たり前だと思っています。「すべてのモノや動作には名前がある」「モノや動作の名前の一つ一つは音のかたまりで表される」「自分の伝えたいことは単語を組み合わせて表現することができる」というような基本的なことは、言語の役割としてほとんどの人は意識したことがないと思います。しかし、ヘレンの例は、言語を習得するためには、赤ちゃんはこのようなことを基本的な性質として理解しなければならないということを私たちに教えてくれます。

これらのことを理解していないとほんとうの意味でことばを持つことはできないことは、チンパンジーの言語獲得《かくとく》の研究からもわかります。

チンパンジーにことばを教えようという研究が以前はかなりたくさんありました。研究者たちは人が使うような音によることばではなく、絵文字のようなものを記号として使い、リンゴやバナナや靴《くつ》など、身近にあるさまざまなモノの名前を記号で教えようとしました。ずいぶん時間はかかりましたが、チンパンジーたちは一〇〇~二〇〇くらいの記号をモノに対応づけることを覚えました。[Ⅰ]、実験室から出た時に、人間の子どもとは違《ちが》って覚えた記号を自分から使って人(自分の世話をしてくれる飼育係や研究者)とコミュニケーションをとろうとはしませんでした。「バナナちょうだい」と訴《うった》えるために絵文字を指さすなどということはしなかったのです。

教えられた記号が一つ一つのモノの名前であり意味を持つものであること、記号を組み合わせて自分の意思を他者に伝えることができることなどの言語の基本的な特性を、チンパンジーはどうしても理解することができなかったのです。かたや人の子どもはとにかく言語を使いたがります。しかも、ジュースが欲しい、ごはんが欲しいという欲求を伝えるためというよりは、自分の知っていることを表現し、他の人に伝えるために。ヘレンも「water 事件」の後は、どこに行っても名前を知らないモノすべての名前を知りたがり、また、周りの人に自分の知っていることば(綴り)を教えたがるようになったと手紙にありますが、耳の聞こえる子どももまったく同じです。

ヘレンのエピソードやチンパンジーに言語を学習させようとした研

二〇二一年度　頌栄女子学院中学校

【国　語】〈第一回試験〉（四〇分）〈満点：一〇〇点〉

※字数指定のある問いでは、特にことわりのない限り、句読点等の符号《ふごう》も一字分と数えます。

一　次のＡ～Ｅの各文中のカタカナを、漢字に直してていねいに書きなさい。

Ａ　彼女《かのじょ》のウラオモテのない性格は、みんなに好かれている。

Ｂ　この土地のデンショウを後世に残すべく、力を尽《つ》くした。

Ｃ　突然《とつぜん》のロウホウによって、学級の雰囲気《ふんいき》が明るくなった。

Ｄ　ゲキヤクの使用には十分注意して、実験を行いましょう。

Ｅ　この曲はタイシュウに支持されて、爆発的《ばくはつてき》な人気を得た。

二　次の文章を読んで、後の問いに答えなさい。なお本文に出てくる「ヘレン」とは、社会福祉《ふくし》事業家であり著述家のヘレン・ケラー（一八八〇―一九六八）のことです。彼女は幼い頃《ころ》にかかった病気のために目が見えず、耳が聞こえず、言葉も話せないという「三重苦」を背負いましたが、家庭教師のサリバン先生と出会うことで言語を習得しました。その習得は「指文字」を通して行われたことが知られています。（問題文中の〈　〉は上の語や英単語、英文の意味を説明しています。また、問題文の一部を書き改めてあります。）

サリバン先生がケラー家で暮らすようになったのは一八八七年三月三日のことです。サリバン先生は一生懸命《いっしょうけんめい》ヘレンに指文字を教えようとしましたが、彼女《かのじょ》はなかなか覚えなかった。それは、そもそも自分の指に感じる「何か」が、実はことばであって、何かを象徴《しょうちょう》する「　1　」（シンボル）だということがわからなかったからです。サリバン先生がヘレンの掌《てのひら》に指文字を綴《つづ》ると、ヘレンはそれをおもしろがってまねて繰《く》り返《かえ》す、そういうことをしばらく繰り返していました。この時ヘレンは、指文字があるモノや動作と関連づけられていることはある程度理解していたようです。サリバン先生がモノを渡《わた》すと、指文字を綴る。指文字を教えはじめてからひと月足らずの三月三十一日に、ヘレンは一八の名詞〈モノの名前を表す言葉〉と三つの動詞〈動作を表す言葉〉の綴りを覚えたことがわかったと、サリバン先生は手紙に書いています。

でも、この時点では　2　。サリバン先生は、そうはっきり書いています。ヘレンはケーキを見せられればc-a-k-e〈ケーキ〉と綴ることができました。しかし、自分でケーキが欲《ほ》しい時は、「ケーキ」ということばを使わず、身振《みぶ》りで表現していたのです。つまり、ヘレンはc-a-k-eという単語が「ケーキというモノ」を表す記号であって、その記号を使って「ケーキが欲しい」という自分の欲求をことばで表現できるということを理解していなかったということです。

そして①運命の時が来ました。「奇跡《きせき》の人」という舞台《ぶたい》や映画の有名なシーンなので、みなさんの中にも知っている人は多いでしょう。四月五日のことです。サリバン先生は井戸小屋にヘレンを連れて行き、水をくみ上げている間、ヘレンには水の出口の下にコップを持たせ、冷たい水がほとばしり、コップがいっぱいになった時、ヘレンの自由な方の手に「w-a-t-e-r」〈水〉と綴りました。サリバン先生は書いています。

「その単語が、たまたま彼女の手に勢いよくかかる冷たい水の感覚にとてもぴったりしたことが、彼女をびっくりさせたようでした。彼女

2021年度

頌栄女子学院中学校 ▶解説と解答

算 数 ＜第１回試験＞（40分）＜満点：100点＞

解 答

1 (1) $\frac{1}{6}$ (2) 70本 (3) 2021 (4) 38cm^2 (5) 75.36cm^2 (6) 14.4 (7) **周の長さ**…52cm，**面積**…85cm^2 (8) 75ｇ **2** Ａ店／**理由**…(例) 解説を参照のこと。 **3** (1) 720度 (2) 720度 (3) 1800度 **4** (1) 1.4倍 (2) 20日目から **5** (1) 分速150ｍ (2) 1000ｍ (3) ０分

解 説

1 **四則計算，差集め算，整数の性質，面積，表面積，速さ，図形と規則，数列，濃度《のうど》**

(1) $5 \div 0.375 \div 0.625 \times 0.125 \times 0.0625 = 5 \div \frac{3}{8} \div \frac{5}{8} \times \frac{1}{8} \times \frac{1}{16} = \frac{5}{1} \times \frac{8}{3} \times \frac{8}{5} \times \frac{1}{8} \times \frac{1}{16} = \frac{1}{6}$

(2) １人に３本ずつ配るのに必要な本数と，１人に５本ずつ配るのに必要な本数の差は，16＋20＝36(本)である。これは，５－３＝２(本)の差が配る人数の分だけ集まったものだから，配る人数は，36÷２＝18(人)とわかる。よって，えんぴつの本数は，３×18＋16＝70(本)と求められる。

(3) 32で割ると５余る整数は，32の倍数よりも５大きい数であり，21で割ると５余る整数は，21の倍数よりも５大きい数なので，両方に共通する整数は，32と21の公倍数よりも５大きい数とわかる。ここで，32と21の間には１以外に公約数がないから，32と21の最小公倍数は，32×21＝672と求められる。よって，両方に共通する整数は672の倍数よりも５大きい数だから，672＋５＝677，672×２＋５＝1349，672×３＋５＝2021，…となる。したがって，４けたで小さい方から２番目の整数は2021である。

(4) 下の図①で，同じ印をつけた三角形はそれぞれ合同なので，面積は等しい。よって，四角形HFDGの面積は長方形OABCの面積の半分であり，88÷２＝44(cm^2)とわかる。また，◇をつけた三角形の面積は，12÷２＝６(cm^2)だから，下の図②の太線で囲んだ図形の面積は，44－６＝38(cm^2)となる。さらに，図②で，三角形FEHと三角形OEH，三角形DGEと三角形OGEは，それぞれ底辺と高さが等しいので，面積も等しくなる。よって，三角形OGHの面積も38cm^{2}である。

図①

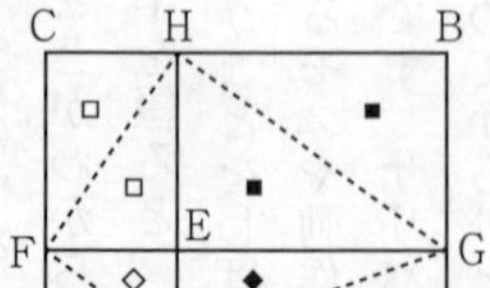

図②

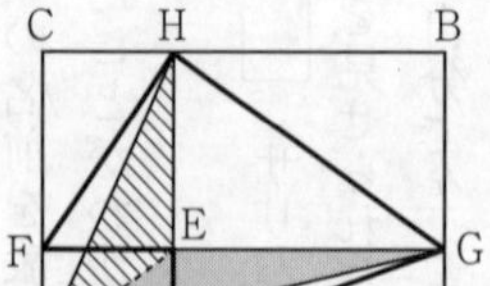

図③

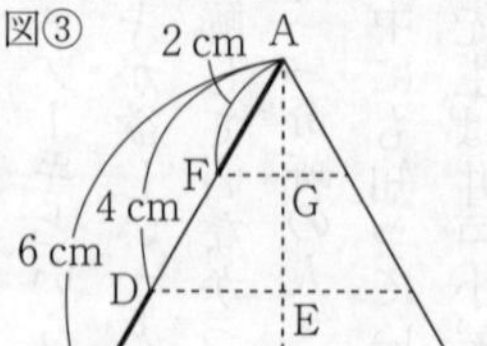

図④

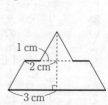

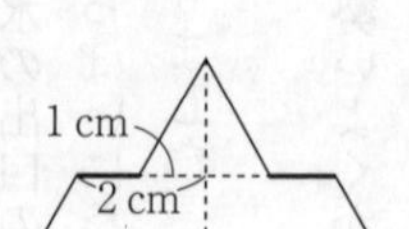

(5) 上の図③で，３つの三角形ABC，ADE，AFGは相似であり，相似比は３：２：１だから，DE＝$3 \times \frac{2}{3}$＝２(cm)，FG＝$3 \times \frac{1}{3}$＝１(cm)とわかる。よって，上の図④の太線部分の面積の合計は，２×２×3.14－１×１×3.14＋３×３×3.14＝(４－１＋９)×3.14＝12×3.14(cm^2)となる。

また，円すいの側面積は，(母線)×(底面の円の半径)×(円周率)で求めることができるので，図③のAFの部分の側面積は，２×１×3.14＝２×3.14(cm^2)，DBの部分の側面積は，６×３×3.14－４×２×3.14＝(18－８)×3.14＝10×3.14(cm^2)と求められる。よって，図④の立体の表面積は，12×3.14＋２×3.14＋10×3.14＝(12＋２＋10)×3.14＝24×3.14＝75.36(cm^2)となる。

(6)　家から学校までの道のりを１とすると，Ａさんが往復にかかった時間は，$1 \div 18 + 1 \div 12 = \frac{1}{18} + \frac{1}{12} = \frac{5}{36}$となるから，妹が往復にかかった時間も$\frac{5}{36}$とわかる。また，往復の道のりは，１×２＝２なので，妹の速さは時速，$2 \div \frac{5}{36} = 14.4$(km)と求められる。

(7)　たとえば３番目の図形の場合，右の図⑤のように移動すると，周の長さは１辺の長さが５cmの正方形の周りの長さと等しくなる。また，斜線《しゃせん》部分に並ぶ正方形の個数は，１個，３個，５個，…と２個ずつ増えるので，７番目の図形の場合は，１＋２×(７－１)＝13(個)になる。よって，７番目の図形の周の長さは，１辺の長さが，１×13＝13(cm)の正方形の周りの長さと等しくなるから，13×４＝52(cm)と求められる。次に，７番目の図形の場合，かげをつけた部分に並ぶ正方形の個数は，１＋３＋５＋７＋９＋11＝(１＋11)×６÷２＝36(個)なので，正方形の個数は全部で，36×２＋13＝85(個)とわかる。したがって，７番目の図形の面積は，(１×１)×85＝85(cm^2)である。

図⑤

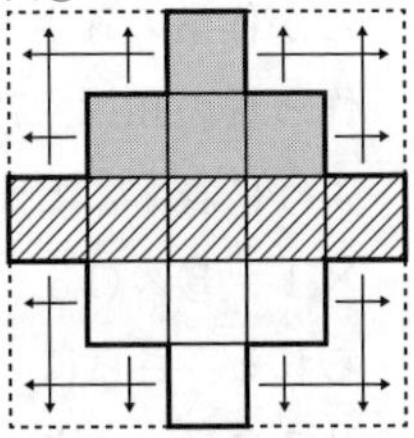

(8)　容器Ｂの残りの食塩水の重さを□ｇとして図に表すと，右の図⑥のようになる。図⑥で，ア：イ＝(10－8.8)：(8.8－４)＝１：４なので，容器Ａと容器Ｂの食塩水の重さの比は，$\frac{1}{1} : \frac{1}{4} = 4 : 1$とわかる。よって，$□ = 100 \times \frac{1}{4} = 25$(ｇ)だから，こぼしてしまった食塩水の重さは，100－25＝75(ｇ)である。

図⑥

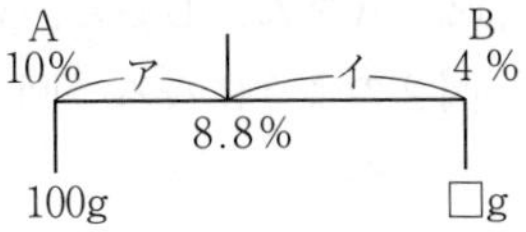

2　売買損益，割合と比

Ａ店で買う場合，５枚買うと，５＋１＝６(枚)手に入れることができるから，15÷６＝２余り３より，15枚のうち２枚は無料になる。よって，Ａ店で買う場合は，15－２＝13(枚)買えばよいので，１枚の定価を１とすると，必要な金額は，１×13＝13となる。また，Ｂ店では１枚の値段が，１×(１－0.13)＝0.87になるので，Ｂ店で買う場合に必要な金額は，0.87×15＝13.05と求められる。よって，Ａ店で買えばよい。

3　平面図形―角度

(1)　N角形の内角の和は，180×(N－２)で求められるから，六角形の内角の和は，180×(６－２)＝720(度)である。

(2)　右の図①で，四角形ABCDの内角の和は360度である。また，三角形EFGと三角形ABFで，●印をつけた角の大きさは等しいので，角FGEと角GEFの大きさの和と，角ABFと角FABの大きさの和も等しくなる。右側についても同様だから，

図①

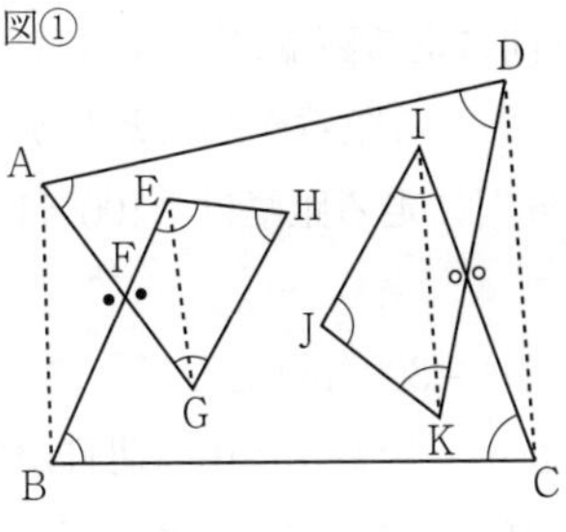

図②

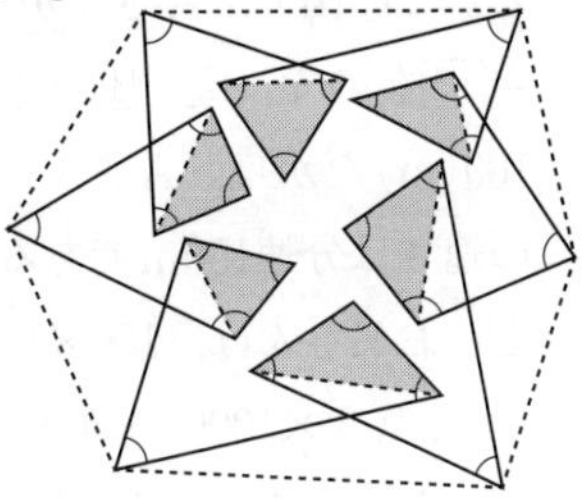

問題文中の印をつけた角の大きさの和は，四角形ABCD，三角形EGH，三角形IJKの内角の和と等しくなる。よって，360＋180×２＝720(度)と求められる。

⑶　⑵と同様に考えると，上の図②の点線で囲まれた外側の六角形と，かげをつけた６個の三角形の内角の和に等しくなる。よって，720＋180×６＝1800(度)と求められる。

4　仕事算，消去算，つるかめ算

⑴　全体の製品の量を，48と36と40の最小公倍数の720として，Ａさん，Ｂさんが１日に作る量をそれぞれⒶ，Ⓑとする。ＡさんとＢさんが１日に作る量の和は，720÷48＝15であり，Ａさんが作業の速さを1.3倍にしたときにＡさんとＢさんが１日に作る量の和は，720÷40＝18となるから，右の図１のア，イのように表すことができる。アの式の等号の両側を1.3倍してイの式との差を求めると，Ⓑ×1.3－Ⓑ×１＝Ⓑ×(1.3－１)＝Ⓑ×0.3にあたる量が，19.5－18＝1.5とわかるので，Ⓑ＝1.5÷0.3＝５と求められる。さらに，これをアの式にあてはめると，Ⓐ＝15－５＝10とわかる。次に，36日間で完成させるには，ＡさんとＢさんが１日に作る量の和を，720÷36＝20にする必要がある。そのうち，Ａさんが速さを1.3倍にしたときに１日に作る量は，10×1.3＝13だから，Ｂさんが１日に作る量を，20－13＝７にする必要がある。よって，Ｂさんは仕事の速さを，７÷５＝1.4(倍)にしなくてはならない。

図１

Ⓐ×１＋Ⓑ×１＝15…ア
Ⓐ×1.3＋Ⓑ×１＝18…イ

⬇

Ⓐ×1.3＋Ⓑ×1.3＝19.5…ア×1.3
Ⓐ×1.3＋Ⓑ×１＝18…イ

⑵　Ａさん，Ｂさん，Ｃさんの３人で作るときの日数は，右の図２のようになる。図２で，ＡさんとＢさんが作る日数は32日間だから，ＡさんとＢさんが作る量の合計は，(10＋５)×32＝480となる。よって，Ｃさんが，32－８＝24(日間)で作る量は，720－480＝240なので，Ｃさんが１日に作る量は，240÷24＝10と求められる。次に，Ａさん，Ｂさん，Ｃさん，Ｄさんの４人で作るときの日数は，右上の図３のようになる。図３で，ＡさんとＢさんとＣさんが作る日数は26日間だから，ＡさんとＢさんとＣさんが作る量の合計は，(10＋５＋10)×26＝650とわかる。したがって，Ｄさんが作る量は，720－650＝70なので，Ｄさんが作る日数(△)は，70÷10＝７(日間)と求められる。つまり，Ｄさんには，26－７＋１＝20(日目)から手伝ってもらえばよい。

図２

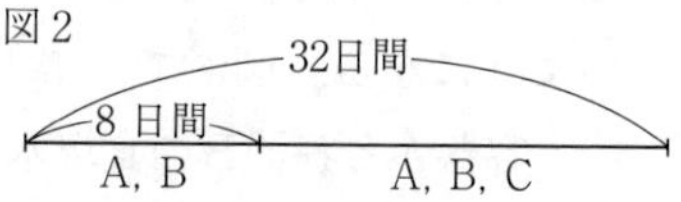

図３

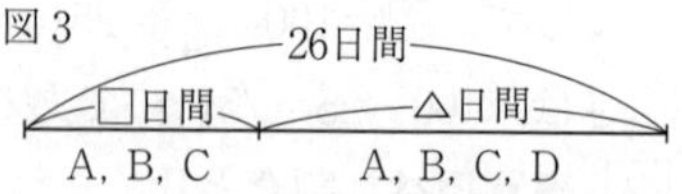

5　速さと比，周期算

⑴　お父さんが速く走るときとゆっくり走るときの速さの比は，１：$\frac{1}{2}$＝２：１だから，この速さで１分間走るときに進む距離《きょり》の比も２：１であり，右の図のように表すことができる。この図で，Ａさんが１分間に走る距離は，($\boxed{2}$＋$\boxed{1}$)÷２＝$\boxed{1.5}$なので，$\boxed{2}$－$\boxed{1.5}$＝$\boxed{0.5}$にあたる距離が50ｍとわかる。よって，$\boxed{1}$にあたる距離は，50÷0.5＝100(ｍ)だから，Ａさんが１分間に走る距離は，100×1.5＝150(ｍ)と求められる。つまり，Ａさんの速さは分速150ｍである。

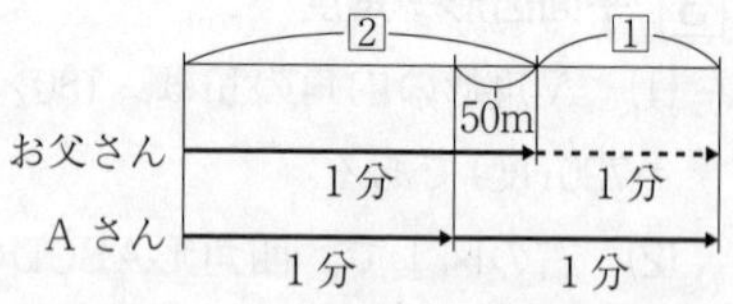

⑵　お父さんは，100×(２＋１)＝300(ｍ)走るごとに，Ａさんに追いつかれる。これを周期と考えると，(３×1000)÷300＝10より，ちょうど10周期目が終わったとき，お父さんがＡさんに追いつかれたところで，２人同時にゴールすることがわかる。また，お父さんがゆっくり走る距離は１つ

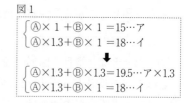

の周期の中で100mあるので，全体では，100×10＝1000(m)となる。

(3)　(2)より，2人は同時にゴールするから，ゴールするまでにかかった時間の差は0分である。

社会　＜第1回試験＞（40分）＜満点：100点＞

解答

1　**問1**　**あ**　ビッグデータ　**い**　廃藩置県　**う**　福島(県)　**え**　尾瀬　**問2**　イ　**問3**　(1)　エ　(2)　ウ　**問4**　(1)　(例)　おもに使用されていた道具　(2)　(例)　政権の中心地　**問5**　古事記　**問6**　ウ，オ　**問7**　イ　**問8**　(例)　新潟県の日本海側から吹く湿った風が，越後山脈で雪を降らせたのち，群馬県側で乾燥した北風となるから。　**問9**　(1)　ウ　(2)　長崎(県)　**問10**　(1)　エ　(2)　オ　**問11**　ウ　**問12**　(1)　千葉(県)　(2)　(例)　県境を川の流路によって決めたあとに，川の流れが改修されて変わったから。　(3)　エ　(4)　(時速)120(km)　**2**　**問1**　**あ**　万葉集　**い**　六波羅探題　**う**　千島　**問2**　エ　**問3**　エ　**問4**　(例)　渥美半島に豊川用水が開通し，出荷時に東名高速道路を通じて大都市まで輸送できるという立地から，電照菊の栽培がさかんになった。　**問5**　イ　**問6**　(1)　**D**　朝鮮　**E**　琉球　**F**　蝦夷　(2)　(例)　日本と境界を接している地域　(3)　(例)　ロシアが南下してきたこと。　**問7**　納税，兵役　**3**　**問1**　**あ**　オーストリア　**い**　鹿鳴館　**う**　マーストリヒト(条約)　**え**　ザ・ビートルズ　**お**　ベトナム(戦争)　**か**　イスラム　**問2**　B　**問3**　C　**問4**　A　**問5**　(例)　3か国とも，刑罰の最高刑を死刑としていること。　**問6**　(例)　日本は太平洋をはさんでアメリカと戦争をするのと同時に，中国をはじめとしてアジアでも戦闘を行っていたため。

解説

1　**都道府県境を題材にした問題**

問1　**あ**　一般的なデータ管理・処理ソフトウェアであつかうことが困難なほど巨大で複雑なデータの集合を，「ビッグデータ」という。地球上のあらゆる情報の収集・取捨選択《せんたく》・保管・検索《けんさく》・共有・転送・解析《かいせき》・可視化などが，これを用いて行われる。　**い**　1871年，明治政府は廃藩置県を行い，江戸時代までの藩を廃止して全国に府県を置き，中央から任命した府知事・県令(のちの県知事)に治めさせることとした。　**う**　群馬県は，北から反時計回りに新潟・長野・埼玉・栃木・福島の5県と境を接しているが，福島県との県境には鉄道も道路も通っていない。　**え**　尾瀬国立公園は群馬・福島・新潟・栃木の4県にまたがる国立公園で，2007年に日光国立公園から尾瀬地域が分離・独立し，周辺地域を編入して新たに指定された。その大半は群馬県と福島県が占《し》める。

問2　領空は領土と領海(沿岸から12海里＝約22kmの海域)の上空を指し，日本は領土だけで約38万km^{2}あるので，イが誤っている。

問3　(1)　子どもと大人の境目は，時代や地域によって違いがあり，例えば，江戸時代には15歳前後で元服という儀式《ぎしき》を行い，大人の仲間入りをした。さらに時代をさかのぼり，奈良時代の律令制度のもとでは，男女とも6歳以上で大人と同じあつかいを受けた。よって，エが誤っている。なお，ウについて，以前は男子は18歳，女子は16歳にならないと結婚できないとされてきたが，民法の改正により，2022年４月１日から男女とも18歳以上に統一される。　⑵　ウの「桃の節句(上巳《じょうし》の節句)」は，日本では一般に「ひな祭り」とよばれる。これは女子の健やかな成長を祈る節句の厄《やく》除《よ》け行事で，通過儀礼ではない。

問４　⑴　旧石器・縄文・弥生の各時代は，おもに使用された道具による時代区分である。旧石器は打ち欠いただけの石器，縄文・弥生は土器の特徴にもとづく。　⑵　奈良・平安・鎌倉・室町・江戸の各時代は，政権(政治)の中心地による時代区分である。奈良時代には奈良の平城京，平安時代には京都の平安京に都が置かれた。鎌倉・室町(京都)・江戸は幕府の置かれた場所である。

問５　『古事記』は，稗田阿礼《ひえだのあれ》が暗記していた皇室の系譜《けいふ》や伝承を奈良時代の712年に太安万侶《おおのやすまろ》が筆録してまとめた建国神話である。720年に完成した『日本書紀』とともに，「記紀」とよばれる。

問６　国勢調査は，調査される年の10月１日時点での総合的な人口統計である。また，交通定期券の発行履歴《りれき》からは移動区間はわかるものの，実際に人々が移動したかどうかはわからない。

問７　川端康成は大正時代から昭和時代にかけて活躍《かつやく》した小説家で，1968年に日本人初のノーベル文学賞を受賞した。代表作に『伊豆の踊子《おどりこ》』『雪国』などがある。

問８　群馬県と新潟県の境には険しい越後山脈が横たわっており，冬には日本海の上空を通過してきた湿った北西の季節風がこの山脈にはばまれ，新潟県側に多くの雪を降らせるが，山脈を越《こ》えると冷たく乾いた風(からっ風)となって群馬県側に吹《ふ》き降ろす。

問９　⑴　三重県南部と奈良県南部の境には，和歌山県の北山村と新宮市の一部が飛び地として存在している。そのため，三重・奈良・和歌山の３県境が複数回カウントされてしまう。よって，ウが正しい。　⑵　北海道と沖縄県は周囲が海で，佐賀県は東で福岡県，西で長崎県と境を接するのみ，長崎県は佐賀県と接するのみである。

問10　⑴　埼玉・群馬・栃木の３県は関東内陸工業地域を形成し，自動車工業や電気・電子工業が発達している。よって，地図中の●は自動車組立工業とわかる。　⑵　この３県のうち，農業産出額が最も多いのは栃木県，米の割合が最も低いのは山がちな群馬県，野菜の割合が最も高いのは東京都に接している埼玉県である。よって，オが正しい。統計資料は『データでみる県勢』2021年版による。

問11　警察の管轄《かんかつ》は市町村ではなく，都道府県が単位となる。

問12　⑴　千葉県は茨城県との境が利根川，埼玉県・東京都との境が江戸川になっている。⑵　地形図は茨城県取手市と千葉県我孫子《あびこ》市の境を示したもので，西野・小堀地区が利根川の流路から南に外れて(蛇行《だこう》して)千葉県との県境を形成していることがわかる。これは，県境を定めたあとに利根川の流路が改修されたため，西野・小堀地区が利根川南岸に残されてしまったからである。⑶　小堀地区の人が対岸の市民会館に行く場合，船着場から舟で対岸へ向かうルートがあり，(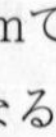)の地図記号と点線でこれが表されている。よって，エが選べる。　⑷　地形図の縮尺は2.5万(25000)分の１なので，地図上の４cmの実際の距離は，$4 \times 25000 = 100000$cm＝1000m＝１kmである。１kmを30秒で渡りきるとすると，分速は２kmになるので，時速は，$2 \times 60 = 120$kmとなる。

2　歴史から見た「境目」を題材にした問題

問１　あ　『万葉集』は奈良時代に編纂《へんさん》された現存最古の和歌集で，大伴家持《おおとものやかもち》が編者と伝えられる。『万葉集』には，天皇・貴族から農民・防人《さきもり》までさまざまな身分の人がよんだ和歌約4500首が収められている。　**い**　京都に置かれた六波羅《ろくはら》探題は，承久《じょうきゅう》の乱(1221年)の後，朝廷の監視と西国御家人の統制を任務とする鎌倉幕府の出先機関である。　**う**　1875年，日本とロシアとの間で樺《から》太《ふと》・千島交換条約が結ばれ，樺太(サハリン)をロシア領，千島列島全島を日本領にすることが決まった。

問２　壬申《じんしん》の乱(672年)で大友皇子に勝利した大海人《おおあまの》皇子は，飛鳥浄御原《きよみはら》宮で即位《そくい》して天武天皇となった。また，「天下分け目の戦い」といわれた関ヶ原の戦い(1600年)では，東軍の徳川家康が西軍の石田三成らを破った。よって，X，Yの２つとも誤りである。

問３　後醍醐《ごだいご》天皇が元弘の変(1331年)で流されたのは隠岐《おき》(島根県)なので，エが「関東」にあたらない。アの源頼朝は伊豆国(静岡県)，イの日蓮《にちれん》は佐渡島(新潟県)，ウの親鸞《しんらん》は越後国(新潟県)に流されたが，これらはいずれも問題文のいう「関東」に入る。

問４　【地図１】のAは渥美《あつみ》半島，Bは東名高速道路，Cは豊川《とよがわ》用水である。渥美半島では，かんがい用の豊川用水が開通したことで園芸農業が可能になり，【写真】のように温室内に電灯をともして，開花時期をずらす電照菊の栽培がさかんになった。ここで栽培された菊は，花の少ない年末から春先にかけ，東名高速道路を使うなどして大都市に出荷されている。

問５　ア，エは豊臣秀吉，イは徳川家康，ウは織田信長の説明。秀吉と信長は尾張国(愛知県西部)の出身だが，家康は三河国(愛知県東部)の出身である。

問６　(1)　**D**　【資料２】のDは朝鮮(李氏《りし》朝鮮)の文字(ハングル)で，江戸時代には対馬《つしま》藩(長崎県)の宗《そう》氏を通じて，将軍の代がわりごとに江戸に朝鮮通信使が派遣されていた。　**E**　琉球《りゅうきゅう》王国は現在の沖縄県にあった国で，江戸時代の初めに薩摩藩(鹿児島県)に支配されたのち，朝鮮通信使と同じように江戸に琉球使節を派遣した。　**F**　現在の北海道や樺太・千島列島は「蝦夷《えぞ》」とよばれたアイヌの人々が居住し，北海道南部に置かれた松前藩と交易をしていた。　(2)　【地図２】には朝鮮・琉球・蝦夷地が描かれており，これらの地域は海をはさんで日本と境界を接している。　(3)　林子平はロシア船が日本近海に出没《しゅつぼつ》するようになったことに危機感を覚え，三国の地理を知る必要性を説いた。

問７　明治政府は近代化を進めるため，国民に兵役と納税の義務を課した。

③　国際結婚した３人の日本人女性を題材にした問題

問１　**あ**　ウィーンを首都とする国とあるので，オーストリアである。オーストリアはヨーロッパの内陸国で，首都のウィーンは「音楽の都」として知られる。　**い**　鹿鳴館《ろくめいかん》は1883年に東京日比谷(現在の千代田区内幸町)に欧化政策の一環として建てられた西洋館(国際社交場)で，欧米の大使や商人らを招き，毎晩のように舞踏《ぶとう》会などが開かれた。　**う**　1993年にマーストリヒト条約が発効し，EU(ヨーロッパ連合)が発足した。EUはヨーロッパの経済統合だけでなく，政治統合もめざす地域的協力組織である。　**え**　「ザ・ビートルズ」はイギリスのロックバンドで，1960年代から1970年まで活動し，多くのヒット曲を出した。　**お**　ベトナム戦争はアメリカ(合衆国)がベトナム内戦に本格的に介入《かいにゅう》(1965年)した戦争で，結果的にアメリカ軍の全面撤退《てったい》(1973年)で終結した。　**か**　インドネシアは東南アジアの島国で，国民の多くがイスラム教徒である。

問２　EU結成のさいには，第二次世界大戦(1939~45年)で敵対したフランスとドイツが大きな役割をはたし，欧州の平和と安定がめざされた。また，2020年にEUから正式に離脱したのはイギリスである。

問３　バンドン会議は，欧米諸国から独立したアジア・アフリカ諸国に加えて日本なども参加し，1955年にインドネシアのジャワ島にあるバンドンで開催された。第１回アジア・アフリカ会議ともよばれるが，２回目は開かれなかった。当時，アメリカとソビエト連邦を頂点とする東西対立(冷戦)が続く中，アジア・アフリカ諸国が協力して第３極を形成することを目的とし，反植民地主義・平和共存などの「平和十原則」が決議された。また，朝鮮戦争は1950年に始まり，1953年に休戦した。よって，Ｃとなる。

問４　アイスランドはヨーロッパの大西洋北部にある島国である。発電エネルギーは水力発電が中心で，火山活動が活発なため地熱発電で補っている。

問５　日本とアメリカ，韓国(大韓民国)の３か国が犯罪人引渡し条約を結んでいるのは，いずれも刑罰の最高刑を死刑としているからである。

問６　太平洋戦争(1941～45年)というよび方は，おもにアメリカ，イギリスなどの連合国と日本との間で行われた太平洋周辺での戦いであったことに由来するが，この戦争は中国(中華民国)・東南アジアをふくむ戦いでもあった。そのため，「アジア太平洋戦争」とよばれることも多くなっている。

理　科　＜第１回試験＞（40分）＜満点：100点＞

解　答

1　**問１**　(1)　b　(2)　イ　**問２**　火成岩　**問３**　(1)　等粒状組織　(2)　エ　(3)　花こう岩　**問４**　(1)　エ　(2)　示相化石　**問５**　ウ　**問６**　(1)　Ａが１ｍ低い　(2)　Ｂが１ｍ低い　(3)　サ　**問７**　１ｍから２ｍの深さ

2　**問１**　右の図①　**問２**　ウ　**問３**　(1)　10ｇ　(2)　20℃　**問４**　(1)　Ａ　(2)　Ｂ　**問５**　(例)　ろうとのあしの長い方をビーカーのかべにつける。

問６　**Ａ**　硝酸カリウム　**Ｂ**　塩化ナトリウム　**Ｄ**　ミョウバン　**問７**　46ｇ　**問８**　二酸化炭素　**問９**　①　圧力　②　ア　③　エ　④　温度　⑤　カ

図①

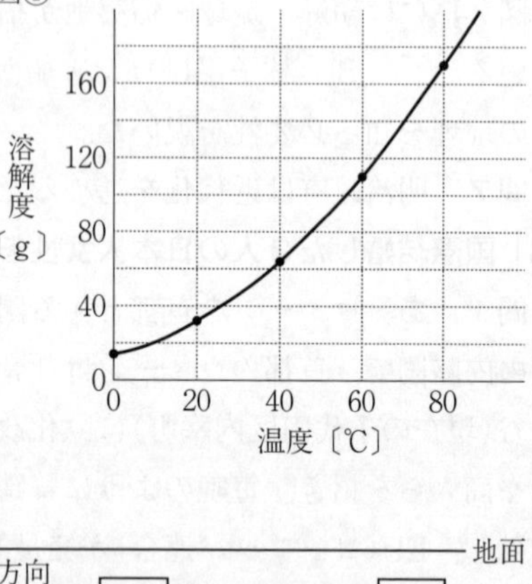

3　**問１**　葉脈　**問２**　ア，オ，カ，ク　**問３**　単子葉類　**問４**　Ｅ，Ｆ，Ｇ　**問５**　気こう　**問６**　酸素，二酸化炭素，水蒸気

問７　(1)　ア，イ，ウ，オ　(2)　エ　(3)　(例)　③と④／**理由**…取り去った部分の呼吸は考えなくてよいので，残った部分が④と同じ速さで光合成しているならば③の方が増加量が大きくなるはずなのに④と同じだから。

図②

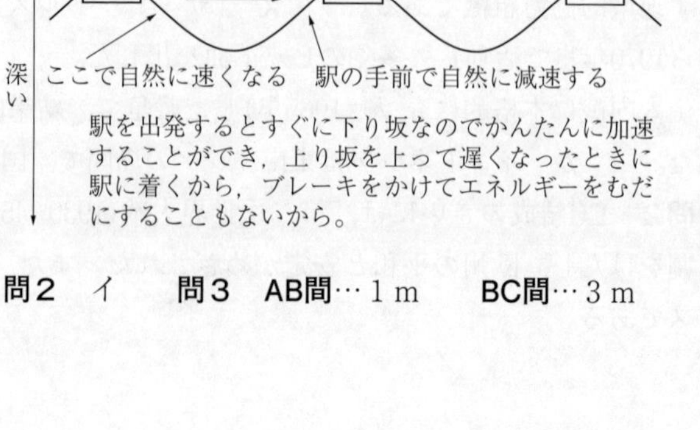

4　**問１**　**速い点**…Ｂ　**遅い点**…Ｅ　**問２**　イ　**問３**　**AB間**…１ｍ　**BC間**…３ｍ

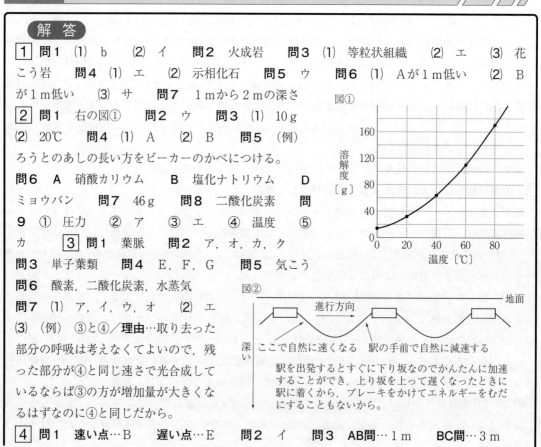

CD間…５ｍ　**DE間**…７ｍ　**問４**　**BC間**…３ｍ/秒　**DE間**…７ｍ/秒　**問５**　４ｍ/秒
問６　(例)　上の図②

解　説

1　火成岩のでき方と地層についての問題

問１　(1)　浅間山は，ほぼ同じ位置の火口から何度も噴火《ふんか》し，噴出された溶岩《ようがん》や火山砕屑《さいせつ》物(火山灰など)が堆積《たいせき》してできた成層火山である。成層火山はそのでき方から山の形がｂのように大きな円すい形になりやすい。　(2)　粘《ねば》りけが弱いマグマ(溶岩)を噴出する火山は，溶岩が流れやすいため傾斜《けいしゃ》のゆるやかな山の形になりやすい。また，そのようなマグマは，粘りけのもととなる無色鉱物の割合が小さく，有色鉱物の割合が大きいため，冷えて固まると黒っぽい岩石となる。

問２　マグマが冷えて固まった岩石を火成岩という。火成岩はさらに，地表または地下の浅いところで急に冷えて固まってできる火山岩と，地下深くでゆっくりと冷えて固まってできる深成岩に分けられる。

問３　(1)　数種類の大きく角ばった鉱物がきっちりと組み合わさってできた岩石のつくりを等粒《とうりゅう》状《じょう》組織という。　(2)　マグマが地下深くでゆっくりと冷えて固まると，それぞれの鉱物が大きな結晶《けっしょう》に成長して等粒状組織となる。　(3)　図２のような等粒状組織をもつ岩石は深成岩であり，表１より，有色鉱物の割合が全体の，２＋５＝７(％)しかないので，花こう岩と考えられる。

問４　(1)　サンゴは暖かくて浅い海にすむので，サンゴの化石が見つかった場合，この化石を含《ふく》む層が堆積した当時，この場所は暖かくて浅い海だったと推測することができる。　(2)　サンゴの化石のように，地層ができた当時の環境《かんきょう》を知る手がかりとなるものを示相化石という。

問５　泥《どろ》の方が砂よりも海岸から離《はな》れた深いところで堆積するので，下に泥の層，上に砂の層がある場合，その当時は隆起《りゅうき》するなどして浅くなっていったと考えられる。逆に，下に砂の層，上に泥の層がある場合，その当時は沈降《ちんこう》するなどして深くなっていったと考えられる。

問６　(1)，(2)　火山灰の層の上端《じょうたん》の標高を求めると，Ａ地点では，200－９＝191(ｍ)，Ｂ地点では，194－４＝190(ｍ)，Ｄ地点では，196－４＝192(ｍ)となる。よって，東西方向ではＡ地点の方がＤ地点より，192－191＝１(ｍ)低く，南北方向ではＢ地点の方がＡ地点より，191－190＝１(ｍ)低い。　(3)　東西方向では西の方が低く，南北方向では南の方が低いことから，地層は南西方向，つまりＤ地点からＢ地点に向かって低くなっていることがわかる。

問７　Ｄ地点からＢ地点に向かい，東西方向にも南北方向にも同じ割合で低くなっているから，Ｃ地点における火山灰の層の上端の標高はＡ地点と同じ191ｍである。したがって，Ｃ地点の地表の標高は192ｍで，火山灰の層の厚さは１ｍだから，地表から１～２ｍの深さに火山灰の層がある。

2　ものの溶《と》け方についての問題

問１　表１の値にしたがって点を５か所打ち，各点をなめらかな曲線で結ぶ。

問２　０℃から80℃までの固体Ｂの溶解度は，35.6～38.0ｇである。これは固体Ａの20℃から40℃の間の溶解度なので，問１で作成したグラフで35.8～36.3ｇのときの温度を読み取ると，20℃より少しだけ高い温度のときとわかるから，ウの23℃が選べる。

問３　(1)　20％水溶液100ｇには，固体Ｂが，100×0.2＝20(ｇ)，水が，100－20＝80(ｇ)含まれる。60℃の水80ｇには固体Ｂが，$37.1\times\frac{80}{100}$＝29.68(ｇ)まで溶けるので，29.68－20＝9.68より，あと10

ｇ溶かすことができる。　(2)　冷却《れいきゃく》する水溶液には水100ｇあたり，$9\times\frac{100}{150}=6$（ｇ）の固体Ｄが溶けている。表１より，この水溶液は20℃のときに飽和《ほうわ》する（物質が溶ける限界まで溶けた状態になる）から，20℃を下回ると結晶《けっしょう》ができ始める。

問４　(1)　表１で，80℃と20℃の溶解度の差を比べると，固体Ａはほかの固体に比べてはるかに大きい。よって，同じ量の80℃の飽和水溶液を20℃まで冷やしたときに出てくる結晶の重さは，固体Ａが最も多いと考えられる。　(2)　固体Ｂは温度による溶解度の差がとても小さいため，冷却しても取り出せる結晶の量がとても少ない。そのため，加熱して水を蒸発させた方が多くの結晶を得られる。

問５　ろうとのあしの長い方をビーカーのかべにつけるようにすると，ろ紙を通過した液がスムーズに流れ，効率よくろ過をすることができる。

問６　結晶が針状の固体Ａは硝酸《しょうさん》カリウム，立方体の形の固体Ｂは塩化ナトリウム（食塩），正八面体の形の固体Ｄはミョウバンである。ホウ酸の結晶は六角柱のような形をしている。

問７　ろ過で得られた液体は飽和しているので，水100ｇに対して固体Ａが32ｇ溶けている。また，できた結晶は14ｇなので，混合物中に含まれていた固体Ａは，32＋14＝46（ｇ）である。

問８　炭酸水から出てくる泡《あわ》は，炭酸水に溶けている二酸化炭素である。

問９　ビンに入った（飲料用の）炭酸水は，高い圧力をかけてより多くの二酸化炭素を溶かしこんでつくられている。そのため，栓《せん》を抜《ぬ》く前，ビンの中は外に比べて圧力が高くなっている。ここで栓を抜くと，中の圧力が下がり，気体は圧力が低くなると溶けにくくなるため，溶け切れなくなった二酸化炭素が泡となって出てくる。また，気体は水の温度が高いほど溶けにくいため，冷蔵庫のものの方が室温のものよりも泡が出にくい。

３　植物のつくりとはたらきについての問題

問１　葉の表面に見られる筋のようなものを葉脈という。

問２，問３　Ａのような葉脈を網状《もうじょう》脈といい，双《そう》子葉類（発芽時に子葉を２枚出すもの）の葉に見られる。また，Ｂのような葉脈を平行脈といい，単子葉類（発芽時に子葉を１枚出すもの）の葉に見られる。ヘチマ，アサガオ，ソメイヨシノ，トマトは双子葉類，ススキ，トウモロコシ，ヤマユリ，エノコログサは単子葉類である。

問４　輪のようになっているＥ，Ｆ，Ｇの部分（維管束《いかんそく》という）が葉脈となって見える。

問５　葉などの表面には２つの細胞《さいぼう》が対になってくちびるのような形をしたつくりが見られ，この２つの細胞がつくるすき間を気こうという。

問６　気こうでは，呼吸や光合成を行うときに酸素と二酸化炭素が出入りする。また，蒸散を行うときに水蒸気が出る。

問７　(1)　光合成は葉の葉緑体（緑色の部分にある）に光が当たると行われるから，まずイとウが選べる。また，光が当たらないエと葉緑体のないカは当てはまらない。アについて，①の乾燥《かんそう》重量の変化は±０であるが，これは使ったデンプンの質量（重さ）とつくったデンプンの質量の差であるから，デンプンを使ったぶんだけつくっている，つまり光合成を行っているといえる。オについて，⑤は④より乾燥重量の増加量が大きいから，薄《うす》いガーゼは光を通し，光合成を行っていると考えられる。　(2)　ふつうに光が当たる②と，葉の半分を薄いガーゼで覆《おお》って葉に届く光の量を減らした⑤を比べるとよい。　(3)　解答例のほかに②と③を比べる考え方もある。②に比べて，③は葉が半分なのだから，使ったデンプンの質量もつくったデンプンの質量も半分になり，乾燥重量の増加量も半分になるはずである。ところが実際の増加量は半分よりも少ないので，③ではつくったデンプンの質量が半分より少ないといえ，光合成のはたらきが影響《えいきょう》を受けていると考えられる。

4　物体の運動についての問題

問１　おもりをＡ点まで持ち上げると，そのぶんだけおもりは高さによるエネルギー(これを位置エネルギーという)を持つ。振《ふ》り子はこの位置エネルギーを速さのエネルギー(これを運動エネルギーという)に変えながら往復運動をするため，高さの最も低いＢ点でおもりの速さは最も速くなり，高さの最も高いＡ点やＦ点では一瞬《いっしゅん》止まるような運動をくり返す。

問２　おもりがＣ点にあるときは，Ｆ点(Ａ点)とＣ点の高さの差のぶんだけ運動エネルギーに変えられている。これはＦ点から下りてくるときでもＢ点から上っていくときでも同じだから，速さも同じになっている。

問３　表より，AB間は１m，BC間は，４－１＝３(m)，CD間は，９－４＝５(m)，DE間は，16－９＝７(m)と求められる。

問４　BC間の３mを１秒で転がったので，この間の平均の速さは，３÷１＝３(m/秒)になる。また，DE間の７mを１秒で転がったから，この間の平均の速さは，７÷１＝７(m/秒)となる。

問５　BC間の平均の速さは３m/秒，CD間の平均の速さは，５÷１＝５(m/秒)なので，Ｃ点での速さは，(３＋５)÷２＝４(m/秒)である。

問６　高いところから下るときには速さが速くなり，低いところから上るときには速さが遅《おそ》くなるのだから，断面から見て，線路を波のようにして，波の最も高い位置に駅を設置するとよい。すると，駅から発車した電車はすぐに下り坂となるため自然と加速しやすく，次の駅に着くときには上り坂となるため自然と減速しやすいので，加速や減速のさいに消費する電気を節約することができる。

国　語　＜第１回試験＞（40分）＜満点：100点＞

解　答

一　下記を参照のこと。　二　**問１**　Ⅰ　ケ　Ⅱ　エ　Ⅲ　ウ　Ⅳ　カ　**問２**　**Ａ**　ウ　**Ｂ**　エ　**Ｃ**　ア　**問３**　ｂ　**問４**　記号　**問５**　ア　**問６**　不可能　**問７**　(例)　すべてのモノや動作には名前があり，自分の伝えたいことは単語を組み合わせて表現することができる　**問８**　エ　**問９**　エ　**問10**　イ　三　**問１**　Ⅰ　ク　Ⅱ　エ　Ⅲ　ウ　**問２**　**Ａ**　イ　**Ｂ**　ア　**Ｃ**　ウ　**Ｄ**　イ　**問３**　**ａ**　胸　**ｂ**　耳　**ｃ**　頭　**問４**　(例)　初めての迷子という状況に心細さを感じてはいるものの，あえて迷子になったことで今までの自分自身の考えから解き放たれ，娘の気持ちを理解できるようになり，愛される人間になることができると期待しているから。　**問５**　迷い道のない人生　**問６**　ア　**問７**　ウ　**問８**　エ　**問９**　(例)　見ず知らずの人に声をかける準備を整えていたのに誰も通りかからず，娘の家を訪問する時間に遅れそうになってあわてているのに加え，自分がどこにいて，自分がどの方向に進めばいいのかわからず動揺しているから。　**問10**　ウ　**問11**　(例)　私は将来，芸術系の仕事につきたいと思っているのですが，父は公務員のような安定した職業につくようにすすめてきて，時に口論になってしまったことがありました。ただ，母や姉が私の味方をしてくれて，これからの社会は女性も自分の好きな職業にチャレンジすべきだと父を説得してくれました。我が家の女性軍の結束に父は恐れをなしたのかもしれませんが，最近では好きなことに挑戦してみろと応援してくれるようになりました。

●漢字の書き取り

一 A 裏表　B 伝承　C 朗報　D 劇薬　E 大衆

解　説

一 漢字の書き取り

A 「裏表のない」は，人が見ているところと見ていないところで，行動や態度が変化することがないこと。　B 古くから受けつがれてきた言い伝えやしきたりなど。　C うれしい知らせ。　D 作用がはげしく，使い方を誤ると生命にかかわる非常に危険な薬品。　E 社会の大部分を占《し》めるふつうの人々。

二 出典は今井《いまい》むつみの『ことばの発達の謎《なぞ》を解く』による。ヘレン・ケラーが「ことば」を覚えたときの話を例にあげながら，赤ちゃんが「ことば」を覚えるために必要なことについて解説している。

問１ Ⅰ 「チンパンジーたちは～記号をモノに対応づけることを覚えました」という研究結果について，「覚えた記号を自分から使って～コミュニケーションをとろうとはしませんでした」という事実をつけ加えているので，あることがらに続けて，条件や例外などがあることを示す働きの「ただし」があてはまる。　Ⅱ 「耳の聞こえる赤ちゃんは～すべての単語がモノの名前であると思い込《こ》み，動作にも名前があるとはあまり思わない」ので，「ヘレンのように～迷わない」というつながりである。よって，続く部分の理由が前にあることを示す「だから」がよい。　Ⅲ 直前の一文で，「単語をいま見ているシーンのどこかに正しく結びつけること」が「ことばの意味の学習の大事な第一歩」だと述べていながら，続く部分では，それだけでは「単語の『意味』がわかったこと」にはならないと打ち消している。よって，前後で逆の内容が置かれるときに使う「しかし」がふさわしい。　Ⅳ 赤ちゃんに「ことば」を教えるときのようすを説明するために，続く部分で「ウサギ」の例をあげているので，具体的な例をあげるときに用いる「たとえば」があてはまる。

問２ A 「立ちすくむ」は，“驚《おどろ》きやおそろしさなどのために体がこわばり，その場に立ったまま動けなくなる”という意味。　B 道の途中《とちゅう》で。道を行きながら。“駅へと向かう道すがら，友人と楽しくおしゃべりをした”のように用いる。　C ものごとの始まり。何かが起こるきっかけ。

問３ もどす一文に「複数」とあるので，【ｂ】に入れると，「複数」が直後の「名前を知っているモノと知らないモノ」を指すことになり，文意が通る。

問４ 空欄《くうらん》１の直前に「～を象徴《しょうちょう》する」とあり，少し後に「～を表す記号」という表現がある。「象徴する」と「表す」は似た意味の言葉なので，「記号」がぬき出せる。

問５ 直前の段落に，「自分の指に感じる『何か』が，実はことばであって，何かを象徴する『記号』(シンボル)だということがわからなかった」とあるので，この内容とほぼ同じアが選べる。筆者は，一つ目の段落の重要な論点を，空欄２で再び示している。

問６　空欄３をふくむ一文の内容が，直後の一文で「例から考えられる可能性がたくさんありすぎて，そのうちのどれがその単語の意味なのか決めることができない」と言い換《か》えられていることに注意する。空欄３には“〜することができない”という意味の語が入ると推測できるので，「不可能」が合う。

問７　示されている一文に「ヘレンがついに気づいた」とあることに注意する。ヘレンが「運命の時」に気づいたのは，言語をすでに身につけた私たちが当たり前だと思っている，「すべてのモノや動作には名前がある」，「モノや動作の名前の一つ一つは音のかたまりで表される」，「自分の伝えたいことは単語を組み合わせて表現することができる」といった，「言語に関するさまざまな事実」である。

問８　傍線《ぼうせん》部②の理由については，【ｄ】で始まる段落で説明されている。　ア「耳の聞こえる赤ちゃん」は，「すべての単語がモノの名前であると思い込」むのだから，「知らないことば」(＝単語)を「名前」ではなく「モノ」に結びつけるのは合わない。　イ　ヘレンの「混同」は，サリバン先生の教え方が原因かもしれないと述べられているので，「ヘレンは大きくなってから言葉の学習を始めたことによって」はふさわしくない。　ウ「耳の聞こえる赤ちゃん」が「すべての単語がモノの名前であると思い込」むのは，「単語の品詞は無視」するからであり，「思いたがる」からではない。　エ【ｄ】で始まる段落の内容を正しくまとめている。

問９　エは「赤ちゃんは文章そのものがわからなくなる」が適当でない。赤ちゃんは「モノの名前」を覚える段階なのだから，お母さんの「ことば」を「文章」として認識《にんしき》することはできないはずである。

問10「一般《いっぱん》化」とは，“あるグループに共通する法則をつくること”という意味。　ア　赤ちゃんに「ことば」の意味を教えるときに，「他のことばを使って言い換えをしても通じない」と述べられており，「どうしても他の言葉が必要である」とは述べられていないので，ふさわしくない。イ　最後の二つの段落の内容と合う。　ウ　三つ前の段落で，「日本語を知らない外国の人」に「日本語の単語の意味を教える」例について述べられているが，「異なる言語に置き換えて考える必要」については述べられていないので，あてはまらない。　エ「例から考えられる可能性がたくさんありすぎて，そのうちのどれがその単語の意味なのか決めることができない」ことが問題なので，「多くの言葉を学習」しても，問題の解決にはつながらない。

三　**出典は坂木《さかき》司《つかさ》の『短劇』所収の「迷子」による。**道を外したことのない人生を送ってきた「私」が，娘《むすめ》に心を開いてもらいたいがために，あえて迷子になってみる。

問１　Ⅰ　前後に「真面目《まじめ》」，「堅物《かたぶつ》」とあるので，“生《き》真面目なようす”や“きわめて堅苦しいさま”を表す「四角四面」がよい。　Ⅱ　すぐ後に「お父さんみたいな予定通りの人生なんて絶対嫌《いや》！」とあるので，“いましめとなる悪い手本”という意味の「反面教師」があてはまる。　Ⅲすぐ前の段落に，あえて迷子になるための「私」の努力が描《えが》かれている。よって，“準備に手ぬかりがないようす”を表す「用意周到《しゅうとう》」が入る。　なお，アの「付和雷同《らいどう》」は，しっかりした自分の考えがなく，むやみに他人の意見にしたがうこと。イの「臨機応変」は，状況《じょうきょう》に応じて適切な手段を取ること。オの「天衣無縫《むほう》」は，人の性格に飾《かざ》り気がないこと。カの「天真爛漫《らんまん》」は，純真《じゅんしん》そのもので，思う通りにふるまうようす。キの「我田《がでん》引水」は，自分に都合のいいような言動をすること。

問２　**A**　「赤ん坊《ぼう》」のようすなので，“やわらかでこしがないようす”を表す「ふにゃふにゃ」が入る。なお，アの「ひらりひらり」は，軽いものがゆれ動いているさま。ウの「くちゃくちゃ」は，口の中で食べものなどをかむときに音が出るようす。エの「にょろにょろ」は，蛇《へび》などの細長いものがうねり進むさま。オの「しゃきしゃき」は，“歯ごたえのよいようす”や“言葉や態度が活発なさま”を表す。　**B**　すぐ後に「わき上がってきた」とあるので，“ゆっくりと確実に進んでいくようす”を表す「じわりじわり」がよい。なお，イの「ぽつんぽつん」は，間をおいて水滴《すいてき》などが落ちるさま。ウの「ぴょんぴょん」は，繰《く》り返し身軽にはねるさま。エの「ぐるんぐるん」は，ものが回転するさま。オの「はらりはらり」は，木の葉などが続けて落ちるようす。　**C**　すぐ前の一文に「不安」とあるので，“どうしてよいかわからずあわてるようす”を表す「おろおろ」がふさわしい。なお，アの「じろじろ」は，無遠慮《ぶえんりょ》に見つめるさま。イの「うろうろ」は，目的もなくあちこち歩き回るようす。エの「はらはら」は，“どうなることかと心配で気をもむようす”や“木の葉などが続けて落ちるようす”を表す。オの「こそこそ」は，人目につかないようにものごとをするようす。　**D**　すぐ後に「流れ落ちる」とあるので，“液体がとぎれなく流れ続けるようす”や“ものごとがだらしなく続くようす”を表す「だらだら」が選べる。なお，アの「ぱらぱら」は，まばらに離《はな》れているようす。ウの「しとしと」は，雨が静かに降るようす。エの「さらさら」は，“水や砂などが軽くつかえないで流れるようす”や“ねばりけのないようす”などを表す。オの「ぽろぽろ」は，つぶ状のものがこぼれ落ちるようす。

問３　**a**　「胸襟《きょうきん》を開く」は，“かくしだてをしないで，思っていることをすっかり打ち明ける”という意味。　**b**　「寝耳《ねみみ》に水」は，不意のできごとに驚くこと。　**c**　「頭をもたげる」は，“今まで意識されなかった考えや疑いなどがはっきりと思い浮《う》かんでくる”という意味。

問４　傍線部①をふくむ段落では，あえて迷子になるための「私」の努力が描かれている。「私」はこれまで「着実で確実な生き方」をしてきたが，娘からは「だからお父さんは愛されないんだよ」と反発されてしまう。しかし，「道に迷う者は好意を抱《いだ》かれやすい」と気づいたため，今までの自分自身の考えから解放され，あえて迷子になる努力をしているのである。

問５　娘が「味気ない」と否定しているのだから，同じように「嫌」と否定している「お父さんみたいな予定通りの人生」と同じ内容の語句が入る。空欄Ｙの少し後に，「迷い道のない人生」という表現がある。

問６　ア　すぐ後の「なぜなら～その理由がわかれば娘の気持ちも理解できるのかもしれない」と合う。　イ　「私」は，「無鉄砲《むてっぽう》な生き方」を「理解できるのかもしれない」と考えているが，「やってみたかった」とは思っていない。　ウ　娘が家を出たのは，「私」に反発したからであり，「人生に迷っ」たからではない。　エ　「私」は「娘は愛するものであって，娘に私を愛する義務はない」と考えており，「和解したいと思っ」てはいない。

問７　「こんなところ」とは，「私」が同僚《どうりょう》に対して言った「嘘《うそ》をつかれたり騙《だま》されたりする可能性というのを考えたりはしないものなのか」のような考え方のことなので，ウが選べる。なお，「私」が他人を見下しているようすは描かれていないので，アは合わない。

問８　「私」はこれまで，「見ず知らずの他人に愛される必要がどこにあるというのか」という考え方の持ち主であった。そんな「私」が，会ったことのない孫(＝見ず知らずの他人)に会いたいと願う場面なので，エがふさわしい。最後の一文に，「こんな私を，孫は愛してくれるだろうか」とあることも参考になる。

問９　「私」が「不安になってきた」のは，あえて迷子になったはずが，本当に迷子になってしまったからである。そのようすが傍線部④のすぐ前に描かれているので，その内容をまとめる。

問10　「なのに待てど暮らせど～しまいには涙《なみだ》と鼻水まで出てきた」の部分に細かく描かれているように，「私」は迷子になってしまった自分の状況《じょうきょう》をよく理解している。よって，「現状が理解できないまま」とあるウが適当でない。

問11　文末は常体でも敬体でもよいが，どちらかに統一する。また，誤字・脱字《だつじ》がないこと，主語と述語がねじれていないことにも気をつける。

Dr.福井の入試に勝つ！脳とからだのウルトラ科学

入試当日の朝食で，脳力をアップ！

朝食を食べない学生は，朝食をきちんと食べる学生に比べて成績が悪かった——という研究発表がある。まあ，ちょっと考えればわかると思うけど，朝食を食べないということは，車にガソリンを入れないで走らせようとするようなものだ。体がガス欠になった状態では，頭が十分に働くわけがない。入試当日の朝食はちゃんと食べよう！　朝食を食べた効果があらわれるように，試験開始の２時間以上前に食べるようにするとよい。

では，入試当日の朝食にふさわしいものは何か？

まず，脳の直接のエネルギー源はブドウ糖だけであるから，それを補給するためのご飯やパン，これは絶対に必要だ。また，砂糖や果物の糖分は吸収されやすく，効果が速くあらわれやすいので，パンにジャムをぬったり果物を食べたりするのもよいだろう。

次に，タンパク質。これは脳の温度を上げる作用がある。温度が低いままでは十分に働かないからね。タンパク質を多くふくむのは肉や魚，牛乳，卵，大豆などだが，ここでは大豆でできたとうふのみそ汁や納豆をオススメする。そして，記憶力がアップするDHAを多くふくんでいる青魚，つまりサバやイワシなども食べておきたい。

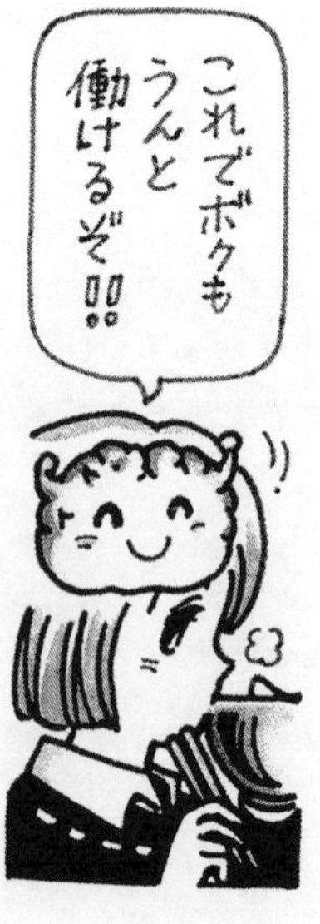

生野菜も忘れてはならない。その中にふくまれるビタミンBは，ブドウ糖を脳に吸収しやすくする働きを持つので，結果的に脳力アップにつながるんだ。

コーヒーや紅茶，緑茶は，カフェインという成分の作用で目覚めをうながすが，トイレが近くなってしまうので，飲みすぎに注意！　試験当日はひかえたほうがよいだろう。眠気を覚ましたいときはガムをかむといい。脳が刺激《しげき》されて活性化し，目が覚めるんだ。

Dr.福井（福井一成《ふくいかずしげ》）…医学博士。開成中・高から東大・文Ⅱに入学後，再受験して翌年東大・理Ⅲに合格。同大医学部卒。さまざまな勉強法や脳科学に関する著書多数。

Memo

Memo

出題ベスト10シリーズ

①国語読解ベスト10

②漢字合格の2790題

③計算合格の820題

④図形問題ベスト10

■過去の入試問題から出題例の多い問題を選んで編集・構成。受験関係者の間でも好評です！

有名中学入試問題集

●男子校編

●女子校編

■中学入試の全容をさぐる!!
■首都圏の中学を中心に、全国有名中学の最新入試問題を収録!!

※表紙は昨年度のものです。

算数の過去問25年分

■筑波大学附属駒場
■麻布
■開成

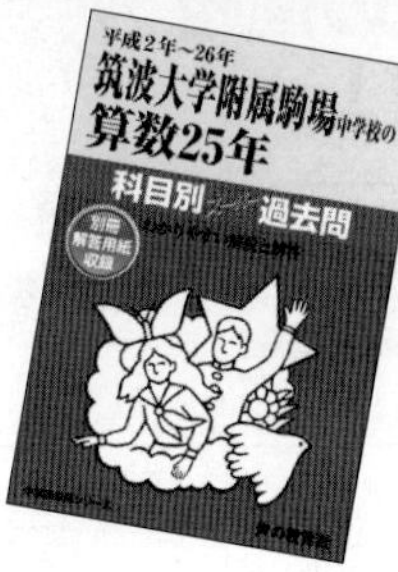

○名門３校に絶対合格したいという気持ちに応えるため過去問実績No.1の声の教育社が出した答えです。

都立中高一貫校 適性検査問題集

■都立一貫校と同じ検査形式で学べる！

●自己採点のしにくい作文には「採点ガイド」を掲載。
●保護者向けのページも充実。
●私立中学の適性検査型・思考力試験対策にもおすすめ！

当社発行物の無断使用は固くお断りいたします。御使用の前はまずご相談ください。

当社発行物には500点余の首都圏中・高過去問をはじめ、６点の学校案内、そのほかいくつかの情報誌などがございます。その多くが年度版で、限られたスタッフが来るべき受験シーズン前に余裕を持って受験生へ届けられるよう、日夜作業にあたり出版を重ねております。

その中で、最近、多くの印刷物やネット上において当社発行物からの無断使用が見受けられ、一部で係争化しているところもございます。事例といたしましては、当社の新刊発行を待ち、それを流用して毎年ネット上に新改訂として掲載していたＡ社、当社過去問から三百箇所をはぎ合わせ「自社制作につき無断転載禁止」とし、集客材としてホームページに掲載していたＢ社、当社版誌面を無断スキャンし、記述式解答は一部殆ど丸取りして動画を制作していた家庭教師グループＣ社、当社発行物の表紙を差し替え、内容を複製し配布していた塾のＤ社などほか数社がございます。

当社発行物の全部もしくは一部を無断使用することは固くお断りいたします。

当社コンテンツの中にはリーズナブルな設定でご提供している事例もたくさんございますので、ご利用されたい方はまずは、お気軽にご相談くださいますようお願いします。同時に、当社発行物を無断で使用している媒体などにつきましての情報もお寄せいただければ幸いです（呈薄謝）。

株式会社 声の教育社

スーパー過去問の **解説執筆・解答作成スタッフ（在宅）募集！** ※募集要項の詳細は、10月に弊社ホームページ上に掲載します。

2025年度用
中学スーパー過去問

■編集人 声 の 教 育 社・編集部
■発行所 株式会社 声 の 教 育 社
〒162-0814 東京都新宿区新小川町8-15
☎03-5261-5061(代) FAX03-5261-5062
https://www.koenokyoikusha.co.jp

※本書の内容についての一切の責任は当社にあります。内容・解説・解答・その他は当社ホームページよりお問い合わせ下さい。

カコを追いかけ
ミライをつかめ
「今の説明、もう一回」を何度でも
web過去問
ストリーミング配信による入試問題の解説動画
もっと古いカコモンないの?
カコ過去問
「さらにカコの」過去問をHPに掲載(DL)
声の教育社
詳しくはこちらから

よくある解答用紙のご質問

01

実物のサイズにできない

拡大率にしたがってコピーすると，「解答欄」が実物大になります。配点などを含むため，用紙は実物よりも大きくなることがあります。

02

A3用紙に収まらない

拡大率164％以上の解答用紙は実物のサイズ（「出題傾向＆対策」をご覧ください）が大きいために，Ａ３に収まらない場合があります。

03

拡大率が書かれていない

複数ページにわたる解答用紙は，いずれかのページに拡大率を記載しています。どこにも表記がない場合は，正確な拡大率が不明です。

04

１ページに２つある

１ページに２つ解答用紙が掲載されている場合は，正確な拡大率が不明です。ほかの試験回の同じ教科をご参考になさってください。

頌栄女子学院中学校

【別冊】入試問題解答用紙編

禁無断転載

解答用紙は本体からていねいに抜きとり、別冊としてご使用ください。

※　実際の解答欄の大きさで練習するには、指定の倍率で拡大コピーしてください。なお、ページの上下に小社作成の見出しや配点を記載しているため、コピー後の用紙サイズが実物の解答用紙と異なる場合があります。

●入試結果表

年度	回	項目	国語	算数	社会	理科	４科合計	合格者
2024	第１回	配点(満点)	100	100	100	100	400	最高点
		合格者平均点	61.6	75.4	65.3	66.6	268.9	321
		受験者平均点	57.1	65.0	61.5	61.0	244.6	最低点
		キミの得点						246
	第２回	配点(満点)	100	100	100	100	400	最高点
		合格者平均点	61.2	72.9	60.1	64.6	258.8	311
		受験者平均点	52.9	62.3	51.8	55.6	222.6	最低点
		キミの得点						240
2023	第１回	配点(満点)	100	100	100	100	400	最高点
		合格者平均点	55.9	66.6	68.3	67.8	258.6	322
		受験者平均点	51.8	57.6	62.9	60.8	233.1	最低点
		キミの得点						237
	第２回	配点(満点)	100	100	100	100	400	最高点
		合格者平均点	57.1	55.4	59.7	76.9	249.1	313
		受験者平均点	51.8	41.4	53.1	69.1	215.4	最低点
		キミの得点						224
2022	第１回	配点(満点)	100	100	100	100	400	最高点
		合格者平均点	63.5	50.7	61.8	65.2	241.2	270
		受験者平均点	58.5	42.4	56.4	58.6	215.9	最低点
		キミの得点						222
	第２回	配点(満点)	100	100	100	100	400	最高点
		合格者平均点	64.5	65.7	69.8	62.0	262.0	313
		受験者平均点	54.5	53.3	62.0	51.9	221.7	最低点
		キミの得点						244
2021	第１回	配点(満点)	100	100	100	100	400	最高点
		合格者平均点	51.3	69.4	45.1	61.7	227.5	267
		受験者平均点	48.2	56.9	39.9	55.4	200.4	最低点
		キミの得点						204

※　表中のデータは学校公表のものです。ただし、４科合計は各教科の平均点を合計したものなので、目安としてご覧ください。

声の教育社

２０２４年度　頌栄女子学院中学校

算数解答用紙　第１回

番号		氏名		評点	／100

1	(1)	(2)	(3)
	(4)　人	(5)　円	(6)　枚
	(7)　m	(8)　度	(9)　cm^2
2			
3	(1)　本	(2)　ポイント	
4	(1)　個	(2)　個	(3)　個
5	(1)　ア　　，イ		
	(2)《求め方》 《答 え》　cm		

（注）この解答用紙は実物を縮小してあります。Ｂ５→Ａ３（163％）に拡大コピーすると、ほぼ実物大の解答欄になります。

〔算　数〕100点（推定配点）

1，2　各６点×10　3　各５点×２　4　各６点×３　5　(1)　各３点×２　(2)　求め方…４点，答え…２点

2024年度　頌栄女子学院中学校

社会解答用紙　第1回

番号		氏名		評点	/100

1

問1	1	2	3
	4	5 百年	6
	7	8	9
	10	11	
	12	13	14
	15	問2	問3
問4		問5	問6
問7			
問8	(1)		
	(2)		

2

問1	1	2	3
	4	5	
	6	年 7	8
問2	A	B	
問3	(1)	(2)	(3)
問4	(1)	(2)	
問5			
問6	(1)		
	(2)ii		
	(2)iii		
問7	(1)	(2) 時間	

（注）この解答用紙は実物を縮小してあります。B5→A3（163%）に拡大コピーすると、ほぼ実物大の解答欄になります。

〔社　会〕100点（推定配点）

1　問1～問6　各2点×20　問7　4点　問8　各3点×2　2　問1，問2　各2点×10　問3　(1)，(2)　各2点×2　(3)　3点　問4　各3点×2　問5　5点　問6　(1)　2点　(2)　各3点×2　問7　各2点×2

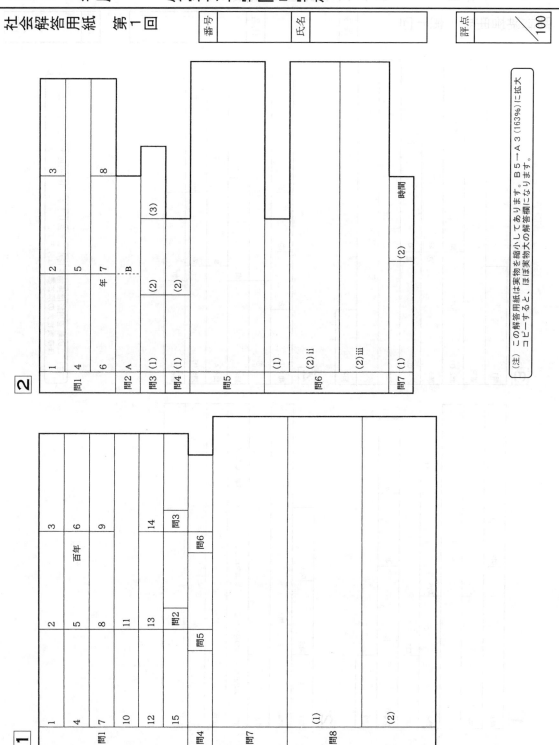

2024年度　頌栄女子学院中学校

理科解答用紙　第1回

番号　　氏名　　評点　／100

1

問1　問2　問3 (1)　(2)　問4　問5　問6　問7　問8 ①　②　③　④　問9

2

問1　問2　問3　問4　問5　問6

問7　次のどちらかに○をつける　高温にしている　・　低温にしている

理由

3

問1　説明　問2 (1)　(2)　問3　問4

問5 (1)　%　(2)　g　(3)　g　(4)　倍

問6　問7

4

問1 ①　②　③　④　⑤　⑥

問2　問3　問4 A　B　C

問5 (1)　g　(2)　g　(3)

問6 ①　②

（注）この解答用紙は実物を縮小してあります。189%拡大コピーをすると、ほぼ実物大の解答欄になります。

〔理　科〕100点(推定配点)

1 問1, 問2　各2点×2　問3　(1)　2点　(2)　3点　問4～問9　各2点×9　2 問1～問3　各2点×3　問4, 問5　各3点×2＜各々完答＞　問6　2点　問7　5点　3 問1～問5　各2点×10　問6　4点　問7　3点　4 問1　①～⑤　各1点×5　⑥　2点　問2　2点　問3　3点＜完答＞　問4, 問5　各2点×6　問6　3点＜完答＞

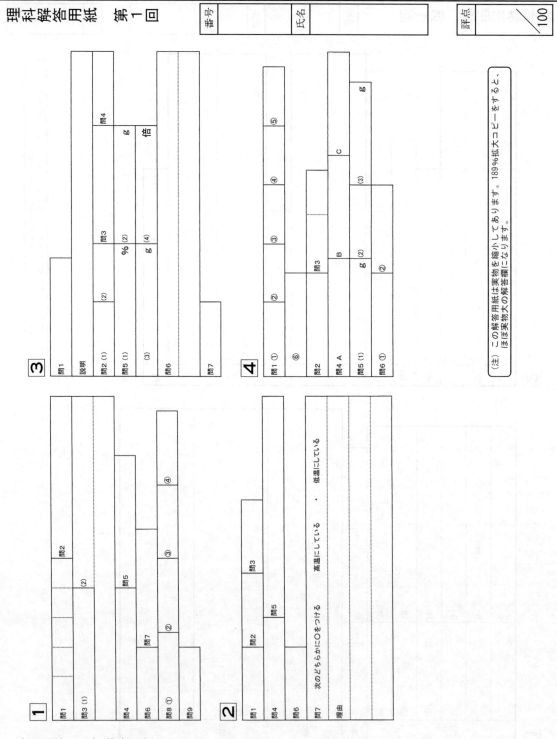

２０２４年度　頌栄女子学院中学校

国語解答用紙　第一回

番号		氏名		評点	/100

一	＊	A	B	C	D	E

二	＊	問一	A　B　C
	＊	問二	
	＊	問三	
	＊	問四	
	＊	問五	
	＊	問六	という考え方。
	＊	問七	
	＊	問八	
	＊	問九	

三	＊	問一	A　B　C
	＊	問二	
	＊	問三	
	＊	問四	
	＊	問五	
	＊	問六	
	＊	問七	
	＊	問八	
	＊	問九	

（注）この解答用紙は実物を縮小してあります。Ｂ５→Ａ３（163％）に拡大コピーすると、ほぼ実物大の解答欄になります。

〔国　語〕100点(推定配点)

一　各２点×５　二　問１，問２　各２点×４　問３　６点　問４～問６　各３点×３　問７，問８　各４点×２　問９　７点　三　問１　各２点×３　問２　８点　問３，問４　各３点×２　問５～問７　各４点×３　問８，問９　各10点×２

2024年度　頌栄女子学院中学校

算数解答用紙　第2回

番号		氏名		評点	／100

1	(1)	(2)	(3) cm
	(4) 時間	(5) A 位, B 位, C 位, D 位	
	(6) 通り	(7) cm	(8) 度
	(9)		
2	＿＿＿＿を選ぶ 《理由》		
3	(1) 分	(2) km	
4	(1) 円		
	(2) 《求め方》 《答 え》 個		
5	(1) 枚	(2) 枚	(3) 枚

（注）この解答用紙は実物を縮小してあります。B５→A３(163%)に拡大コピーすると、ほぼ実物大の解答欄になります。

〔算　数〕100点(推定配点)

1, 2　各６点×10＜1の(5), (9)は完答＞　3　各５点×２　4　(1)　６点　(2)　求め方…４点，答え…２点　5　各６点×３

２０２４年度　頌栄女子学院中学校

社会解答用紙　第２回

番号　　氏名　　評点　／100

1

- 問1　1　2　3　4　5　6　7　8　9　10
- 問2　(1)　(2)
- 問3
- 問4　→　→　→
- 問5　(1)　(2)
- 問6　(1)〔東経・西経〕＿＿度　(2)＿＿月＿＿日の〔午前・午後〕＿＿時
- 問7
- 問8

2

- 問1　1　原子力発電所　2　市
- 問2　(1)　(2)　(3) Ⅰ　Ⅱ　Ⅲ　Ⅳ　(4)
- 問3
- 問4
- 問5
- 問6　X　Y

3

- 問1　1　2　3
- 問2　円
- 問3
- 問4
- 問5
- 問6
- 問7　＿＿兆円の〔黒字・赤字〕となっています。
- 問8　公平性を＿＿＿＿と考えれば、＿＿＿＿ため、消費税は不公平な税制と考えられる。

（注）この解答用紙は実物を縮小してあります。169％拡大コピーをすると、ほぼ実物大の解答欄になります。

〔社　会〕100点(推定配点)

1　問1，問2　各２点×12　問３　５点　問４　３点＜完答＞　問５～問７　各２点×５　問８　５点　2　問１　各２点×２　問２　(1)，(2)　各２点×２　(3)，(4)　各３点×２＜(3)は完答＞　問３，問４　各２点×２　問５，問６　各３点×３＜問５は完答＞　3　問１　各２点×３　問２　３点　問３　２点　問４　３点　問５　２点　問６，問７　各３点×２　問８　４点

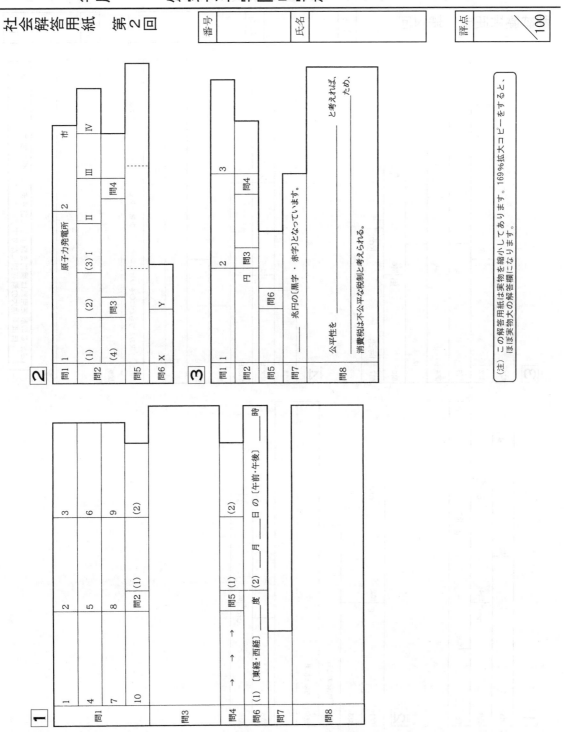

2024年度 頌栄女子学院中学校

理科解答用紙 第2回

番号		氏名		評点	/100

1

問1 　 問2 g

問3 cm3 問4 cm3

問5 　 問6 g 問7 g

2

問1 g 問2 cm3

問3

問4 気体の名前

確かめる方法と結果

問5

問6 cm3 問7 g

3

問1

問2 (1) 　 (2)

問3

問4 (1) ① 　 ② 　 ③

(2)

問5 倍 問6 年

問7 時速 km

4

問1

問2 B 　 C 　 D

問3 E 　 F

問4

問5 (1)

(2)

問6 次のどちらかに○をつける 有効である ・ 有効ではない

説明

(注) この解答用紙は実物を縮小してあります。185%拡大コピーをすると、ほぼ実物大の解答欄になります。

〔理　科〕100点(推定配点)

1 問1 2点 問2～問7 各3点×6 2 問1～問3 各3点×3＜問3は完答＞ 問4 4点＜完答＞ 問5～問7 各3点×3＜問5は完答＞ 3 問1 2点 問2 (1) 2点 (2) 3点＜完答＞ 問3～問7 各3点×8＜問3，問4の(2)は完答＞ 4 問1～問3 各2点×6 問4 3点 問5 (1) 3点＜完答＞ (2) 4点 問6 5点

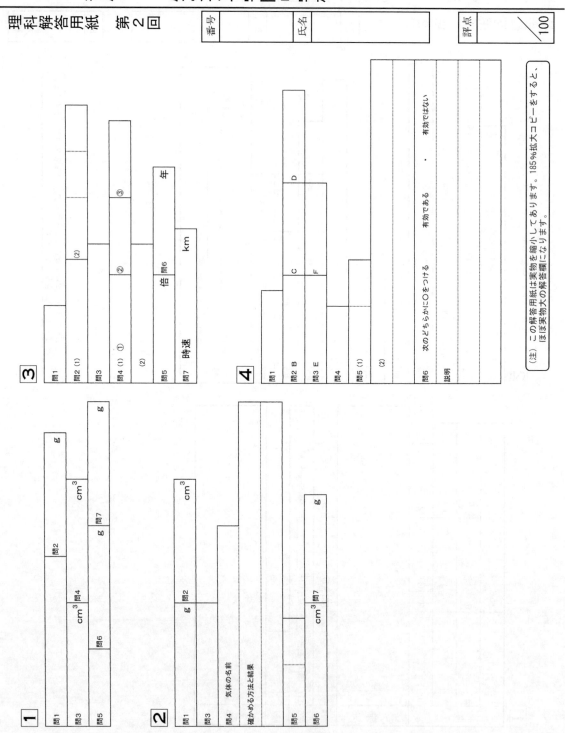

２０２４年度　頌栄女子学院中学校

国語解答用紙　第二回

番号		氏名		評点	/100

一	*	A	B	C	D	E

二	*	問一	I	II	III		
	*	問二	A	B	C		
	*	問三					
	*	問四					
	*	問五	一つ目				
			二つ目				
	*	問六					
	*	問七					
	*	問八					
	*	問九					

三	*	問一	a	b	c	d	e
	*	問二	I	II	III		
	*	問三					
	*	問四					
	*	問五	A	B			
	*	問六	から。				
	*	問七					
	*	問八					
	*	問九					
	*	問十					

（注）この解答用紙は実物を縮小してあります。Ｂ５→Ａ３（163%）に拡大コピーすると、ほぼ実物大の解答欄になります。

〔国　語〕100点（推定配点）

一　問１　各２点×５　二　問１　各２点×３　問２　各１点×３　問３　３点　問４　５点　問５，問６　各３点×３　問７，問８　各４点×２　問９　７点　三　問１　各１点×５　問２　各２点×３　問３〜問６　各４点×４<問５は完答>　問７　５点　問８　４点　問９　６点　問10　７点

２０２３年度　頌栄女子学院中学校

算数解答用紙　第１回

番号		氏名		評点	／100

1

(1)

(2)

(3) 倍

(4) cm^2

(5) 人

(6)

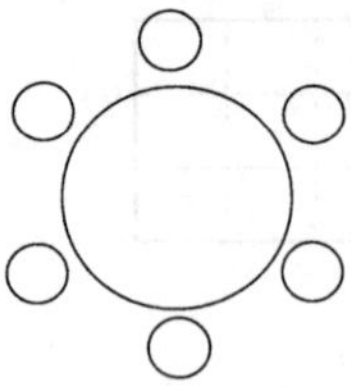

(7) 辺の数　面の数

(8) g

(9) 杯

2

3

(い)

(う)

4

(1) A km， B km

(2) 《求め方》

《答え》 時速 km

5

(1)

(2)

(3) 《求め方》

《答え》 段目の右から 番目

（注）この解答用紙は実物を縮小してあります。Ｂ５→Ａ３（163%）に拡大コピーすると、ほぼ実物大の解答欄になります。

〔算　数〕100点(推定配点)

1 各６点×9＜(7)は完答＞　2 ７点　3 ６点＜完答＞　4 (1) ７点＜完答＞　(2) 求め方…4点，答え…３点　5 (1)，(2) 各６点×2　(3) 求め方…4点，答え…３点

2023年度　頌栄女子学院中学校

社会解答用紙　第1回

番号		氏名		評点	/100

1

問1	1　　天皇	2　　天皇	3　　県		
	4　　上皇	5	6　　天皇		
	7	8	9		
	10	11　　宣言			
問2	→ → →	問3	(1)	(2)	
問4					
問5	年　月	問6	(1)	あ　歳	い
問6	(2)	(3)	議席	(4)	候補者
	(5)				

2

問1	1　　駅	2　　年	3　　県	
問2	(1)	(2)		
問3				
問4	(1)	(2)	問5	場所
問5	説明			

3

問1	1	2	3		
	4	問2	(1)	A	B
問2	(2)				
問3		問4		問5	
問6					
問7					

（注）この解答用紙は実物を縮小してあります。169%拡大コピーをすると、ほぼ実物大の解答欄になります。

〔社　会〕100点(推定配点)

1　問1　各2点×11　問2　3点<完答>　問3　各2点×2　問4　3点　問5　2点　問6　(1)，(2)　各2点×3　(3)～(5)　各3点×3　2　問1　各2点×3　問2，問3　各3点×3　問4　(1)　2点　(2)　3点　問5　場所…2点，説明…3点　3　問1　各2点×4　問2　(1)　各2点×2　(2)　3点　問3～問5　各2点×3　問6　3点　問7　2点

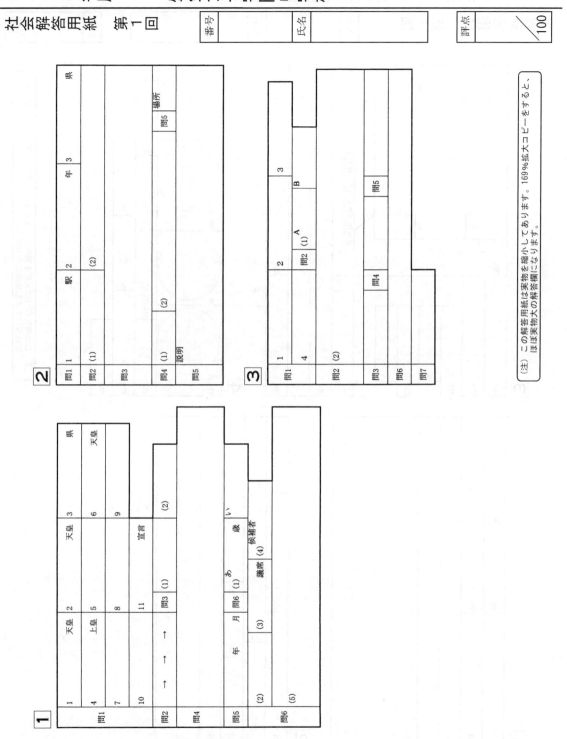

２０２３年度　頌栄女子学院中学校

理科解答用紙　第１回

番号		氏名		評点	/100

1

問1　問2　問3
問4　g　問5　g
問6
問7

2

問1 (1)①　②　(2)
(3)①　②
問2 (1)　(2)
問3

3

問1
問2
問3 (1)　(2)
問4 ①　②
問5

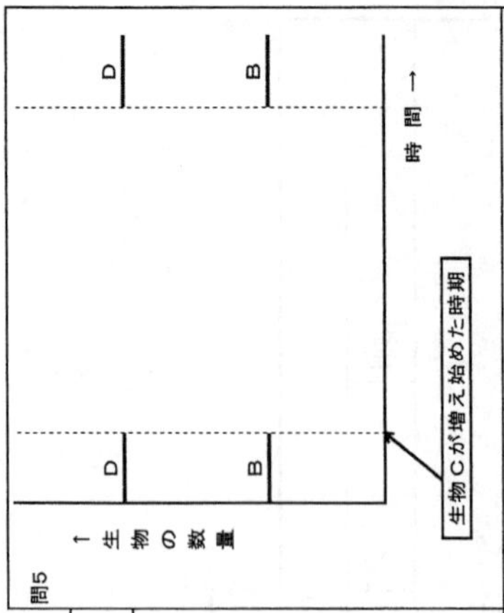

問6
問7
問8
問9

4

問1 A　B
問2 C　D
問3
問4 ①　②　③
問5 (1) A　B　(2)
問6

（注）この解答用紙は実物を縮小してあります。185%拡大コピーをすると、ほぼ実物大の解答欄になります。

〔理　科〕100点(推定配点)

1　問1～問6　各3点×6<問1，問2は完答>　問7　4点　2　問1，問2　各3点×7　問3　4点　3　問1～問4　各2点×6　問5　3点　問6　2点<完答>　問7　4点　問8，問9　各2点×2　4　問1，問2　各3点×4　問3～問6　各2点×8

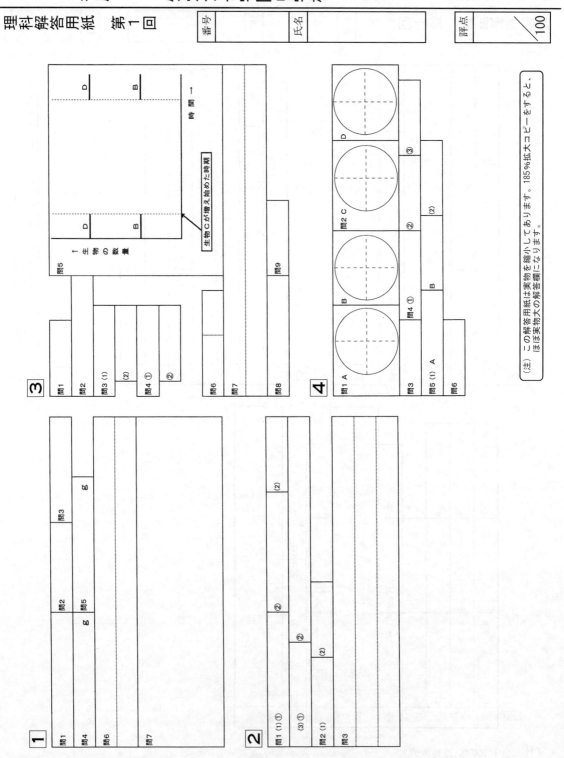

二〇二三年度　頌栄女子学院中学校

国語解答用紙　第一回

番号		氏名		評点	/100

一	*	A	B	C	D	E

二			
	*	問一	A　B　C　D
	*	問二	Ⅰ　Ⅱ　Ⅲ
	*	問三	
	*	問四	
	*	問五	
	*	問六	
	*	問七	
	*	問八	
	*	問九	
	*	問十	

三			
	*	問一	Ⅰ　Ⅱ　Ⅲ
	*	問二	A　B　C
	*	問三	
	*	問四	
	*	問五	
	*	問六	
	*	問七	
	*	問八	
	*	問九	
	*	問十	

（注）この解答用紙は実物を縮小してあります。B５→A３（163%）に拡大コピーすると、ほぼ実物大の解答欄になります。

〔国　語〕100点(推定配点)

一　各２点×５　二　問１，問２　各２点×７　問３　４点　問４，問５　各２点×２　問６　４点　問７　５点　問８，問９　各２点×２　問10　８点　三　問１〜問３　各２点×７　問４　３点　問５〜問７　各６点×３　問８，問９　各２点×２　問10　８点

２０２３年度　頌栄女子学院中学校

算数解答用紙　第２回

番号		氏名		評点	／100

1	(1)	(2)　　分	(3)　　%
	(4)　　段　　個		(5)
	(6)　　度	(7)　　個	(8)　　人以上
	(9)　A　　%，　B　　%		
2			
3	《求め方》 《答え》　　円		
4	(1)《求め方》 《答え》　　個		
	(2) ①　②　③　④		
5	(1)　　cm^2	(2)　　cm^2	(3)　　cm^3

（注）この解答用紙は実物を縮小してあります。Ｂ５→Ａ３(163%)に拡大コピーすると、ほぼ実物大の解答欄になります。

〔算　数〕100点(推定配点)

1，2　各６点×10＜1の(4)，(5)，(9)は完答＞　3　求め方…４点，答え…３点　4　(1)　求め方…４点，答え…３点　(2)　各２点×４　5　各６点×３

２０２３年度　頌栄女子学院中学校

社会解答用紙　第２回

番号		氏名		評点	/100

1

問1	1　　年間	2	3
	4	5	
	6	7	8
	9	10	

問2	a	b	c	d	e

問3		問4		問5		問6	

問7	
問8	
問9	①
	②

2

問1		問2	(1)	(2)　　天皇	
問2	(3)	(4)		問3	
問4	1	2		問5	
問6	(1)	(2)		問7	
問8					

3

問1	1	2　　省	3　　月　　日		
問2	(1)	(2)	(3)		
問3		問4		問5	
問6		問7	(1)		
問7	(2)				

（注）この解答用紙は実物を縮小してあります。Ｂ５→Ａ３（163%）に拡大コピーすると、ほぼ実物大の解答欄になります。

〔社　会〕100点（推定配点）

1　問１～問７　各２点×20　問８，問９　各３点×３　2　各２点×13　3　問１～問６　各２点×10　問７　(1)　２点　(2)　３点

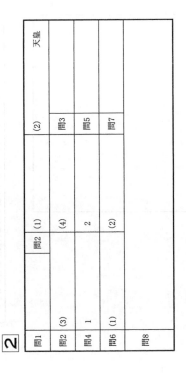

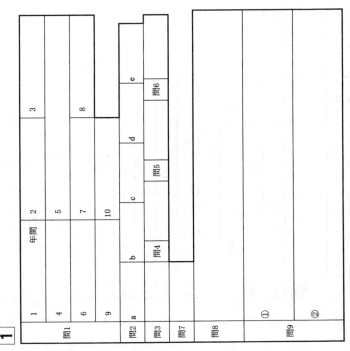

２０２３年度　頌栄女子学院中学校

理科解答用紙　第２回

番号　　氏名　　評点　/100

1

問1　問2 (1) ① ②
(2) ① ②
問3 ① ② ③
④ ⑤
問4　問5
問6 ① ② ③
④ ⑤ ⑥

2

問1 ① ② ③ ④
問2 g
問3 (1) 二酸化炭素 L　水素 L
(2)
問4 ① ②
問5 (1) ① ② ③
(2)
問6 g

3

問1 ① ② ③ ④ ⑤
問2 A B C
問3　問4
問5 ① ② ③ ④
問6　問7　問8 ① ②
問9　問10

4

問1
問2 cm　問3 cm
問4 (1) cm (2) cm
(3) cm
問5 g　問6

（注）この解答用紙は実物を縮小してあります。189%拡大コピーをすると、ほぼ実物大の解答欄になります。

〔理　科〕100点(推定配点)

1　問1，問2　各２点×5＜問２の(2)は各々完答＞　問３　①，②　各１点×2　③～⑤　各２点×3　問4，問５　各２点×2　問６　各１点×6　2　問１　各１点×4　問２～問６　各２点×11＜問５の(2)は完答＞　3　問１　各1点×5　問２～問４　各２点×5＜問３は完答＞　問５　３点＜完答＞　問６　１点　問7　２点＜完答＞　問８～問10　各１点×4　4　問１～問３　各２点×3　問４～問６　各３点×5

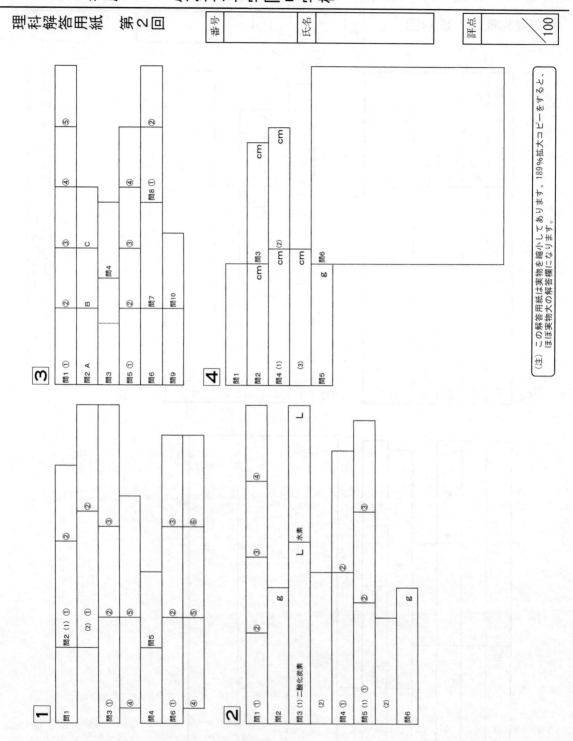

二〇二三年度　頌栄女子学院中学校

国語解答用紙　第二回

番号　氏名　評点　/100

一　＊　A　B　C　D　E

二
＊　問一　I　II　III
＊　問二
＊　問三
＊　問四
＊　問五
＊　問六
＊　問七
＊　問八　過去　現在　未来
＊　問九
＊　問十

（注）この解答用紙は実物を縮小してあります。B５→A３（163%）に拡大コピーすると、ほぼ実物大の解答欄になります。

〔国　語〕100点(推定配点)

一　各２点×５　二　問１　各２点×３　問２　４点　問３　10点　問４，問５　各６点×２　問６　12点　問７　６点　問８　各８点×３　問９　10点　問10　６点

２０２２年度　頌栄女子学院中学校

算数解答用紙　第１回

番号		氏名		評点	／100

1	(1)	(2) 度	(3) 時速 km
	(4) 種類	(5) 点，点，点，点，点	
	(6)		
2			
3	面		
4	(1) %	(2) g	
5	(1) 日間	(2)	
	(3) 《求め方》 《答 え》		
	(4) 日間		

（注）この解答用紙は実物を縮小してあります。Ｂ５→Ａ３(163%)に拡大コピーすると，ほぼ実物大の解答欄になります。

〔算　数〕100点(推定配点)

1～4 各７点×10＜1の(5)，(6)は完答＞　5 (1)，(2) 各７点×２　(3) 求め方…５点，答え…３点　(4) ８点

2022年度 頌栄女子学院中学校

社会解答用紙 第1回

番号 | 氏名 | 評点 /100

1

問1 | 問2 | 問3
問4 | 問5 | 問6
問7 | 問8 | 問9

2

問1 (I) 島名 記号 (II) 島名 記号 (III) 島名 記号
問2
問3
問4 → →
問5
問6 (1) (2)
問7 (1) (2) (3) 災害名 工夫
問8
問9 月 日
問10 年
問11
問12
問13

3

問1
問2 (1) (2)
問3
問4 ＿.＿%
問5
問6
問7
問8
問9
問10
問11
問12
問13

（注）この解答用紙は実物を縮小してあります。172%拡大コピーをすると、ほぼ実物大の解答欄になります。

〔社　会〕100点(推定配点)

1 各2点×9 2 問1，問2 各2点×4<問1は各々完答> 問3 3点 問4～問6 各2点×4<問4は完答> 問7 (1)，(2) 各2点×2 (3) 災害名…2点，工夫…3点 問8～問11 各3点×4<問11は完答> 問12，問13 各2点×2 3 問1，問2 各2点×3 問3～問10 各3点×8<問6は完答> 問11 2点 問12，問13 各3点×2

2022年度 頌栄女子学院中学校

理科解答用紙 第1回

番号		氏名		評点	/100

1

問1	問2 (あ)	(い)	
問3 A	B	C	
問4	問5		
問6			
問7 (1)	(2)	問8 (1)	(2)

2

問1 (1)	(2)				
(3)	(4)				
問2 (1)					
(2) 図5	℃	図6	℃	図7	℃
問3 (1)	A	(2) 蛍光灯	W	LED	W
(3)	%	(4)	℃		

3

問1	問2	問3	
問4	問5		
問6	℃		
問7 ①	②		
③	④		
⑤			
問8 名称			
模式図			

問5

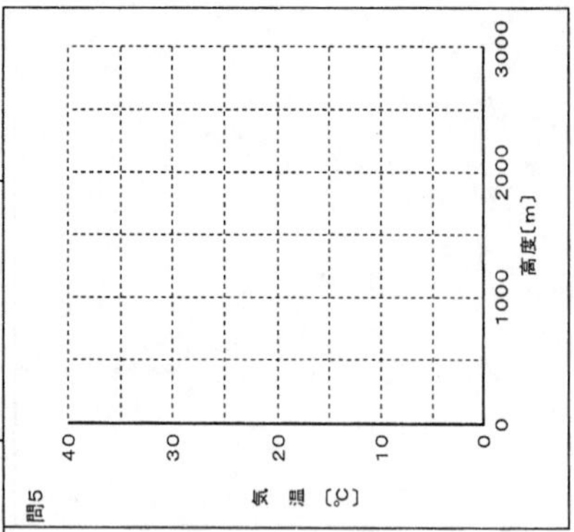

4

問1 ①	②	③	④			
問2 ①	②					
問3 (1)	%	(2)				
(3)	(4)	cm^3				
問4 (1)	(2)					
問5						
問6 (1)	%	(2)	%	(3)	%	
(4)						

（注）この解答用紙は実物を縮小してあります。185%拡大コピーをすると、ほぼ実物大の解答欄になります。

〔理　科〕100点(推定配点)

1　問1～問7　各2点×10＜問1，問2，問4，問5，問7の(1)は完答＞　問8　各1点×2　2　各2点×13＜問1は各々完答＞　3　問1～問4　各2点×4＜問3は完答＞　問5　3点　問6　2点　問7　各1点×5　問8　各2点×2　4　問1　各1点×4　問2～問6　各2点×13

二〇二二年度　頌栄女子学院中学校

国語解答用紙　第一回

番号		氏名		評点	/100

一	＊	A	B	C	D	E

二	＊	問一	1	2	3
	＊	問二			
	＊	問三			
	＊	問四			
	＊	問五	（1）	（2）	
	＊	問六			
	＊	問七	選択した《誤解をうみやすいことば》↓		

三	＊	問一	Ⅰ	Ⅱ	Ⅲ	
	＊	問二	1	2	3	4
	＊	問三				
	＊	問四				
	＊	問五				
	＊	問六				
	＊	問七				
	＊	問八				

（注）この解答用紙は実物を縮小してあります。B５→A３（163%）に拡大コピーすると、ほぼ実物大の解答欄になります。

〔国　語〕100点（推定配点）

一　各２点×５　二　問１　各２点×３　問２，問３　各３点×２　問４　８点　問５　各３点×２　問６　５点　問７　８点　三　問１　各３点×３　問２　各２点×４　問３　３点　問４，問５　各６点×２　問６　５点　問７　６点　問８　８点

２０２２年度　　頌栄女子学院中学校

算数解答用紙　第２回

番号		氏名	

評点	／100

1

(1)	(2)	(3)
(4) g	(5) 本	(6) 年後
(7) 最も大きい値　値	その値　時間	

2

3

(1) cm^2	(2) cm^2	(3) cm^2

4

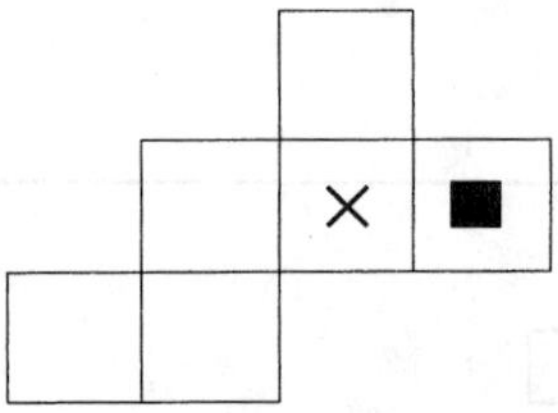

5

(1) 分後

(2) 《求め方》

《答 え》 m

（注）この解答用紙は実物を縮小してあります。Ｂ５→Ａ３（163%）に拡大コピーすると、ほぼ実物大の解答欄になります。

〔算　数〕100点（推定配点）

1～4　各７点×12＜1の(7)は完答＞　5　(1)　８点　(2)　求め方…５点，答え…３点

２０２２年度　頌栄女子学院中学校

社会解答用紙　第２回

番号		氏名		評点	/100

1

- 問1　1　2　3　4　5　6　7　8
- 問2　問3　問4　問5
- 問6　問7
- 問8　(1)　(2)
- 問9　設問1：　設問2：　設問3：　設問4：

2

- 問1　問2 (1)　(2)
- 問3　→　→　→
- 問4　(1) A　B　C　D　(2) A:　B:
- 問5　(1)　(2)　(3)
- 問6　(1)　(2)　(3)

3

- 問1　問2
- 問3
- 問4　(1)　→　→　→　(2)
- 問5　(1)　(2)　問6
- 問7　(1)　(2)
- 問8

（注）この解答用紙は実物を縮小してあります。172%拡大コピーをすると、ほぼ実物大の解答欄になります。

〔社　会〕100点(推定配点)

1 問1～問7　各2点×14　問8, 問9　各3点×3<問9は完答>　2 問1　3点　問2～問4　各2点×9<問3は完答>　問5　(1)　2点　(2), (3)　各3点×2　問6　(1), (2)　各2点×2　(3)　3点　3 問1, 問2　各2点×2　問3　3点　問4, 問5　各2点×4<問4の(1)は完答>　問6～問8　各3点×4

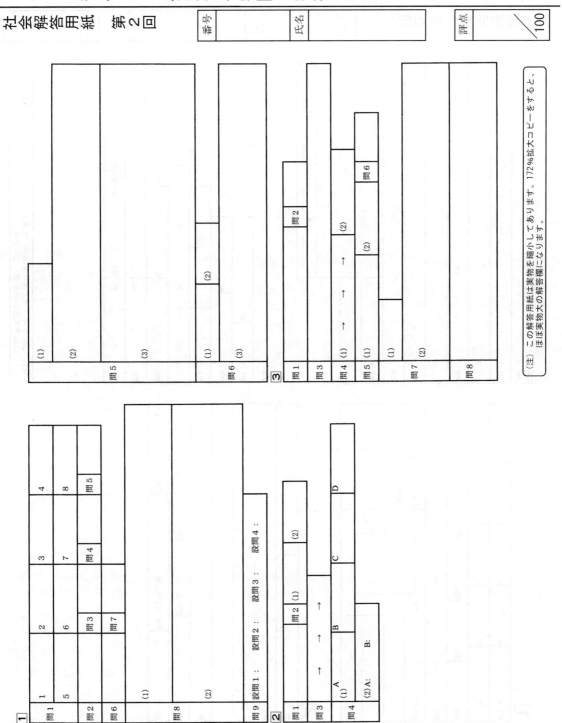

2022年度 頌栄女子学院中学校

理科解答用紙 第2回

番号 氏名 評点 /100

1

問1 A B C D E
F G I

問2 問3 問4 問5

問6 → → → →

問7 (1) (2) (3) (4)

問8

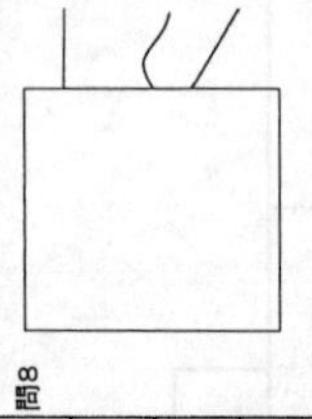

問9

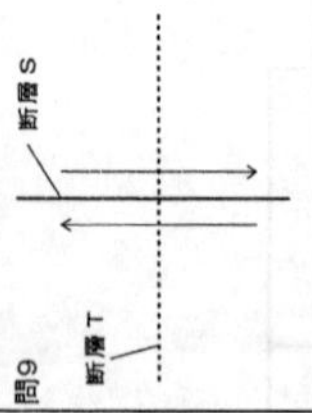

2

問1 あ い う え

問2

問3

問4

問5 ① ② ③

問6 g 問7 マグネシウム：銅＝ ： 問8 g

3

問1 (1) (2)
(3)

問2 (1) → → → →
(2)
(3)

問3

問4 A
B

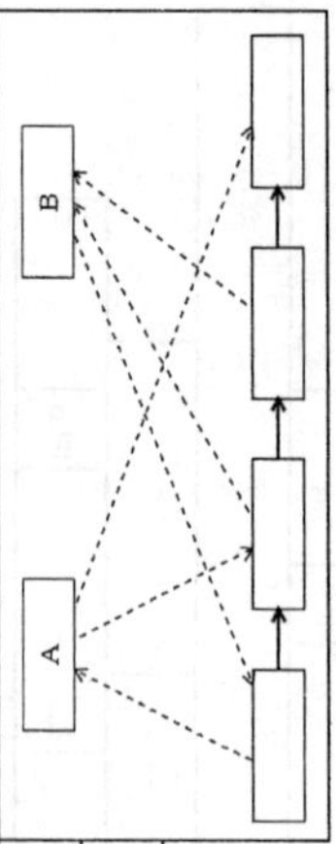

4

問1 問2

問3 a b

問4 (1) (2) (3)
(4) ① ② ③ ④

問5 (1) (2) (3)

問6 kg

問7 秒 問8 m／秒 問9

（注）この解答用紙は実物を縮小してあります。189％拡大コピーをすると、ほぼ実物大の解答欄になります。

〔理　科〕100点(推定配点)

1 問1 各1点×8 問2～問9 各2点×11＜問6は完答＞ 2 問1 各1点×4 問2～問8 各2点×9＜問4は完答＞ 3 問1～問3 各2点×7＜問2の(1)は完答＞ 問4 A, B 各1点×2 図2点 4 問1～問3 各2点×3＜問2, 問3は完答＞ 問4 (1)～(3) 各2点×3 (4) 各1点×4 問5～問9 各2点×7

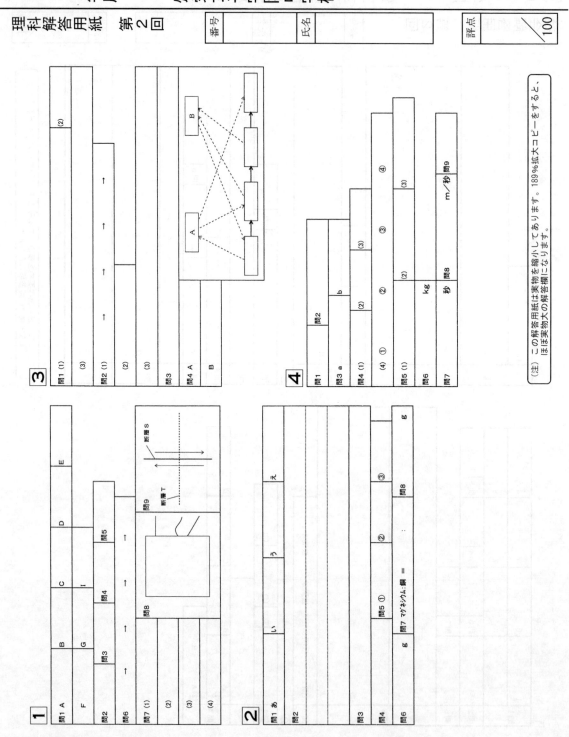

二〇二三年度　頌栄女子学院中学校

国語解答用紙　第二回

番号　　氏名　　評点 /100

一
*	A	B	C	D	E

二
*	問一	X	Y	
*	問二			
*	問三	A	B	C
*	問四	(1)		
		(2)		
*	問五			
*	問六			
*	問七			
*	問八			
*	問九			
*	問十			
*	問十一			
*	問十二			

（注）この解答用紙は実物を縮小してあります。Ｂ５→Ａ３（163%）に拡大コピーすると、ほぼ実物大の解答欄になります。

〔国　語〕100点（推定配点）

一　各２点×５　二　問１　各３点×２　問２，問３　各４点×４　問４　(1)　４点　(2)　８点　問５，問６　各８点×２　問７　４点　問８　８点　問９　４点　問10　10点　問11　４点　問12　10点

2021年度　頌栄女子学院中学校

算数解答用紙　第１回

番号		氏名		評点	／100

1	(1)	(2)　本	(3)
	(4)　cm^2	(5)　cm^2	(6)
	(7) 周の長さ　cm	面積　cm^2	(8)　g
2	＿＿＿＿店で買えばよい （理由）		
3	(1)　度	(2)　度	(3)　度
4	(1)　倍	(2)　日目から	
5	(1)　分速　m	(2)　m	
	(3)　《求め方》 《答 え》　分		

（注）この解答用紙は実物を縮小してあります。Ｂ５→Ａ３(163%)に拡大コピーすると、ほぼ実物大の解答欄になります。

〔算　数〕100点(推定配点)

1　各５点×９　2～4　各６点×６　5　(1), (2)　各６点×２　(3)　求め方…５点，答え…２点

2021年度　頌栄女子学院中学校

社会解答用紙　第1回

番号	
氏名	
評点	/100

1

問1	あ	い	う　　県　え
問2		問3 (1)	(2)
問4	(1)	(2)	
問5		問6	問7
問8			
問9	(1)	(2)　　県	問10 (1)　(2)　問11
問12	(1)　　県		
	(2)		
	(3)	(4) 時速　　km	

2

問1	あ	い	う
問2		問3	
問4			
問5			
問6	(1) D	E	F
	(2)		
	(3)		
問7			

3

問1	あ	い	う　　条約
	え	お　　戦争	か
問2	問3	問4	
問5			
問6			

〔社　会〕100点(推定配点)

1 問1～問7　各2点×13　問8　3点　問9～問12　各2点×9　2 問1～問3　各2点×5　問4　3点　問5～問7　各2点×8　3 問1～問4　各2点×9　問5，問6　各3点×2

2021年度　頌栄女子学院中学校

理科解答用紙　第1回

番号	
氏名	
評点	/100

1

問1 (1)	(2)	問2	
問3 (1)	(2)	(3)	
問4 (1)	(2)	問5	
問6 (1)　　が　　m低い	(2)　　が　　m低い	(3)	
問7　　mから　　mの深さ			

2

問1

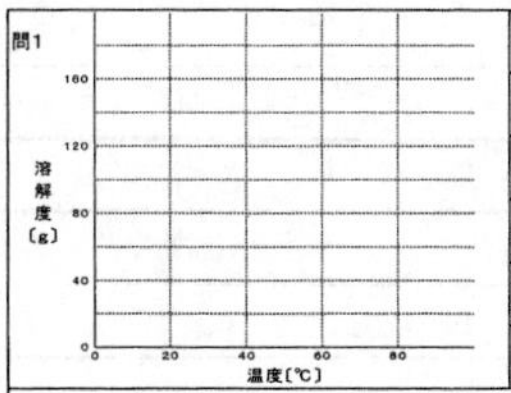

問2				
問3 (1)　　g				
(2)　　℃				
問4 (1)				
(2)				
問5				
問6A	B	D		
問7　　g	問8			
問9 ①	②	③	④	⑤

3

問1	問2	問3
問4	問5	
問6		
問7 (1)	(2)	
(3)　　と　　理由		

4

問1 速い点	遅い点	問2
問3 AB間　　m	BC間　　m	
CD間　　m	DE間　　m	
問4 BC間　　m／秒	DE間　　m／秒	
問5　　m／秒		

問6

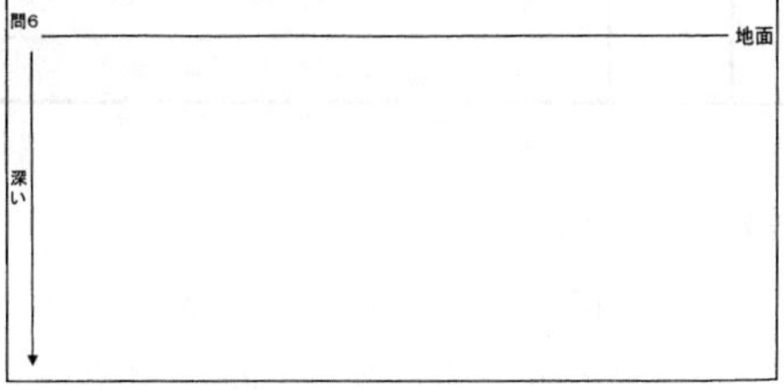

〔理　科〕100点(推定配点)

1 各2点×13　2 問1　3点　問2～問8　各2点×11　問9　各1点×5　3 問1～問6　各2点×8<問2，問4は完答>　問7　(1)，(2)　各2点×2<(1)は完答>　(3)　3点<完答>　4 問1～問5　各2点×9<問1は完答>　問6　3点

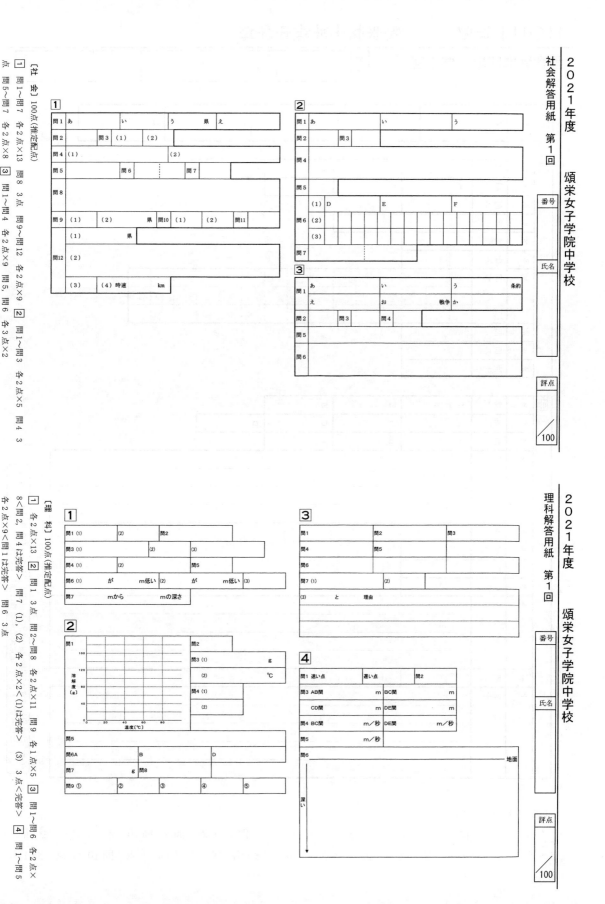

二〇二二年度　頌栄女子学院中学校

国語解答用紙　第一回

番号　　氏名　　評点 /100

一
* A
* B
* C
* D
* E

二
* 問一　Ⅰ　Ⅱ　Ⅲ　Ⅳ
* 問二　A　B　C
* 問三
* 問四
* 問五
* 問六
* 問七
* 問八
* 問九
* 問十

三
* 問一　Ⅰ　Ⅱ　Ⅲ
* 問二　A　B　C　D
* 問三　a　b　c
* 問四
* 問五
* 問六
* 問七
* 問八
* 問九
* 問十
* 問十一

（注）この解答用紙は実物を縮小してあります。B５→A３（163%）に拡大コピーすると、ほぼ実物大の解答欄になります。

〔国　語〕100点（推定配点）

一　各２点×５　二　問１～問５　各２点×10　問６　３点　問７　６点　問８～問10　各２点×３　三　問１～問３　各２点×10　問４　８点　問５　３点　問６～問８　各２点×３　問９　８点　問10　２点　問11　８点

東京都／神奈川県／千葉県／埼玉県／茨城県／栃木県ほか

2025年度用
声の教育社版

中学受験案内

■全校を見開き2ページでワイドに紹介！

■中学～高校までの授業内容をはじめ部活や行事など、6年間の学校生活を凝縮！

■偏差値・併願校から学費・卒業後の進路まで、知っておきたい情報が満載！

私立・国公立353校掲載

Ⅰ 首都圏（東京・神奈川・千葉・埼玉・その他）の私立・国公立中学校の受験情報を掲載。

合格情報
近年の倍率推移・偏差値による合格分布予想グラフ・入試ホット情報ほか

学校情報
授業、施設、特色、ICT機器の活用、併設大学への内部進学状況と併設高校からの主な大学進学実績ほか

入試ガイド
募集人員、試験科目、試験日、願書受付期間、合格発表日、学費ほか

Ⅱ 資　料
(1)私立・国公立中学の合格基準一覧表（四谷大塚、首都圏模試、サピックス）
(2)主要中学早わかりマップ
(3)各校の制服カラー写真
(4)奨学金・特待生制度，帰国生受け入れ校，部活動一覧

Ⅲ 大学進学資料
(1)併設高校の主要大学合格状況一覧
(2)併設・系列大学への内部進学状況と条件

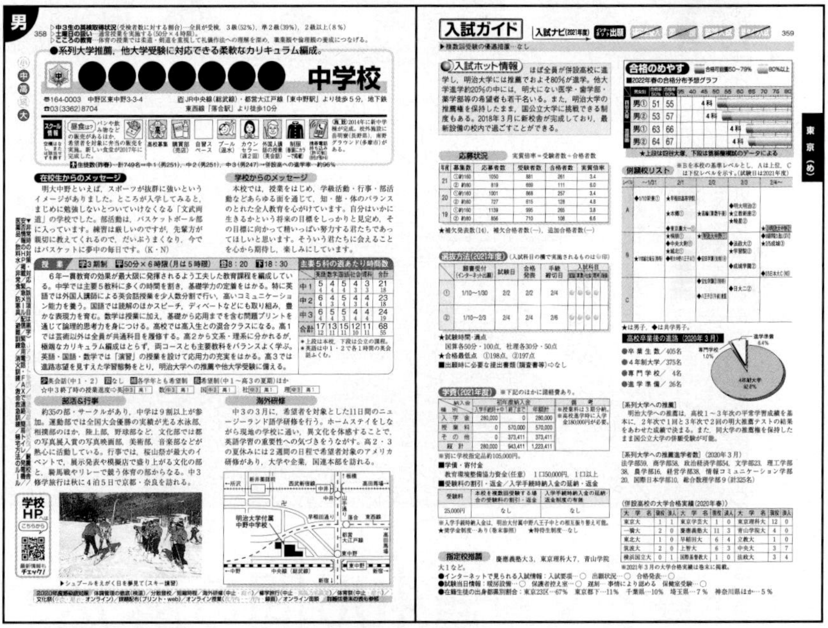

志望校・併願校を
この１冊で選ぶ！決める!!

過去問で君の夢を応援します

声の教育社
〒162-0814　東京都新宿区新小川町8-15
TEL.03-5261-5061　FAX.03-5261-5062
https://www.koenokyoikusha.co.jp